EUROPA-FACHBUCHREIHE
für wirtschaftliche Bildung

All inclusive
Fachwissen Tourismus

Band 1 Wirtschaften und kundenorientiert beraten

3. Auflage

VERLAG EUROPA-LEHRMITTEL
Nourney, Vollmer GmbH & Co. KG
Düsselberger Straße 23
42781 Haan-Gruiten
Europa-Nr.: 60662

EUROPA LEHRMITTEL

Autor
Günter de la Motte
Studiendirektor, Worms
Konsul h. c. of the Kingdom of Hohoe Gbi Traditional Ghana for his Majesty
Togbui Ngoryifia Olatidoye Kosi Cephas Bansah King of Hohoe Ghana

Lektorat bis zur 1. Auflage
Birgit Bassus, Rödermark

Verlagslektorat
Anke Hahn

3. Auflage 2016
Druck 5 4 3 2 1

Alle Drucke derselben Auflage sind parallel einsetzbar, da bis auf die Behebung von Druckfehlern untereinander unverändert.

ISBN 978-3-8085-6108-9

http://www.europa-lehrmittel.de
Umschlag, Satz und Layout: tiff.any GmbH, 10999 Berlin
Umschlagkonzept: tiff.any GmbH, 10999 Berlin
Umschlagfoto: © Andrew Bayda – Fotolia.com
Druck: UAB BALTO print, 08217 Vilnius (LT)

Vorwort

»All inclusive – Fachwissen Tourismus« Band 1 ist ein umfassendes Lehr- und Lernbuch für die Ausbildung in der Tourismusbranche. Es richtet sich an Schüler/-innen und Auszubildende sowie Lehrer/-innen und Dozenten/Dozentinnen in den Ausbildungsgängen

- **Tourismuskauffrau/-mann für Privat- und Geschäftsreisen,**
- **Kauffrau/-mann für Tourismus und Freizeit,**
- **Schüler/-innen der Höheren Berufsfachschule Tourismus,**
- **Studierende an den Fachschulen und Akademien für Tourismus.**

Konsequent lernfeldorientiert
»All inclusive« deckt die Lernfelder 1, 2 und 4 des Rahmenlehrplans für den Ausbildungsberuf Tourismuskaufmann/-frau (Kaufmann/-frau für Privat- und Geschäftsreisen) vom 04.02.2011 ab und berücksichtigt die Prüfungskataloge der Aufgabenstelle für kaufmännische Abschluss- und Zwischenprüfungen (AkA).

Lernfeld 1: Entsprechend der Intention des Lernfeldes werden die klassischen Zieldimensionen eines Unternehmensleitbildes unter dem Aspekt der Nachhaltigkeit, arbeits-, sozial- und mitbestimmungsrechtlichen Vorschriften, Aufbau- und Ablauforganisation unter Berücksichtigung von Führungsstilen, Unternehmensformen sowie Aspekte des Ausbildungsverhältnisses und des Arbeitsrechts behandelt.

Lernfeld 2: Im Vordergrund dieses Lernfeldes stehen die Grundsätze der Wirtschaftlichkeit, Ergonomie und Ökologie. Adäquat werden grundlegende Kenntnisse in Schuld- und Verbraucherrecht, für die Zahlungsabwicklungen, über Finanzierungsformen und -möglichkeiten sowie individuelles Selbst- und Zeitmanagement fokussiert.

Lernfeld 4: Tourismuskaufleute sind Urlaubslotsen und Urlaubscoaches bei der Reiseplanung, -durchführung und –nachbereitung, Urlaubsprofis, die individuelle Reisepakete schnüren, reiseerfahrene Urlaubsscouts, die auf Destinationswissen zurückgreifen können und seriöse Urlaubsexperten, die dem Kunden einen persönlichen Rat erteilen. Die Umsetzung dieses Know-hows im Beratungsgespräch ist Inhalt des Lernfeldes 4. Die hierzu notwendigen rechtlichen Basics zur Pauschalreise werden in LF 4.1 aufgezeigt.

Neu in dieser Auflage

Gesetzesstand 2016 – Gehaltstarifvertrag für Veranstalterbereich und Vertrieb – Pflegegrade und Mutterschutzgesetz ab 2017 – Richtlinie über Pauschalreisen und verbundene Reisearrangements 2015

Ihr Feedback ist uns wichtig

Wenn Sie mithelfen möchten, dieses Buch für die kommenden Auflagen zu verbessern, schreiben Sie uns unter lektorat@europa-lehrmittel.de. Ihre Hinweise und Verbesserungsvorschläge nehmen wir gerne auf.

Sommer 2016 *Der Verfasser*

Lernfeld 1
Die eigene Rolle im Unternehmen selbstverantwortlich mitgestalten 9

Lernfeld 2

Arbeitsplatz einrichten und Abläufe organisieren 241

Lernfeld 4
Verkaufsgespräche zielorientiert führen 427

Lernfeld 4.1
Rechtsgrundlagen 517

Lernfeld 1

Die eigene Rolle im Unternehmen selbstverantwortlich mitgestalten

Geschafft! Sie arbeiten jetzt in einem Tourismusunternehmen. Ihr Reisebüro hebt sich aufgrund des äußeren Erscheinungsbildes und eines nachhaltigen Leitbildes sympathisch von Mitbewerbern ab. Doch nicht nur der visuelle Auftritt und die Unternehmensvision sind Unterscheidungsmerkmale, auch die Rechtsform, in der das Unternehmen geführt wird, kann für den Kunden und für Sie von entscheidender Bedeutung sein.

Für Sie sind sicherlich auch die arbeitsrechtlichen und sozialen Gegebenheiten, Mitbestimmungsmöglichkeiten, die Höhe des Gehaltes und die Urlaubstage von Bedeutung. Und dann noch eins: »Die Chemie muss stimmen«, d. h. der Führungsstil ihres Vorgesetzten und das Betriebsklima lassen selbstständiges Arbeiten und Teamwork zu. Über alle angesprochenen Themen informiert Sie das nachfolgende Lernfeld.

1 Tourismuswirtschaft

Die **Tourismusbranche** umfasst eine große Anzahl von Akteuren mit vielfältigen Produkten und Dienstleistungen. Sie wird generell der Dienstleistungsbranche zugerechnet.

Die Tourismusbranche ist eine komplexe Industrie ohne scharfe Grenzen. Zu ihr werden alle Unternehmen gezählt, die eine Leistung im Rahmen des touristischen Angebots erbringen. Sie sind die **touristischen Leistungsträger** (▸ Kapitel 1.3).

- Die **typische Tourismuswirtschaft** erbringt unmittelbar Fremdenverkehrsleistungen für Reisende,
- **ergänzende Tourismuswirtschaft** stellt typische Tourismusprodukte her und
- **touristische Randwirtschaft** vermarktet ihre Produkte bzw. Dienstleistungen, die keine »typischen« Fremdenverkehrsleistungen darstellen, in bedeutendem Ausmaß auch an Touristen.

Die Tourismusbranche gilt weltweit neben z. B. dem IT-Sektor und der Gesundheitswirtschaft als Wachstumsbranche des 21. Jahrhunderts. Sie hat deshalb eine hohe volkswirtschaftliche Bedeutung. Sie ist mittlerweile mit ihren ergänzenden Bereichen und ihren Randbereichen weltweit der größte Arbeitgeber.

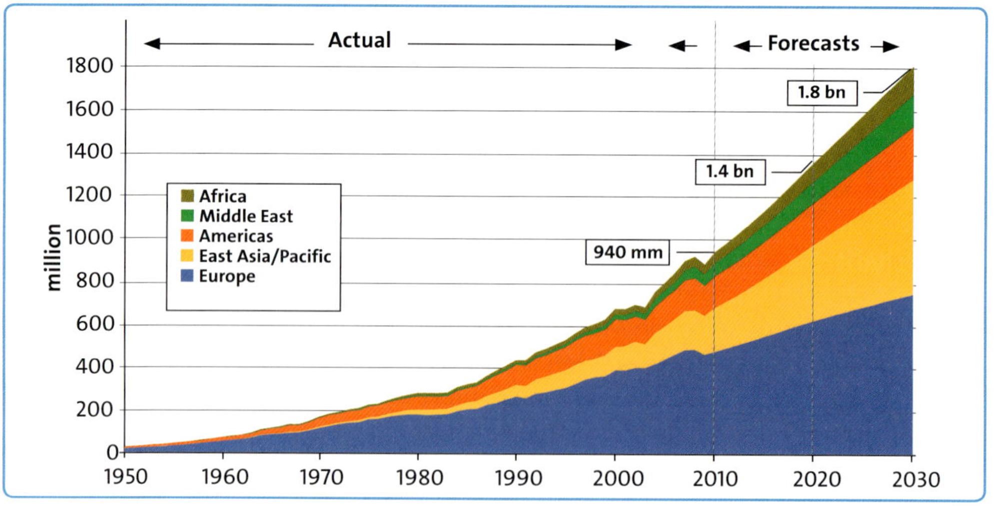

Abb. Tourism Vision 2030 der UNWTO, World Tourism Organization (2015), UNWTO Tourism Highlights, 2016 Edition, UNWTO, Madrid, p. 14

Die Welttourismusorganisation ***United Nations World Travel Organization* (UNWTO)** ist eine Organisation der Vereinten Nationen mit Sitz in Madrid. Sie erwartet, dass im Jahr 2030 weltweit 1,8 Milliarden Touristen mindestens eine Nacht im jeweiligen Reiseland verbringen.

1.1 Tourismusbegriffe und Tourismusformen

Das **Wort Tourismus** stammt von den griechischen Wörtern *topvo* oder *tornos* ab und bezeichnet ein zirkelähnliches Werkzeug. Die lateinischen Wörter *tornare* (runden) bzw. *tornum* (Rundung) wurden in der französischen Sprache zu *tour* (Rundgang, Umlauf, Spaziergang) und in den englischen und deutschen Sprachgebrauch aufgenommen.

MERKE

Tourismusdefinition
Die Wortschöpfung Tourismus (franz. tourisme) bezeichnet einen vorübergehenden Aufenthalt an einem anderen Ort mit einer zum Ausgangspunkt (Wohnort) zurückkehrenden Wendung.

Begriff Tourismus

Die **UNWTO** definiert den Begriff Tourismus wie folgt: »Tourismus umfasst die Aktivitäten von Personen, die an Orte außerhalb ihrer gewohnten Umgebung reisen und sich dort zu Freizeit-, Geschäfts-, oder bestimmten anderen Zwecken nicht länger als ein Jahr ohne Unterbrechung aufhalten.« Sie differenziert die Besucher (***Visitors***) nach Tourist, d. h. übernachtender Besucher, und dem Tagesbesucher (***Same-Day-Visitors***).

UNWTO, Bundesamt für Statistik, Österr. Statistisches Zentralamt, Statistisches Bundesamt, o. J.

Nach der ***Organization for Economic Cooperation and Development*** **(OECD)** versteht man unter Touristen »Personen, die sich mindestens 24 Stunden außerhalb ihres Wohnortes zu beruflichen, vergnüglichen oder anderen Zwecken aufhalten«.

Begriff Destination

Der Ort, an dem sich ein Tourist aufhält, wird als Destination bezeichnet. Charakteristisch für einen solchen »Ort« ist, dass er von touristischen Leistungserstellern vermarktet wird, eine Anzahl von Attraktionen aufweist und von Touristen als Reiseziel ausgewählt wird.

© de la Motte

Abb. Urlaubsdestination

Destination

BEISPIEL

Eine Destination kann für einen Reiseveranstalter im Rahmen einer Geschäftsreise die ITB in Berlin sein, für einen Japaner Europa und für eine deutsche Familie der Schwarzwald.

Reiseströme und Tourismusformen

Im Hinblick auf die Reiseströme eines bestimmten Landes wird zwischen nationalem und internationalem Tourismus unterschieden.

- Der **Binnentourismus oder Binnenreiseverkehr** (*domestic tourism*) umfasst Reisen der eigenen Bevölkerung im eigenen Land,
- der **Ausländertourismus oder Einreiseverkehr** (*incoming/inbound tourism*) Reisen ausländischer Touristen ins eigene Land und
- der **Auslandstourismus oder Ausreiseverkehr** (*outgoing/outbound tourism*) Reisen der eigenen Bevölkerung ins Ausland.

Binnentourismus und Ausländertourismus werden häufig zum **Inlandtourismus** zusammengefasst.

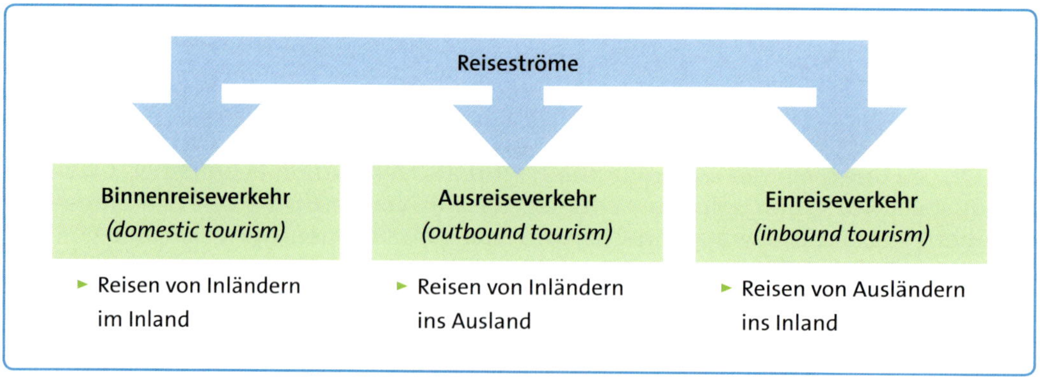

Abb. Reiseströme

Aus diesen Reiseströmen werden die **drei Tourismusformen** abgeleitet.

Tourismusformen MERKE
Inlandstourismus (*internal tourism*) = Binnenreise- und Einreiseverkehr
Nationaler Tourismus (*national tourism*) = Binnenreise- und Ausreiseverkehr
Internationaler Tourismus (*international tourism*) = Einreise- und Ausreiseverkehr

Weltweit registriert die **UNWTO** 2012 mehr als 1,035 Milliarden grenzüberschreitende Urlaubs- und Geschäftsreisen mit jeweils mindestens einer Übernachtung. Dazu kommen noch schätzungsweise mehr als zwei Milliarden Reisen innerhalb der Landesgrenzen. Bis 2020 wird die Zahl der Touristen demnach im Schnitt jährlich um 3,8 Prozent wachsen; 2030 werden dann 1,8 Milliarden Touristen auf Reisen sein.

Die Welt ist mehr denn je in Bewegung. Der Tourismus ist zum weltweit führenden Wirtschaftszweig avanciert. Er wird als Schrittmacher der Globalisierung, ja sogar als Motor für die wirtschaftliche Entwicklung im 21. Jahrhundert gesehen (vgl. im Internet unter: www.eco-tip.org/...Tourismus/nachhalt.htm).

Wo verbringen die Deutschen ihren Urlaub?	
Gesamt	**69,1 Mio. Reisen**
davon	
Deutschland	**28,9 %**
Ausland	**71,1 %**
▸ Mittelmeer (Regionen direkt ans Mittelmeer angrenzend)	37,0 %
▸ Westeuropa (GB, IRL, F, NL, Ch, A)	12,8 %
▸ Osteuropa (H, CZ, PL , RUS usw.)	7,3 %
▸ Skandinavien (DK, N, S, FIN)	2,8 %
▸ Fernreisen	8,1 %
▸ Kreuzfahrten	3,1 %

Tab. Anzahl der Urlaubsreisen ab fünf Tagen Dauer 2015
www.drv.de

Die Deutschen unternahmen 2015 ca. 69,1 Mio. Urlaubsreisen, davon waren etwa 40 % Pauschal-/ Bausteinreisen, die mithilfe von Reiseveranstaltern bzw. Reisebüros organisiert wurden. Die Anzahl der Reisenden, die Urlaubsreisen von mindestens 5 Tagen Dauer unternahmen, betrug etwa 53,4 Mio. Reisende. Die durchschnittliche Aufenthaltsdauer am Urlaubsort war 10,2 Tage. Etwa 30 % der Reisen der Bundesbürger hatten Deutschland zum Ziel, ca. 70 % gingen ins Ausland. Die Ausgaben der Deutschen für Auslandsreisen beliefen sich 2015 auf 71,5 Mrd. Euro, denen standen Einnahmen in Höhe von 33 Mrd. Euro gegenüber. Das beliebteste Reiseverkehrsmittel war das Auto mit ca. 50 % gefolgt vom Flugzeug mit ca. 34 %.

Die 10 beliebtesten Urlaubsziele der Deutschen

Inlandsziele		Auslandsziele	
Bayern	5,3 %	Spanien	13,1 %
Mecklenburg-Vorpommern	5,2 %	Italien	8,2 %
Niedersachsen	4,2 %	Türkei	7,3 %
Schleswig-Holstein	3,8 %	Österreich	5,3 %
Baden-Württemberg	2,5 %	Kroatien	3,2 %
Nordrhein-Westfalen	1,6 %	Griechenland	3,0 %
Sachsen	1,1 %	Frankreich	2,9 %
Berlin	0,9 %	Polen	2,5 %
Rheinland-Pfalz/Saarland	0,9 %	Niederlande	2,1 %
Hessen	0,8 %	USA	1,9 %

Abb. Marktanteile an allen Urlaubsreisen 2015

Abb. Altstadt in Valencia

1.2 Tourismusorganisationen

Tourismusorganisationen sind Zusammenschlüsse touristischer Institutionen auf internationaler (UNWTO), nationaler (DZT) und regionaler Ebene. Gemein ist allen Organisationen, dass sie den Tourismus generell fördern und zu seiner Entwicklung beitragen, indem sie i. d. R. übergreifende Funktionen im Tourismus einer Destination wahrnehmen.

Hier und im ▸ Anhang zum Kapitel finden Sie eine Auswahl offizieller und privater Tourismusorganisationen.

UNWTO Welttourismusorganisation

Die UNWTO ist eine **Spezialagentur der Vereinten Nationen** mit Sitz in Madrid und dient als globales Forum für Tourismuspolitik und Plattform für touristisches *Know-how* und Statistik. Derzeit umfasst die UNWTO 154 Vollmitglieder, sieben assoziierte Mitglieder (Regionen) und an die 400 angeschlossene Mitglieder (*affiliated members*). Letztere repräsentieren den privaten Sektor, Ausbildungseinrichtungen, Tourismusverbände und lokale Tourismusbehörden.

Die UNWTO spielt eine zentrale Rolle bei der Förderung der Entwicklung eines verantwortungsvollen, nachhaltigen und universell zugänglichen Tourismus. **Ziel der Arbeit der UNWTO ist es,** beizutragen zu wirtschaftlicher Entwicklung, internationalem Verständnis, Frieden und Wohlstand, der Beachtung von grundlegenden Menschenrechten und Grundfreiheiten. In Verfolgung dieses Zieles nimmt sich die Organisation besonders der Interessen der Entwicklungsländer im Bereich Tourismus an. Die UNWTO fungiert als Katalysator bei der Förderung von Technologietransfer und internationalen Kooperationen, bei der Entwicklung öffentlich-privater Partnerschaften und bei der Forcierung der **Umsetzung des globalen Ethik-Kodex für Tourismus.** So versucht sie die Mitgliedstaaten, Tourismusdestinationen und -unternehmen zu unterstützen, die positiven wirtschaftlichen, sozialen und kulturellen Effekte des Tourismus zu maximieren und gleichzeitig negative soziale und Umwelteinflüsse zu minimieren.

Der Deutsche ReiseVerband

Der DRV ist die führende Interessenvertretung aller Unternehmen der Reisebranche in Deutschland. Er repräsentiert Reiseveranstalter und Reisebüros aller Organisationsformen und Größen, Leistungsträger (Anbieter von Einzelleistungen in der Reisebranche ▸ Kapitel 1.3) und ausländische Fremdenverkehrsämter gegenüber der Politik und der Wirtschaft in dem In- und Ausland. Er informiert die Öffentlichkeit über die Vorteile der organisierten Reise und den professionellen Reisevertrieb. Zugleich stärkt er die organisierte Urlaubsreise und die professionell vermittelte Geschäftsreise. Der DRV ist nach dem amerikanischen ASTA und der englischen ABTA der drittgrößte Verband der Reisebranche weltweit.

www.drv.de

Deutsche Zentrale für Tourismus e.V.

Die Deutsche Zentrale für Tourismus (DZT) ist das nationale »Tourist Board« Deutschlands mit Sitz in Frankfurt am Main. Sie vertritt Deutschland weltweit als Destination für Urlaubs-, Geschäfts- und VFR-Tourismus (-Besuch von Freunden und Verwandten).

Dabei verfolgt sie zwei Ziele: Sie will das positive Image für die deutschen Reisedestinationen im In- und Ausland steigern sowie den Tourismus nach und in Deutschland fördern. Die DZT arbeitet im Auftrag des Bundesministeriums für Wirtschaft und Technologie (BMWi) und wird von diesem aufgrund eines Beschlusses des Deutschen Bundestages gefördert.

Deutschland
Das Reiseland

Die DZT vermarktet das Reiseland Deutschland sowohl in den traditionellen Quellmärkten Europas und in Übersee als auch in den potenzial-starken Märkten in Osteuropa und Asien. Mit ihren 29 Auslandsvertretungen sowie Marketing- und Vertriebsagenturen bewirbt sie das Reiseland Deutschland über sechs Regionalmanagements durch umfangreiche Marketing- und Vertriebsaktivitäten (Nordwesteuropa, Südwesteuropa, Nordosteuropa, Südosteuropa, Amerika/Israel und Asien/Australien). Zusätzlich bearbeitet sie weitere Länder ohne eigene Vertretung vor Ort. Vier PR-Agenturen in den Märkten Südafrika, Türkei, Südkorea und Baltische Staaten unterstützen die weltweite Presse- und Öffentlichkeitsarbeit. Im Mittelpunkt des internationalen Marketings stehen die Akquisition der Reiseindustrie sowie die aktive Ansprache von Medien und Endverbrauchern. Dabei stütz sich die DZT auf eine enge Zusammenarbeit mit den Partnern aus dem Deutschlandtourismus sowie Partnern aus Wirtschaft und Verbänden.

Zusätzlich zum Marketing im Ausland wirbt die DZT seit 1999 auch im Inland für Reisen und Urlaub in deutschen Regionen.

www.deutschland-tourismus.de

IATA

International Air Transport Association

Das Ziel der *International Air Transport Association* (engl. für Internationale Flug-Transport-Vereinigung, IATA) mit Sitz in Montreal (Deutschland: Frankfurt am Main) ist es, die Luftfahrtindustrie zu repräsentieren und ihr zu dienen. Dem Branchenverband gehören weltweit ungefähr 230 Fluggesellschaften an, die rund 94 Prozent aller internationalen Flüge durchführen. Weitere Mitglieder sind Flughäfen, Flugbehörden, Reisebüros, Zulieferbetriebe, Bodenabfertigungsunternehmen und Unternehmen aus der Industrie.

Die IATA organisiert – mit Ausnahme in den USA – weltweit die Abrechnung von mehr als 400 Millionen Flugtickets, die von Reisebüros mit IATA-Lizenz ausgestellt werden. Der dreistelligen IATA-Codes sorgen für die Identifizierbarkeit von Flughäfen, Fluggesellschaften und Flugzeugtypen. **Ziele der IATA** sind (Auszug) die kontinuierliche Verbesserung der Sicherheitsstandards, insbesondere durch *IATA's Operational Safety Audit* (IOSA) und die Förderung des sicheren, planmäßigen und wirtschaftlichen Transportes von Menschen und Gütern in der Luft.

1.3 Ausrichtung touristischer Unternehmen

Die Unternehmen der Tourismuswirtschaft sind **Leistungsträger,** die alle eine Leistung im Rahmen des touristischen Angebots erbringen.

Hierbei ist deren **Ausrichtung** auf Objekte (touristische Angebote), Subjekte (Reisende) und die Beziehungsbildung zwischen diesen zu unterscheiden.

Objektbezogene Unternehmen	Subjektbezogene Unternehmen	Beziehungsbildende Unternehmen
▸ haben eine enge Beziehung zum Tourismus	▸ haben eine enge Beziehung zur touristischen Nachfrage	▸ stellen die Beziehung(en) zwischen Angebot und Nachfrage her
▸ Beherbergungsbetriebe ▸ Verpflegungsbetriebe ▸ Kur- und Bäderwesen ▸ Unterhaltungs- und Vergnügungsbetriebe ▸ Sport- und Freizeitanlagen ▸ Transportbetriebe ▸ Reedereien ▸ Fahrzeugvermietungen	▸ Werbeagenturen ▸ Versicherungsunternehmen ▸ Finanzierungsinstitute ▸ tourismusspezifische Kreditkartenorganisationen ▸ Verlagswesen	▸ Reisebüro ▸ Reiseveranstalter ▸ Reisemittler ▸ Zielgebietsagenturen ▸ Betreiber von Reservierungs- und Informationssystemen ▸ Öffentliche Tourismusverwaltungen

Tab. Tourismusunternehmen

Abb. Unternehmen Reisebüro

Originäre Leistungsträger der Tourismuswirtschaft in Deutschland sind die ca. 69.000 (2015) sozial versicherten Beschäftigten bei deutschen Reisebüros und die Auszubildenden im Berufsbild Tourismuskaufmann/-frau (neue Ausbildungsverhältnisse 2015 ca. 1.900) sowie die Auszubildenden im Berufsbild Kaufmann/-frau für Tourismus und Freizeit (neue Ausbildungsverhältnisse 2015 ca. 400).

Die Rahmenbedingungen dieser meist **kleinen und mittleren Unternehmen (KMU)** haben sich über die letzten Jahre deutlich verändert. Die Unternehmer und ihre Mitarbeiter treten heute selbstbewussten Kunden gegenüber, die Ökologie, Gesundheitsbewusstsein, Selbstentfaltung, Kreativität und die Erlebnisorientierung ins Zentrum ihrer Wünsche stellen (Reisemotive ▸ LF 4, Kapitel 2.2).

Dieser Tatsache begegnen die Unternehmer, indem sie das Selbstverständnis ihres Unternehmens und ihre Unternehmensethik darauf einstellen und öffentlich machen.

1.3.1 Unternehmensziele

Unternehmensziele werden durch die Unternehmensführung festgelegt und sind die dominanten Orientierungsgrößen für das unternehmerische Handeln. Sie müssen so formuliert sein, dass sie bei der Lösung von Entscheidungsproblemen eine möglichst eindeutige Leitschnur darstellen.

> **Unternehmensziele** — MERKE
>
> Unternehmensziele sind das Ergebnis eines Zielentscheidungsprozesses, in dem die unterschiedlichen Ziele der Unternehmensträger und gesellschaftlicher Gruppen für das Unternehmen zu einem Ausgleich gebracht werden.

Drei Zieldimensionen können bei der Festlegung der Unternehmensziele unterschieden werden.

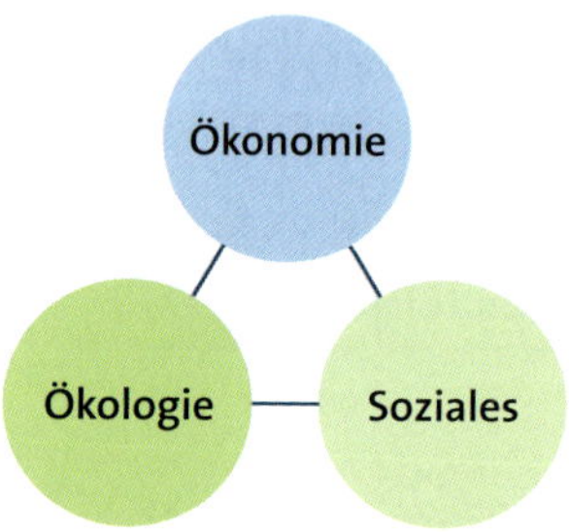

Abb. Zentrale Zieldimensionen touristischer Unternehmen

- **Ökonomische Ziele sind insbesondere** Rentabilitätsziele (z. B. Gewinn, Umsatzrendite), Finanzielle Ziele (z. B. Liquidität, Kreditwürdigkeit) und Marktstellungsziele (z. B. Umsatz, Marktanteil).
- **Soziale Ziele** werden auch als Mitarbeiter bezogene Ziele verstanden und sind u. a. Arbeitszufriedenheit, Arbeitsplatzsicherheit, Arbeitnehmerqualifizierung.
- **Ökologische Ziele** umschreiben den Beitrag eines Unternehmens, die natürliche Lebensgrundlage für die nachfolgende Generation zu erhalten.

Vision

Wir wollen mit unserer Arbeit nicht nur die tagtäglichen Anforderungen erfüllen, sondern die Zukunft aktiv mitgestalten. Deshalb brauchen wir eine Vision, die unserer Arbeit einen tieferen Sinn gibt:

»Studiosus will als unabhängiges Wirtschaftsunternehmen zum Kennen- und Verstehenlernen anderer Länder, Menschen und Kulturen beitragen.

Wir sehen unsere Aufgabe darin, im Sinne einer echten Völkerverständigung Brücken zu schlagen über innere und äußere Grenzen hinweg.

www.studiosus.com

1.3.2 Unternehmensleitbild

»Wir arbeiten in Strukturen von gestern mit Methoden von heute an Strategien für morgen vorwiegend mit Menschen, die in den Kulturen von vorgestern die Strukturen von gestern gebaut haben und das Übermorgen innerhalb des Unternehmens nicht mehr erleben werden.«
(Joke von Calzaferri)

Zitiert von Reinhard K. Sprenger, in »Mythos Motivation: Wege aus einer Sackgasse«, Campus Verlag Frankfurt / New York, S. 47

Das **Unternehmensleitbild** (auch ***Mission Statement***, **Unternehmensphilosophie**) ist Ausdruck unternehmerischer Eigenverantwortung, definiert das Selbstverständnis des Unternehmens und die Unternehmensethik. Es beschreibt als Zukunftsvision die Richtung der Unternehmensentwicklung als »realistisches Idealbild«, d. h. den gewünschten und zu erreichenden Soll-Zustand.

Unternehmensleitbild MERKE
Ein Unternehmensleitbild schafft unternehmensintern Orientierung und Identität indem es die gemeinsame Wertebasis für das Unternehmen reflektiert, die grundlegenden Überzeugungen und Ziele formuliert und Handlungsaufforderungen gibt.

Extern vermittelt das Unternehmensleitbild Transparenz und definiert die Verantwortung gegenüber den verschiedenen Anspruchsgruppen *(Stakeholdern)* und der Gesellschaft. Es bildet außerdem die Basis für die Unternehmensstrategie und -politik.

Ein Unternehmensleitbild **beantwortet drei zentrale Fragen**:

- **Mission** – Wofür sind wir da?
- **Vision** – Wohin wollen wir?
- **Werte** – Welche Werte sind für die Umsetzung von Mission und Vision zu berücksichtigen?

Die **Mission (Zweck)** eines Unternehmens beinhaltet Aussagen über die Daseinsberechtigung eines Unternehmens. Sie stellt die Kernfrage für das Unternehmen dar.

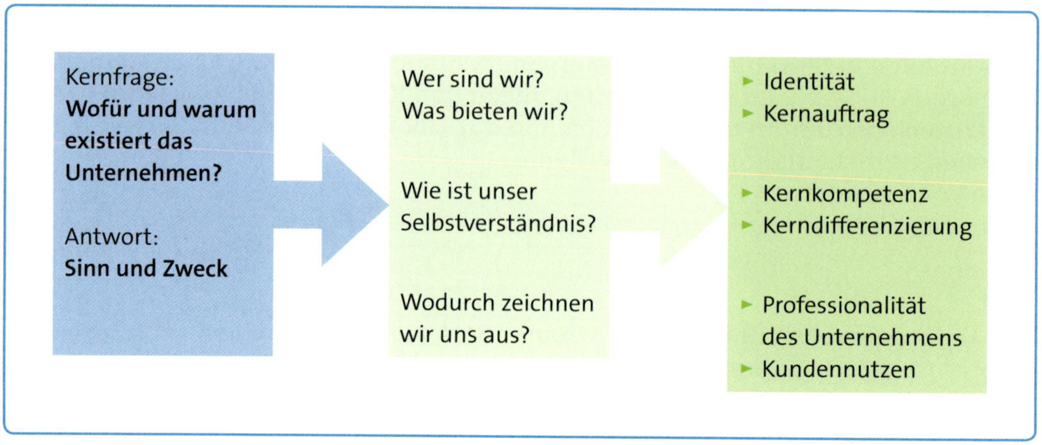

Abb. Mission Unternehmensleitbild

Die **Vision** beschreibt das zukünftige Bild des Unternehmens und gibt so die Richtung der langfristigen Unternehmensentwicklung vor. Dazu werden die Unternehmensziele (▸ Kapitel 1.3.1) für einen definierten Zeitraum konkret und messbar definiert. Es werden Strategien festgelegt, wie die Vision zu erreichen ist. Die Umsetzung der Strategie erfolgt durch konkrete Handlungsvorgaben für die Mitarbeiter des Unternehmens.

»Wenn Du ein Schiff bauen willst, so trommle nicht die Männer zusammen, um Holz zu beschaffen, Werkzeuge zu bearbeiten und Aufgaben zu vergeben, sondern lehre die Männer die Sehnsucht nach dem endlosen Meer.«
(Antoine de Saint-Exupery)

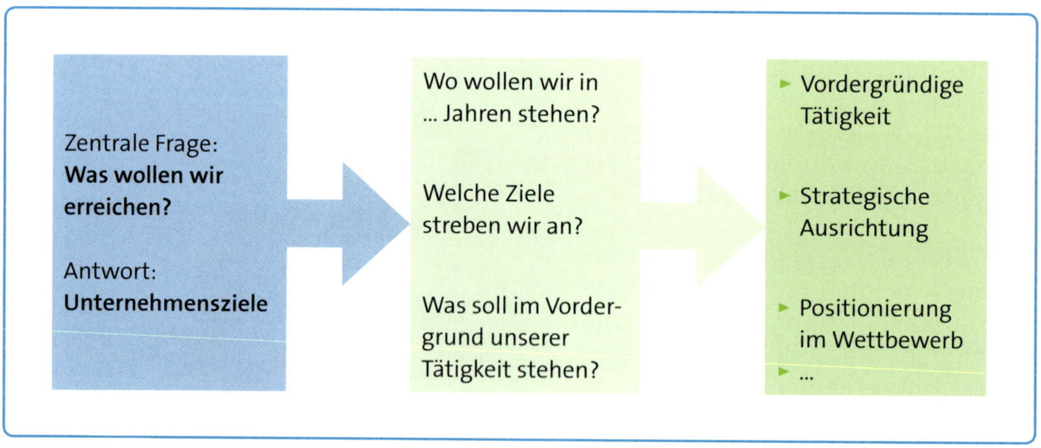

Abb. Vision Unternehmensleitbild

Zentrale Fragen der Vision sind u. a.:

- Welche **Ziele streben wir in den nächsten Jahren** an?
- Was wollen wir erreichen?
- Wo wollen wir in *n* Jahren stehen?
- Was soll im **Vordergrund unserer Tätigkeit** stehen?
- Welche strategische Ausrichtung hilft die Vision zu erreichen?
- Wie soll unsere **Positionierung im Wettbewerb** und zu anderen gesellschaftlichen Akteuren sein?

TUI

Die Vielfalt der Welt entdecken, Grenzen überwinden, fremde Länder und Kulturen erleben: Reisen eröffnet neue Horizonte. Wir gestalten für unsere Gäste in aller Welt unvergessliche Momente und lassen ihre Träume wahr werden.

Wir wissen auch, was Reisen für viele Länder der Erde und die Menschen vor Ort bedeutet.

Wir investieren dort und gestalten ein Stück Zukunft dieser Länder mit – engagiert und nachhaltig.

Geschäftsbericht 2014/2015

Unternehmensleitbild – Unternehmensvision

[…] Mit unseren Reisen wollen wir Vorbehalte, Vorurteile und Ablehnung gegenüber allem Fremden abbauen, das Miteinander der Menschen fördern und damit als Botschafter von Toleranz und Offenheit einen Beitrag zum Abbau von Fremdenfeindlichkeit und Diskriminierung auch im eigenen Land leisten.

Wir wollen durch Innovation und Qualität wachsen und unsere Stellung als Marktführer ausbauen sowie in den Bereichen Sicherheit und nachhaltiges Wirtschaften Maßstäbe setzen.

Alle Studiosus-Angebote müssen den hohen Erwartungen unserer Kunden gerecht werden, müssen von sozialer Verantwortung geprägt sowie ökologisch vertretbar sein.

www.studiosus.com

Was uns antreibt

Unsere Mission – *Putting a smile on people's faces*

Unsere Werte

Opening doors – **Türen öffnen**

Eine offene Türe heißt: Willkommen. Eine Einladung, neue Dinge zu entdecken. Neue Erfahrungen machen. Neue Perspektiven erleben.

Going beyond – **Weiter gehen**

Wir geben stets unser Bestes. Aber wir wollen noch mehr. Wir streben für unsere Kunden nach dem kleinen Extra, dem Unerwarteten, Überraschenden. Tag für Tag ein Stück weiter gehen und besser werden – das treibt uns an.

Enjoying life – **Leben genießen**

Erfolg ist das Ergebnis harter Arbeit. Aber was wäre das Leben ohne Freude über die schönen Dinge. Jeder Mensch verdient es, Freude zu erfahren. Wir wollen mit unseren Dienstleistungen dazu beitragen.

Creating value – **Mehrwert schaffen**

Nachhaltiges wirtschaftliches, ökologisches und soziales Handeln ist unverzichtbares Element unserer unternehmerischen Kultur. Wir wollen Werte schaffen für unsere Kunden, Investoren und Mitarbeiter.

www.tui-group.com/de

Die Werte innerhalb des Unternehmensleitbildes sind **Verhaltensprinzipien** (z. B. Integrität, Respekt) für alle Mitarbeiter und Führungskräfte. Sie definieren wofür ein Unternehmen steht und damit dessen **Verhaltenskodex**.

MERKE

Verhaltenskodex

Der Verhaltenskodex (*Code of Conduct*) basiert auf den Unternehmenswerten und beinhaltet die unternehmensinternen Richtlinien.

Der *Code of Conduct* verdeutlicht den Mitarbeitern, welches Verhalten in welcher Situation von Ihnen innerhalb und außerhalb des Unternehmens erwartet wird. Häufig wird er ergänzt durch eine Liste mit »***Do's* and *Dont's***«.

Der Verhaltenskodex steht grundsätzlich auch für den **Moral- oder Ehrenkodex** eines Unternehmens und soll gewährleisten, dass das unternehmerische Geschäftsgebaren (z. B. die Inhalte der AGB und der §§ 305 ff. BGB) mit allen gesellschaftlichen Richtlinien (Gesetzen, Verordnungen) und Wertvorstellungen, mit Moral und Ethik übereinstimmt.

© de la Motte

Hierbei kommen auch verschiedene, allgemein bekannte Symbole oder Erkennungszeichen zum Einsatz, wie z. B. das Zeichen für den **Verhaltenskodex zum Schutz von Kindern vor sexueller Ausbeutung** im Tourismus (Weiteres dazu ▸ Kapitel 1.4.2).

SCHUTZ DER KINDER IM TOURISMUS

Abb. Zeichen Schutz von Kindern vor sexueller Ausbeutung

BEISPIEL

Code of Conduct:
Sechs-Punkte-Maßnahmenkatalog

1. Berücksichtigung des Verhaltenskodexes bei der Festlegung von Unternehmensgrundsätzen.
2. Sensibilisierung und Ausbildung der Mitarbeiter im Herkunftsland und im Zielland.
3. Aufnahme von Klauseln in die Verträge mit Leistungsträgern, welche die gemeinsame Ablehnung von kommerzieller sexueller Ausbeutung von Kindern deutlich machen.
4. Informationsvermittlung an die Kunden zur Sensibilisierung der Reisenden für die Thematik.
5. Zusammenarbeit mit den Destinationen.
6. Jährliche Berichterstattung über die durchgeführten Maßnahmen an das *Steering Committee* der internationalen Nichtregierungsorganisation »*The Code*« mit Sitz in Stockholm und Sekretariat in New York.

www.drv.de/engagement/umweltschutz-und-soziale-verantwortung/verhaltenskodex-schutz-von-kindern-vor-sexueller-ausbeutung.html

1.3.3 Umsetzung des Unternehmensleitbildes

Unternehmensinterne Richtlinien, wie Verhaltens-, Moral- oder Ehrenkodex (*Code of Conduct*), spezifizieren Anforderungen an das Unternehmen und seine Mitarbeiter. Zusammen mit organisatorischen Maßnahmen *(Compliance)* halten sie zu rechtskonformem Verhalten an, d. h. zur Beachtung rechtlicher Gebote und Verbote. Beide dienen der Umsetzung des Unternehmensleitbildes.

- Welche Denkhaltungen und Umgangsformen pflegen wir?
- Wie gehen wir mit unseren Kunden und Partnern um?
- Wie verhalten uns wir uns in der Öffentlichkeit?
- Wie nehmen wir gesellschaftliche Verantwortung wahr?
- Welchen Stellenwert haben die Mitarbeiter?
- Welche Verhaltensnormen gelten intern und extern?

Abb. »Unser Leitbild« (Muster)

Die drei Elemente Motto/Logo, Leitidee und Leitsätze formulieren das angestrebte **Unternehmensselbstverständnis**, das sowohl für die Mitarbeiter, als auch für die externen Bezugsgruppen ein eindeutiges Erkennen und Unterscheiden gegenüber Mitbewerbern gewährleisten soll. Entsprechend den vorgestellten Grundsatzfragen können drei Teilbereiche für ein Unternehmensleitbild unterschieden werden:

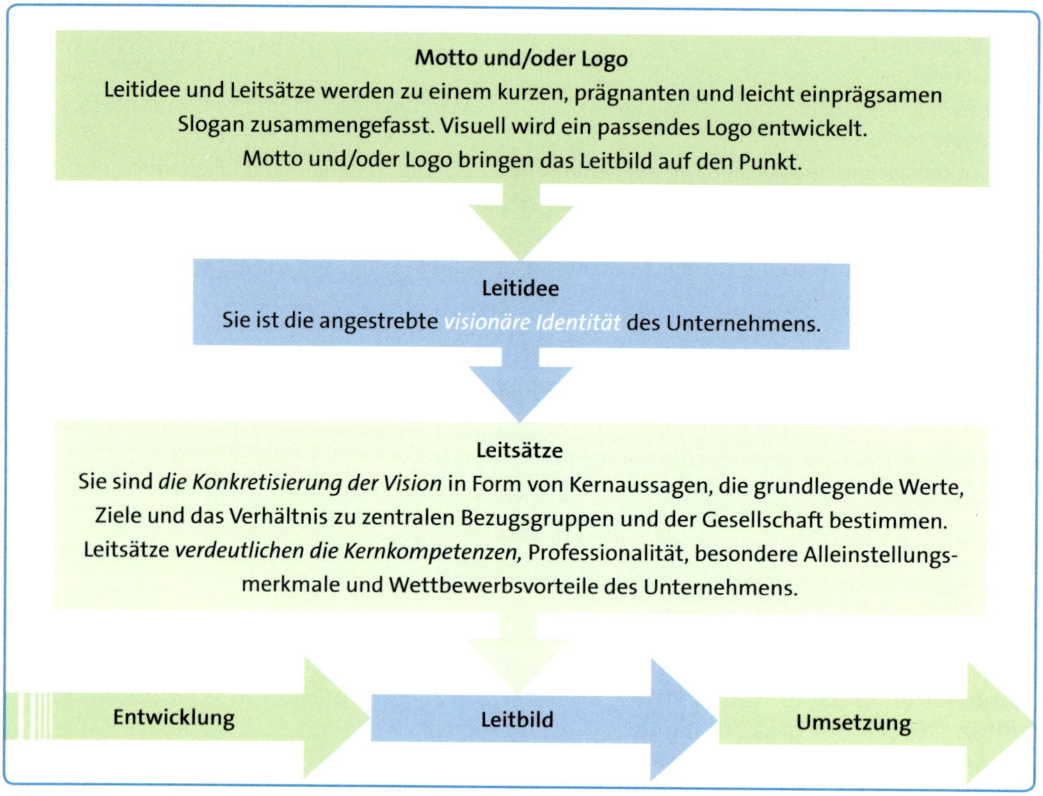

Abb. Umsetzung des Unternehmensleitbildes

Kunden machen in zunehmendem Maße ihre Buchungs- und Kaufentscheidung auch von dem sozialen, ethischen und ökologischen Profil eines Unternehmens abhängig (Nachhaltigkeit ▸ Kapitel 1.4).

Corporate Social Responsibility **(CSR)** ist dafür ein Managementansatz von u. a. Reiseunternehmen, der neben den ökonomischen Aspekten auch ökologische und gesellschaftliche Belange einbezieht (▸ Kapitel 1.4.3). Er hat zum Ziel, den Tourismus nachhaltig und zukunftsfähig zu gestalten und CSR zu einem integralen Bestandteil des Unternehmens zu machen.

Hierzu gehört auch die Einführung einer **Unternehmensökologie** (▸ Artikel Seite 26). Im engeren Sinne versteht man hierunter auch den nachhaltigen Arbeitsplatz.

Ein **nachhaltiger Arbeitsplatz** ist geprägt durch die Verwendung von u. a.:

- Energiesparlampen, Wasserstopptasten und Nutzung von Grauwasser in den Toiletten
- Kopier- und Geschäftspapier aus chlorfreiem Papier und Altpapier
- Schreibutensilien aus rezyklierbaren Materialien
- recycelbare Tonerkartuschen, Pfandsystemen für Druckerpatronen
- Büroeinrichtung aus rezyklierbaren Materialien
- Steckdosenleisten mit Kippschaltern
- beidseitigem Kopierverfahren für Geschäftsunterlagen
- Solarkollektoren für Warmwasser, Photovoltaikanlage für Strom
- Dienstfahrräder für Mitarbeiter für kurze Strecken (Länge ca. 2,5 km)

© Davis – Fotolia.com

Abb. Solarkollektoren

Ökologische Aspekte bei der Einrichtung des Arbeitsplatzes behandelt ▸ LF 2, Kapitel 1.1.4).

1.4 Nachhaltigkeit

»Tourismus ist die populärste Form von Glück«, sagt Hans Magnus Enzensberger.

Tourismus und bestimmte **Tourismusarten** (▸ Kapitel 1.4.2) haben globale Auswirkungen. Sie sind aufgrund der Diskussionen um den Klimawandel und unter ethischen, sozialen, weiteren ökologischen und ökonomischen Aspekten in den letzten Jahren verstärkt in die Kritik geraten.

Fernreisen werden aufgrund des hohen Schadstoffausstoßes (CO_2-Emissionen) und dem damit verbundenen Treibhauseffekt durch das Transportmittel Flugzeug kritisiert. Seit dem Kyoto-Referenzjahr 1990 hat sich der CO_2-Ausstoß durch Flugzeuge bei stark steigender Tendenz in Europa verdoppelt. Zwei Drittel dieses Ausstoßes stammten aus Interkontinentalflügen.

© de la Motte

TUI Group als einziger Touristikkonzern erneut im Dow Jones Sustainability Index Europe notiert

– TUI zum 10. Mal in Folge im renommierten Nachhaltigkeits-Index gelistet
– Hohe Bewertungen in den Kategorien Klimastrategie und Corporate Citizenship

Die TUI Group ist zum zehnten Mal in Folge im renommierten Dow Jones Sustainability Indizes (DJSI) Europe notiert. Die TUI ist der einzige Touristikkonzern, dem der Sprung in den Nachhaltigkeits-Index gelang. Besonders hohe Bewertungen erzielte das Unternehmen bei der diesjährigen Überprüfung der Indexzusammensetzung in den Kategorien Klimastrategie und Corporate Citizenship.

Wir sind überzeugt, dass das Thema Nachhaltigkeit für Reisende zunehmend wichtiger wird. Ein professionelles Nachhaltigkeitsmanagement und hohe Nachhaltigkeitsstandards bedeuten daher auch eine klare Differenzierung im Wettbewerb. Diese Nachhaltigkeitsausrichtung ist in der TUI Unternehmensstrategie fest verankert – und wird auch in Zukunft eine große Rolle spielen. Unser Engagement für ökologische, ökonomische und soziale Belange werden wir im Rahmen unserer gerade verabschiedeten Nachhaltigkeitsstrategie 2015–2020 weiter ausbauen", sagt Thomas Ellerbeck, Mitglied des Group Executive Committee der TUI Group, in dessen Verantwortungsbereich die Nachhaltigkeitsprogramme des Konzerns weltweit fallen.

Hintergrund: Die Dow Jones Sustainability Indizes verfolgen einen Best-in-Class- Ansatz. Unternehmen aller Branchen können sich dabei für die Indexaufnahme qualifizieren. Aufgenommen werden jährlich die jeweils Branchenbesten, die bei der Bewertung zahlreicher Nachhaltigkeitskriterien besser abschneiden als ihre jeweiligen Wettbewerber. Jährlich werden mehr als 3.400 börsennotierte Unternehmen zu einer Bewertung ihrer Nachhaltigkeitsaktivitäten eingeladen. Das Ranking wird durch die Schweizer Investmentgesellschaft RobecoSAM im Auftrag des Index-Anbieters Dow Jones erstellt. Insgesamt wurden dieses Jahr 162 Unternehmen in den DJSI Europe aufgenommen.

Darüber hinaus ist die TUI AG in den Nachhaltigkeitsindizes FTSE4Good (Londoner Börse), dem STOXX Global ESG Leaders Index, dem Ethibel Excellence Index und dem ECPI Ethical Index €uro vertreten.

TUI AG https://www.tuigroup.com/de-de/nachhaltigkeit/news/2015/2015-09-14-dow-Jones-Sustainability-Index0

1.4.1 Auswirkungen des Tourismus: Treibhauseffekt

Die kurzwellige Strahlung der Sonne gelangt fast ungehindert durch die Atmosphäre hindurch auf die Erdoberfläche. Auf der Erde wird das Sonnenlicht teilweise in Wärme (Infrarotstrahlung) umgewandelt. Die Wärme wird nun wieder in Richtung Weltraum reflektiert und von der Erdatmosphäre, vergleichbar den Glasscheiben eines Treibhauses, auf die Erde zurück gestrahlt.

MERKE

Natürliche Reflexion schützt

Diese natürliche Reflexion gewährleistet auf der Erde eine Durchschnittstemperatur von etwa 15 Grad Celsius. Ohne diese Reflexion würde dieser Wert –18 Grad betragen.

Durch den **vermehrten Ausstoß von Kohlendioxid (CO_2)**, das ein natürlicher Bestandteil in der Atmosphäre mit ca. 0,04 Volumenprozent ist, wird Wärmestrahlung verstärkt zurückgeworfen mit der Folge, dass die durchschnittliche Temperatur auf der Erde ansteigt und das natürliche Temperaturgleichgewicht gestört wird. Es bilden sich »Treibhausgase«.

Reiseziel von Frankfurt am Main	CO_2-Ausstoß in kg für Hin- und Rückflug	Anteil an der Jahresdurchschnittsproduktion von CO_2 eines Deutschen in %	CO_2-Kompensationsgebühr in Euro pro Hin- und Rückflug
Mallorca (Spanien/Mittelmeer)	700	6	17
Gran Canaria (Spanien/Kanaren)	1700	14	40
New York (USA/Ostküste)	4020	32	93
Bombay (Indien)	4500	36	104
Peking (China)	5380	43	125
Los Angeles (USA/Westküste)	6540	52	151
Hawaii (USA)	8680	70	201
Sydney (Australien)	12460	100	288

Tab. CO_2-Ausstoß vom Flugzeug im Vergleich
www.co2-emissionen-vergleichen.de

Verschiedene Wissenschaftler sind der Meinung, dass die CO_2-Emissionen mit einem **Faktor *(Radiative Forcing Index)*** zwischen 1,9 und 4,7 multipliziert werden müssten, um die tatsächlichen langfristigen Klimawirkungen durch den Flugverkehr zu reflektieren.

Aus diesem Grund werden Fluggesellschaften vermehrt in die Klimaschutz-Pflicht genommen.

Fluggesellschaften in der Klimaschutz-Pflicht

Zu Beginn des Jahres 2012 ist der Flugverkehr in den europäischen Emissionshandel eingetreten.

Das Prinzip des Emissionshandels ist es, dass Fluggesellschaften für ihre Starts und Landungen Verschmutzungszertifikate vorweisen müssen. Auf diese Weise soll der Ausstoß klimaschädlicher Gase verteuert werden. Das soll für die Luftlinien den Anreiz erhöhen, die Emissionen ihrer Flotte zu reduzieren – etwa durch den Einsatz moderner Maschinen.

Für den Flugverkehr gibt es zunächst bis Ende 2016 einen rein innereuropäischen Emissionshandel. Das heißt, alle Flüge, die innerhalb Europas starten und landen, unterliegen dem Emissionshandel. Alle Flüge außerhalb Europas unterliegen nicht dieser Pflicht. Damit trifft der Emissionshandel überwiegend europäische Fluggesellschaften. Internationale Airlines dürfen über dem Europäischen Luftraum CO_2 emittieren, ohne dafür zahlen zu müssen.

Von den benötigten Verschmutzungszertifikaten wurden 2013 82 Prozent kostenlos den einzelnen Luftverkehrsbetreibern zugewiesen. Weitere der frei handelbaren Zertifikate können sich die Airlines z. B. an der Energiebörse *European Energy Exchange* (EEX) in Leipzig kaufen bzw. verkaufen. Eine Tonne CO_2-Emissionen kostete 2013 zwischen 13,00 und 14,00 Euro im Mai 2016 bei ca. 6,00 Euro/Tonne.

Die in der UN-Luftfahrtorganisation ICAO organisierten Staaten haben sich geeinigt, bis 2016 ein globales, marktbasiertes System für den Kohlendioxid-Emissionshandel zu entwickeln, das 2020 in Kraft treten soll. Ziel ist es, den CO_2-Ausstoß zu senken.

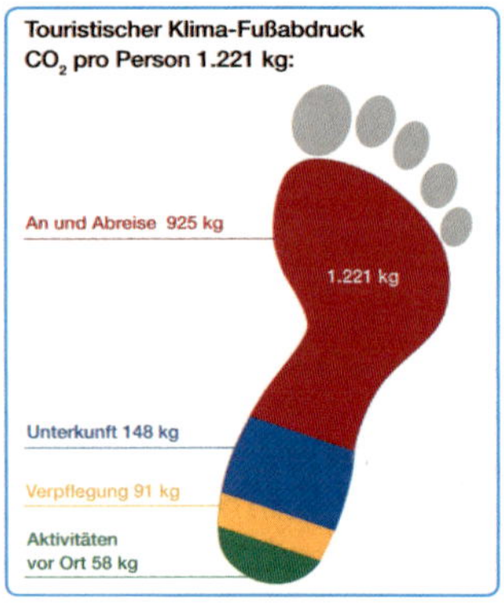

Touristischer Klima Fußabdruck

Der WWF hat einen internetbasierten Rechner entwickelt, mit dem jeder Einzelne seinen gesamten **ökologischen Fußabdruck** d. h. den CO_2-Verbrauch durch Ernährung, Konsum, Wohnen und Mobilität berechnen und mit dem Durchschnittsverbrauch vergleichen kann (www.wwf.de/themen/klimaschutz).

Entsprechend den vorhandenen Naturressourcen stellen 1,8 Hektar (1 ha = 10.000 qm) für jeden Erdenbürger einen aktuell verträglichen Verbrauch dar, quasi die passende »ökologische Schuhgröße«. Statistisch gesehen liegt er jedoch bei durchschnittlich 2,2 Hektar pro Person. Jeder Bundesbürger hat dabei einen errechneten »Verbrauch« von 4,2 Hektar, jeder Bürger der USA 9,6 Hektar. Bei steigender Weltbevölkerung und weiterer Überbeanspruchung der natürlichen Ressourcen wird wohl bald ein zweiter Planet gebraucht.

Dieser **touristische Klima-Fußabdruck** wird auf der nächsten Seite am Beispiel Mallorca dargestellt.

Mallorcaurlaub

BEISPIEL

Bei der An- und Abreise werden pro Person 925 kg CO_2-Äquivalente freigesetzt, 916 kg davon entfallen auf den Flug. 13 Übernachtungen im 4-Sterne-Hotel schlagen mit 148 kg CO_2-Äquivalenten zu Buche, Vollpension (= 25 warme Mahlzeiten) mit 91 kg. Die aktivitätsbezogenen Emissionen verursachen 58 kg (z. B. Mietwagenfahrten 36 kg, Motorbootfahrt 16 kg, Quad-Fahrt 6 kg).

Zahlen aus WWF-Bericht über die Umweltauswirkungen von Urlaub und Reisen (2009) www.wwf.de

Der touristische Klima Fußabdruck ist eine Größe zur Bestimmung der Auswirkungen des Tourismus auf den Klimawandel. Der Klimawandel stellt jedoch nicht die einzige Auswirkung von Tourismus dar.

1.4.2 Auswirkungen verschiedener Tourismusarten

Verschiedene Tourismusarten haben negative Auswirkungen auf heutige und zukünftige Generationen. Hierzu zählen insbesondere All inclusive-Reisen, Kreuzfahrten, Golftourismus und Sextourismus. Sie alle sind Beispiele für einen so genannten »**harten Tourismus**«.

Harter Tourismus

MERKE

Die Tourismusarten, die in ökologischer, kultureller und sozialer Hinsicht negative Auswirkungen auf heutige und zukünftige Generationen haben, werden als »harter Tourismus« bezeichnet.

All inclusive-Tourismus

Der Urlaub im Rahmen dieser Tourismusart findet häufig in abgeschlossenen Hotelanlagen (Hotel & Resort) statt und der Reisende macht sich selten auf den Weg, um die Fremde zu erleben. Er begibt sich in eine schützende Hülle, in der mindestens der gleiche Komfort herrscht wie zu Hause.

Neben den negativen ökologischen Auswirkungen der Anreise, werden die sozialen und ökonomischen Gegebenheiten in der Destination negativ beeinflusst. Denn wer nimmt noch unter solchen Bedingungen Kontakt zur heimischen Bevölkerung auf und schafft Einkommensmöglichkeiten für die lokale Bevölkerung?

1001 Nacht in der Türkei

Zimmer im Harem gefällig? Erleben Sie den Flair des Orients an der Türkischen Riviera. Themenhotels bieten Luxus pur und Raum zum Träumen. Und das Schönste: Bezahlbar bleiben sie trotzdem.

© de la Motte

Den Topkapi-Palast finden Sie in Istanbul. Gleich nebenan: Der Kreml und das Weiße Haus. Während die Tourismus- und Hotelbranche Umsatzeinbrüche beklagt, gibt es ein Unternehmen, das konsequent gegen jeden Trend weiter investiert und Themenhotels à la Las Vegas nach Europa holt. Die »World Of Wonders«-Hotelgesellschaft inszeniert eine bunte Illusionswelt für sonnenhungrige Türkei-Urlauber. Alle Projekte gehören der renommierten türkischen MNG-Holding und setzen neue Maßstäbe: Unter 5 Sternen läuft erst mal nichts. Und das Beste: Der Urlaubstraum bleibt sogar bezahlbar. [...]

Der Topkapi Palace, der dem gleichnamigen Prachtbau in Istanbul nachempfunden ist, ist bisher wohl der aufregendste sowie phantasievollste Hotelkomplex und das erste Themenhotel an der türkischen Mittelmeerküste.

Detailgetreu entstanden ganze Gebäudeteile im osmanischen Baustil: Die Zimmer liegen im nachgestellten Haremsbereich, die Weinstube ist im Gerechtigkeitsturm untergebracht und eine Diskothek befindet sich in der Basilika. Die Anlage verfügt über 908 Zimmer, die sich auf fünf mehrstöckige Gebäudetrakte verteilen. Das Hotel bietet alles, was das Luxusherz begehrt: 9 Bars, 3 A-la-carte-Restaurants, TV-Raum, Internet-Café, Leseraum, Spielezimmer, Souvenirgeschäfte, Boutiquen, Minimarkt, Friseur, Schuhputz-Service, ein Hallenbad und in der Gartenanlage befinden sich außerdem 4 Swimmingpools mit Sonnenterrasse, ein Kinderbecken und ein Relax-Pool.

Und wer von dem Angebot nichts verpassen möchte, dem bietet das eigens kreierte Markenzeichen »max. inclusive« ein umfangreiches All inclusive-Konzept: Alle im Hotel verfügbaren Sportarten, selbst motorisierter Wassersport, Animationsprogramme, üppige Buffets oder ausgewählte à la Carte-Menüs, Snacks rund um die Uhr, sämtliche Getränke inklusive importierter Markenalkoholika sowie ein Softdrink-Paket in der Minibar sind im Reisepreis enthalten. Darüberhinaus kann der Topkapi Palace-Gast den täglichen Schuhputzer ebenso in Anspruch nehmen wie den Haarschnitt beim Friseur und den Besuch im Türkischen Bad oder bei der Massage. [...]

www.leben.freenet.de/reisen/reisemagazin

© de la Motte

Kreuzfahrttourismus

Das Marktsegment Kreuzfahrten wächst schneller als jedes andere im weltweiten Tourismus. Die Seeschifffahrt verursacht nach verschiedenen Studien 2,7 Prozent der weltweiten CO_2-Emissionen, Tendenz stark steigend. In nur einer Stunde bläst ein Kreuzfahrtschiff, am Kai liegend, so viel Feinstaub in die Luft, wie 50000 Pkw bei einer Geschwindigkeit von 130 km/h. Kritik wird auch geäußert aufgrund der Umweltbelastungen durch Abfälle und Abwasser und der i. d. R. auf ein Minimum beschränkte Kontakt der Reisenden zur einheimischen Bevölkerung.

Die Kreuzfahrtbranche hat z.T. bereits erkannt, dass sie von einer intakten Natur lebt und einige Destinationen (die Kreuzfahrtschiffe ansteuern) vom Klimawandel akut gefährdet sind.

Um die **ökologische Verträglichkeit von Kreuzfahrten** zu steigern, wird vermehrt speziell von europäischen Kreuzfahrtreedern ein aktiv maritimer Umweltschutz betrieben (z. B. Einsatz biologischer Kläranlagen, Abfallvermeidung und Recycling, Senkung des Energieverbrauchs, Senkung von CO_2- und Schwefeloxid-(SO_X)-Emissionen durch den Einsatz von hochwertigen Treibstoffen).

Golftourismus

Ebenfalls wird der Golftourismus als Wachstumsbranche, aber auch als »harter Tourismus« angesehen.

Er stellt insbesondere durch den großen Wasser- und Flächenverbrauch eine ökologisch nachteilige Form des Tourismus dar. (Der tägliche Wasserverbrauch einer Anlage entspricht etwa einem Ort von 7.000 Einwohnern auf einer Fläche von 60 bis 100 Hektar.) Die Sportart als solche und die teils abgeschottete, hochwertige Bebauung lässt kaum Kontakt zu den Einheimischen zu.

© de la Motte

Abb. Golfplatz

ENDE EINES MODELLS

Wasserverbrauch der Golfplätze ärgert viele Spanier

HB MADRID. [...] Weite Teile der Iberischen Halbinsel leiden unter der schlimmsten Dürre seit 60 Jahren. In Murcia im Südosten Spaniens, einer der trockensten Gegenden Europas, hebt sich ein sattes Grün von der wüstenähnlichen Umgebung ab. Eine Mauer aus künstlichen Felsblöcken trennt die Oase von ausgetrockneten Feldern.

Auf der einen Seite nichts als Staub und Sand. Auf der anderen Seite der Mauer liegt ein Golfplatz der Luxusklasse. Dort scheint es Wasser im Überfluss zu geben. In der Mitte der Anlage wurde sogar ein künstlicher See geschaffen. Einheimische bezeichnen die Mauer, die die zwei Welten trennt, als »Schandmauer«. »Spanien ist dabei zu verdursten, nur ein Fitzelchen des Landes scheint nicht betroffen – die Fläche der Golfplätze«, empört sich die Zeitung »El Mundo«.

Die Zahl der Golfplätze hat sich in Spanien in fünf Jahren mehr als verdoppelt. Im ganzen Land gibt es 276 Anlagen, weitere 150 sind geplant. Viele von ihnen sollen wohlhabende Touristen anlocken. Denn die 800 000 Golftouristen bringen mehr Geld ins Land als die Pauschalurlauber, die sich an den Strand legen.

Mit der Dürre zeigt sich nun, dass das spanische Wachstumsmodell eine Kehrseite hat. Für einen Golfplatz wird laut »El Mundo« pro Jahr eine Wassermenge von 370 olympischen Schwimmbecken benötigt. Offiziell werden viele Golfplätze mit Brauchwasser gesprengt. In der Wirklichkeit nimmt man jedoch in den meisten Fällen Wasser aus Flüssen, aus denen auch das Trinkwasser gewonnen wird.

www.handelsblatt.com/panorama

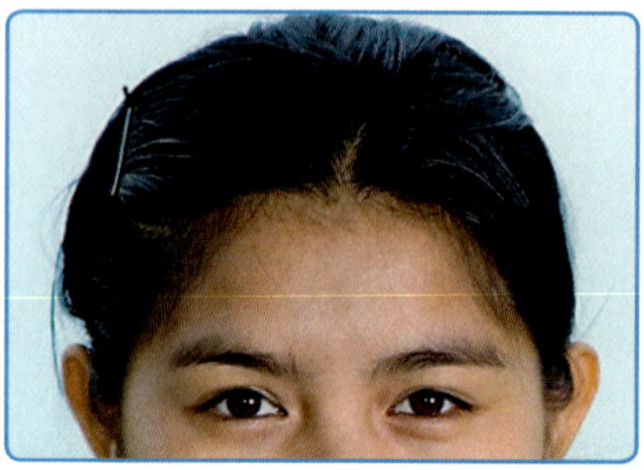

(Kinder-) Sextourismus

Kinder- bzw. Sextourismus stellt die extremste Form der Ausbeutung der einheimischen Bevölkerung dar. Schätzungen der UNICEF zufolge werden zwischen **zwei und drei Millionen (!) Kinder jährlich** im Bereich der Tourismusindustrie sexuell ausgebeutet (vgl. auch ► Kapitel 1.3.2)

© de la Motte

Vor diesen Hintergründen kommt der umweltverträglichen und sozialverantwortlichen Ausgestaltung von Tourismusaktivitäten im Sinne der nachhaltigen Entwicklung eine besondere Bedeutung zu.

Die Verantwortlichen Akteure (insbes. Politik, Tourismusindustrie, Reisende) müssen den »**Generationenvertrag Nachhaltigkeit**« so ausgestalten und umsetzen, dass künftige Generationen überall auf der Welt in Würde leben, Freizeit genießen und sicher reisen können.

1.4.3 CSR im Tourismus

Corporate Social Responsibility (**CSR** ▸ Kapitel 1.3.3) umschreibt den Beitrag eines Unternehmens zu einer nachhaltigen Entwicklung, indem es soziale, ökonomische und ökologische Verantwortung über den gesetzlichen Rahmen hinaus übernimmt.

Die Umsetzung von CSR führt aufgrund von **Synergieeffekten** zu einer Win-Win-Situation für das Unternehmen, weil es sich als innovativ und verantwortungsbewusst auf dem Markt positioniert. Seine Mitarbeiter werden zu einer kontinuierlichen Verbesserung der Nachhaltigkeitsleistungen motiviert.

Das u. a. vom **forum anders reisen (far)** entwickelte CSR-Berichtswesen dokumentiert messbar und nachprüfbar die sozialen und ökologischen Auswirkungen, die durch die Geschäftstätigkeit eines Unternehmens entstehen. Dazu werden u. a. die Reiseprodukte und die gesamte Dienstleistungskette (z. B. Vermittlungsbetriebe, Transportunternehmen, Unterkünfte, Vor-Ort-Dienstleister) analysiert. Aufgrund eines **qualifizierten** Feedback kann das Unternehmen seine Stellung gegenüber Mitbewerbern abschätzen und Verbesserungspotenziale erkennen.

Die **glaubwürdige Transparenz der Reisedienstleistungen** ist einerseits ein Qualitätsargument gegenüber den Kunden, und sensibilisiert andererseits die Reisenden und die Bevölkerung in den Gastländern. Sie mündet in der Formel:

- Umweltqualität ist unverzichtbar für Urlaubsqualität
- Umweltqualität ist die Basis für Gästezufriedenheit

⇩

Mehr Nachhaltigkeit = mehr Qualität

Die drei Dimensionen und Auswirkungen von Tourismus werden dabei auch als **die drei Säulen der Nachhaltigkeit** bezeichnet. Sie sind als Elemente miteinander verbunden und bilden ein **magisches Dreieck** (triple-bottom-line) und damit die Grundlage von CSR.

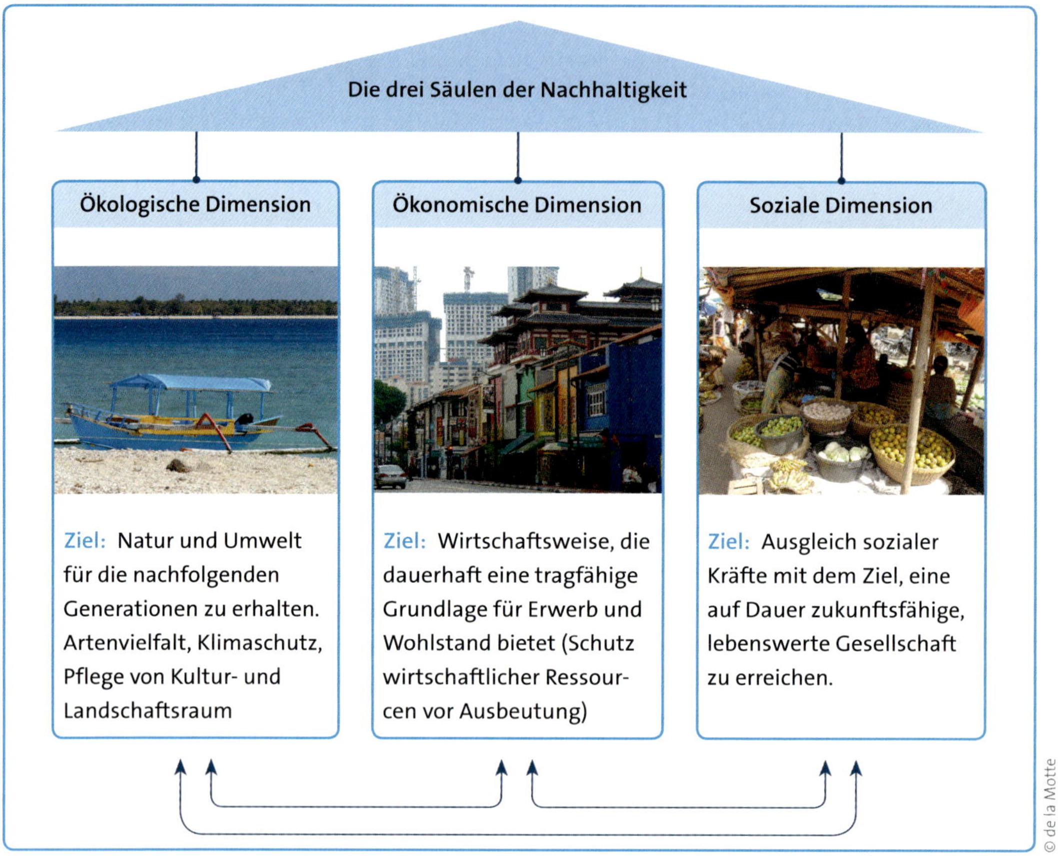

Abb. Die drei Säulen der Nachhaltigkeit

Abb. CSR Tourismus-Siegel

Das **Zeichen »*CSR-Tourism certified*«** ist eine Auszeichnung für Nachhaltigkeit und Unternehmensverantwortung im Tourismus. Es wird von einem unabhängigen **Zertifizierungsrat** vergeben, wenn ein Veranstalter alle festgesetzten (Nachhaltigkeits-)Werte erreicht. Es ist für zwei Jahre gültig. Mit dem Siegel verpflichtet sich das Unternehmen dazu seine Nachhaltigkeitsleistung kontinuierlich zu verbessern.

Im Hinblick auf die Kernherausforderungen für einen **nachhaltigen Tourismus** lassen sich **acht Leitlinien** zusammenfassen.

CSR-Leitlinien im Tourismus

1. Umweltschonend reisen
Umweltschonende An- und Abreisen, sowie umweltschonende Transportmittel in der gesamten Reiseroute werden bevorzugt angeboten. Reisedauer wird in Abhängigkeit der Reiseentfernung nach ökologischen Gesichtspunkten gewählt. Flugreisen möglichst nur für Fernreisen mit längerem Aufenthalt und CO_2-Kompensation. Information des Kunden über CO_2-Emissionen der jeweiligen Reise.

2. Unterkünfte sorgfältig auswählen
Lokale und eigentümergeführte Unterkünfte, die Umwelt- und Sozialstandards erfüllen, werden gezielt ausgewählt.

3. Reiseziele abwägen
Reiseziele mit nachhaltiger Entwicklungsperspektive sowie nachweisbaren Umweltschutz- und Menschenrechtsstandards werden bevorzugt.

4. Lokale Gemeinschaften beteiligen
Achtung der Gesellschaft, Kultur sowie der Bedürfnisse der einheimischen Bevölkerung im Reiseland und Beteiligung der lokalen Bevölkerung an der Ausgestaltung und den wirtschaftlichen Erträgen im Tourismus.

5. Angemessene Preise zahlen
Angemessene Preise sind vollumfänglich kostendeckend, Existenz sichernd und tragen zur Entwicklung des Gemeinwohls bei.

6. Arbeitsstandards einhalten
Faire Arbeitsbedingungen beinhalten als Mindeststandard die Einhaltung der gesetzlichen Arbeitsrechte sowie der ILO-Kernkonventionen, die Förderung von benachteiligten Bevölkerungsgruppen und Frauen sowie den Schutz der Kinder vor sexueller und wirtschaftlicher Ausbeutung.

7. Partnerschaftlich wirtschaften
In ihrem eigenen Wirtschaften verhalten sich alle Tourismusakteure untereinander fair, fördern ihre Mitarbeitenden und verbessern kontinuierlich ihre Umwelt- und Sozialstandards. Die Beziehungen sind geprägt von gegenseitigem Respekt, Verlässlichkeit, Transparenz und Rechenschaft.

8. Transparenz schaffen
Reiseveranstalter betreiben aktiv eine transparente Kommunikation mit ihren Kunden zur gesellschaftlichen Verantwortung.

aus der Broschüre »Leitfaden CSR-Reporting im Tourismus« 8 Schritte zum CSR Bericht, 2007
www.forumandersreisen.de

Die Tourismuswirtschaft engagiert sich in vielfacher Form, um ein »weißes Kleid« zu bekommen.

Futouris e.V. – die Nachhaltigkeitsinitiative

Die Mitglieder und Initiatoren von **Futouris e.V.** sind internationale Unternehmen aus der Tourismusbranche. Der Name steht für Zukunft (lat. futur) und Tourismus. Ziel des Vereines ist es, gemeinsam nachhaltige Projekte in Tourismusdestinationen zu fördern, zu planen und zu realisieren und damit Urlaubsdestinationen zu bewahren, Veränderungsprozesse in Unternehmen anzuregen und die Reisebranche nachhaltig zu gestalten.

Abb. Mitglieder der Nachhaltigkeitsinitiative; *www.futouris.org*

Nachhaltige Projekte

BEISPIEL

© Täubel – Fotolia.com

Projektergebnisse als »Best Practice« für die Hotelbranche

Berlin, 21. März 2014 – Pünktlich zum bevorstehenden Weltwassertag am 22. März 2014 startet das Futouris-Mitglied Thomas Cook sein neues Patenprojekt »Wertvolles Wasser«. Ziel des Projekts ist es, die Ressource Wasser durch Einsparungen im Verbrauch zu schonen. Swantje Lehners, Referentin Nachhaltigkeit der Thomas Cook AG, betont: »Wasser ist ein wertvolles Gut. Viele der Regionen, in denen unsere Gäste ihren Urlaub verbringen, sind von Wasserknappheit betroffen. [...] »Das Wassermanagement in Hotels ist eine besondere Herausforderung. Ob für die Gästeduschen, die Zimmerreinigung, den Pool oder die Bewässerung der Gartenanlage – der Wasserverbrauch ist enorm. Viele Hoteliers haben sich mit dem Thema noch nicht intensiv auseinandergesetzt. Mit dem Projekt wollen wir aufzeigen wo es Potenzial zur Reduzierung des Wasserverbrauchs gibt, um nachhaltig und kosteneffizient zu wirtschaften«, so Stefan Gössling.

www.futouris.org

Futouris-Projekt »Nachhaltige Landausflüge« geht in die Implementierung

Das Futouris-Mitglied AIDA Cruises startet 2014 die praktische Umsetzung des Projekts »Nachhaltige Landausflüge«. Ob Stadtspaziergang durch Tallinn, Fahrradausflug in Helsinki oder Pedelec-Tour nach Kopenhagen – bei AIDA sind neuerdings Ausflüge, die nachhaltige soziale, ökologische und kulturelle Kriterien berücksichtigen, besonders gekennzeichnet. In den vergangenen zwei Jahren hatte das Kreuzfahrtunternehmen Kriterien und Indikatoren für nachhaltige Landausflüge entwickelt. Anhand dieser bewertete AIDA Cruises sein bestehendes Ausflugsprogramm für den Ostseeraum als Modellregion.

Nachhaltige Projekte

BEISPIEL

www.ecoresort-tui.com

Das Gütesiegel EcoResort wurde im Jahr 2005 als konzerninternes Prädikat von TUI Hotels & Resorts gegründet und ist mit einer Wortbildmarke geschützt.

Robinson Club Cala Serena produziert seine Heizenergie jetzt mit Biomasse
Hannover, 04. Dezember 2012
Von nun an darf sich der Robinson Club Cala Serena auf die Fahne schreiben, seine Energie CO_2-neutral zu generieren. Die Qualitätsanforderungen nach DIN 16001 wurden damit erfüllt und folglich trägt das Hotel als erstes Hotel Spaniens diese Auszeichnung.
http://ecoresort-tui.com/de/aktuelles/presse/

DORFHOTEL Boltenhagen
Das Iberotel Boltenhagen befindet sich im drittältesten Ostseebad Deutschlands in naturbelassener Landschaft. Im neuen Ferienresort Weiße Wiek auf der Tarnewitzer Halbinsel schaffen das Iberotel und das **DORFHOTEL Boltenhagen** sowie die Marina Boltenhagen eine Urlaubswelt am Meer, die Qualität und maritimen Charme mit den Anforderungen an einen hochwertigen Urlaub an der See kombinieren.

Umwelt- und Nachhaltigkeitsprojekte
- Umweltshuttle
- Einsatz energiesparender Leuchtmittel
- Effektive Mikroorganismen
- Nistkästen für Fledermäuse
- Zertifikat

http://ecoresort-tui.com/de/aktuelles/presse/

Viabono – DIE Kompetenz für Nachhaltigkeits-Zertifizierungen
Die Viabono GmbH hat sich in den letzten zehn Jahren als unabhängige und führende Fachorganisation für Nachhaltigkeitszertifizierungen in der Freizeit- und Reise-/Tourismusbranche etabliert. Die Viabono-Konzepte zeichnen sich durch ein sinnvolles Maß sowohl an seriöser Fachkompetenz und Glaubwürdigkeit als auch an Praxisorientierung und Pragmatismus aus. Der Leitgedanke lautet: »Ökologie und Ökonomie passen sehr wohl zueinander und ergänzen sich nicht selten sogar hervorragend!«. Deshalb genießt Viabono nicht nur in der Tourismuswirtschaft, sondern auch bei den Umweltverbänden breite Akzeptanz.

Viabono® Reisen natürlich genießen

Auf dieser Grundlage hat die Viabono GmbH unterschiedliche Zertifizierungs-Produkte entwickelt und im Markt eingeführt, entweder als eigene Zertifizierung oder aber in Kooperation mit bzw. im Auftrag von anderen Institutionen.
http://www.viabono.de/PhilosophieService/Infothek.aspx

Jeglicher Tourismus, auch der Öko-Tourismus, mag er auch das Prädikat »sanft«, »angepasst« oder »nachhaltig« tragen, ist mit Umweltschäden, Ressourcenverbrauch, Emissionen von Schadstoffen und Klimagasen verbunden.

Lebens- und Urlaubsqualität MERKE

Nur umweltgerechte, sozial verträgliche touristische Angebote sichern der Bevölkerung mehr Arbeitsplätze und Lebensqualität und dem Gast eine (neue) Urlaubsqualität.

Die Reisebüro-Mitarbeiter der Zukunft werden daher »**nachhaltige Lifestyle-Manager**«, die Reiseveranstalter »**nachhaltige *Lifestyle*-Anbieter**« sein.

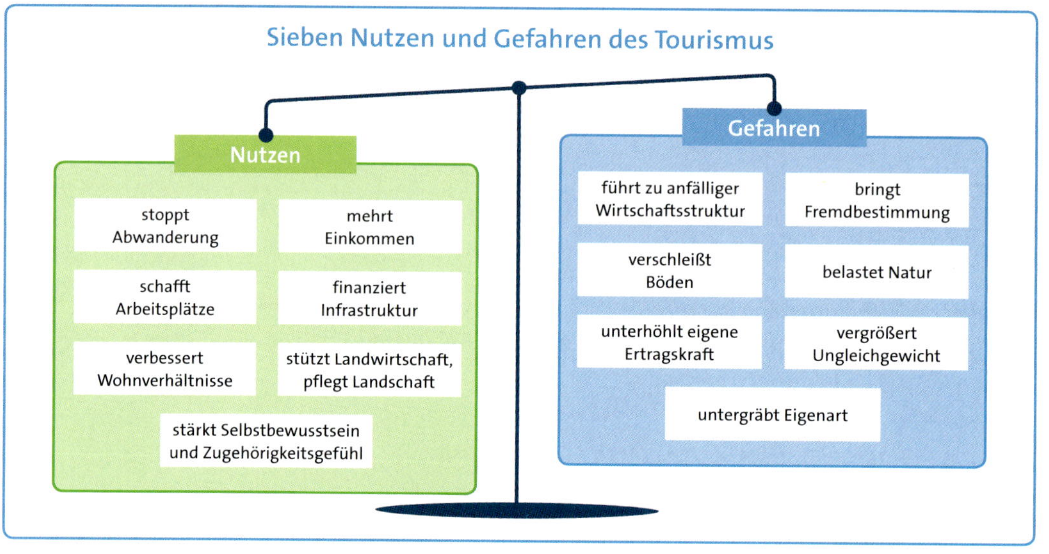

Abb. Nutzen und Gefahren des Tourismus

aus einem Vortrag von Prof. Dr. Hansruedi Müller, Forschungsinstitut für Freizeit und Tourismus (FIF) der Universität Bern

Laut ***World Tourism Organization*** (**UNWTO**) wurden im Jahr 2014 für internationale Reisen 1.245 Milliarden US-Dollar ausgegeben, also ca. 3,5 Milliarden am Tag. (Aktuellere internationale Zahlen liegen nicht vor). Die Deutschen gaben im Jahr 2014 laut UNWTO 92,2 Milliarden US-Dollar für ihre Auslandsreisen aus. Reiseweltmeister ist China mit 164,9 Milliarden US-Dollar in 2014.

Von den weltweiten Einnahmen entfielen rund zwei Drittel auf die Industrieländer. Ein Grund dafür mag darin zu sehen sein, dass die Konzentration in der Tourismusbranche und damit eine Hand voll transnational operierender Konzerne das weltweite Tourismusgeschäft maßgeblich bestimmen. Von ihnen ist deshalb wirtschaftliche und soziale Verantwortung gefragt.

Eine realistische **Alternativen** zum **Tourismus** gibt es kaum, um langfristig Lebens-, Wirtschafts- und Erholungsräume zu sichern. Dabei kann sich der Tourismus nur selbst im Wege stehen, in dem er natürliche und kulturelle Eigenarten zur Unkenntlichkeit verändert oder gar zerstört. Nachhaltige Touristen und Tourismusunternehmen sind keine Devisen, die kommen und gehen.

AUFGABEN

1. Geben Sie jeweils ein Beispiel für: Inlands-, Auslands-, Nah-, Fern-, Tagungs-, Kongress-, Urlaubs-, Geschäftstourismus und Tagestourismus.

2. Wozu werden folgende Unternehmen im Rahmen der Tourismuswirtschaft gezählt: Backerei in einem Badeort, Friseur, der seinen Standort neben einem Hotel hat, ein Verlag, der Reiseführer oder Reisezeitschriften produziert, Versicherungen, die auch Reiseversicherungen verkaufen, ein Skiliftbetreiber, eine Reederei mit Kreuzfahrtschiffen, Bars, Cafes, Verkehrsbetriebe, Campinglatzbetreiber und Museen?

3. Worin unterscheiden sich die Definition des Begriffes Tourismus nach UNWTO und OECD?

4. Worin sehen Sie das angestrebte Selbstverständnis in folgenden Aussagen? (Berücksichtigen Sie in ihrer Antwort die drei Teilbereiche für ein Unternehmensleitbild.)
   a) Leitbild einer TOURISTIC *Group*:
   »Zusammen einen Schritt voraus. Für Kunden, Mitarbeiter und Unternehmen nur das Beste!«
   b) Mission eines Verkehrsvereins einer Großstadt:
   »Die Mission unseres Unternehmens drückt sich in diesem Satz aus: Musterstadt Tourismus – Wir bringen Leben in die Stadt!«
   c) Slogan der Stadt Orth an der Donau:
   »Unser Leitbild: Wir alle sind unseres ORT(H)es Schmied.«
   www.orth.at
   d) Der Stadtslogan von Oranienburg:
   »Oranienburg ist anders …«
   www.oranienburg.de

5. Wer sind die Adressaten folgender Auszüge aus einem Unternehmensleitbild? Welchen Zweck verfolgen sie?
   a) »Der Gast steht stets im Mittelpunkt unseres Handelns. Wir orientieren uns an seinen Bedürfnissen und wollen seine Erwartungen übertreffen. Wir wollen die besten Gastgeber der Region sein.«
   b) »Wir handeln immer wettbewerbsorientiert. Dabei respektieren wir die Gesetze und Grundsätze des Marktes. Wir sind langfristig orientiert, agieren ehrlich, nachhaltig, offen und transparent. Damit sind wir ein berechenbarer und solider Partner für alle Interessensgruppen unseres Marktfeldes.«
   c) »Wir handeln auf allen Stufen kompetent, zuverlässig, freundlich, zuvorkommend und in gegenseitiger Wertschätzung. Aufgaben, Verantwortung und Kompetenzen delegieren wir deckungsgleich. Wir bieten marktkonforme Entlohnung, Aus- und Weiterbildung sowie ein gutes Arbeitsumfeld.«

d) »Eine einmalige Landschaft bildet die wichtigste Grundlage unserer Geschäftstätigkeit. Für uns sind ein intaktes Landschaftsbild und der Schutz von Pflanzen- und Tierwelt von zentraler Bedeutung. Wir respektieren die umweltrelevanten Gesetze und Verordnungen und verbessern laufend unsere Leistungen zugunsten einer günstigen Ökobilanz.«

© de la Motte

6. Entwerfen Sie ein Motto für ein(e)n
   a) Busreiseveranstalter
   b) Reisebüro
   c) Campingplatz
   d) Verkehrsträger (Bahn, Flug)
   e) Fremdenverkehrsamt

7. Erläutern Sie jeweils drei Chancen und Risiken für die Aufnahme eines Verhaltenskodex in die Unternehmensphilosophie eines Reiseveranstalters.

8. Entwerfen Sie eine Leitbildsequenz für Kundenorientierung, Arbeitsklima und Unternehmenskultur.

9. Wer steckt hinter dem Unternehmensleitbild?
   a) »Wir bieten der Bevölkerung in unserem Einzugsgebiet komfortablen und zeitsparenden Zugang zu den Sonnenregionen und Tourismuszentren.«
   b) »Wir orientieren uns an den Bedürfnissen unserer Kunden.«
   c) »Wir bemühen uns um die Anliegen unserer Anrainer.«
   d) »Wir wollen uns weiterentwickeln.«
   e) »Wir wollen ein zuverlässiger Arbeitgeber sein.«
   f) »Wir sind flexibel und lösungsorientiert.«

10. Oftmals bestehen hinsichtlich des Image (Fremdbild eines Unternehmens) und dem Unternehmensleitbild erhebliche Wahrnehmungsunterschiede. Begründen Sie diese Tatsache anhand von drei Beispielen.

11. Versuchen Sie auf Ihr Unternehmen bezogen folgende Fragen zu beantworten:
   a) Was ist Ihr Leitbild?
   b) Wie lautet Ihr Motto?
   c) Wie heißt Ihre Vision?
   d) Welche Ziele wollen Sie mittelfristig realisieren?
   e) Welche Werte sind Ihnen wichtig?
   f) Wie ist Ihre Beziehung zu Kunden und Geschäftspartnern?
   g) Wie und in welcher Form gehen Sie miteinander um?
   h) Herrscht bei Ihnen Freundlichkeit oder Schwatzhaftigkeit, Servicebereitschaft oder Improvisation?
   i) Was sind Ihre Kernkompetenzen?
   j) Welche sind Ihre speziellen Kenntnisse und *Ressourcen*?

k) Haben Sie ein besonderes Alleinstellungsmerkmal?
l) Wie sieht Ihr Wettbewerbsumfeld aus?
m) Wo stehen Sie im Vergleich zu Ihren Mitbewerbern?
n) Wie verhalten sich die Kunden in Ihrem Markt?
o) Welche zukünftigen Anforderungen haben Ihre Kunden?

12. Beantworten Sie die in Aufgabe 11 genannten Fragen – soweit wie möglich – im Hinblick auf Ihre Berufsschulklasse.

13. Die Botschaft eines Mottos muss sein: »So sind wir!« und nicht »So sollten wir sein!«. – Begründen Sie diese Aussage.

14. Ordnen Sie folgende acht Schritte zur Erstellung eines Leitbildes in die richtige Reihenfolge.
- Beteiligung der Mitarbeiter
- Abgleich von Leitbild und Unternehmensstruktur
- Regelmäßiges Überprüfen der Wirksamkeit
- Hierarchiespezifische Schulungen
- Übereinstimmung von Strategie und Unternehmensleitbild
- Bewusstsein aufbauen und fördern
- Aufgabenspezifische Schulungen
- Einbindung von Integritätsaspekten in die Personalauswahl und in die Leistungsbeurteilung

15. Welche Möglichkeiten sehen Sie, Ihren Arbeitsplatz nachhaltiger zu gestalten?

16. Was beinhaltet das konzernweite *Compliance Management System* der TUI AG?

17. Ordnen Sie jeweils zwei zentrale Aussagen der Zielbeschreibung (Vision) der oben genannten Unternehmen den drei zentralen Zieldimensionen touristischer Unternehmen zu.

18. »Zielkomplementarität ergibt sich, wenn die Erfüllung eines Zieles gleichzeitig auch die Erreichung eines anderen Zieles fördert.« – Für welche Paarungen der Zieldimensionen trifft die Aussage zu?

Abb. Magisches Dreieck der Nachhaltigkeit

19. »Zielkonkurrenz liegt vor, wenn die zunehmende Erfüllung eines Zieles die Erfüllung eines anderen Zieles zunehmend behindert.« – Für welche Paarungen der Zieldimensionen könnte diese Aussage zutreffen?

20. Welcher Zieldimension würden Sie folgende Elemente zuordnen?
a) Unabhängigkeit, b) Image, c) Kapitalstruktur

21. Wie sehen Sie im Rahmen eines *Ratings* die Gewichtung der drei Zieldimensionen Ökonomie, Ökologie und Soziales in Tourismusunternehmen? Begründen Sie Ihre Entscheidung.

22. Erläutern Sie den Zusammenhang zwischen dem »Magischen Dreieck der Nachhaltigkeit« und den in ► Kapitel 1.3.1 dargestellten Unternehmenszielen.

23. Recherchieren Sie die »Spielregeln« des globalen Ethik-Kodex für Tourismus (neun Artikel) für die verschiedenen »Akteure im Tourismus«. Stellen Sie diese der Klasse vor.

24. Entwerfen Sie eine CSR-Leitlinie (mindestens fünf Anforderungskriterien) für ein Reisebüro bzw. eine Tourismusinformation.

25. Lesen Sie die Hotelbeschreibung des Topkapi-Palastes (► Artikel in Kapitel 1.4.2) und nehmen Sie zu der folgenden Aussage Stellung: »Touristische Hotelanlagen sind häufig Parallelwelten, die einen authentischen Kontakt mit der lokalen Kultur aus materiellen Interessen unterbinden.«

26. Die Tourismusindustrie ist Verursacherin und Leidtragende des Klimawandels. Welche Aspekte müssen zukunftsfähige Pauschalreisen auszeichnen?

27. Prof. Müller vom Forschungsinstitut für Freizeit und Tourismus stellt eine »Magische Fünfeck-Pyramide« in das Zentrum einer nachhaltigen touristischen Entwicklung.

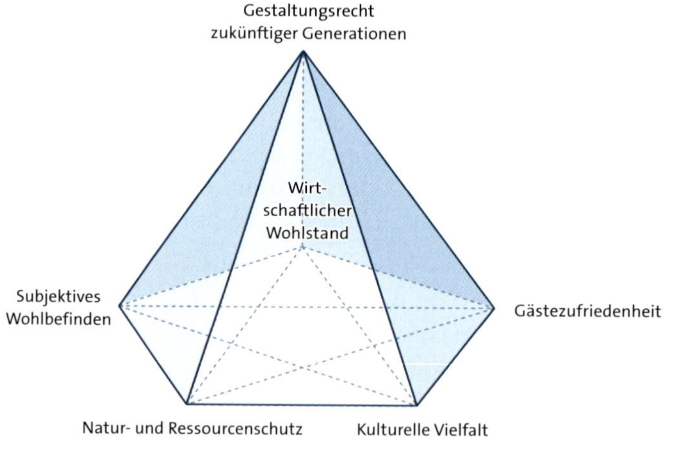

aus: Prof. Dr. Hansruedi Müller: Tourismus und Ökologie. Wechselwirkungen und Handlungsfelder. Oldenbourg 2007, S.29.

Vergleichen Sie die Parameter mit den »drei Säulen der Nachhaltigkeit« im Hinblick zu Aussagen über:

a) Einkommen, Wertschöpfung, Abbau von Disparitäten
b) Eigenständigkeit, Freiheit, Selbstverwirklichung, kulturelle Identität, Anpassungsfähigkeit
c) optimale Befriedigung der vielfältigen Gästeerwartungen
d) Biodiversität, *Ressourcen*schutz, landschaftliche Vielfalt
e) kulturelles Schaffen, Pflege einheimischer Kultur, Kulturgüterschutz, Gastfreundlichkeit
f) Gestaltungsrecht, Generationenvertrag

28. Die Karikatur »Globaler Tourismus« von Sergio Langner aus Argentinien, belegte den zweiten Platz beim Karikaturen-Wettbewerb 2001 von KATE-Kontaktstelle für Umwelt und Entwicklung und EED-*Tourism Watch*.
Nehmen Sie Stellung zu der Karikatur unter folgenden Gesichtspunkten:

a) Der Begriff Nachhaltigkeit stammt aus der Forstwirtschaft und besagte, dass nur soviel Holz aus dem Wald entnommen werden sollte, wie in dem jeweiligen Gebiet nachwachsen kann.
b) Der Tourismus hat globale Auswirkungen auf Gesellschaft, Ökologie, Ökonomie und Politik.
c) Ein Zitat aus dem Zusammenhang gerissen und doch zutreffend?

Globaler Tourismus

»[...] Die Menschen werden sich zum Beispiel darauf einstellen müssen, in den nächsten Jahrzehnten mehr Geld für Alter, Gesundheit und Pflege auszugeben.
Das heißt: Wir müssen im Zweifel auf eine Urlaubsreise verzichten, um für später vorzusorgen. Wenn Sie so was verkünden, können Sie öffentlich ganz schön verhauen werden.«
Bundesfinanzminister Peer Steinbrück am 17. August 2006 in einem Interview mit Hörzu

29. Welche zentralen Probleme des Golftourismus werden in dem Zeitungsartikel »Wasserverbrauch der Golfplätze ärgert viele Spanier« (► Kapitel 1.4.2) angesprochen?

30. Geben Sie drei Beispiele dafür, dass die Mitarbeiter in einem Reisebüro bzw. in einer Tourismusinformation heute schon zu einem Teil als nachhaltige *Lifestyle-Manager* tätig sind.

31. Überprüfen Sie mit dem CO_2-Rechner des WWF unter www.wwf.de/themen/klimaschutz den Kohlendioxidverbrauch bei Ihrer letzten Flugreise (bzw. alternativ für einen Flug von Hamburg nach München).

Anlage

Offizielle Tourismusorganisationen

Welttourismusorganisation (UNWTO)
Europäische Kommission – Tourism in the EU
Bundesministerium für Wirtschaft – Referat Tourismuspolitik
Europäische Kommission – Generaldirektion Verkehr
International Civil Aviation Organisation (ICAO)
European Civil Aviation Conference (ECAC)
European Aviation Safety Agency (EASA)

Private Tourismusorganisationen

a) Tourismus
- DRV – Deutscher Reiseverband
- ASR – Verband mittelständischer Reiseunternehmen
- Deutsche Zentrale für Tourismus (DZT)
- Deutscher Tourismusverband (DTV)

b) Luftverkehr
- *International Air Transport Organisation* (IATA)
- *Association of European Airlines* (AEA)
- *European Regional Airlines Association* (ERAA)
- *European Low Fares Airline Association* (ELFAA)
- *Airports Council International* (ACI)

c) Bus
- Bundesverband Deutscher Omnibusunternehmer (BDO)
- Internationaler Bustouristikverband (RDA)
- Gütegemeinschaft Buskomfort (gbk)

2 Kaufleute und Unternehmensformen

Der **Begriff Gewerbe** ist nicht eindeutig definiert. Nach herrschender Meinung ist ein Gewerbe jede nach außen erkennbare, auf Dauer angelegte, selbstständige und planmäßige, zum Zweck der Gewinnerzielung ausgeübte Tätigkeit. Sie steht in Einklang mit der Rechtsordnung und wird nicht als »freier Beruf« betrieben.

MERKE

»Freie Berufe« betreiben kein Gewerbe
Die »freien Berufe«, wie Rechtsanwalt, Steuerberater, Arzt sowie Wissenschaftler oder Künstler, die eine höchstpersönliche Leistung erbringen, betreiben kein Gewerbe.

Eine gewerbliche Tätigkeit i. S. d. § 14 BGB setzt nur ein selbstständiges und planmäßiges, auf eine gewisse Dauer angelegtes Anbieten entgeltlicher Leistungen am Markt voraus.

Eine Gewinnerzielungsabsicht – als unternehmensinterne Tatsache – ist im Interesse eines wirksamen Verbraucherschutzes nicht erforderlich.

Der Gewerbetreibende muss seine Tätigkeit auf einem Markt anbieten und privatrechtlichen Verpflichtungsgeschäfte, z. B. einen Kaufvertrag (► LF 2, Kapitel 3), eingehen. Ein nur gelegentliches Ausüben einer selbstständigen Tätigkeit reicht dafür nicht (z. B. Flohmarktverkäufe).

Selbstständige Tätigkeit		
Übernahme des Unternehmerrisikos, freie Gestaltung seiner Tätigkeit, keine Weisungsgebundenheit und eigenständiges Auftreten am Markt.		
Erkennbarkeit nach außen ► Für den Geschäftspartner muss die Gewerbetätigkeit erkennbar sein.	**Planmäßigkeit und Ausrichtung auf Dauer** ► Tätigkeit muss von vornherein auf eine Vielzahl von Geschäften ausgerichtet sein.	**Gewinnerzielungsabsicht** ► Tätigkeit muss darauf ausgerichtet sein, einen den Aufwand übersteigenden Ertrag (Gewinn) zu erwirtschaften.

Tab. Gewerbebegriff

In Deutschland unterliegen die Ausübung eines Gewerbes und damit die Gewerbebetriebe der **Gewerbeordnung (GewO)**. Jede gewerbliche Tätigkeit muss bei der zuständigen Gemeinde an- und abgemeldet werden.

Gewerbebetriebe werden in Produktions-, Handels- und Dienstleistungsbetriebe unterschieden.

Gewerbebetriebe

- **Produktionsbetrieb** (erstellt materielle Leistungen)
- **Handelsbetrieb** (hat einen kaufmännisch eingerichteten Geschäftsbetrieb)
- **Dienstleistungsbetrieb** (erstellt immaterielle Leistungen)

Abb. Gewerbebetriebe

Ein **Handelsgewerbe** bestimmt sich nach den § 1 Abs. 2 und § 2 des Handelsgesetzbuches (HGB). Handelsbetriebe können sowohl Produktions- als auch Dienstleistungsbetrieb sein. Das wichtige Unterscheidungsmerkmal zu anderen Gewerbebetrieben stellt die **kaufmännische Eigenschaft** dar.

> **MERKE**
>
> **Handelsgewerbe**
> Ein Handelsgewerbe ist ein Gewerbebetrieb, der nach Art und Umfang einen in kaufmännischer Weise eingerichteten Geschäftsbetrieb erfordert.

Durch das Gesetz fingiert liegt ein Handelsgewerbe immer vor, wenn es unter der Firma des Betreibers im Handelsregister (▸ Kapitel 2.2) eingetragen ist.

Handelsgewerbe – Kriterien

qualitativ	kaufmännisch	quantitativ
▸ unbestimmte Vielzahl von Geschäften ▸ Abwicklung konkreter Geschäfte ▸ Vielfalt von Waren und Leistungen	▸ Einsatz kaufmännischen Personals ▸ verschiedene Geschäftsbereiche ▸ kaufmännische Buchführung ▸ Aufbewahrung der Korrespondenz ▸ Firmierung	▸ Größe des Anlage- und Betriebskapitals ▸ Umsatzvolumen ▸ Höhe des Kreditbedarfs ▸ Zahl der Beschäftigten ▸ Zahl und Größe der Betriebsstätten ▸ Umfang der Werbung ▸ Lagerstätten

Abb. Kriterien des Handelsgewerbebegriffs

Ein solcher Geschäftsbetrieb ist zur ordentlichen und übersichtlichen Geschäftsführung sowie zum Schutz der Geschäftspartner notwendig. Es ist dabei unerheblich, ob eine kaufmännische Einrichtung tatsächlich vorhanden ist, wesentlich ist, ob sie nach den Umständen erforderlich ist. Ist dies nicht der Fall, so liegt grundsätzlich ein **nichtkaufmännisches Kleingewerbe** (▸ Exkurs in Kapitel 2.3.1) vor.

2.1 Kaufleute

Nach § 1 Abs. 1 HGB ist Kaufmann, »wer ein Handelsgewerbe betreibt.« Wie bereits festgestellt setzt ein Handelsgewerbe voraus, dass die ausgeübte Tätigkeit ein Gewerbe darstellt und nach den §§ 1 u. 2 HGB als Handelsgewerbe zu behandeln ist.

2.1.1 Kaufmannsarten, Kaufmannseigenschaft

Das HGB unterscheidet grundlegend zwischen dem Kaufmann kraft Gesetzes (Ist-Kaufmann) und dem Kaufmann kraft freiwilliger Eintragung im Handelsregister (Kann-Kaufmann).

Kaufmann kraft Gesetzes — MERKE

Der Kaufmann kraft Gesetzes unterliegt immer den Regeln des Handelsrechts und muss sich in das Handelsregister eintragen lassen.

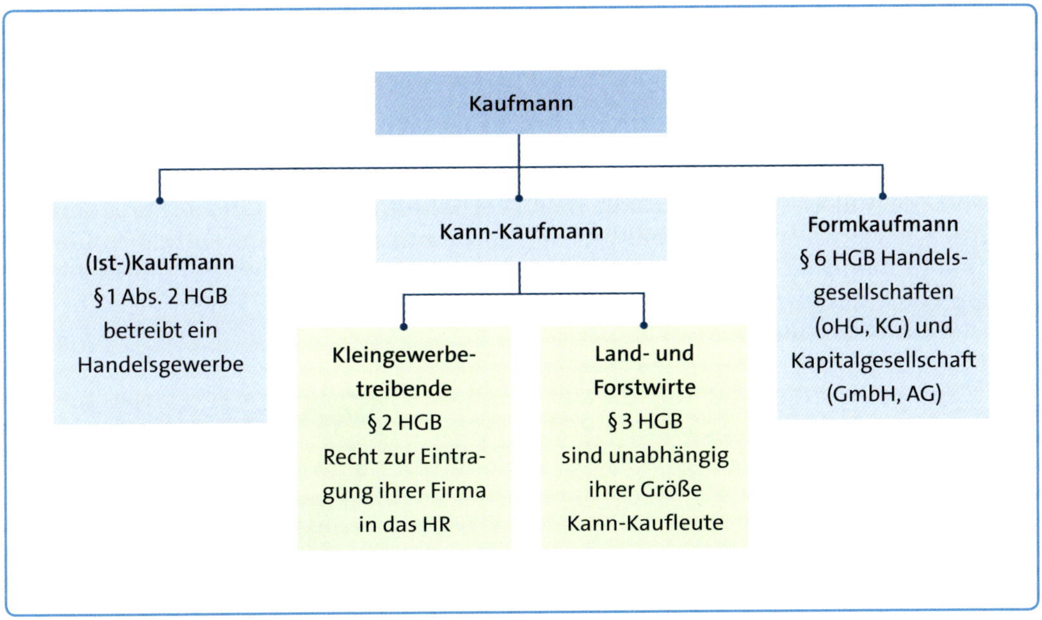

Abb. Kaufmannsarten

Kann-Kaufmann

Der **Kleingewerbetreibende** (▸ Exkurs in Kapitel 2.3.1) hat die Möglichkeit den Kaufmann-Status durch freiwillige Eintragung in das Handelsregister herbeizuführen. Wählt er diese Option, gilt auch für ihn das Handelsrecht.

MERKE

Kleingewerbetreibender
Aufgrund seines Wahlrechtes wird der Kleingewerbetreibende auch als Kann-Kaufmann oder als »Kaufmann mit Rückfahrkarte« bezeichnet, denn er kann die Eintragung in das Handelsregister ohne Angabe von Gründen wieder löschen lassen.

Dieser Vorteil der »einfachen Löschung« gilt jedoch nicht für eingetragene Land- und Forstwirte.

Fiktivkaufmann

Kaufmann ist auch, wer ein Gewerbe betreibt und **unter seiner Firma in das Handelsregister eingetragen ist**, auch wenn er in Wirklichkeit gar kein Handelsgewerbe betreibt. Ein **Handelsgewerbe** wird durch § 5 HGB (i. V. m. § 1 I) fingiert und dient der Rechtssicherheit.

BEISPIEL

Status des Fiktivkaufmanns
Zunächst Eintragung nach den § 1 Abs. 2 und § 29 HGB, dann Absinken zum Kleingewerbetreibenden. Der Eingetragene kann aufgrund der Eintragung von einem anderen Kaufmann Zinsen ab Fälligkeit fordern (vgl. § 353 S. 1 HGB). Hier wirkt § 5 HGB zu Gunsten des Eingetragenen.

Scheinkaufmann

Jemand, der durch sein Auftreten bzw. Verhalten im Geschäftsverkehr den Eindruck erweckt oder unterhält, er sei Kaufmann, ist Scheinkaufmann. Ein Scheinkaufmann ist kein Kaufmann, haftet jedoch gegenüber gutgläubigen Dritten wie ein Kaufmann. Dies ergibt sich u. a. aus dem typisch handelsrechtlichen Verkehrsschutz.

Die **Kaufmannsarten** und die daraus resultierenden **Kaufmannseigenschaften** werden in der ▸ Tabelle auf der nächsten Buchseite im Überblick dargestellt.

Kraft Betreibens eines Handelsgewerbes			Kraft Gesellschaftsform, d. h. der Betrieb eines Handelsgewerbes wird durch das Gesetz fingiert
Ist-Kaufmann § 1 HGB Gewerbe ist ein Handelsgewerbe, da es nach Art und Umfang eine kaufmännische Einrichtung erfordert.	**Kann-Kaufmann** § 2 HGB Gewerbe gilt als Handelsgewerbe, obwohl es keine kaufmännische Einrichtung erfordert, jedoch freiwillig eingetragen ist.	**uneigentlicher Kann-Kaufmann** § 3 HGB Land- oder forstwirtschaftliches Gewerbe, das eine kaufmännische Einrichtung erfordert, gilt als Handelsgewerbe, wenn freiwilliger HR-Eintrag	**Formkaufmann** § 6 HGB GmbH, AG, KGaA (▸ Kapitel 2.3) = Handelsgesellschaft
kaufmännische Einrichtung nach Art und Umfang erforderlich, zwingende kaufmännische Eigenschaft	kaufmännische Einrichtung nach Art oder Umfang nicht erforderlich	Haupt- oder Nebengewerbe, Erfordernis kaufmännischer Einrichtung	gesamtes Handelsrecht gilt auch für Handelsgesellschaften
obligatorische Eintragung in das Handelsregister (§ 29 HGB) hat nur deklaratorische (rechtsbekundende) Wirkung	fakultative Eintragung mit konstitutiver (rechtsbegründender) Wirkung, Entstehung Kaufmannseigenschaft durch HR-Eintrag	fakultative Eintragung mit konstitutiver (rechtsbegründender) Wirkung	Eintragung ins HR ist Voraussetzung für die Kaufmannseigenschaft
Kaufmannseigenschaft erlischt mit Aufgabe des Gewerbebetriebs, nicht durch Löschung in HR	Kaufmannseigenschaft für Kaufleute erlischt durch Löschen der HR-Eintragung	Kaufmannseigenschaft für Kaufleute erlischt i. d. R. durch Löschen der HR-Eintragung	Kaufmannseigenschaft für Kaufleute erlischt i. d. R. durch Löschen der HR-Eintragung

Tab. Kaufmannseigenschaften

Die **Kaufmannseigenschaft des Fiktivkaufmannes** resultiert aus dem Betreiben eines eingetragenen Gewerbes (vgl. § 5 HGB), nicht aber Kraft des Betreibens eines Handelsgewerbes oder Kraft Gesellschaftsform.

Sonderregeln für Kaufleute

Grundsätzlich regelt das BGB die Rechtsbeziehungen aller Bürger untereinander. Demgegenüber ist das Handelsrecht das »Sonderprivatrecht der Kaufleute«, das die Vorschriften des Bürgerlichen Rechts überlagert bzw. ergänzt. Das Handelsrecht soll den besonderen Bedürfnissen der Rechtsbeziehungen im kaufmännischen Verkehr gerecht werden, z. B. einer schnellen Geschäftsabwicklung.

Beispiele	Regel für Privatleute (gültig ist das BGB)	Sonderregeln für Kaufleute (gültig ist das HGB)
Bürgschaft – Formerfordernis	Schriftform (§ 766)	Auch mündlich möglich (§ 350)
Bürgschaft – Inanspruchnahme des Bürgen	Einrede der Vorausklage (§ 771)	Selbstschuldnerische Bürgschaft (§ 349)
Annahme eines Angebots	Schweigen ist keine WE	Schweigen gilt als Annahme (§ 362)
Gutgläubiger Erwerb von beweglichen Sachen	Guter Glaube nur an Eigentum geschützt (§ 932)	Guter Glaube auch hinsichtlich Verfügungsbefugnis geschützt (§ 366)
Gesetzlicher Zinssatz	fünf Prozent (§ 288)	neun Prozent (§ 288 BGB)
Beginn der Verzinsung	Verzug (§ 286)	Fälligkeit (§ 353)
Sorgfaltspflicht	Vorsatz und Fahrlässigkeit (§ 276)	Sorgfalt eines ordentlichen Kaufmanns (§ 347)
Kaufvertrag – Mängelanzeigepflicht des Käufers	Mängelanzeigepflicht besteht nicht unverzüglich	Mängelanzeigepflicht besteht unverzüglich (§ 377)
Vertragsstrafe	Richterliche Korrektur (§ 343)	Keine Korrektur (§ 348)

Tab. Sonderregeln für Kaufleute

Weitere Auswirkungen der Kaufmannseigenschaft

- Nur der Kaufmann im Sinn des HGB ist berechtigt, eine Firma zu führen. Diese Firma genießt einen besonderen Schutz (vgl. § 37 Abs. 1 HGB, § 5 MarkenG).
- Die Firma eines Kaufmanns, der im Handelsregister eingetragen ist, kann auch bei Inhaberwechsel unverändert fortgeführt werden.

- Nur Kaufleute können untereinander einen von dem gesetzlichen Gerichtsstand abweichenden Gerichtsstand vereinbaren (vgl. § 38 Abs. 1 ZPO).
- Nur der Kaufmann kann im Rechtsstreit vor der Zivilkammer eines Landgerichts einen Antrag auf Verweisung an eine Kammer für Handelssachen stellen (vgl. § 98 GVG).
- Nur der im Handelsregister eingetragene Kaufmann kann das Ehrenamt eines Handelsrichters ausüben.
- Nur der Kaufmann kann Prokura (▸ Kapitel 2.1.3) erteilen.
- Nur der Kaufmann kann eine selbstständige Zweigniederlassungen gemäß § 13 HGB errichten.
- Nur der Kaufmann (im Sinn des HGB) ist handelsrechtlich verpflichtet, Bilanzen gem. § 238 ff HGB aufzustellen.

2.1.2 Firmierung

Die **Firma ist der Name des Kaufmanns**, unter dem er (im Handelsregister eingetragen) im Handelsverkehr seine Geschäfte betreibt. Die Firma ist nicht das Unternehmen oder der Betrieb als solches. Sie kennzeichnet den Kaufmann und die Rechtsform eindeutig.

Unter **Betrieb versteht man die organisatorische Einheit**, innerhalb der ein Unternehmer (Arbeitgeber) allein oder mit seinen Arbeitnehmern mit Hilfe von technischen und immateriellen Mitteln bestimmte arbeitstechnische Zwecke fortgesetzt verfolgt, die sich nicht in der Befriedigung von Eigenbedarf erschöpfen.
(vgl. Urteil des BAG vom 14. September 1988, Az. 7 ABR 10/87)

Das **Unternehmen** ist zum einen der rechtliche Rahmen eines Betriebes und zum anderen die organisatorische Einheit, z. B. aus mehreren Betrieben, mit der der Unternehmer seine wirtschaftlichen und sonstigen Ziele verfolgt.

BGB

Dritter Abschnitt:
Handelsfirma, § 17 HGB

(1) Die Firma eines Kaufmanns ist der Name, unter dem er seine Geschäfte betreibt und die Unterschrift abgibt.
(2) Ein Kaufmann kann unter seiner Firma klagen und verklagt werden.

Firmengrundsätze

Die Firma darf zum Schutz des Geschäftsverkehrs, z. B. mit den Geschäftspartnern, Kunden, Mitbewerbern, Behörden und mit anderen Marktteilnehmern, nicht willkürlich gewählt werden. Es müssen bestimmte Firmengrundsätze beachtet werden.

Grundsätze des Firmenrechts				
Firmenausschließlichkeit (§§ 18 Abs. 1, 30, 37 Abs. 2 HGB)	Firmenwahrheit (§ 18 Abs. 2 HGB)	Rechtsformzusatz (§ 19 HGB)	Firmenbeständigkeit (§§ 21, 22, 24 HGB)	Firmenöffentlichkeit (§§ 29, 37a HGB)
Abgrenzung zu anderen Namen muss möglich sein (Individualisierung)	Täuschungsverbot bzw. Irreführungsverbot	zusätzliche Pflichtangabe zum Namen der Firma	Name darf beibehalten werden, auch wenn jemand anderes die Firma weiterführt	Eintragung in HR und Name auf Briefköpfen
Jede neu gegründete Firma am Ort (Amtsgerichtsbezirk) muss sich nach § 30 HGB von den bereits bestehenden Firmen durch ihren Namen unterscheiden.	keine irreführenden Angaben im Namen (z. B. Metzgerei Schulz für einen Bäcker)	Alle Kaufleute (auch Einzelkaufleute) müssen einen Rechtsformzusatz im Namen führen.	Achtung: u. U. muss die Rechtsform angepasst werden, z. B. wenn nur noch ein Gesellschafter einer vormaligen oHG übrig ist (wird e. K.)	Zweck: Schutz der Gläubiger, Information der Öffentlichkeit

Tab. Firmengrundsätze

Ein Kaufmann darf für ein- und dasselbe Unternehmen nur eine Firma führen (Firmeneinheit, vgl. § 18 Abs. 2 HGB). Der Handelsname des Kaufmanns kann eine **Personenfirma** (Vor- und Zuname des Kaufmanns), **Sachfirma** (weist auf den Gegenstand des Unternehmens hin), **Fantasiefirma** (Name ist fiktiv) und **Mischfirma** mit dem entsprechenden Rechtsformzusatz sein.

Beispiele für Firmenarten BEISPIEL

Personenfirma: Max Sült und Franz Jüdland OHG
Sachfirma: Reisemittler GmbH
Fantasiefirma: Top Urlaub GmbH
Gemischte Firma: Max Meier und Franz Fink TOP URLAUB OHG

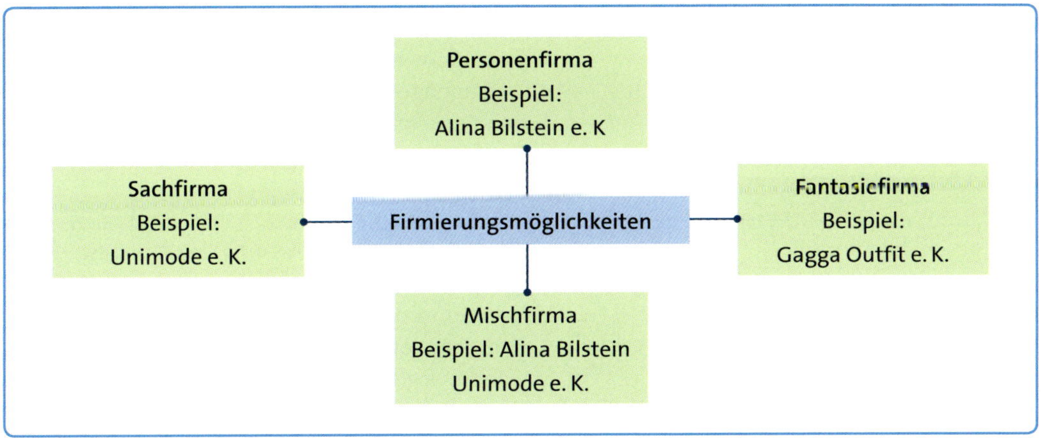

Abb. Firmierungsmöglichkeiten

2.1.3 Vertretung und Vollmacht

Das Handelsrecht kennt verschiedene **rechtsgeschäftliche Vertretungsformen**, die den Handelsverkehr erleichtern. Das HGB unterscheidet drei spezifische Arten der Vertretungsmacht unselbstständiger Hilfspersonen des Kaufmanns.

Prokurist §§ 48–53 HGB	Handlungsbevollmächtigter §§ 54–55 HGB	Ladenangestellter § 56 HGB
Er/sie genießt uneingeschränkte Vertretungsmacht »auf Dauer«.	Er/sie ist mit eingeschränkter Vertretungsmacht »auf Dauer« ausgestattet.	Er/sie hat fingierte Vertretungsmacht »auf Dauer«.

Tab. Vertretungsmacht unselbstständiger Hilfspersonen des Kaufmanns

Die Prokura

Eine Vertretung in fast allen Bereichen des Handelsgeschäfts bietet ausschließlich die **Prokura**. Nur der Kaufmann selbst kann einer natürlichen Person Prokura erteilen. Sie hat ausdrücklich zu erfolgen (vgl. § 48 Abs. 1 HGB) und ist nicht übertragbar (vgl. § 52 Abs. 2 HGB).

Die Eintragung im Handelsregister ist nach § 53 HGB vorgeschrieben, wirkt allerdings nur **deklaratorisch**. Das heißt, die Erteilung der Prokura ist auch dann wirksam, wenn die Eintragung unterbleibt. Die Eintragung ins Handelsregister sollte unverzüglich nach Erteilung erfolgen. Die Zeichnung erfolgt mit dem Zusatz **ppa.** (lat. = *per procura*). Die Prokura kann jederzeit widerrufen werden. Sie ist nach außen erkennbar und führt somit zur größeren Rechtssicherheit.

»Die Prokura ermächtigt zu allen Arten von gerichtlichen und außergerichtlichen Geschäften und Rechtshandlungen, die der Betrieb eines Handelsgewerbes mit sich bringt.« (vgl. § 49 Abs. 1 HGB).	Nach § 49 Abs. 2 HGB darf der Prokurist keine Grundstücke veräußern oder belasten, keine Grundlagengeschäfte und höchstpersönlichen Geschäfte des Geschäftsherrn vornehmen.
Umfang	**Schranken**
▸ Kreditgeschäfte tätigen, ▸ Angestellte einstellen oder entlassen, ▸ Zweigniederlassungen errichten, ▸ den Geschäftsbereich branchenmäßig erweitern, Prozesse führen.	▸ Einstellung und Veräußerung des Handelsgeschäfts, ▸ Insolvenzantrag, ▸ Firmenänderung und Anmeldungen zum Handelsregister.

Tab. Prokura

Die Handlungsvollmacht

Die Handlungsvollmacht ist eine **unternehmensbezogene Vollmacht,** die keine Prokura ist. Sie ermächtigt zu Rechtsgeschäften, die der Betrieb eines derartigen Handelsgewerbes mit sich bringt (vgl. § 54 I HGB). Die Erteilung kann schriftlich, mündlich oder stillschweigend erfolgen. Die Zeichnung des Bevollmächtigten muss das Vollmachtsverhältnis ausdrücken. Gemeinhin zeichnet er mit **i.V. (in Vollmacht).** Der Umfang der Handlungsvollmacht wird vom Vollmachtgeber gemäß § 54 I HGB bestimmt.

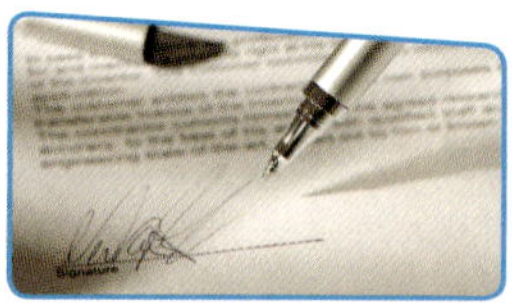

Vollmachtsarten sind:

- Eine **Generalvollmacht** berechtigt zu allen Geschäften, die der Betrieb des Vollmachtgebers gewöhnlich mit sich bringt (vgl. § 54 I HGB).
- Eine **Arthandlungsvollmacht** berechtigt zur Vornahme von Rechtsgeschäften, die der Betrieb eines »derartigen« Handelsgewerbes gewöhnlich mit sich bringt (Beispiele: Einkäufer, Verkäufer, Kassierer).
- Eine **Spezialhandlungsvollmacht** berechtigt zu einem bestimmten, einzelnen Geschäft. Der Bevollmächtigte kann Verträge schließen und Willenserklärungen abgeben, die die Vornahme derartiger Geschäfte gewöhnlich mit sich bringt.

Die Handlungsvollmacht muss nicht in das Handelsregister eingetragen und kann jederzeit widerrufen werden.

Die Vertretungsmacht

Beim Ladenangestellten ist der Umfang der Handlungsvollmacht (Vertretungsmacht) gesetzlich besonders geregelt. Wer in einem Laden oder in einem offenen Warenlager angestellt ist, gilt als ermächtigt zu Verkäufen und Empfangnahmen, die in einem derartigen Laden oder Warenlager gewöhnlich geschehen (vgl. § 56 HGB). Der Begriff »Verkäufe« berechtigt z. B. auch zu der Entgegennahme von Mängelanzeigen.

Abb. Empfang eines Mietwagenschlüssels

2.2 Unternehmensregister

Das **Unternehmensregister (UReg)** ist die zentrale Plattform für die Speicherung rechtlich relevanter Unternehmensdaten (z. B. Handelsregistereintragungen, Jahresabschlüsse, gesellschaftsrechtliche Bekanntmachungen). Hier werden alle wichtigen veröffentlichungspflichtigen Daten über Unternehmen zentral zusammengeführt und für Interessenten elektronisch abrufbar bereitgestellt (vgl. § 8b HGB).

Das Unternehmensregister bietet Zugriff auf

- das **elektronische Handels-, Genossenschafts- und Partnerschaftsregister**. Folgende Registerinhalte der Registergerichte stehen zur Verfügung:
  - Registereintragungen,
  - zu den Registern eingereichte Dokumente,
- **Bekanntmachungen** der Handels-, Genossenschafts- und Partnerschaftsregister,
- **Veröffentlichungen** aus dem elektronischen Bundesanzeiger,
- unternehmensrelevante Mitteilungen der **Wertpapieremittenten**,
- Bekanntmachungen der **Insolvenzgerichte**.

Das Register wird bei den zuständigen Amtsgerichten zentral für einen jeweiligen Landgerichtsbezirk geführt. Unterlagen können nur elektronisch eingereicht werden.

	Elektronisches Handelsregister
+	Elektronischer Bundesanzeiger
=	Unternehmensregister

(siehe auch unter: www.unternehmensregister.de)

Der **elektronische Bundesanzeiger (eBAnz)** ist die zentrale Plattform für gerichtliche und amtliche Verkündungen und Bekanntmachungen sowie für alle Handelsregistereintragungen und für gesetzlich vorgeschriebene Veröffentlichungen von Jahresabschlüssen und Hinterlegungsbekanntmachungen der Unternehmen.

2.2.1 Handelsregister

Jeder Kaufmann ist verpflichtet, seine Firma und den Ort seiner Niederlassung bei dem zuständigen Amtsgericht anzumelden, sofern sie nach Art und Umfang einen in kaufmännischer Weise eingerichteten Geschäftsbetrieb erfordert.

Das **Handelsregister** (**HR**, EU-weit *European Business Register* EBR genannt) ist ein öffentliches Verzeichnis über alle Kaufleute im Bezirk des jeweiligen Registergerichtes.

BEISPIEL

Unter nachfolgender Adresse
können Sie Einblick in den HR-Eintrag von TUI AG bzw. Thomas Cook AG
nehmen: *www.handelsregister.de/rp_web/mask.do*

Sie erhalten:

Handelsregister	Sitz	Status
Amtsgericht Berlin-Charlottenburg: HRB 321 TUI AG Amtsgericht Hannover: HRB 6 580 TUI AG	Berlin und Hannover	aktuell
Amtsgericht Bad Homburg v.d.H.: HRB 7265 Thomas Cook Aktiengesellschaft	Oberursel (Taunus)	aktuell

Tab. HR-Einträge TUI und Thomas Cook

Das Handelsregister dient der **Rechtssicherheit im Handelsverkehr**. Es beinhaltet Informationen über tatsächliche und rechtliche Verhältnisse der Unternehmen (z. B. genaue Firmenbezeichnung, Firmensitz, Rechtsform, Angaben über Stamm- oder Grundkapital, Zweigniederlassungen, eventuelle Haftungsbeschränkungen, vertretungsberechtigte Personen, persönlich haftende Gesellschafter), deren Offenlegung die Allgemeinheit besonders interessiert.

Publikationen — **Beweisfunktion** — **Kontroll- und Schutzfunktion**

Abb. Funktionen des Handelsregisters

Das Handelsregister besteht aus zwei Abteilungen.

Abteilung A	Abteilung B
Hier sind unter anderem Einzelkaufleute (e. K.), offene Handelsgesellschaften (oHG) und Kommanditgesellschaften (KG, (einschließlich GmbH & Co. KG) eingetragen.	Hier sind Kapitalgesellschaften wie die Gesellschaften mit beschränkter Haftung (GmbH), Aktiengesellschaften (AG) oder Kommanditgesellschaften auf Aktien (KGaA) eingetragen.

Tab. Abteilungen des HR (genannte Unternehmensformen werden in ► Kapitel 2.3 erklärt)

2.2.2 Anmeldung und Eintragung

Die **Anmeldung und Eintragung** in das Handelsregister erfolgt ausschließlich über eine Notarin oder einen Notar. Je nach Rechtsform des Unternehmens müssen unterschiedliche Angaben gemacht und Anlagen zur Anmeldung beigefügt werden. Die Anmeldung zur Eintragung in das HR und die zur Aufbewahrung bei dem zuständigen Amtsgericht bestimmte Zeichnung von Unterschriften werden von einem Notar vor Einreichung elektronisch beglaubigt (vgl. § 12 Abs. 1 HGB) und über das **elektronische Gerichtspostfach** an das zuständige Registergericht übermittelt.

Anmeldung eines Einzelkaufmannes

BEISPIEL

Firmenname und Rechtsform (e. K., e. Kfm. o. Ä.), Ort der Niederlassung, Name, Vorname, Geburtsdatum und Wohnort des Kaufmanns, Geschäftszweig, gegebenenfalls Erteilung von Prokura.

Auf eine unterbliebene, aber erforderliche Anmeldung kann mit einem Zwangsgeld von bis zu 5.000,00 Euro hingewirkt werden (vgl. § 14 HGB). Mit der Anmeldung reicht der Kaufmann seine notariell beglaubigte Namensunterschrift mit Firmenangabe bei Gericht zur Aufbewahrung ein.

Auszug aus dem Handelsregister					
Handelsregister – Abt. A – des Amtsgerichts					HRA 1234
Nummer der Eintragung	a) Firma b) Ort der Niederlassung (Sitz der Gesellschaft c) Gegenstand des Unternehmens (bei juristischen Personen	Geschäftsinhaber Persönlich haftende Gesellschafter Vorstand Abwickler	Prokura	Rechtsverhältnisse	a) Tag der Eintragung und Unterschrift b) Bemerkungen
1	2	3	4	5	6
1	a) Max Klein	Max Klein Kaufmann in Worms	Einzelprokurist Anna Groß	Einzelunternehmung	a) 13. Juni 20..

Tab. Auszug aus dem HR

Wirkungen des Handelsregistereintrages

MERKE

Die Handelsregistereintragung kann rechtsbekundende- oder rechtsbegründende Wirkung haben.

Wirkungen der Handelsregistereintragung:

- **deklaratorische (rechtsbekundende) Wirkung** – das im HR veröffentlichte Rechtsverhältnis entsteht unabhängig von der Eintragung (z. B. die Prokura entsteht mit Erteilung, die Kaufmannseigenschaft mit eingerichtetem und ausgeübtem Gewerbebetrieb)
- **konstitutive (rechtsbegründende) Wirkung** – die Tatsache der Eintragung in das HR bewirkt die Entstehung der Rechtsfähigkeit von Kapitalgesellschaften oder der Kaufmannseigenschaft von Kann-Kaufleuten.

Änderung

Maßgebliche Änderungen über tatsächliche und rechtliche Verhältnisse sind unverzüglich im Handelsregister zu korrigieren (z. B. Änderungen der Vertretungsberechtigten oder derer Befugnisse). Ebenso müssen eine Eröffnung oder Ablehnung der Eröffnung des Insolvenzverfahrens (▸ LF 2, Kapitel 4.5) sowie sämtliche Änderungen des Gesellschaftsvertrages dem Gericht angezeigt und in das HR eingetragen werden. Das HR hat in erster Linie Publikationsfunktion, d. h., was das Registergericht publiziert, hat rechtliche Wirkung gegenüber jedermann. Eine weitere Besonderheit ist, dass es öffentlichen Glauben genießt.

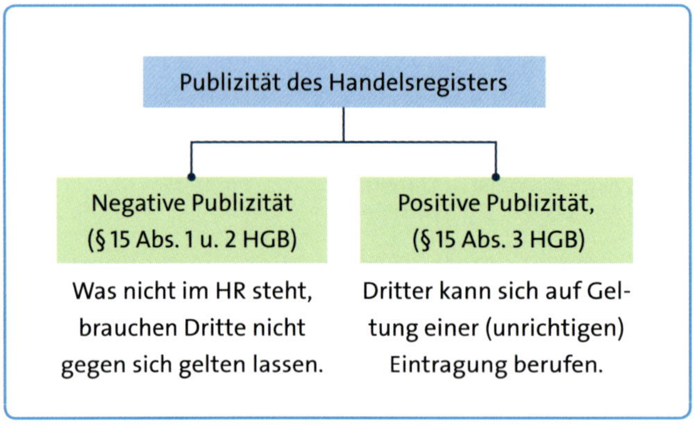

Abb. Publizität des Handelsregisters

Vertrauensschutz

Das Handelsregister genießt öffentlichen Glauben. Das bedeutet, dass der gutgläubige Rechtsverkehr in seinem Vertrauen auf die Richtigkeit der Eintragungen und Bekanntmachungen davon ausgehen kann, dass die eingetragenen Tatsachen richtig sind und alles, was nicht eingetragen wurde, nicht gilt (vgl. § 15 HGB).

Ein vergessener HR-Eintrag und seine Folgen BEISPIEL

Ein Firmeninhaber entlässt den Prokuristen Herrn Müller.
Er versäumt es, das Erlöschen der Prokura zur Eintragung in das Register anzumelden. Herr Müller handelt rechtswidrig weiterhin als »Prokurist« und schließt Verträge für seinen ehemaligen Arbeitgeber ab. Weil die entsprechende Änderung nicht in das HR eingetragen wurde, sind die Erklärungen von Herrn Müller für den ehemaligen Arbeitgeber verpflichtend.

2.3 Unternehmensformen

Unternehmensformen sind die **rechtlichen Rahmenbedingungen des unternehmerischen Handelns** und bestimmen die Beziehungen innerhalb eines Unternehmens und mit seiner Außenwelt.

Im Folgenden werden die für den Tourismus bedeutsamen Rechtsformen vorgestellt. Dabei gelten als **erwerbswirtschaftliche Unternehmensformen** alle Unternehmen, die bestrebt sind langfristig den größtmöglichen Gewinn zu erzielen (vgl. Gutenberg).

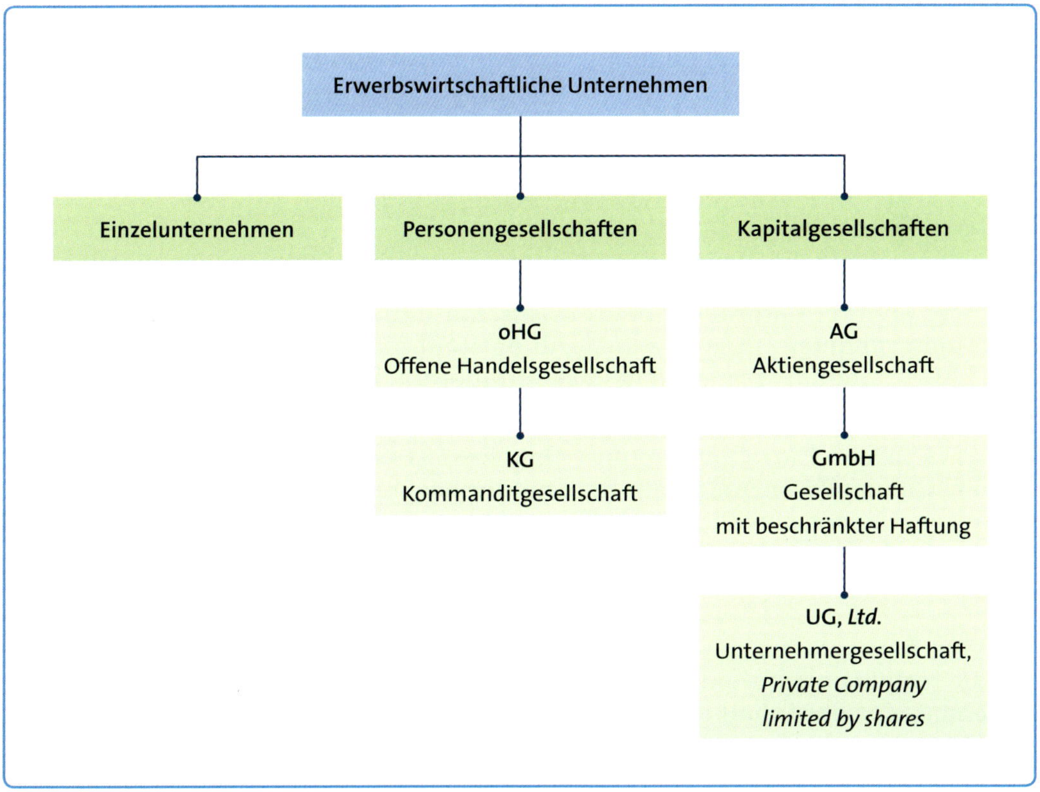

Abb. Übersicht der erwerbswirtschaftlichen Unternehmen

Die **Rechtsformwahl für ein Unternehmen** hat unmittelbare Konsequenzen für den Gründer persönlich in finanzieller, steuerlicher und rechtlicher Hinsicht. Alle Rechtsformen haben ihre spezifischen Vor- und Nachteile. Insofern existiert die optimale Form nicht. Die Entscheidung für eine Unternehmensform kann sich momentan als günstig oder optimal darstellen, aufgrund später geänderter Rahmenbedingungen aber als nachteilig herausstellen. Daher sollte in zeitlichen Abständen regelmäßig überprüft werden, ob die gewählte Rechtsform noch adäquat ist oder besser geändert werden sollte.

Diese Kriterien sind mitentscheidend für die **Wahl des »rechtlichen Kleides« eines Unternehmens:**

- Anzahl der Gründerpersonen,
- Rechtsformaufwand,
- Firma,
- Vertretung,
- Firmeneigner und Beteiligungsverhältnisse,
- Haftung,
- Leitungs- und Entscheidungsbefugnisse,
- Unternehmenszweck,
- Finanzierungsmöglichkeiten,
- Gewinn- und Verlustbeteiligung sowie Entnahmerechte,
- Mitbestimmungsrechte,
- Prüfungs- und Publizitätspflicht.

2.3.1 Einzelunternehmen

Jede selbstständige Tätigkeit einer einzelnen, natürlichen Person ohne Beteiligung anderer natürlicher oder juristischer Personen bezeichnet man als **Einzelunternehmen**. Diese Rechtsform entsteht automatisch, wenn jemand eine selbstständige gewerbliche bzw. freiberufliche Tätigkeit alleine aufnimmt.

Der gewerbliche Einzelunternehmer (Inhaber) ist verpflichtet, sein **Gewerbe bei der Gemeinde anzumelden**. Freiberufler wie zum Beispiel Ärzte, Steuerberater und Rechtsanwälte unterliegen anderen Regelungen. Sie sind u. a. in § 18 des **Einkommensteuergesetzes (EStG)** geregelt.

Entstehung

Für die rechtliche Einordnung der unternehmerischen Tätigkeit des Einzelunternehmens ist der **Inhalt dieser Tätigkeit maßgeblich**. Umfasst das Einzelunternehmen eine kaufmännische Tätigkeit nach dem Handelsgesetzbuch (HGB) bzw. erfordert es in Art und Umfang einen in kaufmännischer Weise eingerichteten Geschäftsbetrieb, so muss sich der Inhaber als Kaufmann in das HR eintragen lassen (vgl. §§ 1 und 2 HGB und ▸ Kapitel 2.1). Er ist dann **Einzelkaufmann**.

Formale Entstehung:

- Gewerbetreibende melden beim Gewerbeamt ihre Tätigkeit an,
- Gewerbe treibende Kaufleute melden beim Gewerbeamt ihre Tätigkeit an und lassen ihr Unternehmen ins HR eintragen,
- Freiberufler beantragen eine Steuernummer beim Finanzamt.

Ein vorgeschriebenes Mindestkapital zur Gründung einer Einzelunternehmung gibt es nicht.

Firma

Nur der im HR eingetragene Einzelunternehmer nimmt als Kaufmann mit seinem Firmennamen am Rechts- und Geschäftsverkehr teil. Als Firmierung für das im HR eingetragene Einzelunternehmen stehen ihm/ihr die Firmierungsmöglichkeiten des Kaufmanns zur Wahl: Personenfirma, Sachfirma, Fantasiefirma oder Mischfirma (▸ Kapitel 2.2.1). Die gewählte Firmierung muss dann um den Firmenbestandteil »eingetragener Kaufmann« mit »e. K.«, »e. Kfm.« oder »e. Kfr.« ergänzt werden.

Haftung

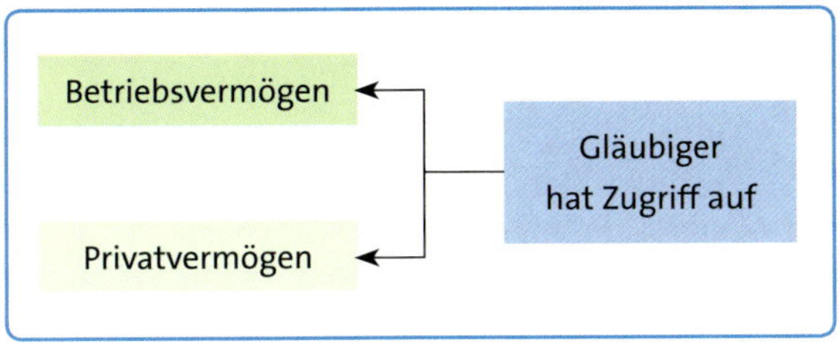

Abb. Haftung des Einzelunternehmers

Der Einzelunternehmer vereint alle Rechte und Pflichten eines Unternehmers auf seiner Person. Er führt seine Geschäfte auf eigene Rechnung und auf sein eigenes Risiko. Er/sie kann Mitarbeiter einstellen, und diese durch Erteilung von Prokura oder einer Handelsvollmacht zur Führung der Geschäfte als Einzelunternehmer bevollmächtigen. Daher ist das entscheidende Merkmal eines Einzelunternehmers ist die Haftung.

Der Inhaber ist **Vollhafter**, d. h., er oder sie ist persönlich für alle anfallenden Schulden der Unternehmung unbegrenzt mit dem Geschäfts- und dem Privatvermögen haftbar.

Steuern

Steuerrechtlich erzielen Einzelunternehmer Einkünfte aus einem Gewerbebetrieb (gem. § 15 EStG) oder aus freiberuflicher Tätigkeit (gem. § 18 EStG). Ein Einzelunternehmer e. K. wiederum ist Unternehmer i. S. d. **Umsatzsteuergesetzes (UStG** ▸ Fachwissen Tourismus Band 3, LF 5) und verpflichtet, zur Feststellung der Umsatzsteuer und der Grundlagen ihrer Berechnung, Aufzeichnungen zu machen. Ferner ist er gewerbesteuerpflichtig.

Pflichtangaben auf Geschäftsbriefen (vgl. § 37a HGB): Firma, Rechtsformzusatz, Ort der Handelsniederlassung, Nennung des Registergerichts und der Nummer, unter der die Firma dort in das HR eingetragen ist.

Auflösung

Die folgenden Möglichkeiten existieren, um ein einstmals gegründetes Einzelunternehmen aufzulösen:

- freiwillige Auflösung durch den Inhaber (**Liquidation**),
- Verkauf des Unternehmens,
- Tod des Inhabers,
- Zwangsweise Auflösung des Unternehmens (**Insolvenz**),
- Änderung der Rechtsform.

PRO – Vorteile Einzelunternehmen	CONTRA – Nachteile Einzelunternehmen
▸ Kreditwürdigkeit durch persönliche Haftung, ▸ Geringe Gründungsformalitäten und -kosten, ▸ kein Mindestkapital zur Gründung erforderlich, ▸ Entscheidungsbefugnisse liegen allein beim Inhaber, ▸ Inhaber vertritt Unternehmen nach außen (Vertretung) und innen (Geschäftsführung), ▸ Gewinn steht allein dem Inhaber zu.	▸ Unternehmensführung ist allein von den Qualifikationen des Inhabers abhängig, ▸ Inhaber haftet mit seinem Geschäfts- und Privatvermögen, ▸ Kreditbasis richtet sich nach dem Geschäfts- und Privatvermögen, ▸ Unternehmenslohn ist nicht als Betriebsausgabe geltend zu machen und damit nicht abzugsfähig.

Tab. Pro und Contra Einzelunternehmen

Exkurs: Kleingewerbetreibende und die GbR

Ein Unternehmer, der nicht nach dem Handelsgesetzbuch als Kaufmann bezeichnet werden kann, betreibt ein Kleingewerbe. Er ist nicht verpflichtet sich in das Handelsregister eintragen zu lassen.

Kleinunternehmerregelung:

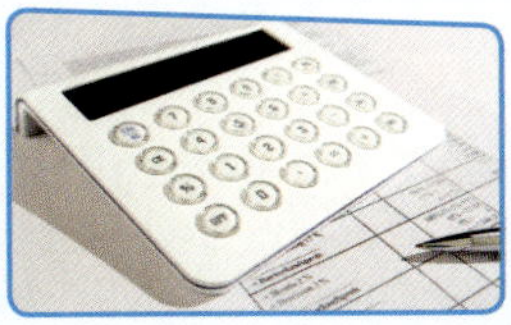

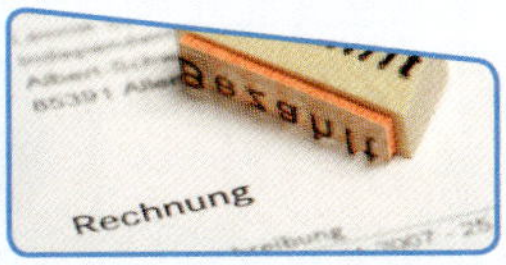

- **steuerpflichtigen Einnahmen** inklusive der darauf entfallenden Umsatzsteuer dürfen im **Betriebseröffnungsjahr** laut Umsatzsteuergesetz nicht mehr als **17.500,00 Euro** betragen (vgl. § 19 UStG) und
- im laufenden Kalenderjahr voraussichtlich **nicht mehr als 50.000,00 Euro** betragen.
- Der Umsatz eines Kleingewerbes ist **kleiner als 260.000,00 Euro** jährlich.

Als Geschäftsbezeichnung einer Kleingründung wird der Vor- und Zuname des Kleinunternehmers verwendet. Fantasienamen sind nicht erlaubt.

Kleingewerbetreibende können sich freiwillig unter dem Zusatz »e. K.« (eingetragener Kaufmann) ins Handelsregister eintragen. Dadurch wird das Kleinunternehmen ein Handelsgewerbe und der Gewerbebetreibende nach §1 HGB ein »Kaufmann« oder »Einzelkaufmann«. Die Eintragung bindet fünf Jahre. Der Kleinunternehmer haftet mit seinem Privatvermögen.

Beteiligen sich mehrere Personen als Inhaber an einem Kleingewerbe, so wird daraus eine **Gesellschaft bürgerlichen Rechts (GbR)**. Die GbR oder **BGB-Gesellschaft** ist die Grundform für alle Personengesellschaften.

Personengesellschaften				
Gesellschaft Bürgerlichen Rechts	Offene Handelsgesellschaft	Kommanditgesellschaft	Stille Gesellschaft	Partnergesellschaft

Tab. Personengesellschaften

Die GbR wird häufig gegründet für den Zweck der Gelegenheitsgesellschaften, d. h. zur Durchführung bestimmter Aufgaben auf Zeit, z. B. zur Erstellung und Finanzierung einer Ferienanlage mit mehreren Firmen, beim Zusammenschluss von Kleingewerbetreibenden zur Vermarktung von Kreuzfahrten für die Sommersaison.

BGB

Inhalt des Gesellschaftsvertrags (§ 705 BGB)

»Durch den Gesellschaftsvertrag verpflichten sich die Gesellschafter gegenseitig, die Erreichung eines gemeinsamen Zweckes in der durch den Vertrag bestimmten Weise zu fördern, insbesondere die vereinbarten Beiträge zu leisten.«

Gründung

Die Gesellschaft kann formlos von mindestens zwei Personen durch Gesellschaftervertrag gegründet werden, dessen Mindestinhalt ein gemeinsamer Zweck sein muss. Die GbR kann nicht ins Handelsregister eingetragen werden.

Für die BGB-Gesellschaft ist kein Mindestkapital vorgeschrieben, es können Sachen, Vermögenswerte, Arbeitleistungen oder Kapital eingebracht werden.

Nach der neuesten BGH-Rechtsprechung ist die GbR **rechtsfähig** soweit sie eigene Rechte und Pflichten begründet und kann damit selbst Schuldnerin bzw. Gläubigerin werden. Somit kann sie auch selbst klagen verklagt werden.

Die GbR **haftet** neben den persönlich und unbeschränkt Gesellschaftern für Verbindlichkeiten. Die Geschäftsführungsbefugnis sowie die entsprechende Vertretungsmacht und der Gewinn stehen den Gesellschaftern zu gleichen Anteilen zu.

Auflösung

Die Auflösung erfolgt durch Zeitablauf, Gesellschafterbeschluss oder Insolvenz eines oder mehrerer Gesellschafter.

MERKE

GbR oder oHG?

Die Gesellschaft bürgerlichen Rechts darf kein Handelsgewerbe sein, sonst ist sie eine oHG.

2.3.2 Offene Handelsgesellschaft

Gründen mehrere Personen gemeinsam ein Unternehmen, oder tritt einem Einzelunternehmen ein zweiter Gesellschafter bei, so entstehen Personengesellschaften. Die folgenden Ausführungen beziehen sich ausschließlich auf eine **handelsrechtliche Personengesellschaft**.

Gründung

Abb. Bus der Firma Berger's Reisen Omnibus & Touristik oHG

Für die Gründung einer offenen Handelsgesellschaft (oHG) im Innenverhältnis bedarf es eines formlosen Gesellschaftsvertrages zwischen zwei oder mehr Personen, mit dem Ziel ein Handelsgewerbe zu betreiben. Zu diesem Zeitpunkt wird das **Gesellschaftsrecht (GbR)** auf sie angewandt.

Im Außenverhältnis jedoch, also gegenüber Dritten, existiert die oHG erst mit der Eintragung in das Handelsregister. Ab diesem Zeitpunkt gilt das Handelsrecht und die Inhaber erlangen Kaufmannseigenschaften. Das Recht der oHG ist in den §§ 105–160 HGB geregelt.

Gesellschaftsvertrag

Für den Abschluss eines Gesellschaftsvertrages existieren keine Formvorschriften, jedoch empfiehlt sich die Schriftform. Die Gesellschafter sollten mindestens regeln: Name, Sitz und Gegenstand des Unternehmens, Firmierung, Art und Umfang der Einlagen der Gesellschafter, Geschäftsführungs- und Vertretungsbefugnis, Gewinn- und Verlustverteilung, Vorgehen bei Vertragsänderungen, Beendigung der Gesellschaft und Ausscheiden von Gesellschaftern. Wenn nichts anderes vereinbart ist, gilt das HGB.

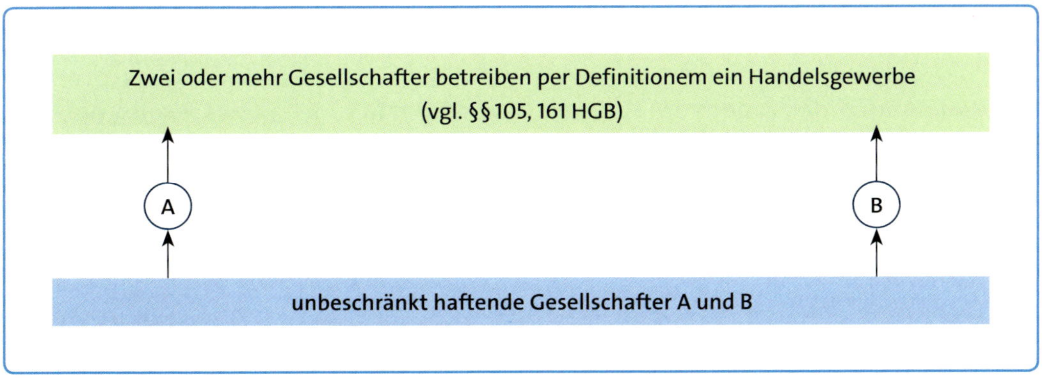

Abb. Grundform der oHG

Firmierung

berger's reisen
Omnibus & Touristik oHG

Die oHG besitzt keine eigene Rechtspersönlichkeit, sie ist teilrechtsfähig nach § 124 I HGB. Sie kann unter ihrer Firma z. B. Rechte erwerben und Verbindlichkeiten eingehen, Eigentum und andere dingliche Rechte an Grundstücken erwerben, vor Gericht klagen und verklagt werden und Gesellschafterin einer anderen Handelsgesellschaft sein.

Die Firma der oHG kann einen oder mehrere Familiennamen der Inhaber, Fantasiezusätze oder Sachzusätze enthalten oder aus einer Kombination dieser Elemente gebildet werden. Die Rechtsform (»offene Handelsgesellschaft«, »oHG«) muss stets angegeben werden.

Familienname	Familiennamen	Fantasiename	Sachzusätze
Müller oHG	Müller & Maus oHG	Cameral oHG	Müller Textilhandel oHG

Tab. Firmierungsmöglichkeiten

Geschäftsführung und Vertretung

Das Gesetz unterscheidet zwischen **Geschäftsführung (Innenverhältnis)** und **Vertretungsmacht (Außenverhältnis)**. Hierzu ist originär jeder Gesellschafter berechtigt und verpflichtet, d. h. jeder Gesellschafter hat Alleingeschäftsführungsbefugnis und Alleinvertretungsmacht (vgl. §§ 114 ff. HGB). So genannte Grundlagengeschäfte, wie z. B. die Änderung des Firmennamens oder die Aufnahme eines neuen Gesellschafters, sind jedoch von der Alleinvertretungsmacht ausgeschlossen.

MERKE

Geschäftsführung
Unter Geschäftsführung versteht man die Befugnis zur Wahrnehmung von Gesellschaftsangelegenheiten im Innenverhältnis gegenüber den Mitgesellschaftern.

Die Regelungen des Innenverhältnisses sind **dispositiv**, d. h., der Gesellschaftervertrag kann Vereinbarungen vorsehen, die von gesetzlichen Normen abweichen und z. B. einzelne Gesellschafter von der Geschäftsführung ganz oder teilweise ausschließen (vgl. §114 HGB).

BEISPIEL

Regelung Innenverhältnis
Beziehungen der Gesellschaft zu den Gesellschaftern, Beziehungen der Gesellschafter untereinander, Gewinnauszahlung, Beschlussfassung, Leistungspflichten, Überwachung der Produktion, Buchführung, Erledigung von Korrespondenz

Die gesetzlich vorgesehene Einzelgeschäftsführungsbefugnis gilt nur für Handlungen, die der gewöhnliche Betrieb des Handelsgewerbes dieser oHG mit sich bringen (vgl. § 116 HGB). Für außergewöhnliche Geschäfte ist nach § 116 II HGB ein grundsätzlich einstimmiger Gesellschafterbeschluss erforderlich.

Die **Vertretungsmacht im Außenverhältnis** ist die Rechtsmacht zur Verpflichtung der Gesellschaft und der Gesellschafter gegenüber Dritten.

Abb. Geschäftsführung und Vertretung der oHG

Grundsätzlich hat jeder Gesellschafter Einzelvertretungsmacht. Sie erstreckt sich auf alle gerichtlichen und außergerichtlichen Geschäfte und Rechtshandlungen einschließlich der Veräußerung und Belastung von Grundstücken sowie der Erteilung und des Widerrufs einer Prokura (vgl. § 126 HGB).

Der Gesellschaftervertrag kann gemäß § 126 Abs. 3 HGB andere Reglungen vorsehen: Danach kann z. B. die Stellvertretung auf eine Niederlassung beschränkt werden. Eine **Beschränkung der Vertretungsmacht** muss ins HR eingetragen werden (vgl. § 125 Abs. 4 HGB). Nur Gesellschafter dürfen die Personengesellschaften leiten (**Selbstorganschaft**).

Außergewöhnliche Geschäfte

Im Gesellschaftsvertrag könnte es lauten: »Für die Vornahme folgender außergewöhnlicher Geschäfte ist ein vorheriger Gesellschafterbeschluss erforderlich: Erwerb, Veräußerung und Belastung von Grundstücken, Abschluss von Mietverträgen, Aufnahme von Krediten über 50.000,00 Euro, Übernahme von Bürgschaften oder Garantiezusagen, Einstellung und Entlassung von Personal.«

Überschreitet ein Gesellschafter im Außenverhältnis seine im Innenverhältnis vereinbarten Befugnisse, sind diese für die oHG bindend. Er ist jedoch u. U. im Innenverhältnis der Gesellschaft zu Schadensersatz verpflichtet.

Kapital

Da bei der oHG die Gesellschafter uneingeschränkt persönlich mit ihrem Privatvermögen haften, ist **kein Mindestkapital für die Gründung** erforderlich. Die Einlagen der Gesellschafter können in Geld, Sachwerten oder in der Leistung von Diensten bestehen. Jeder Gesellschafter ist an der oHG mit seinem

Kapitalanteil (Gesellschaftsbeitrag) beteiligt, dessen Höhe aus der Bilanz ersichtlich ist und auf einen bestimmten Geldbetrag lautet.

Das **Gesellschaftsvermögen** setzt sich zusammen aus den Gesellschaftsbeiträgen der Gesellschafter und den für die Gesellschaft erworbenen Gegenständen und Rechten. Die Gesellschafter sind mit einem Bruchteil an dem Gesellschaftsvermögen beteiligt (Gemeinschaft zur gesamten Hand gemäß § 719 BGB).

Haftung

Die Gesellschafterhaftung nach § 128 HGB stellt sich unbeschränkt, unmittelbar und solidarisch dar:

- **unbeschränkt** – Der Gesellschafter haftet nicht nur mit seinem Anteil am Geschäftsvermögen, sondern auch mit seinem Privatvermögen.
- **unmittelbar** – Ein Gläubiger muss nicht zuerst Ansprüche gegenüber der oHG geltend machen, sondern kann direkt an jeden beliebigen Gesellschafter herantreten.
- **solidarisch** (gesamtschuldnerisch) – Gläubiger können sich einen Gesellschafter aussuchen, der dann für die Gesamtschuld aufkommen muss.

Hat ein Gesellschafter gesamtschuldnerisch einen Gläubiger befriedigt, so stehen ihm Ansprüche sowohl gegen die Gesellschaft, als auch gegen die Mitgesellschafter auf Ausgleich zu (**Innenausgleich**).

Die Gesellschafter einer oHG haben ein Kündigungsrecht mit einer Frist von sechs Monaten auf Geschäftsjahresende. Ansprüche gegen einen Gesellschafter aus Verbindlichkeiten der Gesellschaft verjähren i. d. R. fünf Jahre nach der Auflösung der Gesellschaft oder nach dem Ausscheiden des Gesellschafters.

Gewinn- und Verlustbeteiligung, Entnahmerecht

Von dem Jahresgewinn gebührt jedem Gesellschafter zunächst ein Anteil in Höhe von vier vom Hundert seines Kapitalanteils. Reicht der Jahresgewinn hierzu nicht aus, so bestimmen sich die Anteile nach einem entsprechend niedrigeren Satz. »[...] Derjenige Teil des Jahresgewinns, welcher die nach den Absätzen 1 und 2 zu berechnenden Gewinnanteile übersteigt, sowie der Verlust eines Geschäftsjahrs wird unter die Gesellschafter nach Köpfen verteilt.« (vgl. § 121 HGB).

Der **Gewinn einer oHG** wird einheitlich und gesondert festgestellt und den Gesellschaftern zugerechnet. Die Gewinnanteile unterliegen bei den Gesellschaftern der Einkommensteuer (vgl. § 15 EStG).

Berechnung und Verteilung Gewinn

BEISPIEL

Der betriebliche Reingewinn von 150.000,00 Euro soll verteilt werden:

Gesellschafter	Kapital-antell	Verzin-sung 4 %	Verteilung nach Köpfen	Reingewinnanteil
Gesellschafter A	50.000 Euro	2.000 Euro	35.840 Euro	37.840,00 Euro
Gesellschafter B	64.000 Euro	2.560 Euro	35.840 Euro	38.400,00 Euro
Gesellschafter C	32.500 Euro	1.300 Euro	35.840 Euro	37.140,00 Euro
Gesellschafter D	19.500 Euro	780 Euro	35.840 Euro	36.620,00 Euro

Tab. Verteilung des betrieblichen Gewinns einer oHG

Nebenrechnung:

150.000,00 – 6.640,00 = 143.360,00 Euro
143.360,00 : 4 = 35.840,00 Euro zusätzliche Ausschüttung pro Kopf

Ergibt sich ein Verlust, wird er nach Köpfen verteilt und die Kapitalkonten der Gesellschafter entsprechend belastet.

Jeder Gesellschafter hat ein **Entnahmerecht** in Höhe von vier Prozent seines für das letzte Geschäftsjahr festgestellten Kapitalanteils (vgl. § 122 Abs. 1 HGB). Das gesetzliche Entnahmerecht besteht auch, wenn die oHG keinen Gewinn erzielt.

Wettbewerbsverbot

Wettbewerbsverbot als Sonderfall der Treuepflicht verbietet Geschäfte in dem Handelszweig der Gesellschaft oder eine Beteiligung als persönlich haftender Gesellschafter an konkurrierenden Gesellschaften, soweit keine Genehmigung der anderen Gesellschafter erteilt wird. Bei Verstoß gegen das Wettbewerbsverbot kann die oHG Schadensersatz verlangen (vgl. § 133 (2) HGB).

Jeder Gesellschafter ist zur Einsicht in die Handelsbücher und Geschäftspapiere berechtigt und kann eine Bilanz und einen Jahresabschluss anfertigen (**Kontrolle und Informationsrecht der Gesellschafter**), selbst wenn er von der Geschäftsführung ausgeschlossen ist.

Buchführung und Jahresabschluss

Die oHG ist verpflichtet Handelsbücher zu führen und am Schluss eines jeden Geschäftsjahres eine Jahresbilanz (▸ Fachwissen Tourismus Band 3, LF 11) und eine Gewinn- und Verlustrechnung aufzustellen.

Auflösung

Die oHG wird aufgelöst in Entsprechung des § 131 Abs. 1 HGB:

- 1. durch den Ablauf der Zeit, für welche sie eingegangen wurde,
- 2. durch Beschluss der Gesellschafter,
- 3. durch die Eröffnung des Insolvenzverfahrens (► Fachwissen Tourismus Band 3, Exkurs LF 11) über das Vermögen der Gesellschaft oder
- 4. durch gerichtliche Entscheidung.

PRO | CONTRA

Vorteile oHG	Nachteile oHG
► kein Mindestkapital ► freie Gestaltung des Gesellschaftsvertrages ► Gesellschafter haben ein hohes Maß an Mitbestimmungsmöglichkeiten ► hohe Kreditwürdigkeit	► Unternehmensform ist nur von Kaufleuten wählbar ► alle Gesellschafter haften uneingeschränkt auch mit ihrem Privatvermögen ► eine oHG ist buchführungspflichtig

Tab. Pro und Contra oHG

2.3.3 Kommanditgesellschaft

Die Kommanditgesellschaft (KG) ist eine Sonderform der oHG. Als Personengesellschaft betreibt sie ein Handelsgewerbe unter gemeinschaftlicher Firma. Für sie gelten die Vorschriften der oHG mit dem entscheidenden Unterschied, dass es zwei Arten von Gesellschaftern gibt:

Mindestens einen **Vollhafter (Komplementär)**, der den Gesellschaftsgläubigern gegenüber unbeschränkt haftet und mindestens einen **Teilhafter (Kommanditist)**, mit einer auf die Einlage beschränkten Teilhaftung.

Gründung

Die Gründung einer KG erfolgt wie bei einer oHG im Innenverhältnis durch Gesellschaftsvertrag von mindestens zwei voll geschäftsfähigen Personen. Im Außenverhältnis nach Eintragung ins HR.

Aus dem **Gesellschaftervertrag** muss mindestens der gemeinsamen Zweck der Vereinbarung, die gemeinschaftliche Firma, die Personen des Komplementärs sowie des Kommanditisten und die Höhe der Einlage, auf die die Haftung des Kommanditisten beschränkt ist, hervorgehen.

Ebenso wie die oHG muss die KG zur **Eintragung ins Handelsregister** angemeldet werden. Auch der Ein- bzw. Austritt eines Gesellschafters, die Änderung der Firmierung oder die Sitzverlegung der KG müssen in das HR eingetragen werden.

Haftung

Aufgrund der besonderen Haftungsverhältnisse werden die Kommanditisten und der Betrag jeder Kommanditeinlage explizit erfasst. Vor Eintragung ins Handelsregister haften alle Gesellschafter unbeschränkt (vgl. GbR ▸ Exkurs Kapitel 2.3.1). Die Haftung beginnt bereits mit der Geschäftsaufnahme.

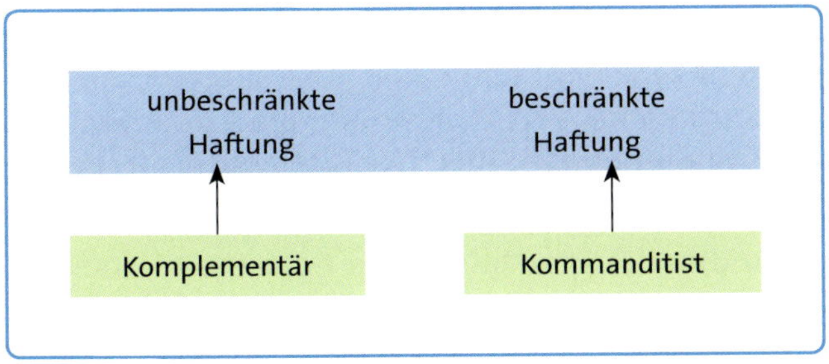

Abb. Grundmodell einer KG

Persönlich haftende Gesellschafterin einer KG kann auch eine Gesellschaft mit beschränkter Haftung (GmbH ▸ Kapitel 2.3.4) sein. In diesem Fall handelt es sich um die Unternehmensform einer GmbH & Co. KG.

Firmierung

Die Firmierung muss den Rechtsformzusatz »Kommanditgesellschaft« oder die Abkürzung »KG« enthalten. Der Name eines Kommanditisten darf nicht Unternehmensname sein. Ansonsten entspricht die Firmenregelung der einer oHG (vgl. § 19 Abs. 1 Nr. 3 HGB).

Abb. Logo der Firma Terranova Touristik Uhlig KG

Geschäftsführung und Vertretung

Nur die **Komplementäre** sind bei der KG zur Geschäftsführung und Vertretung berechtigt (gem. § 170 HGB). Da im Verhältnis der Gesellschafter untereinander Vertragfreiheit gilt, können weitere Regelungen und Einzelheiten im Gesellschaftsvertrag bestimmt werden.

Nur für den Komplementär gilt das gesetzlichen **Wettbewerbsverbot** (vgl. § 165 HGB), sonstige Treupflichten gelten auch für Kommanditisten.

Zu den Pflichten der Kommanditisten zählen:

BEISPIEL

Pflicht zur Kapitaleinlage (keine Mindesthöhe), Pflicht zur Verlustbeteiligung (in einem angem. Verhältnis), Haftpflicht (nur bis zur Höhe ihrer Kapitaleinlage).

Gewinnverteilung

Zunächst erfolgt für jeden Gesellschafter eine **Kapitalverzinsung von vier Prozent** (vgl. § 168 HGB), soweit ein entsprechend hoher Gewinn erzielt worden ist, ansonsten nach dem Verhältnis der Kapitalanteile.

Für die Verteilung eines darüber hinaus gehenden Gewinnes sieht das Gesetz ein den Umständen nach angemessenes Verhältnis vor (vgl. § 168 Abs. 2 HGB). Hiervon abweichende vertragliche Vereinbarungen sind natürlich möglich. Das **Entnahmerecht des Komplementärs** entspricht dem der oHG (vgl. § 122 HGB).

Bei einem **Verlust** wird der Kommanditist in gleicher Weise belastet wie ein persönlich haftender Gesellschafter, d. h., der Verlustanteil mindert nach § 120 Absatz 2 HGB seinen Kapitalanteil. Dies allerdings nur bis zur Höhe seiner Kapitaleinlage (vgl. § 167 III HGB).

PRO Vorteile KG	CONTRA Nachteile KG
▸ Mindestkapital nicht vorgeschrieben, ▸ gute Kreditbasis, da Komplementär Vollhafter, ▸ nur Vollhafter ist Geschäftsführungs- und Vertretungsberechtigter, ▸ Erhöhung des Geschäftskapitals durch die Aufnahme von Kommanditisten möglich.	▸ Komplementär haftet uneingeschränkt, ▸ Kommanditist haftet nur mit der Höhe seiner Stammeinlage, ▸ Handelsregistereintrag zwingend erforderlich, ▸ Buchführungspflicht.

Tab. Pro und Contra Kommanditgesellschaft

Die Personengesellschaftsformen oHG und KG sind **nicht Kaufmann kraft Rechtsform**. Ihnen verleiht das Gesetz gemäß der §§ 105 und 161 HGB I (1) die Kaufmannseigenschaft. Betreiben sie kein Handelsgewerbe, können sie weder oHG noch KG sein.

Auf einen Blick

Es sind Gemeinsamkeiten, aber auch Unterschiede zwischen den Personengesellschaften oHG und KG zu erkennen:

	oHG	KG
Zweck	▸ Betrieb eines Handelsgewerbes	▸ Betrieb eines Handelsgewerbes
Gründung	▸ Innenverhältnis: durch Gesellschaftsvertrag von mindestens zwei voll geschäftsfähigen Personen ▸ Außenverhältnis: nach Eintragung ins HR	▸ Innenverhältnis: durch Gesellschaftsvertrag von mindestens zwei voll geschäftsfähigen Personen ▸ Außenverhältnis: nach Eintragung ins HR
Firma	▸ Rechtsformzusatz »offene Handelsgesellschaft«, »oHG«	▸ Rechtsformzusatz »Kommanditgesellschaft« oder Abkürzung »KG«
Kapitalhöhe	▸ Kein Mindestkapital	▸ Keine Mindesthöhe
Geschäftsführung/ Vertretung	▸ Einzelgeschäftsführung bei »gewöhnlichen Geschäften« ▸ Gesamtgeschäftsführung bei »außergewöhnlichen Geschäften«	▸ Nur durch Vollhafter
Haftung	▸ Unbeschränkte, unmittelbare und solidarische Haftung	▸ Komplementär ist unbeschränkt haftender Gesellschafter ▸ Kommanditist ist beschränkt haftender Gesellschafter
Gewinn	▸ Vier Prozent der Kapitaleinlage, Rest wird »nach Köpfen« verteilt oder vertragliche Regelung	▸ Vier Prozent Verzinsung der Einlage, Rest ist »angemessen zu verteilen«
Steuer	▸ Gesellschafter unterliegen der Einkommensteuer nach § 15 EStG	▸ Gesellschafter unterliegen der Einkommensteuer nach § 15 EStG
Auflösung	▸ Nach Ablauf der vereinbarten Dauer ▸ Durch Beschluss der Gesellschafter ▸ Bei Abschluss eines Insolvenzverfahrens ▸ Durch gerichtliche Entscheidung	▸ Nach Ablauf der vereinbarten Dauer ▸ Nach Abschluss eines Insolvenzverfahrens
Gesetzliche Grundlage	▸ §§ 105–160 HGB	▸ §§ 161–177 HGB
Kaufmannseigenschaft	▸ Alle Gesellschafter	▸ Nur Komplementär

Tab. Vergleich oHG und KG

2.3.4 Gesellschaft mit beschränkter Haftung

Die GmbH ist eine **Kapitalgesellschaft**. Diese juristische Person des Privatrechts ist selbstständige Trägerin von Rechten und Pflichten, an der sich juristische oder natürliche Personen mit einer Kapitaleinlage beteiligen können. Unabhängig vom Gesellschaftszweck ist jede GmbH Kaufmann (genauer: Formkaufmann).

MERKE

Juristische Person

Charakteristisch für eine Kapitalgesellschaft als juristische Person ist, dass die Gesellschaft mit ihrem gesamten Vermögen für die Verbindlichkeiten des Unternehmens haftet. Die Haftung der Gesellschafter selbst ist auf ihr eingelegtes Kapital oder die Sacheinlage beschränkt.

Gründung

Die GmbH kann zu jedem gesetzlich zulässigen Zweck von einer oder mehreren Personen gegründet werden (vgl. § 1 GmbHG). Sie ist grundsätzlich beim Gewerbeamt, dem Finanzamt, der Berufsgenossenschaft (bei Beschäftigung von Arbeitnehmern) und bei der Agentur für Arbeit anzumelden.

Für die Gründung einer GmbH in Standardfällen (d. h. bei maximal drei Gesellschaftern und einem Geschäftsführer, und keine vom Gesetz abweichenden Bestimmungen) kann ein gesetzliches Musterprotokoll verwendet werden. In diesem Fall ist keine Beurkundung erforderlich, sondern nur eine Beglaubigung.

Gesellschaftsvertrag

Der Gesellschaftsvertrag ist die Einigung der Gründer über die Errichtung einer GmbH, regelt die Beziehungen zwischen der GmbH und den Gesellschaftern sowie die Organisation und Rechtsstellung der GmbH. Ein Muster-Gesellschaftsvertrag ist auf der ▸ nächsten Buchseite abgedruckt.

Als gesetzlichen **Mindestinhalt muss der Gesellschaftsvertrag** nach § 3 Abs. 1 GmbHG enthalten:

- die Firma und den Sitz der Gesellschaft,
- den Gegenstand des Unternehmens,
- den Betrag des Stammkapitals,
- die Zahl und die Nennbeträge der Geschäftsanteile, die jeder Gesellschafter gegen Einlage auf das Stammkapital (Stammeinlage) übernimmt.

Musterprotokoll für die Gründung einer Mehrpersonengesellschaft mit bis zu drei Gesellschaftern (Anlage zu § 2 Abs. 1a GmbHG), Teil b)

UR. Nr. ____________________

Heute, den ____________, erschienen vor mir, ____________________,
Notar/in mit dem Amtssitz in ____________________,
Herr/Frau[1]) ____________________[2]),
Herr/Frau[1]) ____________________[2]),
Herr/Frau[1]) ____________________[2]).

1. Die Erschienenen errichten hiermit nach § 2 Abs. 1a GmbHG eine Gesellschaft mit beschränkter Haftung unter der Firma ____________ mit dem Sitz in ______
2. Gegenstand des Unternehmens ist ____________________
3. Das Stammkapital der Gesellschaft beträgt ____________ € (i. W. Euro) und wird wie folgt übernommen:
   Herr/Frau[1]) ____________ übernimmt einen Geschäftsanteil mit einem Nennbetrag in Höhe von ____________ € (i. W. ____________ Euro) (Geschäftsanteil Nr. 1),
   Herr/Frau[1]) ____________ übernimmt einen Geschäftsanteil mit einem Nennbetrag in Höhe von ____________ € (i. W. ____________ Euro) (Geschäftsanteil Nr. 2),
   Herr/Frau[1]) ____________ übernimmt einen Geschäftsanteil mit einem Nennbetrag in Höhe von ____________ € (i. W. ____________ Euro) (Geschäftsanteil Nr. 3).
   Die Einlagen sind in Geld zu erbringen, und zwar sofort in voller Höhe/zu 50 Prozent sofort, im Übrigen sobald die Gesellschafterversammlung ihre Einforderung beschließt[3]).
4. Zum Geschäftsführer der Gesellschaft wird Herr/Frau[4]) ____________________, geboren am ____________, wohnhaft in____________, bestellt.
   Der Geschäftsführer ist von den Beschränkungen des § 181 des Bürgerlichen Gesetzbuchs befreit.
5. Die Gesellschaft trägt die mit der Gründung verbundenen Kosten bis zu einem Gesamtbetrag von 300 €, höchstens jedoch bis zum Betrag ihres Stammkapitals. Darüber hinausgehende Kosten tragen die Gesellschafter im Verhältnis der Nennbeträge ihrer Geschäftsanteile.
6. Von dieser Urkunde erhält eine Ausfertigung jeder Gesellschafter, beglaubigte Ablichtungen die Gesellschaft und das Registergericht (in elektronischer Form) sowie eine einfache Abschrift das Finanzamt -- Körperschaftsteuerstelle --.
7. Die Erschienenen wurden vom Notar/von der Notarin insbesondere auf Folgendes hingewiesen: ____________________

Hinweise:

[1]) Nicht Zutreffendes streichen. Bei juristischen Personen ist die Anrede Herr/Frau wegzulassen.

[2]) Hier sind neben der Bezeichnung des Gesellschafters und den Angaben zur notariellen Identitätsfeststellung ggf. der Güterstand und die Zustimmung des Ehegatten sowie die Angaben zu einer etwaigen Vertretung zu vermerken.

[3]) Nicht Zutreffendes streichen. Bei der Unternehmergesellschaft muss die zweite Alternative gestrichen werden.

[4]) Nicht Zutreffendes streichen.

www.gesetze-im-internet.de/normengrafiken/

Daneben steht es den Gesellschaftern frei, individuell weitere Inhalte nach ihren Wünschen aufzunehmen, solange sie nicht gegen gesetzliche Gebote oder Verbote verstoßen.

Freiwillige Inhalte im Gesellschaftsvertrag BEISPIEL

Gesellschafterversammlung und Stimmrechte, Einrichtung zusätzlicher Organe, z. B. Beirat oder Aufsichtsrat, Beschränkungen bei der Übertragung von Geschäftsanteilen, Besondere Regeln, z. B. Gewinnverwendung oder Bezugsrechte bei Kapitalerhöhung, Dauer der Gesellschaft und Auflösung und Liquidation.

Der Gesellschaftsvertrag muss notariell beurkundet werden und ist von sämtlichen Gesellschaftern zu unterzeichnen (vgl. § 2 GmbHG).

Anmeldung

Der Anmeldung zum HR müssen beigefügt sein: Gesellschaftsvertrag, Legitimation der Geschäftsführer, Liste der Gründungsgesellschafter, Nennbeträge und die laufenden Nummern der von einem jeden Gesellschafter übernommenen Geschäftsanteile (vgl. § 8 GmbHG).

Die Anmeldung zum Handelsregister darf erst erfolgen, wenn auf jeden Geschäftsanteil, soweit nicht Sacheinlagen vereinbart sind, ein Viertel des Nennbetrags der Bareinlage eingezahlt ist. Insgesamt muss auf das Stammkapital mindestens soviel eingezahlt sein, dass der Gesamtbetrag der eingezahlten Geldeinlagen zuzüglich des Gesamtnennbetrags der Geschäftsanteile für die Sacheinlagen zu leisten sind, die Hälfte des Mindeststammkapitals (also 12.500,00 Euro) erreicht (vgl. § 7 Abs. 2f GmbHG).

Vorgründungsgesellschaft →	Vorgesellschaft →	GmbH
Abschluss Gesellschaftsvertrag: ► Vorgründungsgesellschaft entsteht. ► Entspricht einer GbR oder bei Handelsgewerbe einer oHG.	Notarielle Beurkundung: ► Der für die Gesellschaft handelt, haftet.	Eintragung in HR: ► GmbH entsteht. ► Folge: nur noch die Gesellschaft haftet gegenüber Dritten.

Abb. Gründungsphasen einer GmbH

Haftung bei der Gründung der GmbH

Mit der notariellen Beurkundung des Gesellschaftsvertrages (bzw. mit der Beglaubigung bei Einreichung eines Musterprotokolls) entsteht eine Vorgesellschaft der GmbH. In diesem Gründungsstadium haften die Gesellschafter, sofern sie im Namen der GmbH handeln, unbeschränkt, unmittelbar und solidarisch mit ihrem Privatvermögen (vgl. § 11 II GmbHG).

Mit der Eintragung ins Handelsregister entsteht die juristische Person GmbH und übernimmt die Rechte und Pflichten der Vorgesellschaft. Der HR-Eintrag hat konstitutive Wirkung, die GmbH erlangt Rechtsfähigkeit.

Stammkapital und Geschäftsanteil

Das Stammkapital ist das gesetzlich erforderliche Mindestvermögen einer GmbH, das sich aus der Summe der Bareinlagen bzw. dem Wert der Sacheinlagen (z. B. Grundstücke, Fahrzeuge und Nutzungsrechte wie Lizenzen und Patente) zusammen setzt und mindestens 25.000,00 Euro betragen muss. Das Stammkapital ist in so genannte Geschäftsanteile zerlegt, deren Höhe nicht reglementiert ist.

Die Gesellschafter können die Höhe der Nennbeträge der von ihnen zu übernehmenden Geschäftsanteile individuell bestimmen. Der Nennbetrag eines jeden Geschäftsanteils muss allerdings auf volle Euro lauten und somit mindestens einen Euro betragen. Die Gesellschafter können mehrere Geschäftsanteile bei der Errichtung einer GmbH übernehmen. Die Höhe der Nennbeträge der einzelnen Geschäftsanteile kann verschieden bestimmt werden. Die Summe der Nennbeträge aller Geschäftsanteile muss mit dem Stammkapital übereinstimmen (vgl. § 5 GmbHG).

Der Geschäftsanteil an einer GmbH umfasst alle Rechte und Pflichten eines Gesellschafters einer GmbH, insbesondere Stimm- und Gewinnbezugsrecht und Liquidationserlös.

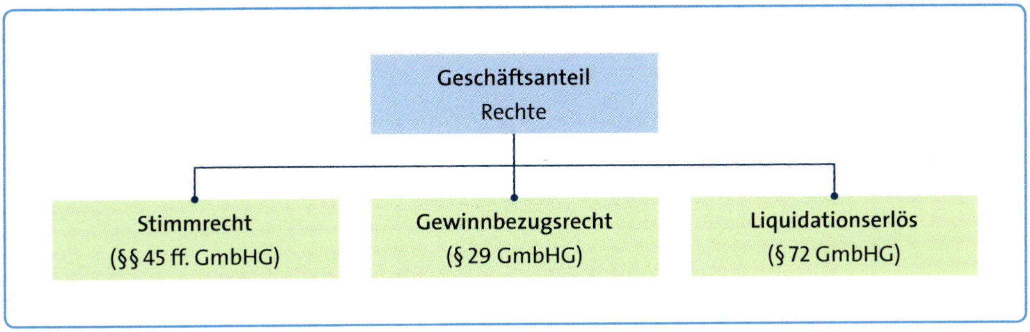

Abb. Rechte bei Übernahme eines Geschäftsanteils

Jeder Euro des Geschäftsanteils gewährt eine Stimme bei der Gesellschafterversammlung (vgl. § 47 Abs. 2 GmbHG). Der Gesellschaftsvertrag kann abweichende Regelungen treffen.

Firmierung

Die Firma der Gesellschaft muss, auch wenn sie nach § 22 des Handelsgesetzbuchs oder nach anderen gesetzlichen Vorschriften fortgeführt wird, die Bezeichnung »Gesellschaft mit beschränkter Haftung« oder eine allgemein verständliche Abkürzung dieser Bezeichnung enthalten.

BEISPIEL

Gültige Abkürzungen

GmbH i. G.	in Gründung, d. h. HR-Eintragung ist noch nicht erfolgt,
GmbH	die voll rechtsfähige Kapitalgesellschaft mit beschränkter Haftung,
GmbH i. L.	in Liquidation, d. h. in der Abwicklung z. B. eines Insolvenzverfahrens,
gGmbH	gemeinnützige GmbH, d. h. der Gesellschaft wurde gemäß Abgabenordnung der Status der Gemeinnützigkeit zuerkannt. Das führt zu bestimmten Steuerbefreiungen (z. B. bei der Körperschaftsteuer) aber auch u. U. zu der Berechtigung, Spenden anzunehmen.

Organe

Die GmbH ist eine juristische Person des Privatrechts und somit nur durch ihre Organe Geschäftsführung und Gesellschafterversammlung handlungsfähig. Bei einer GmbH mit mehr als 500 Arbeitnehmern ist ein Aufsichtsrat zur Überwachung der Geschäftsführung vorgeschrieben.

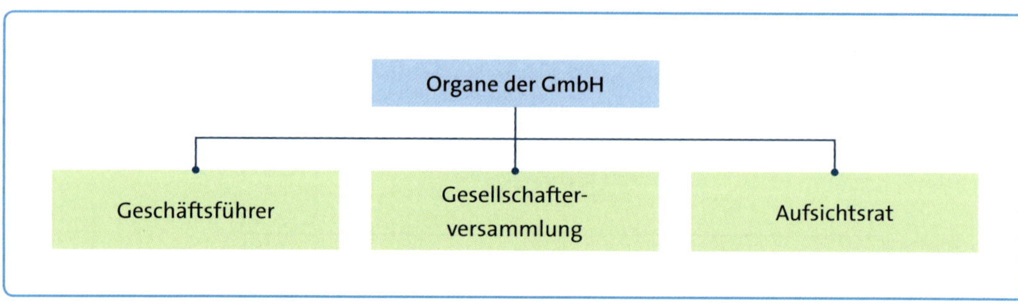

Abb. Organe der GmbH

Geschäftsführung und Vertretung

Der **Geschäftsführer leitet** das gesamte Unternehmen. Er muss kein Gesellschafter der GmbH sein, sondern kann Fremdgeschäftsführer sein. Der Geschäftsführer muss unbeschränkte Geschäftsfähigkeit (► Kapitel 4.1) besitzen und er darf in den letzten fünf Jahren nicht wegen eines Insolvenzdeliktes verurteilt worden sein. Die Abberufung von Geschäftsführern ist jederzeit durch die Gesellschafterversammlung möglich und muss ins Handelsregister eingetragen werden.

Bei der Leitung ist zwischen der Geschäftsführungsbefugnis im Innenverhältnis und der Vertretungsbefugnis im Außenverhältnis zu unterscheiden. Die Geschäftsführungsbefugnis betrifft das Innenverhältnis des Geschäftsführers zur Gesellschaft.

BEISPIEL

Gesetzliche Pflichten des Geschäftsführers
Aufstellung des Jahresabschlusses, Einberufung der Gesellschafterversammlung, Sicherstellung einer ordnungsgemäßen Buchführung, Bewahrung des Stammkapitals vor verbotenen Auszahlungen, Stellung eines Insolvenzantrags – spätestens drei Wochen nach Eintritt von Zahlungsunfähigkeit oder Überschuldung (vgl. § 15a I InsO).

Der **Geschäftsführer vertritt** die GmbH auch nach außen. Ihm obliegt nach dem Gesetz die gesamte außergerichtliche und gerichtliche Vertretung der GmbH. Zu den Aufgaben des Geschäftsführers gehört auch die Vornahme aller erforderlichen Anmeldungen zum Handelsregister. Leiten mehrere Geschäftsführer die GmbH sind diese gemeinsam zur Geschäftsführung und zur Vertretung der Gesellschaft berechtigt und verpflichtet. Entscheidungen sind von ihnen einstimmig zu treffen, die Vertretung erfolgt gemeinschaftlich.

MERKE

Geschäftsführungsbefugnis
Die Geschäftsführungsbefugnis umfasst für das Innenverhältnis und das Außenverhältnis alle gewöhnlichen und außergewöhnlichen Maßnahmen, die zur Umsetzung des Gesellschaftszwecks erforderlich sind.

Der **Geschäftsführer ist verpflichtet** zum Wohl und Nutzen der GmbH zu handeln. Daraus ergibt sich ein grundsätzliches Wettbewerbsverbot, nämlich dass er im satzungsmäßigen Geschäftszweig der GmbH nicht tätig werden darf.

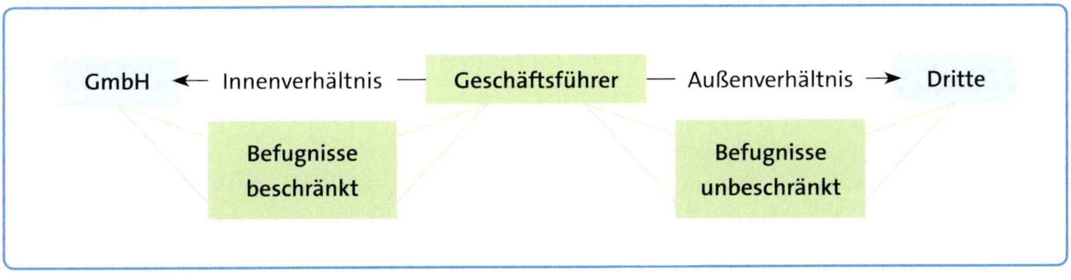

Abb. Befugnisse des Geschäftsführers einer GmbH

Gesellschafterversammlung

Die Gesellschafterversammlung ist die **Gesamtheit aller Gesellschafter** und **oberstes Beschlussfassungsorgan.** Sie wird i. d. R. durch die Geschäftsführer berufen.

Bestimmung der Gesellschafter (§ 46 GmbHG)

BGB

Der Bestimmung der Gesellschafter unterliegen

1. die Feststellung des Jahresabschlusses und die Verwendung des Ergebnisses;

1a. die Entscheidung über die Offenlegung eines Einzelabschlusses nach internationalen Rechnungslegungsstandards (§ 325 Abs. 2a des Handelsgesetzbuchs) und über die Billigung des von den Geschäftsführern aufgestellten Abschlusses;

1b. die Billigung eines von den Geschäftsführern aufgestellten Konzernabschlusses;

2. die Einforderung der Einlagen;
3. die Rückzahlung von Nachschüssen;
4. die Teilung, die Zusammenlegung sowie die Einziehung von Geschäftsanteilen;
5. die Bestellung und die Abberufung von Geschäftsführern sowie die Entlastung derselben;
6. die Maßregeln zur Prüfung und Überwachung der Geschäftsführung;
7. die Bestellung von Prokuristen und von Handlungsbevollmächtigten zum gesamten Geschäftsbetrieb;
8. die Geltendmachung von Ersatzansprüchen, welche der Gesellschaft aus der Gründung oder Geschäftsführung gegen Geschäftsführer oder Gesellschafter zustehen, sowie die Vertretung der Gesellschaft in Prozessen, welche sie gegen die Geschäftsführer zu führen hat.

Die Gesellschafterversammlung **kontrolliert und überwacht die Geschäftsführung,** ernennt Prokuristen, beschließt Satzungsänderungen und bestellt bzw. beruft Geschäftsführer ab. Sie ist gegenüber dem/den Geschäftsführer(n) weisungsberechtigt. Jeder Euro eines Geschäftsanteils an der GmbH gewährt dem Gesellschafter eine Stimme. Die Übertragung des Stimmrechts ist unzulässig mit der Folge der Nichtigkeit (vgl. § 47 GmbHG).

Beschlussfassung

MERKE

Die Beschlussfassung der Gesellschafterversammlung erfolgt grundsätzlich durch einfache Mehrheit. Bei Satzungsänderungen ist Dreiviertel-Mehrheit erforderlich.

Die Gesellschafterversammlung muss u. a. zwingend von dem Geschäftsführer einberufen werden, wenn sich aus der Bilanz ergibt, dass die Hälfte des Stammkapitals verloren ist (vgl. § 49 III GmbHG) oder wenn einzelne Gesellschafter eine Einberufung der Gesellschafterversammlung verlangen, sofern sie zusammen mit mehr als 10 Prozent an der Gesellschaft beteiligt sind.

Aufsichtsrat

Der Aufsichtsrat ist ein Kontrollorgan, dessen Hauptaufgaben in der Überwachung der Geschäftsführung, in der Prüfung von Jahresabschluss und Lagebericht und in der Unterrichtung der Gesellschafterversammlung bestehen. Er wird für maximal fünf Jahre (dispositiv) oder ein geringerer Zeitraum gewählt.

Die Einrichtung eines Aufsichtsrates ist gemäß § 76 des Betriebsverfassungsgesetzes (BetrVG ▸ Kapitel 6.1) zwingend erst bei einer GmbH ab 500 Arbeitnehmern vorgeschrieben. Die Mitglieder des Aufsichtsrats setzen sich aus einem Drittel Arbeitnehmeranteil und aus zwei Drittel Arbeitgeberanteil zusammen. Bei einer GmbH mit mehr als 2.000 Beschäftigten muss das Verhältnis von Arbeitnehmer- und Arbeitgebervertretern 1:1 betragen.

Haftung

Die GmbH haftet ihren Gläubigern gegenüber nur in Höhe des Gesellschaftsvermögens, ihre Gesellschafter haften grundsätzlich nicht persönlich.

Gewinn und Verlust

Der Gewinn wird im Verhältnis der Gesellschaftsanteile aufgeteilt. Bei Verlusten der Gesellschaft haftet jeder Gesellschafter bis zu maximal der Höhe seiner Stammeinlage.

Gewinnverteilung einer GmbH

BEISPIEL

Eine GmbH wird mit 100.000 € Stammkapital gegründet. Herr Knoll hält 40 % der Geschäftsanteile, Herr Winter 60 %. Im Geschäftsjahr wurde ein **Jahresüberschuss nach Steuern** von 200.000 € erzielt. Sofern im Gesellschaftsvertrag nichts anderes vereinbart wurde und unter der Annahme, dass der Gewinn vollständig ausgeschüttet wird, erhält Herr Knoll einen Gewinnanteil von 80.000 € und Herr Winter 120.000 €. Werden vom Jahresüberschuss Teile in die Gewinnrücklagen eingestellt, so ist nur der verbleibende Betrag zu verteilen.

Auflösung

Eine GmbH wird u. a. aufgelöst durch:
- Ablauf der im Gesellschaftsvertrag bestimmten Zeit,
- Beschluss der Gesellschafter (mit mehr als Dreiviertelmehrheit der Gesellschafterversammlung),
- gerichtliches Urteil,
- durch Eröffnung des Insolvenzverfahrens.

Die Auflösung der Gesellschaft muss zur Eintragung in das Handelsregister angemeldet werden.

Besteuerung und Publizitätspflicht

Die GmbH als eigenständiges Steuersubjekt muss auf ihre Gewinne nur Körperschaftsteuer in Höhe von 25 Prozent bezahlen zuzüglich 5,5 Prozent Solidaritätszuschlag.

Der Jahresabschluss (sowie Bilanz, GuV, Lagebericht ▸ Fachwissen Tourismus Band 3, LF 5 und LF 11) einer GmbH ist elektronisch innerhalb von 12 Monaten nach dem Abschlussstichtag zu veröffentlichen (**Publizitätspflicht**).

PRO / CONTRA

Vorteile GmbH	Nachteile GmbH
▸ Beschränkte Haftung	▸ Aufwändige Gründungsprozedur ▸ Mindestkapital erforderlich ▸ Aufwändige Rechnungslegung

Tab. Pro und Contra Gesellschaft mit beschränkter Haftung

Nach den grundlegenden Entscheidungen des Europäischen Gerichtshofes und des Bundesgerichtshofes ist es möglich, mit einem im europäischen Ausland nach ausländischem Recht gegründeten Unternehmen über eine Niederlassung in Deutschland tätig zu werden.

Exkurs: Unternehmergesellschaft und englische Limited

Die **haftungsbeschränkte Unternehmergesellschaft** (vgl. § 5a GmbHG), abgekürzt »UG«, ist keine eigenständige Rechtsform, sondern eine Vorstufe der GmbH, die ab 1,00 Euro Mindeststammkapital gegründet werden kann.

Aufgrund des reduzierten Stammkapitals muss die so genannte **Mini-GmbH** (oder Ein-Euro-GmbH) mindestens eine Eigenkapitalrücklage von 25 Prozent des Jahresgewinns bilden bis das Stammkapital (25.000,00 Euro) für eine normale GmbH erreicht ist.

- Die Firma muss aufgrund des eingeschränkten Gläubigerschutzes »UG (haftungsbeschränkt)« oder »Unternehmergesellschaft (haftungsbeschränkt)« anstatt »GmbH« als Zusatz führen.
- Die UG ist eine eigene Rechtspersönlichkeit und kann eigenständig klagen oder verklagt werden.
- Wird zur Gründung einer UG ein Musterprotokoll verwandt, entfällt die notarielle Beurkundung des Gesellschaftsvertrages, das spart Kosten.

Grundsätzlich gelten für die UG die Regelungen der normalen GmbH. Einen vergleichbaren Zuschnitt wie die UG hat die englische »*Limited*«.

Private Company limited by Shares (Ltd.)

Eine »*Limited*« kann nur in England nach dort geltendem Recht in englischer Sprache gegründet werden, wird aber in Deutschland anerkannt. Bei der *Ltd.* handelt es sich um eine Aktiengesellschaft (► Kapitel 2.3.5), die mindestens zwei *Shareholder* (Aktionäre, Gesellschafter) hat und deren Stammeinlage mindestens ein Britisches Pfund betragen muss.

Die Gründung der Gesellschaft erfolgt durch die Eintragung ins englische Handelsregister (*Companies House*). Zur Eintragung sind der Gesellschaftsvertrag (*Memorandum and Articles of Association*) zusammen mit dem Beschluss zur Berufung des Geschäftsführers (*Director*) und des Gesellschaftssekretärs (*Company Secretary*) beim englischen Handelsregister notwendig. Hierzu bedarf es keines Notars.

Abb. Englische »Collage«

Ein Aktionär der *Ltd.* kann auch gleichzeitig Geschäftsführer der *Ltd.* sein, während Geschäftsführer und Gesellschaftssekretär verschiedene Personen sein müssen.

Der Sitz der Gesellschaft (*Registered Office*) muss sich in England oder Wales befinden. Ist diese Gesellschaft mit einer Zweigniederlassung in Deutschland geschäftlich aktiv, muss auch die *Ltd.* ein Gewerbe beim zuständigen Gewerbeamt in Deutschland anmelden und sich in das Handelsregister eintragen.

In dem normalen Geschäftsverkehr gilt deutsches Recht für eine in Deutschland tätige *Limited*.

PRO – Vorteile *Limited*	CONTRA – Nachteile *Limited*
► geringes Eigenkapital ► Haftungsbeschränkung ► unterliegt englischem Gesellschaftsrecht	► Adresse/Vertreter in England notwendig ► Steuererklärung in Deutschland und Jahresabschluss in England nötig ► deutsche Gründer müssen zwei Rechtssystemen beachten, negatives Image

Tab. Pro und Contra *Ltd.*

2.3.5 Aktiengesellschaft

Die Aktiengesellschaft (AG) ist gemäß § 3 des **Aktiengesetzes (AktG)** eine **Handelsgesellschaft mit eigener Rechtspersönlichkeit** (die des Formkaufmanns).

Für die Verbindlichkeiten der Gesellschaft haftet den Gläubigern **nur das Gesellschaftsvermögen**. Die AG hat ein in Aktien zerlegtes Grundkapital (vgl. § 1 AktG), die Aktionäre der AG sind mit ihren Anteilen (Aktien) am Aktienkapital und damit an der Gesellschaft beteiligt.

Gründung

Der Prozess der Entstehung einer AG beginnt mit der **Feststellung der Satzung** und endet mit dem konstitutiv wirkenden HR-Eintrag.

Der erste Gründungsschritt stellt die notarielle Protokollierung und Beglaubigung der **Satzung,** des Gesellschaftsvertrages, dar.

Als weitere Voraussetzung müssen die Gründer das Grundkapital von mindestens 50.000,00 Euro in Form von Bar- oder Sacheinlagen aufbringen. Im Gegenzug erhalten sie dafür **Aktien (Anteilsscheine)**, deren Übergabe notariell protokolliert wird.

Der nächste Schritt besteht in der **Bestellung eines Aufsichtsrats** sowie eines Abschlussprüfers für das erste Geschäftsjahr, die ebenfalls notariell beurkundet werden.

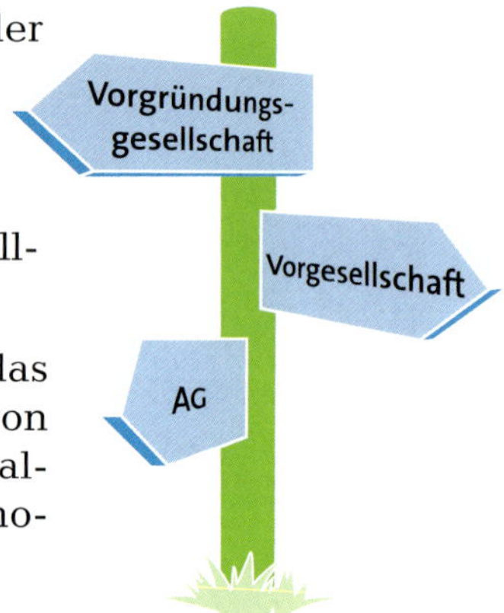

Abb. Gründung einer AG

Erst mit der Eintragung ins Handelsregister entsteht die AG als eigene juristische Person und ist damit voll geschäftsfähig.

Mindestinhalt einer Satzung/eines Gesellschaftsvertrages (gem. § 23 AktG)

- Firma und Sitz der Gesellschaft,
- Gegenstand des Unternehmens (Industrie- und Handelsunternehmen),
- Höhe des Grundkapitals (als Mindestnennbetrag 50.000,00 Euro),
- Nennbetrag und Zahl der Aktien (Nennbetrag pro Aktie mindestens 1,00 Euro), Gattung der Aktien (Stamm-/Vorzugsaktien),
- Art der Aktienausstellung (Inhaber-/Namensaktien),
- Zahl der Vorstandsmitglieder.

Firmierung

Die AG firmiert als Sachfirma mit Zusatz »AG«. Ältere Aktiengesellschaften bestehen u. U. noch als Personenfirma mit dem Zusatz »Aktiengesellschaft«.

Organe

Das Aktiengesetz (AktG) schreibt die folgenden Organe zwingend vor:

Der **Vorstand** einer AG hat die Geschäftsführungs- und Vertretungsbefugnis (vgl. §§ 76–94 AktG). Er leitet die Geschäfte im Innenverhältnis und vertritt die AG nach außen. Die Mitglieder des Vorstandes werden vom Aufsichtsrat auf höchstens fünf Jahre bestellt und abberufen (vgl. § 84 AktG). Er ist nicht an Weisungen der Aktionäre oder des Aufsichtsrates gebunden. Für die Mitglieder des Vorstandes besteht eine besondere Treuepflicht und ein Wettbewerbsverbot (vgl. § 88 AktG). Grundsätzlich gilt für einen mehrköpfigen Vorstand Gesamtvertretungsbefugnis, d. h., er kann nur zusammen die AG vertreten.

Die **Hauptversammlung** ist die Versammlung aller Aktionäre eines Unternehmens, in der die Aktionäre ihre Rechte ausüben (vgl. §§ 118–147 AktG). Sie beschließen mit ihrem Stimmrecht über die Bestellung der Aufsichtsratmitglieder, entscheiden über die Verwendung des Bilanzgewinns, entlasten die Vorstands- und Aufsichtsratsmitglieder, bestellen den Abschlussprüfer, entscheiden über Satzungsänderungen, Maßnahmen der Kapitalbeschaffung und -herabsetzung und über die Auflösung der Gesellschaft (vgl. § 119 Abs. 1 AktG). Bei Kapitalerhöhungen muss jedem Aktionär ein seinem Anteil an dem bisherigen Grundkapital entsprechender Teil der neuen Aktien zugeteilt werden, bei Auflösung der AG ein Anteil am Liquidationserlös. Über Fragen der Geschäftsführung entscheidet die Hauptversammlung nur, wenn der Vorstand es verlangt (vgl. § 119 Abs. 2 AktG).

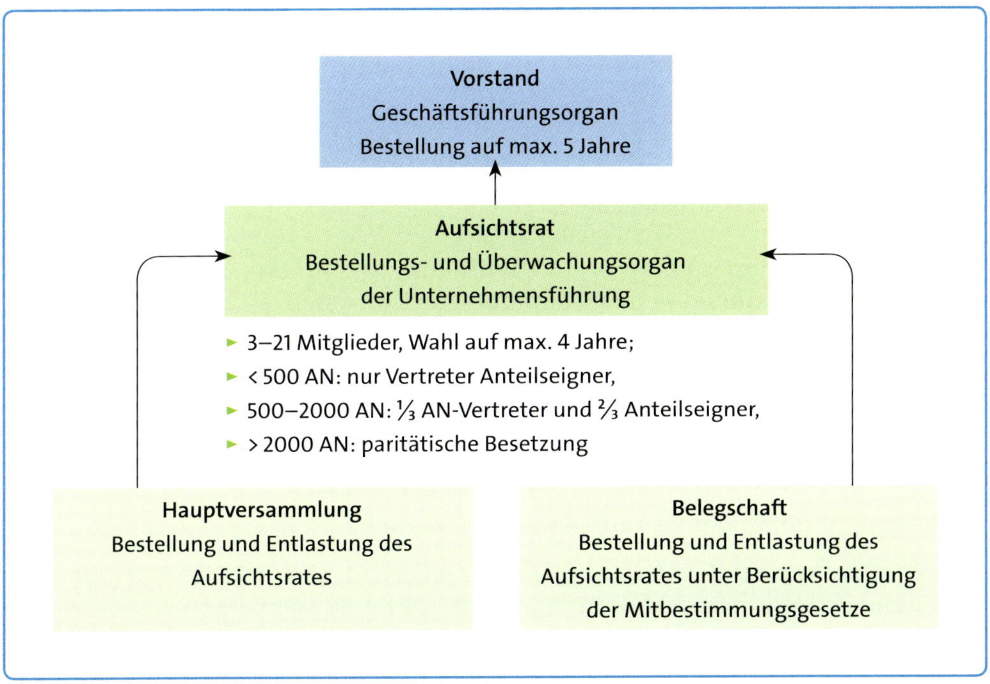

Abb. Die Organe der AG

Der **Aufsichtsrat** der AG wird von der Hauptversammlung auf höchstens vier Jahre gewählt (vgl. §§ 95-116 und § 101 AktG). Der Aufsichtsrat besteht aus drei Mitgliedern. Die Satzung kann eine bestimmte höhere Zahl festsetzen. Die Zahl muss durch drei teilbar sein. Die Höchstzahl der Aufsichtsratsmitglieder beträgt bei Gesellschaften mit einem Grundkapital bis zu 1,5 Mio. Euro neun, mehr als 1,5 Mio. Euro fünfzehn und mehr als 10 Mio. Euro einundzwanzig (vgl. § 95 AktG). Der Aufsichtsrat setzt sich – für Gesellschaften, für die das Mitbestimmungsgesetz gilt – aus Aufsichtsratsmitgliedern der Aktionäre und der Arbeitnehmer zusammen (vgl. § 96 AktG). Der Aufsichtsrat kontrolliert und unterstützt die Tätigkeit des Vorstandes. Wichtigen Beschlüssen des Vorstandes muss der Aufsichtsrat zustimmen, z. B. der Geschäftsverteilung des Vortandes oder der Erteilung von Prokura und Handlungsvollmachten. Er prüft den Vorschlag des Vorstandes für die Gewinnverteilung und den Lagebericht und berichtet darüber der Hauptversammlung.

Aufsichtsrat ist nicht Geschäftsführung

MERKE

Der Aufsichtsrat darf nicht die Aufgaben der Geschäftsführung übernehmen. Der Aufsichtsrat hat eine Hauptversammlung einzuberufen, wenn das Wohl der Gesellschaft es fordert.

Ab 500 Arbeitnehmern besteht der Aufsichtsrat aus Vertretern der Anteilseigner und Arbeitnehmer. Die Wahl der Arbeitnehmervertreter erfolgt durch die **Belegschaft** (vgl. §§ 76 ff. BetrVerfG 1952 und ▸ Kapitel 6.2).

Aktien und Aktionäre

Der Aktionär ist Inhaber von Aktien und somit Miteigentümer an einer AG. Seine spezifischen Rechte ergeben sich aus der Beteiligung an der Gesellschaft, der Satzung des Unternehmens und aus dem Aktiengesetz. Die Aktie verbrieft folgende Rechte:

- Recht auf Gewinnbeteiligung (= **Dividende**, vgl. §§ 58ff., § 150 AktG),
- Recht auf **Teilnahme** an der Hauptversammlung (vgl. §§ 118ff. AktG),
- **Stimmrecht** in der Hauptversammlung (vgl. §§ 134, 135 AktG),
- Anspruch auf Auskunft durch den Vorstand (vgl. § 131f. AktG),
- Bezugsrecht neuer Aktien (vgl. §§ 186ff., § 221 AktG),
- Anspruch auf Teilnahme am Liquidationserlös (vgl. § 271 AktG).

Die Vorteile von Aktien liegen darin, dass sie jederzeit handelbar- und hohe Kurssteigerungen möglich sind sowie die Aussicht auf Dividenden bieten.

Das **Nominalkapital (Grundkapital) einer AG** ist in Aktien zerlegt. Es gibt verschiedene Kriterien, nach denen man Aktienarten klassifiziert:

Aktienarten

Aktien als Bruchteil des Grundkapitals
- Nennwertaktie
- Stückaktie

Aktien als Wertpapier
- Inhaberaktie
- Namensaktie

Aktien als Mitgliedschaftsrecht
- Stammaktie
- Vorzugsaktie

Abb. Aktienarten

Nennwert- und Stückaktien – Nennwertaktien lauten auf einen festen Geldbetrag, Stückaktien verbriefen einen bestimmten Anteil am Grundkapital. Bei Stückaktien wird der Anteil nicht als Geldbetrag ausgedrückt (daher auch nennwertlose Aktie).

Stammaktien und Vorzugsaktien – Der Inhaber einer Stammaktie hat – im Unterschied zum Inhaber einer Vorzugsaktie – die im AktG festgelegten Rechte.

Inhaberaktien und Namensaktien – Die Rechte aus einer Inhaberaktie stehen allein dem jeweiligen Inhaber, nicht aber einer bestimmten Person – wie bei der Namensaktie – zu, die in das Aktienregister eingetragen ist.

Das Gesellschaftskapital einer AG ist meist höher als ihr Grundkapital, da es sich nach dem Kurswert bestimmt. Dies ist der Fall, wenn Aktien zu Preisen über den Nennbetrag ausgegeben werden (= **Überpari-Emission**).

200 REICHSMARK — No. 123456

AKTIE

- Recht auf Gewinnbeteiligung – Dividende (§§ 58 ff., § 150 AktG)
- Recht auf Teilnahme an der Hauptversammlung (§§ 118 ff. AktG)
- Stimmrecht in der Hauptversammlung (§§ 134, 135 AktG)
- Anspruch auf Auskunft durch den Vorstand (§ 131 f. AktG)
- Bezugsrecht neuer Aktien (§§ 186 ff., § 221 AktG)
- Anspruch auf Teilnahme am Liquidationserlös (§ 271 AktG)

Abb. Aktie

Alte Aktien sind Aktien, die vor der Kapitalerhöhung vorhanden waren. Junge Aktien werden durch die Gesellschaft zusätzlich in Umlauf gebracht und dienen der Kapitalerhöhung. Diese fließt den Aktionären zu.

PRO | CONTRA

Vorteile AG	Nachteile AG
▸ Haftet nur mit dem Gesellschaftsvermögen ▸ Gute Kontrollfunktion durch Aufteilung in verschiedene Organe ▸ Eigenkapitalfinanzierung unabhängig von Krediten bei Banken und durch Kapitalerhöhungen gesichert ▸ Aktienbestand ist unabhängig von Mitgliederwechsel bzw. über den Tod eines Aktionärs hinaus gewährleistet ▸ Aktien sind leicht zu übertragen ▸ Kapitalerhöhung durch Ausgabe von Aktien ist möglich	▸ Hoher Gründungsaufwand ▸ Hoher organisatorischer Aufwand, da drei Gremien zu verwalten sind ▸ Gesetzliche Rechnungslegungs- und Publizitätspflichten ▸ Kein unmittelbarer Einfluss der Anteilseigner

Tab. Pro und Contra Aktiengesellschaft

Im **Vergleich der Kapitalgesellschaften AG und GmbH** lassen sich Gemeinsamkeiten und Unterschiede ausmachen. Eine Tabelle zu dieser Thematik ist auf ▸ der nächsten Buchseite abgedruckt.

Ob Einzelunternehmen, GbR, KG, oHG, GmbH, AG oder UG (haftungsbeschränkt): Jede Rechtsform hat ihre Vor- und Nachteile, die dauerhaft optimale Rechtsform gibt es nicht.

Neben den vorgestellten Faktoren ist für Existenzgründer insbesondere entscheidend, ob die Rechtsform im Hinblick auf unsichere Zukunftserwartungen Möglichkeiten bietet, flexibel und schnell Gesellschafter aufzunehmen oder die Rechtsform selbst wieder zu ändern. Letztlich wird die **Rechtsformwahl von den persönlichen Vorlieben** und **individuellen Bedürfnissen** in einem hohen Maße mit bestimmt.

Vergleich der Kapitalgesellschaften AG und GmbH:

	AG	GmbH
Zweck	Jeder zulässige Zweck	Jeder zulässige Zweck
Gründerzahl	Eine oder mehrere Personen	Eine oder mehrere Personen
Eigentümer	Aktionäre	Gesellschafter
Mindesthöhe Eigenkapital	50.000,00 Euro	25.000,00 Euro
Mindesthöhe Einlage	1,00 Euro Mindestnennbetrag	1,00 Euro Mindeststammeinlage
Organe	Vorstand, Aufsichtsrat, Hauptversammlung	Geschäftsführer, Gesellschafterversammlung, ggf. Aufsichtsrat (Mitbestimmungsgesetz)
Gründung	Gesellschaftsvertrag (= Satzung), durch Eintragung ins Handelsregister	Gesellschaftsvertrag, Eintragung ins Handelsregister
Geschäftsführung/ Vertretung	Vorstand	Geschäftsführer (weisungsgebunden, ist kein Kaufmann)
Firma	Rechtsformzusatz AG	Rechtsformzusatz GmbH
Haftung	Beschränkt mit dem Gesellschaftsvermögen	Beschränkt mit dem Gesellschaftsvermögen
Jahresabschluss	Feststellung durch Vorstand und Aufsichtsrat	Feststellung durch Gesellschafterversammlung
Gewinn	Beschluss der Hauptversammlung	Beschluss der Gesellschafterversammlung
Steuern	Körperschaftsteuer	Körperschaftsteuer
Auflösung	Beschluss der Hauptversammlung, zwangsweise: Abschluss eines Insolvenzverfahrens	Beschluss der Gesellschafterversammlung, zwangsweise: Abschluss eines Insolvenzverfahrens
Kaufmannseigenschaft	AG, nicht Aktionäre, ist Formkaufmann	GmbH, nicht Gesellschafter, ist Formkaufmann

Tab. Vergleich Aktiengesellschaft und Gesellschaft mit beschränkter Haftung

AUFGABEN

1. Nennen Sie vier Voraussetzungen für einen Gewerbebetrieb.
2. Was versteht man unter den qualitativen, quantitativen und kaufmännischen Kriterien eines Handelsgewerbes?
3. Beurteilen Sie, ob Ihr Ausbildungsbetrieb ein Gewerbe oder ein Handelsgewerbe betreibt.
4. Begründen Sie für die folgenden Fälle, ob ein Gewerbebetrieb oder ein Handelsbetrieb vorliegt:
   a) Frau Nagel bietet regelmäßig in eigenem Namen und auf eigene Rechnung in einem Hotel medizinische Fußpflege an.
   b) Herr Orgel betreibt in eigenem Namen und auf eigene Rechnung eine Künstleragentur und vermittelt in Süddeutschland regelmäßig Musiker für Hotelauftritte.
   c) Die Reiseverkehrskauffrau Britta S. tritt am Wochenende regelmäßig in Diskotheken als Tischtänzerin (*Tabledancer*) gegen Entgelt auf.
   d) Sie lesen folgenden Text in der Tagespresse Ihrer Regionalzeitung (Auszug):

   > **Das mobile Reisebüro kommt zu Ihnen**
   > Egal ob Urlaub oder Business, ich berate Sie individuell zu Hause oder im Büro. Einfach Termin vereinbaren – rufen Sie mich an, senden Sie mir eine E-Mail oder schicken Sie mir ein Fax.

   e) Herr Spektakulus betreibt während der Sommermonate allein eine Strandbar am Rheinufer von Düsseldorf, in der er verschiedene Cocktails anbietet.
   f) Herr Bizep überwacht in verschiedenen Fitnessstudios im Wesentlichen die korrekte Gerätebedienung der Kunden. Sein Honorar rechnet er direkt mit den Studioinhabern ab.
5. Prüfen Sie, ob in den nachfolgenden Fällen eine Kaufmannseigenschaft gegeben ist. Begründen Sie Ihre Entscheidung.
   a) Gerd Baum und Hanne Grün wollen ein Reisebüro in der Rechtsform einer GmbH führen.
   b) Gerhard Fitt hat an den letzten zwei Wochenenden den Hausstand seiner Tante im Rahmen von Garagenflohmärkten verkauft. Dabei hat er 850,00 Euro eingenommen.
   c) Die Autovermietung »Rollrad AG« in Danzig hat mehrere Filialen und 30 Mitarbeiter.
   d) Herr Patrick Fröhlich betreibt von März bis Oktober ein Eiscafee in Lübeck. Er hat keine Angestellten, der Umsatz hält sich in Grenzen, eine exakte Buchhaltung ist nicht erforderlich. Er hat das Unternehmen im Handelsregister eintragen lassen.

e) Herr Glücklos erklärt gegenüber dem Kaufmann Tüchtig , dass auch er eingetragener Kaufmann ist. In Wahrheit betreibt Herr Glücklos weder ein Gewerbe noch ist er im Register eingetragen. Unterliegt ein Kaufvertrag zwischen den beiden dem HGB oder dem BGB?
f) Wie ist die Situation zu beurteilen, wenn die Ehefrau von Herrn Glücklos in dessen Abwesenheit und ohne dessen Wissen, diese Behauptung gegenüber Herrn Tüchtig äußert?

6. Welches Interesse könnte ein Kleingewerbetreibender haben, sich ins Handelsregister eintragen zu lassen?

7. Welche Kaufmannsart liegt jeweils vor?
a) Töpfer KG, Kunststoffverarbeitung, 70 Mitarbeiter
b) Rechtsanwaltspraxis Dr. Träumer, drei Mitarbeiter
c) Lukas e. K., ohne Mitarbeiter, Jahresumsatz 20.000,00 Euro
d) Reiseverkehrskaufmann Frank Hübsch

8. Die zwei ehemaligen Mitschüler Ansgar und Klaus treffen sich und erzählen über ihren beruflichen Werdegang. Ansgar sagt: »Ich habe meine Lehre beendet und bin jetzt als Bankkaufmann bei der Deutschen Bank AG angestellt.« Klaus sagt: »Ich bin selbstständiger Versicherungskaufmann und betreibe ein Immobilienmaklergeschäft.« Sind Ansgar und Klaus Kaufleute im handelsrechtlichen Sinn?

9. Ein Kfz-Meister hat im Lauf der Jahre eine gut gehende Werkstatt mit zwanzig Mitarbeiterinnen und Mitarbeitern und hohen Umsätzen aufgebaut. Ist der Kfz-Meister Kaufmann im Sinne des HGB?

10. Frau Katzensberg betreibt ein kleines Modegeschäft ohne kaufmännische Einrichtung. Um einen seriöseren Eindruck bei ihrer Kundschaft zu hinterlassen, hätte sie gerne Visitenkarten mit Firmennamen gedruckt. Gibt es unter den genannten Voraussetzungen die Möglichkeit?

© MEV Verlag GmbH

11. Nehmen Sie Stellung zu folgenden Aussagen:
a) »Ich arbeite in der Firma Reisegold oHG.«
b) »Unsere Firma heißt *Travel World* GmbH.«
c) Der Inhaber eines Handelsbetriebes hat zwei »Leben«, für die er jeweils verschiedene Namen verwenden muss.

12. Warum muss aus Geschäftsbriefen eines Kaufmannes die Firmierung hervorgehen?

13. Kaiser und König vereinbaren ein Sportgeschäft als oHG zu gründen. Welche Firmenbezeichnung ist rechtlich nicht zulässig?
a) Kaisers Sportgeschäft
b) Kaiser und König Sportpartner
c) Kaiser Sportgeschäft oHG

14. Die Firma dient u. a. dem Schutz des Geschäftsverkehrs. Erläutern Sie unter diesem Aspekt die Firmierungsgrundsätze »Firmenausschließlichkeit«, »Firmenwahrheit«, »Rechtsformzusatz« und »Firmenöffentlichkeit«.

15. Bilden Sie vier unterschiedliche Firmierungsbeispiele für das neue Busreiseunternehmen von Herrn Peter Reserverad.

16. Der Inhaber der Reiseinsel e. K. entzieht seinem Prokuristen die Prokura. Überprüfen Sie folgende Aussagen im Hinblick auf ihre Richtigkeit.

Die Löschung der Prokura wird gegenüber Dritten wirksam, …

a) … wenn dies im Handelsregister eingetragen ist.
b) … sobald die Prokura aus dem Handelsregister gelöscht wird.
c) … wenn dies Dritten bekannt gegeben wurde.
d) … zu dem Zeitpunkt, an dem die Prokura aus dem Handelsregister gelöscht und publiziert wird.
e) … wenn dies im Internet durch den Inhaber des Unternehmens veröffentlicht wird.

17. Der Reiseveranstalter Bernhard Balearus e. K. hat sich auf Bausteinreisen ins westliche Mittelmeer spezialisiert. Er erteilt Frau Sonne Generalvollmacht. Welche Verträge könnte die Bevollmächtigte in diesem Zusammenhang schließen?

18. Für die Sparte »Geschäftsreisen« erteilt Bernhard Balearus Frau Schnell eine Spezialhandlungsvollmacht, um die notwendigen Mietwagen für Geschäftsreisende zu ordern. Frau Schnell möchte ihrer Kollegin helfen und kauft in Absprache mit Frau Sonne auch Hotelbetten auf Mallorca ein. Sie unterschreibt die entsprechenden Verträge mit i.V. – hat Frau Schnell Ihre Vollmacht überschritten?

19. Tanja Rastlos, Kauffrau für Tourismus und Freizeit, arbeitet in einer Tourismusinformation, die in der Rechtsform einer GmbH geführt wird. Unter anderem werden in dem Unternehmen auch Reiseführer und Reiseaccessoires aus der Region verkauft. Die Geschäftsführerin der Tourismusinformation erklärt Frau Rastlos, dass sie keine Befugnis hat *Hardware* zu verkaufen, sondern ausschließlich für Auskünfte über die Region zuständig ist. Welche Vertretungsbefugnis wird dadurch geschmälert?

20. Herr Wind, Prokurist im Hotel »Grünwald GmbH«, gefällt die Firmierung nicht mehr und er lässt am Eingangsportal ein neues Schild mit der Aufschrift »*Wellness*oase Grünwald GmbH« anbringen. Damit der »Oasencharakter« des Hotels komplettiert wird, nimmt er einen Kredit in Höhe von 50.000,00 Euro bei einer Bank auf und finanziert damit eine neune Saunalandschaft und stellt eine Masseurin ein. Hat der Prokurist seine Kompetenzen überschritten?

21. Unterscheiden Sie die deklaratorische und die konstitutive Wirkung der Handelsregistereintragung.

22. Der nicht im Handelsregister eingetragene Inhaber des Reisebüros »Fernweh-Reisen« erteilt seiner Frau Prokura und seiner Tochter Handlungsvollmacht. Welche Rechtsfolgen ergeben sich daraus?

23. Welche rechtliche Wirkung hat die Eintragung der Prokura ins Handelsregister?

24. Handelt es sich in den folgenden Fällen um eintragungsfähige Vorgänge ins Handelsregister? Begründen Sie Ihre Entscheidung.
   a) Neugründung Erbach KG
   b) Neugründung EMI AG
   c) Neugründung Golfclub Rosenheim e.V.
   d) Erteilung einer Handlungsvollmacht an einen Angestellten
   e) Änderung der Firmierung von e. K. in oHG

25. Landwirt Fladenbrot verkauft seine Erzeugnisse auf dem Wochenmark und möchte künftig dafür Kaufmannseigenschaften erwerben. In welcher Form wäre dies ggf. möglich?

26. Der Kunstmalerin Anette ist die Durchführung einer eigenen Ausstellung in einer angesagten Galerie gelungen. Schon nach wenigen Tagen nach der Vernissage hat sie 18 Bilder verkauft und dafür 120.000,00 Euro eingenommen. Muss Sie sich ins Handelsregister eintragen lassen?

27. Warum ist die Publikationsfunktion des Handelsregisters von zentraler Bedeutung für Kaufleute?

28. Erklären Sie folgende Aussage: «Der elektronische Bundesanzeiger ist auch ein Sprachrohr des Handelsregisters.«

29. Sven Kette ist Computereinzelhändler und betreibt neben seinem Verkaufsgeschäft auch noch einen Lagerverkauf, in dem er Neugeräte mit leichten Kratzern bzw. Auslaufmodelle zu günstigen Preisen anbietet. Er hat das Unternehmen vor drei Jahren gegründet. Das Kapital hat er zum Teil selbst aufgebracht und den Rest über einen Bankkredit (► LF 2, Kapitel 5.2) finanziert. Im Rahmen eines Gespräches bewertet er die Aufnahme eines Kompagnon folgendermaßen: »Die Aufnahme oder Beteiligung einer weiteren Person an meinem Geschäft kam und kommt für mich nicht in Frage, das ist nur mit Ärger verbunden. Ich lasse mir von niemandem in meine Entscheidungen hineinreden. Ich möchte auch nicht mit Familienangehörigen oder Freunden zusammen arbeiten. Wie sagt man so schön: Bei Geld hört die Freundschaft auf. Wenn etwas schief gehen sollte, dann nehme ich das auf meine Kappe. Ich trage die Verantwortung alleine und muss dafür gerade stehen. Arbeite ich gut, zahlt sich das in barer Münze für mich aus.«

a) Welche Rechtsform hat Sven Kette für sein Unternehmen gewählt?
b) Führen Sie fünf entscheidende Argumente für die Wahl dieser Rechtsform aus Sicht von Herrn Kette an.
c) Ab welchem Zeitpunkt wurde Herr Kette Kaufmann?
d) Unterbreiten Sie Herrn Kette vier Firmierungsvorschläge.
e) Warum spielt das Privatvermögen bei dieser Rechtsform eine dominante Rolle für eine Kreditnachfrage bei einer Bank?
f) Welcher wirtschaftlichen Gefahr sieht sich Herr Kette bei zunehmender Expansion seines Geschäftes ausgesetzt?

30. Der Busreiseunternehmer Herr Fuchs betreibt ein Einzelunternehmen mit dem Schwerpunkt Schülerbeförderung Er ist meistens mit einem seiner drei Busse selbst unterwegs. Seine Frau erledigt die Büroarbeiten in ihrem Einfamilienhaus. Da der Reisemarkt sich im starken Wettbewerb befindet, möchte er expandieren, um ein weiteres Standbein zu haben. Deshalb möchte er insbesondere auf dem *Best Ager*-Markt aktiv werden und eigene Pauschalreisen mit den Schwerpunkten Städte-, *Wellness*- und Wanderreisen anbieten. Ihm fehlen jedoch dazu die entsprechenden Fachkenntnisse und adäquate Räumlichkeiten. Deshalb möchte er sich mit dem Inhaber eines am Ort ansässigen Reisebüros »auf Augenhöhe« zusammenschließen.

a) Prüfen Sie eine solche Betriebserweiterung unter folgenden Aspekten: Kapital- und Kreditspielraum (lesen Sie dazu auch ► Fachwissen Tourismus Band 3, LF 11, Kapitel 5), Risikoverteilung, Arbeitsbelastung, Geschäftsführung und Vertretung, Marktposition, Einkauf touristischer Leistungen, Effekte für den Absatzbereich
b) Welche Unternehmensform empfehlen Sie Herrn Fuchs?

31. Drei Gesellschafter sind an einer oHG beteiligt. Sie haben einen Jahresreingewinn von 155.800,00 Euro erwirtschaftet:
- Gesellschafter A mit 260.000,00 Euro Einlage
- Gesellschafter B mit 100.000,00 Euro Einlage
- Gesellschafter C mit 40.000,00 Euro Einlage

a) Wie hoch sind die Einlagenanteile prozentual?
b) Berechnen Sie die Gewinnanteile der Gesellschafter nach § 121 HGB.
c) Wie hoch ist das maximale Entnahmerecht pro Gesellschafter in Euro?

32. Erläutern Sie die Begriffe Geschäftsführung und Vertretung jeweils anhand von drei Beispielen.

33. Frau Andrea Fitt und Frau Susanne Stöckel möchten eine oHG gründen. Der Unternehmensgegenstand soll zum einen die Vermittlung von

Reisen sein, als auch der Verkauf von Reise-Accessoires und exklusiven Kleinmöbeln aus Asien. Formulieren Sie einen Gesellschaftsvertrag, aus dem mindestens sechs entscheidende Vereinbarungen für diese Geschäftsgründung hervor gehen.

34. Die beiden Gesellschafterinnen aus Aufgabe 33 unterzeichnen den Gesellschaftsvertrag am 23.06.2016, die Handelsregistereintragung erfolgt am 30.06.2016. Prüfen Sie die folgenden Geschäftsvorgänge auf Gültigkeit:
   a) Frau Fitt kauft darauf am 27.06. einen Geschäfts-Pkw und unterzeichnet den Kaufvertrag mit der Bitte, man möge das Fahrzeug am nächsten Tag auf die Firma zulassen.
   b) Susanne Stöckel stellt zur gleichen Zeit bereits einen Mitarbeiter für den Verkauf zu ihrer Entlastung ein und erteilt ihm Generalvollmacht.
   c) Frau Fitt lernt den neuen Mitarbeiter erst an dessen erstem Arbeitstag (entspricht 01.07.2016) kennen und ist von seinen fachlichen Qualitäten nicht überzeugt. Sie erklärt ihm, dass kein Arbeitsverhältnis zustande gekommen sei, da sie als Gesellschafterin diesem hätte zustimmen müssen.
   d) Um künftig solche Situationen zu vermeiden, schlägt Frau Fitt ihrer Partnerin vor, dass nur sie sich künftig um den Personalbereich kümmert und Frau Stöckel die Verantwortung für den Einkauf der Kleinmöbel übernehmen solle.
   e) Ab welchem Zeitpunkt gilt für Verträge dieses Unternehmens im Außenverhältnis dieses Unternehmens das HGB?
   f) Wozu dient die Einschränkung, dass Grundlagengeschäfte von der Alleinvertretungsmacht ausgeschlossen sind?

35. Frau Stöckel bestellt bei einem Möbelhaus am 03.07.2016 eine neue Büroeinrichtung im Wert von 30.000,00 Euro, die bei Lieferung bezahlt werden soll. Ende August werden die Möbel geliefert und montiert. Frau Stöckel befindet sich zu dieser Zeit auf einer Informationsreise. Frau Fitt erklärt dem Lieferanten, dass das Geschäftskonto zurzeit leider nicht ausgeglichen ist, und er auf die Zahlung noch warten muss. Der Lieferant ist damit nicht einverstanden und verlangt von Frau Fitt, dass sie die Kaufsumme von ihrem privaten Konto begleichen soll.
   a) Erklären Sie an diesem Beispiel die Gesellschafterhaftung der oHG.
   b) Was bedeutet »Gemeinschaft zur gesamten Hand«?
   c) Angenommen, Frau Fitt möchte nach dieser Erfahrung ihr Kündigungsrecht als Gesellschafterin wahrnehmen. Zu welchem Zeitpunkt wäre dies frühestens möglich?
   d) Wie lange müsste sie ggf. noch für Verbindlichkeiten der oHG einstehen?

36. Kann die Haftung eines Gesellschafters bei einer oHG im Gesellschaftsvertrag eingeschränkt werden?

37. Welche Möglichkeiten gibt es, die Vertretungsmacht im Gesellschaftsvertrag der oHG zu begrenzen?

38. Herr Lahm hat 60.000,00 Euro geerbt und will dieses Geld in der Firma Müller KG als Teilhafter anlegen. Der Vollhafter Herr Maier ist mit 140.000,00 Euro und der Teilhafter Herr Schütze mit 160.000,00 Euro an dieser KG beteiligt. Für das Unternehmen wird ein Reingewinn von 180.000,00 Euro erwartet. Für seine Verteilung wird ein Verhältnis von 2:1:1 für Maier, Schütze und Lahm als angemessen unterstellt. Wie hoch sind die Gewinnanteile der Gesellschafter nach HGB? Lösungshinweis:

> **§ 168 HGB**
> (1) Die Anteile der Gesellschafter am Gewinn bestimmen sich, soweit der Gewinn den Betrag von vier vom Hundert der Kapitalanteile nicht übersteigt, nach den Vorschriften des § 121 Abs. 1 und 2.
> (2) In Ansehung des Gewinns, welcher diesen Betrag übersteigt, sowie in Ansehung des Verlustes gilt, soweit nicht ein anderes vereinbart ist, ein den Umständen nach angemessenes Verhältnis der Anteile als bedungen.

39. Begründen sie, warum nur der Komplementär zur Geschäftsführung und Vertretung berechtigt ist.

40. Welches Risiko trägt der Kommanditist zwischen der Gründung einer KG bis zur Eintragung der Firma in das Handelsregister?

41. Der Kommanditist hat eine Einlage von 40.000,00 Euro und der Komplementär von 800.000,00 Euro getätigt.
a) Welcher Verlust würde ihm entstehen, wenn das Eigenkapital zu Beginn des Jahres 120.000,00 Euro betrug und am Ende des Geschäftsjahres noch 110.000,00 Euro beträgt?
b) Welcher Verlust würde ihm entstehen, wenn das Eigenkapital zu Beginn des Jahres 120.000,00 Euro betrug und am Ende des Geschäftsjahres noch 30.000,00 Euro beträgt?

42. Ein Kommanditist möchte sich neue Visitenkarten drucken lassen und neben seinen persönlichen Angaben auch den Begriff »Kaufmann« verwenden.
a) Ist dies als Kommanditist möglich?
b) Welche Folgen hätte die Aufnahme dieser Bezeichnung auf die Visitenkarte, sofern er sie Dritten überlässt und mit ihnen Verträge über Gegenstände der BGA schließt?

43. Worin sehen Sie das charakteristische Merkmal im Vergleich zwischen einer oHG und einer KG?

44. Welche drei Kriterien wären für Sie bei der Wahl zwischen den Rechtsformen oHG bzw. KG entscheidend?

45. Hans Törn, der seit 33 Jahren einen Segelbootsbau mit Erfolg betreibt, hat immer ein offenes Ohr für Jungunternehmer: »Für mich kam damals nur eine GmbH in Frage. Ich wollte mein geerbtes Haus nicht auf's Spiel setzen. Dafür ist mein Betrieb zu stark von der Konjunktur abhängig. Allerdings haben sich die Banken mit einer Grundschuld und einer persönlichen Bürgschaft bei der Kreditaufnahme abgesichert (alle Begriffe ▸ LF 2, Kapitel 5.2). Selbst wenn sie diese in Anspruch genommen hätten, wäre immer noch etwas übrig. Heute beträgt das Stammkapital der GmbH 150.000,00 Euro, also weit mehr als die erforderlichen 25.000,00 Euro, und ich kann mir ein Geschäftsführergehalt bezahlen.« – Führen Sie fünf entscheidende Argumente für die Wahl dieser Rechtsform aus Sicht von Herrn Törn aus.

46. Warum ist der Gesellschaftervertrag einer GmbH im Gegensatz zu dem Gesellschaftsvertrag einer oHG nicht formfrei?

47. Herr Kurz, Frau Lang und Herr Hübsch möchten ein Fitnessstudio in der Rechtsform einer GmbH mit einem Stammkapital von 25.000,00 Euro gründen. Formulieren sie einen entsprechenden Gesellschaftervertrag mit sechs entscheidenden Vereinbarungen.

48. Die Gesellschafter aus Aufgabe 47 haben u. a. vereinbart, dass keine Sachanlage getätigt werden darf. Damit die GmbH ins Handelsregister eingetragen werden kann, möchten sie eine der notwendigen Voraussetzungen erfüllen und überweisen auf das neu eröffnete Firmenkonto: Herr Kurz 6.000,00 Euro, Frau Lang 2.500,00 Euro, Herr Hübsch 4.000,00 Euro.
   a) Überprüfen Sie, ob die entsprechende Voraussetzung damit erfüllt ist.
   b) Die beiden Herren übernehmen einen Geschäftsanteil in identischer Höhe, Frau Lang hat ihren auf 2.500,00 begrenzt. Wie viele Euro müssen Herr Kurz und Herr Hübsch jeweils noch bis zum Ausgleich ihrer Geschäftsanteile einbringen?
   c) Frau Lang möchte ihren geringeren Kapitaleinsatz durch *Power* ausgleichen und kauft Kühlgeräte und Küchenmaschinen für die Cafeteria des Fitnessstudios im Wert von 15.000,00 Euro auf Ziel. Wer haftet in der Vorgesellschaft für diese Verbindlichkeiten?

49. Entspricht die entstehende Vorgründungsgesellschaft der GmbH einer GbR oder einer oHG?
   a) Begründen Sie Ihre Entscheidung.
   b) Worin unterscheiden sich Gesellschaftsvertrag und Musterprotokoll in Bezug auf die Haftung?

c) Bei wie vielen Gründern sind Stammkapital und Geschäftsanteil identisch?
d) Was besagt einem Dritten die »Firmierung« GmbH i. G.?

50. Bilden Sie zwei mögliche Firmierungen für das Fitnessstudio aus Aufgabe 47.

51. Angenommen das Stimmrecht der in Aufgabe 47 genannten Gesellschafter richtet sich nach dem Nennbetrag ihrer Geschäftsanteile:
a) Wie viele Stimmen haben jeweils die drei Gesellschafter in der Gesellschafterversammlung?
b) Unterbreiten Sie einen Vorschlag für den Gesellschaftsvertrag, der zur Vereinfachung führt und trotzdem den Proporz (Abkürzung für lat. *Proportionalität* = Verhältnismäßigkeit) wahrt.

52. Herr Kurz übernimmt die Geschäftsführung der GmbH aus Aufgabe 47. Er ist der Meinung, dass er nicht mehr – im Gegensatz zu einem Fremdgeschäftsführer – in dieser Funktion ins Handelsregister eingetragen werden muss, weil er als Gesellschafter bereits dort erfasst ist. Nehmen sie Stellung zu seiner Auffassung.

53. Welche Merkmale treffen auf Herrn Kurz zu?

- Er besitzt die unbeschränkte Geschäftsfähigkeit.
- Er ist in den letzten fünf Jahren nicht wegen eines Insolvenzdeliktes verurteilt worden.
- Er beruft die Gesellschafterversammlung ein.
- Er regelt die Gewinnverteilung.
- Er vertritt die GmbH außergerichtlich und gerichtlich.
- Die Geschäftsführungsbefugnis umfasst für das Innenverhältnis und das Außenverhältnis alle gewöhnlichen und außergewöhnlichen Maßnahmen.
- Er darf sich an anderen Fitnessstudios außerhalb des Sitzes der GmbH beteiligen, sofern seine Geschäftsführeraufgaben dadurch nicht beeinträchtigt werden.
- Er hat in seiner Funktion Anspruch auf einen Firmenwagen.

54. Welche Merkmale treffen auf die Gesellschafterversammlung zu?
- Sie bestellt, beruft ab und entlastet den Geschäftsführer.
- Sie bestellt Prokuristen und Generalbevollmächtigte.
- Sie beschließt Satzungsänderungen mit absoluter Mehrheit.
- Sie beschließt über den auf die einzelnen Gesellschafter entfallenden Gewinn.

55. Die Einrichtung eines Aufsichtsrats ist gemäß § 76 BetrVG (► Kapitel 6.1) erst bei einer GmbH ab 500 Arbeitnehmern zwingend vorgeschrieben.
– Begründen Sie diese gesetzliche Regelung zur Einrichtung des Kontrollorganes.

56. Wie viele der Gesellschafter des Fitnessstudios aus Aufgabe 47 müssten zustimmen, um die GmbH aufzulösen?

57. Worin würde die Tatsache der »GmbH in Auflösung« in der Firmierung zum Ausdruck kommen?

58. Die drei Gesellschafter der Fitnessstudio GmbH haben beschlossen zu expandieren. Sie beauftragen ihren Geschäftsführer Geräte im Wert von 100.000,00 Euro zu kaufen und ein neues Studio anzumieten. Als sie ihre Pläne zu Hause erzählen, wechseln die Ehepartner die Farbe und haben Angst um das gemeinsam Ersparte. Können Sie die Ehepartner beruhigen?

59. Was bedeutet die Aussage: »Die GmbH ist eigenständiges Steuersubjekt«?

60. Verdeutlichen Sie anhand von sechs Beispielen Konsequenzen, die aus der Tatsache folgen, dass die GmbH eine juristische Person ist.

61. Der Gesellschafter einer haftungsbeschränkten Unternehmergesellschaft muss Privatvermögen besitzen, wenn er diese lediglich mit dem Mindeststammkapital gründet. Ansonsten wird er am Kapitalmarkt vergeblich nach Krediten fragen. Sind Sie auch der Meinung?

62. Eine UG erwirtschaftet 1.000,00 Euro Gewinn nach Steuern. Wie hoch muss die Eigenkapitalrücklage sein, wenn bisher ein Stammkapital von 12.000,00 Euro vorhanden ist?

63. Zu welchem Zeitpunkt darf der Firmierungszusatz »UG« durch »GmbH« ersetzt werden?

64. Eine *Limited* ist in das »*Companies House*« ordnungsgemäß eingetragen. Müssen Sie nach England reisen, um nähere Informationen über das auch in Deutschland aktive Unternehmen zu erhalten?

65. Was bedeutet die Aussage «Die Aktiengesellschaft handelt durch ihre Organe«?

66. Warum haben Aufsichtsrat und Vorstand einer AG eine unterschiedlich lange Berufungsperiode?

67. Zu welchem Zeitpunkt erlangt die Aktiengesellschaft ihre volle Geschäftsfähigkeit?

68. Welche Aufgaben hat der Vorstand einer AG im Innen- und Außenverhältnis?

69. Welche Rechte hat ein Aktionär als Miteigentümer an einer Kapitalgesellschaft?

70. Wie hoch ist das Mindestkapital zur Gründung einer AG?

71. Sie möchten allein ein kleines Unternehmen gründen. Welche der folgenden Rechtsformen kommen in Frage: Einzelunternehmen, UG (haftungsbeschrankt), GbR, GmbH oder KG? Begründen Sie Ihre Ausführungen.

72. Sie möchten für alle anfallenden Schulden Ihres Unternehmens nur mit Ihrem Geschäftsvermögen haften und nicht mit Ihrem Privatvermögen. Welche Rechtsformen sollten Sie wählen (UG, oHG, Einzelunternehmen, GmbH)? Begründen Sie Ihre Entscheidung.

73. In welchen der genannten Rechtsformen steht die Leitungsbefugnis allen Gesellschaftern zu: Kommanditgesellschaft, Aktiengesellschaft, offene Handelsgesellschaft oder Stille Gesellschaft?

74. Die Geschäftsführung einer AG erfolgt durch: a) den Aufsichtsrat, b) die Hauptversammlung, c) den Vorstand oder d) die Mehrheitsaktionäre?

75. Bei welchen Rechtsformen schreibt der Gesetzgeber ein Mindestnennkapital vor?
   a) Stille Gesellschaft,
   b) Aktiengesellschaft,
   c) Kommanditgesellschaft,
   d) offene Handelsgesellschaft.

76. Bei welchen der folgenden Rechtsformen unterliegt der Gewinn der Körperschaftssteuer?
   a) GmbH,
   b) offene Handelsgesellschaft,
   c) Kommanditgesellschaft.

77. Welche der folgenden Rechtsformen zählen zu den Kapitalgesellschaften?
   a) Kommanditgesellschaft,
   b) GmbH,
   c) Aktiengesellschaft,
   d) die offene Handelsgesellschaft.

78. In welchen Rechtsformen steht die Leitungsbefugnis allen Gesellschaftern zu?
   a) Kommanditgesellschaft,
   b) Genossenschaft,
   c) Aktiengesellschaft,
   d) offene Handelsgesellschaft,
   e) Stille Gesellschaft.

79. Welche Aussage bezüglich der Organe eines Unternehmens ist **falsch**?

a) Es lassen sich grundsätzlich drei Organe der Unternehmensverfassung unterscheiden: Das Gesellschafterorgan, das Kontrollorgan und das Leitungsorgan.
b) Die Organe einer KG lassen sich in Gesellschafterversammlung und Geschäftsführung unterteilen.
c) Hauptversammlung, Aufsichtsrat und Vorstand bilden die wesentlichen Organe einer AG.
d) Eine oHG ist dadurch gekennzeichnet, dass die Gesellschafter, also die Eigentümer, ihr Unternehmen gemeinsam führen
e) Gesellschafter- und Leitungsorgan fallen bei der AG zusammen.

80. Bitte beantworten Sie: Die Firma ist eine Bezeichnung …
a) … für ein Unternehmen,
b) … für den Rechtsträger eines Unternehmens, sofern er Kaufmann ist,
c) … für die Filialen eines Unternehmens.

81. Herr X, Frau Y und Herr Z betreiben als oHG einen Gemüseladen. Ist die Firmierung »FF-*Fresh Fruits*« zulässig? Nennen und begründen Sie die richtige(n) Antwort(en).
a) Nein, weil in der Firma der Name der Gesellschafter fehlt.
b) Ja, denn auch Fantasienamen sind zulässig.
c) Nein, denn es fehlt der Zusatz der Gesellschaftsform.

82. Welcher der nachfolgenden Voraussetzungen sind Teil des Begriffs eines Gewerbes nach HGB?
a) selbstständige Tätigkeit
b) planmäßige Tätigkeit
c) vorübergehende Tätigkeit
d) die Veräußerung von Waren

83. Hinsichtlich der Eigenschaft »Kaufmann« hat die Eintragung ins Handelsregister …
a) … immer konstitutive Wirkung,
b) … immer deklaratorische Wirkung,
c) … manchmal konstitutive, manchmal deklaratorische Wirkung.

84. Was ist das gemeinsame Merkmal einer jeden Gesellschaft?
a) Es wird immer ein Handelsgewerbe betrieben.
b) Es wird immer ein gemeinsamer Zweck verfolgt.

85. Eine GmbH haftet für Verbindlichkeiten …
a) … nur bis zur Höhe ihres Stammkapitals von 25.000,00 Euro,
b) … bis zur Höhe ihres tatsächlichen Vermögens,
c) … unbegrenzt.

86. Die Gesellschafter X, Y und Z haben wirksam eine oHG gegründet. Im Gesellschaftsvertrag ist hinsichtlich der Geschäftsführungs- und Vertretungsbefugnis nichts vom Gesetz Abweichendes geregelt. Gesell-

schafter A möchte, ohne dass dafür ein konkreter Anlass besteht, dem Angestellten P eine Prokura erteilen. Welche Aussagen treffen zu?
a) Gesellschafter A kann die Prokura dem Angestellten P ohne Mitwirkung von Gesellschafter B und C erteilen.
b) Die Prokura kann von Gesellschafter A nur mit Zustimmung von Gesellschafter B und C erteilt werden.
c) Wenn die Prokura beschränkt werden soll, ist dies nur zum im Zeitpunkt der Erteilung möglich.
d) Die Erteilung der Prokura ist zum Handelsregister anzumelden.

87. Was sind Voraussetzungen, damit sich eine Person auf die Publizität des Handelsregisters berufen kann?
a) Eine einzutragende Tatsache ist nicht eingetragen worden.
b) Die Person, die sich auf die Publizität des Handelsregisters beruft, hat Einsicht in das Handelsregister genommen.
c) Die Person, die sich auf die Publizität des Handelsregisters beruft, darf keine Kenntnis von der einzutragenden Tatsache haben.

88. Gesellschafter X, Y und Z gründen eine KG. Gesellschafter X ist Komplementär, die Gesellschafter Y und Z sind Kommanditisten mit einer Haftungseinlage von je 20.000,00 Euro. Im Februar 2015 entsteht gegen die KG eine fällige Forderung in Höhe von 2.000,00 Euro. Im August tritt Gesellschafter A in die KG als Kommanditist ein mit ebenfalls 20.000,00 Euro Haftungseinlage. Wer haftet für die Forderung bzw. wer kann Anspruchsgegner sein? Begründen Sie Ihre Antwort(en).
a) Die KG.
b) Ausschließlich Gesellschafter X als Komplementär.
c) Gesellschafter Y, der seine Haftungseinlage geleistet hat.
d) Gesellschafter Z, der seine Haftungseinlage noch nicht geleistet hat.

89. Interpretieren Sie die Kursentwicklung des Aktienkurses eines Touristikunternehmens und suchen Sie eine Erklärung auch unter Berücksichtigung der politischen Veränderungen in den Urlaubsdestinationen im Mittelmeerraum.

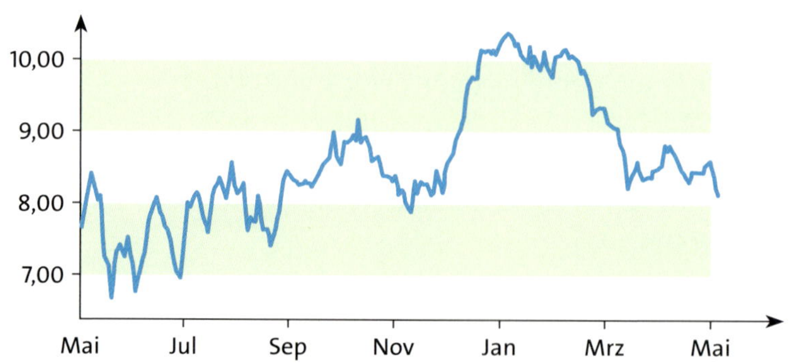

3 Unternehmensorganisation

Die Organisation eines Unternehmens ist eine **bewusst geschaffene Ordnung** zur Erfüllung des Unternehmenszweckes und seiner Abgrenzung gegenüber der Umwelt.

Sie ist ein **Führungsinstrument** zur zielorientierten Erfüllung wiederkehrenden Aufgaben in einem Unternehmen. Sie beruht auf einer dauerhafte Zerlegung einer Aufgabe, so dass diese von einem Mitarbeiter erledigt werden kann. Sie regelt die Verteilung von Aufgaben sowie Kompetenzen und koordiniert diese zwischen den Organisationseinheiten.

Die Unternehmensorganisation umfasst das Zusammenwirken von Personen und die Strukturierung und Steuerung von Arbeitsabläufen um, einerseits die Unternehmensziele (▸ LF 2, Kapitel 1.2.1), z. B. Wirtschaftlichkeit oder Zukunftssicherung, optimal zu erreichen, und andererseits die Mitarbeiterinteressen, wie Arbeitszufriedenheit und Arbeitsplatzsicherheit zu berücksichtigen sowie Kundenziele, z. B. Servicequalität, zu implizieren.

3.1 Grundsätze

Grundsätze der Unternehmensorganisation berücksichtigen das **Prinzip der Wirtschaftlichkei**t (▸ Kapitel 1.3.1), fördern die Motivation der Mitarbeiter, sind marktorientiert und gewährleisten als System die Erfüllung von Daueraufgaben sowie das Erreichen langfristiger strategischer Ziele.

Marktorientierung

Berücksichtigt unternehmensrelevante Märkte, die dort herrschenden Wettbewerbsbedingungen und die Kundenbedürfnisse.

Flexibilität

Die Organisationsstruktur lässt Agieren und Reagieren auf Marktveränderungen zu.

***Input-Output*-Effizienz**

Sachliche, personelle und finanzielle Ressourcen sollen so eingesetzt werden, dass sie den Unternehmenszielen optimal dienen.

Kompetenzzuweisung

Eindeutige und transparente Kompetenzzuweisung sollen den Koordinationsbedarf verringern.

Motivation

Die Organisationsstruktur lässt selbstständiges Handeln und Erfolgszuordnung zu.

Grundsätze der Unternehmensorganisation dienen auch als **Instrument zum Umweltschutz** (z. B. das Anstreben von kurzen Wegen; s. a. Umweltschutzmaßnahmen am Arbeitsplatz ▸ LF 2, Kapitel 1.1.4).

> MERKE
>
> **Organisationsstruktur**
> Die Organisationsstruktur eines Unternehmens wird durch die Aufbau- und die Ablauforganisation gemeinsam bestimmt.

3.2 Aufbauorganisation

Die Aufbauorganisation bildet die Organisationsstruktur, in der die Zuständigkeiten, Verantwortlichkeiten, Befehlswege und Berichtsstrukturen (die fachliche bzw. disziplinarische Über- und Unterordnung) innerhalb eines Unternehmens festgelegt werden.

Sie zeigt somit das **Beziehungsgerüst zwischen den Organisationseinheiten**, d. h. sämtlicher organisatorischer Elemente, die durch die dauerhafte Zuordnung von Teilaufgaben auf existierende oder gedachte Personen (z. B. den Abteilungen und Stellen) entstehen, auf.

> MERKE
>
> **Abbildung der Struktur**
> Die Abbildung der aufgabenbezogenen und funktionalen Struktur eines Unternehmens erfolgt auf der Grundlage der Aufgabenanalyse und der Aufgabensynthese.

Aufgabenanalyse und Aufgabensynthese

Im Rahmen der **Aufgabenanalyse** werden die im Unternehmen zu erfüllenden Aufgaben systematisch in Teilaufgaben und Elementaraufgaben zerlegt. Die dazu notwendigen Organisationseinheiten werden hierarchisch strukturiert gebildet und mit entsprechenden Kompetenzen versehen.

Kompetenzen sind Rechte und Befugnisse, bestimmte zur Aufgabenerfüllung notwendige Maßnahmen anordnen zu dürfen oder ausführen zu lassen.

> Aufgabe = Soll-Leistung + Aktivitäten,
> die zur Erbringung dieser Leistung eingesetzt werden

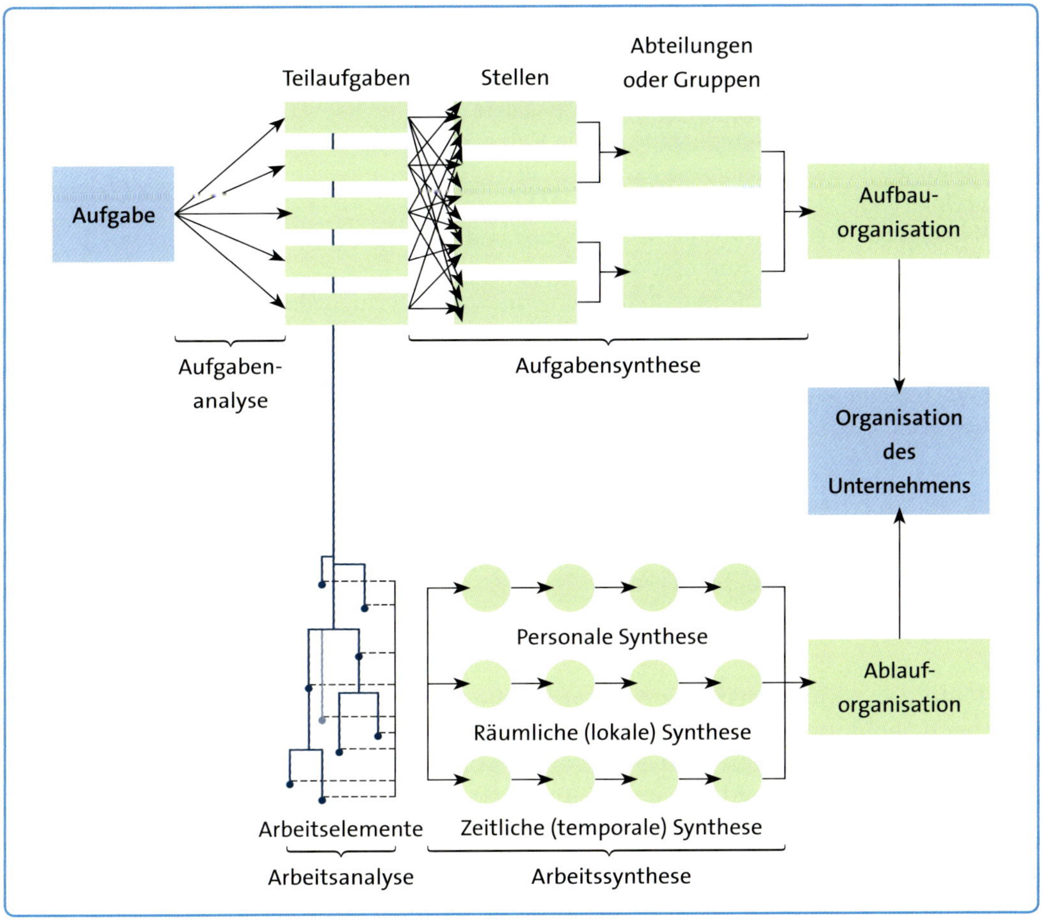

Abb. Aufgabenanalyse und Aufgabensynthese
Ann-Kristin Achleitner, Jean-Paul Thommen: Allgemeine Betriebswirtschaftslehre, 5. Auflage 2006, S. 784

Die Aufgabenanalyse erfolgt anhand verschiedener Zerlegungskriterien (hier für das Aufgabenfeld »Tourismus«):

Zerlegungskriterien	Gliederungsbeispiel
Verrichtungen	Aufteilung der Aufgabe in Einkauf oder Verkauf touristischer Leistungen
Objekte	Aufteilung der Aufgabe in Einkauf von Verfügungsrechten für Kreuzfahrten oder Hotelbetten
Rangstufe	Aufteilung in dispositive oder ausführende Aufgaben
Phasen	Aufteilung in Planungs-, Realisations- oder Kontrollaufgaben
Zweckbeziehung	Aufteilung in Leistungserstellungs- oder unterstützende Aufgaben

Tab. Zerlegungskriterien im Rahmen der Aufgabenanalyse

Aufgabenanalyse durch Zerlegung

BEISPIEL

Aufgabe: Erbringung einer Pauschalreise, d. h. die Verfügungsrechte über die notwendigen Leistungselemente sichern.
Erster Schritt: Die Gesamtaufgabe wird in kleine Teile zerlegt
Teilaufgabe: Leistungselement Transport – Verfügungsrechte sichern in Flug-, Bahn-, Schiffs- und Straßenverkehr.
Teilaufgabe: Leistungselement Beherbergung und Verpflegung – Verfügungsrechte sichern bei Aparthotel, Kurhotel, Motel, Pensionen, Gasthöfen.
Teilaufgabe: Leistungselement Animation – Verfügungsrechte sichern bezüglich Kinderanimation, Fitness, Sport, Wellness.
Zweiter Schritt: Bildung von organisatorischen Einheiten als Aufgabenträger und Verteilung der Teilaufgaben auf z. B. Stellen und Abteilungen, die u. a. entsprechende Hotel- und Flugkontingente anfragen, optionieren und Flüge blocken.

Dabei ist ein »roter Faden« zu beachten, der die einzelnen Schritte systematisch hinterfragt:

»Roter Faden Aufgabenanalyse«: WAS, WER, WO, WANN, WIE

Mit Hilfe der **Aufgabensynthese** werden die einzelnen ermittelten Teilaufgaben nach sachlogischen Gesichtspunkten zu koordinierbar en Aufgabenkomplexen zusammengefasst und konkreten, vorhandenen oder zu besetzenden Stellen, Gruppen und Abteilungen unter Beachtung verschiedener Kriterien zugeordnet.

Zeitliche Synthese	Räumliche Synthese	Personale Synthese
▸ Zeitliche Reihenfolge und Dauer der Arbeitsgänge ▸ Zeitliche Interdependenzen ▸ wechselseitige Abhängigkeiten	▸ Räumliche Anordnung der Arbeitsplätze ▸ Zuordnung der Arbeitsgänge zu Arbeitsplätzen	▸ Zuordnung der Arbeitsgänge zu Personen

Tab. Kriterien der Aufgabensynthese

Durch die **Aufgabenanalyse »WAS«** und die **Aufgabensynthese »WIE«** erfolgt die Verknüpfung der Aufbau- mit der Ablauforganisation.

Hierarchisches Gerüst

MERKE

Die Aufgabenanalyse und die Aufgabensynthese ergeben das hierarchische Gerüst eines Unternehmens: die Aufbauorganisation. Die Aufbauorganisation gestaltet Strukturen und legt diese fest.

Der visuelle »Bauplan« eines Unternehmens, **das Organigramm**, wird mit verschiedenen Fachbegriffen beschrieben.

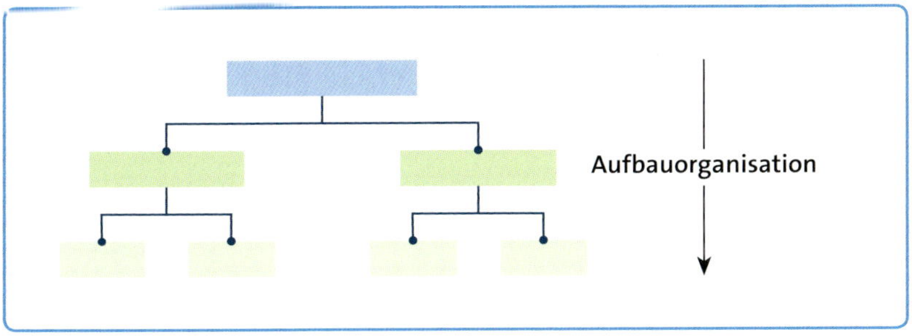

Abb. Muster-Organigramm

Hierarchische Gliederung der Aufbauorganisation

Die Aufbauorganisation ist hierarchisch gegliedert. Sie gibt der Unternehmung eine **innere hierarchische Ordnung** durch die Zuordnung von Mitarbeitern zu Vorgesetzen.

Grundsätzliche Fragen

- Wer führt das Unternehmen?
- Wer ist Wem fachlich bzw. disziplinarisch über- und untergeordnet?
- Welche Aufgaben werden von welchen Personen übernommen?
- Mit welchen Zuständigkeiten und Verantwortlichkeiten sind Personen ausgestattet?

Leitende Instanz	Höchste Instanz ist die Unternehmensleitung mit allen Führungsaufgaben und Kompetenzen.
Führende Instanzen	Sie übernehmen Leitungsfunktionen mit, haben jedoch eingeschränkte Kompetenzen, z. B. bezüglich Personaleinsatz, Controlling.
Stabstelle	Sie übernimmt Beratungsaufgaben ohne Weisungs- bzw. Entscheidungskompetenz.
Abteilung	Sie umfasst mehrere gleichartige Stellen oder Gruppen.
Gruppe	Eine Gruppe umfasst mehrere gleichartige Stellen.
Stelle	Sie ist die kleinste Organisatorische Einheit. Ihr sind eine oder mehrere Personen dauerhaft zugeordnet.

Tab. Innere hierarchische Ordnung

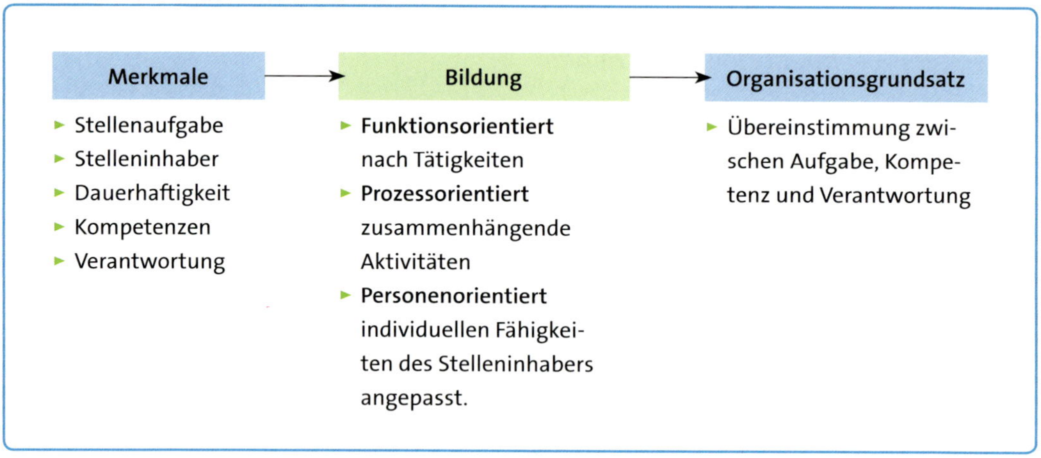

Abb. Bildung einer Stelle

3.3 Idealtypische Grundformen

Es lassen sich zwei idealtypische Grundformen der Aufbauorganisation bzw. von Organigrammen unterscheiden: das **Einlinien- und das Mehrliniensystem**. Im Folgenden werden diese und Variationen der Grundformen vorgestellt.

Einliniensystem

Charakteristisch für das Einliniensystem ist, dass die Gesamtaufgabe des Unternehmens nur nach einem Kriterium zerlegt ist. Der Dienstweg verläuft nur in vertikaler Richtung und der Informationsfluss weist nur eine Berichtslinie auf.

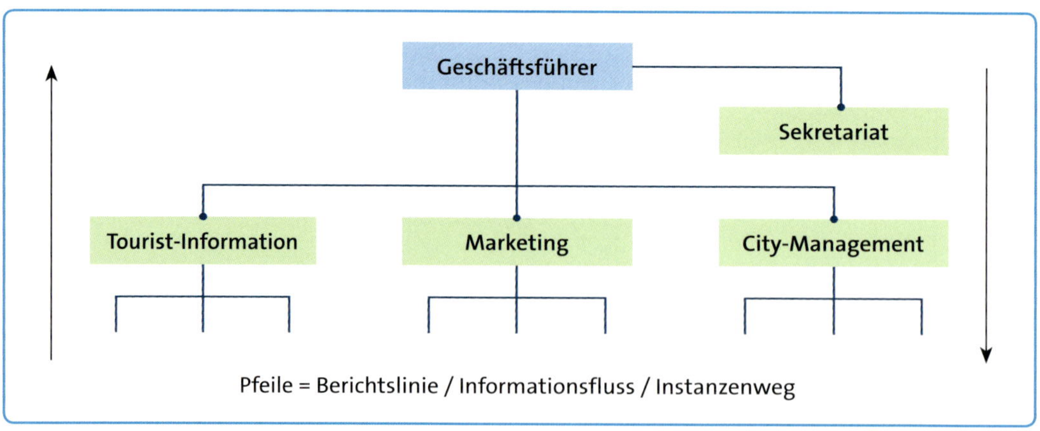

Abb. Einliniensystem

Das Einliniensystem findet sich häufig in kleinen Reisebüros mit einem Inhaber, Angestellten und Auszubildenden wieder.

Vorteile Einliniensystem	Nachteile Einliniensystem
► Einfache und klare Gliederung ► Eindeutige Zuständigkeiten und Verantwortung ► Eindeutiger Dienst- und Instanzenweg	► Starre, zum Teil lange Dienstwege ► Gefahr der Bürokratisierung ► Belastung führender Stellen

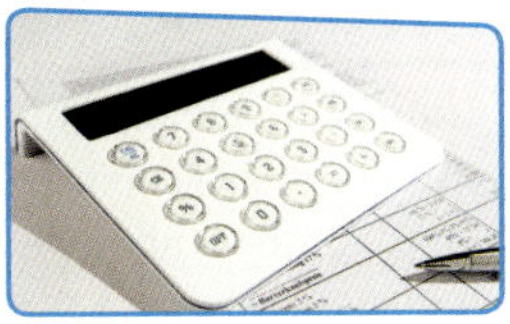

Mehrliniensystem

Das Grundprinzip eines Mehrliniensystems ist die **Funktionsteilung auf der Leitungsebene**.

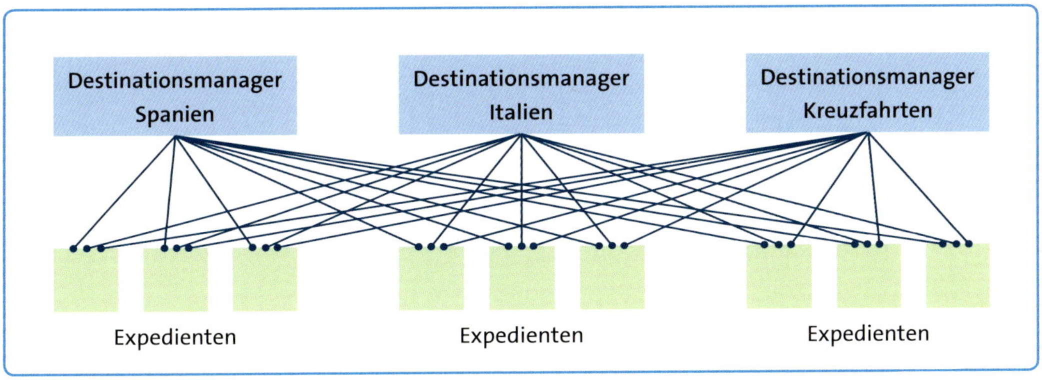

Abb. Mehrliniensystem

Unternehmerische Umsetzungen des Mehrliniensystems sind die Divisional- oder Spartenorganisationen verschiedener Tourismusfirmen (► Kapitel 3.4).

Vorteile Mehrliniensystem	Nachteile Mehrliniensystem
► Möglichkeit der Spezialisierung ► Entlastung führender Stellen ► Beseitigung langer Dienst- und Instanzenwege	► Kompetenzkonflikte ► Untergebene haben mehrere Vorgesetzte ► Unübersichtliche Organisation

Tab. Vor- und Nachteile des Mehrliniensystems

Stabliniensystem

In dieser Organisationsform wird das Einliniensystem durch eine Leitungshilfsstelle (Stabstelle) ergänzt, die jedoch keine Weisungsbefugnis hat. Entscheidungsinstanz ist die Ausführungsstelle.

PRO Vorteile Stabliniensystem	CONTRA Nachteile Stabliniensystem
► Entlastung der Instanz ► Beratungsvorteile durch Fachkompetenz ► Weniger Fehlentscheidungen	► Trennung von Entscheidungsvorbereitung und Entscheidung ► Einfluss der Stabstelle auf die Geschäftsleitung ist groß

Tab. Vor- und Nachteile des Stabliniensystems

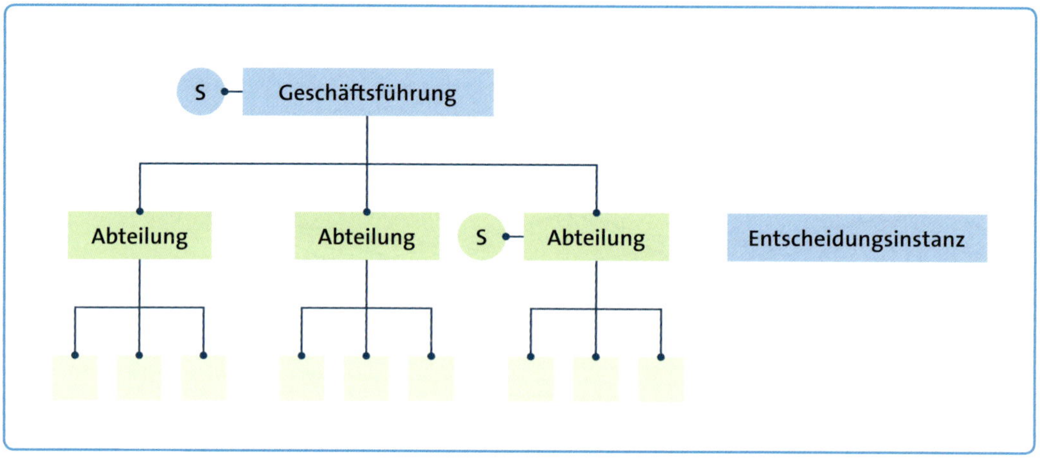

Abb. Stabliniensystem

Unternehmerische Umsetzungen des Stabliniensystems sind die Stabsstellen in Tourismusunternehmen, wie z. B. Pressereferenten, Datenschutzbeauftragte und die Rechtsabteilung.

Matrixorganisation

Die Matrixorganisation stellt die Kombination zweier Leitungsebenen (Mehrlinienorganisation) dar, in der eine untergeordnete Stelle von zwei übergeordneten Stellen Anweisungen erhält.

In Tourismusunternehmen dient dabei die horizontale Gliederung häufig als regional bezogenes Entscheidungssystem und eine vertikale Gliederung als produktbezogenes Entscheidungssystem.

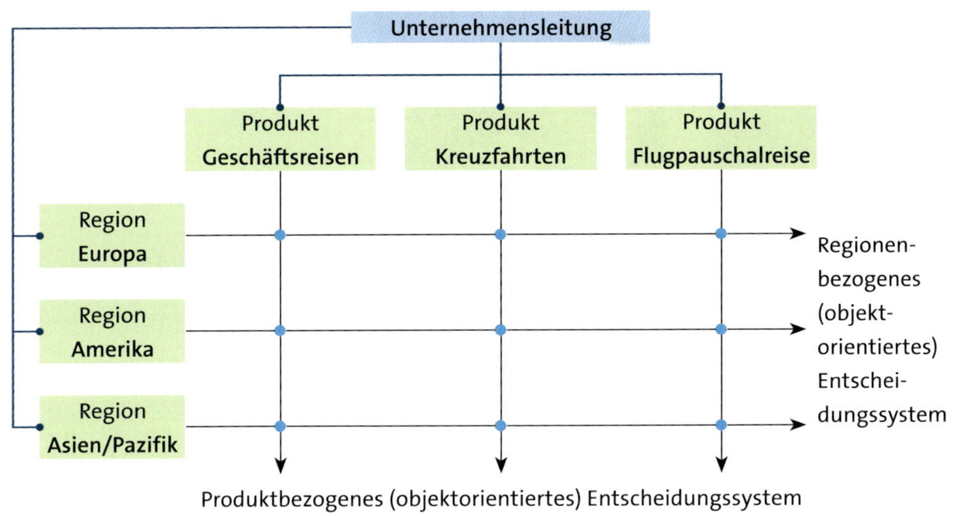

Abb. Matrixorganisation

PRO Vorteile Matrixorganisation	Nachteile Matrixorganisation CONTRA
► Flexibles System ► Erhöhte Entscheidungsqualität ► Entlastung der Instanzen	► Konfliktgefahr durch sich überschneidende Kompetenzen ► Längere Entscheidungszeiträume ► Hoher Koordinationsaufwand

Tab. Vor- und Nachteile der Matrixorganisation

3.4 Divisionalorganisation

Bei dieser erfolgt die Organisationsstruktur eines Unternehmens nach Produkt- oder Dienstleistungsarten (»Sparten«), und nicht nach betrieblichen Funktionen. Die Divisionalorganisation wird daher auch als **Spartengliederung** bezeichnet. Alle Aufgaben, die zu einem entsprechenden Teilbereich gehören, werden in der Organisationseinheit i. d. R. eine Abteilung (= Sparte/Geschäftsbereich) ausgeführt. Die Sparten sind mit allen notwendigen Kompetenzen für ihre Aufgabenerfüllung ausgestattet und werden als eigenständiger Geschäftsbereich geführt.

MERKE

Divisionalorganisation = Spartensystem
Das Spartensystem im Tourismus ist besonders ausgeprägt in Form der Regionalorganisation bzw. Produkt- oder Kundenorganisation.

© de la Motte

Abb. Kulturreise

© de la Motte

Abb. Generation 50plus

© MEV Verlag GmbH

Abb. Geschäftsreise

Das **Strukturkonzept der produkt- oder kundenorientierten Spartengliederung** bildet organisatorische Teilbereiche nach angebotenen Leistungen (z. B. Flug, Bahn, Pauschalreise oder nach Kundengruppen, wie z. B. Kulturtouristen, Generation 50plus, Geschäftsreisende).

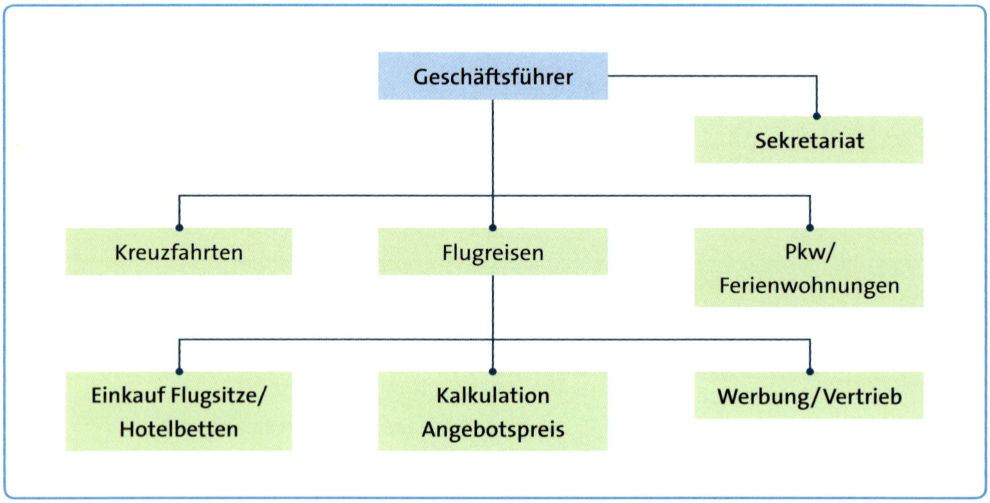

Abb. Produkt- oder kundenorientierte Divisionalorganisation (Ausschnitt)

PRO CONTRA

Vorteile	Nachteile
▸ Entlastung der Unternehmensleitung ▸ Flexibilität ▸ Übersichtlichkeit ▸ Klare Zuständigkeiten	▸ Eigenleben der Sparten ▸ Doppelarbeit bei ähnlichen Produkten ▸ Mehr Führungskräfte ▸ Blick für ganzes Unternehmen geht verloren

Tab. Vor- und Nachteile der produkt- oder kundenorientierten Spartengliederung

Das **Strukturkonzept der regionalorientierten Spartengliederung** bildet organisatorische Teilbereiche nach geographisch oder regional abgrenzbaren Merkmalen aus.

Diese Möglichkeit ist besonders geeignet für Reiseveranstalter als Mehrproduktunternehmen, z. B. Pauschalreisen, Kreuzfahrten, Geschäftsreisen und aufgrund der regionalen Besonderheiten der Produkte, wie z. B. Themenhotels an der türkischen Riviera oder blaue Reisen an der Lykischen Küste.

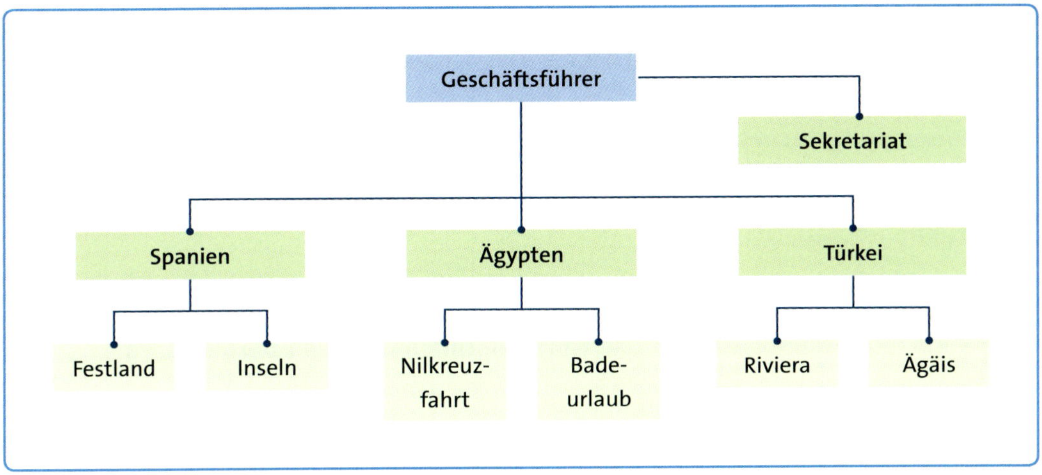

Abb. Regionalorientierte Divisionalorganisation

Vorteile	Nachteile
▸ Bessere Kundenorientierung durch Marktnähe ▸ Hohe Effizienz innerhalb der Sparten (aufgrund schneller Entscheidungen durch kurze Kommunikationswege) ▸ Übersichtliche Organisationsstruktur	▸ Weniger Spezialisierung ▸ Gefahr der Doppelspurigkeit ▸ Nur für Großunternehmen geeignet

Tab. Vor- und Nachteile der regionalorientierten Spartengliederung

Typisch für die Divisionalorganisation von Unternehmen ist das ***Center*-Konzept**. Es schafft organisatorisch eigenständige Unternehmensbereiche, die rechtlich gesehen unselbstständige Unternehmen in dem Unternehmen sind.

MERKE

***Center*-Konzept**
Durch das *Center*-Konzept wird die Erfolgsverantwortung der Einzelnen an die Geschäftsbereiche (Sparten) delegiert, und so deren Erfolgsorientierung verstärkt.

Center-Konzepte

- ***Investment Center*-Konzept** – Das Spartenmanagement hat die volle Gewinnverantwortung und die Kompetenz zur Gewinnverwendung.
- ***Profit Center*-Konzept** – Das Spartenmanagement hat die volle Gewinnverantwortung.
- ***Cost Center*-Konzept** – Das Spartenmanagement ist verantwortlich für die Einhaltung von Kostenbudgets.

Durch das *Center*-Konzept im Rahmen der divisionalen Organisation werden **Divisionen zu Unternehmen im Unternehmen**.

3.5 Ablauforganisation

Die Ablauforganisation bildet das räumliche, zeitliche und logische Zusammenwirken von **Menschen und Sachmitteln als dynamische Folgebeziehung** in einem Unternehmen ab. Ihr Ziel ist die optimale Aufgabenerledigung.

MERKE

Ziel der Ablauforganisation
Ziel der Ablauforganisation ist die optimale Aufgabenerledigung, d. h., dafür Sorge zu tragen, dass eine bestimmten Soll-Leistung (Aufgabe) und die dafür zu erbringenden Aktivitäten reibungslos erbracht werden. Dies unter Berücksichtigung wirtschaftlicher und humaner Gesichtspunkte.

Insbesondere in der Tourismuswirtschaft ist der **humane Aspekt** von zentraler Bedeutung. Die **Interaktion zwischen Mitarbeitern und Kunden** (Kommunikation ▸ LF 2, Kapitel 1.2 und ▸ LF 4, Kapitel 1.2) trägt in diesem Dienstleistungsbereich maßgeblich zur wahrgenommenen Dienstleistungskompetenz bei.

Fragen der Aufgabendurchführung

- Womit (Sachmittel) soll die Aktivität erbracht werden?
- In welcher Arbeits- und Zeitfolge soll die Aktivität erbracht werden?
- In welchem Zeitraum oder zu welchem Zeitpunkt soll die Aktivität erbracht werden?
- In welchem zeitlichen Umfang soll die Aktivität erbracht werden?
- Wie häufig soll die Aktivität erbracht werden?
- Wo soll die Aktivität erbracht werden?
- Soll die Aktivität von Einzelnen oder von Gruppen erbracht werden?

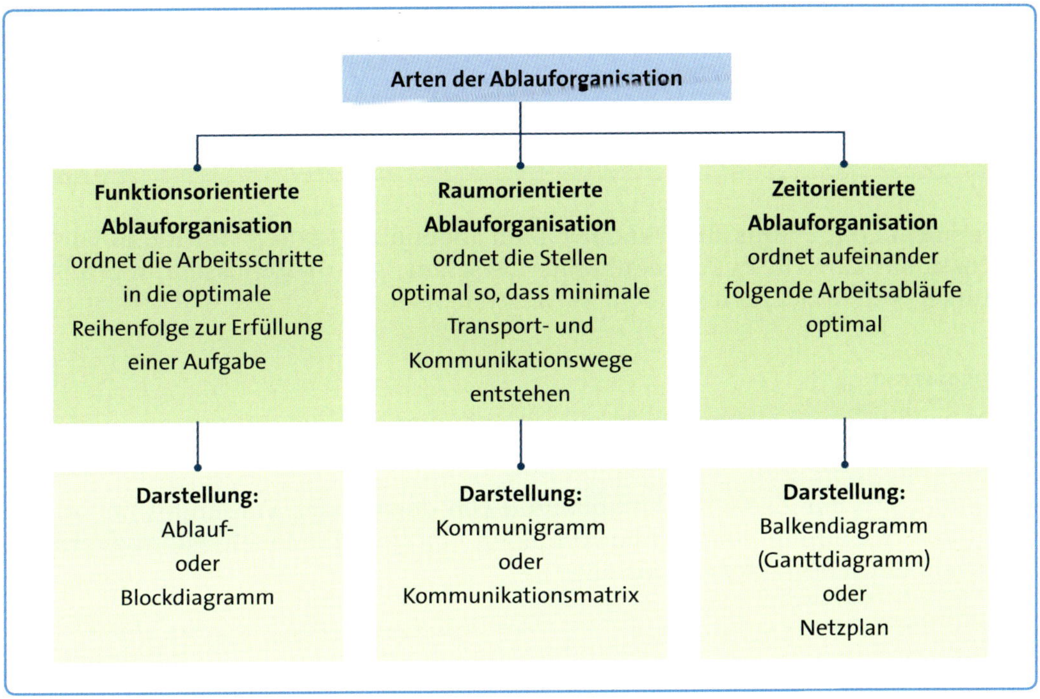

Abb. Arten der Ablauforganisation

Die Ablauforganisation in Unternehmen kann unterschiedlich geartet sein, um das Ziel der optimalen Aufgabenerledigung möglichst unter betriebswirtschaftlich günstigen Aspekten zu erreichen. Die verschiedenen Arten der Ablauforganisation werden unterschiedlich visualisiert.

Ablaufdiagramm

Der Ablauf eines Verkaufsgesprächs (▸ LF 4) kann als **funktionsorientierte Ablauforganisation** angesehen und dargestellt werden.

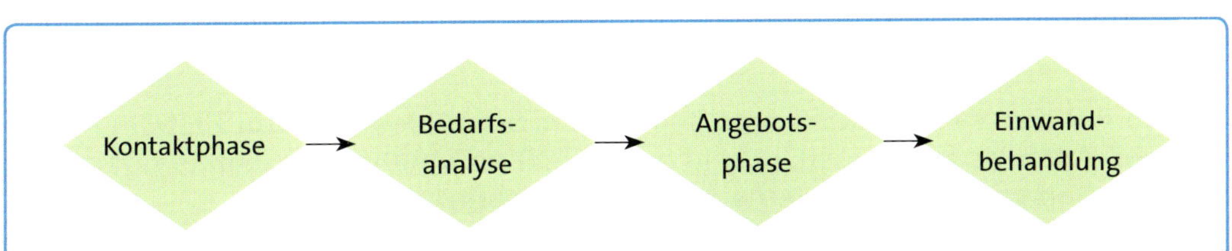

Abb. Ablaufdiagramm

Dabei kommt es zu folgender Reihenfolge: Kontaktphase ▸ Bedarfsanalyse ▸ Angebotsphase ▸ Einwandbehandlung ▸ Abschlussphase.

MERKE

Visualisierung der Prozessabläufe
Ein Ablaufdiagramm visualisiert die Prozessabläufe z. B. bei einem Beratungsgespräch und definiert über Spezifikationen die verschiedenen Elemente (Beratungssequenzen).

Diese so genannten **Flussdiagramme** haben gegenüber Textstandards den Vorteil, dass sie kausale Zusammenhänge zwischen Verarbeitungsschritten anschaulich verdeutlichen und leicht zu verstehen sind.

Balkendiagramm

Das **Balkendiagramm (Ganttdiagramm)** stellt die **Dauer eines Vorganges** (zeitorientierte Ablauforganisation) auf einer horizontalen Zeitachse dar.

Die Einteilung der Zeitachse ist abhängig von der Art des Vorganges. In der folgenden Abbildung werden die Aufgaben von verschiedenen Mitarbeitern innerhalb eines Projektes dargestellt.

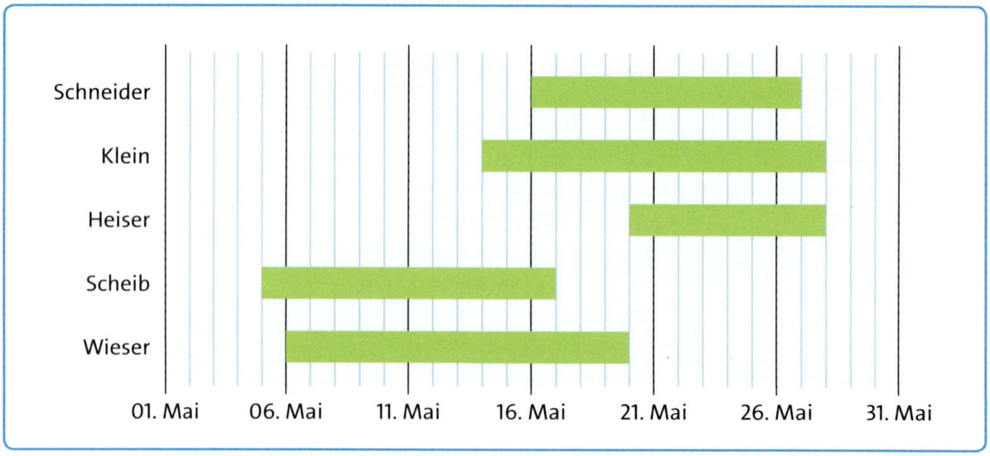

Abb. Balkendiagramm

Der Vorteil des Balkendiagramms liegt in der unproblematischen Erstellung, der sehr guten Übersichtlichkeit und der einfachen Möglichkeit Abhängigkeiten zwischen einzelnen Elementen zu verdeutlichen.

Kommunikationsmatrix

Eine Form der Darstellung der **raumorientierten Ablauforganisation** ist das **Kommunigramm** oder die **Kommunikationsmatrix**.

Mit Hilfe dieses Beziehungsmusters lassen sich Aussagen über die Zeit und Richtung der Kommunikations- und Informationsbeziehungen darstellen.

Die Visualisierung der Kommunikationsabläufe, -häufigkeiten und -dauern verdeutlichen das **interne Kommunikationsverhalten** und lassen Rückschlüsse auf die Zusammenarbeit der verschiedenen Instanzen, Abteilungen und Stellen zu.

Sender / Empfänger	Geschäftsführung		Einkauf		Marketing	
	h	t	h	t	h	t
Geschäftsführung			10	5	30	10
Einkauf	50	3			50	7
Marketing	30	12	20	5		

h = Häufigkeit der Kommunikationsvorgänge
t = Dauer der Kommunikationsvorgänge

Tab. Kommunigramm
(vgl. DIN 69901 Grundbegriffe des Projektmanagements)

Heute findet eine zunehmende Ausrichtung der Unternehmensorganisation nach der Planung, Gestaltung und Steuerung von Geschäftsprozessen und somit nach der Ablauforganisation statt, da nur die Produktorientierung unter besonderer Berücksichtigung der Kundenbedürfnisse (▸ LF 4) die Existenz eines Unternehmens auf dem Markt sichert.

Aufbaustruktur und Ablaufprozesse MERKE
Richtige Aufbaustruktur (Aufbauorganisation) und optimierte Ablaufprozesse (Ablauforganisation) führen gemeinsam zum Unternehmensziel.

3.6 Führungsstil

Als Führungsstil wird das langfristige, grundsätzliche Verhaltensmuster und die Handlungsmaxime eines Vorgesetzten gegenüber seinen weisungsgebundenen Mitarbeitern verstanden. Dabei wird anhand der Anzahl der Orientierungsmerkmale bzw. Ordnungsdimensionen unterschieden.

3.6.1 Eindimensionaler Führungsstil

Grundsätzlich lassen sich **drei »klassische« eindimensionale Führungsstile** unterscheiden: Autoritärer-, Kooperativer- und *Laissez-Faire-* oder partizipativer Führungsstil.

Unterscheidende Merkmale sind Art und Ausmaß der Entscheidungsbeteiligung von Mitarbeitern.

Autoritärer Führungsstil »Ich habe die Übersicht und die richtige Lösung.«	**Kooperativer Führungsstil** Wir-Gefühl durch gegenseitiger Respekt und Abstimmungen.	***Laissez-Faire*-Führungsstil** Es passiert, was passieren muss und es ist das Richtige.
Vorgesetzte ► Entscheiden, kontrollieren ► Gehorsamsverhältnis ► Top-down-Prinzip	**Vorgesetzter/Mitarbeiter** ► Kooperation ► Delegation ► Mitverantwortung	**Mitarbeiter** ► Entscheidungsfreiheit ► Eigenkontrolle
Vorteile ► Klare Anweisungen ► Eindeutige Entscheidungsbefugnis ► Hohe Entscheidungsgeschwindigkeit ► Schnelle Handlungsfähigkeit	**Vorteile** ► Hohe Mitarbeitermotivation ► Entlastung der Vorgesetzten ► Förderung der Mitarbeiter ► Risiko der Fehlentscheidung wird reduziert	**Vorteile** ► Mitarbeiter sind selbst bestimmt, das kann motivierend wirken ► Mitarbeiter kann persönlichen Stärken einbringen
Nachteile ► Motivationsprobleme bei Mitarbeitern ► Wenig Entfaltungsmöglichkeiten der Mitarbeiter ► Überforderte Vorgesetzte	**Nachteile** ► Verlangsamte Entscheidungsgeschwindigkeit ► Längere Reaktionszeit ► Veränderungen durch Kompromissfindung	**Nachteile** ► Nicht jeder Mitarbeiter kann mit dem hohen Maß an Freiheit und Verantwortung umgehen

Tab. Unterschiede eindimensionaler Führungsstile

Hauptunterscheidungsmerkmal zwischen dem demokratischen und dem autoritären Führungsstil ist der Grad der Partizipation, d. h. in welchem Maße Führungskräfte die Mitarbeiterinnen und Mitarbeiter an Entscheidungsprozessen beteiligen.

MERKE

Partizipationsrate

Eindimensionale Führungsstile haben nur ein Orientierungsmerkmal bzw. eine Ordnungsdimension: die Partizipationsrate.

Sie sind auf den Entscheidungsprozess ausgerichtet und werden so den unterschiedlichen Charakteristika des Vorgesetzten, der Mitarbeiter und der Situation nicht gerecht.

Das **Sechs-Stufen-Modell eindimensionaler Führungsstile** zeigt im Wesentlichen das Ausmaß des Entscheidungsspielraums von Vorgesetzten und Mitarbeitern, den »Grad der Mitentscheidung.«

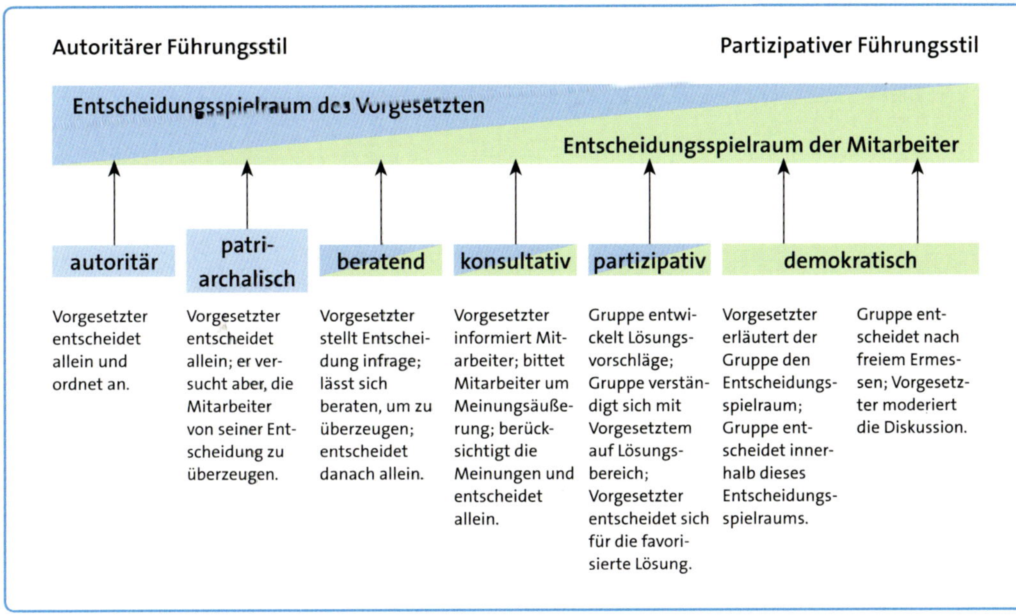

Abb. Die sechs Stufen vom autoritären bis zum partizipativen Führungsstil
Quelle: Wöhe, Einführung in die Allgemeine Betriebswirtschaftslehre, Auflage 23, 2008, S. 164

3.6.2 Mehrdimensionale Führungsstile

Ein Führungsstil ist mehrdimensional, wenn mehrere Orientierungsmerkmale beachtet werden.

Mehrdimensionale Führungsstile berücksichtigen die Aspekte **Menschenorientierung (Verhältnis zwischen Vorgesetzten und Mitarbeitern)** und **Sachorientierung (Erfüllung der Aufgaben)** gleichzeitig. Bei der Entscheidungsfindung optimieren sie so die Qualität der Entscheidung.

Durch die engere Zusammenarbeit zwischen Funktions- und (Dienstleistungs-) Produktverantwortlichen werden unterschiedliche Mitarbeitertypen motiviert und gefördert.

Zweidimensionaler Stil

Der zweidimensionale Führungsstil ist beides, mitarbeiterorientiert *(Consideration)* und aufgabenorientiert *(Initiating structure)*.

Ein visualisiertes Beispiel ist das **Verhaltensgitter** *(Managerial Grid)*. Es berücksichtigt wohlwollend die Interessen der Mitarbeiter im Rahmen einer vorstrukturierten und Mitarbeiter motivierenden sowie stimulierenden Aktivität.

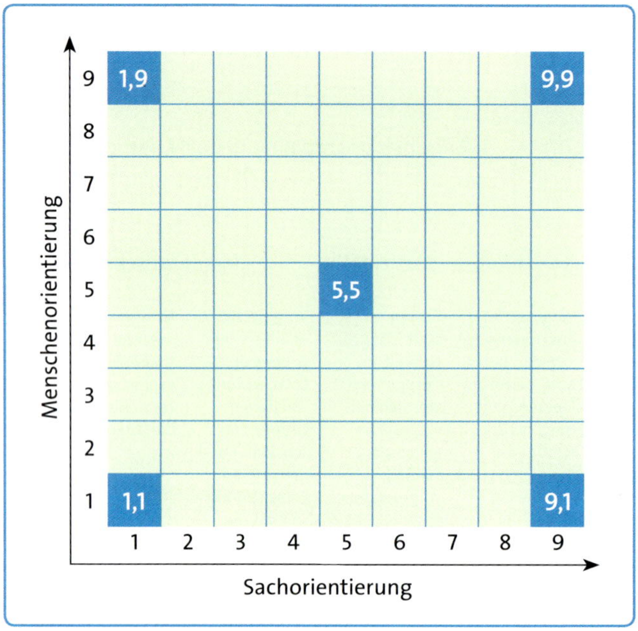

Abb. *Managerial Grid*

Im *Managerial Grid* werden die **Verhaltensdimensionen Sachorientierung und Menschenorientierung** jeweils auf eine neunstufige Skala in Form einer Matrix übertragen. Der Führungsstil lässt sich immer nach beiden Ordnungsdimensionen charakterisieren. Sie können voneinander unabhängig und beliebig kombiniert werden. Somit ergeben sich aus der Matrix mit den entsprechenden Kennzifferzuordnungen insgesamt 81 Führungsstile.

Extremkombinationen im *Managerial Grid*

BEISPIEL

- **1,9-Führungsstil** (*Country Club Managers*/Glacéhandschuh-Management)
  Eine hohe Betonung des Menschen steht einer geringen Betonung der Produktion gegenüber.
- **9,1-Führungsstil** (*Task Managers*/Befehl-Gehorsam-Management)
  Das Führungsverhalten konzentriert sich auf eine maximale Produktion, der Einfluss persönlicher Faktoren ist auf ein Minimum beschränkt.
- **1,1-Führungsstil** (*Impoverished Managers*/Überlebensmanagement)
  Eine sehr geringe Sachorientierung gepaart mit einer sehr geringen Menschenorientierung halten das Unternehmen gerade noch am Leben.
- **9,9-Führungsstil** (*Team Managers*)
  Hohe Arbeitsleistung und eine hohe Menschorientierung führen zu einem gemeinschaftlicher Einsatz für das Unternehmensziel von Menschen, die sich gegenseitig achten und vertrauen.
- **5,5-Führungsstil** (*Middle of the Road Managers*/Kompromiss-Management)
  Eine angemessene Leistung und Arbeitsmoral stehen im Gleichgewicht.

Dreidimensionaler Stil

Neben den Ordnungsdimensionen des zweidimensionalen Führungsstils wird als drittes Orientierungsmerkmal die **Effektivität des Führungsstils** mit berücksichtigt, d. h., die Fähigkeit der Führungskraft, ihren Stil an die gegebene Situation anzupassen.

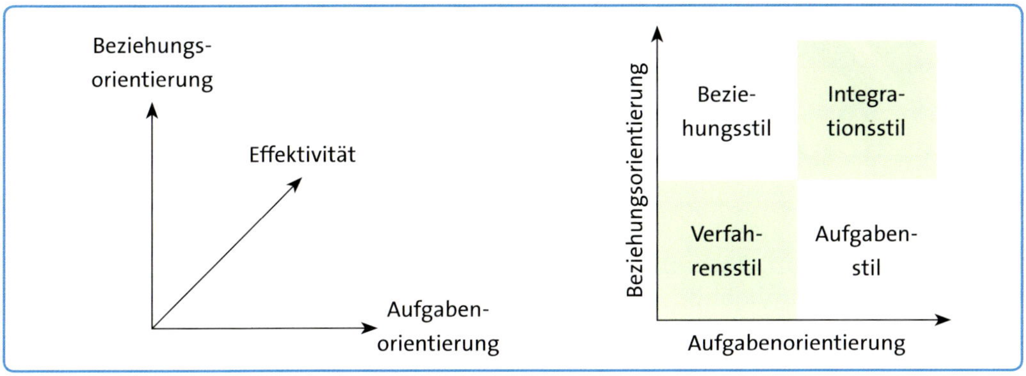

Abb. 3D-Führungsstil und 3D-Grundführungsstile

Ausgangspunkt für die 3D-Führungskonzeption sind **vier Grundstile** aus dem zweidimensionalen Raum. Diese so genannten »neutralen Führungsgrundstile« sind jeder nicht besser oder schlechter als der andere. Ihre Effektivität ergibt sich vielmehr aus der jeweilige Situation, in der die einzelnen Führungsstile angewandt werden. Die Situationen werden z. B. durch die Organisation, die Arbeitsweise und die Zielsetzung der Vorgesetzten, durch die die Kollegen und die Untergebenen beeinflusst. Das macht einen jeweils anderen Führungsstil erforderlich und man erhält eine weitere Differenzierung.

MERKE

Effektivität
Die Effektivität des 3D-Führungsstils liegt in seiner Effizienz, die zum Positiven oder zum Negativen abgewandelt werden kann.

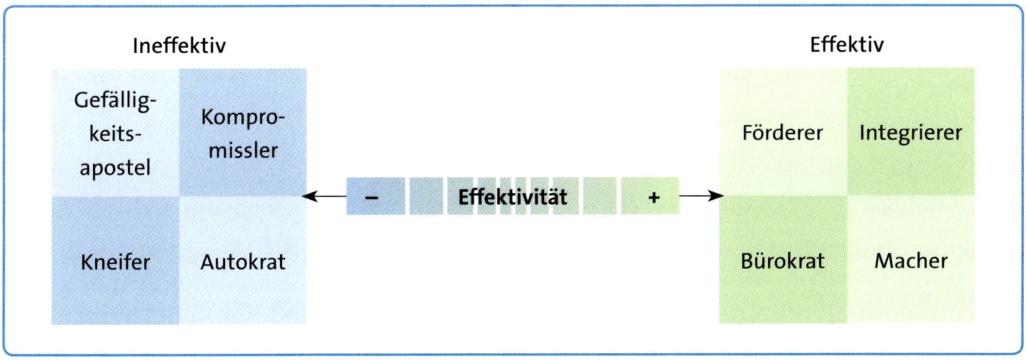

Abb. Effizienzauswirkungen im 3D-Führungsstil

Aus den vier Grundführungsstilen können sich **vier ineffektive Stile** ergeben:

- **Der Kneifer** – Der Vorgesetzte macht Arbeit nach Vorschrift. Folge: schlechte Arbeitsergebnisse, ohne Verantwortung und Engagement, behindert andere.
- **Der Gefälligkeitsapostel** – Ineffektive Ausprägung des Beziehungsstils. Konflikte werden vermieden, wenig Interesse an Arbeitsergebnissen und Kontrolle. Der Vorgesetzte ist zwar freundlich und herzlich, will geliebt werden, vermeidet klare Anleitungen.
- **Der Autokrat** – Ineffektive Ausprägung des Aufgabenstils. Der Vorgesetzte fordert Gehorsam, unterdrückt Konflikte, entscheidet allein. Dieser Typ ist gefürchtet und unbeliebt.
- **Der Kompromissler** – Der Vorgesetzte ist ambivalent und entscheidungsscheu. Die Integration verkommt zum »faulen« Kompromiss.

Aus den vier Grundführungsstilen können sich, wenn sie situationsadäquat genutzt werden, jedoch auch **vier effektive Stile** ergeben:

- **Der Bürokrat** – Der Vorgesetze besteht auf Einhaltung der Verfahrensrichtlinien und Regeln. Er hält den Betrieb aufrecht, ist zuverlässig, selbstbeherrscht, fair und gerecht.
- **Der Förderer** – Er fördert die Begabung anderer, hört zu, hält die Kommunikationskanäle offen und versteht den anderen, mit dem er gut und kooperativ zusammenarbeitet. Es besteht ein gegenseitiges Vertrauen.
- **Der Macher** – Er ist entscheidungsfreudig, fleißig, dynamisch, engagiert, zeigt Initiative, führt Dinge zu Ende, ist kosten-, gewinn- und umsatzbewusst, erzielt Ergebnisse.
- **Der Integrierer** – Er setzt Mitspracherecht der Situation angemessen ein, fällt Entscheidungen in Zusammenarbeit mit der Gruppe, weckt Engagement für Ziele, fördert hohe Leistung und koordiniert andere in ihren Tätigkeiten.

3.6.3 *Management by*-Führungsstile

Bei einem Führungsstil, der in der Branche unter dem Begriff ***Management by Exception*** **(MbE)** bekannt geworden ist, werden alle Entscheidungen innerhalb des normalen Betriebsablaufs durch die jeweiligen Stelleninhaber selbstständig getroffen. Der Eingriff des Vorgesetzten erfolgt nur im Ausnahmefall.

Ziele	Methoden	Probleme
► Entlastung der Vorgesetzten von Routineaufgaben. ► Entscheidungen und Verantwortung auf die jeweils nachfolgende Hierarchieebene. ► Erhöhung der Mitarbeitermotivation.	► Delegation von Routineaufgaben ► Der Vorgesetzt greift nur bei markanten Zielabweichungen ein. ► Formulierung exakter Ziele, klarer Verantwortungs- und Entscheidungskompetenzen. ► Festlegung von Normen, um Abweichungen zu erkennen.	► Gefahr der Demotivation der Mitarbeiter, da Eingreifen des Vorgesetzten ausschließlich bei negativen Abweichungen erfolgt. ► Informationen bezüglich Norm-Abweichungen werden ggf. zurückgehalten, um das Eingreifen des Vorgesetzten zu vermeiden.

Tab. *Management by Exception (MbE)*

MERKE

Voraussetzungen
Voraussetzung für diesen Führungsstil ist ein gut funktionierendes Informations- und Kommunikationssystem.

Neben der hier vorgestellten *Management by Exception*-Technik gibt es weitere Varianten von *Management by*-Techniken.

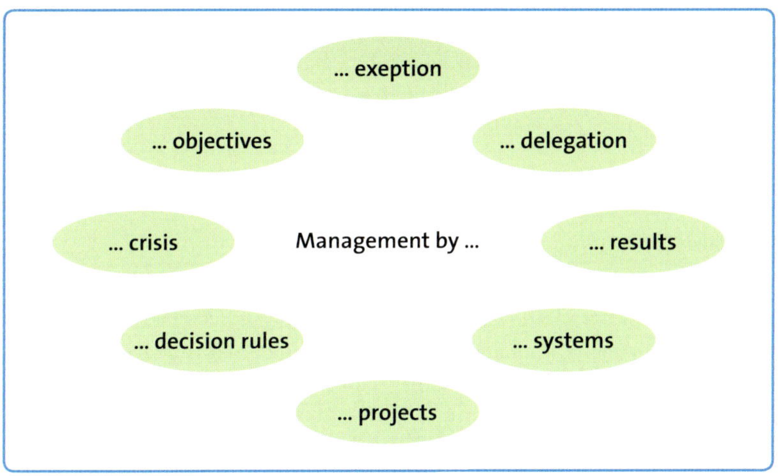

Abb. *Management by*-Techniken im Überblick

Organisation als Managementfunktion hat die Aufgabe ein Unternehmen effektiv und effizient zu führen.

Organisationsstrukturen dienen dabei als ein Instrument zur Steuerung der einzelnen Organisationsmitglieder und um das Unternehmensziel zu erreichen.

Der Führungsstil, als ein allgemeines und übergeordnetes Verhaltensmuster, beschreibt dabei, in wie weit sich die Mitarbeiter mit eigenständigen Zielen, Wertvorstellungen und Verhaltensweisen in die Organisation eines Unternehmen einbringen können.

MERKE

Führungsmodelle (Managementtechniken)

Führungsmodelle (Managementtechniken) sind theoretische und instrumentale Systeme, die versuchen die Effektivität der Struktur (Aufbauorganisation) und die Funktion zielorientierter Gestaltungsprozesse (Ablauforganisation) zu erhöhen.

Die verschiedenen **Ausprägungen der Managementtechniken** und ihre Besonderheiten sind in der folgenden Tabelle dargestellt:

Management by objectives	Führung durch Zielvereinbarung. Durch eine gemeinsame Vereinbarung von zu erreichenden Zielen zwischen Mitarbeitern und Führungsebene wird den Mitarbeitern die Möglichkeit zur Mitbestimmung bzw. Partizipation an den zu erreichenden Ergebnissen eingeräumt.
Management by delegation	Führung durch weitgehende Delegation von Aufgaben an untergeordnete Hierarchieebenen.
Management by crisis	Führung durch bewusste Herbeiführung bzw. Provokation von Krisen im Unternehmen. Dadurch soll die Leistung, Flexibilität und Entscheidungsfreude von Mitarbeitern gefördert werden.
Management by decision rules	Führung durch die Vorgabe detaillierter Verhaltensweisungen und Regeln. Der Mitarbeiter soll im Rahmen einer detaillierten Regelvorgabe die vorgegebenen Ziele erfüllen.
Management by projects	Führung durch fachübergreifende Koordination, Planung, Steuerung und Überwachung von Projekten. Nach Abschluss der Aufgabe ist auch das Projekt beendet.
Management by results	Führung durch Ergebnisüberwachung, d. h. der laufenden Kontrolle vorgegebener Ergebnisgrößen (z. B. Umsätze, Verkaufzahlen, Gewinngrößen). Die zu erreichenden Resultate werden von der Führungsebene festgelegt. Organisatorischer Ausdruck dieses Führungsmodells ist die Profit-Center-Organisation.

Tab. Weitere *Management by*-Techniken im Überblick

Unternehmensorganisation, Ablauforganisation und Führungsstil in einem Unternehmen orientieren sich idealer Weise am Erfolg – auch in Ihrem Ausbildungsbetrieb.

AUFGABEN

1. Erklären Sie die Begriffe:
Organisation, Aufbauorganisation, Ablauforganisation, Aufgabenanalyse, Aufgabensynthese, Stelle, Instanz.

2. Aufgabenanalyse:

Verrichtung	
Objekt	
Aufgabenträger	
Sachmittel	
Zeit	
Raum	

a) Ordnen Sie folgende Fragestellungen der Tabelle zu:
- Was ist zu tun?
- Woran ist etwas zu tun?
- Wo ist etwas zu tun?
- Wann ist etwas zu tun?
- Womit ist etwas zu tun?
- Wer muss etwas tun?

b) Geben Sie jeweils eine spezifische Antwort auf die Fragen aus Ihrem Tätigkeitsbereich in ihrem Ausbildungsbetrieb.

3. Welche Organisationsformen liegen vor?

a)

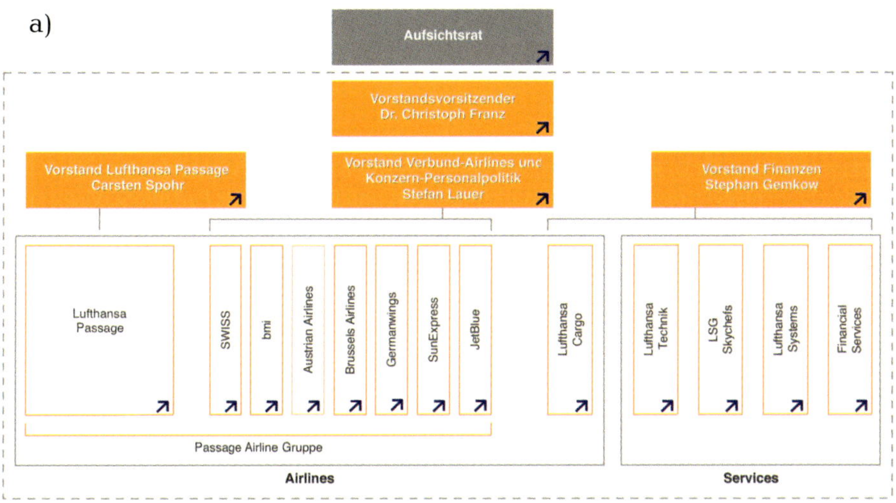

www.investor-relations.lufthansa.com

b)

DER Touristik
Unter dem Dach der DER Touristik sind bekannte Reiseveranstalter sowie Reisebüros und Geschäftsreisemarken vereinigt.

Reiseveranstalter
Zu den Reiseveranstaltern der DER Touristik gehören u.a. die Baustein- und Fernreisemarken Dertour, Meier's Weltreisen und ADAC Reisen sowie die Pauschalreisemarken ITS, Jahn Reisen und Travelix.

Weitere Marken
Die DER Touristik führt zahlreiche weitere Marken, die Angebote für bestimmte Zielgruppen bereithalten.
Der Reisebürovertrieb der DER Touristik teilt sich in den Filialvertrieb unter der Marke DER mit dem Eigenvertrieb der DER Reisebüros, den Online-Vertrieb unter der Website www.der.com und den Franchisevertrieb unter den Marken Derpart und DER Touristik Partner-Service.
Mit einem Spektrum an unterschiedlichsten Leistungen rund um professionelles und effizientes Management von Geschäftsreisen und Corporate Events bieten FCm Travel Solutions, Derpart Travel Service und DER Corporate Solutions innovative Lösungen für Firmenkunden.

Reiseveranstalter

Weitere Marken
Die DER Touristik führt zahlreiche weitere Marken, die Angebote für bestimmte Zielgruppen bereithalten.

DER Reisebüro
Der Reisebürovertrieb der DER Touristik teilt sich in den Filialvertrieb unter der Marke DER mit dem Eigenvertrieb der DER Reisebüros, den Online-Vertrieb unter der Website www.der.com und den Franchisevertrieb unter den Marken Derpart und DER Touristik Partner-Service.

DER Reisebüro

Reisebüro Partnersystem (Derpart Travel Service Center auf den Geschäftsreise-Sektor)

Im DER Touristik Partner-Service haben sich leistungsfähige seriöse Reisebürokooperationen zu einer starken Dachorganisation zusammengeschlossen

DER.com ist das zentrale Internetportal von über 500 DER Reisebüros in Deutschland.

Business Travel

http://www.dertouristik.com/de/marken/

4. Ordnen sie jeweils das Strukturprinzip der entsprechenden Organisation zu.

Organisationsform / Strukturierungsprinzip		Funktionale Organisation	Spartenorganisation	Matrixorganisation
Stellenbildung	Objekt			
	Verrichtung			
	Region			
Leitungsprinzip	Einliniensystem			
	Mehrliniensystem			
Entscheidungskompetenzen	Zentralisation			
	Dezentralisation (Delegation)			

5. Die Auswertung einer Kommunikationsmatrix zeigt folgende Beziehungen auf. Interpretieren Sie diese.

a) 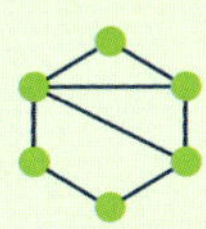
b) 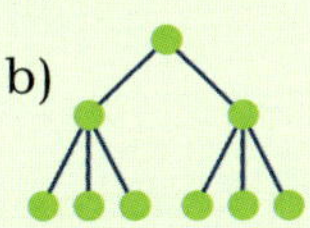
c) 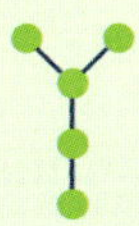
d) 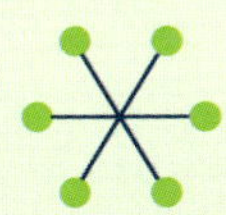

6. Wählen Sie zwei typische Aufgaben im Tourismus aus der Übersicht aus und verdeutlichen Sie diese an einem Beispiel im Rahmen der Aufgabenanalyse und Aufgabensynthese.

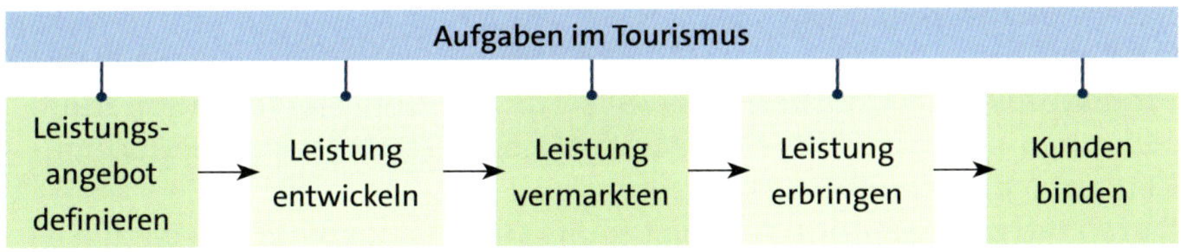

7. Fertigen Sie ein Organigramm für einen divisional organisierten Reiseveranstalter, der überwiegend im östlichen Mittelmeer aktiv ist, an.

8. Erläutern Sie den Zusammenhang zwischen Aufbauorganisation und Ablauforganisation.

9. Die hierarchische Ausgestaltung des Gesamtunternehmens kommt u. a. in folgenden Organisationsstrukturen zum Ausdruck:
   a) Einlinien / eindimensionale Strukturen
   b) Mehrlinien / eindimensionale Strukturen
   c) Mehrlinien / mehrdimensionale Strukturen
   Beschreiben Sie die entsprechenden Organisationsformen sowie deren Vor- und Nachteile.
10. Fertigen Sie ein Organigramm nach folgenden Vorgaben an: Geschäftsleitung, Marketing + Verkauf, Einkauf, *Operating* + Abwicklung, Verwaltung, Verkauf Fernreisen, Verkauf Städtereisen, Verkauf Reisevermittler, Einkauf Airlines, Landesarrangements, *Back Office,* Reiseleiter, Buchhaltung, Personal.
11. Was versteht man unter dem »Autonomiegrad der *Center*-Konzepte« gegenüber der Geschäftsführung?
12. Welches *Center*-Konzept ist quasi ein Unternehmen im Unternehmen?
13. Führungsstile können unterschiedliche Dimensionen haben. Auf welcher Dimension beruht der eindimensionale Führungsstil?
14. Auf welchen Dimensionen beruhen der zweidimensionale und dreidimensionale Führungsstil?
15. Im *Managerial Grid* ergeben sich folgende Werte: 3,3; 5,8; 7,2. Beschreiben Sie die entsprechenden Führungsstile.
16. Mit welchem eindimensionalen Führungsstil lässt sich das Verhalten eines Autokraten vergleichen?
17. Nennen Sie jeweils die für Sie entscheidenden zwei Vor- und Nachteile des autoritären und des kooperativen Führungsstils.
18. Welcher Führungsstil liegt vor?
    a) Im Gegensatz zu den detaillierten Verhaltensanweisungen beim *Management by decision rules*-System und den Zielvorgaben beim *Management by results*-System wird den Mitarbeitern die Möglichkeit zur Mitbestimmung gegeben.
    b) Durch die zunehmende Arbeitsteilung und Spezialisierung ist dieses System zur Entlastung der Führungsebene beinahe zwangsläufig.
    c) Die Emotionslage von Mitarbeitern wird bewusst ausgenutzt und kann zu langfristig negativen psychisch-physischen Wirkungen führen.
    d) Der Trend zur Bürokratie und zu Regelbüchern ist unübersehbar.
    e) Unrealistische Resultatvorgaben und ständige Kontrollen können demotivierend auf die Mitarbeiter wirken.

4 Ausbildungsverhältnis

Eine berufliche Ausbildung ist kein gesetzesleerer Raum. Vielmehr gibt es Rechten und Pflichten, die durch das allgemeine Arbeitsrecht (► Kapitel 5) und einige weitere Gesetze und Verordnungen formuliert werden:

In Deutschland regelt das **Berufsbildungsgesetz (BBiG)** die Berufsausbildungsvorbereitung, die Berufsausbildung, die berufliche Fortbildung und die berufliche Umschulung. Als Grundlage für eine geordnete und einheitliche Berufsausbildung werden Ausbildungsberufe staatlich anerkannt.

Die **Ausbildungsordnung (AO)** legt entsprechend § 1 Abs. 3 BBiG für die anerkannten Ausbildungsberufe konkret fest, welche Fertigkeiten, Kenntnisse und Fähigkeiten zum Erwerb der vollen beruflichen Handlungsfähigkeit vermittelt werden müssen.

Im **Ausbildungsrahmenplan** sind die für jede Berufsausbildung vorgeschriebenen spezifischen Fertigkeiten, Kenntnisse und Fähigkeiten sachliche und zeitliche so gegliedert, wie sie im Betrieb vermittelt werden sollen.

Mit der Unterschrift des Ausbildungsvertrages erklären Sie und das Sie ausbildende Unternehmen den **beiderseitigen Willen ein Rechtsgeschäft einzugehen**, nämlich die Berufsausbildung. Wann und weshalb das Rechtsgeschäft Gültigkeit erlangt, wird im Folgenden erklärt.

4.1 Rechts- und Geschäftsfähigkeit

Der **Begriff der Rechtsfähigkeit** beschreibt die Fähigkeit von Personen, Träger von Rechten und Pflichten zu sein. Natürliche Personen erlangen ihre Rechtsfähigkeit mit Vollendung der Geburt, sie endet mit dem Tod (Gehirntod).

Die **Kernfrage der Rechtsfähigkeit lautet**: Wer wird berechtigt und verpflichtet bzw. wer kann berechtigt und verpflichtet werden?

Die Antwort darauf führt zu dem Begriff der Handlungsfähigkeit.

BEISPIEL

Handlungsfähigkeit

- Die Testierfähigkeit beginnt mit dem 16. Lebensjahr (vgl. § 2229 BGB).
- Die Ehefähigkeit beginnt mit dem 16. Lebensjahr (vgl. § 1303 BGB).
- Die Möglichkeit, Anträge auf Sozialleistungen zu stellen und (eigene) Sozialleistungen zu erhalten, beginnt mit dem 15. Lebensjahr (vgl. § 36 SGB I).

Handlungsfähigkeit setzt die Rechtsfähigkeit voraus und bezeichnet die Möglichkeit, aktiv Rechte und Pflichten von sich aus zu begründen, zu ändern oder aufzuheben. Die Handlungsfähigkeit selbst ist gesetzlich nicht geregelt.

MERKE

Teilnahme an Rechts- und Geschäftsverkehr

Um in vollem Umfang an dem Rechts- und Geschäftsverkehr teilnehmen zu können, muss der Mensch rechts- und handlungsfähig sein.

Im Rahmen der Handlungsfähigkeit wird zwischen Geschäftsfähigkeit und Deliktfähigkeit unterschieden. **Deliktfähigkeit** ist die Pflicht für eigene schuldhafte Handlungen verantwortlich zu sein. Dabei ist **Geschäftsfähigkeit** die Fähigkeit, nach eigenem Willen Rechtsverhältnisse zu gestalten, also durch eigenen Willensentschluss Rechtswirkungen zu erzielen (vgl. §§ 104 ff. BGB).

Die **Kernfrage der Geschäftsfähigkeit lautet**: Ist eine Willenserklärung wirksam?

Geschäftsunfähig sind Minderjährige unter sieben Jahren und dauerhaft Geisteskranke. Willenserklärungen dieser Personen sind unwirksam. Sie müssen im Rechtsverkehr immer durch gesetzliche Vertreter (Eltern gemäß § 1626 BGB, Vormund gemäß § 1793 BGB) vertreten werden.

Hiervon besteht gemäß **§ 105a BGB** eine geregelte Ausnahme:

- Geschäfte eines volljährigen Geschäftsunfähigen sind wirksam, wenn es sich um ein Geschäft des täglichen Lebens handelt,
- das mit geringwertigen Mitteln bewirkt werden kann,
- Leistung und Gegenleistung bewirkt sind,
- durch das Geschäft keine erhebliche Gefahr für das Vermögen oder die Person des Geschäftsunfähigen besteht.

Minderjährige ab der Vollendung des siebten Lebensjahres bis zur Vollendung des 18. Lebensjahres sind nach § 106 BGB beschränkt geschäftsfähig. Gesetzliche Vertreter handeln im Rechtsverkehr für beschränkt Geschäftsfähige, sofern das Rechtsgeschäft nicht für den Minderjährigen rechtlich vorteilhaft ist.

Beschränkt Geschäftsfähige können Rechtsgeschäfte selbst tätigen, soweit sie die Zustimmung des gesetzlichen Vertreters haben (vgl. §§ 107–108 BGB), ansonsten gelten geschlossene Rechtsgeschäfte als schwebend unwirksam (vgl. § 108 I, II, III BGB). Durch die Genehmigung des gesetzlichen Vertreters wird der **Schwebezustand beendet** und das **Rechtsgeschäft ist rückwirkend wirksam** (vgl. § 184 BGB). Der Rechtspartner kann den gesetzlichen Vertreter auffordern, den Schwebezustand durch Abgabe seiner Genehmigung zu beenden. Wird die Genehmigung vom gesetzlichen Vertreter nicht innerhalb von zwei Wochen abgegeben oder endgültig verweigert, ist das Rechtsgeschäft unwirksam (vgl. § 108 I BGB).

MERKE

Einwilligung und Genehmigung
Die vorherige Zustimmung des gesetzlichen Vertreters heißt Einwilligung (vgl. § 183 BGB), die nachträgliche Zustimmung nennt man Genehmigung (vgl. § 184 BGB).

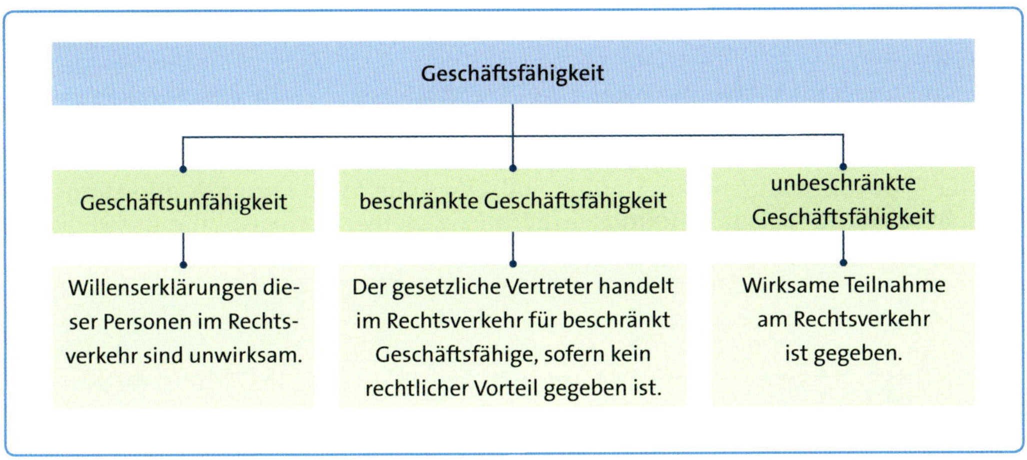

Abb. Unterteilung der Geschäftsfähigkeit

Partielle Geschäftsfähigkeit Minderjähriger

Partielle Geschäftsfähigkeit (**Teilgeschäftsfähigkeit**) bedeutet, dass die von beschränkt Geschäftsfähigen vorgenommenen Rechtsgeschäfte für einen im BGB beschränkten Kreis von Rechtsgeschäften voll geschäftsfähig sind (vgl. § 106 BGB und die §§ 107 bis 113 BGB).

Dabei gilt die **unbeschränkte partielle Geschäftsfähigkeit Minderjähriger** für die auf der nächsten Buchseite aufgeführten Fälle:

- **Selbstständiger Betrieb eines Erwerbsgeschäfts** – Durch Ermächtigung von Eltern und Vormundschaftsgericht kann ein beschränkt Geschäftsfähiger ein Erwerbsgeschäft selbstständig führen und ist unbeschränkt geschäftsfähig für alle Geschäfte im Rahmen dieses Erwerbsgeschäftes. Er/Sie kann frei über den Unternehmergewinn verfügen (vgl. § 112 BGB).
- **Bewirken mit Mitteln zur freien Verfügung** – Verträge Minderjähriger sind ohne Zustimmung eines gesetzlichen Vertreters von Anfang an wirksam, wenn der Minderjährige die vertragsmäßige Leistung mit Mitteln bewirkt, die ihm zu diesem Zweck oder zu der freien Verfügung von dem Vertreter oder mit dessen Zustimmung von einem Dritten überlassen worden sind (so genannter »**Taschengeldparagraf**«, vgl. § 110 BGB). Nach diesem muss die Leistung »bewirkt« werden, d. h. die gesamte Vertragsleistung (Geldzahlung) muss vollständig erbracht werden. Somit sind keine Ratenkäufe ohne Zustimmung eines gesetzlichen Vertreters möglich.
- **Der rechtliche Vorteil** – Ein beschränkt Geschäftsfähiger kann Rechtsgeschäfte eingehen, die »lediglich rechtlich vorteilhaft« für ihn sind, dem Minderjährigen keine Verpflichtungen auferlegen und wenn er keine Rechte verliert. Die Rechtsstellung des Minderjährigen muss sich ausschließlich verbessern. Wirtschaftliche Vorteile sind hingegen irrelevant (vgl. § 107 nF. BGB).
- **Eingehung eines Arbeits- oder Dienstverhältnisses** – Mit der wirksamen Ermächtigung durch die Eltern wird ein Minderjähriger hinsichtlich aller Rechtsgeschäfte, die die Eingehung, Erfüllung und Aufhebung des Arbeits- oder Dienstverhältnisses betreffen, voll geschäftsfähig. Dies **gilt allerdings nicht für das Berufsausbildungsverhältnis**, weil hier der Ausbildungszweck im Vordergrund steht. Es bedarf einer besonderen Ermächtigung durch die Eltern (vgl. § 113 BGB). Die Verfügung über den Arbeitslohn fällt jedoch nicht unter die Ermächtigung (vgl. § 110 BGB).

Hieraus ergibt sich: Wechselt ein Minderjähriger zum Zwecke der Ausbildung mit Zustimmung des gesetzlichen Vertreters den Wohnsitz, so ist er ermächtigt alle hiermit zusammenhängenden Rechtsgeschäfte abzuschließen, z. B. eine Wohnung zu mieten. Wird die Leistung gemäß § 110 BGB »bewirkt« und die gesamte Vertragsleistung (Geldzahlung) vollständig erbracht, ist das Rechtsgeschäft gültig. Sie können umziehen.

4.2 Ausbildungsvertrag

Wer andere Personen zur Berufsausbildung einstellt (ist Ausbildender und), hat mit den Auszubildenden einen Berufsausbildungsvertrag zu schließen. Auf den **Berufsausbildungsvertrag** sind, soweit sich aus seinem Wesen und Zweck und aus dem BBiG nichts anderes ergibt, die für den Arbeitsvertrag geltenden Rechtsvorschriften und Rechtsgrundsätze anzuwenden (vgl. § 10 BBiG).

Bei minderjährigen Auszubildenden unterschreiben der Auszubildende, dessen gesetzliche Vertreter und der Ausbildende den Vertrag. Die Unterschriften der gesetzlichen Vertreter des minderjährigen Auszubildenden sind im Rahmen der verminderten Geschäftsfähigkeit zu leisten.

Der Ausbildende muss für jeden Auszubildenden einen **Ausbilder** benennen, der mit der Ausbildung beauftragt und zuständig ist.

Ausbildende müssen nach Abschluss des Berufsausbildungsvertrages bei der zuständigen Stelle (z. B. IHK, HWK) unverzüglich die Eintragung in das dort geführte Verzeichnis der Berufsausbildungsverhältnisse beantragen.

Dem Antrag auf Eintragung sind beizufügen:

- Eine Ausfertigung der Vertragsniederschrift.
- Bei minderjährigen Auszubildenden die Bescheinigung über die **ärztliche Untersuchung** nach § 32 Jugendarbeitsschutzgesetz (▸ Kapitel 5).

MERKE

Ärztliche Untersuchung

Ein Jugendlicher, der in das Berufsleben eintritt, darf nur beschäftigt werden, wenn er eine Bescheinigung über eine ärztliche Untersuchung vorlegt, die nicht länger als 14 Monate zurückliegt (vgl. § 32 JArbSchG).

Vor Ablauf des ersten Ausbildungsjahres ist zudem **eine ärztliche Nachuntersuchung** vorzuweisen.

In einen Berufsausbildungsvertrag gehören die in § 11 BBiG genannten **Mindestinhalte:**

- Art, sachliche und zeitliche Gliederung, Ziel, Beginn und Dauer der Berufsausbildung,
- Gegebenenfalls Ausbildungsmaßnahmen außerhalb der Ausbildungsstätte,
- Dauer der regelmäßigen, täglichen Ausbildungszeit,
- Dauer der Probezeit,
- Zahlung und Höhe der Vergütung,
- Urlaubsanspruch,

- Kündigungsvoraussetzungen des Berufsausbildungsvertrages,
- Hinweis auf die anwendbaren Tarifverträge, Betriebs- oder Dienstvereinbarungen.

Änderungen wesentlicher Vertragsinhalte sind der zuständigen Stelle unverzüglich mitzuteilen.

Nichtige Vereinbarungen im Ausbildungsvertrag

In § 12 BBiG ist festgelegt, dass bestimmte Vereinbarungen in einem Ausbildungsvertrag oder in einem Nebenvertrag nicht mit Auszubildenden getroffen werden dürfen. Wenn einer der folgenden Punkte trotzdem vereinbart wird, sind die Angaben im Ausbildungsvertrag nicht gültig:

Vereinbarungen, die den Auszubildenden für die Zeit nach Beendigung des Berufsausbildungsverhältnisses in der Ausübung seiner beruflichen Tätigkeit beschränken sind ebenso nichtig, wie

Verabredungen, dass der Azubi für die Ausbildung etwas bezahlen muss (z. B. für das Belegen von Zusatzkursen) oder

Vertragsstrafen, z. B. für den Fall der vorzeitigen Kündigung des Ausbildungsverhältnisses sowie den Ausschluss oder die Beschränkung von Schadensersatzansprüchen.

Wenn die **monatliche Vergütung 325,00 Euro nicht übersteigt** sind Auszubildende von eigenen Beiträgen zur Sozialversicherung (▸ Kapitel 7) befreit. Und der Ausbilder trägt den Gesamtsozialversicherungsbeitrag allein.

4.3 Ausbildungszeit

Die Ausbildungszeit von insgesamt drei Jahren gliedert sich in verschiedene Abschnitte.

Probezeit

Die Ausbildung beginnt mit der **Probezeit**. Sie ist eine Bedenkzeit für den Auszubildenden, ob er die richtige Entscheidung bei seiner Berufswahl getroffen hat und für den Betrieb, ob der Auszubildende für den Beruf geeignet ist und sich in das Betriebsgeschehen einpasst. Sie ist Bestandteil der Ausbildung und **muss mindestens einen Monat** und darf **höchstens vier Monate** betragen (vgl. § 20 BBiG). Innerhalb der Probezeit kann das Berufsausbildungsverhältnis jederzeit ohne Einhalten einer Kündigungsfrist von den Vertragsparteien schriftlich gekündigt werden (vgl. § 22 BBiG).

Kündigung des Ausbildungsverhältnisses MERKE

Nach der Probezeit kann das Berufsausbildungsverhältnis nur:

1. aus einem wichtigen Grund ohne Einhaltung einer Kündigungsfrist,
2. von den Auszubildenden mit einer Kündigungsfrist von vier Wochen, wenn sie die Berufsausbildung aufgeben oder sich für eine andere Berufstätigkeit ausbilden lassen wollen, gekündigt werden (vgl. § 22 BBiG).

Während der gesamten Berufsausbildung haben beide Vertragspartner (die Ausbildenden wie auch die Auszubildenden) Pflichten zu übernehmen. Die Ausbildenden müssen dafür Sorge tragen, dass die Auszubildenden das vorgesehene Ausbildungsziel erreichen können. Die Auszubildenden müssen sich bemühen, die notwendigen Fertigkeiten, Kenntnisse und Fähigkeiten zu erwerben.

Abb. Ausbilder und Auszubildende

Arbeitgeberpflichten

Der Ausbildende muss

- dafür Fürsorge tragen, dass Auszubildende charakterlich gefördert werden,
- qualifiziert ausbilden,
- Ausbildungsmittel kostenlos zur Verfügung stellen,
- Auszubildende für Berufsschule sowie Prüfungen freistellen und genügend Zeit für die Führung des Berichtsheftes einräumen,
- die ordnungsgemäße Führung des Berichtsheftes überwachen,
- darauf achten, dass Auszubildende nur Tätigkeiten ausüben, die ihren körperlichen Kräften entsprechen sowie dem Ausbildungszweck dienen,
- die Auszubildenden über die bestehenden Arbeitsschutzbestimmungen informieren,
- eine angemessene Vergütung zahlen,
- am Ende der Ausbildung ein Zeugnis erstellen.

Pflichten des Auszubildenden

Der Auszubildende hat

- sich zu bemühen, alle Kenntnisse und Fertigkeiten des Ausbildungsberufes zu erwerben,
- den Weisungen des Ausbilders zu folgen,
- den Berufsschulschulunterricht regelmäßig zu besuchen, ggf. an Maßnahmen außerhalb der Ausbildungsstätte teilzunehmen und an den Prüfungen teilzunehmen,
- das überlassene Arbeitsmaterial pfleglich zu behandeln,
- Stillschweigen über Betriebs- oder Geschäftsgeheimnisse zu wahren,
- ein Berichtsheft zu führen.

Die Berufsausbildung in Deutschland erfolgt überwiegend im **Dualen System**. Darunter wird die Ausbildung an dem **Lernort Betrieb und in der Berufsschule** verstanden.

BGB

Lernorte der Berufsbildung (§ 2 BBiG)

(1) Berufsbildung wird durchgeführt

1. in Betrieben der Wirtschaft, in vergleichbaren Einrichtungen außerhalb der Wirtschaft, insbesondere des öffentlichen Dienstes, der Angehörigen freier Berufe und in Haushalten (betriebliche Berufsbildung),
2. in berufsbildenden Schulen (schulische Berufsbildung) und
3. in sonstigen Berufsbildungseinrichtungen außerhalb der schulischen und betrieblichen Berufsbildung (außerbetriebliche Berufsbildung).

(2) Die Lernorte nach Absatz 1 wirken bei der Durchführung der Berufsbildung zusammen (Lernortkooperation).

(3) Teile der Berufsausbildung können im Ausland durchgeführt werden, wenn dies dem Ausbildungsziel dient. Ihre Gesamtdauer soll ein Viertel der in der Ausbildungsordnung festgelegten Ausbildungsdauer nicht überschreiten.

Während der Berufsausbildung ist eine **Zwischenprüfung** zur Ermittlung des Ausbildungsstandes durchzuführen. Ausnahme: die Abschlussprüfung wird in zwei zeitlich auseinander fallenden Teilen absolviert (vgl. § 48 BBiG).

Unterrichtszeit und Arbeitszeit

Die Unterrichtszeit in der Berufsschule ist keine Arbeitszeit. Sie wird aber auf die tägliche oder wöchentliche Höchstarbeitszeit angerechnet, also am Ende so behandelt, als ob sie Arbeitszeit wäre. Bei der Frage, wie viel tatsächlich angerechnet wird, muss zwischen minderjährigen und volljährigen Auszubildenden unterschieden werden (vgl. **Arbeitszeitgesetz ArbZG**).

Anrechnung der Berufsschulzeit auf die Arbeitszeit – Grundsätzlich gilt:

- **Erwachsene Auszubildende** sind u. a. für die Teilnahme am Berufsschulunterricht freizustellen (vgl. § 7 BBiG).
- **Jugendliche Auszubildende** sind u. a. für die Teilnahme am Berufsschulunterricht freizustellen (vgl. § 9 JArbSchG).
- Die **Vergütung** der Auszubildenden (Jugendliche und Erwachsene) ist für die Zeit der Freistellung fortzuzahlen (vgl. § 12 Abs. 1 BBiG).

- Es besteht **Beschäftigungsverbot** für Jugendliche und Erwachsene vor einem vor 09.00 Uhr beginnenden Berufsschulunterricht (vgl. § 9 Abs.1 Satz 2 Nr. 1 JArbSchG).
- Die **gesetzlich höchstzulässige Ausbildungszeit für Jugendliche** beträgt acht Stunden täglich bzw. 40 Stunden wöchentlich (vgl. § 8 Abs. 1 JArbSchG).
- Die **gesetzlich höchstzulässige Ausbildungszeit für Erwachsene** beträgt täglich acht Stunden mit Verlängerungsmöglichkeit auf bis zu 10 Stunden bzw. 48 Stunden wöchentlich (vgl. § 3 ArbZG).

Abb. Auszubildende

Es dürfen **keine Minusstunden angerechnet** werden, wenn Auszubildende nach der Berufsschule nicht mehr in den Betrieb kommen müssen oder wenn der Ausbilder dem Azubi frei gibt (vgl. § 19 BBiG).

Neben den Pausen in der Berufsschule sind auch die **Wegezeiten** zwischen Berufsschule und Ausbildungsbetrieb auf die betriebliche Ausbildungszeit anzurechnen (vgl. Bundesarbeitsgericht BAG, Beschluss vom 26.03.2001, Az.: 5 AZR 413/99).

Bei der Anrechnung von Berufsschultagen auf die Arbeitszeit sind verschiedene Regelungen zu beachten. **Generell ist zwischen minderjährigen und volljährigen Auszubildenden** zu unterscheiden.

A Regelungen für minderjährige Auszubildende

Ein Berufsschultag mit mehr als fünf Unterrichtsstunden von mindestens je 45 Minuten wird mit 8 Stunden auf die gesetzliche Höchstarbeitszeit von 8 Stunden täglich bzw. von 40 Stunden wöchentlich angerechnet (vgl. § 9 Abs. 1 Nr. 2 JArSchG). Das heißt, die Berufsschulzeit einschließlich der Pausen und Wegzeiten + der betrieblichen Ausbildungszeit darf max. 40 Stunden ergeben.
Gibt es einen weiteren Unterrichtstag (Zusatztag) in der Woche, sind die Unterrichtszeiten einschließlich der Pausen und Wegzeiten zum Betrieb nach der Schule auf die tägliche Höchstarbeitszeit anzurechnen. Bei zwei Schultagen entscheidet der Ausbilder, an welchem der Azubi in den Betrieb kommen muss.

BEISPIEL

Wochenarbeitszeit laut Tarifvertrag
ist 39,5 Std. = entspricht 39,5 Std.
Ein wöchentlicher Schultag mit 6 Unterrichtsstunden = entspricht 8 Std.,
ein 14-tägiger Zusatztag inklusive Pausen und Wegezeit (tatsächlicher Zeitaufwand)
= entspricht 6 Std., wöchentliche Arbeitszeit für die betriebliche Ausbildung = entspricht
25,5 Std.

B Regelungen für volljährige Auszubildende

Für volljährige Auszubildende besteht kein eigenständiger Anspruch auf Anrechnung von Berufsschulzeiten. Somit haben Berufsschulzeiten, die außerhalb der betrieblichen Arbeitszeit stattfinden, keine Auswirkungen auf die Anwesenheitspflicht des volljährigen Auszubildenden im Betrieb. Nur die tatsächliche Berufsschulzeit einschließlich der Pausen und der Wegezeit, die innerhalb der betrieblichen Arbeitszeit liegen, werden auf die vereinbarte Arbeitszeit angerechnet.

BEISPIEL

Eine Auszubildende im Friseurhandwerk hat regelmäßig am Montag ihren Berufschultag von 8.00-15.00 Uhr. Die betriebliche Ausbildung (40 Stunden wöchentlich) findet von Dienstag bis Samstag statt. Somit ist eine Freistellung gem. § 7 BBiG nicht notwendig. Die Auszubildende hat eine »6-Tage-Woche mit 47 Stunden duale Ausbildung«.

C Regelungen für den Tag der Abschlussprüfung

Minderjährige Auszubildende (zum Zeitpunkt der Prüfung) müssen für die Teilnahme an der Prüfung und an dem Tag vor der schriftlichen Abschlussprüfung freigestellt werden (vgl. § 10 JArbSchG).
Volljährige Auszubildende (zum Zeitpunkt der Prüfung) muss der Ausbilder zur Teilnahme an Prüfungen freistellen (vgl. § 7 BBiG). Nach der Prüfung muss der Auszubildende im Ausbildungsbetrieb weiter arbeiten, sofern nicht das Ausbildungsverhältnis mit der Teilprüfung endet, z. B. bei der mündlichen Prüfung.

D Blockunterricht

Ein Beschäftigungsverbot besteht in Wochen mit einem planmäßigen Blockunterricht von mindestens 25 Unterrichtsstunden. Sie entsprechen einer Wochenarbeitszeit von 40 Stunden (vgl. § 9 Abs. 1, Nr. 3 und Abs. 2, Nr. 2 JArSchG). Zulässig sind laut § 9, Abs. 1, Nr. 3 nur zusätzliche betriebliche Ausbildungsmaßnahmen, bis zu zwei Stunden wöchentlich. Das Bundesarbeitsgericht (BAG) formulierte mit diesem Beschluss aus dem Jahr 2001 Leitsätze bezüglich der Freistellung eines Auszubildenden für die Zeit des Berufsschulunterrichts:

URTEIL

Leitsätze zur Freistellung eines Auszubildenden

Nach § 7 Satz 1 BBiG ist der Auszubildende für die Teilnahme am Berufsschulunterricht und an Prüfungen freizustellen. Gem. § 12 Abs 1 Nr. 1 BBiG ist die Vergütung dem Auszubildenden auch für die Zeit der Freistellung fortzuzahlen. Hieraus folgt bei Überschneidungen von Zeiten des Besuchs der Berufsschule und betrieblicher Ausbildung, dass der Besuch des Berufsschulunterrichts der betrieblichen Ausbildung vorgeht. Dies bedeutet zugleich die Ersetzung der Ausbildungspflicht, so dass eine Nachholung der so ausfallenden betrieblichen Ausbildungszeiten von Gesetzes wegen ausgeschlossen ist.

BAG Beschluss vom 26.3.2001, 5 AZR 413/99

Die **Freistellung von der betrieblichen Ausbildung** umfasst notwendigerweise auch die Zeiträume, in denen der Auszubildende zwar nicht am Berufsschulunterricht teilnehmen muss, aber wegen des Schulbesuchs aus tatsächlichen Gründen gehindert ist, im Ausbildungsbetrieb an der betrieblichen Ausbildung teilzunehmen. Dies betrifft insbesondere die **Zeiten des notwendigen Verbleibs** an der Berufsschule während der unterrichtsfreien Zeit und die **notwendigen Wegezeiten** zwischen Berufsschule und Ausbildungsbetrieb.

MERKE

Summe Berufsschul- und Ausbildungszeit = tarifliche Ausbildungszeit?

Seit dem Außerkrafttreten von § 9 Absatz 4 des Jugendarbeitsschutzgesetzes zum 1. März 1997 fehlt es an einer Anrechnungsregelung. So kann die Summe der Berufsschulzeiten und der betrieblichen Ausbildungszeiten kalenderwöchentlich größer als die regelmäßige tarifliche wöchentliche Ausbildungszeit sein.

4.4 Ende der Berufsausbildung

Das Berufsausbildungsverhältnis endet mit dem Ablauf der Ausbildungszeit, d. h. mit Bestehen der **Abschlussprüfung** vor der entsprechenden Kammer (IHK und HWK).

Bei Nichtbestehen verlängert sich das Berufsausbildungsverhältnis auf Verlangen des Auszubildenden bis zur nächstmöglichen Wiederholungsprüfung, höchstens jedoch um ein Jahr (vgl. § 21 BBiG). Die Abschlussprüfung kann nach § 37 BBiG insgesamt zweimal wiederholt werden.

Nach Ausbildungsende steht dem Auszubildenden ein (auf Wunsch qualifiziertes) Zeugnis zu (► Kapitel 5.5).

Finanztipp

Wenn sie während der Ausbildung nicht bei den Eltern wohnen können, weil der Ausbildungsbetrieb vom Elternhaus zu weit entfernt ist, kann **Berufsausbildungsbeihilfe (BAB)** beantragt werden.

Sie wird u. a. während einer beruflichen Ausbildung geleistet. Die BAB dient insbesondere:

- der Verwirklichung des Sozialstaatsprinzips (Artikel 20 Grundgesetz),
- der freien Entfaltung der Persönlichkeit (Artikel 2 Grundgesetz),
- der freien Berufswahl (Artikel 12 Grundgesetz).

In welcher Höhe die Berufsausbildungsbeihilfe gezahlt wird, hängt vom jeweiligen Gesamtbedarf und dem zugrunde gelegten Einkommen ab, welches diesen Bedarf mindert. Die Zusammensetzung des Gesamtbedarfs bei einer **Berufsausbildung** sieht folgendermaßen aus:

Art des Bedarfs	Betrag in Euro
Grundbedarf (pauschal)	372,00
Pauschale für Miete	166,00
Mietzuschuss (falls Miete über 146 Euro), höchstens	84,00
Kosten für Arbeitskleidung (pauschal)	13,00
Kosten für die Fahrt zum Ausbildungsbetrieb (Monatskarte)	45,00
Bedarf für eine Familienheimfahrt pro Monat	14,00

Tab. Berufsausbildungshilfe (Stand Ende 2010)

Berufsausbildungsbeihilfe wird auf Antrag erbracht. Der Antrag ist bei der Agentur für Arbeit zu stellen, in deren Bezirk der Auszubildende seinen Wohnsitz oder seinen gewöhnlichen Aufenthalt hat.

AUFGABEN

1. Kommt der Betrieb seiner Ausbildungspflicht nach?
   a) Ein Betrieb weigert sich, Sie entsprechend des Ausbildungsrahmenplanes in den dazu notwendigen Abteilungen (Sparten) auszubilden, weil ein Personalengpass besteht.
   b) Sie haben keinen festen Ansprechpartner während der Ausbildung.
   c) Sie müssen die Ausbildungsordnung auf eigene Kosten kopieren und ihr Arbeitsmaterial auf ihre Kosten besorgen.
   d) Aufgrund von Krankheit fehlt Personal und Ihr Ausbilder besteht darauf, dass Sie an Ihren Berufschultagen in den Betrieb kommen.
   e) Der Ausbilder möchte Ihr Berichtsheft kurz vor der Abschlussprüfung einsehen.
   f) Sie reinigen jeden Freitag die Büroräume und bringen die Firmenfahrzeuge auf Hochglanz.
   g) Der Ausbilder kommt aufgrund des gesunden Aussehens seines minderjährigen Azubi zu der Überzeugung, dass er nicht zu einer weiteren ärztlichen Untersuchung vor Ablauf des ersten Ausbildungsjahres muss.
   h) Wesentlich für den Ausbilder ist, dass der Ausbildungsvertrag unterschrieben ist. Er meint, dass die Eintragung bei der zuständigen Kammer im Laufe der Ausbildung erfolgen könne.

i) Der Ausbilder kennt die Familie des neuen Azubi privat und vereinbart deshalb eine Probezeit von zwei Wochen. Aus diesen Gründen akzeptiert er die fristlose Kündigung des Auszubildenden nach drei Wochen nicht.

2. Bitte beurteilen Sie begründet, ob der Auszubildende gegen seine Pflichten verstößt:
   a) Er/Sie weigert sich an einer betrieblichen Softwareschulung teilzunehmen, weil er/sie sich für fit genug hält.
   b) Ein Auszubildender kommt regelmäßig zu spät zum Berufsschulunterricht, weil er aufgrund der Verkehrsverbindung sonst eine andere Zugverbindung wählen müsste und bereits um 5.30 Uhr aufstehen müsste.
   c) Ein Auszubildender im ersten Ausbildungsjahr erhält von seinem älteren Azubikollegen des dritten Ausbildungsjahres die Anweisung, die Katalogwand zu bestücken.
   d) Das Ladenlokal eines Auszubildenden befindet sich in einem öffentlichen Gebäude, in dem auch Büros der Stadtverwaltung untergebracht sind. Zu seiner Entspannung setzt er sich unregelmäßig auf die entsprechenden Besucherbänke und raucht eine Zigarette.
   e) Als der Stress im Büro besonders groß ist, zerbricht die Auszubildende mehrere Kugelschreiber, die Werbegeschenke eines Reiseveranstalters waren.
   f) Bei einem Treffen in einer Disko erzählt eine »Azubine« ihrer Freundin, dass ihre Chefin nicht nur strohblonde Haare hat, sondern auch Stroh im Kopf hat.
   g) Ein Auszubildender entschuldigt sein Fehlen aufgrund seiner Krankheit erst nach vierzehn Tagen gegenüber dem Klassenlehrer in der Berufsschule.

3. Wie viele Stunden werden bei einem Auszubildenden auf die betriebliche Ausbildungszeit angerechnet, wenn der Berufsschulunterricht von 8.00 Uhr bis 14.30 Uhr dauert und die betrieblichen Öffnungszeiten von 9.30 Uhr bis 13.00 Uhr sind?
   a) Der Auszubildende ist volljährig.
   b) Wie ist dies entsprechend für einen Minderjährigen am ersten bzw. zweiten Berufschultag in der Woche geregelt?

4. Welche Merkmale müssen erfüllt sein, um zur Abschlussprüfung der Kammer zugelassen zu werden?

5. Welche Relevanz hat eine Zwischenprüfung im Hinblick auf die Abschlussprüfung?

6. Definieren Sie Handlungsfähigkeit.

7. Definieren Sie Geschäftsfähigkeit.

8. Prüfen Sie, ob folgende Willenserklärungen wirksam sind:
   a) Der 6-jährige Klaus kauft sich ein Eis auf dem Weg von der Schule nach Hause.
   b) Die 17-jährige Schülerin Claudia bucht eine Pauschalreise nach Mallorca für 400,00 Euro. Ihr Taschengeld beträgt monatlich 70,00 Euro.
   c) Der 16-jährige Marcus, der ein Erwerbsgeschäft selbstständig führt, kauft einen Firmenwagen für seinen Mitarbeiter.
   d) Die 17-jährige Ilona schließt ein Arbeitsverhältnis als Bedienung in einem Café ab.
   e) Die 17-jährige Brigitte schließt ein Ausbildungsverhältnis zur Tourismuskauffrau ab.
   f) Zum Zwecke der Ausbildung zieht Alexandra mit Zustimmung ihrer Eltern von Mainz nach Worms. Dort mietet sie ohne Zustimmung der Eltern ein Appartement an.
   g) Der 15-jährige Paul kauft sich von seinem Freund ein Fahrrad, das er monatlich von seinem Taschengeld in Raten bezahlen möchte.

9. Onkel Egon schenkt seinem 17-jährigen Patenkind Markus 1.000,00 Euro zur Anschaffung eines Computers. Die Eltern sind mit der Anschaffung des Computers einverstanden. Markus kauft stattdessen aber mit dem Geld von seinem Freund Peter dessen gebrauchten Motorroller zum Preis von 800,00 Euro. Die Eltern sind empört und lehnen das Geschäft ab. – Kann Peter von Markus die Zahlung des Kaufpreises verlangen?

10. Ein Ausbilder möchte seinem Auszubildenden unentschuldigte Fehlzeiten von der Ausbildungsvergütung oder vom Urlaub abziehen. Ist dies zulässig?

11. Muss der Ausbildungsbetrieb einen Auszubildenden einen Tag vor der Abschlussprüfung freistellen?

12. Ein Ausbildungsvertrag wird bis zum 31.07. abgeschlossen. Die mündliche IHK-Prüfung ist bereits am 5. Juni. Wann endet das Ausbildungsverhältnis bei Bestehen bzw. Nicht-Bestehen?

13. Nach bestandener Prüfung nimmt der ehemalige Azubi am nächsten Tag ungehindert im Betrieb wieder seine Arbeit auf. Klären Sie die Rechtslage.

14. Eine Weiterbeschäftigung über die Kaufmannsgehilfenprüfung hinaus wurde nicht vereinbart. Dem Azubi stehen jedoch noch fünf Urlaubstage zu. Was geschieht mit dem Resturlaub?

5 Arbeitsrecht

Das **Arbeitsrecht** regelt die rechtlichen Beziehungen zwischen Arbeitgebern und Arbeitnehmern und deren Vertretungsorgane und Koalitionen (Mitbestimmung ▸ Kapitel 6). Es gliedert sich in Individualarbeitsrecht und kollektives Arbeitsrecht.

Individualarbeitsrecht regelt die rechtlichen Beziehungen zwischen Arbeitnehmer (AN) und Arbeitgeber (AG).	+	**Kollektivarbeitsrecht** regelt das Existenzrecht und die Organisation und die Rechte der Vertretungsorgane und Koalitionen (z. B. zwischen Arbeitgeberverband, Gewerkschaft, Betriebsrat, usw.)

Abb. Arbeitsrecht: Aufteilung des Arbeitsrechts

Das **Kollektivarbeitsrecht** umfasst das Tarifvertrags- und das Betriebsverfassungsrecht, das **Individualarbeitsrecht** schützt dominant den Arbeitnehmer/in (▸ Kapitel 5.2).

Das Arbeitsrecht existiert nicht als eigenständiges Arbeitsgesetzbuch, vielmehr umfasst es eine Vielzahl einzelner gesetzlicher Normen.

Europarecht
Artikel 39–41 Freizügigkeit der Arbeitnehmer innerhalb der Gemeinschaft
Artikel 141 gleiches Entgelt für Männer und Frauen bei gleicher Arbeit

Grundgesetz
Artikel 1 Menschenwürde ist unantastbar
Artikel 2 freie Entfaltung seiner Persönlichkeit
Artikel 3 Männer und Frauen sind gleichberechtigt
Artikel 12 Alle Deutschen haben das Recht, Beruf, Arbeitsplatz und Ausbildungsstätte frei zu wählen.

Einzelgesetze
Kündigungsschutzgesetz, Entgeltfortzahlungsgesetz, Dienstvertragsrecht, Mutterschutzgesetz, Bundeserziehungsgeldgesetz, Jugendarbeitsschutzgesetz, Betriebsverfassungsgesetz, Arbeitszeitgesetz, Tarifvertragsgesetz, Bundesurlaubsgesetz

Abb. Normenhierarchie der Rechtsquellen im Arbeitsrecht (Auszug)

Neben dem Arbeitsrecht sind das **Richterrecht** (Rechtsprechung), der **Tarifvertrag und die Betriebsvereinbarung** als »Werkzeuge« der Mitbestimmung (▸ Kapitel 6), und der **Arbeitsvertrag** für alle Arbeitnehmer wichtige und zu berücksichtigende rechtliche Bestimmungen bzw. Vereinbarungen.

5.1 Arbeitsvertrag

Der Arbeitsvertrag ist eine **besondere Art des Dienstvertrages** (Vertragsarten ▸ LF 2, Kapitel 2.5). Mit dessen Unterzeichnung steht dem Arbeitgeber gegenüber dem Arbeitnehmer laut **Gewerbeordnung (GewO)** ein so genanntes **Direktionsrecht** zu.

BGB

Weisungsrecht des Arbeitgebers (§ 106 GewO)
Der Arbeitgeber kann Inhalt, Ort und Zeit der Arbeitsleistung nach billigem Ermessen näher bestimmen, soweit diese Arbeitsbedingungen nicht durch den Arbeitsvertrag, Bestimmungen einer Betriebsvereinbarung, eines anwendbaren Tarifvertrages oder gesetzliche Vorschriften festgelegt sind. Dies gilt auch hinsichtlich der Ordnung und des Verhaltens der Arbeitnehmer im Betrieb. [...]

Der Arbeitsvertrag kann, sofern tarifvertraglich nichts anderes bestimmt ist, nicht nur per Unterschrift, sondern auch **mündlich oder schriftlich** oder durch **schlüssiges Verhalten** (Aufnahme der Arbeit) abgeschlossen werden. Ausgenommen von diesem Wahlrecht sind die Befristung eines Arbeitsverhältnisses und die Vereinbarung eines nachvertraglichen Wettbewerbsverbotes.

Wird kein schriftlicher Arbeitsvertrag geschlossen, ist der Arbeitgeber verpflichtet **binnen eines Monats nach Beginn des Arbeitsverhältnisses** die wesentlichen Vertragsbestimmungen schriftlich niederzulegen, die Niederschrift zu unterzeichnen und dem Arbeitnehmer auszuhändigen.

MERKE

Unbefristeter Arbeitsvertrag
Ohne eine schriftliche Vereinbarung ist der Arbeitsvertrag stets unbefristet. Bei Minderjährigen ist bei Abschluss eines Arbeitsvertrags die Zustimmung des gesetzlichen Vertreters notwendig.

Alle arbeitsrechtlichen Verträge müssen mit dem **Allgemeinen Gleichbehandlungsgesetz (AGG)** vereinbar sein, das u. a. für Arbeitnehmer, Auszubildende, Heimarbeiter und Bewerber gilt. Ziel dieses Gesetzes ist, Benachteiligungen aus Gründen der ethnischen Herkunft, des Geschlechts, der Religion oder Weltanschauung, einer Behinderung, des Alters oder der sexuellen Identität zu verhindern oder zu beseitigen (vgl. § 1 AGG). So fallen z. B. generelle Regelungen in einem Unternehmen »ab 50 Jahren wird nur noch befristet eingestellt« unter die Altersdiskriminierung und somit unter das Benachteiligungsverbot.

Mindestinhalt der Niederschrift:

- Name und Anschrift der Vertragsparteien,
- Beginn des Arbeitsverhältnisse (bei Befristung voraussichtliche Dauer),
- Arbeitsort (ggf. Hinweis auf verschiedene Beschäftigungsorte),
- kurze Charakterisierung der Tätigkeit,
- Zusammensetzung, Höhe und Fälligkeit des Arbeitsentgelts,
- Arbeitszeit, Urlaub,
- Kündigungsfristen,
- anwendbare Tarifverträge, Betriebsvereinbarungen (vgl. § 2 NachwG).

Muster für einen unbefristeten Arbeitsvertrag

BEISPIEL

Arbeitsvertrag
zwischen ______________________________ (im nachstehenden »Arbeitgeber« genannt)
und
Frau/Herrn ______________________________ (im nachstehenden »Arbeitnehmer« genannt)
wird folgendes vereinbart:

§ 1 Beginn des Anstellungsverhältnisses/Tätigkeit

Der Arbeitnehmer wird mit Wirkung vom ____________ als ________________ eingestellt.
Er ist verpflichtet, auch andere zumutbare Aufgaben zu verrichten.
Die ersten ______ Monate des Anstellungsverhältnisses gelten als Probezeit.

§ 2 Vergütung

Die monatliche Bruttovergütung beträgt ____________ €. Die Vergütung wird jeweils am Ende eines Monats gezahlt. Die Zahlung von etwaigen Sondervergütungen (Gratifikationen, Urlaubsgeld, Prämien etc.) erfolgt in jedem Einzelfall freiwillig und ohne Begründung eines Rechtsanspruchs für die Zukunft.

§ 3 Arbeitszeit/Überstunden

Die regelmäßige Arbeitszeit beträgt wöchentlich ____ Stunden ohne die Berücksichtigung von Pausen. Der Arbeitgeber ist berechtigt, aus dringendem betrieblichen Anlass Überstunden anzuordnen. Die Auszahlung der Überstundenvergütung erfolgt jeweils mit der Vergütung des Folgemonats.

§ 4 Urlaub/Nebentätigkeit

Der Arbeitnehmer erhält einen Erholungsurlaub von ____ Arbeitstagen im Kalenderjahr.
Die Festlegung des Urlaubs ist mit dem Arbeitgeber abzustimmen.
Der Arbeitnehmer darf während des Urlaubs keiner Erwerbstätigkeit nachgehen.

§ 5 Arbeitsverhinderung

Der Arbeitnehmer ist verpflichtet, dem Arbeitgeber die Arbeitsverhinderung und deren voraussichtliche Dauer unverzüglich mitzuteilen. Bei Arbeitsunfähigkeit infolge Erkrankung hat der Arbeitnehmer dem Arbeitgeber spätestens am dritten Krankheitstag – wenn dies kein Arbeitstag ist, spätestens am darauf folgenden Arbeitstag – eine ärztliche Bescheinigung über die Arbeitsunfähigkeit, sowie deren voraussichtliche Dauer vorzulegen.

§ 6 Verschwiegenheitspflicht

Der Arbeitnehmer verpflichtet sich, über alle betrieblichen Angelegenheiten, die ihm im Rahmen oder aus Anlass seiner Tätigkeit bei dem Arbeitgeber zur Kenntnis gelangen, auch nach seinem Ausscheiden Stillschweigen zu bewahren. Bei Beendigung des Arbeitsverhältnisses sind alle betrieblichen Unterlagen sowie etwa angefertigte Abschriften oder Kopien an den Arbeitgeber herauszugeben.

§ 7 Kündigungsfristen

Während der Probezeit können beide Parteien den Arbeitsvertrag mit einer Frist von Wochen zum Monatsende kündigen. Nach Ablauf der Probezeit ist eine Kündigung nur unter Einhaltung einer Frist von ____ Wochen/Monaten zum ____________ zulässig.
Das Arbeitsverhältnis endet mit Ablauf des Monats, in dem der Arbeitnehmer das Lebensjahr vollendet, ohne dass es einer Kündigung bedarf. Jede Kündigung bedarf der Schriftform.

§ 8 Nebenbeschäftigung

Während der Dauer der Beschäftigung ist jede entgeltliche oder unentgeltliche Tätigkeit, die die Arbeitsleistung des Arbeitnehmers beeinträchtigen könnte, untersagt.
Der Arbeitnehmer verpflichtet sich, vor jeder Aufnahme einer Nebenbeschäftigung den Arbeitgeber zu informieren.

§ 9 Schlussbestimmungen

Nebenabreden und Änderungen des Vertrages bedürfen zu ihrer Rechtsgültigkeit der Schriftform. Sollte infolge Änderung der Gesetzgebung oder durch höchstrichterliche Rechtsprechung eine Bestimmung dieses Vertrages ungültig werden, wird die Gültigkeit der übrigen Bestimmungen hierdurch nicht berührt.
Eine etwaige Unwirksamkeit einzelner Vertragsbestimmungen berührt die Wirksamkeit der übrigen Bestimmungen nicht.

Ort, Datum

____________________ ____________________

Arbeitgeber Arbeitnehmer

www.gruenderleitfaden.de/personal/arbeitsverhaeltnis/arbeitsvertrag.html

5.1.1 Vertragsfreiheiten und Einschränkungen

Die **Vertragsfreiheit eines Arbeitsvertrages** wird wie bei jedem schuldrecht lichen Vertrag (▸ LF 2) durch **gesetzliches Verbot** (vgl. § 134 BGB) **und Wucher** (vgl. § 138 BGB) eingeschränkt.

BEISPIEL

Gesetzliches Verbot und Wucher

Freiwilliger Verzicht auf Mindesturlaub stellt einen Verstoß gegen das Bundesurlaubsgesetz (BUrlG) dar. Eine solche Vereinbarung wäre nichtig.
Ein Arbeitgeberdarlehen an einen Arbeitnehmer zu einem Zinssatz von 30 Prozent wäre sittenwidrig und daher Wucher zu nennen.

Ferner gilt es **Ausnahmen von der Vertragsfreiheit** zu beachten:

- **Private und öffentliche Arbeitgeber mit mindestens 20 Arbeitsplätzen pro Jahr** müssen auf wenigstens fünf Prozent der Arbeitsplätze Schwerbehinderte beschäftigen; bei bis zu 39 Arbeitsplätzen pro Jahr einen Schwerbehinderten und bei bis 59 Arbeitsplätzen zwei Schwerbehinderte. Ansonsten ist eine Ausgleichsabgabe fällig (Schwerbehindertenschutz ▸ Kapitel 5.3.3).
- **Ausländische Arbeitnehmer** dürfen grundsätzlich nur mit Erlaubnis der zuständigen Arbeitsagentur beschäftigt werden.

Abb. Ausländischer Arbeitnehmer

Es besteht die Möglichkeit in Arbeitsverträge auch ein **nachvertragliches Wettbewerbsverbot** (vgl. §§ 74ff. HGB) zu vereinbaren: Dadurch verpflichtet sich der Arbeitnehmer maximal für einen Zeitraum von zwei Jahren nach Beendigung des Arbeitsverhältnisses nicht für ein Unternehmen tätig zu werden, das mit dem bisherigen Arbeitgeber in Wettbewerb steht. Dieses ist nur wirksam, wenn hierfür eine Entschädigung von mindestens der Hälfte der zuletzt bezogenen vertraggemäßen Vergütung als Karenzentschädigung gezahlt wird.

Als Bestandteil eines unbefristeten Arbeitsvertrages kann eine **Probezeit vereinbart werden (Probezeitklausel)**. Wird in dem entsprechenden Zeitraum der Arbeitnehmer nicht gekündigt, wird das Arbeitsverhältnis automatisch für unbestimmte Zeit fortgesetzt.

BGB

Kündigungsfristen bei Arbeitsverhältnissen (§ 622 Abs. 3 BGB)

(3) Während einer vereinbarten Probezeit, längstens für die Dauer von sechs Monaten, kann das Arbeitsverhältnis mit einer Frist von zwei Wochen (14 Tage) gekündigt werden.

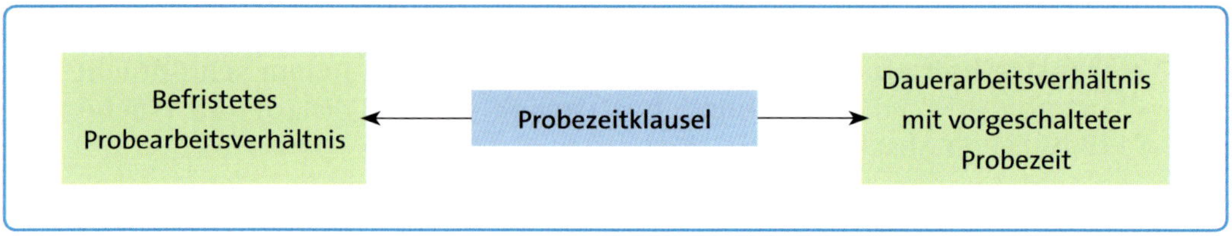

Abb. Probezeitklausel

Eine »Probezeit« kann auch als ein **Probearbeitsverhältnis** abgeschlossen werden mit der Folge, dass das Arbeitsverhältnis mit Ablauf der Probezeit automatisch endet. Für befristete Arbeitsverträge ist die Schriftform gesetzlich vorgeschrieben (vgl. § 14 TzBfG).

MERKE

Nur für ein Berufsausbildungsverhältnis müssen die Arbeitsvertragsparteien eine Probezeit von 1 bis 4 Monaten (vgl. § 20 BBiG) vereinbaren, ansonsten muss in den Arbeitsvertrag ausdrücklich eine Probezeitklausel aufgenommen werden.

5.1.2 Arbeitsvertragsarten und Arbeitspapiere

Basierend auf dem zugrunde liegenden Beschäftigungsverhältnis gestalten sich auch die Inhalte der entsprechenden Arbeitsverträge unterschiedlich. Es kann daher von unterschiedlichen **Arbeitsvertragsarten** gesprochen werden. Die Arbeitsvertragsart »Ausbildungsvertrag« ist in ▸ Kapitel 4.2 genauer beschrieben.

Unbefristeter Arbeitsvertrag – Ein unbefristeter Arbeitsvertrag enthält kein zeitliches Limit, zu dem er automatisch endet.

Befristeter Arbeitsvertrag – dieser Vertrag enthält ein Datum, an dem das Beschäftigungsverhältnis endet. Ohne Vorliegen eines sachlichen Grundes ist die kalendermäßige Befristung eines Arbeitsvertrages gemäß § 14 Absatz 2 Satz 1 des Teilzeit- und Befristungsgesetzes (TzBfG) bis zur Dauer von zwei Jahren zulässig. Bis zur Gesamtdauer von zwei Jahren ist eine dreimalige Verlängerung (ein so genannter Kettenarbeitsvertrag) zulässig.

Teilzeitbeschäftigungsvertrag – Teilzeitbeschäftigt ist ein Arbeitnehmer, dessen regelmäßige Wochenarbeitszeit kürzer ist als die eines vergleichbaren vollzeitbeschäftigten Arbeitnehmers (vgl. § 2 TzBfG). Der entsprechende Vertrag regelt Beginn und Ende der täglichen sowie die regelmäßige wöchentliche Arbeitszeit. Beides richtet sich nach gesonderten Vereinbarungen, wie z. B. Betriebsvereinbarung oder Tarifvertrag. Nach dem Gesetz besteht für jeden Arbeitnehmer Anspruch auf Teilzeitarbeit unter der Voraussetzung, dass er in einem Betrieb mit mehr als 15 Arbeitnehmern beschäftigt ist (Auszubildende werden mitgezählt). Teilzeitbeschäftigte Arbeitnehmer haben grundsätzlich

dieselben Rechte und Pflichten wie ein vollzeitbeschäftigter Arbeitnehmer und daher z. B. Anspruch auf Erholungsurlaub, Entgeltfortzahlung im Krankheitsfall, Entgeltfortzahlung bei Arbeitsausfall an Feiertagen und Kündigungsschutz.

Geringfügige Beschäftigungsvertrag Dieser Vertrag zeigt die Inhalte eines »normalen« Arbeitsvertrages, lediglich ist die Höhe des Entgeltes auf 450,00 Euro begrenzt. Arbeitnehmer, die eine geringfügige Beschäftigung ausüben, **sind Teilzeitbeschäftigte gemäß § 2 Absatz 2 des TzBfG** und haben grundsätzlich dieselben Rechte wie Vollzeitbeschäftigte. Sie verdienen regelmäßig im Monat nicht mehr als 450,00 Euro mit ihrem **»Mini-Job«**. Je nach Art der geringfügigen Beschäftigung (gewerblicher Bereich, Privathaushalt, kurzfristig) sind vom Arbeitgeber unterschiedliche pauschale Abgaben an die Minijob-Zentrale zu entrichten.

Beschäftigungsvertrag in der Gleitzone – Arbeitnehmer in der Gleitzone (**»Midi-Jobs«** zwischen 450,01 Euro und 850,00 Euro monatlicher Verdienst) sind Teilzeitbeschäftigte im Sinne des TzBfG. Ein Midijob ist in der Regel voll sozialversicherungspflichtig. Die Midijob-Regelung verringert den Arbeitnehmeranteil bei der Sozialversicherung. Arbeitnehmer zahlen nur einen abgestuften Anteil zu ihren Beiträgen. Mit Einkünften von 450,01 Euro pro Monat sind die Jobber voll sozialversichert.

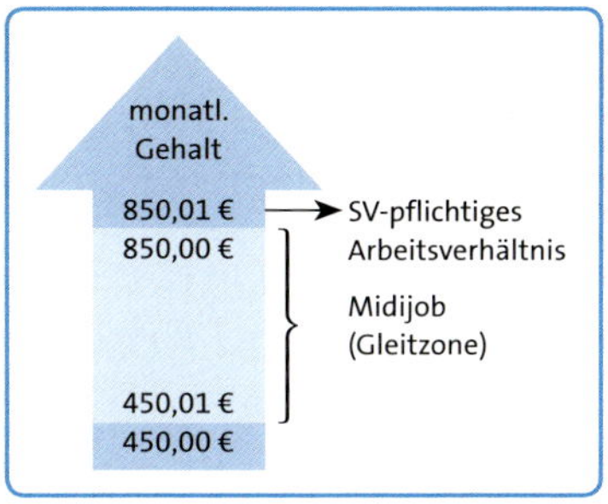

Vertrag über Heimarbeit – Personen, die in der Regel allein [...] in eigener Wohnung Arbeitsvorgänge wiederholender Arbeit im Auftrag eines anderen gegen Entgelt ausüben, ohne dass ihre Tätigkeit als gewerblich anzusehen (ist) [...] sind Heimarbeiter (vgl. § 2 Abs. 3 HAG). Sie sind selbstständig tätig haben jedoch (im Gegensatz zu anderen selbstständig Tätigen) Anspruch auf bezahlten Urlaub, Bezahlung an Feiertagen und besondere Zuschläge. Entlohnt werden Sie entsprechend Ihrer Arbeitsleistung nach Zeit-, häufiger aber nach Stückentgelten. Diese »Eckpunkte« finden sich in einem entsprechenden Vertrag. Die häufigste Form der Heimarbeit ist **Heimtelearbeit** (z. B. Datenerfassung, Schreibarbeiten, Texterfassung).

Tab. Arbeitsvertragsarten im Überblick

Die Änderung eines Arbeitsvertrages ist **einseitig** aufgrund einer Direktion (Arbeitsanweisung) des Arbeitgebers bzw. eines weisungsbefugten Vorgesetzten **nicht möglich.** Sie lässt sich nur durch einen Änderungsvertrag oder eine Änderungskündigung (▸ Kapitel 5.4) erreichen.

Arbeitspapiere

Bei Vertragsschluss kann der Arbeitgeber vom Arbeitnehmer die **Vorlage der folgenden Arbeitspapiere** verlangen:

- **Lohnsteuerkarte** – sie enthält Daten enthält, die dem Arbeitgeber zu der Berechnung der Lohnsteuer dienen (Steuerklasse, Anzahl der Kinder, Freibeträge, Religionszugehörigkeit ▸ Kapitel 8). Ab 2012 ist allein die Finanzverwaltung dafür zuständig, dem Arbeitgeber die notwendigen Merkmale für die Besteuerung des Arbeitnehmers zu übermitteln.
- **Sozialversicherungsausweis** – Jeder Arbeitnehmer erhält von seinem Rentenversicherungsträger einen Sozialversicherungsausweis. Auf ihm stehen der Name und die Versicherungsnummer. Der Ausweis soll zum Beispiel der Aufdeckung von Schwarzarbeit und dem Missbrauch von Sozialleistungen dienen.

Ergänzende Unterlagen können u. a. die Kindergeldbescheinigung und Unterlagen für vermögenswirksame Leistungen sein.

5.2 Arbeitgeber und Arbeitnehmer

Arbeitgeber ist, wer als natürliche oder juristische Person mindestens einen Arbeitnehmer beschäftigt. Es gibt keine gesetzliche Definition eines Arbeitsnehmers, sondern nur typische Merkmale.

Als typische **Arbeitnehmermerkmale** gelten:

- seine Tätigkeit ist auf Dauer angelegt,
- er erbringt Dienste selbst für einen Auftraggeber,
- er setzt kein Eigenkapital für die Diensterbringung ein,
- er hat Anspruch auf Lohn und Urlaub,
- sein Dienstherr führt für ihn Steuern und Sozialbeiträge ab.

In Umkehrung der Arbeitnehmermerkmale gelten die Merkmale für den Arbeitgeber.

Arbeitnehmer ist, wer aufgrund eines privatrechtlichen Vertrages sich verpflichtet, unselbstständige Dienste gegen Entgelt weisungsgebunden und in sozialer Abhängigkeit zu erbringen (vgl. Dienstvertrag §§ 611–630). Als Folgen aus dem Dienstvertrag unterliegt der Arbeitnehmer dem Arbeitsrecht, der Sozialversicherungspflicht (▸ Kapitel 7) und der Lohnsteuerpflicht (▸ Kapitel 8).

MERKE

Rechte und Pflichten
Aus einem Vertragsverhältnis zwischen Arbeitgeber und Arbeitnehmer (Arbeitsvertrag) ergeben sich Rechte und Pflichten.

Pflichten

Arbeitgeber

- Zahlung der Vergütung
- Beschäftigung des Arbeitnehmers
- Entgeltfortzahlung bei Krankheit
- Urlaubsgewährung
- Gleichbehandlung der Arbeitnehmer
- Fürsorge gegenüber dem Arbeitnehmer
- Zeugniserteilung

Arbeitnehmer

- persönliche Arbeitspflicht
- Gehorsamspflicht
- Treuepflicht
- Verschwiegenheitspflicht
- Arbeitsschutzpflicht
- Wettbewerbsverbot
- Schadensminderung

Abb. Pflichten von Arbeitgeber und Arbeitnehmer

5.2.1 Hauptpflichten aus dem Vertragsverhältnis

Die **Hauptpflicht des Arbeitnehmers** ist es, die vereinbarte Arbeitsleistung persönlich zu erbringen. Während der Arbeitgeber dafür die vereinbarte Vergütung zu bezahlen hat. Hinzu treten Nebenpflichten, die sich aus dem Arbeitsvertrag, aus gesetzlichen Bestimmungen, Tarifverträgen oder Betriebsvereinbarungen (▸ Kapitel 6) ergeben.

Die **Folgen bei Pflichtverletzungen** sind:

- **Für den Arbeitnehmer:** Lohnminderung, Kündigung oder Schadensersatzpflicht.
- **Für den Arbeitgeber:** Arbeitnehmer kann die Arbeitsleistung zurückhalten, außerordentlich kündigen, die Leistungserfüllung verlangen oder Schadensersatz fordern.

Die **Hauptpflicht des Arbeitgebers** ist die Zahlung des Arbeitsentgelts. Die Höhe der Vergütung kann grundsätzlich frei vereinbar werden. Sollten Arbeitgeber und Arbeitnehmer tarifgebunden sein (z. B. an einen DRV-Tarif), ist mindestens der Tariflohn zu zahlen.

MERKE

Unterschreitung des Tariflohns

Eine Unterschreitung des maßgeblichen Tariflohns im Arbeitsvertrag um mehr als ein Drittel ist sittenwidrig und damit nichtig (Urteil des Arbeitsgerichts Wuppertal, Az.: 7 Ca 1177/08). Der Arbeitnehmer kann dann entsprechende Nachzahlungen verlangen.

Eine **Entgeltabrede ist gemäß § 138 Abs. 2 BGB nichtig**, wenn die vereinbarte Höhe des Entgelts nicht einmal zwei Drittel des Lohns beträgt, der für die Branche und die Wirtschaftsregion üblich ist. So hatte es das Bundesarbeitsgericht (BAG) mit Urteil vom 22. April 2009 unter dem Geschäftszeichen 5 AZR 436/08 entschieden. Außerdem hat das BAG in einer Entscheidung eine **Ausbildungsvergütung**, die um mehr als **20 Prozent unter der Empfehlung** der zuständigen Berufskammer lag, als nicht angemessen im Sinne des § 10 Absatz 1 BBiG eingeordnet (vgl. BAG, Urteil vom 30.09.1998, Az.: 5 AZR 690/97).

Lohnwucher liegt dagegen vor, wenn Arbeitsleistung und Entgelt in einem auffälligen Missverhältnis stehen (vgl. § 138 Abs. 2 BGB). Arbeitsverhältnisse, in denen zwischen dem Wert der Arbeitsleistung und der Höhe des Lohns ein auffälliges Missverhältnis besteht, sind nichtig.

Das **Gehalt**, d. h. ein regelmäßig bezogenes Entgelt, ist die am meisten verbreitete Lohnform für Angestellte. Es wird häufig durch weitere Elemente ergänzt.

BEISPIEL

Weitere Lohnformen für Angestellte
Sachbezüge (► Kapitel 8), Provisionen, Umsatz- und Gewinnbeteiligungen, Prämien, Gratifikationen, Zulagen.

Die Zahlung des dem Handlungsgehilfen zukommenden Gehalts hat an jedem Monatsende zu erfolgen. Eine Vereinbarung, nach der die Zahlung des Gehalts später erfolgen soll, ist nichtig (vgl. § 64 HGB).

5.2.2 Arbeitszeiten und Freizeiten

Arbeitszeit im Sinne des Arbeitszeitgesetztes (ArbZG) ist für Arbeitnehmer sowie für Auszubildende die Zeit vom Beginn bis zum Ende der Arbeit (vgl. § 2 ArbZG). Für sie hat der Gesetzgeber klare Richtlinien in punkto Dauer und Unterbrechungen formuliert:

- Die **werktägliche Arbeitszeit** (bis zu 6 Tage pro Woche) darf grundsätzlich acht Stunden nicht überschreiten. Sie kann auf bis zu zehn Stunden nur dann verlängert werden, wenn innerhalb von sechs Kalendermonaten oder innerhalb von 24 Wochen im Durchschnitt acht Stunden werktäglich nicht überschritten werden (vgl. § 3 ArbZG).
- Die Arbeit ist durch im Voraus **feststehende Ruhepausen** von mindestens 30 Minuten bei einer Arbeitszeit von mehr als sechs bis zu neun Stunden und 45 Minuten bei einer Arbeitszeit von mehr als neun Stunden insgesamt zu unterbrechen (vgl. § 4 ArbZG).

- Die Arbeitnehmer müssen nach Beendigung der täglichen Arbeitszeit eine **ununterbrochene Ruhezeit** von mindestens elf Stunden haben (vgl. § 5 ArbZG).
- Sollten die Arbeiten nicht an Werktagen vorgenommen werden können, dürfen Arbeitnehmer an **Sonn- und Feiertagen** beschäftigt werden, z. B. in Freizeit- und Vergnügungseinrichtungen, bei Messen, Ausstellungen und Märkten (vgl. § 10 ArbZG).

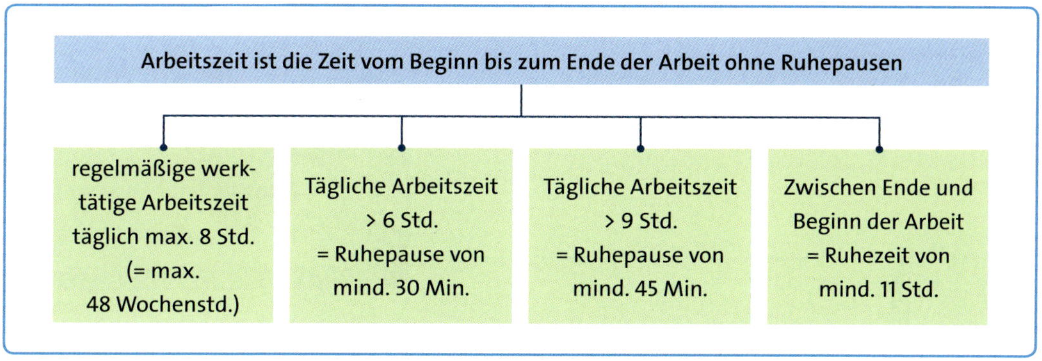

Abb. Arbeitszeit

Durch entsprechende Passagen in einem Arbeitsvertrag, in der Betriebsvereinbarung oder in dem gültigen Tarifvertrag können andere Vereinbarungen getroffen werden (Betriebsvereinbarung und Tarifvertrag ▸ Kapitel 6).

Wichtig ist dabei die Wahrung des **Günstigkeitsprinzips.** Das Günstigkeitsprinzip ist ein arbeitsrechtlicher Grundsatz, nach dem von einem Tarifvertrag durch Einzelvertrag oder Betriebsvereinbarung nur zugunsten des Arbeitnehmers abgewichen werden kann, es sei denn, eine Tariföffnungsklausel lässt ausdrücklich auch negative Abweichungen zu (vgl. § 4 Abs. 3 TVG).

5.2.3 Erholungsurlaub

Jeder Arbeitnehmer hat **laut Bundesurlaubgesetz (BUrlG)** in jedem Kalenderjahr (entspricht 1. Januar-31. Dezember) Anspruch auf bezahlten Erholungsurlaub (vgl. § 1 BUrlG).

BGB

Dauer des Urlaubs (§ 3 BUrlG)
(1) Der Urlaub beträgt jährlich mindestens 24 Werktage.
(2) Als Werktage gelten alle Kalendertage, die nicht Sonn- oder gesetzliche Feiertage sind.

Der **Mindesturlaubanspruch** bezieht sich auf Arbeitsverhältnisse mit einer 6-Tage-Woche (4 × 6 Tage pro Monat). Somit beträgt der Mindesturlaubsanspruch bei Arbeitsverhältnissen mit einer 5-Tage-Woche nur 20 Arbeitstage

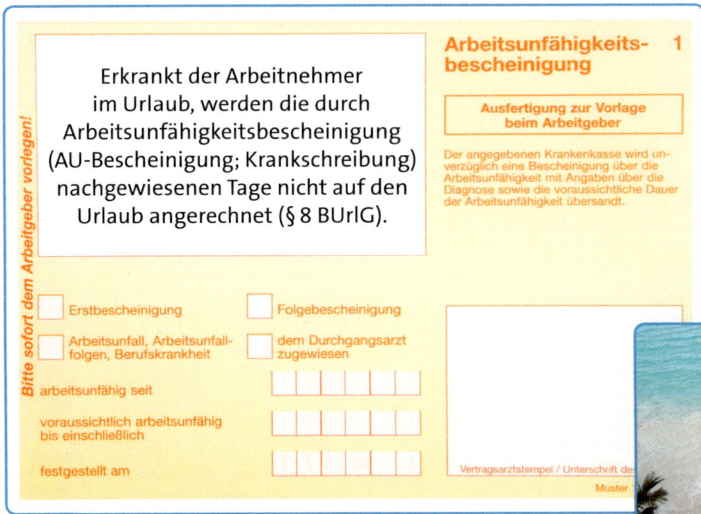

Abb. Muster »Krankmeldung«

© de la Motte

(4 × 5 Tage pro Monat) für ein Kalenderjahr. Die tägliche Arbeitszeit ist im Hinblick auf den Erholungsurlaub unerheblich.

Der **volle Urlaubsanspruch** wird erst nach der so genannten Wartezeit, dem sechsmonatigem Bestehen des Arbeitsverhältnisses, erworben (vgl. § 4 BUrlG). Vor Ablauf der Wartezeit hat der Arbeitnehmer Anspruch auf ein Zwölftel Teilurlaub für jeden vollen Monat in dem das Arbeitsverhältnis besteht (vgl. § 5 BUrlG).

Aufgrund von betriebliche Erfordernissen bzw. eines Arbeitsbeginns nach dem 1. Juli in einem Kalenderjahr bleibt der **Urlaubsanspruch bis zum 31. März** des Folgejahres bestehen.

MERKE

Krank im Urlaub
Erkrankt der Arbeitnehmer im Urlaub werden die durch Arbeitsunfähigkeitsbescheinigung (AU-Bescheinigung, Krankschreibung) nachgewiesenen Tage nicht auf den Urlaub angerechnet (vgl. § 8 BUrlG). Diese Regelung stellt eine Umsetzung des Günstigkeitsprinzips dar.

Der Anspruch auf bezahlten Erholungsurlaub unterliegt für bestimmte Personengruppen Sonderregelungen:

- **Jugendliche unter 18 Jahren** – Mindesturlaubanspruch 25 Werktage,
  Jugendliche unter 17 Jahren – Mindesturlaubanspruch 27 Werktage und
  Jugendliche unter 16 Jahren – Mindesturlaubanspruch 30 Werktage (vgl. § 19 Abs. 2 JArbSchG).

- **Arbeitnehmer im Erziehungsurlaub/in der Elternzeit** – der Mindesturlaubsanspruch verringert sich für jeden vollen Kalendermonat des Erziehungsurlaubs/der Elternzeit um ein Zwölftel (vgl. § 17 BErzGG). Der Arbeitnehmer hat kein Selbstbeurlaubungsrecht.
- **Behinderte/Schwerbehinderte** (▸ Kapitel 5.3.3).

5.3 Wichtige Arbeitsschutzvorschriften im Überblick

Im Rahmen des gesetzlichen Gefüges rund um das Arbeitsrecht hat der Gesetzgeber zum Schutz des Arbeitnehmers diverse Arbeitsschutzvorschriften erlassen. Die wichtigsten werden hier im Überblick dargestellt.

Das **Arbeitsschutzgesetz (ArbSchG)** enthält Vorschriften zum technischen Arbeitsschutz und über die Durchführung von Maßnahmen des Arbeitsschutzes. Diese dienen der **Verbesserung der Sicherheit und des Gesundheitsschutzes** der Beschäftigten bei der Arbeit. Es dient der Umsetzung der europäischen Richtlinien, auch für Arbeitnehmer in befristeten- oder Leiharbeitsverhältnissen. Das Gesetz wurde zuletzt am 5. Februar 2009 geändert.

© iko – Fotolia.com

© vege – Fotolia.com

© Rudie – Fotolia.com

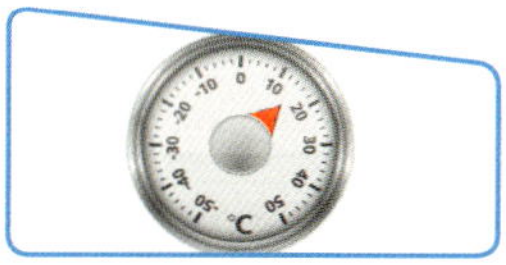

© Aleksandr Bryliaev – Fotolia.com

Wichtige Inhalte:

- Der Arbeitgeber ist für die Gesundheit und Sicherheit der Beschäftigten verantwortlich.
- Unfälle, Berufskrankheiten und arbeitsbedingte Erkrankungen sollen verhütet werden.
- Arbeits- und Gesundheitsschutz soll stetig im Betrieb verbessert werden.
- Arbeitsbedingungen sollen regelmäßig überprüft, beurteilt und dokumentiert werden.
- Beschäftigte sollen über Gesundheitsfragen am Arbeitsplatz aufgeklärt werden.
- Beschäftigte haben das Recht auf eine arbeitsmedizinische Vorsorge.

In Umsetzung und Einhaltung der Schutzvorschriften werden z. B. innerbetriebliche Sicherheitsstandards formuliert und überprüft, Fortbildungen gehalten, Hygienepläne erarbeitet, Verhaltensregeln bei Zwischenfällen usw. ausgehängt bzw. ausgelegt. Das **Unfallschutzgesetz** ist in das ArbSchG integriert. Andere Gesetze und Verordnungen sind mit dem Gesetz verzahnt, d. h., ihre Bestimmungen greifen ineinander.

5.3.1 Arbeitsschutzverordnungen

Die **Arbeitsstättenverordnung (ArbStättV)** legt fest, was der Arbeitgeber beim Einrichten und Betreiben von Arbeitsstätten in Bezug auf die Sicherheit und den Gesundheitsschutz der Beschäftigten zu beachten hat.

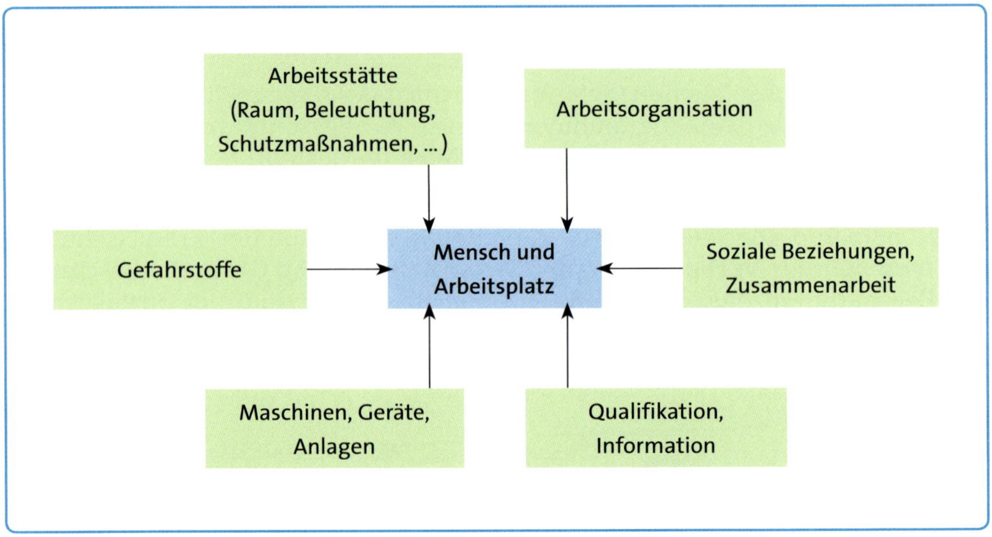

Abb. Einflüsse am Arbeitsplatz

Quelle: ABAG-itm, 2004

Zielsetzung ist es, **Arbeitsunfälle und berufsbedingte Krankheiten zu verhindern** und Arbeitsstätten menschengerecht zu gestalten (▸ LF 2, Kapitel 1.1.2). Geregelt werden z. B. Anforderungen an Arbeitsräume, Pausen-, Bereitschafts- und Sanitärräume (Materialien, Einrichtung), Beleuchtung, Belüftung, Raumtemperatur und Fluchtwege.

MERKE

Arbeitsstättenverordnung
Die Arbeitsstättenverordnung (ArbStättV) basiert auf dem Arbeitsschutzgesetz und der Gewerbeordnung (GewO). Ihre praktische Umsetzung ist in den vom Bundesministerium für Wirtschaft und Arbeit herausgegebenen Arbeitsstätten-Richtlinien (ASR) formuliert. Nach diesen geschieht eine Überprüfung der Verordnungsvorschriften i. d. R. durch eine von dem Arbeitgeber einzusetzende Fachkraft für Arbeitssicherheit.

Eine weitere, für Ihren Ausbildungsberuf wichtige Arbeitsschutzverordnung ist die Verordnung über Sicherheit und Gesundheitsschutz bei der Arbeit an Bildschirmgeräten **(Bildschirmarbeitsverordnung, BildscharbV)**. Sie konkretisiert allgemeine Anforderungen des Arbeitsschutzgesetzes im Bereich der Bildschirmarbeit.

Bildschirmarbeitsverordnung (BildscharbV)
Anhang über an Bildschirmarbeitsplätze zu stellende Anforderungen

BildscharbV

Bildschirmgerät und Tastatur

1. Die auf dem Bildschirm dargestellten Zeichen müssen scharf, deutlich und ausreichend groß sein sowie einen angemessenen Zeichen- und Zeilenabstand haben.
2. Das auf dem Bildschirm dargestellte Bild muss stabil und frei von Flimmern sein; es darf keine Verzerrungen aufweisen.
3. Die Helligkeit der Bildschirmanzeige und der Kontrast zwischen Zeichen und Zeichenuntergrund auf dem Bildschirm müssen einfach einstellbar sein und den Verhältnissen der Arbeitsumgebung angepasst werden können.
4. Der Bildschirm muss frei von störenden Reflexionen und Blendungen sein.
5. Das Bildschirmgerät muss frei und leicht drehbar und neigbar sein.
6. Die Tastatur muss vom Bildschirmgerät getrennt und neigbar sein, damit die Benutzer eine ergonomisch günstige Arbeitshaltung einnehmen können.
7. Die Tastatur und die sonstigen Eingabemittel müssen auf der Arbeitsfläche variabel angeordnet werden können. Die Arbeitsfläche vor der Tastatur muss ein Auflegen der Hände ermöglichen.
8. Die Tastatur muss eine reflexionsarme Oberfläche haben.
9. Form und Anschlag der Tasten müssen eine ergonomische Bedienung der Tastatur ermöglichen. Die Beschriftung der Tasten muss sich vom Untergrund deutlich abheben und bei normaler Arbeitshaltung lesbar sein. [...]

www.htw-berlin.de

5.3.2 Mutterschutzgesetz

Das Mutterschutzgesetz (MuSchG) schützt die Gesundheit der Frau und ihres Kindes am Arbeits-, Ausbildungs- und Studienplatz während der Schwangerschaft, nach der Entbindung und in der Stillzeit (vgl. § 1 MuSchG). Das Mutterschutzgesetz gilt u. a. für Frauen in einem Arbeitsverhältnis, in einer betrieblicher Berufsbildung und für Praktikantinnen, Frauen mit Behinderung, die in einer Werkstatt für behinderte Menschen beschäftigt sind, Frauen, die als Freiwillige im Sinne des Jugendfreiwilligendienstegesetzes und für Frauen, die in Heimarbeit beschäftigt sind (vgl. § 2 MuSchG).

Mutterschutz für Schülerinnen und Studentinnen

Schülerinnen und Studentinnen sind in den Mutterschutz miteinbezogen. In dieser Zeit müssen sie zum Beispiel keine Prüfungen absolvieren. Sie dürfen aber freiwillig auf den Mutterschutz verzichten, etwa wenn sie eine wichtige Prüfung vor oder nach der Geburt schreiben möchten.

Unzulässige Tätigkeiten und Arbeitsbedingungen für schwangere Frauen

MuSchG

Der Arbeitgeber darf eine schwangere Frau keine Tätigkeiten ausüben lassen und sie keinen Arbeitsbedingungen aussetzen, bei denen sie in einem Maß Gefahrstoffen ausgesetzt ist oder es sein kann, dass dies für sie oder für ihr Kind eine unverantwortbare Gefährdung darstellt (vgl. § 10 MuSchG) bzw. für stillende Frauen, bei denen sie in einem Maß mit Gefahrstoffen in Kontakt kommt oder kommen kann, dass dies für sie oder für ihr Kind eine unverantwortbare Gefährdung darstellt (vgl. § 11 MuSchG).

Wichtige Inhalte des Mutterschutzgesetzes:

- **Mutterschutz**
  Der Arbeitgeber darf eine schwangere Frau in den letzten sechs Wochen vor der Entbindung nicht beschäftigen, soweit sie sich nicht zur Arbeitsleistung ausdrücklich bereit erklärt. Sie kann die Erklärung nach Satz 1 jederzeit mit Wirkung für die Zukunft widerrufen. [...] Der Arbeitgeber darf eine Frau bis zum Ablauf von acht Wochen nach der Entbindung nicht beschäftigen (vgl. § 3 MuSchG)
- **Mutterschutzlohn**
  Eine Frau, die wegen eines Beschäftigungsverbots außerhalb der Schutzfristen vor oder nach der Entbindung teilweise oder gar nicht beschäftigt werden darf, erhält von ihrem Arbeitgeber Mutterschutzlohn (vgl. § 17 MuSchG). Als Mutterschutzlohn wird das durchschnittliche Arbeitsentgelt der letzten drei abgerechneten Kalendermonate vor dem Eintritt der Schwangerschaft gezahlt.
- **Mutterschaftsgeld**
  Eine Frau, die Mitglied einer gesetzlichen Krankenkasse ist, erhält für die Zeit der Schutzfristen vor und nach der Entbindung sowie für den Entbindungstag Mutterschaftsgeld (vgl. § 18 MuSchG). Eine Arbeitnehmerin erhält Mutterschaftsgeld von der Krankenkasse in Höhe von maximal 13 Euro pro Kalendertag. Der Arbeitgeber stockt dieses Mutterschaftsgeld bis zur Höhe des Nettogehaltes auf.
- **Kündigungsverbot**
  Die Kündigung gegenüber einer Frau ist unzulässig während ihrer Schwangerschaft, bis zum Ende ihrer Schutzfrist nach der Entbindung, mindestens jedoch bis zum Ablauf von vier Monaten nach der Entbindung, und bis zum Ablauf von vier Monaten nach einer Fehlgeburt nach der zwölften Schwangerschaftswoche, (vgl. § 16 MuSchG).

Das Mutterschutzgesetz gilt für alle Frauen (vgl. § 1 MuSchG) während der Schwangerschaft und in den Monaten nach der Geburt.

Exkurs: Elterngeld

Anspruch auf Elterngeld haben Mütter und Väter, die ihre Kinder in Deutschland im eigenen Haushalt selbst betreuen und weniger als 30 Stunden in der Woche arbeiten. Das Basiselterngeld beträgt je nach vorangegangenem Einkommen zwischen 300 und 1.800 Euro für maximal 14 Monate. Das ElterngeldPlus wird an Eltern gezahlt, die während des Elterngeldbezugs wieder in Teilzeit arbeiten. Es ist höchstens halb so hoch wie das normale Elterngeld ohne Erwerbstätigkeit und wird doppelt so lange bezahlt wie das Basiselterngeld.

Damit das Unternehmen die Mutterschutzbestimmungen einhalten kann, sollen Frauen dem Unternehmen ihre **Schwangerschaft und den mutmaßlichen Tag der Entbindung** mitteilen. Für die Mutterschutzfrist vor der Entbindung ist ein ärztliches Attest erforderlich.

MuSchG

Ärztliches Beschäftigungsverbot

(1) Der Arbeitgeber darf eine schwangere Frau nicht beschäftigen, soweit nach einem ärztlichen Zeugnis ihre Gesundheit oder die ihres Kindes bei Fortdauer der Beschäftigung gefährdet ist.
(2) Der Arbeitgeber darf eine Frau, die nach einem ärztlichen Zeugnis in den ersten Monaten nach der Entbindung nicht voll leistungsfähig ist, nicht mit Arbeiten beschäftigen, die ihre Leistungsfähigkeit übersteigen. (vgl. § 15 MuSchG).

Fortbestehen des Erholungsurlaubs bei Beschäftigungsverboten

Für die Berechnung des Anspruchs auf bezahlten Erholungsurlaub gelten die Ausfallzeiten wegen eines Beschäftigungsverbots als Beschäftigungszeiten. Hat eine Frau ihren Urlaub vor Beginn eines Beschäftigungsverbots nicht oder nicht vollständig erhalten, kann sie nach dem Ende des Beschäftigungsverbots den Resturlaub im laufenden oder im nächsten Urlaubsjahr beanspruchen. (vgl. § 23 MuSchG).

Nach der Entbindung gilt ein **absolutes Beschäftigungsverbot**. Als Nachweis für die Geburt ist eine **Geburtsbescheinigung** erforderlich.

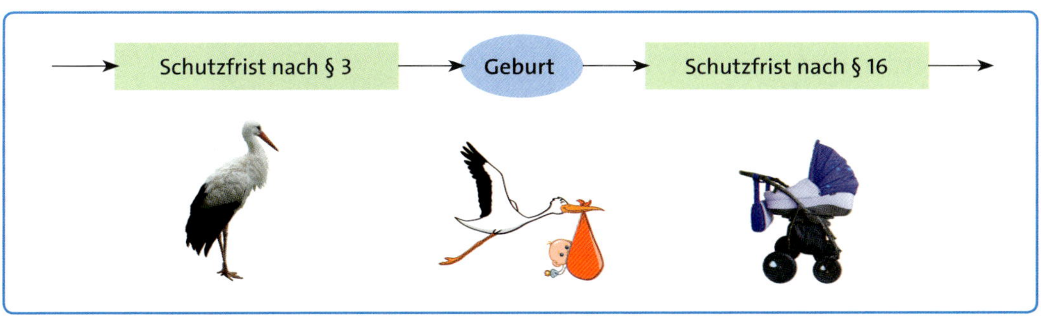

Abb. Schutzfristen für Mütter

Werden die Vorschriften zum Mutterschutz nicht eingehalten, droht ein Bußgeld bis zu 30.000,00 Euro. Bei einer vorsätzlichen Gefährdung der Gesundheit der Frau kann eine Haftstrafe bis zu einem Jahr oder eine Geldstrafe gegen den Arbeitgeber verhängt werden. Bei Fahrlässigkeit kann eine Haftstrafe bis zu 6 Monaten betragen oder bis 180 Tagessätze Geldstrafe verhängt werden.

5.3.3 Schwerbehindertenschutz

Einige der Nachteile behinderter Menschen im Arbeitsleben versucht das **Schwerbehindertenrecht** in Teil 2 des Sozialgesetzbuches, in dem SGB IX (vgl. §§ 68 ff. SGB IX) auszugleichen. Es gilt für Schwerbehinderte und ihnen gleich gestellte Menschen.

Behinderte Menschen mit einem **Grad der Behinderung (GdB)** von weniger als 50, aber wenigstens 30, die infolge ihrer Behinderung keinen geeigneten Arbeitsplatz erlangen oder behalten können, werden auf Antrag von der Agentur für Arbeit schwer behinderten Menschen gleich gestellt.

Der GdB bzw. der **Grad der Schädigungsfolgen (GdS)** beziffert bei Behinderten die Schwere der Behinderung. Dieser Grad der Behinderung variiert je nach Schwere zwischen 20 und 100 und ist in Zehnerwerten gestaffelt. Sie sind ein Maß für die körperlichen, geistigen, seelischen und sozialen Auswirkungen einer Funktionsbeeinträchtigung aufgrund eines Gesundheitsschadens.

MERKE

Behinderungsgrad
Als Schwerbehinderung werden nur Behinderungen ab einem Grad von 50 oder mehr eingestuft.

Mit der Feststellung der **Schwerbehinderteneigenschaft sind u. a. folgende »Eigenschaften«** verbunden:

- **Vorzeitige Altersrente** – Schwerbehinderte Menschen können vorzeitig Altersrente in Anspruch nehmen (vgl. §§ 37, 236a SGB VI). Diese Regelungen sind in der Vergangenheit wiederholt geändert worden und knüpfen im Wesentlichen an im Einzelfall zu prüfende Stichtagsregelungen an.
- **Kündigungsschutz** – Im Arbeitsleben stehende schwer behinderte Menschen genießen einen besonderen Kündigungsschutz (► Kapitel 5.4.1). So können sie nur mit vorheriger Zustimmung des Integrationsamtes (früher »Hauptfürsorgestelle« genannt) gekündigt werden (vgl. § 85 SGB IX, § 15 SchwbG). Ohne diese vor-

herige Zustimmung ist eine Kündigung unwirksam. Darüber hinaus beträgt für schwer behinderte Menschen die Kündigungsfrist mindestens vier Wochen (vgl. § 86 SGB IX, § 16 SchwbG).

- **Freistellung von Mehrarbeit** – Schwer behinderte Menschen sind nach § 124 SGB IX (bzw. § 46 SchwbG) auf ihr Verlangen von jeglicher Form der Mehrarbeit freizustellen.
- **Anspruch auf Zusatzurlaub** – Nach § 125 SGB IX (bzw. § 47 SchwbG) haben schwer behinderte Menschen einen zusätzlichen, bezahlten Urlaubsanspruch von fünf Arbeitstagen (vgl. § 125 SGB IX); er bestimmt außerdem: »[...] Soweit tarifliche, betriebliche oder sonstige Urlaubsregelungen für schwer behinderte Menschen einen längeren Zusatzurlaub vorsehen, bleiben sie unberührt.«

- **Steuerermäßigungen** – Schwer behinderte Menschen können bei der Einkommensteuererklärung je nach Grad der Behinderung (GdB) erhöhte Freibeträge geltend machen.
- **Nachteilsausgleiche** – Nachteilsausgleiche erfolgen mit Hilfe verschiedener »Vorteile« für schwer behinderte Menschen.

BGB

6. Nachteilsausgleiche

Bieten folgende u. a. »Vorteile«: Behinderte Menschen mit den Merkzeichen »H« (Hilflosigkeit), »Bl« (Blind), »aG« (Außergewöhnliche Gehbehinderung): Befreiung von der Kraftfahrzeugsteuer,

- »G« (Erhebliche Gehbehinderung): Ermäßigung der Kraftfahrzeugsteuer bzw. Freifahrt im öffentlichen Nahverkehr (einkommensabhängig),
- »G« und zusätzlich »B«: Kostenlose Beförderung einer Begleitperson im öffentlichen Nahverkehr,
- »Bl« und »aG«: Parkerleichterungen im Straßenverkehr
- »RF«: Befreiung von den Rundfunkgebühren.

7. Weitere »Vorteile« sind u. a.:

- Bevorzugte Zulassung zur Ausübung einer unabhängigen Tätigkeit,
- Zinszuschüsse zur Gründung und Erhaltung einer selbstständigen beruflichen Existenz,
- technische Arbeitshilfen,
- Hilfen zum Erreichen des Arbeitsplatzes,
- Zuschuss zur Erhaltung der Arbeitskraft,
- Maßnahmen zur Erhaltung und Erweiterung beruflicher Kenntnisse und Fertigkeiten,
- Leistungen in besonderen behinderungsbedingten Lebenslagen
- Hilfe zur Wohnraumbeschaffung.

vgl. Abschnitte 6 und 7 des SGB IX

Eine **Klassifizierung der Funktionsbeeinträchtigung** aufgrund eines Gesundheitsschadens finden Sie in dem Anlageband zum Bundesgesetzblatt Teil I Nr. 57 vom 15. Dezember 2008 oder im Internet unter:
www.gesetze-im-internet.de

Mittlerweile gibt es viele Reiseanbieter, die spezielle Angebote für Menschen mit Behinderung haben. So findet man z. B. bei MyHandicap Reiseanbieter, die **barrierefreies Reisen** und einen **barrierefreien Urlaub** anbieten. – Tourismus für alle erfordert eine barrierefreie touristische Servicekette.

Barrierefreier Urlaub

BEISPIEL

Fränkisch. Seen. Land. – Herzlich Willkommen im barrierefreien Fränkischen Seenland!
Das Fränkische Seenland bietet ein vielfältiges Angebot für Urlaub, Freizeit, Erholung, Auffrischung und Selbstfindung. Badefreuden, sonnige Strände und sportliche Aktivitäten locken ebenso wie Möglichkeiten zum Entspannen vom Alltagsstress in einer attraktiven Kulturlandschaft. Auch für Gäste mit Behinderung ist das »Fränkische Seenland« mit sanft hügeligem Gelände, großzügigen Rad- und Wanderwegen und behindertenfreundlichen Freizeiteinrichtungen gut geeignet. Auf dieser Seite finden Sie Gästeunterkünfte, die nach den besonderen Anforderungen von Urlaubern mit Behinderung eingerichtet sind.
www.seenland-barrierefrei.de

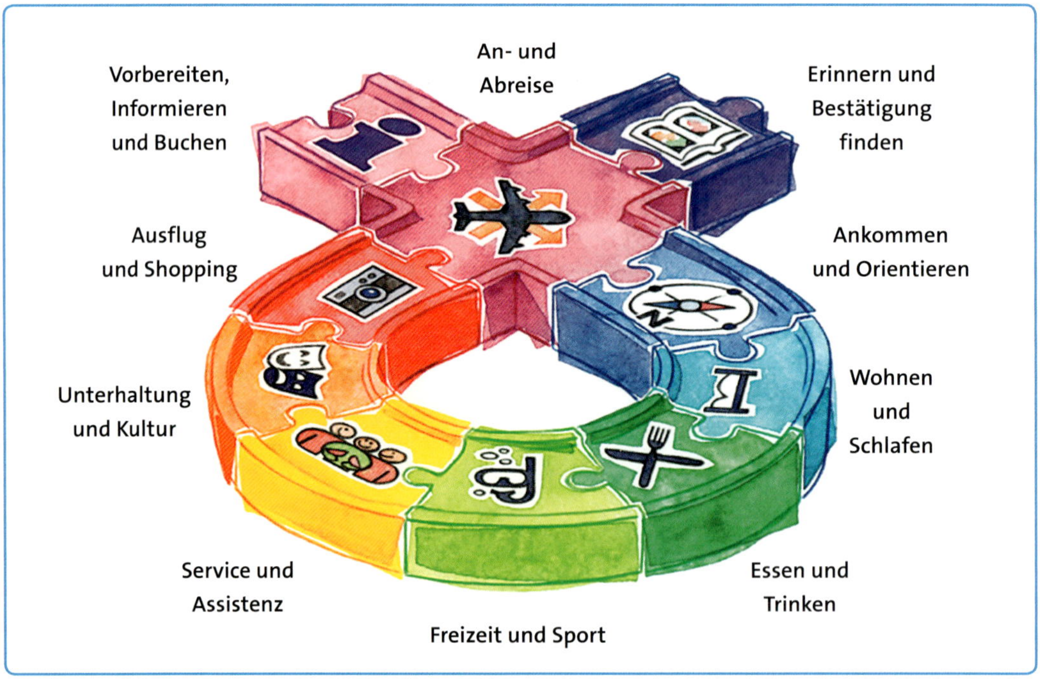

Abb. Servicekette »Barrierefreies Reisen«
aus einem Vortrag »Tourismus für alle« von Erwin Pfeiffer, Leiter Touristische Services, ADAC e. V.

Der Gesetzgeber hat u. a. durch **die EU-Verordnung (EG) Nr. 1107/2006** dafür gesorgt, dass behinderte und mobilitätseingeschränkte Flugreisende in gleichem Umfang wie anderen Menschen die Teilnahme am Luftverkehr ermöglicht wird.

5.3.4 Jugendarbeitsschutz

Das **Jugendarbeitsschutzgesetz (JArbSchG)** ist u. a. Rechtsgrundlage für den Schutz junger Menschen unter 18 Jahren in einem Beschäftigungs- oder Ausbildungsverhältnis (▸ Kapitel 4).

MERKE

Kinder und Jugendliche
Kinder im Sinne des Gesetzes sind Mädchen und Jungen, die noch nicht 15 Jahre alt sind (vgl. § 2 Abs. 1 JArbSchG). Jugendliche sind Mädchen und Jungen, die 15, aber noch nicht 18 Jahre alt sind (vgl. § 2 Abs. 2 JArbSchG).

Wie in ▸ Kapitel 4 bereits erklärt, ist das JArbSchG eine wichtige Grundlage für die Regelung der Arbeitszeiten von Auszubildenden. Dabei werden volljährige und nicht volljährige Auszubildende unterschiedlich geregelt.

Kinder ab 13 Jahre (§ 5 Abs. 3 JArbSchG)
Sie dürfen bei Vorliegen bestimmter Voraussetzungen gemäß dem Gesetz beschäftigt werden, und zwar mit Einwilligung der Personensorgeberechtigten mit leichten und für sie geeigneten Arbeiten; das sind Arbeiten, die sich ▸ weder auf die Sicherheit, die Gesundheit, die Entwicklung der Kinder, ▸ noch auf den Schulbesuch, ▸ noch auf Maßnahmen zur Berufswahlvorbereitung oder Berufsausbildung, ▸ noch auf Fähigkeit, dem Unterricht zu folgen, nachteilig auswirken.
Die Beschäftigung ist höchstens zwei Stunden täglich (fünfmal je Woche) und im landschaftlichen Familienbetrieb höchstens drei Stunden täglich (fünfmal je Woche) erlaubt. Eine abschließende Aufzählung der zulässigen Beschäftigungen enthält § 2 der Kinderarbeitsschutzverordnung (KindArbSchV).

Nicht vollzeitschulpflichtige Kinder (§ 7 JArbSchG)
Ihnen ist grundsätzlich die Aufnahme einer Beschäftigung möglich. Sie können ein Berufsausbildungsverhältnis eingehen (bis acht Stunden je Tag an fünf Tagen je Woche). Außerhalb des Berufsausbildungsverhältnisses dürfen sie nur mit leichten, für sie geeigneten Tätigkeiten bis sieben Stunden täglich und 35 Stunden wöchentlich beschäftigt werden.

Tab. Gesetzlich geregelte Beschäftigungszeiten von Auszubildenden
www.arbeitskammer.de

Ferienarbeit von Vollzeitschulpflichtigen (§ 5 Abs. 4 JArbSchG)

Dieser Personenkreis darf während der Schulferienzeit für höchstens vier Wochen im Kalenderjahr (20 Arbeitstage) arbeiten. Die Beschäftigungszeit muss nicht zusammenhängen, sondern kann flexibel verteilt sein. An diesen 20 Arbeitstagen kann der Jugendliche höchstens für acht Stunden pro Tag an maximal fünf Tagen je Woche beschäftigt werden. Welche Beschäftigungen im Einzelnen zulässig sind, ergibt sich aus der KindArbSchV.

Beschäftigung von volljährigen Auszubildenden

Erwachsene Auszubildende sind für den Berufsschulunterricht einschließlich der Pausen und Wegezeiten freizustellen (vgl. § 7 BBiG), müssen aber nach der Berufsschule die Ausbildung im Betrieb fortsetzen. Die maximale Arbeitszeit einschließlich der genannten Freistellungszeiten beträgt nach dem ArbZG 10 Stunden.

Beschäftigung von nicht volljährigen Auszubildenden (§ 9 JArbSchG)

Der Arbeitgeber hat jugendliche Auszubildende für die Teilnahme am Berufsschulunterricht freizustellen. Er darf sie nicht beschäftigen:

- vor einem vor 9 Uhr beginnenden Unterricht,
- an einem Berufsschultag mit mehr als 5 Unterrichtsstunden von mindestens je 45 Minuten, einmal in der Woche,
- in Berufsschulwochen von mindestens 25 Stunden an mindestens 5 Tagen;

zusätzliche betriebliche Ausbildungsveranstaltungen bis zu zwei Stunden wöchentlich sind zulässig.

Auf die Arbeitszeit werden angerechnet:

- Berufsschultage mit mehr als 5 Unterrichtsstunden mit acht Stunden,
- Berufsschulwochen mit Blockunterricht von mindestens 25 Stunden an mindestens 5 Tagen mit 40 Stunden,
- die Unterrichtszeit einschließlich der Pausen.

Ein Entgeltausfall darf durch den Besuch der Berufsschule nicht eintreten.

Maximale Arbeitszeiten:
Jugendliche bis einschließlich 16 Jahren dürfen nur in der Zeit von 6.00 bis 20.00 Uhr beschäftigt werden (vgl. § 14 JArbSchG).

Jugendliche über 16 Jahren dürfen:
1. in Gaststätten bis 22.00 Uhr,
2. in mehrschichtigen Betrieben bis 23.00 Uhr,
3. in der Landwirtschaft ab 5.00 Uhr oder bis 21.00 Uhr und
4. in Bäckereien und Konditoreien ab 5.00 Uhr (über 17 Jahre ab 4.00 Uhr)

beschäftigt werden. Jugendliche dürfen nur an 5 Tagen in der Woche (grundsätzlich außer Samstag), nicht mehr als 40 Stunden wöchentlich, und täglich nicht mehr als 8 Stunden, beschäftigt werden (vgl. § 8 JArbSchG). Samstags- und Sonntagsarbeit von Jugendlichen ist nur in bestimmten Branchen (z. B. im Krankenhaus) erlaubt.

Tab. Gesetzlich geregelte Beschäftigungszeiten von Auszubildenden
www.arbeitskammer.de

Für alle Ausbildungsverhältnisse, die einer **tarifrechtlichen Bindung** unterliegen, gelten die tariflich festgelegten Beschäftigungszeiten und die tariflichen Kündigungsvorschriften.

5.4 Kündigungsvorschriften

Die **Kündigung** ist eine einseitige empfangsbedürftige Willenserklärung – entweder von Arbeitgeber oder Arbeitnehmer, durch die ein Arbeitsverhältnis beendet wird. Sie bedarf zu ihrer Wirksamkeit der **Schriftform** (vgl. § 623 BGB) und muss vom Kündigenden **eigenhändig unterzeichnet** sein. Grundsätzlich lassen sich **zwei Kündigungsarten** unterscheiden.

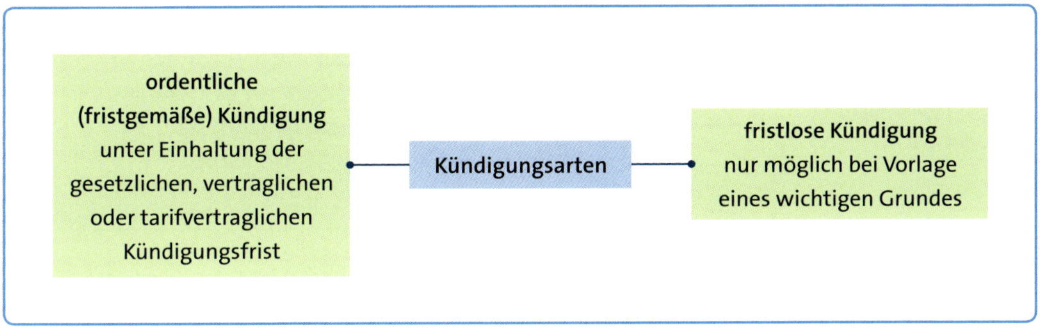

Abb. Kündigungsarten

5.4.1 Ordentliche Kündigung

Ein unbefristetes Arbeitsverhältnis kann von den Vertragsparteien grundsätzlich jederzeit ohne besonderen Kündigungsgrund unter Einhaltung der Kündigungsfrist von 4 Wochen (28 Tagen) zum 15. oder zum Monatsende beendet werden (vgl. § 622 Abs. 1 BGB).

Dauer des Arbeitsverhältnisses	Kündigungsfrist (jeweils zum Ende eines Kalendermonats)
2 Jahre	1 Monat
5 Jahre	2 Monate
8 Jahre	3 Monate
10 Jahre	4 Monate
12 Jahre	5 Monate
15 Jahre	6 Monate
20 Jahre	7 Monate

Tab. Kündigungsfristen

Die Kündigungsfristen verlängern sich für den Arbeitgeber, wenn das Arbeitsverhältnis zwei oder mehr Jahre bestanden hat.

Für die Berechnung der Länge der Kündigungsfristen ist die sämtliche Beschäftigungszeit eines Arbeitnehmers beim Arbeitgeber (einschließlich der Zeiten eines Ausbildungsverhältnisses), unabhängig vom Alter des Arbeitnehmers, heranzuziehen.

URTEIL

Berechnung der Kündigungsfrist bei einem unter 25 jährigen Arbeitnehmer

Bei der Berechnung von Kündigungsfristen eines Arbeitnehmers nach § 622 II 2 BGB sind nach einer Entscheidung des Europäischen Gerichtshofs auch die Zeiten vor Vollendung des 25. Lebensjahres mit einzurechnen. Dies gilt jedoch nur, wenn der Arbeitgeber kündigt. Allerdings kann durch Vereinbarung im Arbeitsvertrag die Verlängerung der Fristen auch bei einer Kündigung durch den Arbeitnehmer erreicht werden.

(EuGH, vgl. Urteil vom 19.1.10, Az.: C – 555/07)

Neben den Beschäftigungszeiten ist zu beachten, ob das Arbeitsverhältnis in den Geltungsbereich des Kündigungsschutzgesetzes (KSchG) fällt.

Geltungsbereich des KSchG → Betriebe, in denen mehr als 10 Arbeitnehmer beschäftigt werden und Bestehen des Arbeitsverhältnisses über sechs Monate Dauer (vgl. §§ 1, 23 KSchG).

Abb. Geltungsbereich Kündigungsschutzgesetz

MERKE

Arbeitsverhältnis im Geltungsbereich des KSchG

Fällt das Arbeitsverhältnis in den Geltungsbereich des Kündigungsschutzgesetzes (KSchG) muss der Arbeitgeber im Gegensatz zum Arbeitnehmer einen im Gesetz genannten Grund zur Kündigung haben.

Gemäß Kündigungsschutzgesetz **berechtigen folgende Gründe grundsätzlich** zur Kündigung:

- **Personenbedingte Kündigung** – Eine personenbedingte Kündigung liegt vor, wenn sie aufgrund persönlicher Eigenschaften und Verhältnisse des Arbeitnehmers ausgesprochen wird.
- **Verhaltensbedingte Kündigung** – Verhaltensbedingte Kündigungen beruhen i. d. R. auf arbeitsvertraglichen Pflichtverstößen.
- **Betriebsbedingte Kündigung** – Es besteht aus ökonomischen Aspekten kein Bedarf mehr für die Beschäftigung des Arbeitnehmers.

Personenbedingte Kündigung

BEISPIEL

Alkoholismus, Drogensucht, anzutretende Haftstrafe, ungenügende körperliche bzw. geistige Eignung, Krankheit.

Die Krankheit als solche darf **kein personenbedingter Kündigungsgrund** sein, sondern die daraus entstehenden Belastungen für den Arbeitgeber. Sie ergeben sich durch den Ausfall der Arbeitskraft und das Freihalten des Arbeitsplatzes.

Des Weiteren muss zu erwarten sein, dass der Arbeitnehmer auch künftig in erheblichem Umfang arbeitsunfähig erkrankt sein wird (negative Zukunftsprognose).

Verhaltensbedingte Kündigung

BEISPIEL

Straftaten, Arbeitsverweigerung, Verstoß gegen das Wettbewerbsverbot, Störungen des Betriebsablaufs.

Vor einer verhaltensbedingten Kündigung muss der Arbeitnehmer abgemahnt werden. Die **Abmahnung ist als »Gelbe Karte**« für den Arbeitnehmer zu verstehen. Das Abmahnungsschreiben muss bestimmte Anforderungen erfüllen.

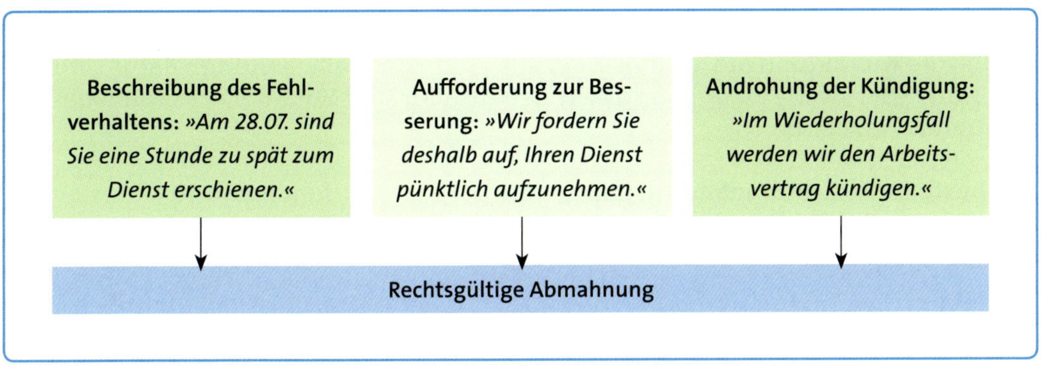

Abb. Anforderungen an eine Abmahnung

Fehlt der Abmahnung eines der drei in der Abbildung genannten Elemente, liegt keine Abmahnung im Rechtssinne vor.

Außerdem ist zu beachten, dass Auszubildende und Arbeitnehmer grundsätzlich **zwei einschlägige Abmahnungen** vor der Kündigung erhalten haben. Einschlägig heißt, beide Abmahnungen und die Kündigung müssen sich auf dieselbe Art von vertragswidrigem Verhalten beziehen.

BEISPIEL

Einschlägige Abmahnung
Erste Abmahnung wegen zwei unentschuldigter Fehltage in der Berufsschule – zweite Abmahnung wegen weiterer unentschuldigter Fehltage in der Berufsschule – Kündigung wegen unentschuldigter Fehltage im Betrieb.

Nicht einschlägige Abmahnung
Erste Abmahnung wegen Nichtvorlage des Berichtsheftes – zweite Abmahnung wegen wiederholt verspäteter Vorlage der Arbeitsunfähigkeitsbescheinigung – letzte Abmahnung wegen eines unentschuldigten Fehltages im Betrieb.

Eine verhaltensbedingte Kündigung ist nur dann wirksam, wenn die zuvor ausgesprochenen **zwei Abmahnungen einschlägig sind** und die Schreiben die entsprechenden Anforderungen für eine Abmahnung erfüllen.

Die **Abmahnungsfrist bleibt zwei Jahre bestehen**, d. h. innerhalb dieses Zeitraums darf sich der Auszubildende oder Arbeitnehmer kein weiteres Fehlverhalten derselben Art leisten.

BEISPIEL

Betriebsbedingte Kündigung
Betriebsstilllegung, Rationalisierung, Einstellung oder Einschränkung der Produktion, Auftragsmangel, Umsatzrückgang.

Vor der betriebsbedingten Kündigung muss eine **soziale Auswahl** erfolgen. Dadurch soll gewährleistet werden, dass der Arbeitnehmer ausgewählt wird, für den die Kündigung die geringste soziale Härte darstellt. Kriterien dafür sind u. a. Dauer der Betriebszugehörigkeit, Lebensalter und Zahl der unterhaltsberechtigten Personen.

Für **bestimmte Arbeitnehmergruppen** gilt bei einer ordentlichen Kündigung ein **besonderer Kündigungsschutz**, der bei einer außerordentlichen Kündigung nicht besteht. Die folgenden Personengruppen gelten u. a. als schutzwürdig:

- **Mütter** – Die Kündigung durch den Arbeitgeber ist unzulässig während der Schwangerschaft (vgl. § 16 MuSchG). Dies gilt ab Mitteilung und zwei Wochen rückwirkend sowie während der ersten vier Monate nach der Entbindung.
- **In Elternzeit** – Der Arbeitgeber darf das Arbeitsverhältnis ab dem Zeitpunkt, von dem an Elternzeit verlangt worden ist, höchstens jedoch acht Wochen vor Beginn der Elternzeit, nicht mehr kündigen (vgl. § 18 Abs. 1 BEEG). Dies gilt auch für Väter.
- **Betriebsräte und andere AN-Vertreter** – Die Kündigung eines Mitglieds eines Betriebsrats, einer Jugend- und Auszubildendenvertretung, einer Bordvertretung oder eines Seebetriebsrats ist unzulässig, es sei denn, es liegen Tatsachen vor, die den AG zu der Kündigung aus wichtigem Grund ohne

Einhaltung einer Kündigungsfrist berechtigen (vgl. §15 KSchG und ▸ Kapitel 6.1.1).

- **Schwerbehinderte** – Die Kündigungsfrist für Schwerbehinderte beträgt mindestens vier Wochen und wird nur nach der Zustimmung des Integrationsamtes wirksam (vgl. §86 SGB XIV und ▸ Kapitel 5.3.3).

© Picture-Factory – Fotolia.com

Ist das bisherige Arbeits- oder Ausbildungsverhältnis von einem der beiden Vertragsparteien gekündigt, hat der Arbeitnehmer gemäß § 629 BGB einen Anspruch darauf, dass er für Vorstellungsgespräche eine angemessene Freizeit erhält (**Freizeit- und Beurlaubungsanspruch bei Jobsuche**).

Hierzu muss der Arbeitnehmer dem Arbeitgeber seinen Freizeitwunsch rechtzeitig mitteilen. Der Arbeitnehmer darf sich die Freizeit nicht selber nehmen. Der zeitliche Umfang des Freizeitanspruchs ergibt sich aus der für die Vorstellung benötigten Zeit.

Kommt der Arbeitgeber der Verpflichtung der Gewährung von Freizeit nicht nach, kann der Arbeitnehmer:

- auf Gewährung klagen, wenn die Zeit dafür bleibt,
- eine einstweilige Verfügung erwirken,
- seine eigene Arbeitsleistung zurückhalten, also sich selbst Urlaub nehmen,
- fristlos kündigen und Schadensersatz verlangen (vgl. §§ 628 Abs. 2 und 276 BGB).

5.4.2 Fristlose Kündigung und Sonderformen

Für den **Sonderfall einer fristlosen Kündigung** (vgl. § 314 BGB) muss der Kündigungsgrund so gravierend sein, dass die Einhaltung der entsprechenden Kündigungsfrist nach § 622 Absatz 2 BGB für den Kündigenden nicht zumutbar ist.

Die **fristlose oder außerordentliche Kündigung** muss binnen zwei Wochen nach Kenntnis des Grundes ausgesprochen werden (vgl. § 626 Abs. 2 BGB).

BEISPIEL

Gründe für eine fristlose Kündigung

Arbeitsverweigerung, Beleidigungen, Tätlichkeiten, ausländerfeindliche Äußerungen, sexuelle Belästigung am Arbeitsplatz, eigenmächtiger Urlaubsantritt, strafbare Handlungen während der Arbeitsausübung, andauernde Unpünktlichkeit.

Exkurs: Arbeitsgerichtsbarkeit

Die Arbeitsgerichtsbarkeit ist eine eigenständige, von der Zivilgerichtsbarkeit unabhängige Gerichtsbarkeit. Sie ist dreistufig aufgebaut und besteht aus

Arbeitsgerichtsbarkeit

Instanzen (ArbGG § 8)	Besetzung der Kammern bzw. des Senats (ArbGG §§ 6, 16)	Vertretung der Parteien (ArbGG §§ 10, 11)
1. Instanz: Arbeitsgericht (mehrere Kammern)	1 Berufsrichter 2 ehrenamtliche Richter (Laienrichter)	Persönlich oder durch Gewerkschaften bzw. Verbände (oder durch Rechtsanwalt)
2. Instanz: Landesarbeitsgericht (mehrere Kammern)	Kammer 1 Berufsrichter 2 ehrenamtliche Richter (Laienrichter)	Anwälte, Gewerkschaften, Verbände
3. Instanz: Bundesarbeitsgericht mit Sitz in Kassel (mehrere Senate und großer Senat)	Senat 1 vorsitzender Richter 2 Beisitzer (Berufsrichter) 2 ehrenamtliche Richter (Laienrichter)	Nur durch Rechtsanwälte (Anwaltszwang)

Abb. Aufbau der Arbeitsgerichtsbarkeit

Streitigkeiten zwischen Arbeitnehmern und Arbeitgebern, zum Beispiel eine **Lohnklage** und eine **Kündigungsschutzklage**, sind vor diesen Gerichten auszutragen.

Dabei ist grundsätzlich zwischen zwei Verfahren, dem **Urteilsverfahren** (Streitigkeit zwischen Arbeitgebern und Arbeitnehmern oder Tarifvertragsparteien, wird durch Klage eingeleitet) und dem **Beschlussverfahren** (Streitigkeit zwischen Betriebsrat und Arbeitgeber, wird durch Antrag eingeleitet) zu unterscheiden.

Vor dem **Arbeitsgericht** kann sich jeder selbst vertreten. Zunächst findet eine **Güteverhandlung** statt, in der ein Richter versucht, eine einvernehmliche Einigung der Parteien herbeizuführen. Gelingt dies nicht, kommt es zu einer **Verhandlung vor der Kammer**, der ein Vorsitzender und zwei ehrenamtliche Richter (aus Kreisen der Arbeitgeber- und Arbeitnehmervertreter) angehören. Das streitige Verfahren der **ersten Instanz endet mit einem Urteil**.

Gegen Urteile der Arbeitsgerichte kann die unterlegene Partei **in Berufung** vor das **Landesarbeitsgericht gehen (Berufungsverfahren)**. Voraussetzungen dafür sind, dass die Berufung in dem Urteil des Arbeitsgerichts zugelassen worden ist, der Wert des Beschwerdegegenstandes 600,00 Euro übersteigt und es sich um eine Rechtsstreitigkeit über das Bestehen, das Nichtbestehen oder die Kündigung eines Arbeitsverhältnisses handelt.

Die **Berufungsfrist** beträgt einen Monat.
Die Berufungsbegründungsfrist beträgt zwei Monate. Unmittelbar nach Eingang der Berufungsbegründung wird der Termin zur Verhandlung über die Berufung anberaumt, er findet vor der Kammer statt.

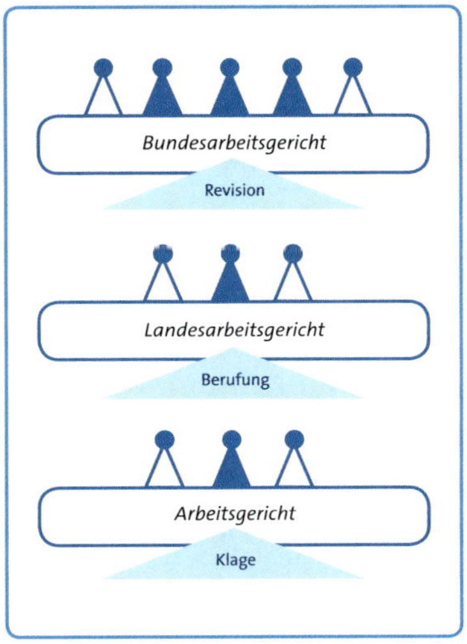

Abb. Instanzen des Arbeitsgerichts

Gegen Urteile des Landesarbeitsgerichts kann **Revision beim Bundesarbeitsgericht (BAG) eingelegt werden**, wenn sie entweder durch das Landesarbeitsgericht zugelassen- oder bei Nichtzulassung auf entsprechende Nichtzulassungsbeschwerde hin durch das Bundesarbeitsgericht durch Beschluss zugelassen worden ist (vgl. §§ 72, 72a ArbGG).

Die einmonatige Frist für die Einlegung der Revision beginnt mit der Zustellung des in vollständiger Form abgefassten Urteils, spätestens jedoch mit Ablauf von fünf Monaten nach der Verkündung.

Das BAG kann die Revision verwerfen oder zulassen. Nach der Verhandlung ergeht ein Urteil. Beim Bundesarbeitsgericht als **dritte Instanz besteht Anwaltszwang**.

Der Arbeitnehmer kann gemäß §4 des KSchG gegen die fristlose Kündigung **binnen drei Wochen ab Zugang** beim Arbeitsgericht Kündigungsschutzklage erheben (vgl. § 13 KSchG), es sei denn der AN fällt nicht unter das KSchG. Der Arbeitnehmer lässt durch diese **Feststellungsklage** die rechtliche Wirkung der Kündigung feststellen, z. B. wenn er sie für sozial ungerechtfertigt hält.

Nicht immer ist der Weg zum Arbeitsgericht notwendig. Die meisten Arbeitsverhältnisse enden zeitlich vertragsgerecht, kündigungsfristgerecht oder durch andere »Beendigungsformen«.

Sonderformen der Kündigung

Als **Sonderformen der Kündigung** sind die folgenden zu nennen:

- Die **Änderungskündigung** beendigt ein Arbeitsverhältnis und beinhaltet gleichzeitig das Angebot zum Abschluss eines neuen Arbeitsvertrages zu geänderten Konditionen.

- Eine **Verdachtskündigung** als ordentliche oder auch als außerordentliche Kündigung ist bei dem Verdacht einer Straftat oder einer sonstigen schwerwiegenden Verfehlung, gravierenden Pflichtverletzung oder bei Vertrauensbruch des Arbeitnehmers, zulässig.

Der **schriftliche Aufhebungsvertrag** gilt **nicht** als Sonderform der Kündigung, da beide Vertragspartner einverstanden sind. Es liegt keine nur einseitige Willenserklärung vor, sondern eine einvernehmliche Vereinbarung das Arbeitsverhältnis zu einem bestimmten Zeitpunkt zu beenden. Im Rahmen der Vertragsfreiheit können arbeitsrechtliche Fristen und Schutzvorschriften dabei ausgeschlossen werden.

5.5 Ende des Arbeitsverhältnisses und Arbeitszeugnis

Arbeitsbescheinigung – Bei Beendigung eines Beschäftigungsverhältnisses hat der Arbeitgeber alle Tatsachen zu bescheinigen, die für die Entscheidung über den Anspruch auf Arbeitslosengeld oder Übergangsgeld für den Arbeitnehmer erheblich sein können (vgl. § 312 SGB III).

Hierzu gehört die **Urlaubsbescheinigung**. Sie wird dem AN von dem AG gemäß § 6 Abs. 2 BUrlG über den im laufenden Kalenderjahr bereits gewährten bzw. abgegoltenen Urlaub ausgehändigt.

Arbeitszeugnis

Außerdem hat der Arbeitnehmer Anspruch auf ein **schriftliches Arbeitszeugnis**. Einen Zeugnisanspruch haben gemäß § 630 BGB, § 109 GewO und laut BBiG (▸ Kapitel 4) grundsätzlich alle Arbeitnehmer und arbeitnehmerähnliche Personen wie Heimarbeiter, Auszubildende und Leiharbeitnehmer. Das Zeugnis muss **mindestens Angaben zu Art und Dauer der Tätigkeit** enthalten.

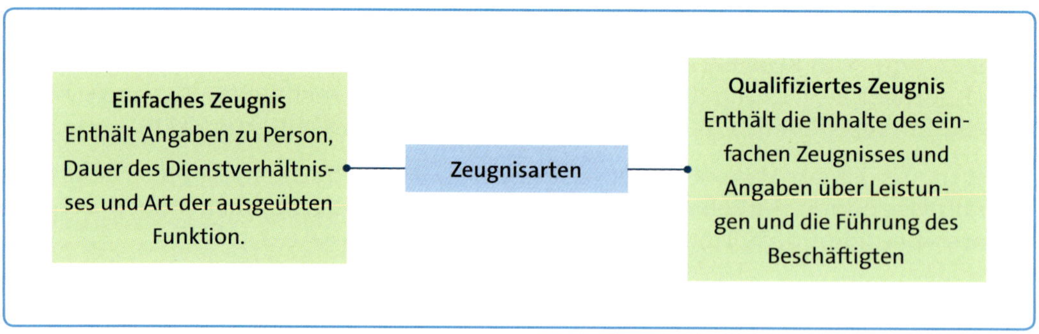

Abb. Zeugnisarten

Auf ein Zwischenzeugnis hat der Arbeitnehmer nur in Ausnahmefällen einen Anspruch, z. B. bei anderweitiger Bewerbung, Wechsel des Vorgesetzten usw.

Die Verpflichtung nach verständigem Wohlwollen führte zu Formulierungen, die als **Zeugniscode** bezeichnet werden. Beim Zeugniscode kann zwischen verschiedenen »Techniken« in der Ausdrucksweise unterschieden werden.

Technik	Beispiele
Positiv-Skala-Technik In der »Positivskala« erfolgt die Beurteilung mit Hilfe einer Abstufung positiver Bewertungselemente in Anlehnung der Schulnoten von »sehr gut« bis »mangelhaft« (Noten 1–5).	▸ »Er/Sie hat die ihm übertragenen Aufgaben stets zu unserer vollsten/vollen Zufriedenheit erledigt.« (Note 1 bzw. 2) ▸ »Er/Sie hat die ihm übertragenen Aufgaben zu unserer vollen Zufriedenheit erledigt.« (Note 3) ▸ »Er/Sie hat die ihm übertragenen Aufgaben zu unserer Zufriedenheit erledigt.« (Note 4) ▸ »Er/Sie hat die ihm übertragenen Aufgaben erledigt.« (Note 5)
Leerstellentechnik In der Beurteilung fehlt eine zentrale Aussage.	▸ »Das Verhalten gegenüber den Vorgesetzten war einwandfrei«. Bedeutet: Das Verhalten gegenüber Kollegen oder Kunden war dann wohl nicht so gut.
Reihenfolgetechnik Im Rahmen einer Aufzählung wird Zweitrangiges und Drittrangiges vorgezogen.	▸ »Das Verhalten zu Kollegen, Vorgesetzten und Kunden war jederzeit vorbildlich«. Für Verkäufer steht jedoch der Kunde an erster Stelle!
Negationstechnik Die doppelte Verneinung ergibt umgangssprachlich eine Verstärkung der Verneinung. In der Zeugnissprache ist sie jedoch negativ besetzt und weist auf eine Abwertung hin.	▸ »Es gab im Umgang mit den Kunden keinen Anlass zu Beanstandungen«. ▸ Besser: »Das Verhalten im Umgang mit den Kunden war stets vorbildlich«. ▸ »Er/Sie hat in einem nicht unerheblichen Umfang ...«.
Passivierungstechnik In der Zeugnissprache verweist Passivierung auf mangelnde Eigeninitiative und Engagement hin.	▸ »Die ihm/ihr übertragen Aufgaben führte er/sie aus.«
Ausweichtechnik Der Zeugnisinhalt lässt notwendige Elemente zugunsten von peripheren Belanglosigkeiten vermissen.	▸ »Er hielt die Arbeitszeiten vorbildlich ein.«
Widerspruchstechnik Bestimmte Zeugnisaussagen stehen hierbei im Widerspruch zueinander und heben so den positiven Eindruck auf.	▸ Einem Mitarbeiter werden gute und sehr gute Leistungen bescheinigt, die Schlussformulierung enthält jedoch weder Bedauern, Dank oder Wünsche für die Zukunft.

Tab. Techniken des Zeugniscodes

»Der Arbeitgeber ist nach Urteilen des Bundesgerichtshofes (BGH) verpflichtet ein Zeugnis auszustellen, das der Wahrheit entspricht (vgl. Urteil des BAG vom 23.06.1960, Az.: 5 AZR 560/58) und das – aufgrund seiner ›auch über das Ende des Dienstverhältnisses hinausweisenden sozialen Mitverantwortung‹ (vgl. Urteil vom 26.11.1963, Az.: VI ZR 221/62) – wohlwollend ist. Entsprechende Urteile können im Internet eingesehen werden, unter: http://dejure.org/dienste/vernetzung/rechtsprechung?Gericht=BGH&Datum=26.11.1963&Aktenzeichen=VI%20ZR%20221/62.«

Viel **Information rund um das Arbeitszeugnis** bietet der Info-Brief »Das Arbeitszeugnis« der Arbeitnehmerkammer Bremen. Er ist im Internet unter der Adresse www.arbeitnehmerkammer.de/cms/upload/Downloads/Info_Mitbestimmung_und_Technologieberatung/arbeitszeugnis12.pdf abrufbar.

Nach § 109 Absatz 1 GewO ist das Zeugnis schriftlich auf Geschäftspapier zu erteilen. Die elektronische Form ist in Absatz 3 des Paragrafen ausgeschlossen. Negative Formulierungen sind unzulässig. Die gesetzliche **Verjährungsfrist** für den Zeugnisanspruch beträgt nach § 195 BGB drei Jahre.

Das Arbeitszeugnis zählt zu den wichtigsten **Bewerbungsunterlagen**. Daher hat der Arbeitnehmer u. a. ein Recht auf ein richtiges und vollständiges Zeugnis. Verstößt der Arbeitgeber gegen diesen Erfüllungsanspruch kann der Arbeitnehmer vor dem Arbeitsgericht eine Berichtigungsklage erheben.

AUFGABEN

1. Klaus Dieter ist seit über zwei Jahren bei einem Arbeitgeber beschäftigt und erhält am 1. März im Betrieb eine schriftliche Kündigungserklärung seines Arbeitgebers zum 31. März des Jahres. Wann wird die Kündigung wirksam?

   Lösungshinweis:

   BGB

   Fristende (§ 188 Abs. 2 BGB)

   (2) Eine Frist, die nach Wochen, nach Monaten oder nach einem mehrere Monate umfassenden Zeitraum (z. B. Jahr, halbes Jahr, Vierteljahr) bestimmt ist, endigt im Falle des § 187 Abs. 1 mit dem Ablauf desjenigen Tages der letzten Woche oder des letzten Monats, welcher durch seine Benennung oder seine Zahl dem Tage entspricht, in den das Ereignis oder der Zeitpunkt fällt, im Falle des § 187 Abs. 2 mit dem Ablauf desjenigen Tages der letzten Woche oder des letzten Monats, welcher dem Tage vorhergeht, der durch seine Benennung oder seine Zahl dem Anfangstag der Frist entspricht.

2. Zwei Arbeitnehmer werden zum selben Zeitpunkt eingestellt. Der eine ist zum Zeitpunkt der Einstellung 18 Jahre alt, der andere 28. Nach sie-

ben Jahren erhalten beide eine ordentliche betriebsbedingte Kündigung. – Welche Kündigungsfristen sind einzuhalten?

3. Einem Arbeitnehmer, der eine Kündigungsfrist von einem Monat hat, geht das Kündigungsschreiben am 31. Mai eines Jahres zu. Zu welchem Zeitpunkt kann ihm frühestens gekündigt werden? Lösungshinweis: Für die Berechnung der Kündigungsfristen gelten die §§ 187 ff. BGB. Danach ist der Tag, an dem die Kündigung zugeht, nicht in die Berechnung der Frist einzubeziehen. Bei einer Berechnung der Kündigungsfrist nach Wochen entspricht der Tag, an dem die Kündigung zugeht, dem Wochentag, an dem die Frist endet.

4. Die Kündigung mit einer Frist von einer Woche geht einer Arbeitnehmerin am Montag, den 1. Juni zu. Für welchen Zeitpunkt wird ihr gekündigt?

5. Ein Arbeitsverhältnis soll für eine Woche befristet laufen und am Montag, den 1. Juni, beginnen. Wann endet das Arbeitsverhältnis?

6. Wann endet die Kündigungsfrist, wenn einem Arbeitnehmer die Kündigung mit einer Frist von vier Wochen am Mittwoch, den 3. Dezember 2017, übergeben wird?

7. Ein Arbeitsverhältnis soll am Montag, den 15. Dezember 2017, beendet werden. Wann müsste spätestens bei einer Kündigungsfrist von zwei Wochen eine ordentliche Kündigung ausgesprochen werden?

8. Zu welchem Termin kann einem Arbeitnehmer unter Einhaltung einer Frist von einem Monat gekündigt werden?
   a) Es ging das Kündigungsschreiben am 31. Januar 2017 zu.
   b) Es ging das Kündigungsschreiben am 29. Februar zu.

9. Angenommen, aufgrund des Arbeits- bzw. Tarifvertrages (► Kapitel 6) darf eine ordentliche Kündigung nur zum Ende des Quartals ausgesprochen werden. Es ist eine Kündigungsfrist von sechs Monaten zum Quartal einzuhalten. Dem Arbeitnehmer ist das Kündigungsschreiben am 31. Januar zugegangen. Wann endet das Arbeitsverhältnis?

10. Wann müssen bei Monaten mit 30 Tagen nach der gesetzlichen Kündigungsfrist (vier Wochen zum 15. des Monats bzw. zum Monatsende) die Kündigungen zugehen?

11. Wann müssen die Kündigungen nach der gesetzlichen Kündigungsfrist (vier Wochen zum 15. des Monates bzw. zum Monatsende) bei Monaten mit 31 Tagen zugehen?

12. Zu welchem Datum muss die jeweilige Kündigung zugehen?
   a) Die Kündigung soll zum 28.2. (Februar ohne Schaltjahr) erfolgen.

b) Die Kündigung soll zum 15.3. (Februar ohne Schaltjahr) erfolgen.
c) Die Kündigung soll zum 29.2. (Februar mit Schaltjahr) erfolgen.
d) Die Kündigung soll zum 15.3. (Februar mit Schaltjahr) erfolgen.

13. Die Probezeit einer Auszubildenden endet am 30.09. um 24 Uhr. Bis wann muss die Kündigung zugegangen sein, wenn keine Übernahme der Auszubildenden erfolgt?

14. Die Probezeit einer schwangeren Auszubildenden endet am 30.09. um 24 Uhr. Bis wann muss ihr die Kündigung zugegangen sein?

15. Welche Kündigungsfristen sind von dem Auszubildenden bzw. dem Ausbilder während der Probezeit einzuhalten?

16. Unter welchen Voraussetzungen kann ein Azubi nach der Probezeit kündigen?

17. In welcher Form muss eine Abmahnung erteilt werden?

18. Erläutern Sie an jeweils einem selbst gewählten Beispiel die Begriffe »einschlägige Abmahnung« bzw. »nicht einschlägige Abmahnung«.

19. Welche Bestandteile muss eine Abmahnung unbedingt enthalten?

20. Eine Abmahnung enthält folgende Formulierungen: »Störung des Betriebsfriedens«, »untragbares Verhalten« und »häufiges zu Spätkommen«. Überprüfen Sie diese im Hinblick auf ihren inhaltlichen Bestand. In welcher Form muss eine Kündigung erfolgen?

21. Ist eine ordentliche Kündigung des Ausbildungsverhältnisses möglich?

22. Ein Auszubildender ist bereits zweimal aufgrund seines Verhaltens abgemahnt worden. Prüfen Sie die folgenden Beispiele jeweils im Hinblick auf die Wirksamkeit der verhaltensbedingten Kündigung und begründen Sie Ihre Antworten:
a) Kündigung wegen fortgesetzter Unpünktlichkeit.
b) Kündigung wegen mangelnder Bereitschaft zur Eingliederung in die betriebliche Ordnung.
c) Kündigung wegen wiederholt verspäteter Vorlage der Berichtshefte.
d) Kündigung wegen Unterlassung der Nachuntersuchung nach § 33 JArbSchG.

23. Fristlose Kündigung: »Wir kündigen den mit Ihnen geschlossenen Ausbildungsvertrag gemäß § 22 Abs. 2 Nr. 1 BBiG fristlos. Begründung: Obwohl Sie bereits am 12.01. und am 14.02. wegen jeweils zweimaligem unentschuldigten Fehlens in der Berufsschule abgemahnt wurden, haben Sie am 15.03. erneut unentschuldigt in der Berufsschule gefehlt.« Überprüfen Sie die Rechtmäßigkeit der Kündigung und begründen Sie Ihre Antwort.

24. Ein minderjähriger Auszubildender kündigt sein Ausbildungsverhältnis schriftlich ohne Unterschrift des gesetzlichen Vertreters, weil er einen anderen Ausbildungsberuf erlernen möchte. Ist die Kündigung wirksam?

25. Eine minderjährige Auszubildende hat einen größeren Geldbetrag im Betrieb unterschlagen.
    a) Kann eine Kündigung direkt und ohne vorherige Abmahnung ausgesprochen werden?
    b) Reicht eine schriftliche Kündigungserklärung gegenüber der Auszubildenden aus?

26. Für Kleinunternehmen mit nicht mehr als 20 Arbeitnehmern (ausschließlich der Auszubildenden), besteht die Möglichkeit, die Grundkündigungsfrist einzelvertraglich auf vier Wochen festzulegen. Welcher Vorteil besteht darin für den Kleinunternehmer hinsichtlich des Kündigungstermins?

27. Nennen Sie die vier Gründe, die bei einer betrieblichen Kündigung im Rahmen der Sozialauswahl berücksichtigt werden müssen.

28. Ordnen Sie die folgenden Kündigungsgründe nach dem Kündigungsschutzgesetz den entsprechenden Oberbegriffen
    a) »personenbedingte Kündigung«,
    b) »verhaltensbedingte Kündigung« oder
    c) »betriebsbedingte Kündigung« zu:
    Krankheit, mangelnde Eignung, ausländerfeindliche oder rechtsradikale Äußerungen, schlechte Ausbildung durch den Betrieb, Beleidigungen und Schläge, sexuelle Übergriffe, Mobbing, wiederholt verspätete Zahlung der Ausbildungsvergütung, wirtschaftliche Schwierigkeiten, Arbeitsmangel, Insolvenz, Haft, Alkohol- bzw. Drogenkonsum, wiederholte Nichtfreistellung zur Berufsschule bzw. für überbetriebliche Ausbildung, wiederholt unerlaubte Überstunden, Verstoß gegen das Jugendarbeitsschutzgesetz, Fehlen eines geeigneten Ausbilders, Betrieb wird die Ausbildungsbefugnis entzogen.

© MEV Verlag GmbH

29. Welche Technik bei der Formulierung eines Arbeitszeugnisses wird in folgenden Fällen angewandt?
    a) Negative Urteile über bestimmte Arbeitsbereiche werden umgangen, indem auf eine Erwähnung des gesamten Bereichs verzichtet wird.

b) Um eine negative Bewertung kenntlich zu machen, werden Nebensächlichkeiten, die positiv zu bewerten sind in den Vordergrund gerückt.
c) Mit Hilfe versteckter Widersprüche soll eine negative Bewertung verborgen werden.

30. Bewerten Sie folgende Aussagen im Arbeitszeugnis:
»Frau Müller hat …
a) … die ihr übertragenen Aufgaben in jeder Hinsicht außerordentlich zufrieden stellend erledigt.«
b) … die ihr übertragenen Aufgaben mit Aufgeschlossenheit wahrgenommen.«
c) … hat sich bemüht, die übertragenen Aufgaben zu meiner Zufriedenheit zu erledigen.«
d) … hat versucht, die übertragenen Aufgaben zu meiner Zufriedenheit zu erledigen.«
e) »Ihre Führung und Ihr Verhalten gegenüber Vorgesetzten und Mitarbeiterinnen waren nicht zu beanstanden.«

31. Worin bestehen die Unterschiede zwischen einem einfachen Zeugnis und einem qualifizierten Zeugnis?

32. Welche Aussagen sind falsch?
a) Das Arbeitszeugnis ist schriftlich zu erstellen.
b) Das Arbeitszeugnis muss vom Arbeitgeber unterschrieben werden.
c) Das Arbeitszeugnis muss auf neutralem Papier verfasst werden.
d) Das Zeugnis ist mit dem Ausstellungsdatum zu versehen.
e) Beim Arbeitszeugnis kommt es auf den Inhalt und nicht auf die Rechtschreibung und Interpunktion an.
f) Korrekturen im Arbeitszeugnis zu Gunsten des Arbeitnehmers können durch Radierungen, Durchstreichungen oder ähnliches durchgeführt werden.
g) Im Text des Arbeitszeugnisses darf das Wesentliche unterstrichen, kursiv gedruckt oder in halbfetter Schrift dargestellt werden.
h) Ausrufe- bzw. Anführungszeichen kennzeichnen im Arbeitszeugnis besonders positive Inhaltselemente.

33. Wie lange besteht ein Rechtsanspruch auf ein Zeugnis nach dem Ausscheiden aus einem Arbeitsverhältnis? Lösungshinweis: §195 BGB.

34. Unterscheiden Sie inhaltlich die Begriffe »Individualarbeitsrecht« und »kollektives Arbeitsrecht«.

35. Welche Weisungsbefugnisse umfasst das Direktionsrecht?

36. Welche Arbeitspapiere sind bei Stellenwechsel dem neuen Arbeitgeber vorzulegen?

37. Der Mutterschutz unterscheidet ein individuelles und ein generelles Beschäftigungsverbot. Erklären Sie den Unterschied.

© ctwelve – Fotolia.com

38. Die Arbeitsstättenverordnung legt fest, was der Arbeitgeber beim Einrichten und Betreiben von Arbeitsstätten in Bezug auf die Sicherheit und den Gesundheitsschutz der Beschäftigten zu beachten hat. Nennen Sie dafür fünf Beispiele aus ihrem Ausbildungsbetrieb.

39. Wie viele Stunden beträgt die maximale Arbeitszeit eines erwachsenen Auszubildenden am Tag?

40. An wie vielen Tagen in der Woche und in welchem Stundenumfang dürfen Jugendliche beschäftigt werden?

41. Nennen Sie zwei typische Beispiele für Streitigkeiten vor dem Arbeitsgericht.

42. Ein Ausbildungsverhältnis kann ohne Einhaltung einer Frist bei volljährigen Auszubildenden in beiderseitigem Einvernehmen durch einen Aufhebungsvertrag beendet werden. Bei minderjährigen Auszubildenden bedarf es der Zustimmung des/der gesetzlichen Vertreter(s).
   a) Welche Form ist nach § 10 Absatz 2 BBiG und § 623 BGB für einen Aufhebungsvertrag vorgeschrieben?
   b) Welche Auswirkungen können auf den Auszubildenden nach § 144 SGB III zukommen?
   c) Unter welcher Bedingung wäre ein Aufhebungsvertrag nach § 123 BGB anfechtbar?
   d) Warum muss die IHK über den Aufhebungsvertrag informiert werden?
   e) Welche Verpflichtung hat der Ausbildende gegenüber dem Auszubildenden nach § 16 BBiG?
   f) Welche Arbeitspapiere sind dem Auszubildenden unverzüglich persönlich auszuhändigen bzw. per Post zuzusenden?
   g) Warum ist ein Aufhebungsvertrag in der Probezeit nicht notwendig?

6 Mitbestimmungsrechte

Mitbestimmung umfasst alle Möglichkeiten und Rechte **(Partizipationsrechte** der Arbeitnehmerinnen und Arbeitnehmer an unternehmerischen Willensbildungs- und Entscheidungsprozessen ihrer Arbeitswelt mitzuwirken. Die Verpflichtung, eine Beteiligung der Arbeitnehmer sicherzustellen, folgt aus dem **Grundgesetz, Artikel 12 und 14**.

Im Wesentlichen werden die folgenden Arten der Mitbestimmung unterschieden.

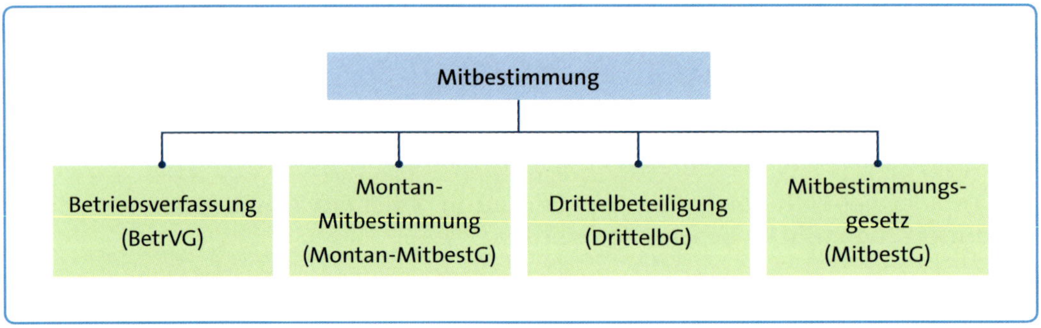

Abb. Arten der Mitbestimmung

Das Recht auf Mitbestimmung ist Teil des **kollektiven Arbeitsrechts**, welches die Rechtsverhältnisse zwischen den **Sozialpartnern** (Arbeitnehmer, Arbeitgeber und deren Koalitionen und Vereinigungen) regelt.

Die Grundlage für das kollektive Arbeitsrecht ist die in **Artikel 9 des Grundgesetzes verbriefte Koalitionsfreiheit**. Sie sichert jedem Bürger des deutschen Staates das »Recht zur Vereinigung zum Zweck der Förderung der Arbeits- und Wirtschaftsbedingungen« (► Kapitel 6.3).

Mitwirkungs- bzw. Mitbestimmungsrechte in sozialen, personellen und wirtschaftlichen Angelegenheiten sind für die Arbeitnehmer in Betrieben und Unternehmen ab einer jeweils gesetzlich bestimmten Größe über frei gewählte Betriebsräte, Arbeitnehmervertreter oder Belegschaftsmitglieder geregelt.

6.1 Betriebliche Mitbestimmung

Das **Betriebsverfassungsgesetz (BetrVG)** regelt die Beteiligungsrechte der Arbeitnehmer in Betrieben, soweit keine (andere) gesetzliche oder tarifliche Regelung besteht.

Der **Geltungsbereich** des BetrVG unterscheidet sich in eine sachlich und eine persönliche Ebene: die sachliche Ebene regelt die Gesetzmäßigkeit in den jeweiligen Betrieben, während die persönliche Ebene für den Arbeitnehmer selbst gilt.

Sachlich	Persönlich
gilt für Betriebe mit fünf ständig wahlberechtigten Arbeitnehmern; ausgeschlossen: ▸ Öffentlicher Dienst ▸ Religionsgemeinschaften	gilt für »Arbeitnehmer« nach § 5 Abs. 2 BetrVG, aber nicht für leitende Angestellte gemäß § 5 Abs. 3 BetrVG

Abb. Geltungsbereich des Betriebsverfassungsgesetzes

Für **leitende Angestellte**, d. h., für Arbeitnehmer, die aufgrund ihres Arbeitsvertrages bzw. ihrer Stellung im Betrieb selbstständig Einstellungen und Entlassungen vornehmen können, Vertretungsbefugnis in Form von Generalvollmacht bzw. Prokura (▸ Kapitel 2) oder andere bedeutsame Entscheidungskompetenzen (z. B. unternehmerische Leitungsaufgaben kaufmännischer, technischer, oder wissenschaftlicher Art) besitzen, gilt das BetrVG nicht.

Das BetrVG sieht insgesamt die folgenden Organe zur Arbeitnehmervertretung im Rahmen der betrieblichen Mitbestimmung vor:

- **Betriebsrat** – er ist die Interessenvertretung der Arbeitnehmer eines Betriebes,
- **Betriebsversammlung** – dient der Aussprache und Information zwischen Arbeitnehmer und Betriebsrat,
- **Betriebsausschuss** – Hat ein Betriebsrat neun oder mehr Mitglieder, so bildet er einen Betriebsausschuss (Geschäftsführung des Betriebsrates, vgl. § 27 BetrVG),
- **Wirtschaftsausschuss** – dient der wirtschaftlichen Information des Betriebsrates (in Betrieben mit mehr als 100 Angestellten),
- **Einigungsstelle** – sie wird von Arbeitnehmer- und Arbeitgebervertretern gebildet und hat Schlichtungsfunktion bei Konflikten,
- **Jugend- und Auszubildendenvertretung** – vertritt die Rechte jugendlicher Arbeitnehmer und Azubis (unter 25 Jahren) in einem Betrieb, falls dieser mindestens fünf Arbeitnehmer dieser Art beschäftigt,
- Die **Schwerbehindertenvertretung** (vgl. § 94 SGB 9) kann an allen Sitzungen des Betriebsrats beratend teilnehmen.

Die für Sie als Auszubildender in der Tourismuswirtschaft wichtigsten Organe der gesetzlich geregelten Arbeitnehmervertretung werden hier vorgestellt.

6.1.1 Betriebsrat

So wird der Betriebsrat gewählt:

- **Wahlberechtigt** sind alle Arbeitnehmer, die das 18. Lebensjahr vollendet haben.
- **Wahlberechtigt sind auch** von einem anderen Arbeitgeber überlassene Arbeitnehmer (Leiharbeiter), sofern sie länger als drei Monate im Betrieb eingesetzt sind (vgl. § 7 BetrVG).
- **Wählbar** sind alle Wahlberechtigten, die dem Betrieb mindestens sechs Monate angehören (vgl. § 8 Absatz 1 BetrVG).

Die geheime und unmittelbare Wahl des Betriebrates wird von einem Wahlvorstand geleitet und durchgeführt (vgl. §§ 14–18 BetrVG). Die regelmäßige **Amtszeit eines Betriebsrats beträgt vier Jahre** (vgl. § 21 BetrVG). Es existiert gemäß § 13 Absatz 1 des BetrVG ein festgelegter Zeitraum für die **Betriebsratswahlen**. Sie finden regelmäßig und alle vier Jahre in der Zeit von 1. März bis 31. Mai statt.

Anzahl der Arbeitnehmer (AN)	Betriebsratsmitglieder (BR)	Freizustellende Betriebsratsmitglieder (BR)
5–20 AN	1 BR	Gemäß § 37 Abs. 2 BetrVG Freistellung »nach Bedarf«
21–50 AN	3 BR	Freistellung »nach Bedarf«
51–100 AN	5 BR	Freistellung »nach Bedarf«
101–199 AN	7 BR	Freistellung »nach Bedarf«
200 AN	7 BR	Ein freizustellender BR
201–400 AN	9 BR	Ein freizustellender BR

Tab. Zahl der (freizustellenden) Betriebsratsmitglieder

Für größere Betriebe sieht das BetrVG entsprechende Zahlen vor.

Grundsätzlich muss jedes Betriebsratsmitglied für die Zeit seiner Betriebsratsarbeit ein **Gehalt erhalten**, entsprechend vergleichbar ausgebildeter Arbeitnehmer (Lohnausfallprinzip, vgl. § 37 Abs. 2 BetrVG).

Die Zusammenarbeit von Arbeitgeber und Betriebsrat soll vertrauensvoll und zum Wohle der Arbeitnehmer und des Betriebes sein (vgl. § 2 Abs. 1 BetrVG). Arbeitgeber und Betriebsrat sind demnach **verpflichtet die Interessen des Anderen zu berücksichtigen** und nicht nur Eigeninteressen zu verfolgen. Eventuelle Konflikte sind konstruktiv zu lösen.

Gewählte (ordentliche) Betriebsratsmitglieder haben ab ihrer Amtszeit bis zum Ende ihrer Amtszeit zuzüglich zwölf Monate einen **speziellen Kündigungsschutz** (vgl. § 15 KSchG und ▸ Kapitel 5.4).

BEISPIEL

Sonderkündigungsschutz eines Betriebsratsmitgliedes

- Beginn der Amtszeit: 12.05.2014, Ende der Amtszeit: 11.05.2018
- Ende des Sonderkündigungsschutzes: 11.05.2019

Der Betriebsrat ist kein Vertreter mit gewerkschaftlichen Intentionen (vgl. § 74 Abs. 2 Satz 1 BetrVG). Entsprechend ist es dem Betriebsrat verboten Arbeitskampfmaßnahmen, wie z. B. Streiks (▸ Kapitel 6.5), zu organisieren.

Betriebsrat und Arbeitgeber sollen **mindestens einmal im Monat zusammentreten**, um die Belange der Belegschaft zu besprechen (vgl. § 74 BetrVG).

Getroffene Entscheidungen sind schriftlich in einer **Betriebsvereinbarung** zu fixieren. Sie gilt zwingend für alle Beschäftigten im Betrieb, soweit nicht einzelne Bereiche oder Beschäftigtengruppen ausgenommen sind.

MERKE

Betriebsvereinbarung
Eine Betriebsvereinbarung stellt die zwischen Arbeitgeber und Betriebsrat schriftlich fixierten Vereinbarungen bezüglich der mitbestimmungsrechtlichen Belange der Belegschaft dar.

Für Abreden im Rahmen von Betriebsvereinbarungen gilt das **Günstigkeitsprinzip** gemäß § 4 Abs. 3 **Tarifvertragsgesetz (TVG)**. Das Günstigkeitsprinzip als Rechtsgrundsatz sichert bei Kollision verschiedener Rechtsnormen die für den Betroffenen günstigere Regelung. Sollten z. B. Regelungen aus Betriebsvereinbarungen den Arbeitnehmer schlechter stellen als die tariflich festgeschriebenen Bedingungen, gelten die des hierarchisch darüber stehenden Tarifvertrages (▸ Kapitel 6.4).

Der Betriebsrat ist verpflichtet:

- die Gleichbehandlung von Arbeitnehmern zu fördern (Diskriminierungsverbot),
- persönlichen und wirtschaftlichen Daten von Arbeitnehmern und Betrieb geheim zu halten (Geheimhaltungspflicht).
- und parteipolitisch keine Stellung zu beziehen.

Die in folgender Abbildung dargestellten Maßnahmen unterliegen u. a. dem Mitbestimmungsrecht und sind somit **ohne Anhörung bzw. Zustimmung des Betriebsrates unwirksam**. Bei Vorliegen einer unüberbrückbaren Dissens können die Parteien eine innerbetriebliche Einigungsstelle zur Entscheidung anrufen (vgl. § 87 Abs. 2 BetrVG).

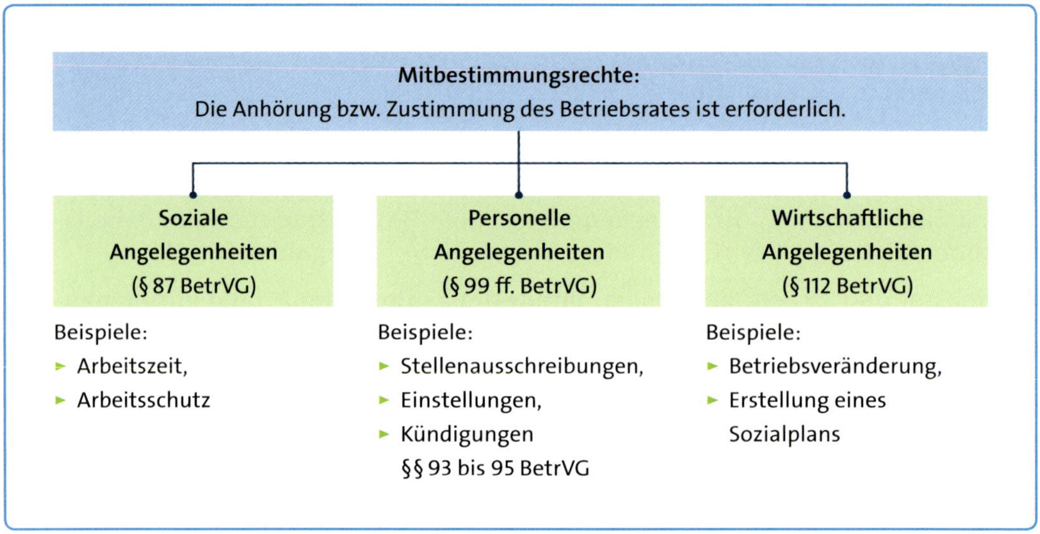

Abb. Mitbestimmungsrechte des Betriebsrates

Aufgaben des Betriebsrates

- die Durchsetzung der Gleichstellung von Frauen und Männern sowie der Vereinbarkeit von Familie und Beruf,
- Beschäftigungsförderung und -sicherung im Betrieb,
- die Förderung von Maßnahmen des Arbeitsschutzes und des betrieblichen Umweltschutzes,
- die Förderung der Eingliederung Schwerbehinderter und anderer besonders schutzbedürftiger Personen,
- die Förderung der Beschäftigung älterer Arbeitnehmerinnen und Arbeitnehmer,
- die Förderung der Integration ausländischer Arbeitnehmer sowie Initiativen zur Bekämpfung von Rassismus und Fremdenfeindlichkeit im Betrieb.

www.dgb.de, Aufgaben und Vorteile eines Betriebsrates (Auszug)

Der Betriebsrat hat ein **Mitbestimmungsrecht** bei der Gestaltung von Personalfragebogen, Beurteilungsgrundsätzen und Maßnahmen der betrieblichen Fortbildung. Aber auch bei einem Katalog definierter Sozialer Angelegenheiten hat der Betriebsrat ein erzwingbares Mitbestimmungsrecht.

Mitbestimmungsrechte des Betriebsrates betreffen:

- Ordnung des Betriebes (z. B. Parkplatzvergabe, Videoüberwachung, Ethikgrundsätze),
- Arbeitszeit (z. B. Pausenregelung, Gleitzeit, jedoch nicht die Dauer der Wochenarbeitszeit),
- Vorübergehende Verkürzung oder Verlängerung der Arbeitszeit (z. B. Überstunden, Kurzarbeit),
- Urlaubsregelung (z. B. Urlaubsgrundsätze),
- Einführung von technischen Überwachungseinrichtungen (z. B. Videoüberwachung, Einführung neuer Software),
- Unfallverhütung,
- Sozialeinrichtungen (Form, Ausgestaltung und Verwaltung),
- Lohngestaltung (Gehaltsgrundsätze, Gehaltsstufen, jedoch nicht die Festlegung von Gehältern),
- Leistungsbezogenes Entgelt (z. B. Festsetzung der Akkordsätze und Leistungsprämien),
- Vorschlagswesen,
- Gruppenarbeit (Einführung und Ausgestaltung von Gruppenarbeit).

acdnerft.verdi.de/besondere-dienste.hessen Die Aufgaben des Betriebsrates (Auszug Mitbestimmungsrecht)

Bei Kündigung (Kündigungsvorschriften ▸ Kapitel 5.4) eines Arbeitnehmers des Betriebes wird eine **Aktionskette** in Gang gesetzt, an der der Betriebsrat große Anteile trägt.

Erst recht bei der **außerordentlichen Kündigung** hat der Arbeitgeber eine Informationspflicht gegenüber dem Betriebsrat bezüglich der Gründe für die fristlose Kündigung. Dazu kann der Betriebsrat innerhalb von drei Tagen schriftlich Stellung beziehen (vgl. § 102 Abs. 2 Satz 3 BetrVG). Verweigert der Betriebsrat seine Zustimmung, kann auf Antrag des Arbeitgebers an dessen Stelle das Arbeitsgericht zustimmen.

Der gekündigte Arbeitnehmer hat bei einer außerordentlichen Kündigung keinen betriebsverfassungsrechtlichen Weiterbeschäftigungsanspruch. Das heißt es besteht keine Möglichkeit, seine Weiterbeschäftigung unter Berufung auf einen Betriebsratswiderspruch zu verlangen.

Durch den Widerspruch des Betriebsrates wird eine Kündigung **nicht unwirksam**!

§ 102 BetrVG Mitbestimmung bei Kündigungen

(1) Der Betriebsrat ist vor jeder Kündigung zu hören. Der Arbeitgeber hat ihm die Gründe für die Kündigung mitzuteilen. Eine ohne Anhörung des Betriebsrats ausgesprochene Kündigung ist unwirksam.

Informationspflicht des Arbeitgebers gegenüber Betriebsrat

- Welcher Arbeitnehmer soll gekündigt werden?
- In welcher Funktion ist der Arbeitnehmer tätig?
- In welcher Abteilung bzw. welchem Betrieb ist der Arbeitnehmer beschäftigt?
- Welche Gründe liegen der Kündigung zu Grunde?
- Zu welchem Termin soll dem Arbeitnehmer gekündigt werden?
- Sind besondere Sonderkündigungsschutz beachtet worden?
- Welche Kriterien sind bei der Sozialauswahl berücksichtigt worden?
- Welche Kündigungsart soll gewählt werden?

ordentliche Kündigung

Betriebsrat äußert Bedenken
Frist: innerhalb einer Woche schriftlich gegenüber Arbeitgeber

oder

Betriebsrat legt Widerspruch ein
Frist: innerhalb von 3 Tagen schriftlich mit Begründung Arbeitgeber

Arbeitgeber kann trotzdem kündigen, da die ausdrückliche Zustimmung des Betriebsrates nicht notwendig ist

Arbeitnehmer kann Kündigungsschutzklage erheben
Folge: Arbeitnehmer hat Anspruch auf Weiterbeschäftigung bis zum Ende des Rechtsstreites

Abb. Aktionskette bei Kündigung

6.1.2 Jugend-, Auszubildenden- und Schwerbehindertenvertretung

Voraussetzung zur Errichtung einer **Jugend- bzw. Auszubildendenvertretung (JAV)** sind mindestens **fünf Arbeitnehmer**, die das 18. Lebensjahr noch nicht vollendet haben oder die zu ihrer Berufsausbildung beschäftigt sind und das 25. Lebensjahr noch nicht vollendet haben.

BGB

Errichtung und Aufgabe
(§ 60 Abs. 1 BetrVG)

(1) In Betrieben mit in der Regel mindestens fünf Arbeitnehmern, die das 18. Lebensjahr noch nicht vollendet haben (jugendliche Arbeitnehmer) oder die zu ihrer Berufsausbildung beschäftigt sind und das 25. Lebensjahr noch nicht vollendet haben, werden Jugend- und Auszubildendenvertretungen gewählt.

Zeitpunkt der Wahlen und Amtszeit
(§ 64 Abs. 1 BetrVG)

(1) Die regelmäßigen Wahlen der Jugend- und Auszubildendenvertretung finden alle zwei Jahre in der Zeit vom 1. Oktober bis 30. November statt. [...]

Wahlberechtigt sind alle in § 60 Absatz 1 des Betriebsverfassungsgesetzes genannten Arbeitnehmer des Betriebs**. Wählbar** sind alle Arbeitnehmer des Betriebs, die das 25. Lebensjahr noch nicht vollendet haben.

Die JAV ist kein selbstständiges Organ, sie kann nur beim Betriebsrat Maßnahmen beantragen, die den jugendlichen oder auszubildenden Arbeitnehmern und deren besonderer Belange dienen.

Die JAV hat nach § 70 Abs. 1 BetrVG diese allgemeinen Aufgaben:

- Maßnahmen, die den in § 60 Abs. 1 BetrVG genannten Arbeitnehmern dienen (z. B. Fragen der Berufsausbildung, Probleme im Bereich des Jugendarbeitsschutzes) beim Betriebsrat zu beantragen.
- Darüber zu wachen, dass die zugunsten der in § 60 Abs. 1 BetrVG genannten Arbeitnehmer geltenden Gesetze, Verordnungen, Unfallverhütungsvorschriften, Tarifverträge und Betriebsvereinbarungen durchgeführt (und eingehalten) werden.
- Anregungen der in § 60 Abs. 1 BetrVG genannten Arbeitnehmer, insbesondere in Fragen der Berufsbildung, entgegenzunehmen und, falls sie berechtigt erscheinen, beim Betriebsrat auf eine Erledigung hinzuwirken. Die JAV hat die betroffenen jugendlichen oder auszubildenden Arbeitnehmer über den Stand und das Ergebnis der Verhandlungen zu informieren.

Die **Schwerbehindertenvertretung** vertritt entsprechend die Rechte von schwer behinderten Arbeitnehmern eines Betriebes. Ab fünf Schwerbehinderten wird ein Vertreter gewählt. Er oder sie ist Vollmitglied des Betriebsrats (vgl. § 94 Abs. 1 SGB IX). Wahlberechtigt sind dann alle Schwerbehinderten des Betriebes.

6.2 Unternehmensbezogene Mitbestimmung

Die unternehmensbezogene Mitbestimmung regelt die Teilhabe der Arbeitnehmer an den Entscheidungen des Arbeitgebers durch Beteiligung von Arbeitnehmervertretern **vorrangig in den Gesellschaftsorganen von Kapitalgesellschaften** (z. B. AG, GmbH).

Für die Unternehmensmitbestimmung sind folgende Gesetze von Bedeutung:
- **Montanmitbestimmungsgesetz** (keine Relevanz im Tourismus und daher hier auch nicht aufgenommen, da es ausschließlich für Unternehmen der Montanindustrie gilt (Bergbau, Eisen- und Stahlindustrie),
- **Drittelbeteiligungsgesetz** (ab 500 bis 2.000 Beschäftigte),
- **Mitbestimmungsgesetz von 1976** (ab 2.001 Beschäftigte).

MERKE

Keine unternehmensbezogene Mitbestimmung
Eine unternehmensbezogene Mitbestimmung ist nicht gegeben bei Unternehmen anderer Rechtsformen (z. B. bei der englischen Limited ► Exkurs in Kapitel 2.3.4) und bei Unternehmen mit weniger als 500 Arbeitnehmern.

Beteiligung der Arbeitnehmer im Aufsichtsrat nach dem Betriebsverfassungsgesetz

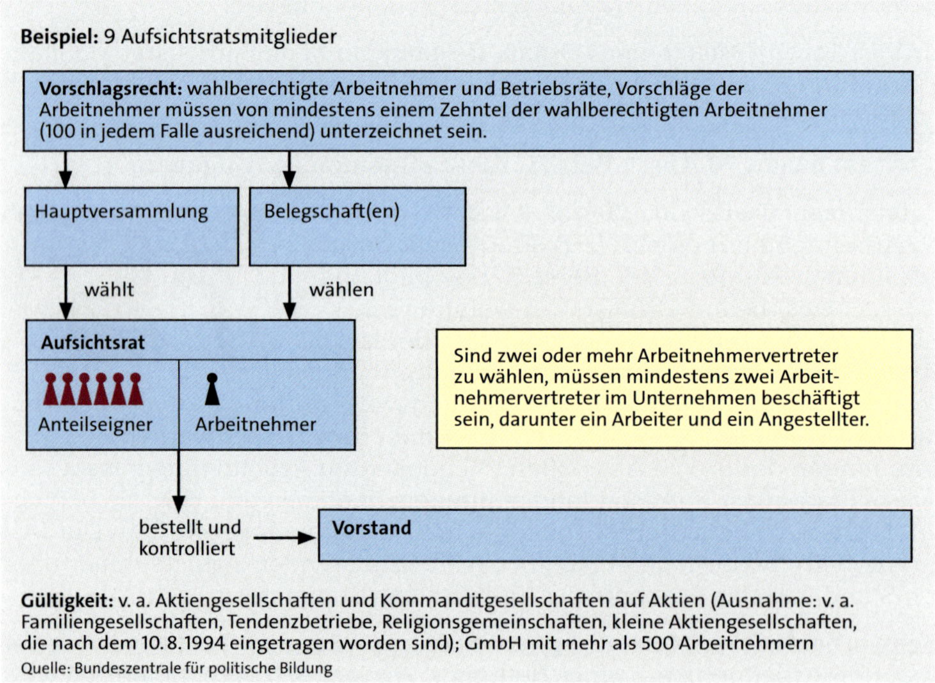

Abb. Beteiligung der Arbeitnehmer in Kapitalgesellschaften nach dem Betriebsverfassungsgesetz

www.bundestag.de

Das **Drittelbeteiligungsgesetz** gibt den Arbeitnehmern in Kapitalgesellschaften wie Aktiengesellschaften, Kommanditgesellschaften auf Aktien, Gesellschaften mit beschränkter Haftung, aber auch Versicherungsvereinen auf Gegenseitigkeit sowie Erwerbs- und Wirtschaftsgenossenschaften ein Mitbestimmungsrecht im Aufsichtsrat, sofern diese Gesellschaften in der Regel 500 bis 2.000 Arbeitnehmer beschäftigen.

Der Aufsichtsrat dieser Gesellschaften muss zu einem Drittel aus Arbeitnehmern bestehen (vgl. DrittelbG vom 18. Mai 2004).

Beteiligung der Arbeitnehmer im Aufsichtsrat nach dem Mitbestimmungsgesetz

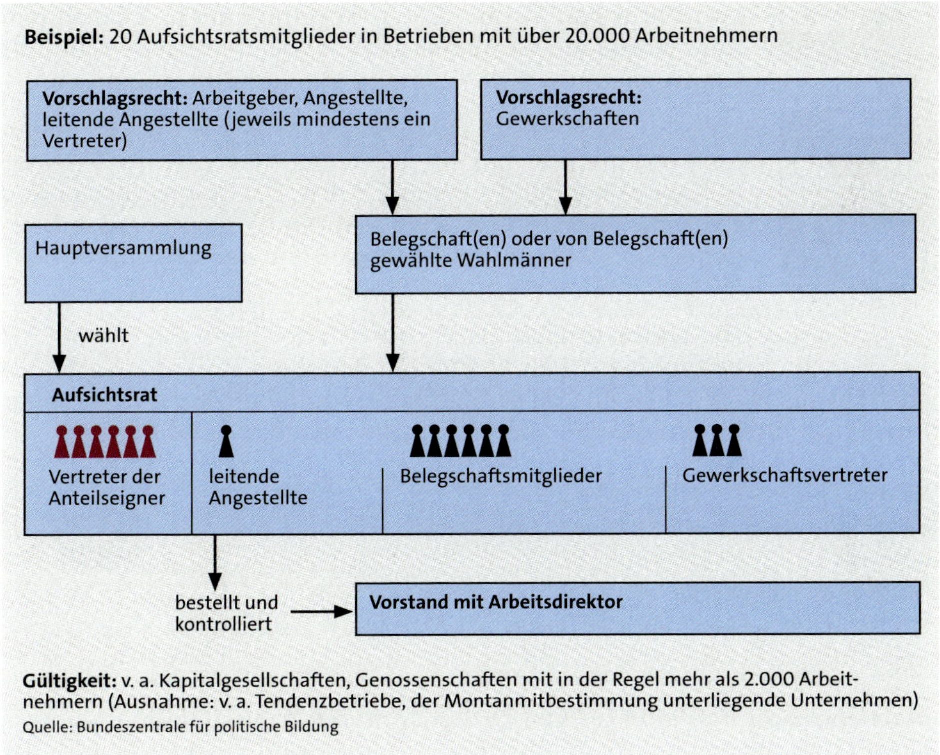

Abb. Beteiligung der Arbeitnehmer nach dem Mitbestimmungsgesetz
www.bundestag.de

Haben Kapitalgesellschaften mehr als 2.000 Beschäftigte, greift das **Mitbestimmungsgesetz von 1976** und ihr Aufsichtsrat muss zu gleichen Teilen mit Arbeitnehmern und Anteilseignern besetzt sein. Können sich beide Seiten nicht auf einen Vorsitzenden einigen, wird er von den Anteilseignern bestimmt. Seine Funktion ist besonders wichtig bei Pattsituationen – dann bekommt er im Entscheidungsverfahren eine zweite Stimme. Bei bis zu 10.000 Arbeitnehmern hat der Aufsichtsrat zwölf Mitglieder, bei bis zu 20.000 sind es 16, und noch größere Unternehmen haben einen 20-köpfigen Aufsichtsrat.

Ein Unternehmen wird jeweils nur **von einem der Gesetze der Unternehmensmitbestimmung** erfasst. Nach diesem können die Arbeitnehmer ihre Vertretung im Aufsichtsrat wählen.

Gewerkschaftsvertreter sind in 12er- und 16er-Aufsichtsräten mit zwei Sitzen vertreten, im 20er-Gremium mit drei. Die übrigen Sitze der Arbeitnehmerseite sind Beschäftigten des Unternehmens vorbehalten.

6.3 Gewerkschaften und Arbeitgebervereinigungen

Abb. Aktion der Gewerkschaft ver.di

Jedermann, alle Berufe, Arbeitgeber und Arbeitnehmer haben das Recht, zur Wahrung und Förderung der Arbeits- und Wirtschaftsbedingungen **Vereinigungen, Koalitionen oder Verbände** zu bilden. Dies ist auch unter dem Begriff **Koalitionsfreiheit** im Grundgesetz verbrieft und geschützt (vgl. § 9 Abs. 3 GG).

Verhandlungspartner für das Rechtsgeschäft Tarifvertrag (▸ Kapitel 6.4) sind gemäß § 2 des TVG Gewerkschaften, einzelne Arbeitgeber sowie Vereinigungen von Arbeitgebern bzw. deren Spitzenorganisationen (z. B. BDA oder DGB).

Die **Gewerkschaft** als Vertreterin der Interessen vieler Arbeitnehmer ist als tariffähige Partei ein stärkerer Verhandlungspartner als es der einzelne Arbeitnehmer gegenüber dem Arbeitgeber sein kann (z. B. die Vereinigte Dienstleistungsgewerkschaft ver.di).

BEISPIEL

Arbeitgebervereinigungen und -verbände

- Arbeitgebervereinigung im Deutschen ReiseVerband e.V. (DRV)
- Deutscher Hotel- und Gaststättenverband e.V. (DEHOGA)

Entsprechend ihrer Funktion für und in den Tarifvertragsverhandlungen werden Gewerkschaften und Arbeitgebervereinigungen und -verbände auch als **Tarifvertragsparteien** bezeichnet.

Eine **Tarifvertragspartei oder tariffähige Vereinigung** ist gegeben,

- wenn diese satzungsgemäß Tarifverträge abschließen will,
- wenn sie freiwillig gebildet, auf Dauer angelegt, unabhängig, überbetrieblich und demokratisch ist sowie
- wenn sie aufgrund ihrer Sozialstruktur (mind. 100–200 Arbeitnehmer) und Organisation eine entsprechende Durchsetzungskraft gegenüber dem Verhandlungspartner besitzt, um z. B. Arbeitskämpfe (▸ Kapitel 6.5) zu führen.

Die **Tarifzuständigkeit und Tarifkompetenz** von Arbeitgeberverbänden und Gewerkschaften ergibt sich aus der jeweiligen Satzung, in der sie diese räumlich (z. B. für das Land Rheinland-Pfalz), fachlich (z. B. für alle Betriebe und Betriebsabteilungen) und persönlich (z. B. für alle in Reisevermittlungsbetrieben und Betriebsabteilungen beschäftigten Arbeitnehmer und Arbeitnehmerinnen) definiert.

Tarifliche Ansprüche (Tarifbindung) werden grundsätzlich durch die Mitgliedschaft im Arbeitgeberverband oder der Gewerkschaft begründet.

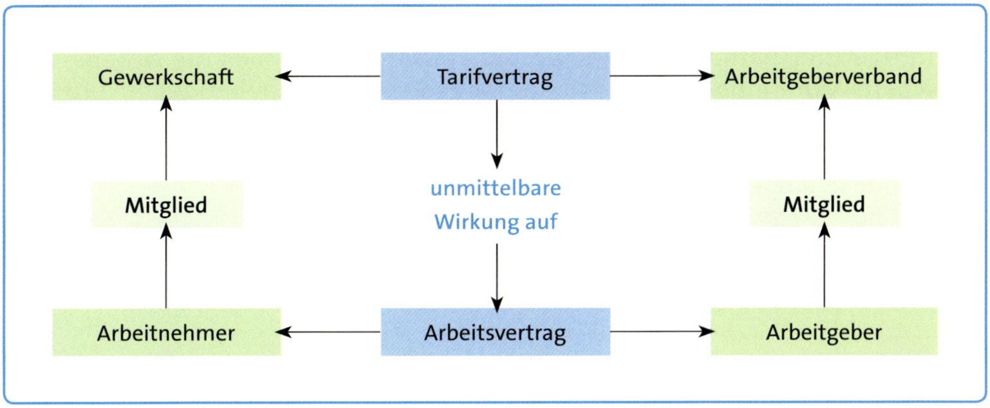

Abb. Bindung an den Tarifvertrag

Der **Tarifvertrag** schützt den einzelnen Arbeitnehmer vor einseitiger Ausnutzung der Vertragsgestaltungsfreiheit durch den wirtschaftlich überlegenen Arbeitgeber. Ferner sichern die Gewerkschaften Arbeitnehmern eine Teilhabe an der wirtschaftlichen Entwicklung des Unternehmens.

Ziele der Gewerkschaften MERKE

Wesentliche Ziele der Gewerkschaften im Rahmen von Tarifvertragsverhandlungen sind Lohnsteigerung und Beschäftigungssicherung-, und seitens der Arbeitgeber Gewinnsteigerung und effizienzorientierte Lohnbildung.

Tarifvertragspartner für die deutsche Reisebranche BEISPIEL

ver.di

DRV-TARIFGEMEINSCHAFT
Arbeitgebervereinigung im Deutschen ReiseVerband e.V.

Im Rahmen von Tarifverhandlungen zwischen Gewerkschaften und Arbeitgeberverbänden kommen grundsätzlich drei verschiedene **Arten der Lohnpolitik** als Strategien in Frage.

beschäftigungsorientiert	produktivitätsorientiert	verteilungsorientiert
Lohnsteigerung < Produktivitätszuwachs zuzüglich Inflationsrate	Lohnsteigerung = Produktivitätszuwachs zuzüglich Inflationsrate	Lohnsteigerung > Produktivitätszuwachs zuzüglich Inflationsrate

Tab. Arten der Lohnpolitik

Die Tarifvertragsparteien können darauf vertrauen, dass sich die Arbeits- und Wirtschaftsbedingungen während der Laufzeit eines ausgehandelten Tarifvertrages nicht ändern und z. B. keine Arbeitskämpfe (► Kapitel 6.5) um die geregelten Vereinbarungen geführt werden. Diese Tatsache wird als **Ordnungsfunktion** bezeichnet.

Für die Arbeitgeber hat der Tarifvertrag quasi eine **Kartellfunktion**, indem er für einheitliche Wettbewerbsbedingungen bei den Arbeitskosten sorgt.

6.4 Tarifverträge

Der **Tarifvertrag** ist ein schriftlicher Vertrag zwischen tariffähigen Parteien, in dem diese Rechte und Pflichten von Arbeits- und Wirtschaftsbedingungen festsetzen. Seine Inhalte, Formen und Geltungsbereiche beschreibt das **Tarifvertragsgesetz (TVG)**.

TVG

Inhalt und Form des Tarifvertrags (§ 1 TVG)

(1) Der Tarifvertrag regelt die Rechte und Pflichten der Tarifvertragsparteien und enthält Rechtsnormen, die den Inhalt, den Abschluss und die Beendigung von Arbeitsverhältnissen sowie betriebliche und betriebsverfassungsrechtliche Fragen ordnen können.

(2) Tarifverträge bedürfen der Schriftform.

Entsprechend dem Geltungsbereich eines Tarifvertrages wird zwischen **Verbandstarifvertrag** und **Firmentarifvertrag** unterschieden.

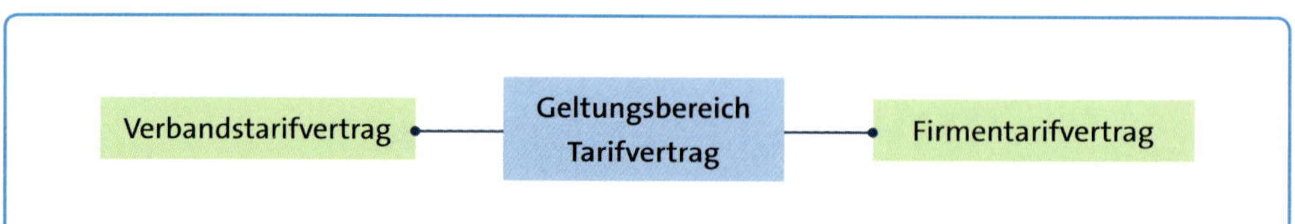

Abb. Tarifvertragsarten

Der **Verbandstarifvertrag** wird zwischen Arbeitgeberverbänden und Gewerkschaften geschlossen. Hat er einen räumlichen Geltungsbereich über Orts-, Bezirks-, Landes- und Bundestarife, nennt man ihn auch Flächentarifvertrag.

Einen **Firmentarifvertrag** schließt ein einzelner Arbeitgeber mit einer Gewerkschaft ab. Er wird auch als Haus- oder Werkstarifvertrag bezeichnet.

> Das Bundesministerium für Arbeit und Soziales kann nach § 5 Tarifvertragsgesetz einen Tarifvertrag im Einvernehmen mit einem aus je drei Vertretern der Spitzenorganisationen der Arbeitgeber und der Arbeitnehmer bestehenden Ausschuss auf Antrag einer Tarifvertragspartei unter bestimmten Voraussetzungen für allgemeinverbindlich (av) erklären. [...]

www.bmas.de Allgemeinverbindliche Tarifverträge (Stand 2010, Auszug)

Wird ein Tarifvertrag durch den Bundesarbeitsminister (bei entsprechend eingeschränkter räumlicher Geltung vom jeweils zuständigen Landesarbeitsminister) für allgemeinverbindlich erklärt, gilt er für **sämtliche Arbeitsverhältnisse** des betreffenden fachlichen und räumlichen Tarifbereichs **(Allgemeinverbindlichkeit)**.

Die Rechtsnormen des Tarifvertrages, die den Inhalt, den Abschluss oder die Beendigung von Arbeitsverhältnissen ordnen gelten unmittelbar und zwingend zwischen den beiderseits Tarifgebundenen, die unter den Geltungsbereich des Tarifvertrags fallen (vgl. § 4 Abs. 1 TVG).

MERKE

Tarifvertragsparteien und das Betriebsverfassungsgesetz

Die Aufgaben der Tarifvertragsparteien werden durch das BetrVG nicht berührt. Somit können Arbeitsentgelte und sonstige Arbeitsbedingungen, die durch den Tarifvertrag geregelt sind, nicht durch Betriebsvereinbarung (► Kapitel 6.1.1) geregelt werden.

Ein Tarifvertrag beinhaltet einen schuldrechtlichen sowie einen normativen Teil. Die DRV-TARIFGEMEINSCHAFT erzielte mit der Gewerkschaft ver.di einen neuen Gehaltstarifvertrag und eine neue Vereinbarung über die Vergütung für Auszubildende in der Reisebranche. Bislang galt in der Touristik eine einheitliche Gehaltstabelle für tarifgebundene Unternehmen. Künftig gibt es Tabellen für den Veranstalterbereich und den Vertrieb, da sich die beiden Bereiche aufgrund von Strukturveränderungen unterschiedlich entwickeln.

Tarifabschluss in der deutschen Reisebranche, 03. Juni 2015

Fachlicher Geltungsbereich
Die Tarifverträge gelten für Reisebüros, Geschäftsreise und Reiseveranstalter einschließlich ihrer Hilfs- und Nebenbetriebe, Dienstleistungseinheiten, Verwaltungsstellen und Verkaufsstellen

Laufzeit des Gehaltstarifvertrages: gültig ab 01.05.2015 – kündbar zum 31.10.2015
Arbeitszeit: 38,5h / Woche
Höhe der Monatsgehälter für Angestellte ab 01.05.2015*

Veranstalterbereich	**Vertrieb**
Unterste Gehaltsgruppe, in der Regel nach kurzer Einarbeitung	
1.661,00 € bis 1.993,00 €	1.602,00 € bis 1.992,00 €
Einstieg nach Ausbildung in der Regel eine fachbezogene Berufsausbildung oder eine vergleichbare Ausbildung (Vergütungsgruppe C) Gruppenzugehörigkeit	
im 1. Jahr 1.925,00 €	1.856,00 €
nach 2 Jahren 2.115,00 €	2.039,00 €
nach 4 Jahren 2.263,00 €	2.182,00 €
nach 6 Jahren 2.433,00 €	2.346,00 €
nach 8 Jahren 2.433,00 €	2.346,00 €
in der Regel eine abgeschlossene, fachbezogene Berufsausbildung und weitere Berufserfahrung (Vergütungsgruppe D) Gruppenzugehörigkeit	
im 1. Jahr 2.059,00 €	1.985,00 €
nach 2 Jahren 2.230,00 €	2.150,00 €
nach 4 Jahren 2.440,00 €	2.353,00 €
nach 6 Jahren 2.653,00 €	2.558,00 €
nach 8 Jahren 2.653,00 €	2.558,00 €

In die Vergütungsgruppe C werden Reiseverkehrskaufleute in den Bereichen "Reisebüro und Geschäftsreise" eingruppiert. Es werden Tätigkeiten ausgeführt, die Kenntnisse und/oder Fertigkeiten erfordern, wie sie in der Regel in einer fachbezogenen Berufsausbildung oder in einer vergleichbaren Ausbildung erworben werden.

In die Vergütungsgruppe D werden Reiseverkehrskaufleute und Absolventen sonstiger kaufmännischer Berufe nach erfolgreichem Abschluss der Ausbildung eingruppiert, ausgenommen bei unter C aufgeführten Tätigkeiten in den Bereichen Reisebüro und Geschäftsreise. Es werden Tätigkeiten ausgeübt, die Fachkenntnisse und/oder Fertigkeiten erfordern, wie sie in der Regel durch eine abgeschlossene, fachbezogenen Berufsausbildung und durch weitere Berufserfahrung erworben werden.

Höchste Gehaltsgruppe hohes Maß an Verantwortung oder Entscheidungsbefugnis
3.386,00€ bis 4.119,00€ 3.265,00€ bis 3.972,00€

Arbeitnehmer/-innen haben Anspruch auf Leistungszulagen zu den Endstufen der Beschäftigungsgruppen C bis H für den Veranstalterbereich in Höhe von 202,00€ bis 244,00€ und für den Vertrieb von 195,00€ bis 235,00€, die auf der Grundlage einer positiven jährlichen Beurteilung/Bewertung gewährt werden.

Beschäftigte, die durch die Anwendung der neuen Veranstalter-Tabelle ab dem 01.05.2015 und der Verrechnung der bisherigen freiwilligen Zulagen lediglich einen Zuwachs von weniger als 1% erreichen, erhalten mit der Juli-Abrechnung eine Einmalzahlung von 250,00 €.

Höhe der monatlichen Ausbildungsvergütung ab 01.05.2015
1. Ausbildungsjahr 642,00€
2. Ausbildungsjahr 753,00€
3. Ausbildungsjahr 897,00€
Wöchentliche Regelarbeitszeit: 38,5 Stunden
Urlaubsdauer: 36 Werktage zusätzliches Urlaubsgeld 50% des Entgeltsatzes der Gehaltsgruppe D/Stufe 3 (nach 4 Jahren) des jeweils gültigen Gehaltstarifvertrages, mindestens 1.075,00€
Auszubildende erhalten im 1. Jahr 178,95€, im 2. Jahr 204,52€, im 3. Jahr 230,08€. Ab dem 01.01.2009 beträgt das zusätzliche Urlaubsgeld einheitlich für jedes Ausbildungsjahr 240,00€.
Jahressonderzahlung (Weihnachtsgeld)
100% eines Novembergehalts; Neueintritte ab 01.10.1998 erhalten 90% eines Novembergehalts.
Es kann auch eine variable betriebliche Sonderzahlung vereinbart werden, die zwischen 70% bis 140% eines tariflichen Novembergehalts beträgt, abgängig vom Unternehmenserfolg und der Leistung des Arbeitnehmers/der Arbeitnehmerin.
Vermögenswirksame Leistung
52,00 DM Arbeitgeberanteil je Monate
Auszubildende erhalten 26,00 DM je Monat.
* Die Tarifvertragsparteien vereinbarten, dass aufgrund einer Betriebsvereinbarung eine variable Vergütung gewährt werden kann (Stand: 03. Juni 2015)

Tarifregister NRW

Inhalte des Tarifvertrages

Schuldrechtliche Bestimmungen sind Abreden, die das Rechtsverhältnis der Tarifvertragsparteien untereinander regeln, wie z. B. die Wahrung des Arbeitsfriedens (Friedenspflicht) und die Einwirkungspflicht. Die Tarifvertragsparteien halten demnach ihre Mitglieder zu einem tarifgemäßen Verhalten an. Eine Verletzung der Friedens- und Einwirkungspflicht können Schadensersatzansprüche von Seiten der Arbeitgeber begründen.

Im **normativen Teil des Tarifvertrages** unterscheidet man – entsprechend des Regelungsgegenstandes – noch einmal zwischen vier Tarifvertragsarten:

Manteltarifvertrag	Lohn- und Gehaltsrahmentarifvertrag	Lohn- und Gehaltstarifvertrag	Sondertarifvertrag
Regelt allgemeine Arbeitsbedingungen wie: ► Arbeitszeit ► Urlaubszeit und Urlaubsgeld ► Mehrarbeit und Überstundenzuschläge ► Sonn- und Feiertagszuschläge	Regelt u. a.: ► Gehaltsgruppeneinteilung nach Tätigkeitsmerkmalen ► Verhältnis der einzelnen Gehaltsgruppen zueinander ► Leistungslohnregelungen	Regelt u. a.: ► Höhe Gehälter ► Ausbildungsvergütungen ► Höhe der Zulagen und Zuschläge	Regelt u. a.: ► Zahlung von vermögenswirksamen Leistungen ► Weihnachtsgeld
Laufzeit: Mehrere Jahre	**Laufzeit:** Mehrere Jahre	**Laufzeit:** Meist ein Jahr	**Laufzeit:** Mehrere Jahre

Tab. Tarifvertragsarten

Verzeichnis der für allgemeinverbindlich erklärten Tarifverträge BEISPIEL

Stand: 1. Juli 2016
Wirtschaftsgruppe: Gaststätten und Beherbergung
Hotel- und Gaststättengewerbe, Baden-Württemberg
– Mantel-TV vom 13.03.2002, in der Fassung des Ergänzungs-TV vom 18.03.2015, mit Einschränkungen ab 1.04.2015

Beim Bundesministerium für Wirtschaft und Arbeit werden Abschluss, Änderung und Aufhebung eines Tarifvertrages in ein Tarifregister eingetragen **(Registrierung des Tarifvertrages)**.

Ein wirksam abgeschlossener Tarifvertrag **endet aufgrund seiner Befristung** oder durch Vertragsaufhebung der Parteien. Er gilt nach Ablauf weiter, ist aber nicht mehr zwingend anzuwenden. Zu diesem Zeitpunkt werden spätestens von Seiten der Gewerkschaft Forderungen im Hinblick auf einen neuen Tarifvertrag gestellt. Kommt es aufgrund der Verhandlungen zwischen den Parteien zu keinem neuen Tarifvertrag, kann es zum Arbeitskampf kommen.

6.5 Arbeitskampf

Der Arbeitskampf ist ein Mittel von tariffähigen Parteien (und demnach kein »wilder Streik«), das ausschließlich zum Zweck eines Tarifvertragabschlusses eingesetzt wird und nicht gegen die Friedenspflicht verstößt.

Entsprechend dem **Grundsatz der Verhältnismäßigkeit** (d. h. keine Existenzvernichtung und Abwehraussperrung durch die Arbeitgeber) ist ein rechtmäßiger Arbeitskampf als ultima ratio erst dann zulässig, wenn die Parteien alle zumutbaren Möglichkeiten einer friedlichen Konfliktlösung ausgeschöpft haben.

Die organisierten Arbeitnehmer erhalten im Falle eines Streiks aus der Streikkasse der Gewerkschaft Zweidrittel des Bruttolohns gezahlt.

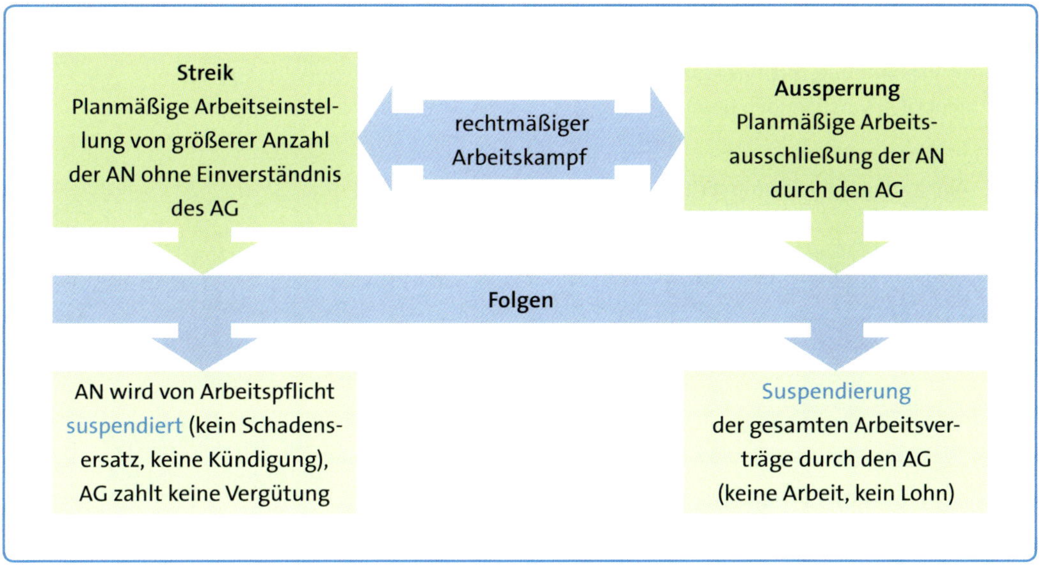

Abb. Ein Streik und seine Folgen

Während des Arbeitskampfes herrscht **Staatsneutralität**. Der Staat darf nicht in Arbeitskämpfe eingreifen, wie z. B. durch die Leistung von Arbeitslosengeld, sondern muss sich passiv neutral verhalten (vgl. § 146 SGB III).

Arbeitskampfmittel MERKE
Auch wenn die Schlichtung immer Vorrang hat, Streik und Aussperrung sind legitime Mittel im Arbeitskampf.

Die **Aussperrung durch den Arbeitgeber** ist eine planmäßige Ausschließung mehrer Arbeitnehmer unter Verweigerung der Lohnfortzahlung. Sie kann als **Abwehraussperrung** (die Aussperrung dient der Abwehr eines Arbeitskampfes) oder **Angriffsaussperrung** (die Aussperrung leitet einen Arbeitskampf ein) durchgeführt werden.

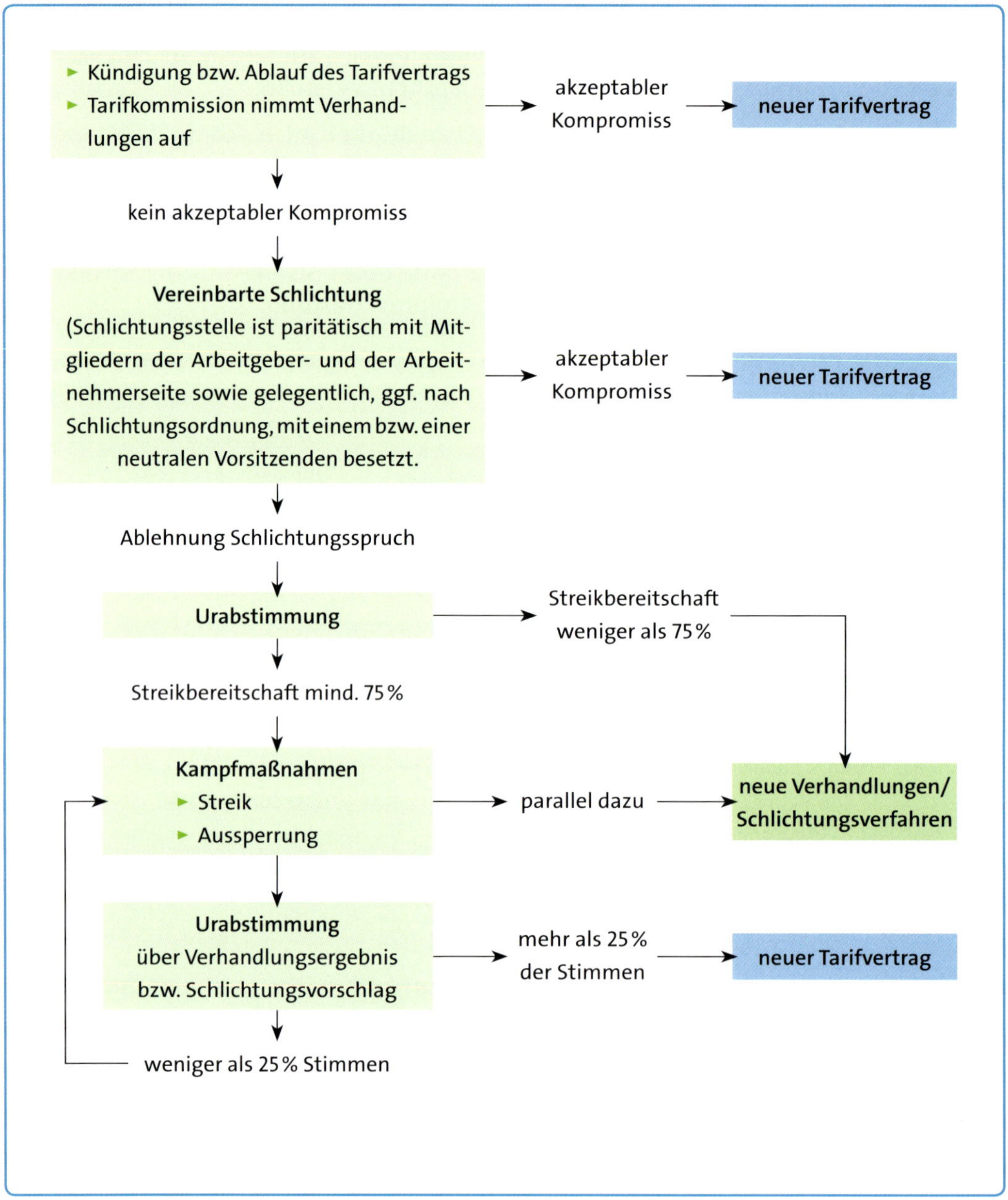

Abb. Ablauf eines Tarifkonfliktes

AUFGABEN

1. Unter welcher Voraussetzung können die Arbeitnehmer Einfluss auf die Zusammensetzung des Aufsichtsrates einer Kapitalgesellschaft nehmen?
2. Unter welchen Voraussetzungen ist eine Jugend- und Auszubildendenvertretung zu wählen?
3. Welche Aufgaben der Gewerkschaften können nicht durch Betriebsvereinbarung geregelt werden?
4. Unterscheiden Sie die Begriffe »betriebliche Mitbestimmung« und »unternehmensbezogene Mitbestimmung«.
5. In welchem Tarifvertrag finden Sie Informationen über …
   a) … Arbeitszeit, Urlaubszeit und Urlaubsgeld?
   b) … Gehaltsgruppeneinteilung?
   c) … Höhe von Gehältern oder Ausbildungsvergütungen?
   d) … Zahlung von vermögenswirksamen Leistungen?

6. Angenommen, ihr Ausbildungsbetrieb ist nicht tarifgebunden und Sie sind Mitglied der Vereinten Dienstleitungsgewerkschaft (ver.di) – haben Sie Anspruch auf eine tariflich vereinbarte Ausbildungsvergütung?
7. Während des Arbeitskampfes herrscht Staatsneutralität. Was bedeutet diese Aussage im Hinblick auf Arbeitnehmer und Arbeitgeber?
8. Unter welchen Voraussetzungen ist ein Arbeitskampf nur rechtmäßig?
9. Streik und Aussperrung sind Suspendierungen. Erläutern Sie daraus folgenden Konsequenzen für Arbeitnehmer und Arbeitgeber.
10. Zeigen Sie die Unterschiede zwischen der Mitbestimmung auf Unternehmensebene und der Mitbestimmung auf Betriebsebene unter den Aspekten a) Einflussbereich, b) Gegenstand der Mitbestimmung und c) greifende Gesetze auf.
11. Welches Mitwirkungsrecht kommt dem Betriebsrat zu, bei …
    a) … dem Ausspruch von Kündigungen?
    b) … der Aufhängung von permanenten Überwachungskameras?
    c) … der fristlosen Kündigung eines Betriebsratmitgliedes?
    d) … der Erstellung von Personalfragebögen?
    e) … der Einstellung eines neuen Mitarbeiters?

12. Die Unternehmensleitung eines Reiseveranstalters veröffentlich – ohne Absprache mit dem vorhandenen Betriebsrat – an dem »Schwarzen Brett« folgende Anweisung: «Arbeitsunfähigkeitsbescheinigungen sind unverzüglich beim zuständigen Personalbüro anzuzeigen, auch wenn die Arbeitsunfähigkeit nur einen Tag dauert.« – Müssen die Arbeitnehmer die Anweisung des Arbeitgebers beachten?

13. Ein tarifvertraglich gebundener Mainzer Reiseveranstalter hatte seit 1998 seinen Mitarbeitern Jahr für Jahr den Rosenmontag als bezahlte Freizeit gewährt. Im Januar 2015 erklärte der neue Personalleiter ohne Rücksprache mit dem Betriebsrat durch Aushang, dass es wegen der stark gestiegenen Personalkosten in Zukunft keine Arbeitsbefreiung zur »Faschingszeit« mehr gibt. – Durfte die Belegschaft wie gewohnt auch zu Karneval 2015 am Rosenmontag rechtmäßig der Arbeit fernbleiben?

14. Unter welchen vier Voraussetzungen kann sich eine Vereinigung auf die in der Verfassung verankerte »Koalitionsfreiheit« berufen?

15. Welche Rechtsfolgen können sich für den Arbeitnehmer aufgrund der Teilnahme an einem a) rechtmäßigen Streik bzw. b) wilden Streik in Bezug auf sein Arbeitsverhältnis ergeben?

16. Herrn Meyer soll ordentlich gekündigt werden. Der Arbeitgeber informiert den Betriebsrat ordnungsgemäß über die geplante Kündigung. Der Betriebsrat widerspricht frist- und ordnungsgemäß. – Handelt es sich um eine wirksame Kündigung? Begründen Sie Ihre Antwort.

17. Frau Meyer soll ordentlich gekündigt werden. Der Arbeitgeber hat den Betriebsrat vorher allerdings nicht informiert. Ist die Kündigung wirksam? Begründen Sie Ihre Antwort.

7 Sozialversicherung

Die Sozialversicherung ist eine öffentlich-rechtliche Versicherung (Grundlage: Sozialgesetzbuch SGB IV) zu der allgemeinen Daseinsvorsorge. Sie basiert auf dem **Prinzip der Solidargemeinschaft** und umfasst die gesetzlichen Versicherungszweige Kranken-, Renten-, Arbeitslosen-, Pflege- und Unfallversicherung.

Sozialversicherte erhalten vom Rentenversicherungsträger aufgrund der Meldung der Krankenkasse oder der Mini-Job-Zentrale einen **Sozialversicherungsausweis** mit einer **Sozialversicherungsnummer**. Der Sozialversicherungsausweis ist bei Beginn einer Beschäftigung dem Arbeitgeber vorzulegen.

Die **Beiträge zur Sozialversicherung** werden nach den Bruttolöhnen und -gehältern (hierzu zählen neben dem Arbeitsentgelt u. a. Urlaubsgeld, Weihnachtsgeld, Vermögenswirksame Leistungen des Arbeitgebers und Sachbezüge ▸ Kapitel 8.1) bis zu einer spartenspezifischen **Beitragsbemessungsgrenze** nach einem bestimmten Prozentsatz berechnet.

MERKE

Finanzierung der Sozialversicherungsbeiträge

Arbeitgeber und Arbeitnehmer finanzieren die Beiträge zur Sozialversicherung (Lohnnebenkosten) je nach Versicherungssparte zu unterschiedlichen Teilen.
Der Arbeitgeber übernimmt die gesamten Sozialversicherungsbeiträge für Auszubildende, die nicht mehr als 325,00 Euro (Geringverdiener) verdienen.

Beiträge zur Sozialversicherung werden vom Arbeitgeber an die Krankenkasse des jeweiligen Arbeitnehmers abgeführt.

Sozialversicherung	Beitragssatz (%) AG / AN	Beitragsbemessungsgrenze jährlich / monatlich (Euro)	
		West	Ost
Rentenversicherung (§ 159 SGB VI)	18,70 AG: 9,35 / AN: 9,35	74.400,00 / 6.200,00	64.800,00 / 5.400,00
Arbeitslosenversicherung (§ 341 Abs. 4 SGB III)	3,0 AG: 1,50 / AN: 1,50	74.400,00 / 6.200,00	64.800,00 / 5.400,00
Krankenversicherung (§ 6 Abs. 7 SGB V)	14,60 + x AG: 7,30 / AN: 7,30 + x	50.850,00 / 4.237,00	
Pflegeversicherung (§ 55 Abs. 2 SGB XI)	2,35 (2017: 2,55) AG: 1,175 / AN: 1,175 (Zusatzbeitrag für Versicherte ohne Kinder 0,25)	50.850,00 / 4.237,00	

Tab. Beiträge und Beitragsbemessungsgrenzen der Sozialversicherung 2016

Beitragssätze, Bemessungsgrenzen und Versicherungspflichtgrenzen **werden in jedem Jahr** durch Bundesgesetz oder Rechtsverordnung des Bundesministeriums für Arbeit und Soziales neu festgelegt.

Im Folgenden werden die Sparten der Sozialversicherung vorgestellt.

7.1 Gesetzliche Krankenversicherung

Grundsätzlich sind u. a. Arbeitnehmer einschließlich der zu ihrer Berufsausbildung Beschäftigten in der gesetzlichen Krankenversicherung versicherungspflichtig, wenn ihr Bruttogehalt die Jahresarbeitsentgeltgrenze nicht überschreitet. Die Versicherten können frei wählen, bei welchem Träger der gesetzlichen Krankenversicherung z. B. Allgemeinen Ortskrankenkassen (AOK), Betriebskrankenkassen (BKK), Innungskrankenkassen (IKK) oder Ersatzkassen sie sich versichern lassen möchten. Beitragsfrei familienversichert sind unter bestimmten Voraussetzungen der Ehe- oder Lebenspartner und die Kinder von Mitgliedern.

Die **Versicherungspflichtgrenze (Jahresarbeitsentgeltgrenze, JAEG)** in der gesetzlichen Krankenversicherung (GKV) beträgt im Jahr 2016 Euro 4.687,50 pro Monat und 56.250,00 Euro pro Jahr. Die gesetzliche Krankenversicherungspflicht endet, wenn diese Versicherungspflichtgrenze ein Jahr lang überschritten wird.

Die **Leistungen der GKV** werden in der Regel als Basisleistungen bezeichnet. Sie umfassen den ambulanten, den stationären und dentalen Bereich. Alle Krankenkassen bieten den Mitgliedern größtenteils die gleichen Leistungen an.

Akupunktur ► Akupunkturbehandlungen (i. d. R. bis zu 10 im Jahr)	**Impfungen** ► alle von der Ständigen Impfkommission (STIKO) des Robert Koch-Instituts empfohlenen Schutzimpfungen.
Arzneimittel ► verordnungsfähige Arznei- und Verbandmittel bis zur Höhe des Apothekenabgabepreises bzw. der Höhe des Festbetrages ► Zuzahlung pro Medikament 10 % des Apothekenabgabepreises, mindestens 5,00 und maximal 10,00 Euro selbst tragen	**Krankengeld** ► bei Arbeitsunfähigkeit von länger als sechs Wochen

Tab. Basisleistungen der GKV im Überblick

Arztwahl ► Grundsätzlich kann jeder zugelassene Arzt aufgesucht werden ► Praxisgebühr pro Quartal 10,00 Euro	**Krankenhaus** ► Versorgung mit allen Krankenhausleistungen, die nach Art und Schwere der Krankheit ► Zuzahlung an das Krankenhaus 10,00 Euro je Krankenhaustag für längstens 28 Tage im Kalenderjahr
Behandlungsprogramme ► Für bestimmten chronischen Krankheiten	**Kieferorthopädische Behandlung** ► Voraussetzung 18. Lebensjahr i. d. R. noch nicht vollendet ► Übernahme von 80 % der Kosten
Fahrkosten ► Unter Berücksichtigung der gesetzlichen Eigenbeteiligung von mindestens 5,00 bis maximal 10,00 Euro	**Mutterschaftsleistungen** ► Übernahme aller Kosten, die im Zusammenhang mit Schwangerschaft und Entbindung entstehen ► Arbeitnehmerinnen erhalten Mutterschaftsgeld für 6 Wochen vor und für 8 Wochen nach der Entbindung
Häusliche Krankenpflege ► Anstelle einer an sich notwendigen Krankenhausbehandlung	**Rehabilitationsleistungen** ► Vorsorge- sowie Rehabilitationsleistungen, ambulant oder stationär (im Regelfall für die Dauer von drei Wochen)
Haushaltshilfe ► Weiterführung des Haushaltes bei Krankenhausaufenthalt, Kur oder akuter schwerer Krankheit ► Voraussetzung: im Haushalt lebt ein Kind < 12 Jahre oder behindertes Kind	**Vorsorge** ► Kinder- und Jugenduntersuchungen ► Früherkennung von Krebs ► »Gesundheits-Check-Up« ► Schwangerschaftsvorsorge
Heil- und Hilfsmittel ► Notwendige Mittel ► Eigene Zuzahlung für Heilmittel beträgt 10 Prozent der Kosten sowie 10,00 Euro je Verordnung	**Zahnärztliche Behandlung** ► Kostenübernahme bei der Regelversorgung (Festzuschuss 50 Prozent; aufgrund regelmäßiger Kontrolluntersuchungen erhöhen sich die Zuschüsse)

Tab. Basisleistungen der GKV im Überblick

Im Bereich der freiwilligen Zusatzleistungen gibt es zum Teil einige Unterschiede zwischen den verschiedenen Anbietern der GKV.

Die Gesetzlichen Krankenkassen (GKV) können neben den Beiträgen **Zusatzbeiträge** erheben, die von den versicherten Arbeitnehmern direkt an die Krankenversicherung zu zahlen sind.

Für sozial Schwache und bei einer Belastung von mehr als zwei Prozent des Einkommens erfolgt ein **Sozialausgleich**. Der Sozialausgleich funktioniert für

Anspruchsberechtigte automatisch, indem der AG oder der Rentenversicherungsträger den einkommensabhängigen Krankenversicherungsbeitrag des Mitglieds um die errechnete Überforderung verringert und die Differenz an den AN bzw. Rentner auszahlt.

Sozialausgleich BEISPIEL

Durchschnittlicher Zusatzbeitrag: 20,00 Euro; tatsächlicher Zusatzbeitrag der Krankenkasse: 22,00 Euro; beitragspflichtige Einnahmen des Versicherten: 800,00 Euro, davon zwei Prozent: 16,00 Euro.

Ergebnis: Vier Euro werden sozial ausgeglichen.
Das Mitglied zahlt unter dem Strich 18,00 Euro.

7.2 Gesetzliche Pflegeversicherung

Grundsätzlich **folgt die Pflegeversicherung der Krankenversicherung**. Das heißt, wer bei einer GKV krankenversichert ist, gehört auch dort der sozialen Pflegeversicherung an. Dies gilt entsprechend für mitversicherte Familienangehörige. Wer privat krankenversichert ist, muss auch eine private Pflegeversicherung abschließen.

Abb. Pflegerin und Pflegeperson

Pflegebedürftige und Menschen mit eingeschränkter Alltagskompetenz wie Demenzkranke, längerfristig psychisch Erkrankte oder geistig Behinderte werden je nach ihrer noch vorhandenen Selbstständigkeit in fünf Pflegegrade 1, 2, 3, 4 und 5 eingestuft und enthalten entsprechende Leistungen aus der Pflegeversicherung.

Maßgeblich für das Vorliegen von Pflegebedürftigkeit sind Beeinträchtigungen der Selbständigkeit oder Fähigkeitsstörungen in den nachfolgenden sechs Bereichen/Modulen (vgl. § 14 SGB XI):

1. **Mobilität** (z. B. Fortbewegen innerhalb des Wohnbereichs, Treppensteigen etc.)
2. **Kognitive und kommunikative Fähigkeiten** (z. B.örtliche und zeitliche Orientierung etc.)
3. **Verhaltensweisen und psychischen Problemlagen** (z. B. nächtliche Unruhe, selbstschädigendes und autoaggressives Verhalten)
4. **Selbstversorgung** ((mager))

(z. B. Körperpflege, Ernährung etc. ▸ hierunter wurde bisher die »Grundpflege« verstanden)

5. **Bewältigung von und selbständiger Umgang mit krankheits- oder therapiebedingten Anforderungen und Belastungen** (z.B. Medikation, Wundversorgung, Arztbesuche, Therapieeinhaltung)

6. **Gestaltung des Alltagslebens und sozialer Kontakte** (z.B. Gestaltung des Tagesablaufs)

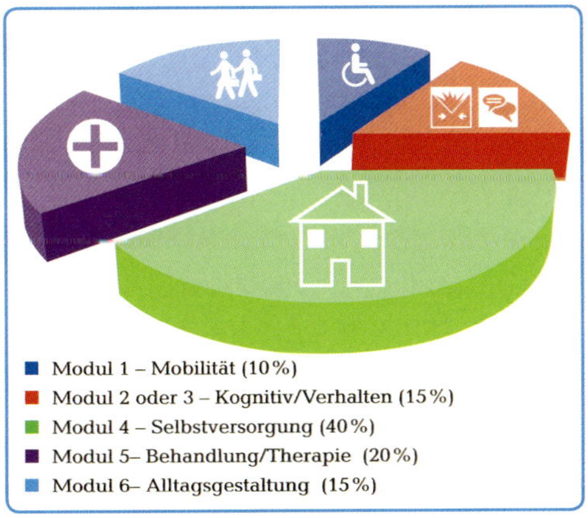

Abb. Module der Pflegebedürftigkeit

Wie selbstständig ein Antragsteller noch ist, ermitteln die Prüfer mit dem **Begutachtungsassessment** (NBA) nach einem Punktesystem. Dabei gilt: **Je mehr Punkte der Begutachtete erhält**, einen umso **höheren Pflegegrad** und umso mehr **Pflege- und Betreuungsleistungen genehmigt** seine Pflegekasse.

- **Pflegegrad 1**: Geringe Beeinträchtigung der Selbständigkeit (12,5 bis unter 27 Punkte)
- **Pflegegrad 2**: Erhebliche Beeinträchtigung der Selbständigkeit (27 bis unter 47,5 Punkte)
- **Pflegegrad 3**: Schwere Beeinträchtigung der Selbständigkeit (47,5 bis unter 70 Punkte)
- **Pflegegrad 4**: Schwerste Beeinträchtigung der Selbständigkeit (70 bis unter 90 Punkte)
- **Pflegegrad 5**: Schwerste Beeinträchtigung der Selbstständigkeit mit besonderen Anforderungen an die pflegerische Versorgung (90 bis 100 Punkte).

Pflegegeld ist für Versicherte gedacht, die zuhause von Angehörigen, Freunden oder Bekannten ehrenamtlich gepflegt werden.

Beispiel Pflegegeld (vgl. § 37 SGB XI)

Anspruchsberechtigt sind die Pflegegrade 2 bis 5.

Pflegegrad 2 = 316,00 EUR
Pflegegrad 3 = 545,00 EUR
Pflegegrad 4 = 728,00 EUR
Pflegegrad 5 = 901,00 EUR

Beispiel Leistungen Vollstationäre Pflege (vgl. § 43 SGB XI)

Pflegegrad 2 = 770,00 EUR
Pflegegrad 3 = 1.262,00 EUR
Pflegegrad 4 = 1.775,00 EUR
Pflegegrad 5 = 2.005,00 EUR

Wählen Pflegebedürftige des Pflegegrades 1 vollstationäre Pflege, erhalten sie einen Zuschuss in Höhe von 125,00 Euro monatlich. (Stand 2017)

Pflegepersonen (z. B. Angehörige) werden in der Arbeitslosenversicherung versichert, sofern nicht ohnehin schon eine Absicherung in der Arbeitslosenversicherung – z. B. aufgrund einer Teilzeitbeschäftigung – besteht.

7.3 Arbeitslosenversicherung

Die gesetzliche **Arbeitslosenversicherung (AV)** ist eine Pflichtversicherung in der alle Personen (Arbeiter, Angestellte, Auszubildende), die einer bezahlten mehr als geringfügigen Beschäftigung nachgehen, versichert sind. Ausgenommen von der Versicherungspflicht sind u. a. Beamte, Soldaten oder Personen, die das 65. Lebensjahr vollendet haben. Für Selbständige besteht die Möglichkeit sich freiwillig in der Arbeitslosenversicherung zu versichern.

Abb. Wartebereich einer Arbeitsagentur

Im Rahmen der Arbeitslosenversicherung wird eine Vielzahl von Leistungen erbracht.

BEISPIEL

Leistungen der AV an Arbeitnehmer
Unterstützung der Beratung und Vermittlung, Maßnahmen zur Verbesserung der Eingliederungsaussichten, Förderung der Aufnahme einer Beschäftigung, Mobilitätshilfen, Förderung der Aufnahme einer selbstständigen Tätigkeit, Förderung der Berufsausbildung, Förderung der beruflichen Weiterbildung, Förderung der Teilhabe behinderter Menschen am Arbeitsleben, Entgeltersatzleistungen, Förderung der ganzjährigen Beschäftigung, Entgeltsicherung für ältere Arbeitnehmer, Kurzarbeitergeld, Transferleistungen.

Leistungen der AV an Arbeitgeber
Einstellung von Arbeitnehmerinnen und Arbeitnehmern (Eingliederungszuschüsse, Einstellungszuschuss bei Neugründungen), Förderung der beruflichen Weiterbildung, Förderung der Teilhabe behinderter Menschen am Arbeitsleben, Leistungen zur beruflichen Eingliederung Schwerbehinderter und ihnen gleich gestellter Menschen, Leistungen nach dem Altersteilzeitgesetz.

Anspruchsvoraussetzungen für die Gewährung von Leistungen der AV:

- **Arbeitslosigkeit** – Arbeitslose sind nach § 16 Absatz 2 des Sozialgesetzbuches SGB III Personen, die
- **vorübergehend nicht in einem Beschäftigungsverhältnis** stehen oder weniger als 15 Stunden pro Woche arbeiten,
- eine **versicherungspflichtige Beschäftigung suchen** und dabei den Vermittlungsbemühungen der Agentur für Arbeit zur Verfügung stehen und

- sich bei einer **Arbeitsagentur als arbeitslos bzw. Arbeit suchend gemeldet haben** (in diesem Absatz des Paragrafen ist ferner geregelt, dass Teilnehmer an Maßnahmen der aktiven Arbeitsmarktpolitik nicht als arbeitslos gelten).
- **Anwartschaftszeit erfüllt** – Die Regelanwartschaftszeit ist erfüllt, wenn der Arbeitslose in den letzten zwei Jahren vor der Arbeitslosmeldung und dem Beginn der Arbeitslosigkeit (Rahmenfrist) mindestens zwölf Monate in einem Versicherungspflichtverhältnis (z. B. Arbeitsverhältnis, Krankengeldbezug) gestanden hat (vgl. § 118 SGB III). Spätestens mit Ablauf des Monats, in dem das 65. Lebensjahr vollendet wird, endet die Zahlung von Arbeitslosengeld.
- **Arbeitslosmeldung** – Die Arbeitslosmeldung (**Arbeitssuchendmeldung**) muss spätestens drei Monate vor Beendigung eines Arbeits- oder außerbetrieblichen Ausbildungsverhältnisses (bzw. drei Tage nach Kenntnis des Beendigungszeitpunktes bei weniger als drei Monaten) persönlich bei einer Agentur für Arbeit erfolgen. Die persönliche Arbeitslosmeldung gilt als Antrag auf Leistungen und Arbeitslosengeld wird frühestens von diesem Tag an gewährt.

MERKE

Anspruch auf Zahlung von Arbeitslosengeld

Ein Anspruch auf die Zahlung von Arbeitslosengeld besteht nur, wenn alle **Anspruchsvoraussetzungen erfüllt sind.**

Die Leistungen und die sonstigen Ausgaben der Bundesagentur für Arbeit werden u. a. durch Beiträge der Arbeitnehmer, der Arbeitgeber und über Mittel des Bundes finanziert.

7.3.1 Arbeitslosengeld I

Das **Arbeitslosengeld I (Leistungssatz)** beträgt 67 Prozent (mit Kind) beziehungsweise 60 Prozent (ohne Kind) des kalendertäglichen beitragspflichtigen Bruttoarbeitsentgeltes der letzten Beschäftigung. Dies unter Berücksichtigung der Steuerklasse des Arbeitslosen vermindert um einen Pauschbetrag von 21 Prozent für die Sozialversicherungsbeiträge.

Arbeitslosengeld wird **für jeden Kalendertag** ge**leistet, für einen kompletten Monat also 30 Tagesbeträge.** Wer Arbeitslosengeld erhält, ist grundsätzlich in der gesetzlichen Sozialversicherung pflichtversichert.

Der **Anspruch** auf das Arbeitslosengeld endet mit dem Erreichen des 66. Lebensjahrs (vgl. §§ 117 ff. SGB III). Die **Bezugsdauer** des Arbeitslosengeldes ist **abhängig von** der Dauer der vorhergehenden versicherungspflichtigen Beschäftigung und dem Lebensalter des Antragstellers (vgl. § 127 SGB III).

Versicherungspflichtverhältnisse innerhalb der letzten fünf Jahre		
mit einer Dauer von insgesamt mindestens	nach Vollendung des ... Lebensjahres	Anspruchsdauer auf Arbeitslosengeld
12 Monate		6 Monate
16 Monate		8 Monate
20 Monate		10 Monate
24 Monate		12 Monate
30 Monate	50	15 Monate
36 Monate	55	18 Monate
48 Monate	58	24 Monate

Tab. Bezugsdauer des ALG I

Der Anspruch auf Arbeitslosengeld kann mit einer **Sperrzeit** belegt werden, wenn ohne wichtigen Grund ein Beschäftigungsverhältnis gelöst oder die Arbeitslosigkeit grob fahrlässig herbeigeführt wurde (z. B. Kündigung aufgrund arbeitsvertragswidrigen Verhaltens). Außerdem tritt eine Sperrzeit ein, wenn z. B. eine von der Agentur für Arbeit angebotene Arbeit (auch für »vorübergehende« Beschäftigungen) ablehnt oder nicht angetreten wird, der Arbeitslose ohne wichtigen Grund keine Eigenbemühungen zur Arbeitssuche nachweist oder der **Pflicht zur frühzeitigen Arbeitsuchendmeldung** nicht nachgekommen wird. Je nach Anzahl der Verstöße kann die Sperrzeit drei, sechs oder zwölf Wochen betragen.

Während der Zeit, für die ein Anspruch auf Arbeitslosengeld erhoben wird, besteht die **Verpflichtung, sich bei der zuständigen Agentur für Arbeit zu melden** und ggf. zu einer von der Agentur für Arbeit angeordneten ärztlichen oder psychologischen Untersuchung zu erscheinen.

7.3.2 Arbeitslosengeld II (Hartz IV)

Die **Grundsicherung für Arbeitsuchende (Arbeitslosengeld II)** steht Hilfebedürftigen zu. Darunter fallen Personen, die Ihren Unterhalt und den ihrer Familie nicht aus eigenen Mitteln und Kräften, also Ihrem Einkommen, Vermögen und Ihrer Arbeitskraft, decken können.

Anspruch auf diese Grundsicherung haben Personen, die

- im Alter von 15 bis zur gesetzlich festgelegten Altersgrenze zwischen 65 und 67 Jahren,
- erwerbsfähig und hilfebedürftig sind sowie
- ihren gewöhnlichen Aufenthalt in der Bundesrepublik Deutschland haben.

Erwerbsfähig ist derjenige, der gesundheitlich in der Lage ist, mindestens drei Stunden am Tag zu arbeiten.

BGB

Örtliche Zuständigkeit (§ 36 SGB II)

Für die Leistungen der Grundsicherung nach § 6 Abs. 1 Nr. 1 ist die Agentur für Arbeit zuständig, in deren Bezirk der erwerbsfähige Hilfebedürftige seinen gewöhnlichen Aufenthalt hat. Für die Leistungen der Grundsicherung nach § 6 Abs. 1 Satz 1 Nr. 2 ist der kommunale Träger zuständig, in dessen Bezirk der erwerbsfähige Hilfebedürftige seinen gewöhnlichen Aufenthalt hat. Ist ein gewöhnlicher Aufenthaltsort nicht feststellbar, so ist der Träger der Grundsicherung für Arbeitsuchende örtlich zuständig, in dessen Bereich sich der erwerbsfähige Hilfebedürftige tatsächlich aufhält.

Einen **Anspruch auf die volle Regelleistung** haben Alleinstehende, Alleinerziehende sowie Antragsteller, deren Partner minderjährig ist. Junge Erwachsene, die 25 Jahre und älter sind, müssen einen eigenen Antrag auf Arbeitslosengeld II stellen, unabhängig davon, ob sie in einer eigenen Wohnung oder bei den Eltern wohnen. Personen, die in einem eigenen Haushalt leben, bilden eine eigene Bedarfsgemeinschaft, wenn sie mindestens 15 Jahre alt sind.

Hartz IV-Sätze 2016:

- Der Satz für Erwachsene beträgt 404,00 Euro/Monat.
- Der Satz für Kinder bis zur Vollendung des sechsten Lebensjahres 237,00 Euro/Monat.
- Der Satz für Kinder vom Beginn des siebten bis zur Vollendung des 14. Lebensjahres beträgt 270,00 Euro/Monat.
- Der Satz für Jugendliche von Beginn des 15. bis zur Vollendung des 18. Lebensjahres umfasst einen Betrag von 306,00 Euro/Monat.
- Die Sätze werden künftig zum 1. Juli unter Berücksichtigung der Lohn- und Preisentwicklung angepasst.
- Für alle Kinder von Hartz IV-Empfängern gibt es Zuschüsse zum Regelsatz: ein »Bildungspaket« im Wert von 250,00 Euro/Jahr in Form von Gutscheinen.

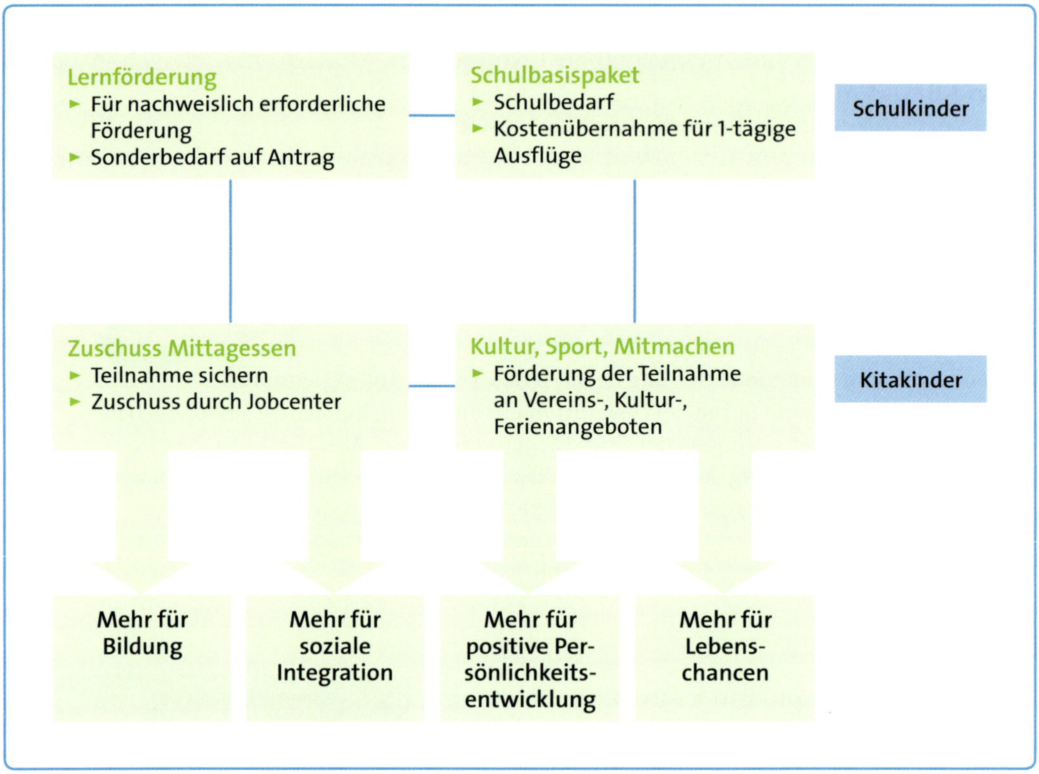

Abb. Zuschüsse für Kinder von Hartz IV-Empfängern

www.bmas.de

Hartz VI-Empfänger erhalten **für die Warmmiete eine Zuschusspauschale**, die jede Stadt und Gemeinde unter Berücksichtigung des örtlichen Mietspiegels und der geltenden Wohnraummietpreise selbst festlegt.

Hinzuverdienstregelungen sollen Anreize für Hinzuverdiener schaffen Vollzeit näher zu arbeiten. Im Einzelnen lauten sie:

- Die ersten 100,00 Euro Hinzuverdienst für Empfänger von ALG II bestehen als Freibetrag.
- Bei einem Hinzuverdienst zwischen 100,00 und 1.000,00 Euro verbleiben 20 Prozent beim Empfänger von ALG II.
- Für die Betragsspanne von 1.000,00 bis 1.200,00 bzw. bis 1.500,00 Euro (für Haushalte mit Kindern) verbleiben 10 Prozent beim ALG II-Empfänger.

Alleinstehende ALG II-Empfänger können maximal 300,00 Euro und Familien mit Kindern maximal 330,00 Euro hinzuverdienen. Weitere Hinzuverdienste werden auf das ALG II angerechnet.

Wer als Empfänger von Hartz IV eine ihm zumutbare, durch das Jobcenter angebotene Arbeit ablehnt, muss innerhalb von drei Monaten mit einer **Kürzung seines Hartz IV-Satzes zur Strafe** rechnen.

Berechnung des Regelsatzes für Hartz IV (Stand 2016)

BEISPIEL

- Lebensmittel und alkoholfreie Getränke: 143,42 Euro
- Freizeitgestaltung, Theater-, Kino- und Konzertbesuche: 44,60 Euro
- Telefon und Internet: 35,67 Euro
- Kleidung: 3,94 Euro
- Energiekosten: 33,77 Euro
- Anschaffungskosten für Haushaltsgeräte: 30,62 Euro
- Andere Dienstleistungen, zum Beispiel für Friseur oder Maniküre: 29,57 Euro
- Personennahverkehrskosten: 25,45 Euro
- Gesundheitspflege: 17,37 Euro
- Gaststätte/Restaurantbesuche: 8,00 Euro
- Bildung: 1,54 Euro

(Quelle: BMAS)

Ein Hartz IV-Empfänger ist **Mitglied in der gesetzlichen Krankenversicherung und Pflegeversicherung**. Die Beiträge dazu übernimmt die Bundesagentur für Arbeit.

Auf dem Weg zu und von der Arbeitsagentur/ARGE bzw. der Leistung erbringenden Kommune, und auf dem Weg zu und von Bewerbungsgesprächen ist er bei Unfällen versichert.

7.4 Rentenversicherung

In der Rentenversicherung sind alle Personen versicherungspflichtig, die in einem **beruflichen unselbstständigen Beschäftigungsverhältnis bzw. in der Berufsausbildung** stehen (Ausnahme: Beamte).

Die gesetzliche Rentenversicherung (RV) gliedert sich in die Deutsche Rentenversicherung BUND (Berlin), Deutsche Rentenversicherung Knappschaft-Bahn-See (Bochum) und in verschiedene Regionalträger.

Die gesetzliche Rentenversicherung betreut die Versicherten und Rentner gemäß SGB VI. Grundlage der Rentenversicherung ist der **Generationenvertrag**. Das heißt, dass im Umlageverfahren von den laufenden Beitragseinnahmen die laufenden Renten gezahlt werden.

Generationenvertrag und Bevölkerungsvorausberechnung 2009 bis 2060

Die Annahmen:

- **Geburtenhäufigkeit**: steigend; 1,6 Kinder je Frau ab 2025,
- **Lebenserwartung Neugeborener** im Jahr 2060: 85,0 Jahre für Jungen und 89,2 Jahre für Mädchen,
- Jährlicher Wanderungssaldo: + 200.000 Personen.

Daraus ergeben sich für das Jahr 2060 folgende Altersgruppen:

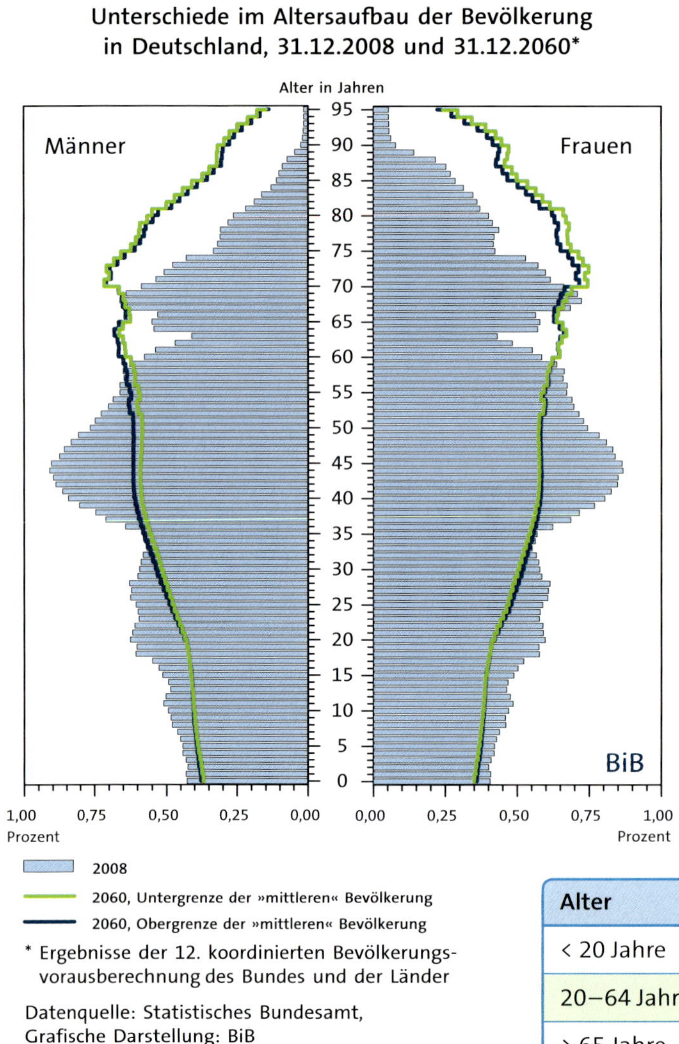

Abb. Bevölkerungspyramide

www.destatis.de

Alter	Mill.	Prozent
< 20 Jahre	13,4	18
20–64 Jahre	38,3	51
> 65 Jahre	22,9	31
Gesamt	74,5	100

Tab. Altersgruppenschätzung

www.destatis.de

Leistungen aus der Rentenversicherung kann nur der beanspruchen, wer eine **Mindestversicherungszeit von 5 Jahren nachweist** (inkl. Beitrags- und Ersatzzeiten sowie Monate aus dem Versorgungsausgleich und aus geringfügiger versicherungsfreier Beschäftigung). Die Höhe der Altersbezüge berechnet sich dann nach der so genannten **Rentenformel**:

Rente = Entgeltpunkte · Zugangsfaktor · Rentenartfaktor · Rentenwert

Maßgeblich für die Höhe der gesetzlichen Rente sind das **Einkommen während des gesamten Arbeitslebens** und die **Dauer der rentenversicherten Berufstätigkeit** bis zum Renteneintritt.

Rentenberechnungen

BEISPIEL

Frau Klein hat 40 Jahre für eine Bank gearbeitet. Ihr Gehalt entsprach immer dem Durchschnittsverdienst. Sie geht vier Jahre vorzeitig in Rente.
Altersrente: 1,0 · 0,856 (1,0 – 48 · 0,003) 48 Monate vorzeitig Rente · 40 Entgeltpunkte · 30,45 Euro = 1.042,61 Euro Rente pro Monat.

Herr Groß hat 45 Jahre als Bürokraft gearbeitet. Nach 23 Jahren Durchschnittsverdienst wurde er Abteilungsleiter. Er geht mit der Regelarbeitsgrenze in Rente.
Altersrente: 1,0 · 1,0 (Regelarbeitsgrenze) · 60,4 (23 · 1 · 22 · 1,7) Entgeltpunkte · 30,45 Euro = 1.839,18 Euro Rente pro Monat.
Stand 2016, Rentenwert 30,45 Euro

Die **Entgeltpunkte (E)** sind der persönliche Renten-Kontostand. Sie werden erworben, indem das individuelle Bruttoeinkommen für jedes Jahr mit dem Durchschnittseinkommen aller Versicherten verglichen wird.

Entspricht in einem Jahr das individuelle Bruttoeinkommen dem statistischen Durchschnittsentgelt, gibt es einen Entgeltpunkt. Die als Verhältniswert ermittelten Entgeltpunkte werden auf bis zu vier Dezimalstellen kaufmännisch gerundet. Maximal gibt es 2,1 Entgeltpunkte pro Jahr.

Berechnung der Entgeltpunkte

BEISPIEL

Ein Durchschnittsverdiener im Westen hat ein Jahreseinkommen im Jahr 20XX von 34.857,00 Euro. Somit erhält er einen Entgeltpunkt (34.857,00 Euro : 34.857,00 Euro = 1,0). Ein Besserverdienender mit einem Jahreseinkommen von 64.800,00 Euro erhält 1,8590 Entgeltpunkte (64.800,00 Euro : 34.857,00 Euro = 1,8590).

Mit Hilfe des **Zugangsfaktors (Z)** wird die Rentenhöhe an das tatsächliche Renteneintrittsalter angepasst. Entspricht der Renteneintritt dem offiziellen Eintrittsalter (65 bzw. 67 Jahre) beträgt der Zugangsfaktor 1,0. Jeder Monat früherer Rentenbezug senkt die Monatsrente um 0,3 Prozentpunkte. Ein um ein Jahr vor-

gezogener Renteneintritt kostet demnach 3,6 Prozent. Wer später in Rente geht erhält einen Zuschlag pro Jahr des hinausgeschobenen Rentenbeginns von sechs Prozent der Rente. Der Zugangsfaktor als solcher ist für die verschiedenen Rentenarten unterschiedlich. Ab 2012 wird das Renteneintrittsalter stufenweise angehoben. Die Rente mit 67 wird sukzessiv eingeführt und betrifft alle Arbeitnehmer ab dem Jahrgang 1947 und jünger.

Persönliche
Entgeltpunkte (pEP) = Zugangsfaktor · Summe der jährlich erarbeiteten Entgeltpunkte

Der **Rentenartfaktor** bestimmt die Höhe der Rente je nach Rentenart (vgl. § 67 SGB VI). Er ist ein festgelegter Multiplikator für die Rentenberechnung und bestimmt das Sicherungsziel der Rentenart im Verhältnis zu einer Altersrente. Er beträgt bei einer Renten wegen Alters, die eine volle Lohnersatzfunktion hat, 1,0. Bei einer Rentenart, der diese Funktion nicht in vollem Umfang hat, entsprechend weniger.

Rentenartfaktoren für die unterschiedlichen Rentenarten:

- Renten wegen Alters: **1,0**
- Renten wegen teilweiser Erwerbsminderung: **0,5**
- Renten wegen voller Erwerbsminderung: **1,0**
- Erziehungsrenten: **1,0**
- kleine Witwen-/Witwerrente bis zum Ende des 3. Kalendermonats nach Ablauf des Monats, in dem der Ehegatte oder Lebenspartner verstorben ist: **1,0**; anschließend: **0,25**
- großen Witwen-/Witwerrente bis zum Ende des 3. Kalendermonats nach Ablauf des Monats, in dem der Ehegatte oder Lebenspartner verstorben ist: **1,0**; anschließend: **0,55**
- Halbwaisenrente: **0,1**
- Vollwaisenrente: **0,2**

Der **aktuelle Rentenwert** ist der Betrag, der einer monatlichen Rente wegen Alters der allgemeinen Rentenversicherung entspricht, wenn für ein Kalenderjahr Beiträge aufgrund des Durchschnittsentgelts gezahlt worden sind. Seit dem 1. Juli 2016 beträgt er 30,45 Euro in den alten Bundesländern und 28,66 Euro in den neuen Bundesländern. Er verändert sich zum 1. Juli eines jeden Jahres, indem der bisherige aktuelle Rentenwert mit den Faktoren für die Veränderung vervielfältigt wird (vgl. § 68 SGB VI). Die Faktoren für die Veränderung sind:

- 1. Bruttolöhne und -gehälter je Arbeitnehmer,
- 2. Beitragssatz zur allgemeinen Rentenversicherung und
- 3. Nachhaltigkeitsfaktor.

Seit dem 1. Juli 2005 wird der **Nachhaltigkeitsfaktor** in die Berechnung der Rente mit einbezogen. Dieser demografische Faktor berücksichtigt bei der Rentenanpassung (aktueller Rentenwert) das Verhältnis von Rentnern zu Beitragszahlern. Er soll u. a. dazu beitragen, die Finanzen der Rentenversicherung zu stabilisieren, indem eine nachhaltige Belastungsbegrenzung der Beitragszahler erfolgt. Der Rentenwert ist umso niedriger, je ungünstiger das Verhältnis zwischen der Zahl der Beitragszahler und der Rentenempfänger ist und je höher die Lebenserwartung der Rentenempfänger und damit die durchschnittliche Dauer des Rentenbezugs wird.

$$\text{Nachhaltigkeitsfaktor} = \left(1 - \left(\frac{RQ_{t-2}}{RQ_{t-3}}\right)\right) \cdot \alpha + 1$$

RQ = Rentnerquotient, d. h. das Verhältnis von Rentenempfängern zu Beitragszahlern.
RQ_{t-2} = Veränderung des Rentnerquotienten im zweiten Kalenderjahr vor der Anpassung.
RQ_{t-3} = Veränderung gegenüber dem dritten Kalenderjahr vor der Anpassung (maßgeblich).
α = »Alpha« ist derzeit von dem zuständigen Bundesminister auf 0,25 festgesetzt.

Versicherte erhalten i. d. R. nur eine Rente, wenn sie die **allgemeine Wartezeit** von fünf Jahren erfüllt haben.

Rentenberechnung (fiktive Zahlen) BEISPIEL

Rentnerquotient hat sich 2014 gegenüber 2013 um 1,82 Prozent erhöht.
Der Nachhaltigkeitsfaktor für die Rentenanpassung 2016 beläuft sich demnach auf:
$(1 - 1{,}0182) \cdot 0{,}25 + 1 = 0{,}9955$.
Eingesetzt in die so genannte »Riestersche Rentenanpassungsformel« ergibt dies einen aktuellen Rentenwert (für das Jahr 2016) von 26,01 Euro statt 26,13 Euro:
$25{,}86 \cdot 1{,}0167 \cdot 0{,}9938 \cdot 0{,}9955 = 26{,}01$ Euro.
Infolge der Riester-Formel partizipieren die Rentner nur zum Teil an der Entgeltentwicklung des Vorjahres.

Mit der **Niveausicherungsklausel** soll verhindert werden, dass das durchschnittliche Niveau der Renten (genauer: das Nettorentenniveau vor Steuern) im Verhältnis zu den Einkommen der Erwerbstätigen unter eine bestimmte Grenze fällt. Das definierte Mindestniveau beträgt 46 Prozent bis zum Jahr 2020 bzw. 43 Prozent bis zum Jahr 2030.

Das bisher praktizierte **Umlageverfahren zur Finanzierung der Renten (Generationenvertrag)** führt durch die gestiegene Lebenserwartung der Bevölkerung und durch die rückläufige Zahl an Geburten zu einem Ungleichgewicht. Die Renten der heutigen Beitragszahler werden geringer ausfallen. Aufgrund dieser Entwicklung ist eine zusätzliche, private Altersvorsorge notwendig geworden.

Altersrenten[1]	Renten wegen Todes	Erwerbsminderungsrente
▸ Regelaltersrente ▸ Altersrente für langjährig Versicherte ▸ Altersrente für Schwerbehinderte	▸ Witwen- und Witwerrenten ▸ Waisenrente	▸ Volle EM-Rente ▸ Halbe EM-Rente

Regelaltersrente	Witwen- und Witwerrente	Voll- und Halbwaisenrente	Erwerbsminderungsrente (EMR)
Voraussetzung Versicherter hat die Regelaltersgrenze (das 65. Lebensjahr) vollendet. Die allgemeine Wartezeit von fünf Jahren ist erfüllt.	**Voraussetzung** verstorbener Ehegatte hat die allgemeine Wartezeit von fünf Jahren erfüllt oder hat bereits eine Rente bezogen.	**Voraussetzung** empfangsberechtigt sind leibliche Kinder, Stief- und Pflegekinder, Enkel und Geschwister, die im Haushalt des Verstorbenen lebten oder für die er unterhaltspflichtig war.	**Voraussetzung** Die allgemeine Wartezeit von fünf Jahren ist erfüllt. Vor Eintritt der EM sind drei Jahre mit Pflichtbeiträgen für eine versicherte Beschäftigung belegt.
Rentenbezug Innerhalb von drei Monaten nach Ablauf des Monats zu beantragen, in dem die Anspruchsvoraussetzungen erfüllt sind. Wird mit Beginn des Monats gewährt, in dem die Anspruchsvoraussetzungen vorlagen.	**Rentenbezug** »Große« Witwenrente, wenn der Hinterbliebene u. a. das 45. Lj. vollendet hat oder ein waisenrentenberechtigtes Kind erzieht, welches das 18. Lj. noch nicht vollendet hat; ansonsten »kleine« Witwenrente.	**Rentenbezug** grundsätzliche Anspruchsdauer bis zum 18. Lebensjahr der Waisen. Weitergehende Rentenzahlung bis zum 27. Lebensjahr möglich sofern Bezieher Schule, Ausbildung oder Studium noch nicht beendet hat.	**Rentenbezug** Teilweise EM bei Arbeitsfähigkeit von drei bis sechs Stunden täglich = halbe EM-Rente. Volle EM bei Arbeitsfähigkeit bis drei Stunden täglich = volle EM-Rente.
Rentenhöhe Bei einem Durchschnittsverdiener, der 45 Jahre lang eingezahlt hat, ca. 67 Prozent seines letzten Nettoverdienstes.	**Rentenhöhe** Die große Witwenrente beträgt 55 Prozent der Versichertenrente des Verstorbenen. Die kleine Witwenrente beträgt 25 Prozent des Rentenanspruchs des Verstorbenen.	**Rentenhöhe** Bei Halbwaisen 10 Prozent des Rentenbetrages, der dem Verstorbenen zum Todeszeitpunkt im Rahmen einer vollen Erwerbsminderung zugestanden hätte. Bei Vollwaisen 20 Prozent der dem Verstorbenen zustehenden vollen EM-Rente.	**Rentenhöhe** Die Berechnung der EM-Rente entspricht den Grundsätzen der Regelaltersrente. Der Rentenabschlag wird bei EM-Renten angewandt, die vor dem 63. Lebensjahr in Anspruch genommen werden. Für jeden Monat des vorzeitigen Rentenbeginns werden 0,3 Prozent abgezogen. Maximal beträgt der Abschlag 10,8 Prozent.

Tab. Überblick ausgewählte Rentenarten

1) Neu 2017: Flexi-Rente = vorgezogene Teilrente für Menschen, die noch in Teilzeit weiterarbeiten möchten

Exkurs: Private Vorsorge

Bis zum Jahr 2030 wird das Rentenniveau schrittweise von derzeit 70 Prozent des letzten Nettogehaltes auf dann 67 Prozent gekürzt. (Hierbei geht der Gesetzgeber vom so genannten »Eckrentner« aus, der 45 Jahre lang den Durchschnittsbeitrag in die gesetzliche Rentenversicherung eingezahlt hat.)

Um im Alter den gewohnten Lebensstandard aufrecht halten zu können, müssen AN heute auch privat vorsorgen. Der Staat hilft beim Aufbau einer zusätzlichen und Kapital gedeckten Altersvorsorge mit Steuervorteilen und Zulagen.

Vermögenswirksame Leistungen

Vermögenswirksame Leistungen (VL) sind Geldleistungen, die der **Arbeitgeber für den Arbeitnehmer anlegt** (vgl. § 2 VermBG). Anspruch auf VL haben Arbeitnehmer, Beamte, Richter, Soldaten und Auszubildende. Teilzeitbeschäftigte erhalten die VL-Leistungen i. d. R. nur anteilig.

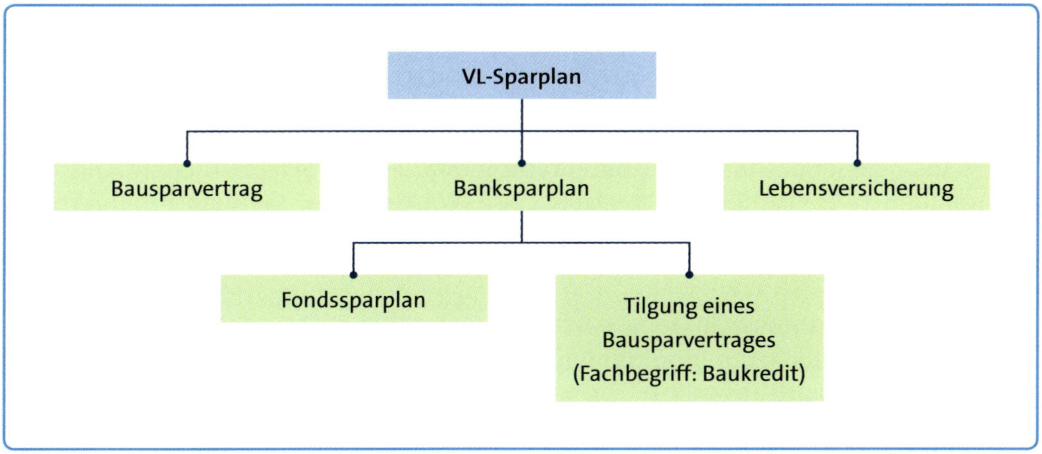

Abb. Anlageformen für Vermögenswirksame Leistungen

Die **Höhe der Geldleistung** ist oft in der Betriebsvereinbarung (▸ Kapitel 6.1), im Tarif- oder Arbeitsvertrag geregelt. In der Regel werden von 6,00 Euro bis 40,00 Euro monatlich gezahlt. VL sind steuer- und sozialabgabenpflichtig.

Um VL zu bekommen, müssen Arbeitnehmer einen **speziellen VL-Sparplan** abschließen. Dazu eignen sich die in der Abbildung dargestellten **Anlageformen**.

VL Bausparvertrag

Das Bausparen wird durch die Wohnungsbauprämie und die Arbeitnehmersparzulage gefördert, sofern bestimmte Einkommensgrenzen nicht überschritten werden. Seit 1.1.2009 wird die Wohnungsbauprämie nur noch gezahlt, wenn das Geld für wohnwirtschaftliche Nutzung verwendet wird. Die freie

Verwendung der Bausparprämie nach Ablauf der Bindungsfrist von sieben Jahren ist nicht möglich. Für Bausparer im Alter von bis zu 25 Jahren gilt diese Einschränkung nicht. Sie müssen die Wohnungsbauprämie nicht zurückzahlen, auch wenn das gesparte Geld nach der Bindungsfrist nicht zur Finanzierung einer Immobilie verwandt wird. In der Regel fällt beim Abschluss eines Bausparvertrages eine Abschlussgebühr (z. B. von einem Prozent) an, deshalb sollte nur eine kleine Bausparsumme gewählt werden, wenn man später kein Wohneigentum erwerben möchte.

VL Banksparplan
Banksparpläne sind sichere Anlagen mit einer i. d. R. niedrigen variablen Basisverzinsung, die nicht staatlich gefördert werden. Die Gesamtrendite ergibt sich primär aus dem Zinseszinseffekt und einen festen Bonus auf die Gesamteinlagen zum Ende der Laufzeit.

VL Lebensversicherung
Eine Kapitallebensversicherung kombiniert den reinen Versicherungsschutz einer Risikolebensversicherung mit einem verzinsten Sparplan. Sie ist eine unflexible Anlagemöglichkeit, da erst nach einer Laufzeit von 12 Jahren und nach dem 60. Lebensjahr die Erträge nur noch zur Hälfte besteuert werden. Bei Auszahlung im Todesfall besteht keine Einkommensteuerpflicht.

VL Fondssparplan
Als Fonds bezeichnet man Wertpapiervermögen aus unterschiedlichen Anlagebereichen (z. B. Aktien, festverzinslichen Wertpapiere, Geldmarktpapiere oder Immobilien) nach dem Prinzip der Risikostreuung. Für die Anlage der vermögenswirksamen Leistungen dürfen nur Fonds mit einem Aktienanteil von mindestes 60 Prozent bespart werden. Bei Vertragsabschluß erhält der Sparer eine VL-Bescheinigung, die er dem Arbeitgeber abgibt. Dieser überweist daraufhin die VL sechs Jahre lang regelmäßig auf ein Depot. Die VL werden so in den gewählten Fonds investiert. Ein weiteres Jahr ruht der Vertrag.

Fondssparen eignet sich für spekulative Anleger, da einerseits Kursgewinne, Ertragsauschüttungen (Dividenden, Zinsen) andererseits aber auch Kursverluste, unabhängig von der staatliche Förderung, erzielt werden können. Die vermögenswirksame Leistung wird jährlich beim Finanzamt über die Steuererklärung beantragt. Diese wird erst nach einer Sperrfrist von sieben Jahren ausgezahlt.

VL Tilgung eines Bausparvertrages
Werden vermögenswirksame Leistungen zur Tilgung eines Baukredits eingesetzt, kommen ebenfalls die oben genannten Vergünstigungen zur Wirkung. Dies macht in so fern Sinn, als dass die Zinsen eines Baukredits fast immer höher liegen als die Zinsen (Habenzinsen), die der Sparer bekommt.

Anmerkung: Einkommensgrenze für die Förderung = Jahreseinkommen nach Abzug aller Pauschalen und Freibeträge.

Anlagemöglichkeit	VL-Zulage vom Staat	Einkommensgrenze für die Förderung	Maximale Förderung pro Jahr
Banksparplan	keine	–	–
Bausparvertrag	ja	Arbeitnehmersparzulage 17.900,00 Euro (Ehepaare 35.800,00 Euro)	Arbeitnehmersparzulage Neun Prozent für Beitrage bis zu 470,00 Euro = 43,00 Euro (Ehepaare bis zu 940,00 Euro = 86,00 Euro)
		Wohnungsbauprämie bei zu versteuerndem Jahreseinkommen von maximal 25.600,00 Euro (Ehepaare 51.200,00 Euro)	Wohnungsbauprämie 8,8 Prozent auf jährliche Sparbeiträge bis 512,00 Euro = maximal 45,00 Euro (Ehepaare 1.024,00 Euro, maximal 90,00 Euro) pro Jahr
Fondssparplan	Ja	Arbeitnehmersparzulage 20.000,00 Euro (Ehepaare 40.000,00 Euro)	Arbeitnehmersparzulage 20 Prozent auf die jährlichen Einzahlungen bis 400,00 Euro (Ehepaare 80,00 Euro)
Lebensversicherung	nein	–	–
Tilgung eines Baukredits	Ja	Arbeitnehmersparzulage 17.900,00 Euro	Arbeitnehmersparzulage 43,00 Euro
Altersvorsorgewirksame Leistungen (AVWL)	abhängig von der Anlageform	abhängig von der Anlageform, evtl. Riesterförderung	–

Tab. VL-Anlagemöglichkeiten im Überblick (Stand 2015)

Die VL-Beträge können auch in Altersvorsorgewirksame Leistungen (AVWL) angelegt werden. AVWL sind Geldleistungen des Arbeitgebers, mit denen eine private Altersvorsorge (als eigenverantwortliche Ansparung von Eigenkapital) oder eine betriebliche Altersvorsorge gefördert wird.

BEISPIEL

Verwendung von AVWL

AVWL können in die Betriebsrente des Arbeitgebers eingezahlt werden, wenn dies die Betriebsvereinbarung oder der Tarifvertrag vorsieht. Die betriebliche Altersvorsorge (bAV) wird gefördert durch Steuer- und Sozialabgabenersparnis, da die VL direkt vom Gehalt (Gehaltsumwandlung) beziehungsweise vom Lohn (Entgeltumwandlung) ohne Abzug von Steuern und Sozialabgaben beispielsweise in eine Direktversicherung eingezahlt werden kann.

AVWL können auch im Rahmen der privaten Altersvorsorge in einen fähigen Riester-Rentenvertrag eingehen.

Riester-Rente

Riester-Rentenprodukte müssen von der Bundesanstalt für Finanzdienstleistungsaufsicht (BaFin) zum Schutz der Sparer zertifiziert sein (vgl. § 10a EStG). Die bekanntesten Anlageformen der Riester-Rente sind Banksparplan, Rentenversicherung und Fondssparen. Das abgesparte Geld kann auch für ein Bauvorhaben, den Erwerb einer Immobilie oder für das Absparen von Bausparverträgen eingesetzt werden.

MERKE

Ein Sparvertrag für AVWL
wird nicht durch die Arbeitnehmersparzulage gefördert, sondern – unter bestimmten Voraussetzungen – bei der Riester Rente durch eine Zulage (Grund-, Kinderzulage).

Jahr	Grundzulage		Kinderzulage
	bei Ledigen	bei Verheirateten	
ab 2008	154 Euro	308 Euro	300 Euro

Tab. Staatliche Altersvorsorgezulagen bei der Riester-Rente

Die Altersvorsorgezulagen werden in voller Höhe gezahlt, wenn vier Prozent des Bruttoeinkommens des Vorjahres (abzüglich der Zulagen) auf ein Riester-Konto eingezahlt werden. Bei kleineren Einzahlungen werden die Zulagen anteilig gekürzt. Der maximale Eigenbeitrag beträgt 2.100,00 Euro.

BEISPIEL

Erhalt der vollen Zulage

Ein Alleinstehender hat im Vorjahr 30.000,00 Euro brutto verdient.
Vier Prozent davon sind 1.200,00 Euro. Die maximale Zulage für Singles beträgt 154,00 Euro. Er muss also 1.046,00 Euro (entspricht 87,17 Euro pro Monat) einzahlen, um die volle Zulage zu bekommen.

Die Altersvorsorgezulage muss bei der **Zentralen Zulagenstelle für Altersvermögen (ZfA)** beantragt werden. Nach Genehmigung des Antrags werden die Zulagen direkt auf das Riester-Konto überwiesen.

Der **Anbieter eines Altersvorsorgevertrages** muss u. a. gewährleisten, dass

- zu Beginn der Auszahlungsphase mindestens die eingezahlten Altersvorsorgebeiträge (Eigenbeitrag und Zulage) zur Auszahlung zur Verfügung stehen,
- die Leistungen ab Beginn der Altersrente (für Verträge ab 1.1.2012 frühestens ab dem 62. Lebensjahr) erbracht werden,
- lebenslang gleich bleibende oder steigende Zahlungen geleistet werden,
- Abschluss- und Vertriebskosten auf mindestens zehn Jahre (für Verträge ab 2008: gleichmäßig mindestens auf die ersten fünf Vertragsjahre) verteilt werden.

© Martina – Fotolia.com

Die **Vorteile einer Riester-Rente** liegen in den Zulagen bzw. in dem Sonderausgabenabzug bei Besserverdienenden (weniger hohe Steuerlast = Minderung der Einkommensteuerschuld) sowie in ihrer Hartz IV-Sicherheit. Das in der Riester-Rente an gesparte Kapital gehört laut SGB nicht zum verwertbaren Vermögen, d. h. es darf weder von der Bundesagentur für Arbeit, noch von einer anderen staatliche Einrichtung als solches angesehen werden. Es ist so vor allen Zugriffen geschützt.

Ein weiterer Vorteil besteht darin, dass keine Anrechnung des Versorgungskapitals auf die Arbeitslosen- und Sozialhilfe erfolgen darf, und die Kapitalerhaltungsgarantie sorgt dafür, dass zu Beginn der Rentenzahlung mindestens die eingezahlten Beiträge zur Verfügung stehen.

Die Riester-Rente ist damit speziell für kleinere Einkommen und für Familien mit mehreren Kindern aufgrund der staatlichen Förderung interessant.

Wer eine Riester-Rente abschließt, sollte sich aber auch bewusst sein, dass bei Kündigung des Vertrages während der Vertragslaufzeit (Ansparzeit) die volle Förderung (Zulagen plus Steuervorteile) ab Vertragsbeginn zurück gezahlt werden muss. Außerdem erfolgt die Rentenzahlung frühestens ab dem 60ten Lebensjahr und ist dann zu versteuern.

7.5 Gesetzliche Unfallversicherung

In der gesetzlichen Unfallversicherung sind Arbeitnehmer, Unternehmer, Kinder in Tageseinrichtungen, Schüler und Studierende sowie ehrenamtlich Tätige und weiteren Personen versichert. Die gesetzliche Unfallversicherung umfasst die gewerblichen Berufsgenossenschaften, die Unfallkassen und Gemeindeunfallversicherungsverbände und die landwirtschaftliche Unfallversicherung.

Wer ein Unternehmen eröffnet, muss dieses binnen einer Woche beim zuständigen Unfallversicherungsträger anmelden (vgl. § 192 Sozialgesetzbuch VII). Die gesetzliche Unfallversicherung berät Unternehmen in allen Fragen der Sicherheit und Gesundheit, um Arbeitsunfälle, Berufskrankheiten und arbeitsbedingte Gesundheitsgefahren zu verhüten (Präventionsauftrag).

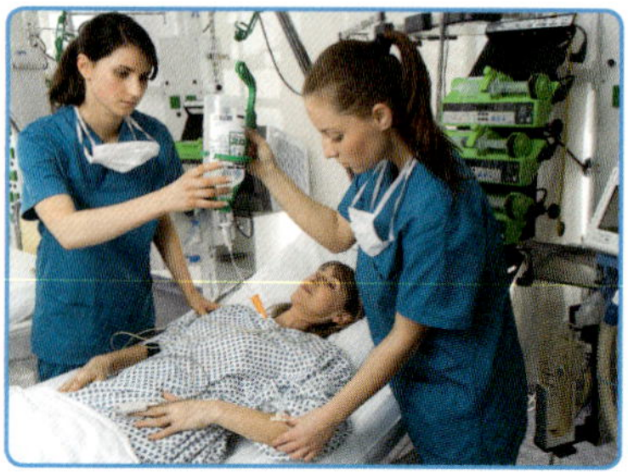

Als Leistungen übernimmt sie bei Arbeits- oder Wegeunfällen und Berufskrankheiten von Arbeitnehmern die Haftung des Arbeitgebers (Haftungsablösung), indem sie die notwendigen Maßnahmen finanziert, um die Gesundheit und die Leistungsfähigkeit des Versicherten wieder herzustellen oder den Versicherten bzw. seine Hinterbliebenen durch Geldleistungen zu entschädigen.

Die Finanzierung der Unfallversicherungsträger erfolgt durch Beiträge von den Unternehmen. Die Höhe der Beiträge bestimmen folgende drei Faktoren:

- **Arbeitsentgelte** – Sie entspricht der Summe der von den Mitgliedsunternehmen an die Beschäftigten gezahlten Bruttoentgelte (Lohnsumme eines Unternehmens).
- **Beitragsfuß (Umlageziffer)** – Er ist der rechnerische Beitragssatz, der in einer angenommenen Gefahrklasse 1 für 1.000 Euro Arbeitsentgelt zu zahlen ist. Er errechnet sich jährlich aus dem Verhältnis von Umlagesoll (= Gesamtausgaben der Berufsgenossenschaft) und der insgesamt nachgewiesenen Arbeitsentgelte pro Gewerbszweig (vgl. SGB VII § 167).
- **Gefahrklassen** – Sie werden aus dem Verhältnis der von der Berufsgenossenschaft gezahlten Leistungen zu den Arbeitsentgelten des jeweiligen Gewerbezweiges berechnet. Unternehmen mit ähnlichem Risiko werden zu **Tarifstellen** zusammengefasst. Das Gefährdungsrisiko der jeweiligen Tarifstelle wird durch die Gefahrklasse aus gedrückt. Die Gefahrklasse bestimmt den Beitrag zur Unfallversicherung.

Der Beitrag wird nach folgender Formel berechnet:

$$\text{Beitrag} = \frac{\text{Arbeitsentgelte} \cdot \text{Beitragsfuß} \cdot \text{Gefahrklasse}}{1.000}$$

Die Abgrenzung der Gefahrengemeinschaften bzw. Gefahrklassen umfasst insgesamt 22 Gefahrtarifstellen.

Gefahr-tarifstelle	Unternehmensart (Bezeichnung der Tarifstelle)	dazu gehören auch
04	Bildungseinrichtung	Berufsbildende Schulen – Computerseminare – Einrichtungen der beruflichen Bildung – Fernschulen – Musikschulen – Nachhilfen – Private allgemein bildende Schulen – Private Hochschulen – Schülerhilfen – Sprachunterrichte – Sportseminare sonstige Bildungseinrichtungen – Volkshochschulen ▸ Gefahrklasse 1,52
09	Unternehmen des Tourismus	Fremdenverkehrsvereine – Reisebüros – Reiseleitungen – Reiseveranstalterinnen/Reiseveranstalter – Tourenmanagerinnen/Tourenmanager ▸ Gefahrklasse 0,66

Tab. Gefahrtarif 2014 (Auszug)

Zum Vergleich: Ein bezahlter Sportler, z. B. aus den oberen Fußball-Ligen der Männer, wird seit dem Jahr 2012 in die Gefahrklasse 57,81 eingeordnet.

Arbeitsentgelt (Euro)	Gefahrklasse	Beitragsfuß	Jahresbeitrag (Euro)
300.000,00	0,66	4,00	792,00
1.200.000,00	57,81	4,00	277.488,00
400.000,00	1,52	4,00	2.432,00

Tab. Beitragsberechnung zur gesetzlichen Unfallversicherung (Stand 2016)

Alle sechs Jahre geben die Berufsgenossenschaften ihren Beitragssystemen eine neue Berechnungsgrundlage – den Gefahrtarif. Dadurch wird gewährleistet, dass ein Gefahrtarif ständig überprüft und aktualisiert wird.

Im Bereich der öffentlichen Hand tragen Bund, Länder und Gemeinden die Kosten zur Unfallversicherung.

7.6 Sozialgerichtsbarkeit

Die Sozialgerichtsbarkeit ist ein besonderen Zweig der Verwaltungsgerichtsbarkeit und für spezielle Bereiche der öffentlichen Verwaltung zuständig. Die Zuständigkeit, die Organisation und das Verfahren der Sozialgerichtsbarkeit sind im Sozialgerichtsgesetz (SGG) geregelt.

Die Gerichte der Sozialgerichtsbarkeit entscheiden über öffentlich-rechtliche Streitigkeiten in diesen Angelegenheiten:

- Sozialversicherung (gesetzliche RV, gesetzliche KV, soziale PV, gesetzliche AV und Arbeitsförderung),
- sozialen Entschädigung (Kriegsopferversorgung, Opferentschädigung, Häftlingshilfe, Soldatenversorgung, Zivildienst, Impfschäden),
- Feststellung des Vorliegens einer Behinderung, über den Grad der Behinderung sowie im Zusammenhang mit dem Schwerbehindertenausweis,
- Lohnfortzahlung,
- Kindergeldansprüche (vgl. § 51 SGG).

Die Sozialgerichtsbarkeit ist in **drei Instanzen** unterteilt:

Sozialgerichtsbarkeit

- **1. Instanz:** Sozialgerichte (vgl. § 8 SGG)
- **2. Instanz (Berufungs- und Beschwerdeinstanz):** Landessozialgerichte (vgl. § 29 SGG)
- **3. Instanz (Revisionsinstanz):** Bundessozialgericht in Kassel (vgl. § 39 SGG)

Abb. Instanzen der Sozialgerichtsbarkeit

Der Schwellenwert für eine zulässige Berufung liegt bei 750,00 Euro für natürliche Personen und für juristische Personen bei 10.000,00 Euro (vgl. § 144 Abs. 1 Satz 1 Nr. 1 SGG).

© Blackosaka – Fotolia.com

Abb. Bundessozialgericht (BSG) in Kassel

Das Verfahren vor den Gerichten der Sozialgerichtsbarkeit ist für Versicherte, Leistungsempfänger einschließlich Hinterbliebenenleistungsempfänger, Behinderte oder deren Sonderrechtsnachfolger nach § 56 des Ersten Buches Sozialgesetzbuch gerichtskostenkostenfrei (vgl. § 183 SGG).

Es besteht aber – außer vor dem Bundessozialgericht – kein Anwaltszwang, jeder kann sich selbst vertreten oder etwa durch Experten der Sozialverbände vertreten lassen.

AUFGABEN

1. Bis zu welcher Euro-Grenze muss der Ausbildende für den Auszubildenden die gesamten Sozialversicherungsbeiträge übernehmen?
2. Ein Auszubildender erhält im Juni neben seiner Ausbildungsvergütung von 700,00 Euro Urlaubsgeld in Höhe von 350,00 Euro und 40,00 Euro Vermögenswirksame Leistungen. Im Dezember erhält er seine Ausbildungsvergütung zuzüglich 700,00 Euro Weihnachtsgeld und Vermögenswirksame Leistungen. Von welchem Betrag werden jeweils die Beiträge zur Sozialversicherung berechnet?
3. Welche Bedeutung hat die Jahresarbeitsentgeltgrenze?
4. Was sind Basisleistungen der gesetzlichen Krankenkassen?
5. Erläutern Sie die Begriffe Pflegebedürftige, Menschen mit eingeschränkten Alltagskompetenzen und Pflegegrad.
6. Prüfen Sie, ob die Anspruchsvoraussetzungen auf Arbeitslosengeld in dem folgenden Fall bestehen …
   - … Wenn jemand eine versicherungspflichtige Beschäftigung sucht,
   - … sich bei einer Agentur für Arbeit telefonisch einen Monat vor Beendigung des Arbeitsverhältnisses arbeitslos gemeldet hat, obwohl ihm die Kündigung bereits vor drei Monaten zugegangen war,
   - … bis zum Beginn der Arbeitslosigkeit vier Jahre in einem Versicherungspflichtverhältnis gestanden hat und
   - … nach dem Stress acht Tage in Urlaub fährt.
7. Berechnen Sie das Arbeitslosengeld für das Jahr 2017 unter folgenden Voraussetzungen …
   - … beitragspflichtiges Einkommen in den letzten 52 Wochen war 3.000,00 Euro,
   - … zusätzliche Einmalzahlungen wie Urlaubs- oder Weihnachtsgeld in Höhe von 1.000,00 Euro,
   - … Steuerklasse I,
   - … Beschäftigung in den alten Bundesländern.

8. Wie viele Monate hat ein Antragsteller Anspruch auf Zahlung von ALG I, wenn er innerhalb der letzten fünf Jahre und nach Vollendung des 55. Lebensjahres 36 Monate lang versicherungspflichtig beschäftigt war?

9. Wer ist erwerbsfähig?

10. Ein Bezieher der Grundsicherung für sich und seine Familie verdient als Erntehelfer im Monat September 1.300,00 Euro. Wie viele Euro verbleiben davon dem ALG-II-Empfänger?

11. Angenommen, der Durchschnittsverdiener hat ein Jahreseinkommen im Jahr 2017 von 32.000,00 Euro. Berechnen Sie die Entgeltpunkte für einen Arbeitnehmer, der 30.000,00 Euro bzw. 36.000,00 Euro verdient.

12. Ein Arbeitnehmer möchte 18 Monate früher in Rente gehen. Um wie viele Prozentpunkte senkt sich dadurch die Rente?

13. Was bedeutet bei der Halbwaisenrente »Rentenartfaktor 0,1«?

14. Welche Bedeutung hat der Nachhaltigkeitsfaktor bzw. die Niveausicherungsklausel?

15. Ein Reiseveranstalter zahlt jährlich ein Arbeitsentgelt von 80.000,00 Euro. Wie hoch ist sein Beitrag zur Unfallversicherung (Gefahrklasse 0,66, Beitragsfuß 4,91)?

16. Nennen sie drei zentrale Aufgaben der gesetzlichen Unfallversicherung.

17. Unterscheiden Sie die Voraussetzungen und die Höhe der drei zentralen Rentenarten.

18. Die gesetzliche Rentenversicherung steht trotz Reformen weiterhin vor großen Problemen.
    a) Nennen Sie die Ursachen hierfür.
    b) Welche Empfehlungen geben Sie einer jungen Familie zum Aufbau einer Altersversorgung?

19. In der Krankenversicherung werden die Begriffe »Beitragsbemessungsgrenze« und »Versicherungspflichtgrenze« verwendet. Erklären Sie jeweils diese beiden Begriffe, und erläutern Sie die Bedeutung für einen Arbeitnehmer/Versicherten.

20. Was versteht man unter Vermögenswirksamen Leistungen?

21. Welche altersvorsorgewirksamen Leistungen haben bzw. würden Sie für sich wählen? Begründen Sie Ihre Entscheidung.

22. Ein Arbeitnehmer mit zwei Kindern, ein und drei Jahre alt, hat im Vorjahr 35.000,00 Euro brutto verdient. Wie viele Euro muss er pro Monat einzahlen, um die volle Zulage für seine Riester-Rente zu bekommen?

23. Worauf sollten Sie bei der Entscheidung für eine Altersvorsorge achten?

24. Nettolohnberechnung: (s. S. 229)

a) Eine allein erziehende teilzeitbeschäftigte kaufmännische Arbeitnehmerin bezieht ein monatliches Gehalt in Höhe von 1.804,00 Euro (Steuerklasse II/0,5;rk). Berechnen Sie den Nettolohn.

ab €	Kinderfreibetrag		0,0		0,5		1	
	StK	Steuer	SolZ	KiStr	SolZ	KiStr	SolZ	KiStr
1.803,00								
	I	179,83	9,89	16,18	5,03	9,55	–	3,67
	II	151,83	–	–	–	7,19	–	1,89
	III	15,00	–	1,35	–	–	–	–
	IV	179,83	9,89	16,18	7,83	12,81	5,03	9,55
	V	389,33	21,41	35,04	–	–	–	–
	VI	417,00	22,93	37,53	–	–	–	–

b) Eine leitende Angestellte, verheiratet, erhält ein monatliches außertarifliches Gehalt von 6.049,00 Euro (Steuerklasse IV). Berechnen Sie den Nettolohn und den Arbeitgeberanteil zur Sozialversicherung.

ab €	Kinderfreibetrag		0,0		0,5		1
	StK	Steuer	SolZ	KiStr	SolZ	KiStr	SolZ
6.048,00							
	I	1.599,83	87,99	143,98	81,24	132,95	74,50
	II	1.554,08	–	–	78,72	128,82	71,98
	III	1.075,83	59,17	96,82	53,98	88,33	48,92
	IV	1.599,83	87,99	143,98	84,62	138,47	81,24
	V	2.014,41	110,79	181,29	–	–	–
	VI	2.047,91	112,63	184,31	–	–	–

25. Welche Auswirkung hat die Steuerklasse auf Lohnersatzleistungen? (s. S. 232)

26. Nennen Sie drei Beispiele für die Tatsache, dass die Sozialgerichtsbarkeit auch für Sie zuständig sein könnte.

8 Lohn und Gehalt

Alle Leistungen, die dem Arbeitnehmer im Rahmen seines Dienstverhältnisses zufließen sind Arbeitslohn. Selbst dann, wenn sie nicht vom Arbeitgeber direkt, sondern von einem Dritten erbracht werden.

8.1 Sachbezüge im Tourismus

Bestehen die Leistungen nicht in Geld, sondern in Geldeswert, stellen sie einen **geldwerten Vorteil** bzw. einen **steuerpflichtigen Sachbezug** im Sinne des Einkommensteuergesetzes und der Lohnsteuerdurchführungsverordnung dar (vgl. § 8 Abs. 1 EStG in Verbindung mit § 2 Abs. 1 LStDV).

MERKE

Versteuerung
Bis zu einer Bagatellgrenze von 44,00 Euro pro Monat (inkl. Mehrwertsteuer) muss der geldwerte Vorteil aus Sachbezügen nicht versteuert werden.

Leistung	Höhe	Lohnsteuer	Sozialversicherung
Rabattfreibetrag (Waren oder Dienstleistungen, mit denen der Arbeitgeber Handel betreibt)	bis 1.080,00 Euro jährlich; unter Berücksichtigung des 4-prozentigen Preisabschlags (96-Prozent-Regelung) beträgt der Bruttoverkaufswert 1.125,00 Euro	frei	frei

Tab. Bewertung von Sachbezügen nach § 8 Abs. 3 EStG

Die Bewertung des Sachbezugs nach § 8 Abs. 3 EStG findet auch Anwendung, wenn Luftfahrtunternehmen Arbeitnehmern anderer Arbeitgeber (z. B. Reisebüromitarbeitern) Flüge unentgeltlich oder verbilligt überlassen.

BEISPIEL

Berechnung des Sachbezuges
Der Mitarbeiter eines Reisebüros bucht bei seinem Arbeitgeber eine Reise für 3.200,00 Euro. Der reguläre Angebotspreis beträgt 4.000,00 Euro.
Nach Agenturvertrag stehen dem Reisebüroinhaber 10 Prozent des Angebotspreises vom Reiseveranstalter für solche Pauschalreisevermittlungen zu. Die unentgeltliche Vermittlungsleistung des Reisebüroinhabers beträgt 384,00 Euro und ergibt sich aus 400,00 Euro (= 10 % Vermittlungsgebühr) – 16,00 Euro (= 4 % Preisabschlag) und ist steuerfrei für den Mitarbeiter, da sie kleiner ist als der Rabattfreibetrag von 1.080,00 Euro.
Auch die weiteren 400,00 Euro Preisnachlass des Reiseveranstalters von 384,00 Euro ergeben sich aus 400,00 Euro (Rabatt) – 16,00 Euro (= 4 % Preisabschlag) und sind steuerfrei, weil beide Beträge zusammen (384,00 · 2 = 768,00 Euro) den Rabattfreibetrag von derzeit 1.080,00 Euro nicht übersteigen.

8.2 Gehaltsabrechnung

Als Gehaltsabrechnung wird die Abrechnung des Lohns bzw. Gehalts eines Arbeitnehmers bezeichnet.

Gehaltsabrechnung MERKE
Die Gehaltsabrechnung umfasst den Bruttolohn, die steuerlichen Abzüge, die Beiträge zur Sozialversicherung und den Nettolohn.

Der Bruttolohn erhöht sich um die vom Arbeitgeber gezahlten vermögenswirksamen Leistungen (► Exkurs Kapitel 7.4). Er verminderte sich durch Steuern und Lohnnebenkosten.

Alle Beträge in den folgenden Abbildungen zur Berechnung von **Bruttolohn und Nettolohn** sind in Euro dargestellt.

Bruttolohn (Beträge in Euro)		**3.021,00**	**Vom Arbeitgeber abzuführen an**
Steuerklasse/Kinder		I/0	
Freibetrag		–	
Lohnsteuer	lt. Lohnsteuertabelle	489,25	
Solidaritätszuschlag	5,5 % von der Lohnsteuer	26,90	
Kirchensteuer	9 % (ggf. 8 % bzw. 0) von der Lohnsteuer	44,03	Finanzamt (gesamt): 560,18
Krankenversicherung	7,3 % vom Bruttolohn + möglicher Zusatzbeitrag	220,53	
Rentenversicherung	9,35 % vom Bruttolohn	282,46	
Arbeitslosen-versicherung	1,5 % vom Bruttolohn	45,31	
Pflegeversicherung	1,175 % vom Bruttolohn (Zusatzbeitrag für Versicherte ohne Kinder 0,25 % = 1,425 %)	43,05	Krankenversicherung (gesamt): 591,35
Nettolohn		**1.869,47**	

Tab. Muster-Gehaltsabrechnung
Anmerkung: Bei der Lohnabrechnung wird ein AN ohne Kind unterstellt.

Allgemeine Monats-Lohnsteuertabelle 201X
von 3.018,00 Euro bis 3.032,99 Euro, Kirchensteuer 9 %

	Kinderfreibetrag		0,0		0,5		1		1,5		2	
ab Euro	StK	Steuer	SolZ	KiStr	SolZ	KiStr	SolZ	KiStr	SolZ	KiStr	SolZ	KiStr
3.018,00												
	I	488,41	26,86	43,95	21,87	35,79	17,13	28,04	12,66	20,72	8,44	13,82
	II	454	–	–	20,07	32,85	15,43	25,26	11,05	18,09	6,93	11,35
	III	250,33	13,76	22,53	3,4	16,11	–	10,14	–	5,04	–	0,76
	IV	488,41	26,86	43,95	24,33	39,81	21,87	35,78	19,47	21,86	17,13	28,04
	V	809,5	44,52	72,85	–	–	–	–	–	–	–	–
	VI	843	46,36	75,87	–	–	–	–	–	–	–	–
3.021,00												
	I	489,25	26,9	44,03	21,91	35,86	17,18	28,11	12,7	20,79	8,48	13,88
	II	454,83	–	–	20,11	32,91	15,47	25,32	11,09	18,15	6,97	11,41
	III	251	13,8	22,59	3,5	16,15	–	10,2	–	5,08	–	0,79
	IV	489,25	26,9	44,03	24,37	39,89	21,91	35,86	19,51	31,93	17,18	28,11
	V	810,66	44,58	72,96	–	–	–	–	–	–	–	–
	VI	844,08	46,42	75,96	–	–	–	–	–	–	–	–
3.024,00												
	I	490,08	26,95	44,1	21,95	35,93	17,21	28,17	12,74	20,85	8,52	13,94
	II	455,58	–	–	20,16	32,99	15,51	25,39	11,13	18,22	7	11,46
	III	251,66	13,84	22,65	3,63	16,21	–	10,24	–	5,11	–	0,84
	IV	490,08	26,95	44,1	24,42	39,96	21,95	35,93	19,55	32	17,21	28,17
	V	811,75	44,64	73,05	–	–	–	–	–	–	–	–
	VI	845,16	46,48	76,06	–	–	–	–	–	–	–	–
3.027,00												
	I	490,91	27	44,18	22	36	17,26	28,25	12,78	20,91	8,55	14
	II	456,41	–	–	20,2	33,06	15,56	25,46	11,17	18,28	7,04	11,52
	III	252,33	13,87	22,71	3,76	16,27	–	10,3	–	5,16	–	0,87
	IV	490,91	27	44,18	24,47	40,04	22	36	19,6	32,07	17,26	28,25
	V	812,83	44,7	73,15	–	–	–	–	–	–	–	–
	VI	846,33	46,54	76,17	–	–	–	–	–	–	–	–
3.030,00												
	I	491,75	27,04	44,25	22,04	36,07	17,3	28,31	12,81	20,97	8,59	14,06
	II	457,25	–	–	20,24	33,12	15,6	25,53	11,21	18,34	7,08	11,58
	III	252,83	13,9	22,75	3,9	16,33	–	10,35	–	5,2	–	0,9
	IV	491,75	27,04	44,25	24,51	40,11	22,04	36,07	19,64	32,14	17,3	28,31
	V	813,91	44,76	73,25	–	–	–	–	–	–	–	–
	VI	847,41	46,6	76,26	–	–	–	–	–	–	–	–

Abb. Lohnsteuertabelle

Arbeitgeber und Arbeitnehmer finanzieren die **Lohnnebenkosten** (= Beiträge zur Sozialversicherung ▸ Kapitel 7) je nach Versicherungssparte zu unterschiedlichen Teilen. Die **Ermittlung der Lohnnebenkosten** erfolgt nach jährlich neu festgelegten Prozentsätzen.

Sozialversicherungsart	Festgelegte Prozentsätze	Euro
Rentenversicherung	9,35 % vom Bruttolohn	282,46
Arbeitslosenversicherung	1,5 % vom Bruttolohn	45,31
Krankenversicherung	7,3 % vom Bruttolohn + möglicher Zusatzbeitrag	220,53
Pflegeversicherung	1,175 % (+0,25) vom Bruttolohn	43,05
Summe		**591,35**

Tab. Lohnnebenkosten (Stand 2016)

Die Beiträge zur Sozialversicherung werden von dem Arbeitgeber an die Krankenkasse des jeweiligen Arbeitnehmers abgeführt. Die Fälligkeitsregelungen der Sozialversicherungsbeiträge sind einheitlich auf den drittletzten Bankarbeitstag des laufenden Monats vorgezogen.

Neben den beim Lohnsteuerabzug berücksichtigten **Grundfreibeträgen**, dem Arbeitnehmer-Pauschbetrag, Sonderausgaben-Pauschbetrag und den Vorsorge-Pauschalen), können **individuelle Freibeträge** die Lohnsteuer mindern. Dabei gelten für jede Lohnsteuerklasse unterschiedlich hohe Freibeträge.

Für 2016 gilt in Verbindung mit der allgemeinen Lohnsteuertabelle:
(alle Beträge in Euro)

Steuerklasse	I	II	III	IV	V	VI
Grundfreibetrag	8.652,00 €	8.652,00 €	17.305,00 €	8.652,00 €	———	———
Arbeitnehmer-Pauschbetrag	1.000,00 €	1.000,00 €	1.000,00 €	1.000,00 €	1.000,00 €	———
Sonderausgaben-Pauschbetrag	36,00 €	36,00 €	36,00 €	36,00 €	36,00 €	———
Entlastungsbetrag für Alleinerziehende	———	1.908,00 €	———	———	———	———
Vorsorgepauschale	abhängig vom Arbeitslohn	abhängig vom Arbeitslohn	abhängig vom Arbeitslohn	abhängig vom Arbeitslohn	abhängig vom Arbeitslohn	abhängig vom Arbeitslohn
Lohnsteuer entfällt bis zu folgendem Jahresarbeitslohn	11.822,99 €	14.148,99 €	22.380,99 €	11.822,99 €	1.272,99 €	9,99 €
Lohnsteuer entfällt bis zu folgendem Monatsarbeitslohn	985,24 €	1.179,08 €	1.865,08 €	985,24 €	106,08 €	0,83 €

Tab. Lohnsteuertabelle 2016 für sozialversicherungspflichtige Arbeitnehmer
http://www.lohn-info.de/lohnsteuerzahlen.html

Der **Grundfreibetrag** dient der Absicherung des Existenzminimums. So wird ein zu versteuerndes Einkommen bis zum Grundfreibetrag keiner Einkommensteuer unterworfen. Überschreitet das zu versteuernde Einkommen den Grundfreibetrag ist Einkommensteuer zu zahlen.

Der **Arbeitnehmer-Pauschbetrag** ist eine vom Staat festgelegte Jahrespauschale für Werbungskosten von Einkünften aus nichtselbstständiger Arbeit. Weist ein Steuerpflichtiger keine Sonderausgaben nach oder liegt der nachgewiesene Betrag unter dem **Sonderausgaben-Pauschbetrag**, so wird dieser gewährt.

Zu den Maßnahmen der Familienförderung im Steuerrecht gehört auch der steuerliche **Entlastungsbetrag für Alleinerziehende** (vgl. § 24b EStG). Alleinstehende Steuerpflichtige können diesen Entlastungsbetrag im Kalenderjahr von der Summe der Einkünfte abziehen, wenn zu ihrem Haushalt mindestens ein Kind gehört.

8.3 Lohnsteuer und Steuerklassen

Die **Lohnsteuer** ist eine besondere Erhebungsform der Einkommensteuer. Ihr unterliegen abhängig Beschäftigte mit ihren Einkünften aus nichtselbstständiger Arbeit. Die Lohnsteuer wird in **Abhängigkeit von der Höhe des Arbeitslohns und von persönlichen Verhältnissen** berechnet und vom Arbeitgeber an das Finanzamt abgeführt.

MERKE

Für die Durchführung des Lohnsteuerabzugs werden unbeschränkt einkommensteuerpflichtigen Arbeitnehmern Lohnsteuerklassen zugewiesen.

Lohnsteuerklassen sind gesetzlich festgelegt, nur Ehepartner können zwischen einzelnen Lohnsteuerklassen wählen. Die **Wahl der Steuerklasse** wirkt sich besonders bei den **Lohnersatzleistungen** (z. B. Arbeitslosen-, Mutterschafts- oder Krankengeld) aus, da die Höhe der Lohnersatzleistung immer vom zuletzt gezahlten Nettoarbeitslohn abhängt. Dann erhalten Arbeitnehmer, die in Steuerklasse V veranlagt waren, bei gleichem Bruttoentgelt geringere Leistungen als diejenigen in Steuerklasse IV.

Im Einzelnen gilt Folgendes:

Abb. Lohnsteuerklassen und ihre Kombinationsmöglichkeiten

Lohnsteuer-klasse I	Arbeitnehmer die ledig, verheiratet, verwitwet oder geschieden sind und bei denen die Voraussetzungen für die Steuerklasse III oder IV nicht erfüllt sind.
Lohnsteuer-klasse II	Arbeitnehmer, die ledig, verheiratet, verwitwet oder geschieden sind, wenn bei ihnen der Haushaltsfreibetrag zu berücksichtigen ist.
Lohnsteuer-klasse III	Grundsätzlich sind es Arbeitnehmer, a) die verheiratet sind, wenn beide Ehegatten unbeschränkt einkommensteuerpflichtig sind und nicht dauernd getrennt leben und der Ehegatte des Arbeitnehmers keinen Arbeitslohn bezieht oder der Ehegatte des Arbeitnehmers auf Antrag beider Ehegatten in die Steuerklasse V eingereiht wird, b) die verwitwet sind, wenn sie und ihr verstorbener Ehegatte im Zeitpunkt seines Todes unbeschränkt einkommensteuerpflichtig waren und in diesem Zeitpunkt nicht dauernd getrennt gelebt haben, für das Kalenderjahr. Dies gilt für das Kalenderjahr, in dem der Ehegatte verstorben ist. c) deren Ehe aufgelöst worden ist, wenn im Kalenderjahr der Auflösung der Ehe beide Ehegatten unbeschränkt einkommensteuerpflichtig waren und nicht dauernd getrennt gelebt haben und der andere Ehegatte wieder geheiratet hat, von seinem neuen Ehegatten nicht dauernd getrennt lebt und er und sein neuer Ehegatte unbeschränkt einkommensteuerpflichtig sind. Dies gilt für das Kalenderjahr, in dem die Ehe aufgelöst worden ist.
Lohnsteuer-klasse IV	Arbeitnehmer, die verheiratet sind, wenn beide Ehegatten unbeschränkt einkommensteuerpflichtig sind und nicht dauernd getrennt leben und der Ehegatte des Arbeitnehmers ebenfalls Arbeitslohn bezieht; Ab 1.1.2009 können Ehegatten, die in diese Steuerklasse gehören und bisher die Steuerklassenkombination III/V gewählte hatten, beim Finanzamt die Steuerkasse IV und die Ermittlung eines Faktors (Verhältnis der gemeinsamen Einkommensteuer und der Einkommensteuer bei Steuerklasse IV) für beide Ehepartner beantragen.
Lohnsteuer-klasse V	Arbeitnehmer, wenn beide Ehepartner berufstätig sind und einer von beiden auf Antrag beider Ehegatten die Steuerklasse III gewählt hat.
Lohnsteuer-klasse VI	Arbeitnehmer, die nebeneinander von mehreren Arbeitgebern Arbeitslohn beziehen.

Tab. Lohnsteuerklassen nach § 38b EStG

Die **Lohnsteuerformel Faktor 4** ermöglicht eine günstigere Steuerverteilung für Doppelverdiener. Der jeweilige Faktor muss bis spätestens 30. November für das Folgejahr beim Finanzamt beantragt werden.

Steuerklassenwahl bei einem Ehepaar

BEISPIEL

Unterstellt sei, das ein Ehepaar berufstätig ist und einer 50.000,00 Euro im Jahr verdient und der andere 20.000,00 Euro. Je nach Steuerklassenwahl kommt es im Laufe des Jahres zu den folgenden Lohnsteuerabzügen. Die Gesamtsteuerschuld bleibt unabhängig von der Steuerklassenwahl gleich.

Lohnsteuer	Ehemann	Ehefrau	Summe	Differenz zur Einkommensteuer
nach Steuerklassen III/V	6.274,00	101,00	6.375,00	– 99,00
nach Steuerklassen V/III	14.944,00	0,00	14.944,00	8.470,00
nach Steuerklassen IV/IV (ohne Faktor)	10.184,00	0,00	10.184,00	3.710,00
nach Steuerklassen IV/IV (inkl. Faktor)	6.466,00	0,00	6.466,00	– 8,00

Tab. Lohnsteuervergleich nach Steuerklassen (Beträge in Euro)

Bei Steuerklasse IV würden von beiden zunächst 10.184,00 Euro Lohnsteuern einbehalten. Erst mit Einreichen der Lohnsteuererklärung legt dann das Finanzamt die Splittingtabelle für Ehegatten an und errechnet die tatsächliche Steuerlast von 6.474,00 Euro. Das Ehepaar erhielte dann eine Steuerrückerstattung in Höhe von 3.710,00 Euro. Faktor 4 entspricht im Beispiel 6.474,00 Euro : 10.184,00 Euro = 0,635.
Dieser Faktor wird nun als Lohnsteuerabzugsmerkmal eingetragen.

Die **Lohnsteuer** berechnet sich dann nach folgender Formel:

$$\frac{\text{Voraussichtliche Einkommensteuer beider Ehegatten}}{\text{Summe der errechneten Lohnsteuern beider Ehegatten (bei Steuerklasse IV/IV, ohne Faktor)}} = \underline{\underline{\text{Faktor 4}}}$$

Entsprechend weniger Lohnsteuer (im Beispiel = 3.710,00 Euro) wird dem Ehepaar vom Arbeitgeber abgezogen, sodass monatlich mehr Nettogehalt überwiesen wird.

Das von den **Finanzämtern zur Verfügung gestellte Programm »ElsterLohn II«** erfasst die lohnsteuerlichen Merkmale des Arbeitnehmers (Steuerklasse, Kirchenzugehörigkeit, Kinder- und weitere Freibeträge) und stellt diese über ein nur noch elektronisches System für den Arbeitgeber zum Abruf bereit. In diesem sind bereits die **elektronischen Lohnsteuerabzugsmerkmale** gespeichert.

> **MERKE**
>
> **Welches Finanzamt ist zuständig?**
> Für alle Änderungen der Lohnsteuerabzugsmerkmale (zum Beispiel einen Steuerklassenwechsel) ist in der Regel das jeweilige Wohnsitzfinanzamt des Arbeitnehmers zuständig.

Die Lohnsteueranmeldungen des Arbeitgebers müssen grundsätzlich bis zum 10. des dem Anmeldungszeitraum folgenden Monats (auf elektronischem Weg) abgegeben werden. Fällt der 10. auf einen Samstag, Sonntag oder Feiertag, ist der nächste Werktag Stichtag.

Im Rahmen der **jährlichen Veranlagung** des Arbeitnehmers zur Einkommensteuer wird die bereits gezahlte Lohnsteuer mit der errechneten Steuerschuld verrechnet.

Anmeldung und Abführung der Lohnsteuer (EStG § 41a)

Die Lohnsteuer-Anmeldung ist nach amtlich vorgeschriebenem Datensatz durch Datenfernübertragung […] zu übermitteln. Auf Antrag […] ist die Lohnsteuer-Anmeldung nach amtlich vorgeschriebenem Vordruck abzugeben […]

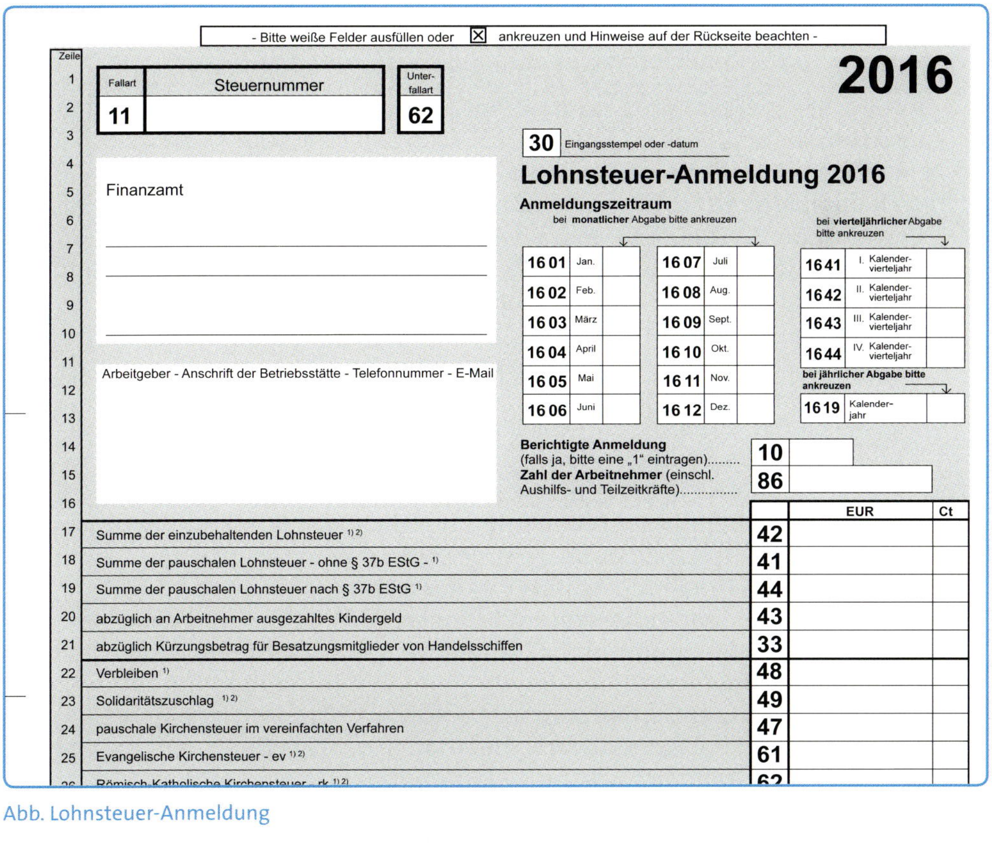

- Bitte weiße Felder ausfüllen oder ☒ ankreuzen und Hinweise auf der Rückseite beachten -

Fallart 11 | Steuernummer | Unterfallart 62

2016

30 Eingangsstempel oder -datum

Finanzamt

Arbeitgeber - Anschrift der Betriebsstätte - Telefonnummer - E-Mail

Lohnsteuer-Anmeldung 2016

Anmeldungszeitraum
bei **monatlicher** Abgabe bitte ankreuzen

16 01	Jan.	16 07	Juli
16 02	Feb.	16 08	Aug.
16 03	März	16 09	Sept.
16 04	April	16 10	Okt.
16 05	Mai	16 11	Nov.
16 06	Juni	16 12	Dez.

bei **vierteljährlicher** Abgabe bitte ankreuzen

16 41	I. Kalendervierteljahr
16 42	II. Kalendervierteljahr
16 43	III. Kalendervierteljahr
16 44	IV. Kalendervierteljahr

bei jährlicher Abgabe bitte ankreuzen

16 19	Kalenderjahr

Berichtigte Anmeldung (falls ja, bitte eine „1" eintragen)......... 10
Zahl der Arbeitnehmer (einschl. Aushilfs- und Teilzeitkräfte)............... 86

Zeile		Kz	EUR	Ct
17	Summe der einzubehaltenden Lohnsteuer 1) 2)	42		
18	Summe der pauschalen Lohnsteuer - ohne § 37b EStG - 1)	41		
19	Summe der pauschalen Lohnsteuer nach § 37b EStG 1)	44		
20	abzüglich an Arbeitnehmer ausgezahltes Kindergeld	43		
21	abzüglich Kürzungsbetrag für Besatzungsmitglieder von Handelsschiffen	33		
22	Verbleiben 1)	48		
23	Solidaritätszuschlag 1) 2)	49		
24	pauschale Kirchensteuer im vereinfachten Verfahren	47		
25	Evangelische Kirchensteuer - ev 1) 2)	61		
26	Römisch-Katholische Kirchensteuer - rk 1) 2)	62		

Abb. Lohnsteuer-Anmeldung

AUFGABEN

1. Ein Expedient erhält von seinem Arbeitgeber (Reiseveranstalter) eine Reise zum Vorzugspreis von 2.500,00 Euro. Der Katalogpreis beträgt 4.000,00 Euro.
   a) Berechnen sie den geldwerten Vorteil.
   b) Welche Auswirkungen hat der Sachbezug auf seine steuer- und sozialbeitragspflichtigen Abzüge?
2. Der Grundfreibetrag ist Ausdruck des Sozialstaatprinzips. Erklären Sie diese Aussage.
3. Zu den berufsbedingten Ausgaben (Werbungskosten) eines Arbeitnehmers gehören auch Beiträge für die Gewerkschaft und Kontoführungsgebühren. Begründen Sie diese Zugehörigkeiten.
4. Kirchensteuer und Spenden gehören zu den Sonderausgaben und mindern so die Steuerschuld des Steuerpflichtigen. Welchen Zweck verfolgt der Gesetzgeber mit deren steuerlicher Absetzbarkeit?
5. Welche »Lohnsteuerpaarungen« können verheiratete Erwerbstätige in Anspruch nehmen?
6. Worin besteht der Sinn der Lohnsteuerformel Faktor 4?
7. Bestimmen Sie den Fälligkeitstermin für die Sozialversicherungsbeiträge des aktuellen Monats, in dem Sie diese Aufgabe lösen.
8. Ordnen Sie jeweils die zutreffenden Merkmale der richtigen Steuerklasse zu:
   - ledig oder verheiratet, jedoch im Ausland lebender Ehegatte,
   - alleinerziehend, d.h. mindestens ein Kind, aber keine weitere erwachsene Person ist in dem jeweiligen Wohnsitz angemeldet,
   - dauernd getrennt lebend oder in eingetragener Lebenspartnerschaft,
   - verwitwet, mit mindestens einem Kind,
   - verwitwet oder geschieden,
   - die Voraussetzungen der Lohnsteuerklassen III oder IV sind nicht erfüllt,
   - einzutragen bei ledigen oder unverheirateten Arbeitnehmern, die einem weiteren Dienstverhältnis nachgehen und von mehreren Arbeitgebern Lohn beziehen,
   - nicht dauernd getrennt lebend und der Ehegatte des Arbeitnehmers bezieht keinen Arbeitslohn oder der Ehegatte ist auf Antrag beider Ehegatten in die Steuerklasse V eingereiht,
   - beide Partner sind unbeschränkt lohnsteuerpflichtig und nicht dauernd getrennt lebend und der Ehegatte des Arbeitnehmers bezieht ebenfalls Arbeitslohn.
   - Bei verheirateten Arbeitnehmern kann auf Antrag für einen Ehepartner eine Lohnsteuerkarte mit der Steuerklasse … ausgestellt werden, der Ehegatte wechselt dann in die Lohnsteuerklasse … .

9 Tätigkeitsfelder im Tourismus

Die umfangreiche touristische Ausbildung als Tourismuskauffrau/-mann bzw. Kauffrau/-mann für Freizeit und Tourismus ermöglicht Ihnen in den unterschiedlichsten Bereichen der Tourismusbranche aktiv zu werden.

BEISPIEL

Mögliche Arbeitgeber für Tourismuskaufleute

- Reiseveranstalter, Reisebüros,
- touristische Destinationen aller Art,
- Airlines, Reedereien, Bahnunternehmen, Autovermietungen,
- regionale und nationale Tourismusorganisationen,
- touristische Branchenverbände,
- Kur- und Bäderwirtschaft,
- Hotellerie und Beherbergungswirtschaft,
- Incoming-Agenturen,
- Flughäfen bzw. Betreibergesellschaften von Flughäfen.

Tätigkeitsfelder ergeben sich aus den »Mitspielern« auf dem Tourismusmarkt (► Kapitel 1.3) bei Reiseveranstaltern, Reisevermittlern, vor Ort bei den Destinationen, bei den unterschiedlichsten Leistungsträgern und in Einrichtungen und im Umfeld von Freizeit- und Erlebniswelten.

BEISPIEL

Mögliche Arbeitgeber für Kaufleute für Freizeit und Tourismus

- Fremdenverkehrsämter und Kurverwaltungen,
- Event-Agenturen,
- Freizeit- und Erlebnisbäder (-parks),
- Jugendherbergen,
- Marinas,
- Tagungs-, Messe- und Kongressveranstalter,
- Stadt- und City-Marketinggesellschaften,
- Wellness- und Gesundheitsbetriebe.

Die berufliche Angebotspalette nach ihrer Ausbildung erstreckt sich i. d. R. auf ausführende Tätigkeiten. Aus diesem Grund ist es wichtig, nicht nur die entsprechende Qualifikation, sondern auch wichtige Arbeitstechniken zu kennen und mitzubringen.

Berufliche Fort- und Weiterbildung

© de la Motte

Bereits **während ihrer Ausbildung** sollten Sie entsprechende Seminare, Schulungen, Lehrgänge und Kurse, die angeboten werden, besuchen. Sie ermöglichen Ihnen ein professionelles Arbeiten und qualifizieren Sie weiter. Ihre Erstausbildung ist die Basis für ihren beruflichen Aufstieg.

Der **Tourismusmarkt** ist dynamisch und hochkomplex mit international geprägtem Branchenumfeld. Vor dem Hintergrund rascher Veränderungen der touristischen Nachfrage, neuen Trends und gewachsenen Ansprüchen der Kunden, benötigen die Unternehmen Nachwuchskräfte im mittleren und gehobenen Management. Sie sollen an einer effizienten Gestaltung und Umsetzung unternehmerischer Ziele mitwirken.

Sichern Sie sich das **notwendige fachliche** Know-how für ihr Berufsleben in den verschiedenen Sparten und Funktionsbereichen der Tourismuswirtschaft durch die verschiedenen Möglichkeiten der beruflichen Fort- und Weiterbildung.

Die vielfältigen Weiterbildungsmöglichkeiten eröffnen Ihnen durch **lebensbegleitendes Lernen** ein professioneller Akteur auf dem breiten Tätigkeitsfeld Tourismus zu sein.

Vorschläge zu Fort- und Weiterbildungsmöglichkeiten (zu Ihrer weiteren Information)**:**

- **Seminarangebot** – »Innovative Ansätze im E-Commerce in der Touristik«, im Internet unter www.e-commerce-im-reisevertrieb.de einsehbar.
- **DRV-Ausbildungsdatenbank** – Weiterbildungsangebote, Qualifizierungsmaßnahmen, Aufstiegsweiterbildung oder Studiengänge werden detailliert dargestellt.
- **Weiterbildungsangebote der DIHK** – Tourismusfachwirt/-in, Staatlich geprüfter Betriebswirt/in mit Fachrichtung Reiseverkehr/Touristik sind im Internet unter www.bbs-nw.de/pages/home.htm einzusehen.
- **Berufsakademien** – hier sind Ausbildung und Studium miteinander verbunden.
- **Fachhochschulen und Universitäten** – an verschiedenen Fachhochschulen und Universitäten sind touristische Studiengänge möglich.

Als **Tipp für Sie** ist am Schluss noch anzumerken: Staatliche Bildungsträger sind meist kostenlos. Informieren Sie sich über Inhalte und Kosten angebotener Seminare und Kurse bevor es losgeht!

AUFGABEN

1. »Berufliche Qualifizierung in der Tourismusbranche ist unverzichtbar für die Qualitätssicherung der Angebote und die Wettbewerbsfähigkeit der touristischen Unternehmen.« – Belegen Sie die Aussage durch fünf Beispiele.

2. »Eine Besonderheit der Tourismusbranche liegt in der Heterogenität dieses Wirtschaftszweiges.« – Zeigen Sie die damit verbundenen Chancen an vier Beispielen für sich auf.

3. Vergleichen Sie die Studienangebote der folgenden Hoch- bzw. Fachhochschulen. Wählen Sie das für Sie überzeugendste Angebot aus im Hinblick auf Ihre angestrebte Tätigkeit in der Tourismuswirtschaft. Begründen Sie Ihre Wahl mit den für Sie drei entscheidenden Argumenten.
   - Technische Universität Dresden
   - Hochschule Kempten
   - Hochschule Bad Honnef
   - Fachhochschule Stralsund
   - Hochschule Harz
   - Hochschule Worms
   - Hochschule Wilhelmshaven
   - bbw Hochschule

4. Worin sehen Sie die Vor- bzw. Nachteile von einem Master- bzw. Bachelorstudium?

Masterstudium		Bachelorstudium	
Vorteile	Nachteile	Vorteile	Nachteile

5. Sie hören zufällig, dass jemand »Irgendetwas mit Tourismus studieren möchte« Konkretisieren Sie die Möglichkeiten/Angebote für das »Irgendetwas«

6. Stellen Sie die Trainee-Programme von zwei Reiseveranstaltern vor.

Exkurs: Zitate von klugen Menschen über das Unterwegssein

»Die beste Bildung findet ein gescheiter Mensch auf Reisen.« (J. W. von Goethe)

»Um zu begreifen, daß der Himmel überall blau ist, braucht man nicht um die Welt zu reisen.« (J. W. von Goethe)

»Man reist nicht, um anzukommen, sondern um zu reisen.« (J. W. von Goethe)

»Reisen veredelt den Geist und räumt mit unseren Vorurteilen auf.« (Oscar Wilde)

»Was ist das erste, wenn Herr und Frau Müller in den Himmel kommen? Sie bitten um Ansichtskarten.« (Christian Morgenstern)

»Eine Reise ist ein Trunk aus der Quelle des Lebens.« (Christian Friedrich Hebbel)

»Touristen: Frühaufsteher: nehmen uns Reisenden die besten Strandplätze weg.« (Andreas Egert)

»Pauschal-Touristen sind Globe-Trottel.« (Klaus Klages)

»Toren bereisen in fremden Ländern die Museen, Weise gehen in die Tavernen.« (Erich Kästner)

»Abenteuer ohne Risiko ist Disneyland.« (Doug Coupland)

«Touristen wissen nicht, wo sie waren; Reisende wissen nicht, wohin sie gehen.« (Paul Theroux)

»Einmal im Jahr solltest du einen Ort besuchen, an dem du noch nie warst.« (Dalai Lama)

»Wer sich im Urlaub wie zu Hause fühlen möchte, sollte lieber gleich zu Hause bleiben.« (Till Eitel)

»Drum o Mensch, sei weise, pack die Koffer und verreise.« (Wilhelm Busch)

»Im Grunde genommen ist das Leben bloß eine günstige Gelegenheit, sich die Welt anzusehen. (Hans Reimann)

»Reisen ist tödlich für Vorurteile und Engstirnigkeit.« (Mark Twain)

»Die gefährlichste aller Weltanschauungen ist die Weltanschauung der Leute, welche nie die Welt angeschaut haben.« (Alexander von Humboldt)

»Froh schlägt das Herz im Reisekittel – Vorausgesetzt, man hat die Mittel.« (Wilhelm Busch)

Lernfeld 2

Arbeitsplatz einrichten und Abläufe organisieren

Der Arbeitsplatz eines Expedienten muss ein Wohlfühlgefühl ausstrahlen, funktional in der Handhabung sein und somit dem Ziel der ergonomischen Lehre folgen. Nur unter dieser Voraussetzung kann das Alltagsgeschäft entspannt abgewickelt werden.

Um dieses fachgerecht zu bewältigen, bedarf es grundlegender Kenntnisse in Schuld- und Verbraucherrecht. Dies impliziert u. a., dass Sie Zahlungsvorgänge abwickeln und sich verschiedener Finanzierungsformen bedienen müssen.

Damit dies alles von Ihnen reibungslos und ohne Stress erledigt werden kann, unterstützt Sie ab sofort ein individuelles Selbst- und Zeitmanagement.

1 Arbeitsplatzausstattung und Arbeitsorganisation

Arbeitswelt Reisebüro – ein Auszug

BEISPIEL

Bevor das Reisebüro für den Kunden öffnet, sind Tourismuskaufleute schon aktiv. Reisabrechnungen für fremde Leistungsträger werden erstellt, Buchungen überprüft, Visa-Anträge bearbeitet, Kundenbeschwerden nachgegangen. Der Schriftverkehr mit Kunden, Reisedienstleistern und zuständigen Incoming-Agenturen in In- und Ausland abgewickelt.
Diese allgemeinen kaufmännischen und administrativen Tätigkeiten werden nun vom originären Geschäft abgelöst. Kunden werden über Reiseziele und alternative Angebote, Verkehrsverbindungen und Übernachtungsmöglichkeiten informiert und beraten. Tickets gebucht, Platzreservierungen vorgenommen, individuelle Angebote formuliert, der Reisepreis ermittelt und geeignete Reiseversicherungen abgeschlossen.
Zwischendurch wird noch ein Linienflug oder ein Mietwagen gebucht, eine Bahnfahrkarte verkauft und die E-Mail eines Geschäftsreisekunden an die entsprechende Kollegin weiter geleitet, Beratungs- und Telefontermine vereinbart.
Auf dem Heimweg schaut man mal gerne auf die Sonderangebote der Mitbewerber im Schaufenster ...

Ein Kaufmann oder ein Kauffrau in der Tourismusbranche erlebt meist einen solchen oder ähnlichen arbeitsintensiven Tag. Von Telefonaten, Bildschirmarbeit, Recherchen und Abrechnungen, Teambesprechungen, Kundengesprächen bis hin zur Ausarbeitung von Präsentationen und Werbung reicht das Spektrum.

Abb. Teambesprechung

Die »Arbeitswelten« in der Touristik können inhaltlich in die Bereiche

- Privat- und Geschäftsreisen
- Reisevermittlung und
- Kaufmännische Steuerung und Kontrolle

unterteilt werden. Jedem dieser touristischen Bereiche werden im Rahmen der betrieblichen Ablauforganisation (► LF 1, Kapitel 3.5) Arbeitsabläufe zugeordnet, deren Inhalte sich auf Ihren Arbeitsalltag auswirken.

Einblicke in die praktische Umsetzung der Ablauforganisation in einem touristischen Unternehmen erhalten Sie mit den folgenden Kapiteln. Arbeitsabläufe der Beschaffung Lieferung, Finanzierung und Bezahlung werden anhand der Betriebs- und Geschäftsausstattung zusammen mit den rechtlichen Grundlagen (Vertrags- und Schuldrecht) erarbeitet.

1.1 Arbeitsplatz einrichten

Die Einrichtung eines Reisbüros oder einer Touristeninformation sollte auf eine ganzheitliche Harmonie zwischen emotional angenehmem Design, Funktionalität und auf Flexibilität ausgelegt sein.

Es wird dadurch:

- zum einen die **Leistungsbereitschaft und Leistungsfähigkeit** der Mitarbeiter sowie der gesamte Organisationsablauf gefördert und
- zum anderen die **Verweildauer der Kunden positiv beeinflusst** und somit die Möglichkeit einer Buchung.

Abb. Stimmiges Reisebürointerieur

Die **Wahl der Büroeinrichtungen**, aus entsprechenden Systemen (Kompatibilität von Maßen, Formen, Farben und Materialien) ausgewählt, sollte jederzeit eine Umgestaltung, Neugruppierung und Erweiterung zulassen. So kann z. B. auf die aktuellen Personalerfordernisse reagiert werden und im Rahmen der Arbeitsorganisation das Zusammenwirken von Arbeitsplätzen in einem größeren Kontext erfolgen.

Zu der **Betriebs- und Geschäftsausstattung (BGA)** zählen alle Gegenstände wie z. B. die Büroeinrichtung, aber auch Arbeitsgeräte (Telefone, Kopiergerät usw.) und Fahrzeuge aller Art, die dazu dienen, den Dienstleistungsbetrieb in Betriebsbereitschaft zu versetzen und zu halten.

Bei der Büroeinrichtung sollte auf den Brandschutz geachtet werden (z. B. Rauchmelder, Vorhänge aus schwer entflammbarem Material).

Im Brandfall richtig reagieren	
Feuerwehr anrufen	▸ Was ist passiert? Wo und wann? ▸ Auf Rückfragen warten!
In Sicherheit bringen	▸ Gefährdete Personen warnen ▸ Türen und Fenster schließen ▸ Auf Anweisungen achten ▸ Gekennzeichnete Fluchtwege benutzen
Feuerlöscher auslösen	▸ Sicherungsstift oder -lasche ziehen ▸ Schlagknopf betätigen ▸ Feuer gezielt löschen
Richtig löschen	▸ Genug Abstand vom Feuer halten ▸ Mit kurzen, gezielten Stößen löschen ▸ Löschmittel auf brennenden Gegenstand sprühen ▸ Bei mehreren Feuerlöschern: gleichzeitig einsetzen ▸ Elektrische Anlagen nie mit Wasser löschen
Nach dem Brand	▸ Feuerlöscher vom Kundendienst überprüfen und auffüllen lassen

1.1.1 Grundsätze für den Erwerb

Beim Erwerb der Betriebs- und Geschäftsausstattung (BGA) sollte in erster Linie darauf geachtet werden, dass die Grundkonzeption der verwendeten Produkte Anforderungen erfüllt, die die allgemeine Produktqualität gewährleisten und der Sicherheit am Arbeitsplatz dienen.

Zur **Überprüfung des Anspruchs der Produktqualität** dienen u. a. die folgenden Kennzeichnungen:

CE	**Das CE-Zeichen (franz. Communauté Européenne)** Das Zeichen garantiert Mindeststandards und erfüllt die Anforderungen der EG-Richtlinien (europäischer Standard). Es richtet sich nicht an den Verbraucher, sondern an die Marktüberwachung.
GS geprüfte Sicherheit	**Das GS-Zeichen (Geprüfte Sicherheit)** Das Zeichen zeigt z. B. an, dass von elektronischen Geräten keine Störungen ausstrahlt werden, die andere elektronischen Geräte in ihrer Funktionsweise beeinflussen. Es garantiert erhöhte Sicherheitsstandards, da eine zugelassene unabhängige Prüfstelle die Sicherheit über Jahre prüft (z. B. TÜV-Stellen).
QUALITY OFFICE	**QUALITY OFFICE** ist kein Prüf- oder Gütesiegel sondern ein Qualitätszeichen, das eine ganzheitliche Produktqualität garantiert in den Bereichen ► Funktion und Technik, ► Ergonomie und Sicherheit, ► Ökologie und Wirtschaftlichkeit

Tab. Qualitätskennzeichnungen für Produkte

»Geräte sind nur so sicher, wie sie gehandhabt werden.« Diese Aussage ist nicht unbegründet, denn alle zu der BGA gehörigen Produkte sind »zertifiziert sicher«, d. h. für das richtige und effektive Handling sind Vorgaben (wie z. B. die Gebrauchsanweisung) zu beachten. Dies dient der Unfallverhütung, dem Gesundheitsschutz der Mitarbeiter und dem Umweltschutz am Arbeitsplatz.

MERKE

Beachtung von Schutzvorschriften und Verordnungen

Bei Bürogestaltung und -einrichtung, als auch bei der Wahl und Gebrauch von Arbeitsgeräten sind die geltenden Schutzvorschriften und Verordnungen (► LF 1, Kapitel 5.3 und 5.4) zu beachten.

Neben Sicherheits-, Gesundheitsschutz- und Hygienestandards sind Aspekte der Ergonomie, Ökonomie und Ökologie bei der Anschaffung von BGA von entscheidender Bedeutung.

1.1.2 Ergonomie

Der Begriff Ergonomie setzt sich aus den griechischen Wörten *ergon* (dt. = das Werk, die Arbeit) und *nomos* (dt. = das Gesetz, die Lehre) zusammen.

MERKE

Ergonomie
Die Ergonomie ist die Lehre von der menschlichen Arbeit und befasst sich mit der optimalen Anpassung von Arbeit, Arbeitssystemen und Umgebungen an die physischen und psychischen Fähigkeiten des arbeitenden Menschen.

Hauptzielrichtung der Ergonomie ist die Gestaltung beeinträchtigungsfreier und gesundheitlich unbedenklicher Arbeitsbedingungen (**Gesichtspunkt: Humanität)** und die Erhöhung von Qualität und Rentabilität.

Dies kann z. B. durch Optimierung des Arbeitsablaufs, die Gewährleistung der Arbeitssicherheit und die Förderung der Motivation der Beschäftigten sowie durch Gesundheits- und Persönlichkeitsförderung erreicht werden.

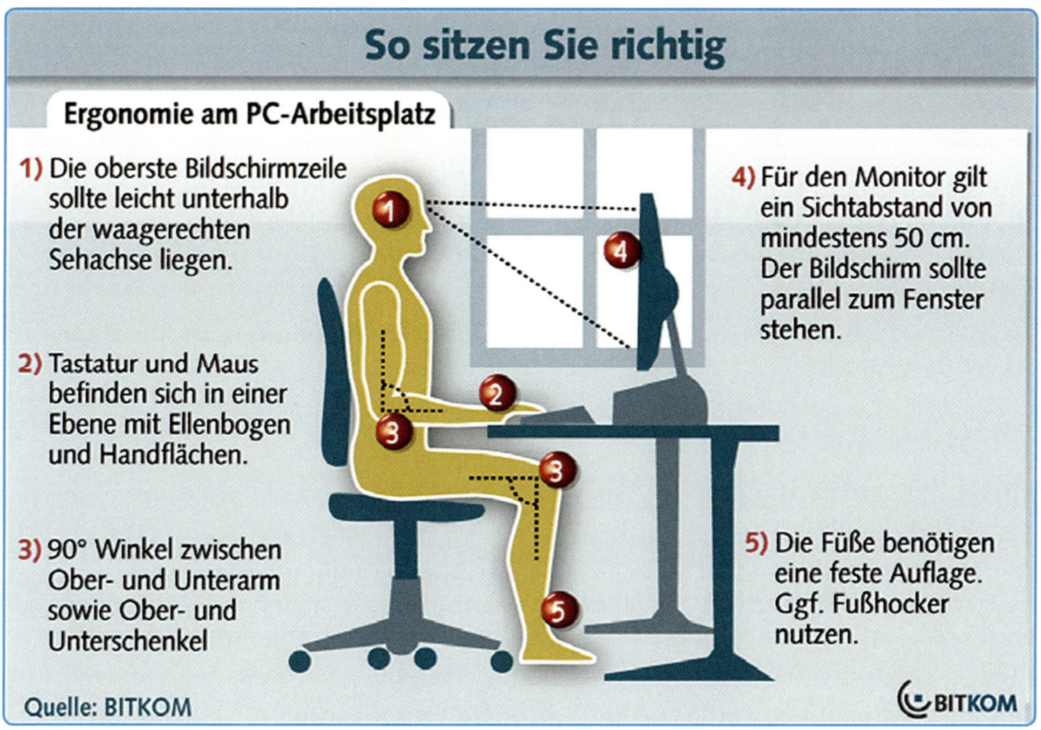

www.bitkom.org

Ergonomie zielt aber nicht nur auf Tisch und Stuhl in der Touristikinformation oder im Reisebüro ab – Beleuchtung, Akustik und Raumklima müssen ebenso in ein entsprechendes Gesamtkonzept einbezogen werden.

1.1.3 Wirtschaftliche Gesichtspunkte

Wirtschaftlichkeit kann unter verschiedenen Gesichtspunkten definiert werden.

Wirtschaftlichkeit in dem Sinne des Erwerbes von Betriebs- und Geschäftsausstattung (BGA) meint weder Kostengünstigkeit noch Rentabilität. (Diese Begriffe sind Inhalte der ▸ LF 6 und 11 und werden in ▸ Band Rechnungswesen dieser Lehrwerkreihe behandelt.)

Wirtschaftlichkeit MERKE

Für den Erwerb der BGA ist Wirtschaftlichkeit dann gegeben, wenn der Nutzen dieses Vermögensteils und die Kosten für den Erwerb dieses Gutes nachhaltig in einem günstigsten Verhältnis zu einander stehen.

Somit setzen sich die **wirtschaftlichen Anschaffungskriterien** u. a. aus den Anschaffungskosten, der Lieferzeit, dem Zahlungsziel, dem Serviceumfang und der Garantiezeit, der Nutzungsdauer, den Einsatz- und Verwendungsbereichen und den Betriebs- und Verbrauchskosten (Energie, Wasser, Entsorgung) des Produktes zusammen.

Die Entscheidung für ein Wirtschaftsgut wird getroffen, weil sie im Vergleich zu allen anderen Alternativen das nachhaltig günstigste Verhältnis zwischen Nutzen und Kosten aufweist, also eine künftig positive Kosten-Nutzen-Relation besteht.

Die Beschaffung der BGA unter ökonomischen Gesichtspunkten ist in ▸ Kapitel 5.1 dargestellt.

1.1.4 Ökologische Gesichtspunkte

Ein weiteres Kriterium bei der Auswahl von BGA-Produkten stellt ihre Umweltverträglichkeit dar.

Der Hersteller sollte ein **strukturiertes Umweltmanagementsystem** (z. B. nach ISO 14001 oder EMAS III) installiert haben und somit sicher stellen können, dass während der Herstellung, der Nutzung und bei der Entsorgung von Produkten Umweltbelastungen vermieden oder minimiert werden.

Die **internationale Norm ISO (Internationale Organisation für Normung)** ist ein weltweit anerkanntes Umweltmanagementsystem auf der Grundlage privatwirtschaftlicher Normung.

EMAS steht für **Environmental Management and Audit Scheme** (dt. = Verfahren für ein Umweltmanagement und eine Umweltbetriebsprüfung) und basiert auf einer EG-Verordnung.

Konkrete Prüfkriterien für z. B. die Nachhaltigkeit von Büromöbeln sind:

- Ressourcen schonende und emissionsarme Herstellung
- Langlebigkeit
- Emissionsfreiheit während der Nutzung
- Reparaturfähigkeit
- Nachrüstbarkeit
- Recyclingfähigkeit nach der Nutzung
- schadlose Entsorgung

Im Hinblick auf den eingesetzten Rohstoff zur Herstellung von Countern, Katalogwänden und Schreibtischstühlen ist das **FSC-Zertifikat** für nachhaltige Investoren von besonderer Bedeutung.

Forest Stewardship Council (FSC)

FSC

Der *Forest Stewardship Council* (FSC) ist eine internationale nichtstaatliche, gemeinnützige Organisation, die sich für eine umweltgerechte, sozialverträgliche und ökonomisch tragfähige Nutzung der Wälder auf der Erde einsetzt. Die Organisation wird weltweit von Umweltorganisationen, Gewerkschaften, Interessensvertretern indigener Völker sowie zahlreichen Unternehmen aus der Forst- und Holzwirtschaft unterstützt. Die FSC-Zertifizierung des eingesetzten Holzes oder Holzwerkstoffes ist Bestandteil der Vergabegrundlage des Blauen Engels. Auch gleichwertige Zertifizierungssysteme (z. B. PEFC) werden anerkannt.

Anforderungen: Der FSC hat zehn verbindliche Prinzipien und 56 Kriterien für eine nachhaltige Forstwirtschaft festgelegt. Sie berücksichtigen soziale, ökologische und wirtschaftliche Aspekte. Nationale Arbeitsgruppen passen diese Prinzipien und Kriterien an die regionalen Verhältnisse in Form von nationalen FSC-Standards an. Das FSC-Label kennzeichnet die Erzeugung des Rohstoffs Holz, aus dem das jeweilige Produkt gefertigt wurde und garantiert die lückenlose Verarbeitungskette.

Vergabe: Mit der Vergabe beauftragt der FSC Zertifizierungsorganisationen, die weltweit nach einheitlichen Maßstäben arbeiten. Die Kennzeichnung gilt weltweit.

www.umweltbundesamt.de; www.fsc-deutschland.de

Die **Grundsätze für den Erwerb und für den Gebrauch von BGA** setzen die Anforderungen der **humanen Arbeitsplatzgestaltung** um. Die Zielsetzung bei der Einrichtung Ihres Arbeitsplatzes sollte den Grundsätzen Ihres Unternehmens entsprechen (► LF 1, Kapitel 1.3 und 1.4).

1.2 Arbeitsorganisation und schriftlich kommunizieren

Die Schwerpunkte des organisatorischen Arbeitsablaufes im Privatkundengeschäft eines Reisebüros oder einer Tourismusinformation liegen auf der:

- Kundenakquisition,
- dem kundenorientierten Beratungsgespräch,
- der Vakanzprüfung,
- der Buchungsabwicklung mittels CRS,
- der Auftragsbestätigung an die Kunden und
- dem After Sales-Service.

Bei diesen Tätigkeiten sollte der Kunde durch »seinen« individuellen Mitarbeiter betreut werden und so das Funktionieren der Organisation seiner Reise ab der Planung live erleben. Für den Kunden hat dies Symbolkraft für die gesamte Reiseorganisation und dient somit psychischer Bedürfnisbefriedigung (▸ LF 4, Kapitel 2.2).

Kommunizieren und Korrespondieren

© de la Motte

Die wichtigste Kommunikationsform im Tourismus ist das **mündliche Kommunizieren mit dem Kunden**. Es entspricht etwa 80 Prozent Ihrer Arbeitszeit und wird daher in einem eigenen Lernfeld behandelt (▸ LF 4).

Ein Gespräch kann mit einer Einzelperson oder in einer Gruppe stattfinden und kann persönlicher oder telekommunikativer Art sein.

© de la Motte

Die zweitwichtigste Kommunikationsform im Tourismus stellt das **schriftliche Kommunizieren** dar. Touristische Leistungsträger pflegen eine Vielzahl von geschäftlichen Beziehungen außerhalb ihres Unternehmens. Einen Teil der Kommunikation zwischen Ihnen und ihren Vertragspartnern, Lieferanten und Kunden findet ihm Rahmen **der Korrespondenz (schriftliches Kommunizieren mit gegenseitiger Beantwortung)** statt. Er wird auch als **externer Schriftverkehr** bezeichnet und mit Hilfe von Geschäftsbriefen (▸ Kapitel 1.2.1) abgewickelt.

Der **interne Schriftverkehr** dagegen umfasst die schriftliche Kommunikation zwischen einzelnen Abteilungen, Büros und Filialen eines Unternehmens.

1.2.1 Geschäftsbrief

Ein **Kaufmann** muss seine Firma, die Gesellschaftsform oder eine verständliche Abkürzung für den eingetragenen Kaufmann, wie »e. K.«, »e. Kfm.« Oder »e. Kfr.«, den Ort seiner Niederlassung, Registergericht und Registernummer angegeben.

Kleingewerbetreibende – sie sind nicht im Handelsregister eingetragen – müssen auf allen Geschäftsbriefen, die an einen bestimmten Empfänger gerichtet werden, ihren Familiennamen mit mindestens einem ausgeschriebenen Vornamen angeben (vgl. § 15b GewO). Dies gilt im Übrigen auch für den Eingangs- bzw. Außenbereich jedes Dienstleistungsbetriebes, also auch für ein Reisebüro.

Branchenbezeichnungen und Tätigkeitsangaben können selbstverständlich verwendet werden, wenn sie keine irreführenden Vorstellungen über das Unternehmen hervorrufen. So genannte Etablissementbezeichnungen, wie »Zum Grünen Kranz«, sind als Zusatz zum Namen (ggf. der Firmierung) stets zulässig. Auch graphisch gestaltete Bildzeichen (Logo) können auf den Geschäftsbriefen verwendet werden.

> **Geschäftsbrief** — MERKE
> Der Begriff »Geschäftsbrief« umfasst den gesamten externen Schriftwechsel des Gewerbetreibenden, wie z. B. Angebote, Reisebestätigungen, Empfangsbestätigungen oder Rechnungen an einen bestimmten Empfänger.

Ein normaler **Geschäftsbriefbogen nach den Richtlinien der DIN 5008** hat den folgenden Aufbau, an dem Sie sich orientieren können:

Geschäftsbriefaufbau	Beispieltext
Briefkopf Der Briefkopf beinhaltet die Firmierung oder ein Logo des Absenders.	ils Reisewelt
Das Datum Die internationale Schreibweise lautet 2017-11-05 (Jahr-Monat-Tag). Weitere Möglichkeiten nach DIN 5008 sind:	05.11.2017 05.11.17 5. November 2017 5. Nov. 2017 2017-11-05 17-11-05

Tab. Elemente des Geschäftsbriefes (Teil 1)

Das Anschriftenfeld Im Anschriftenfeld stehen neun Zeilen zur Verfügung, die inhaltlich in drei Teile gegliedert sind: der Anschrift des Absenders, der Zusatz- und Vermerkzone und der Anschrift des Empfängers.	► Beispiel unten
Die Bezugszeichenzeile Ist entsprechend den Leitwörtern auszufüllen. Dabei bitte beachten: »Unser Zeichen« oder Abkürzung(en) des/r Namen des Verfassers (und des Schreibers) des Schriftstücks des Absenders immer angeben. Anstelle einer Bezugszeichenzeile gibt es auch die Möglichkeit einen Informationsblock neben dem Anschriftenfeld einzufügen. Ein Informationsblock ist rechts ausgeführt.	Ihr Zeichen: Ihre Nachricht vom: Unser Zeichen: Unsere Nachricht vom: Name: Telefon: Mobil: Telefax: E-Mail: Internet: Datum:

Tab. Elemente des Geschäftsbriefes (Teil 1)

Ein Geschäftsbriefbeginn könnte demnach folgendermaßen aussehen:

Geschäftsbriefbeginn nach DIN 5008 BEISPIEL

Briefkopf
Musterfrau Reisebüro · Reisestraße 17 · 12345 Reisenhausen
↩
Einschreiben
↩
↩
Anschriftenfeld
Firma 06.09.2017
Ansprechpartner
Straße und Hausnummer
Postleitzahl und Ort
↩
Bezugszeichenzeile (Informationsblock)

Ihr Zeichen, Ihre Nachricht vom	Unser Zeichen, unsere Nachricht vom
Telefon, Name	Datum

Geschäftsbriefaufbau	Beispieltext
Die Betreffzeile Sie verweist auf den Inhalt des Briefes. Hierzu ist zu beachten: ► Vor der Betreffzeile steht nicht »Betr.« oder »Betreff«. ► Zwischen Betreffzeile und Anrede befinden sich zwei Leerzeilen. ► Setzen Sie keinen Punkt an das Ende der Betreffzeile. ► Schreiben Sie die Betreffzeile fett.	↵ Reisebuchung 01438/Teneriffa ↵ ↵ (Anrede)
Die korrekte Anrede Die DIN äußert sich nur zur formalen Gestaltung der Anrede: Die Anrede steht immer linksbündig, endet stets mit einem Komma und ihr folgt eine Leerzeile.	↵ ↵ Sehr geehrte Frau Maier, ↵
Brieftext Er beginnt nicht mit einem Pronomen, wie z. B. »ich« oder »wir«, der Brieftext ist mit einzeiligem Abstand zu schreiben und 12 Punkt sollte als Standardschriftgröße in Ihrer Textverarbeitung eingestellt sein.	
Grußformel Zwischen dem Brieftext und der Grußformel bleibt eine Leerzeile. Zu beachten ist weiter: ► Nach der Grußformel folgt eine Leerzeile, ► in der folgenden Zeile wird die Firmierung des Absenders wiederholt, ► es folgt(en) eine entsprechende Leerzeile(n) für die Unterschrift und danach folgt eine weitere Leerzeile.	↵ Freundliche Grüße aus Reisenhausen ↵ Name Musterfrau, Name Reisebüro Travelmanagerin ↵ (Unterschrift) ↵
Anlage(n) Die einzelnen Anlagen werden nicht explizit aufgeführt. Sollte eine besondere Notwendigkeit dazu bestehen, erfolgt dies integriert im Brieftext.	↵ Anlage(n)
Brieffuß Der Geschäftsbrief endet mit den Daten zum Unternehmen. Dieser umfasst die komplette Erreichbarkeit der Firma, Angaben zu Geschäftsform und Geschäftsführern, Kontaktdaten und die Bankverbindung.	ils Reisewelt e. K. Traumstr. 41b 67551 Worms Sparkasse Rheinland IBAN: DE17 3205 1990 0008 0052 52 BIC: SKRLDERH xxx Telefon: 06591 58030 Telefax: 06591 58032 E-Mail: mail@ils-reisewelt.de www.ils-reisewelt.de Handelsregister Worms, HRA 50065 USt-IdNr. DE123707630

Tab. Elemente des Geschäftsbriefes (Teil 2)

Rechtsform	Kleingewerbetreibender/ Gesellschaft bürgerlichen Rechts (GbR)	Eingetragener Kaufmann (e. K.)	Offene Handelsgesellschaft (oHG)/ Kommanditgesellschaft (KG)	Gesellschaft mit beschränkter Haftung (GmbH)/ Aktiengesellschaft (AG)
Name/ Firma	▸ Ausgeschriebene(r) Vor- und Zuname(n) des Kleingewerbetreibenden bzw. aller Gesellschafter der GbR ▸ Keine Firmen- oder firmenähnliche Bezeichnungen	Personen-, Sach-, Fantasie- bzw. Mischfirmen	Personen-, Sach-, Fantasie- bzw. Mischfirmen	Personen-, Sach-, Fantasie- bzw. Mischfirmen
Vorgeschriebener Rechtsformzusatz	Entfällt Aber: Pflicht zur Handelsregistereintragung: ▸ von Dienstleistungsunternehmen: ab 100.000,00 Euro Jahresumsatz ▸ von Handels-/Produktionsunternehmen: ab 250.000,00 Euro Jahresumsatz ▸ (Kleingewerbetreibende: als »e. K.«, GbR: als »oHG«)	▸ e. K. bzw. e. Kfm. (eingetragener Kaufmann) ▸ e. K. bzw. e. Kfr. (eingetragene Kauffrau)	▸ Offene Handelsgesellschaft oder oHG ▸ Kommanditgesellschaft oder KG	▸ Gesellschaft mit beschränkter Haftung oder GmbH ▸ Aktiengesellschaft oder AG
Vorgeschriebene Angaben auf Geschäftsbriefbogen, Bestellscheinen etc.	▸ Ausgeschriebene(r) Vor- und Zuname(n) des Kleingewerbetreibenden bzw. aller Gesellschafter der GbR sowie ladungsfähige Anschrift ▸ Keine firmenähnliche Bezeichnung (Ausnahme: Logos oder sonstige Zusätze, wenn räumlich und grafisch von Vor- und Zunamen abgesetzt)	Firma, Rechtsform, Ort der Handelsniederlassung, Registergericht und Handelsregister-Nummer	▸ Firma, Rechtsform, Ort der Handelsniederlassung, ▸ Registergericht ▸ und Handelsregister-Nummer (bei GmbH & Co. oHG sowie bei ▸ GmbH & Co. KG: zusätzlich zu ▸ oHG- bzw. KG-Angaben noch Angaben ▸ über GmbH)	▸ Firma, Rechtsform, Sitz der Gesellschaft, Registergericht, HR-Nummer ▸ GmbH: ausgeschriebene(r) Vor- und Zuname(n) des bzw. aller Geschäftsführer, ggf. Vor- und Zuname des Aufsichtsratsvorsitzenden ▸ AG: ausgeschriebene(r) Vor- und Zuname(n) aller Vorstandsmitglieder und des Vorsitzenden des Aufsichtsrats

Tab. Angaben auf Geschäftsbriefen nach dem Handelsrechtsreformgesetz

Formale Anforderungen an den Briefkopf

Orientieren Sie sich bei Ihrer externen Korrespondenz an den Richtlinien der DIN 5008. Sie sind auf der gegenüberliegenden Buchseite auszugsweise abgedruckt.

Im **Gesetz über elektronische Handelsregister und Genossenschaftsregister sowie das Unternehmensregister** (EHUG) sind die formalen Anforderungen für jede Form von Geschäftsbriefen und für die einzelnen Firmierungen festgelegt (vgl. § 37 a HGB, § 125 a HGB, § 35 a GmbHG, § 80 Abs. 1 AktG und ▸ LF 1, Kapitel 2).

Sind die formalen Anforderungen im Briefkopf nicht erfüllt, droht ein **Zwangsgeld**. Für eine GmbH z. B. kann das in Höhe von bis zu 5.000,00 Euro sein.

1.2.2 E-Mail

Die Anforderungen des EHUG gelten für jede Form von Geschäftsbriefen »gleichviel welcher Form« und daher **auch für E-Mail-Korrespondenz oder Telefaxe**.

Empfängeradressierung

Alle für den Versand wichtigen Informationen bezeichnet man in einer E-Mail als ***Header***. Ihre E-Mail können Sie zugleich an mehre Empfänger senden. Dabei werden mehrere Empfänger durch Semikolon getrennt. Dazu können sie zwischen drei Möglichkeiten wählen:

Tragen Sie mehrere Adressen ins An-Feld ein, sehen alle Empfänger die weiteren Adressaten.

Möchten Sie die unterschiedlichen Empfänger nicht gleichwertig behandeln, dann können sie zwischen »CC« (*Carbon Copy*) und »BCC« (*Blind Carbon Copy*) wählen. »CC« eignet sich, wenn alle Empfänger auch die Adressdaten der anderen Empfänger sehen sollen, während beim »BCC« die einzelnen Empfänger die anderen E-Mail-Adressen nicht sehen können.

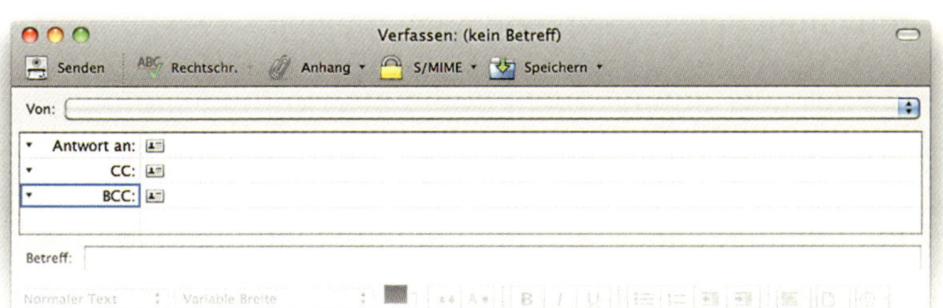

Abb. *Screenshot* E-Mail *Header*

Betreffzeile

Das ***Subject*** ist der Betreff der E-Mail. Achten Sie darauf, dass dieser nicht zu kurz formuliert ist, sonst wandert die E-Mail leicht in einen *Spam*-Ordner für unverlangt zugesandte Werbung per elektronische Post. Auch Reizwörter wie »Casino« oder »Viagra« sind Abfalleimergaranten.

Haupttext

Der eigentliche Text, für E-Mails ***Body*** genannt, beginnt mit der Anrede. Darauf folgen eine Freizeile und ihr Haupttext. Bitte beachten Sie dabei folgendes:

- Vermeiden Sie lange Sätze und arbeiten Sie für eine gute Lesbarkeit mit Absätzen.
- Nur-Text-E-Mails sind Standard in der E-Mail-Kommunikation.
- Verwenden Sie eine korrekte Groß-/Kleinschreibung.
- Verweisen Sie auf eventuelle Dateianhänge.

Setzen Sie in den Texten die Zeichenfolge »http://« vor *Links*, denn die meisten E-Mail-Programme erkennen damit elektronische Verknüpfungen automatisch und ermöglichen so den direkten Sprung auf die Internetseite.

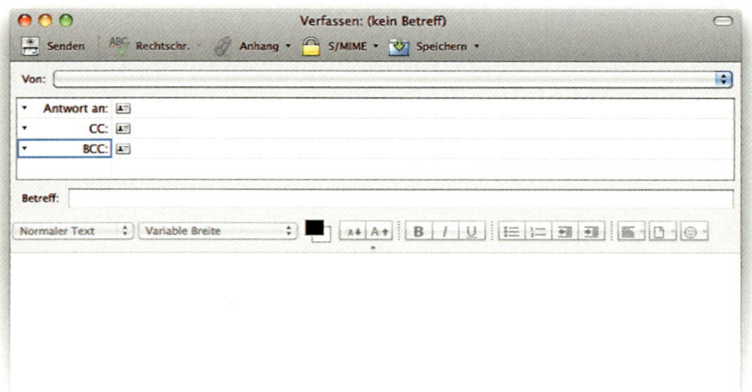

Abb. *Screenshot* E-Mail-Textmaske

Verwenden Sie nur eindeutige Satzzeichen und auch die aus ihnen abbildbaren *Smileys* nur, wenn es nicht anders geht und sehr sparsam. Beachten Sie, dass Symbole in E-Mails sich in unterschiedlichen Kulturkreisen unterscheiden können.

BEISPIEL

Satzzeichen-Symbolik in E-Mails

:-)	glückliches Gesicht im europäischen Kulturkreis
:-(	trauriges Gesicht bei Europäern
^_^	glückliches Gesicht bei Japanern
;_;	trauriges Gesicht bei Japanern

Signatur (*Mail-Footer*)

Am Ende jeder E-Mail sollten die Kontaktdaten (ähnlich denen eines Brieffußes) als definierter Standardtext stehen.

BEISPIEL

E-Mail-Signatur
Musterreisebüro Theresa Klein e. K.
Heinrich-Stolz-Str. 18, 67433 Musterstadt
Registergericht: HRA 123, USt-IdNr.: DE 456789
Telefon: 0151/28488333, E-Mail: info@reisen.net, Internet: http://Reise.net

(**Achtung:** Die hier beschriebene E-Mail-Signatur ist nicht zu verwechseln mit der elektronischen Signatur. Die **elektronische Signatur** sichert die Formfähigkeit von Dokumenten und die Gültigkeit von Willenserklärungen ▸ Kapitel 2.2.1.)

MERKE

E-Mail-Signatur entspricht Brieffuß
Die Signatur bei einer E-Mail entspricht dem Brieffuß eines Geschäftsbriefes. Für sie gelten dieselben formalen Anforderungen.

Anhänge

E-Mails können Dateien angehängt werden. Diese *Attachments*, sollten ab einer gewissen Menge oder Größe zuerst in einem Archiv (z. B. in einer ZIP-Datei) zusammengefasst werden, um den reibungslosen elektronischen Versand zu optimieren.

Beantworten von E-Mails

Nutzen Sie bei der Beantwortung von E-Mails Passagen der vorangegangen E-Mail und löschen Sie alle anderen, nicht (mehr) benötigten Textstellen. So genannte *Fullquotes* blähen die E-Mail nur auf.

E-Mail – Eingang

Ein E-Mail-Nutzer, der seine E-Mail-Adresse im Geschäftsverkehr nutzt, muss den unterbliebenen Zugang elektronischer Mitteilungen von Kunden beweisen. Ein Zugang einer E-Mail ist in diesen Fällen am Tag des Eingangs in den elektronischen Briefkasten anzunehmen.
(vgl. LG Nürnberg-Fürth, Urteil vom 07.05.2002, Az.: 2 HK O 9434/01; rechtskräftig vgl. Az.: CR 4/03, 293)

Werbung mittels »elektronischer Post« ohne die Einwilligung des Empfängers ist nach dem Gesetz gegen den unlauteren Wettbewerb (UWG) grundsätzlich wettbewerbswidrig und stellt eine unzumutbare Belästigung dar (▸ Fachwissen Tourismus Band 4, LF 10). Auch hier sind mögliche Sanktionen Abmahnung, Abgabe einer Unterlassungserklärung sowie Schaden- bzw. Kostenersatz.

1.3 Selbst- und Zeitmanagement

Für ein gutes und erfolgreiches Arbeits- und Kommunikationsmanagement sind auch die Arbeitseinstellung und die persönliche Entfaltung von großer Bedeutung.

Selbstmanagement

Selbstmanagement unterstützt die persönliche Entfaltung durch Planung, Leitung, Koordination und Kontrolle des eigenen Ich.

Es impliziert die Kompetenz, die eigene persönliche und berufliche Entwicklung weitgehend unabhängig von Dritten zu gestalten. Dies umfasst auch das Zeitmanagement.

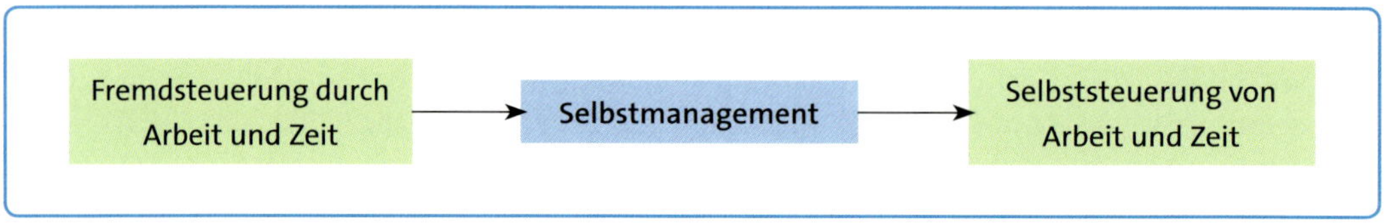

Abb. Fremdsteuerung und Selbststeuerung

Auf dem Weg von der Fremdsteuerung durch Arbeit und Zeit zu der Selbststeuerung von Arbeit und Zeit sind Ziele zu formulieren.

Die **Zielklarheit** ist dabei ein strategischer Erfolgsfaktor für effektives Arbeiten.

Sie setzt voraus, dass der Mensch seine angestrebten Ziele spezifiziert sowie realistisch und termingebunden formuliert. Dabei ist darauf zu achten, dass die verschiedenen Ziele miteinander vereinbar sind bzw. nicht im Widerspruch zueinander stehen.

- **Ziele des Selbstmanagements** sind die Erarbeitung und die Umsetzung von Sollvorstellungen, die ein gewolltes zukünftiges Ergebnis bzw. einen gewünschten Zustand definieren. Sie nehmen eine Veränderung in Arbeits- und Privatleben gedanklich vorweg, die der Mensch durch sein zielgerichtetes Handeln erreichen will.
- Ziele können nicht unabhängig von den **individuellen Präferenzen** einer Person betrachtet werden und umfassen mehrere Ebenen.

Die **SMART-Methode** ist ein Werkzeug (*Specific Measurable Accepted Realistic Timely-Method*) mit dessen Hilfe Ziele schriftlich so formuliert werden können, dass für alle Beteiligten klar ist, was angestrebt wird und die Zielerreichung überprüft (evaluatiert) werden kann.

Dazu bedient man sich folgender **SMART-Kriterien**:

S = Spezifisch	Ist das Ziel eindeutig, verständlich und konkret formuliert? Wer soll was erreichen?	Zielinhalt
M = Messbar	Welche Indikatoren geben darüber Auskunft, ob ein Ziel (Zwischenziel, Unterziel) erreicht wurde?	Zielevaluation
A = Attraktiv und Aktionsorientiert	Ist das Ziel eine erstrebenswerte, individuelle Herausforderung, die eine positive Veränderung anstrebt?	Zielverantwortung
R = Realistisch	Ist das hochgesteckte Ziel mit den vorhandenen Ressourcen und Kompetenzen realisierbar?	Zielausmaß
T = Terminierbar	Ist das Ziel in dem definierten Zeitfenster zu erreichen?	Zielzeitraum

Tab. SMART-Kriterien

Die Zielformulierungen erfolgen ausschließlich aktiv und im Präsens.

Zielformulierung

BEISPIEL

Ich kontrolliere wöchentlich die Anzahl der Farbkopien und weise die Mitarbeiter an die Anzahl bis zum 31.12.2015 um 10 Prozent zu reduzieren.

Exkurs: Work-Life-Balance

Die Kunst des Ausruhens ist ein Teil der Kunst der Arbeit.
(John Steinbeck)
www.zitate.de

© de la Motte

Der Begriff ***Work-Life-Balance*** steht für die Vereinbarkeit und die Erhaltung eines ausgewogenen Verhältnisses von Arbeit und Privatleben. Die Lebensbereiche sollten miteinander in Einklang stehen, da der Mensch sonst auf Dauer psychisch und physisch erkrankt. Hierzu braucht es Visionen und Ziele.

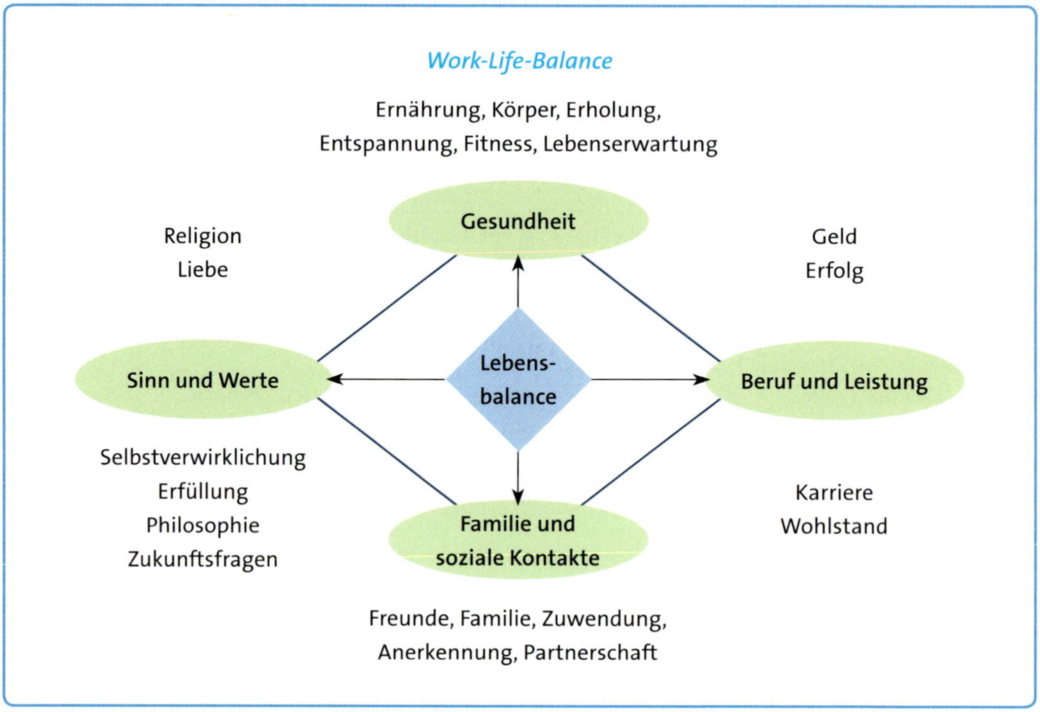

Abb. Ebenen der Lebensbalance
www.igbce-blogs.de/zugabe/wp-content/2008

Eine Vision ist die wirklichkeitsnahe, gefühlte, und bildhafte Vorstellung eines Zukunftszieles. Sie spricht alle Sinne des Menschen an und aktiviert sein Unterbewusstsein, das letztlich den Menschen motiviert und damit die erforderliche Bereitschaft und Kraft mobilisiert, um die Vision zu realisieren. Aus einer Vision können sich vielfältige Ziele entwickeln.

BEISPIEL

Vision – das Bild von der Zukunft

One day Walt Disney had a vision. It was a vision of a place where children and parents could have fun together. The more Walt dreamed of a "magical park", the more imaginative and elaborate it became.

www.justdisney.com

Selbstmanagement als ein Instrument zur Erreichung und Erhaltung der *Work-Life-Balance* zeigt eine Möglichkeit die individuelle Arbeits- und Lebenszeit **aktiv und sinnvoll** zu balancieren, um mehr Lebensqualität zu erfahren.

Zeitmanagement ist eine Teildisziplin des Selbstmanagements und bezeichnet die Fähigkeit einer Person die eigene Zeit systematisch und diszipliniert zu planen, um sie effektiv und effizient zu nutzen.

MERKE

Komponenten für Selbst- und Zeitmanagement
Die wesentlichen Komponenten für ein Selbst- und Zeitmanagement sind definierte Ziele, Planungstechniken und Selbstdisziplin.

Zeitmanagement-Kompetenz stellt, wie alle *Soft Skills der* sozialen Kompetenz, eine Schlüsselqualifikation dar.

Schritte des Zeitmanagements

- **Tagesplanung** – Zweckmäßigerweise sollte das Zeitmanagement sich zunächst auf eine Tagesplanung (= Tagesziele) beschränken. Die Tagesplanung stellt eine kleine und überschaubare Planungseinheit dar und kann bei Misserfolg leicht korrigiert bzw. neu »gestartet« werden. Ist der Tagesablauf im Griff, können auch längere Perioden geplant werden.
- **Wochenplanung** – Die Wochenplanung beruht auf langfristigen Zielen und umfasst alle sieben Tage sowie alle Lebensbereiche unter Berücksichtigung eines Ruhetages. Zuerst werden Termine für das Wesentliche reserviert und dann nach Prioritäten mit realistischen Zeitansätzen geplant.
- **Jahresplanung** – Sie ist eine langfristige Planung zum Erreichen übergeordneter Ziele. Handlungen sind auf diese Ziele und deren Erfüllung auszurichten.

Allerdings sollte man sich bewusst sein, dass ein mittel- und langfristiger Plan nur eine Orientierung sein kann, der bei unvorhersehbaren Ereignissen den neuen Gegebenheiten anzupassen ist.

1.3.1 Zeitmanagement nach der A-L-P-E-N-Methode

Der Umgang mit der Zeit kann durch den Einsatz von Planungsinstrumenten wesentlich verbessert werden. Dazu zählen der Einsatz von Hilfsmitteln wie Terminkalendern, elektronischer Instrumente (Computerprogramme, elektronische Organizer) sowie bekannter Planungstechniken (strukturierte und formalisierte Instrumente).

Die **A-L-P-E-N-Methode** ist eine einfache Planungstechnik, um Tagespläne zu erstellen. Bei richtiger und konsequenter Handhabung ist sie ein effektives Mittel des Zeitmanagements. Sie besteht aus fünf Schritten:

A	Aktivitäten und Aufgaben schriftlich zusammenstellen
L	Länge der Tätigkeiten schätzen
P	Pufferzeiten reservieren
E	Entscheidung treffen
N	Nachkontrolle

Tab. Tagesplanung nach der A-L-P-E-N-Methode

Aktivitäten und Aufgaben schriftlich zusammenstellen

Der erste Schritt besteht darin, dass alle für den Tag vorgesehenen Aufgaben (geplante, unerledigte Aufgaben vom Vortag, anstehende Termine, zu erledigende Telefonate usw.) in Form einer einfachen *To do*-Liste (engl. *to* = zu, *do* = tun), d. h. auf einer Zu-erledigen-Liste, ohne Rücksicht auf die Reihenfolge untereinander auf einem Zettel notieren werden.

Optional werden Blöcke gleichartiger Tätigkeiten gebildet, z. B. zu erledigende Post oder Telefonate, um sie »am Stück« zu bearbeiten.

Einfache *To do*-Liste

BEISPIEL

Für eine einfache *To do*-Liste werden die Felder Aufgabe/Aktivität mit dem dafür eingeplantem Zeitbedarf und dem Erledigungstermin vorgesehen.

Aufgabe, Aktivität	Geplanter Zeitbedarf (in Minuten)	Termin (Uhrzeit hh:mm)

Tab. Einfache *To do*-Liste

Länge der Tätigkeiten schätzen

In diesem Arbeitsschritt wird jeder notierten Aktivität ein geschätzter, realistischer Zeitbedarf zugeordnet. Bei der Umsetzung des Wortes »realistisch« gilt es allgemeingültige Gesetzmäßigkeiten zu beachten:

MERKE

Parkinsons Gesetz
»Work expands so as to fill the time available for its completion.« –
»Jede Arbeit dauert so lange, wie Zeit für sie zur Verfügung steht.«
www.projektmagazin.de

Erfahrungsgemäß braucht man genauso viel Zeit, wie man sich für eine Aufgabe nehmen will. Daher werden Erledigungstermine mit genauen Uhrzeiten erfasst.

Das **Pareto-Prinzip** (auch »**80:20-Regel**« genannt) dient im Rahmen des Zeitmanagements dazu, die Zeit-Leistungs-Relation zu verbessern. Es besagt, dass nur 20 Prozent der Zeit dafür benötigt werden, 80 Prozent der Arbeit zu verrichten. Da die restlichen 20 Prozent häufig nur der Perfektionierung einer Aufgabe dienen, ist es unter Berücksichtigung einer effektiven Aufwand-Nutzen-Relation zumeist besser, 80-Prozent-Ergebnisse anzustreben.

BEISPIEL

80:20-Regel (Pareto-Prinzip)
20 % der Kundenberatungsgespräche bringen 80 % des Umsatzes – das ist zwar richtig, jedoch ist die Kenntnis um das Prinzip keine Entschuldigung für mangelnde Gewissenhaftigkeit. Es ist nur eine Möglichkeit in vielen Bereichen 80 Prozent der anfallenden Arbeit in einem kurzen Zeitraum zu erledigen und somit viel Zeit und Energie für andere Arbeiten oder Aktivitäten einzusparen.

Mit 20 Prozent Aufwand → werden 80 Prozent der Ergebnisse erreicht.

Mit den restlichen 80 Prozent des Aufwandes werden → nur noch 20 Prozent erreicht.

Abb. Pareto-Prinzip

Pufferzeit reservieren

Pufferzeiten dienen dazu um Aufgaben, die länger dauern als zeitlich geplant, trotzdem zu erledigen, Zeitreserven für Unvorhergesehenes zu haben und die unterschiedliche Leistungsfähigkeit am Tag auszugleichen. Die Regelung sollte 60:40 lauten, d. h., 60 Prozent der Zeit kann verplant werden und 40 Prozent der Zeit sollte als Pufferzeit einkalkuliert werden. Ein 8-Stunden-Tag ist so mit maximal fünf Stunden zu verplanen.

Die Hälfte des eingeplanten Zeitpuffers (also 20 Prozent) sollten für soziale Aktivitäten und Pausen reserviert bzw. genutzt werden.

Datum: ____________

Aufgabe/Aktivität	Geplante Dauer (in Min.)	Wichtigkeit	erledigt	Effektive Dauer (in Min.)
Telefonat Kundin	5	B	ja	9
Beratungsgespräch Kunde	30	A	ja	40
Mail-Anfrage Hotel Alpengrün	8	B	ja	7
Testbucher Reiseveranstalter	45	A	ja	50

Tab. Beispiel Reservierung von Pufferzeit

Entscheidung treffen

Mit diesem Schritt der A-L-P-E-N-Methode wird die Reihenfolge der Erledigung von Arbeiten und von Aktivitäten festgelegt. Hierbei werden den Aktivitäten Prioritäten zugeordnet. Die gängigsten Methoden der Prioritätensetzung werden in ▸ Kapitel 1.3.2 beschrieben.

Schon der deutsche Schriftgelehrte Goethe sagte:
»Wichtige Dinge dürfen nie den unwichtigen untergeordnet werden.«
www.proz.com

Daher galt: Tue das Wichtige vor dem Dringlichen, was auch grundsätzlich stimmte, denn Goethe lebte in einer weniger schnelllebigen Zeit.

Die **Prioritätensetzung und das Kriterium »Dringlichkeit«** jedoch verändert die Aussage:
B-Aufgaben sind zwar wichtig, aber nicht wichtig und dringend. Aus diesem Grund werden heutzutage A-Aufgaben vorgezogen und damit die Dringlichkeit der Wichtigkeit.

Setzen von Prioritäten MERKE

Das Setzen von Prioritäten ist zentrales Element des Selbst- und Zeitmanagement. Die Prioritätensetzung erfolgt nach den Kriterien Dringlichkeit und Wichtigkeit.

Es ermöglicht ein zielgerichtetes und zeiteffektives Arbeiten, bei dem Sie sich auf das »Wesentliche« konzentrieren, diesem genug Zeit einräumen und sich nicht in »Kleinigkeiten verzetteln«.

Nachkontrolle

Nach Ablauf des Tages wird am Abend eine Bilanz gezogen: Sollte sich eine Differenz zwischen Planung und Realität ergeben, werden nicht erledigte Aufgaben auf den nächsten Tag übertragen.

Sind mehrere Übertragungen notwendig, empfiehlt es sich Aufgaben zu streichen, Zeitansätze zu überdenken, höhere Prioritäten zu setzen und die Selbstdisziplin zu überprüfen.

Selbstdisziplin MERKE

Selbstdisziplin in diesem Zusammenhang bezieht sich auf die adäquate Anwendung der Zeitmanagementinstrumente auf die reale Umsetzung geplanter Aktivitäten.

Nach und nach »wandern« auf diese Weise alle Arbeiten und Aktivitäten in Richtung »erledigt«. Am Ende eines Arbeitstages bleibt Ihnen dann noch genug »Energie« für weitere Teilbereiche Ihrer *Work-Life-Balance*.

Die Planungstechnik nach der A-L-P-E-N-Methode kann nur effektiv angewandt werden, wenn Ihnen die gängigsten Methoden der Prioritätensetzung bekannt sind.

1.3.2 Methoden der Prioritätensetzung

Der Begriff **»dringend« hat eine Zeitkomponente**. Dringende Aufgaben unterliegen einem Zeitdruck und müssen termingerecht erledigt werden, damit ein Nutzen eintritt bzw. ein Schaden verhindert wird (z. B. Steuererklärung, Anmeldefrist für eine Veranstaltung).

Der Begriff **»wichtig« hat eine Inhaltskomponente** (sachliche Ebene). Wichtige Aufgaben bringen den Menschen in seinen Lebens- und Leistungszielen voran, so dass ein Vorteil entsteht (z. B. Zeitbalance). Die Wichtigkeit einer Aufgabe ergibt sich also aus einer individuellen, intrinsischen (inneren) Sichtweise heraus.

Wichtigkeit ↑		
	B-Aufgaben sind wichtig, aber weniger dringlich = terminieren	A-Aufgaben sind wichtig und dringlich = unverzüglich selbst erledigen
	D-Aufgaben, die weder wichtig noch dringlich sind, erledigen sich meist »von allein«	C-Aufgaben sind dringlich aber nicht besonders wichtig = delegieren
	Dringlichkeit →	

Abb. Aufgabenkategorien

Eisenhower-Prinzip

Das »Eisenhower-Prinzip« (benannt nach dem Erfinder der Vorgehensweise Dwight D. Eisenhower, General und Präsident der Vereinigten Staaten) ist eine Methode, um zwischen »wichtigen« und »dringlichen« Aufgaben zu unterscheiden und die richtigen Prioritäten zu setzen.

Dazu werden die Aufgaben oder Aktivitäten nach **vier Kategorien** im Hinblick auf ihre Dringlichkeit und Wichtigkeit unterschieden.

Aus der Einordnung ergibt sich die folgende weitere Vorgehensweise:

- **Aufgabentyp A** – dringende und zugleich wichtige Aufgaben müssen sofort und selbst erledigt werden.

- **Aufgabentyp B** – momentan nicht dringliche Aufgaben mit hoher Wichtigkeit sollten terminiert bzw. geplant (evtl. delegiert) werden. Zum terminierten Zeitpunkt werden sie zu A-Aufgaben.
- **Aufgabentyp C** – dringende Aufgaben ohne hohe Wichtigkeit sind unverzüglich von Dritten (Mitarbeitern) zu erledigen. Da sie langfristig nicht wichtig sind, sollten sie konsequent delegiert bzw. reduziert oder eliminiert werden.
- **Aufgabentyp D** – Aufgaben von geringer Dringlichkeit und von geringer Wichtigkeit müssen entweder gar nicht (und landen im »Papierkorb«) oder können irgendwann erledigt werden.

MERKE

Zeitmanager?
Nur wer gezielt Prioritäten setzen kann, ist in der Lage, selbstbestimmt mit seiner Zeit umzugehen.

ABC-Analyse

Die ABC-Analyse ist ebenfalls eine Methode, die bei der Prioritätensetzung hilft. Sie **knüpft an das Pareto-Prinzip** an und berücksichtigt, dass es wenige wichtige Aufgaben gibt. Die Effektivität dieser Aufgaben überwiegt jedoch bei Weitem diejenige der anderen Aufgaben.

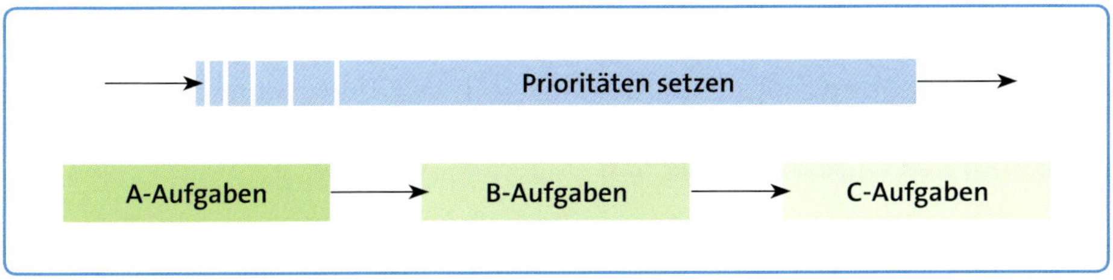

Abb. ABC-Analyse

Bei der ABC-Analyse werden **drei Kategorien von Aufgaben** unterschieden und eine optimale Erledigungsdauer sowie eine optimale Erledigungszeit für diese Arbeiten während des Tages berücksichtigt. Ausschlaggebendes Kriterium für eine Zuordnung der Aufgaben in A-, B- oder C-Aufgaben ist die **Wichtigkeit = der Ertragsfaktor einer Arbeit**. Entsprechend werden unterschieden:

To do-Liste bei der ABC-Analyse

BEISPIEL

Für die *To do*-Liste bei der ABC-Analysemethode wird den Feldern »Aufgabe, Aktivität« mit dem dafür »geplantem Zeitbedarf« und der Wichtigkeit eine Prioritätsbeurteilung zugeordnet.

Priorität A, B, C	Aufgabe, Aktivität	Geplanter Zeitbedarf (in Minuten)	Termin (Uhrzeit hh : mm)

A-Aufgaben = ein Muss – sie sind am wichtigsten und müssen zuerst von der zuständigen Person selbst durchgeführt werden. Sie machen erfahrungsgemäß nur ca. 15 Prozent der überhaupt zu erledigenden Aufgaben aus, tragen aber zu ca. 65 Prozent der Erreichung aller Ziele bei. Sie sollten gleich morgens erledigt werden.

A-Aufgaben = sehr wichtige Aufgaben	15 % d. Aufgaben tragen zu 65 % des Erfolges bei	morgens

B-Aufgaben = ein Soll – sie sind wichtig und werden zeitlich nach den A-Aufgaben erledigt. B-Aufgaben repräsentieren etwa 20 Prozent der anstehenden Aufgabenmenge und tragen zu 20 Prozent aller Erfolge bei.

B-Aufgaben = wichtige Aufgaben	20 % der Aufgaben tragen zu 20 % des Erfolges bei	nachmittags

C-Aufgaben = ein Kann – diese Aufgaben sind weniger wichtig bzw. unwichtig und werden nur erledigt, sofern dafür noch Zeit zur Verfügung steht. Sie umfassen mit ca. 65 Prozent das Gros der Aufgaben, tragen aber nur mit ca. 15 Prozent zum Erfolg des Unternehmens bei.

C-Aufgaben = weniger wichtige Aufgaben	65 % der Aufgaben tragen zu 15 % des Erfolges bei	nachmittags

MERKE

Einteilung nach Effektivität

Für das Zeitmanagement bedeutet dies, dass für Aufgaben, deren Effektivität die der anderen Aufgaben bei weitem übersteigt, vorrangig die vorhandene Zeit genutzt wird. Somit entfallen 65 Prozent der »verplanbaren« Zeit auf A-Aufgaben, 20 Prozent auf B-Aufgaben und 15 Prozent der Zeit wird den C-Aufgaben gewidmet.

Auch bei der ABC-Analyse sollen nur 60 Prozent der Zeit verplant werden und 40 Prozent als Pufferzeit einkalkuliert werden.

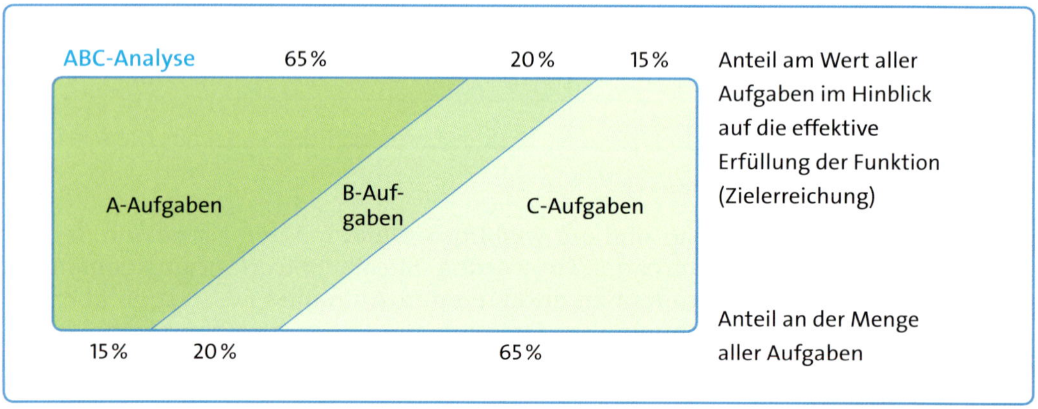

Abb. ABC-Analysemethode

Seiwert, Lothar J.: Mehr Zeit für das Wesentliche und das 1×1 des Zeitmanagements

»Es ist besser die richtige Arbeit zu tun [= Effektivität], als eine Arbeit nur richtig zu tun [= Effizienz].«
(Peter F. Drucker)
www.ausbildungsmarketing.com

1.3.3 Tägliche Formkurven

Viele Zeitmanagement Methoden (wie die A-L-P-E-N-Methode) berücksichtigen bewusst Pausen und so die Leistungsfähigkeit eines Menschen, die in der **individuellen Leistungskurve** zum Ausdruck kommt.

Die vom Verband für Arbeitsgestaltung, Betriebsorganisation und Unternehmensentwicklung ausgearbeitete **REFA-Normkurve** zeigt grundsätzliche Tendenzen der täglichen **Leistungskurve** der – trotz einiger individueller Schwankungen – jeder Mensch unterliegt.

Der Leistungshöhepunkt liegt am Vormittag, gefolgt von einem Tief am Nachmittag und einem Zwischenhoch am frühen Abend.

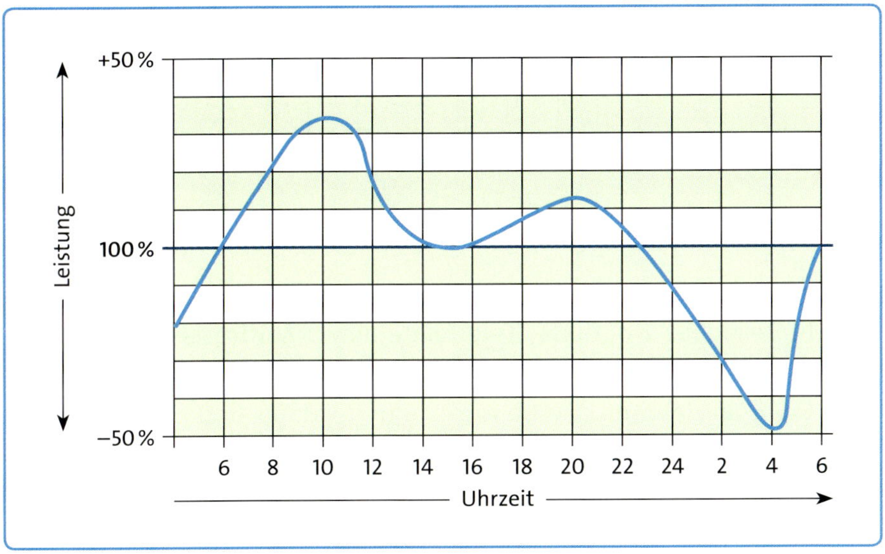

Abb. REFA-Normkurve der Leistungsfähigkeit

Wesentlich ist, dass der Einzelne selbst durch Beobachtung, auf dieser Grundlage seinen individuellen persönlichen Tagesrhythmus finden kann (»Morgenmensch«, »Abendmensch«) und die Konsequenzen daraus zieht.

MERKE

Entsprechend der persönlichen Leistungskurve gilt:
Leistungshoch: Erledigung von A-Aufgaben,
Leistungstief: Erledigung von C-Aufgaben,
Zwischenhoch: Erledigung von B-Aufgaben.

Die menschliche Konzentrationsfähigkeit lässt sich in einer **Konzentrationsfähigkeitskurve** darstellen: der natürliche Einbruch beginnt nach ca. 45 Minuten Arbeitszeit.

Aus diesem Grund sollten regelmäßig nach etwa **60 Minuten kurze Pausen** bis zu höchstens 10 Minuten zur Erhaltung der Produktivität eingelegt und die 60:40-Regel angewendet werden.

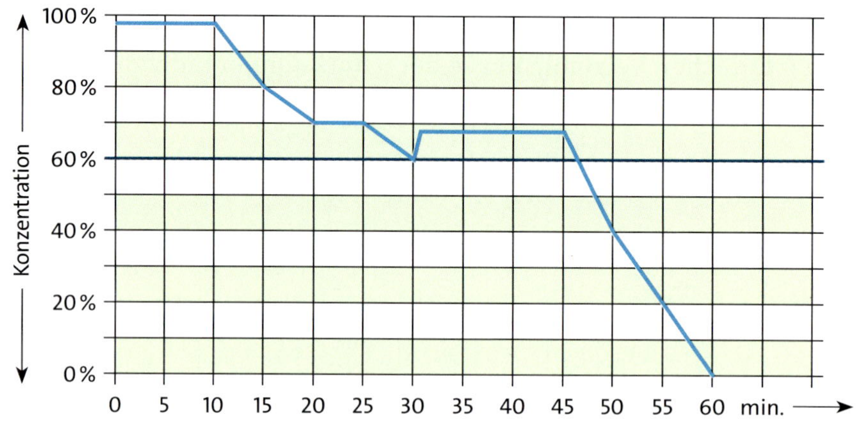

Abb. REFA-Normkurve der Konzentrationsfähigkeit

Im Gegensatz zu den Pausen sind Störungen durch z. B. Mitarbeiter, Kunden, unangemeldete Besucher, Konflikte, Telefonate usw. »**Zeitfresser**«.

Aufgrund einer Unterbrechung ist es immer wieder notwendig die angefangene Tätigkeit neu aufnehmen. Durch die erneute Anlauf- und Einarbeitungszeit entsteht der so genannte »**Sägeblatt-Effekt**«. Er kann durch diesen bis zu 30 Prozent (!) der Arbeitszeit verloren gehen.

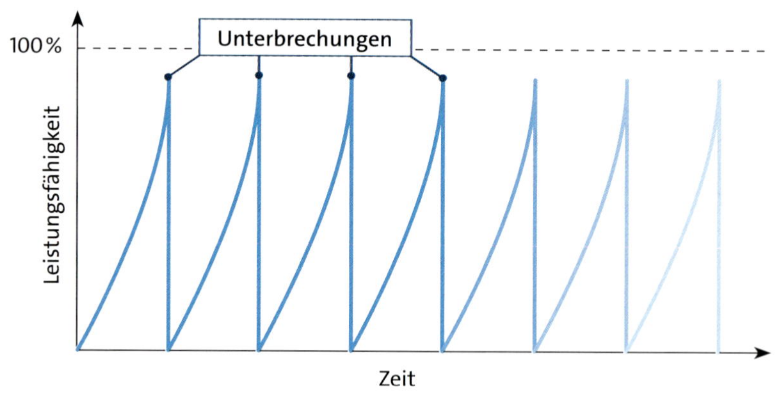

Abb. Sägeblatt-Effekt

MERKE

»Stille Stunde«
Es ist sinnvoll, täglich eine Stunde Sperrzeit (»Stille Stunde«) in den Tagesplan aufzunehmen. In dieser sollten Sie für Niemanden erreichbar sein.

»Stille Stunden« sind wichtig für effizientes und effektives Arbeiten. In diesem Zeitfenster können A-Aufgaben ungestört erledigt werden. In den störanfälligen Zeiten (i. d. R. zwischen 10.00 Uhr und 12.00 Uhr und zwischen 14.00 Uhr und 16.00 Uhr) werden Unterbrechungen einkalkuliert und weniger wichtige C-Aufgaben verrichtet.

»Es gibt Diebe, die nicht bestraft werden und dem Menschen doch das Kostbarste stehlen: Die Zeit.«
(Napoleon Bonaparte)
www.zitate-online.de

Nutzen Sie die in diesem Kapitel vorgestellten Techniken des Arbeits-, Kommunikations- und Selbstmanagements für einen erfolgreichen und bereichernden Berufsalltag in Ihren Ausbildungsberuf.

AUFGABEN

1. Welche Zeichen sollten als Mindeststandard auf ihren Büromöbeln vorhanden sein?
2. Sie kaufen ein neues Telefongerät und sehen dieses Zeichen: CE Erklären Sie seine Bedeutung.
3. Wofür steht das Qualitätszeichen »QUALITY OFFICE«?
4. Nennen Sie fünf ergonomische Forderungen an einen Bildschirmarbeitsplatz.
5. Erläutern Sie (unabhängig vom Kaufpreis) drei wirtschaftliche Gesichtspunkte die bei der Einrichtung eines Reisbüros / einer Tourismusinformation bedacht werden sollten.
6. Welches Ziel verfolgt die *Forrest Stewardship Council*?
7. Was beinhaltet der Betreff eines Geschäftsbriefes?
8. Prüfen Sie, ob es sich in den folgenden Beispielen um Geschäftsbriefe handelt:
   Schriftverkehr zwischen einzelnen Abteilungen eines Unternehmens, Quittungen, Prospekte, Zeitschriftenbeilagen, Postwurfsendungen, Zeitungsanzeigen.
9. Warum sollte der Kunde eines Reisebüros nur von einem (»seinem« individuellen) Mitarbeiter betreut werden?

10. Worauf müssen Sie achten, damit Ihre E-Mail nicht in einem *Spam*-Ordner archiviert wird?

11. Wozu dient die Zeichenfolge «http://« vor Links in einer E-Mail?

12. Formulieren Sie eine E-Mail-Signatur für Ihr Unternehmen.

13. Warum sollten *Attachments* ab einer gewissen Menge oder Größe zuerst in einem Archiv zusammengefasst werden?

14. Worauf müssen Sie bei Werbung mittels »elektronischer Post« achten?

15. Was besagt der Paradigmenwechsel von »*Time is Money*« zu »*Time is Life*«?

16. Sie sind zu der Erkenntnis gekommen etwas für ihre Fitness tun zu müssen und setzen sich das Ziel: »In den nächsten Wochen will ich regelmäßig joggen gehen.« Formulieren Sie die Zielsetzung nach der SMART-Methode.

17. Wie tragen Sie folgender Aussage im Rahmen des Zeitmanagement Rechnung? »Erstens kommt es anders, und zweitens als man denkt.«

18. Wie viel Zeit berücksichtigt die Die A-L-P-E-N-Methode jeweils ungefähr für geplante Aktivitäten, Störungen, »Zeitdiebe« und für spontane und soziale Aktivitäten?

19. Erstellen Sie eine Prioritätenliste für einen »typischen Arbeitstag«.

20. Unterscheiden Sie die Begriffe »Effizienz« und »Effektivität«.

21. Der Förster sagt zu einem Waldarbeiter »Mir ist aufgefallen, dass Ihre Axt ganz stumpf ist. Warum schärfen Sie die Axt nicht?« Darauf erwidert der Waldarbeiter stöhnend: »Dafür habe ich keine Zeit – ich muss noch zwei Bäume fällen!« Wäre das Schärfen der Axt Ihrer Meinung nach dringend oder wichtig, effizient oder effektiv? Begründen Sie Ihre Antwort.

22. Entwerfen Sie ein Zeitdiagramm für den »eigenen typischen Tagesablauf« mit anschließender Analyse und Bewertung des eigenen Zeitmanagements. Berücksichtigen Sie dazu folgende Schritte:
    - Erstellen einer einfachen *To-do*-Liste
    - Eintragen der von Ihnen geschätzten Zeitdauer zur Bewältigung hinter die notierten Aufgaben und die genauen Uhrzeiten für die eventuelle Termine
    - Einplanen von Pufferzeiten
    - Bewertung der Wichtigkeit bzw. Dringlichkeit der Aufgaben entsprechend der ABC-Analyse
    - Übertragung der unerledigten Aufgaben in die Planung des nächsten Tages

a) Was stellen Sie fest?
b) Welche Schwierigkeiten sind aufgetreten?
c) Finden Sie das Zeitdiagramm hilfreich?
d) Wie viele oder welche Aufgaben mussten Sie auf den nächsten Tag übertragen und gibt es für diese eine andere Lösung?

23. Nennen Sie drei typische »Zeitfresser« aus Ihrem Arbeitsalltag und ihre Ursachen.

24. Warum ist die ABC-Analyse auch die »Wertanalyse der Zeitverwendung«?

25. Warum wehren sich Perfektionisten gegen das Pareto-Prinzip?

26. Was spricht bei ihrer Prüfungsvorbereitung für bzw. gegen das Parkinsons Gesetz?

27. Die Balance der Lebensbereiche wird häufig durch folgende vier Merkmale charakterisiert. Erklären Sie diese anhand von Beispielen.
a) TUN
b) SEIN
c) SINN
d) KÖRPER

28. Ordnen Sie die Aktivitäten entsprechend des Eisenhower-Prinzips in ein der nebenstehenden Abbildung ähnliches Schema:

- Besuch in einem Erlebnispark
- Spaziergang am See mit der Familie
- »Schnäppchenjagd«
- Jahresabonnement Fitnesskurs, das Sie nicht nutzen
- E-Mails beantworten
- Geschäftsessen

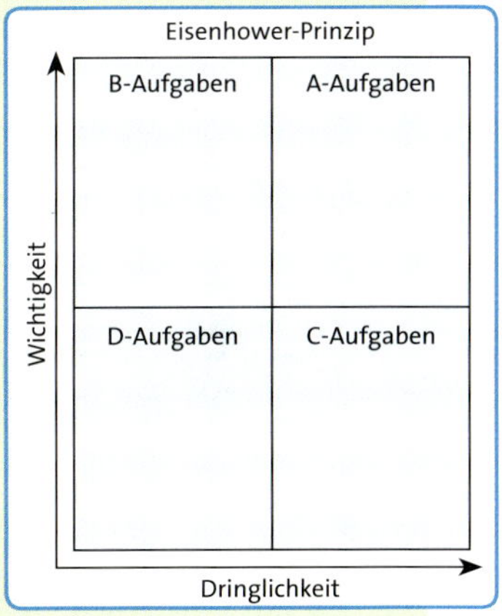

29. Wie fördern Sie Ihre Selbstdisziplin?

30. Sie möchten für sich die »Stille Stunde« verwirklichen. Nennen Sie vier Argumente, wie Sie Ihren Vorgesetzten für Ihr Anliegen gewinnen können.

31. Zeichnen Sie bitte Ihre persönliche Leistungskurve für einen typischen Arbeitstag und vergleichen Sie diese mit der REFA-Normkurve auf ▸ Buchseite 265.
a) Welche Abweichungen stellen Sie fest?
b) Welche Konsequenzen ziehen Sie ggf. aus den Abweichungen für die Erledigung von A-, B- und C-Aufgaben?

2 Rechtsgeschäfte und Verträge

Um Rechtsgeschäfte tätigen zu können, sind definierte Voraussetzungen zu erfüllen. Diese beschreibt das Recht.

Der Begriff »Recht« ist als solcher nicht definiert. Eine Konkretisierung gewinnt man erst durch die Unterscheidung in **objektives Recht** und **subjektives Recht.**

Abb. Justitia

Objektives Recht

Das objektive Recht umfasst als Gesamtheit **alle Rechtsnormen**, die das Zusammenleben von Menschen untereinander regeln und für jedermann gelten.

Das objektive Recht wird in das **Zivilrecht (Privatrecht)** und das **öffentliche Recht** unterteilt.

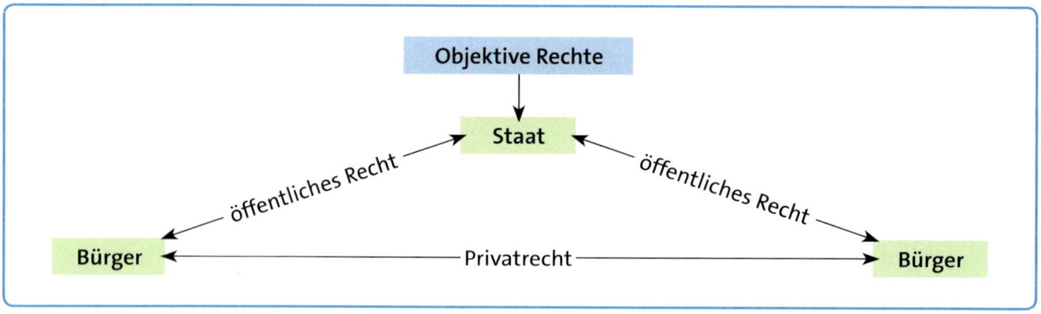

Privates Recht		**Öffentliches Recht**
Prinzip der Gleichordnung		Prinzip der Über-/ Unterordnung
▸ Bürgerliches Recht ▸ Allgemeines Privatrecht für jedermann (Bürgerliches Gesetzbuch BGB)	Sonderprivatrecht/Sonderregeln für: ▸ Arbeitsrecht für Arbeitnehmer und Arbeitgeber (▸ LF 1, Kapitel 5) ▸ Handelsrecht für Kaufleute (▸ LF 1, Kapitel 2.1) ▸ Gesellschaftsrecht für Gesellschaften (▸ LF 1, Kapitel 2.2 und 2.2)	▸ Staatsrecht ▸ Verwaltungsrecht ▸ Strafrecht ▸ Prozessrecht ▸ Kirchenrecht ▸ Völkerrecht

Abb. und Tab. Objektive Rechte

Das **Zivil- oder Privatrecht** regelt die Rechtsbeziehungen zwischen Privatpersonen auf der Ebene der Gleichordnung. Das **bürgerliche Recht** ist der Teil des Privatrechts, der allgemein und für jedermann gilt. Für manche »Private« gelten aber »Sonderregeln«, insbesondere das Handelsrecht für Kaufleute.

Privatrecht BEISPIEL

Bestimmungen über Rechtsgeschäfte, Verträge, Eigentum, Familie, Erbrecht, Handelsrecht, Arbeitsrecht.

Gestaltungsmittel des Privatrechts sind die **Willenserklärung** (▸ Kapitel 2.2) und der aus zwei übereinstimmenden Willenserklärungen bestehende **Vertrag** (▸ Kapitel 2.5).

Prägendes Merkmal des Privatrechts ist die **Privatautonomie**. Demnach können die Bürger ihre Angelegenheiten nach eigenen Vorstellungen regeln (**dispositives Recht**). Sie haben die Freiheit zu entscheiden ob, mit wem und welchen Inhalts man kontrahiert.

Privatautonomie MERKE

Die Privatautonomie findet insbesondere ihren Ausdruck in der Vertragsfreiheit.

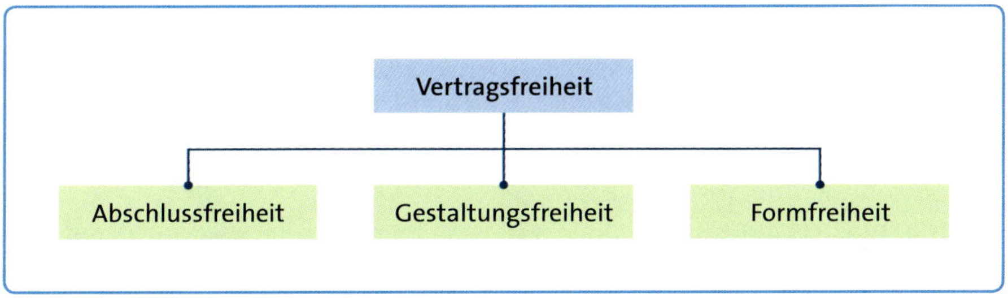

Abb. Unterteilung der Vertragsfreiheit

Der Gesetzgeber setzt der Privatautonomie häufig Grenzen, um »egoistischen« Interessen vorzubeugen bzw. teilweise zu korrigieren und Ungleichgewichtslagen zwischen den Vertragsparteien auszugleichen.

Grenzen der Privatautonomie BEISPIEL

- Schutz der nicht voll Geschäftsfähigen nach den §§ 104 ff. BGB (▸ LF 1, Kapitel 4.1),
- Nichtigkeit von sittenwidrigen Verträgen nach § 138 BGB, Inhalte und Kontrolle Allgemeiner Geschäftsbedingungen (AGB) nach den §§ 305 ff. BGB (▸ Exkurs in Kapitel 3.1.4),
- Formerfordernisse nach den §§ 311 b, 518, 766, 780 f. BGB (und ▸ Kapitel 2.1.1), Allgemeines Gleichbehandlungsgesetz (AGG) usw.

Allgemeine Grenzen der Vertragsfreiheit setzt das allgemein zwingende Recht:

- Kein Verstoß gegen Formvorschriften (vgl. §§ 125 ff. BGB),
- Berücksichtigung der Geschäftsfähigkeit (vgl. §§ 104 ff. BGB),
- kein Verstoß gegen Gesetze (vgl. § 134 BGB),
- kein Verstoß gegen die guten Sitten (vgl. § 138 BGB),
- kein Verstoß gegen die AGB (vgl. § 307 BGB).

Das Gesetz knüpft Rechtsfolgen an bestimmte Rechtshandlungen:

Die Willenserklärung (▸ Kapitel 2.2) ist eine private Willensäußerung, die auf die Herbeiführung einer Rechtsfolge gerichtet ist, z. B. auf einen Vertragsabschluss oder auf eine Kündigung.

Der Realakt ist eine Rechtshandlung, der nicht auf die Herbeiführung einer Rechtsfolge gerichtet ist, sondern Rechtsfolgen kraft Gesetzes auslöst, z. B. eine Verbindung, eine Vermischung, eine Verarbeitung (vgl. §§ 946 ff. BGB).

Die rechtsgeschäftsähnliche Handlung ist eine private Willensäußerung, die nicht auf die Herbeiführung einer Rechtsfolge gerichtet ist, aber kraft Gesetzes Rechtsfolgen auslöst, z. B. die Mahnung oder Fristsetzung.

Subjektives Recht

Das subjektive Recht ist die aus dem objektiven Recht folgende Berechtigung des Einzelnen seine individuellen Interessen zu befriedigen und gegebenenfalls zwangsweise durch Klage durchzusetzen.

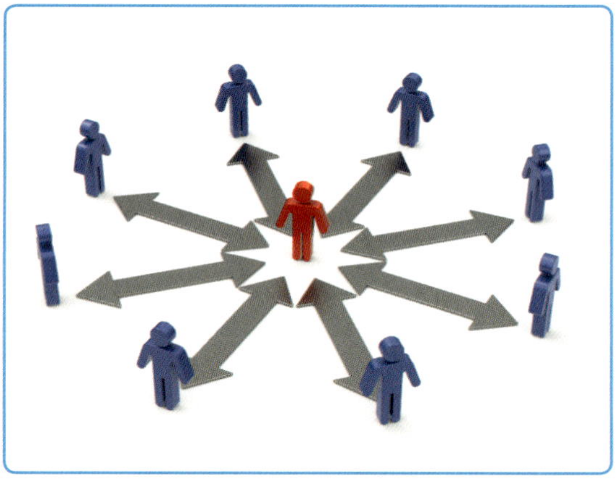

Absolutes Recht

Ein absolutes Recht steht dem Rechtsinhaber nicht nur gegenüber bestimmten Personen, sondern gegenüber jedermann zu.

BEISPIEL

Eigentum

Das Eigentum an einer Sache gibt ausschließlich dem Eigentümer die Befugnis, nach Belieben mit der Sache zu verfahren und andere von jeder Einwirkung auszuschließen (»Herrschaftsrecht« vgl. § 903 BGB). Weitere absoluten Rechte sind Persönlichkeitsrechte, wie das Namensrecht (vgl. § 12 BGB) und das Urheberrecht (vgl. UrhG).

Relatives Recht

Ein relatives Recht steht dem Rechtsinhaber nur gegenüber bestimmten einzelnen Personen zu. Nur diese Personen sind gegenüber dem Rechtsinhaber verpflichtet.

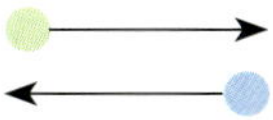

BEISPIEL

Anspruchsgrundlagen
Relative Rechte sind Anspruchsgrundlagen der Gläubiger beim Kaufvertrag (▸ Kapitel 3) dafür, dass der Käufer die Eigentumsverschaffung – und umgekehrt der Verkäufer die Zahlung des Kaufpreises, verlangen kann (vgl. § 433 BGB).

Gestaltungsrecht

Der Rechtsinhaber eines Gestaltungsrechtes kann ohne Mitwirkung eines Anderen (d. h. einseitig) eine bestehende Rechtslage begründen, verändern oder aufheben.

BEISPIEL

Gestaltungsrecht
Kündigung eines Mietverhältnisses (vgl. § 314 BGB), Anfechtung von Willenserklärungen (vgl. § 142 BGB) oder der Rücktritt von einem Kaufvertrag (vgl. § 346 BGB). Es gibt auch Gestaltungsrechte, die nur durch Klage ausgeübt werden können, wie z. B. die Ehescheidung (vgl. § 1564 BGB).

Voraussetzung für die Teilnahme an allen rechtsgeschäftlichen Handlungen ist die Rechtsfähigkeit, d. h. die Fähigkeit Träger von Rechten und Pflichten zu sein.

MERKE

Kernfragen von Rechts- und Geschäftsfähigkeit
Die Kernfrage der Rechtsfähigkeit ist: Wer wird berechtigt und verpflichtet bzw. wer kann berechtigt und verpflichtet werden?
Die Kernfrage der Geschäftsfähigkeit lautet: Ist eine Willenserklärung wirksam?

(Die Begriffe Rechts- und Geschäftsfähigkeit wurden bereits im Rahmen des Ausbildungsvertrages in ▸ LF 1, Kapitel 4.1 behandelt.)

2.1 Rechtsgeschäfte

Eine Definition des Rechtsgeschäfts enthält das BGB nicht. Eine gebräuchliche Definition ist: Ein Rechtsgeschäft besteht aus einer oder mehreren Willenserklärungen, die allein oder in Verbindung mit weiteren Tatbestandsmerkmalen dazu dienen, einen rechtlichen Erfolg herbeiführen, weil er gewollt ist. Das Rechtsgeschäft ist quasi das »Medium« zur Verwirklichung der Privatautonomie.

Rechtsgeschäfte existieren in verschiedenen Ausprägungen, die sich in der Anzahl der abzugebenden Willenserklärungen und in Empfangsbedürftigkeit bzw. Verpflichtung ausdrücken.

Rechtsgeschäfte (Teilübersicht)			
▸ Einseitige Rechtsgeschäfte ▸ Willenserklärung einer Person		▸ Zweiseitige bzw. mehrseitige Rechtsgeschäfte ▸ Willenserklärungen von zwei oder mehr Personen	
Empfangsbedürftige Willenserklärung	**Nicht empfangsbedürftige** Willenserklärung	**einseitig verpflichtendes** Rechtsgeschäft	**zweiseitig verpflichtendes** Rechtsgeschäft
Beispiele: ▸ Anfechtung ▸ Kündigung	Beispiele: ▸ Testament ▸ Auslobung	Beispiele: ▸ Schenkung ▸ Bürgschaft	Beispiele: ▸ Kaufvertrag ▸ Mietvertrag
Rechtlicher Erfolg eines Rechtsgeschäftes: die Entstehung, Veränderung und Erlöschen von Rechtsverhältnissen			

Tab. Teilübersicht Rechtsgeschäfte

2.1.1 Formerfordernisse

Im Privatrecht herrscht **grundsätzlich Formfreiheit**, d. h. grundsätzlich sind Rechtsgeschäfte formfrei. Für einzelne Rechtsgeschäfte ist jedoch eine bestimmte Form vorgeschrieben.

MERKE

Zweck von Formvorschriften
Formvorschriften sollen den oder die Erklärende/n vor übereilten Erklärungen schützen, größere Sicherheit bei Geschäftsabschlüssen bieten und eine Beweisführung erleichtern.

Die Schriftform einer (Willens-) Erklärung (als Voraussetzung für ein Rechtsgeschäft) wird als **Urkunde** bezeichnet. In bestimmten Fällen muss dies aber nicht ein körperliches Dokument aus Papier sein.

Formvorschriften	Voraussetzungen der Form
Elektronische Form (vgl. § 126 a BGB)	► Erklärung in einem elektronischen Dokument; ► Name des Ausstellers ist hinzugefügt ► Elektronische Signatur nach § 2 Nr. 3 SigG ist erfolgt.[1])
Textform (vgl. § 126 b BGB)	► Urkunde oder in anderer zur dauerhaften Wiedergabe in Schriftzeichen geeigneten Weise; ► Person des Erklärenden muss genannt werden; ► Abschluss der Erklärung durch Nachbildung der Unterschrift (oder anders erkennbar gemacht).
Schriftform (vgl. § 126 BGB)	Urkunde muss von dem Aussteller eigenhändig durch Namensunterschrift oder mittels notariell beglaubigten Handzeichens unterzeichnet werden.
Öffentliche Beglaubigung (vgl. § 129 BGB)	Das Gesetz schreibt für eine öffentliche Beglaubigung vor: ► die Erklärung muss schriftlich abgefasst und ► die Unterschrift (bzw. das Handzeichen) des Erklärenden muss von einem Notar beglaubigt werden; ► die öffentliche Beglaubigung wird in Folge durch die notarielle Beurkundung der Erklärung ersetzt.
Beurkundung (vgl. § 128 BGB)	Antrag und Annahme des Antrags sind von einem Notar beurkundet

[1]) Die qualifizierte elektronischen Signatur ist ein Zertifikat, das von einer qualifizierten Einrichtung erteilt wird (vgl. § 2 Nr. 7 SigG) und mit einer sicheren Signaturerstellungseinheit erstellt wird (vgl. § 2 Nr. 10 SigG). Sie wird als gleichwertiges Äquivalent zur herkömmlichen schriftlichen Fixierung auf Papier anerkannt.

Tab. Geltende Formvorschriften

URTEIL

Gesetzlich vorgeschriebene Formerfordernisse

Textform – Die Textform betreffen meist rechtsgeschäftsähnliche Handlungen, und nicht Rechtsgeschäfte. Beispiele für rechtsgeschäftsähnliche Handlungen sind Mahnung und Fristsetzung, Widerrufsbelehrung (vgl. § 355 Abs. 2 BGB), Zurückweisung der Anzeige von Reisemängeln (vgl. § 651 g Abs. 2 BGB) und die Anzeige des Mieters (vgl. § 556 b Abs. 2 S.1 BGB).

Schriftform – Ist durch das Gesetz die schriftliche Form vorgeschrieben, so muss die Urkunde von dem Aussteller eigenhändig durch Namensunterschrift oder mittels notariell beglaubigtem Handzeichen unterzeichnet werden. Beispiele sind der Darlehensvermittlungsvertrag (vgl.§ 655 b Abs.1 S.1 BGB), Verbraucherdarlehensverträge (vgl. § 494 Abs.1 und 2 BGB), Miet- und Pachtverträge mit einer Laufzeit von über einem Jahr (vgl. § 550 BGB), Ratenlieferungsverträge zwischen Unternehmer und Verbraucher (vgl. § 505 Abs. 2 S.1 BGB), Bürgschaft (vgl. § 766 BGB) mit Ausnahme bei Kaufleuten entsprechend der Regelung des Paragrafen § 350 HGB, Schuldversprechen und Schuldanerkenntnis (vgl. §§ 780, 781 BGB)

und das eigenhändige Testament, wobei hier hinzukommt, dass laut § 2247 BGB auch der Inhalt eigenhändig geschrieben sein muss.
Öffentliche Beglaubigung – Sie ist eine Erweiterung der Schriftform. Bei ihr wird nur die Echtheit der Unterschrift gerichtlich, notariell oder behördlich beglaubigt. Beispiele sind Eintragungsanträge in das Vereins-, Güterrechts- und Handelsregister, Eintragungen in das Grundbuch, aber auch die Ausschlagung einer Erbschaft (vgl. § 1945 BGB).
Beurkundung – Eine Beurkundung verlangt im Gegensatz zur Beglaubigung die Aufnahme des gesamten Erklärungsinhalts in Form einer öffentlichen Urkunde, die von einem Notar und von den Beteiligten unterschrieben wird. Beispiele sind Grundstückskauf und Grundstücksveräußerung (vgl. § 311 b BGB), Schenkungsversprechen (vgl. § 518 BGB) und Erbschaftskauf (vgl. § 2371 BGB).

Bei dem **zweiseitig verpflichtenden Rechtsgeschäft »Vertrag«**, für den das Gesetz Schriftform vorschreibt, müssen die Unterschriften der Vertragschließenden auf einer Urkunde enthalten sein.

MERKE

Unterschriften auf einer Urkunde
Die Übermittlung per Telefax genügt dem Erfordernis der eigenhändigen Unterschrift nicht. Handzeichen (wie z. B. drei Kreuze) müssen stets gerichtlich oder notariell beglaubigt sein.

Die Nichteinhaltung der vom Gesetz verlangten Formerfordernisse führt zu der Nichtigkeit des Vertrages (▸ Kapitel 2.1.3), sie wird jedoch **ausnahmsweise durch Erfüllung geheilt**. Dies gilt für den Grundstückskauf (vgl. § 311 b BGB), das Schenkungsversprechen (vgl. § 518 BGB) und für die Bürgschaft (vgl. § 766 BGB und ▸ Kapitel 5.2.2).

Von besonderer Bedeutung ist in dem Zusammenhang mit einem zweiseitig verpflichtenden Rechtsgeschäft »Vertrag« außerdem die Trennung zwischen Verpflichtungs- und Verfügungsgeschäft.

2.1.2 Verpflichtungs- und Verfügungsgeschäft

Bei der Übertragung eines Rechtsobjektes (▸ Kapitel 2.4) von einer Person auf eine andere unterscheidet man die **Verpflichtung** zur Übertragung eines Rechts von der Übertragung selbst, die **Verfügung** genannt wird.

BEISPIEL

Verpflichtungsgeschäft
Gerhard schließt mit einem Autohaus einen Kaufvertrag über ein Auto ab, Kaufpreis 25.000,00 Euro (nur Verpflichtung, noch keine Erfüllung).

Das so genannte **Abstraktionsprinzip** trennt das Verpflichtungs- und das Verfügungsgeschäft in eine schuldrechtliche und in eine dingliche Ebene. Daraus ergibt sich, dass die Unwirksamkeit des einen Rechtsgeschäfts nicht zur Unwirksamkeit des anderen Rechtgeschäfts führt.

Schuldrechtliche Ebene = Verpflichtungsgeschäft (§ 433 BGB)
Abstraktionsprinzip
Dingliche Ebene = Verfügungsgeschäft (§ 929 BGB)

Im Beispiel:
Der Autohändler übereignet das Auto Gerhard (schuldrechtliche Ebene), Gerhard übergibt den Kaufpreis an den Autohändler (dingliche Ebene) und das Fahrzeug wird übereignet.

Daraus folgt:

- Gerhard hat schuldrechtlich einen Anspruch gegen den Autohändler auf Eigentumsverschaffung am Auto (vgl. § 433 Abs. 1 BGB),
- der Autohändler hat schuldrechtlich einen Anspruch gegen Gerhard auf Kaufpreiszahlung (vgl. § 433 Abs. 2 BGB),
- Gerhard ist noch Eigentümer des Geldes und der Autohändler Eigentümer des Fahrzeuges.

Der **eigentliche Kauf ist das Verpflichtungsgeschäft**. Mit Vertragsabschluss verpflichten sich die Vertragsparteien, die im Vertrag festgelegten Leistungen zu erbringen.

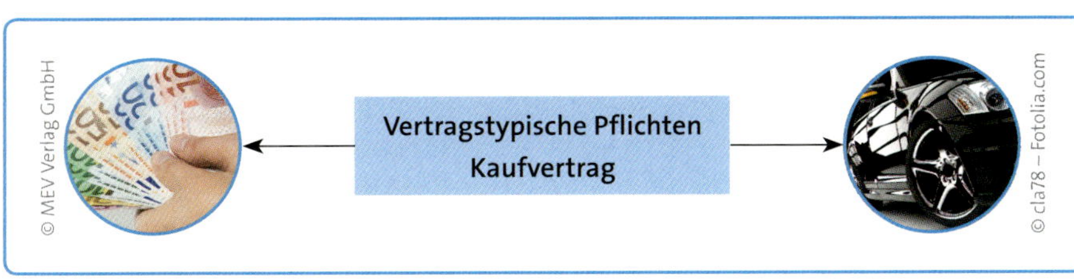

Abb. Vertragstypische Pflichten beim Autokauf

Das **Erfüllungsgeschäft** besteht aus der Übereignung des Fahrzeuges und der Übereignung des Geldes.

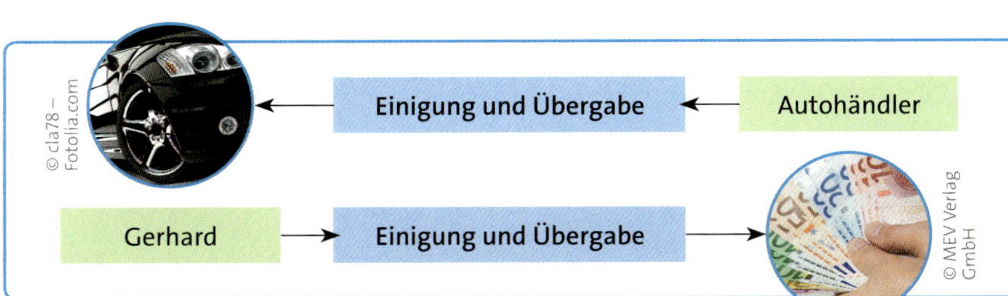

Abb. Erfüllungsgeschäft beim Autokauf

2.1.3 Anfechtbarkeit und Nichtigkeit

Anfechtbarkeit

Eine Willenserklärung bzw. ein Rechtsgeschäft ist **anfechtbar**, wenn der Erklärende eine Erklärung dieses Inhaltes nicht abgeben wollte. Das heißt, sein wirklicher Wille war ein anderer. Die Anfechtung führt gemäß § 142 Absatz 1 BGB zur **rückwirkenden Nichtigkeit des Rechtsgeschäfts**. Ihre Wirkung ist für das Verpflichtungs- und Verfügungsgeschäft getrennt zu beurteilen (Abstraktionsprinzip).

MERKE

Anfechtung
Eine Anfechtung ermöglicht dem Erklärenden die nachträgliche »Beseitigung« der rechtlichen Wirkungen einer Willenserklärung (► Kapitel 2.2).

Aus Gründen der Rechtssicherheit ist dies nur in bestimmten Fällen möglich:

- Eine so genannte **irrtumsbedingte Anfechtung** ist nur bei Inhaltsirrtum, Erklärungsirrtum, Eigenschaftsirrtum und Übermittlungsirrtum möglich,
- **in dem Fall der arglistigen Täuschung und bei**
- **Widerrechtlicher Drohung.**

Diese Fälle sind alle in ► Kapitel 2.2.4 beschrieben.

Wird das **Verpflichtungsgeschäft begründet angefochten**, so bestehen die vertraglichen Verpflichtungen nicht mehr und der Rechtserwerb wird rückwirkend unwirksam (nichtige Eigentumsübertragung). Der Verfügende kann nach § 985 BGB die Herausgabe der Sache verlangen.

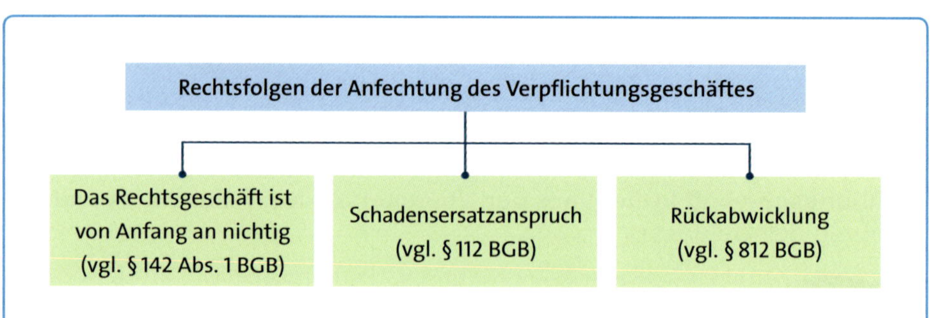

Abb. Rechtsfolgen der Anfechtung

Gemäß § 121 I BGB muss die Anfechtung **unverzüglich (ohne schuldhaftes Zögern) als Erklärung** erfolgen. Die Erklärung muss das Wort »Anfechtung« nicht ausdrücklich enthalten.

Anfechtungserklärung

»Ich werde meiner Verpflichtung nicht nachkommen, da ich mich über ... geirrt habe.«

BEISPIEL

Die **Anfechtungsfrist** beginnt mit Kenntnis des Anfechtungsgrundes.

Nach **Ablauf von zehn Jahren** ist die Anfechtung gemäß § 121 Absatz 2 BGB ausgeschlossen.

Gemäß § 124 Absatz 1 BGB beträgt die Anfechtungsfrist bei arglistiger Täuschung oder widerrechtlichen Drohung **ein Jahr**. Die Frist beginnt gemäß § 124 Absatz 2 BGB mit dem Zeitpunkt, in dem der Anfechtungsberechtigte die **Täuschung entdeckt** bzw. im **Fall der Drohung** mit Beendigung der Zwangslage.

Zehn Jahre nach Abgabe der Willenserklärung ist die Anfechtung aber auch in diesen Fällen ausgeschlossen (vgl. § 124 Abs. 3 BGB).

Nichtigkeit

Ein Rechtsgeschäft gilt als **nichtig und ist von Anfang an unwirksam**, wenn das Gesetz dem Rechtsgeschäft keine Rechtswirkung zuspricht. In folgenden Fällen wird ein **Rechtsgeschäft so gesehen, als sei es nicht vorgenommen worden:**

- **Anfechtbarkeit** bzw. **rückwirkende Nichtigkeit**,
- **mangelnde Geschäftsfähigkeit** (vgl. §§ 105 ff. BGB und ▸ LF 1, Kapitel 4.1)
- schwere **Fehler bei der Willenserklärung** (vgl. §§ 116–118 BGB und Willensmängel ▸ Kapitel 2.2.4)
- **Formmängel** (vgl. § 125 BGB und ▸ Kapitel 2.1.1),
- **Sittenwidrigkeit** (vgl. § 134 und § 138 BGB).

Unter den **guten Sitten** versteht man die in einer Gesellschaft vorherrschende Rechts- und Sozialmoral. Der Bundesgerichtshof sieht als sittenwidrig an, wenn ein Rechtgeschäft **gegen das Anstandsgefühl** aller billig und gerecht denkenden Menschen verstößt (BGH 10, 232; 69 297, OLG Brandenburg, Urteil vom 10.11.2004, Az.: 4 U 152/03). Sittenwidrige Rechtsgeschäfte schränken die wirtschaftliche Freiheit eines Schuldners ein bzw. benachteiligen den Gläubiger.

Sittenwidrige (unwirksame) Rechtsgeschäfte BEISPIEL
Der vereinbarte Zinssatz für ein Darlehen ist doppelt so hoch wie der marktübliche Zinssatz.

Als **sittenwidrig** werden insbesondere Schmiergeldzahlungen, Knebelverträge, Schneeballsysteme, die Ausnutzung von Monopolstellungen und Wucher angesehen. **Wucher** ist anzunehmen, wenn ein starkes Missverhältnis zwischen Leistung und Gegenleistung vorliegt.

Wucher URTEIL
Ein Ratenkredit ist sittenwidrig, wenn der Zinsunterschied zwischen dem vereinbarten Kreditzins und dem Marktzins mehr als 12 Prozentpunkte beträgt.
(BGH Urteil vom 13. März 1990, Az.: XI ZR 252/89).

Ist ein zweiseitig verpflichtendes Rechtsgeschäft (Vertrag) nichtig, wird er wegen ungerechtfertigter Bereicherung (d. h. die Vermögenslage einer Person wird ohne rechtlichen Grund verbessert) »**rückabgewickelt**« (vgl. §§ 812 ff. BGB).

Rückabwicklung, Rückübereignung BEISPIEL
Gerhard hat das Eigentum am Auto durch »Leistung« vom Autohändler »erlangt« (▸ Beispiel Kapitel 2.1.2). Der Autohändler hat das Eigentum an den Geldscheinen durch »Leistung« von Gerhard »erlangt«.
Der Rechtsgrund für die Übereignungen ist rückwirkend durch Anfechtbarkeit z. B. wegen arglistiger Täuschung entfallen. Das Eigentum an dem Auto bzw. an Geld ist durch Rückübereignung gemäß § 929 BGB herauszugeben.

2.2 Willenserklärungen

Die **Willenserklärung (WE)** ist die private Äußerung eines Willens, die auf die Herbeiführung einer Rechtsfolge oder eines Rechtserfolges gerichtet ist. Sie ist notwendiger **Bestandteil eines jeden Rechtsgeschäfts**.

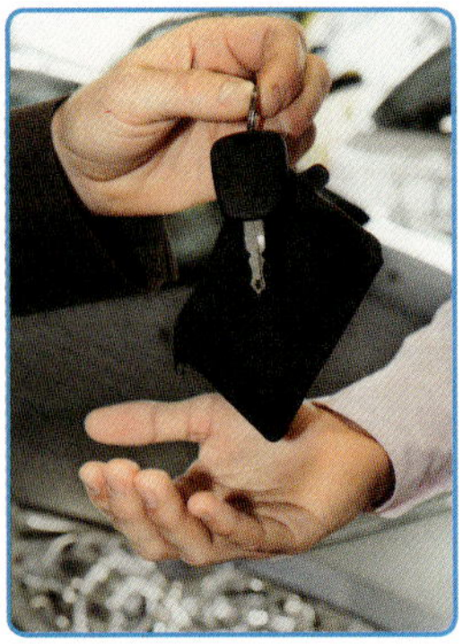
© MEV Verlag GmbH

Für Willenserklärungen, die auf den Abschluss eines Vertrages gerichtet sind werden häufig die Begriffe **Offerte, Antrag oder Angebot** synonym werden verwendet.

2.2.1 Inhaltliche Komponenten

BEISPIEL

Komponenten einer Willenserklärung
- ausdrückliche Erklärung: »Hiermit kündige ich ...«
- schlüssiges Verhalten: Besteigen der U-Bahn
- Geschäftswille: möchte eine bestimmte Städtereise buchen
- Erklärungswille (ausdrücklich, mündlich/schriftlich): »Buchen Sie für mich diese Städtereise ...«

Eine Willenserklärung besteht aus den Komponenten »Wille« und »Erklärung«. Sie können auch als **objektive und subjektive Tatbestandselemente** bezeichnet werden.

Subjektive Tatbestandselemente: Die Elemente des »Willens«	Objektive Tatbestandselemente: Die »Erklärungstatbestände«
► Handlungswille bezeichnet das Bewusstsein des Erklärenden eine Äußerung überhaupt machen zu wollen ► Erklärungswille bezeichnet das Bewusstsein des Erklärenden, eine rechtserhebliche Erklärung abzugeben (mündlich/schriftlich oder stillschweigend/konkludent) ► Geschäftswille bezeichnet den Willen, mit der Erklärung eine ganz bestimmte, konkrete Rechtsfolge herbeizuführen	► Die Willensäußerung ist für Außenstehende zu erkennen. ► Der Erklärende drückt indirekt und mittelbar den Geschäftswillen durch sein Verhalten aus. ► **Stillschweigende Erklärung durch konkludentes/schlüssiges Verhalten** ► Der Erklärende drückt direkt und unmittelbar den Geschäftswillen konkret aus. ► **Ausdrückliche Erklärung des rechtsgeschäftlichen Willens**

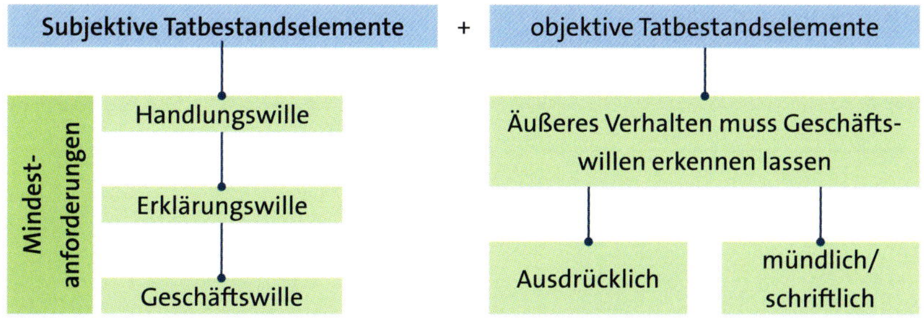

Tab. und Abb. Komponenten der Willenserklärung

Komponenten einer Willenserklärung MERKE
Als Komponenten einer Willenserklärung gelten objektive und subjektive Tatbestandselemente. Wille und Erklärung bilden als Willensäußerung eine Einheit.

2.2.2 Wirksamkeit mit Abgabe und Zugang

Die Wirksamkeit einer Willenserklärung richtet sich nach ihrer Art (Empfangsbedürftigkeit, Formerfordernisse), nach Abgabe und Zugang bzw. Anwesenheit des Empfängers und Überstellungsweg.

Das BGB unterscheidet **zwei Arten von Willenserklärungen in punkto Empfangsbedürftigkeit**:

- Die **nicht empfangsbedürftige Willenserklärung** – hierzu gehören das Testament (vgl. § 2247 BGB), die Auslobung (vgl. § 657 BGB) und die Eigentumsaufgabe (vgl. § 959 BGB). Alle WE sind nicht an eine andere Person gerichtet und werden **mit Abgabe wirksam**.

Auslobung BEISPIEL
Der Auslobende A äußert: »Wer mir meine Katze wieder bringt, bekommt 200,00 Euro Belohnung.« Der Leistende B findet die Katze und denkt: »Ich habe sie gefunden und bringt sie zurück.« B hat gegenüber A keine Leistungspflicht, denn es besteht kein Vertrag (▸ Kapitel 2.5). Die Auslobung ist ein einseitiges Rechtsgeschäft und verpflichtet lediglich den Auslobenden.

- **Empfangsbedürftige Willenserklärungen** – sie sind an eine andere Person gerichtet. Für ihre Wirksamkeit ist ihr **Zugang erforderlich** (vgl. § 130 Abs. 1 Satz 1 BGB).

Gesicherter Zugang BEISPIEL
- E-Postbrief der Post (Informationen unter: *www.epost.de*)
- De-Mail (Informationen unter: *www.de-mail.t-online.de*)
- Einschreiben (▸ LF 4.1, Exkurs Kapitel B.2)

Abb. Zugangsweg einer schriftlichen Willenserklärung

Abgabe	Zugang
Briefeinwurf in den Hausbriefkasten	spätestens am nächsten Morgen
postlagernd zugesandter Brief	übliche Abholerzeit
WE auf Anrufbeantworter gesprochen	mit dem Aufsprechen auf den Anrufbeantworter
Telefax	tagsüber sofort, außerhalb der Geschäftszeiten mit nächsten Geschäftsstundenbeginn
geschäftliche E-Mail während der Geschäftsstunden	mit dem Eingehen
geschäftliche E-Mail außerhalb der Geschäftszeiten	mit nächstem Geschäftsstundenbeginn
private E-Mail	erst mit tatsächlichem Abruf
gegenüber Geschäftsunfähigen	muss dem gesetzlichen Vertreter zugehen (vgl. § 131 Abs. 1 BGB)
gegenüber beschränkt Geschäftsfähigen	muss dem gesetzlichen Vertreter zugehen (vgl. § 131 Abs. 1 BGB); Ausnahme: beschränkt Geschäftsfähiger hat lediglich einen rechtlichen Vorteil aus der Erklärung
Kündigungserklärung	Zugang auch bei dem Minderjährigen selbst notwendig (vgl. § 131 Abs. 2 Satz 2 BGB)
Zeugeneinwurf	Eine dritte Person wirft einen Brief in den Briefkasten des Empfängers und der Absender lässt sich die Zustellung mit Datum auf einer Kopie des Schreiben bestätigen (► LF 4.1, Exkurs Kapitel B.2).

Tab. Abgabearten und Wirksamkeit des Zugangs von Willenserklärungen (WE)

Im Zweifel gilt der **Grundsatz von der »Korrespondenz der Beförderungsmittel«**, d. h., dass zum Beispiel der Antragende mit einer Antwort per E-Mail rechnen kann, wenn er seinerseits das Angebot per E-Mail übermittelt hat.

Verweigert der Empfänger die Annahme bzw. das Anhören der WE berechtigt (z. B. bei einem ungenügend hoch frankierten Brief), ist kein Zugang der WE gegeben. Eine **unberechtigte Verweigerung** dagegen ist als normaler Zugang anzusehen.

Ersatz des Zugehens durch Zustellung (§ 132 Abs. 1 BGB) BGB

(1) Eine Willenserklärung gilt auch dann als zugegangen, wenn sie durch Vermittlung eines Gerichtsvollziehers zugestellt worden ist. Die Zustellung erfolgt nach den Vorschriften der Zivilprozessordnung.

Die **Anwesenheit des Empfängers** ist ein weiteres wichtiges Kriterium:

Abgabe einer WE gegenüber Anwesenden	Abgabe einer WE gegenüber Abwesenden
1. mündliche WE Die Erklärung muss so geäußert werden, dass der Anwesende in der Lage ist, sie zu verstehen.	1. mündliche WE Die Erklärung erfolgt durch einen Boten; der Bote muss angewiesen sein die vollendete WE an den Empfänger zu übermitteln.
2. schriftliche WE Die Erklärung muss in der Urkunde fixiert sein und dem anwesenden Empfänger übergeben werden.	2. schriftliche WE Das vollendete Schriftstück muss in Richtung Empfänger auf den Weg gebracht werden, so dass mit einem Zugang beim Empfänger gerechnet werden kann.

Tab. Abgabearten und Empfängeranwesenheit

Widerruf einer Willenserklärung MERKE

Nur noch nicht zugegangene Willenserklärungen können widerrufen werden (vgl. § 130 Abs. 1 Satz 2 BGB).

Daraus folgt: Eine Willenserklärung kann durch den Widerruf des Erklärenden (z. B. per E-Mail), der spätestens zeitgleich mit der Erklärung eintreffen muss, trotz des Zugangs unwirksam sein. **Eine WE gilt jedoch wie dargestellt als zugegangen:**

Zugang gegenüber Anwesenden	Zugang gegenüber Abwesenden
1. mündliche WE Wenn der Erklärende zum Adressaten hin die WE ausgesprochen hat und annehmen darf, dass dieser die WE verstanden hat.	1. mündliche WE durch Bote Wenn der Bote zum Adressaten hin die WE entäußert hat und annehmen darf, dass dieser die WE verstanden hat.
2. schriftliche WE Regelmäßig mit der Übergabe der Urkunde.	2. schriftliche WE Das Schriftstück gelangt in den Herrschaftsbereich des Empfängers und dieser hat die Möglichkeit der Kenntnisnahme, so dass unter normalen Umständen mit Kenntnisnahme zu rechnen ist.

Tab. Zugangswirksamkeit von Willenserklärungen (WE)

2.2.3 Sonderfall Schweigen

Grundsätzlich gilt Schweigen im Rechtsverkehr nicht als Willenserklärung. Dies ist der Fall bei einem Rechtsgeschäft zwischen Verbrauchern oder bei einem Rechtsgeschäft mit einem Verbraucher.

Ein Unterlassen, d. h. Schweigen, kann **jedoch in Ausnahmefällen eine WE nach den Grundsätzen von Treu und Glauben unter Kaufleuten** (► LF 1, Kapitel 2) sein (vgl. § 242 BGB).

Das HGB nennt hierzu **drei Fälle**:

- **Handelsbrauch des kaufmännischen Bestätigungsschreibens (§ 346 HGB)**
  Die erste Ausnahme bildet das Schweigen eines Kaufmanns auf den Erhalt eines Bestätigungsschreibens mit dem im kaufmännischen Verkehr ein bereits erfolgter (mündlicher) Vertragsschluss im engen zeitlichen Zusammenhang und unter Wiedergabe des Vertragsinhalts bestätigt wird. Schweigen auf ein kaufmännisches Bestätigungsschreiben gilt nach Handelsbrauch als **Zustimmung**. Widerspricht der Empfänger eines kaufmännischen Bestätigungsschreibens den darin festgelegten Inhalt nicht unverzüglich, kommt der Vertrag entsprechende Vertrag zwischen ihm und dem Absender zustande.
- **Schweigen eines Kaufmanns, dessen Gewerbebetrieb die Besorgung von Geschäften für andere mit sich bringt (§ 362 Abs. 1 HGB)**
  Die zweite Ausnahme bildet der Fall des **Schweigens auf einen Auftrag**, wenn der Erklärungsempfänger mit dem Erklärenden in einer Geschäftsbesorgungsbeziehung steht. Als Beispiel gilt: Die Hotelmöbel GmbH (A) beauftragt Reisebüro Weltweit e. K. (B), mit dem sie in einer Geschäftsbesorgungsbeziehung steht, für sie einen Flug und ein Hotel zu buchen. Wenn B nicht sofort widerspricht, kann A davon ausgehen, dass B den Auftrag vollständig und korrekt ausführt, anderenfalls hat A Anspruch auf Schadensersatz.
- **Verstoß gegen Untersuchungs- und Rügepflicht (§ 377 Abs. 2 HGB)**
  Für Kaufleute gilt eine unverzügliche Untersuchungs- und Rügepflicht. Die dritte Ausnahme bildet demnach der Verstoß des Käufers gegen diese Pflicht. Die Ware gilt dann als ordnungsgemäß geliefert und der Käufer verliert i. d. R. seine Ansprüche aus der Mängelrüge.

Der Käufer schweigt, dann gilt ...

- ... bei bestehender Geschäftsverbindung: Schweigen = Annahme
- ... bei Verbrauchern: grundsätzlich keine WE
- ... bei fehlender Geschäftsverbindung: Schweigen = Ablehnung

Abb. Schweigen als Willenserklärung des Empfängers

2.2.4 Willensmängel

Ein **Willensmangel** ist gegeben, wenn der Wille des Erklärenden (das Erklärte) und der Inhalt seiner Erklärung (das Gewollte) von einander abweichen.

Willensmangel BEISPIEL

Semir braucht dringend eine Aufenthaltsgenehmigung, um in Deutschland zu bleiben. Jennifer will ihm durch eine Eheschließung dazu verhelfen. Ein eheliches Zusammenleben kommt für beide aber nicht in Frage.
Vielmehr soll die Scheidung eingereicht werden, sobald Semir nicht mehr abgeschoben werden kann.
Ein Willensmangel liegt vor, wenn Braut oder Bräutigam beim Eheversprechen nicht meinen, was sie sagen.

Es gibt drei verschiedene Arten von Willensmängeln, die unterschiedlich zu behandeln sind.

A Das bewusste Abweichen von Wille und Erklärung

Scherzerklärung → Geheimer Vorbehalt → Scheingeschäft →

Rechtsfolge: Nichtigkeit der Willenserklärung
(Ausnahme § 116 BGB, Geheimer Vorbehalt)

Abb. Bewusste Willensmängel

Scherzerklärung (vgl. § 118 BGB)	**Geheimer Vorbehalt (vgl. § 116 Satz 1 BGB)**	**Scheingeschäft (vgl. § 117 Abs. 1 BGB)**
Eine Scherzerklärung ist eine Erklärung, von der erwartet wird, dass die fehlende Ernsthaftigkeit erkannt wird.	Geheimer Vorbehalt liegt vor, wenn derjenige, der die WE abgibt, ganz bewusst das von ihm Erklärte nicht will und demjenigen, für den die WE bestimmt ist, verheimlicht: der Rechtsbindungswille fehlt.	Beim Scheingeschäft geben die Parteien WE einverständlich zum Schein ab: der Rechtsbindungswille fehlt.
Solche Scherzerklärungen sind wegen fehlender Ernstlichkeit nichtig.	Ein solcher geheimer Vorbehalt ist grundsätzlich unbeachtlich, die WE ist wirksam. Die Erklärung ist nichtig, wenn sie einem Anderen gegenüber abzugeben ist, der den Vorbehalt kennt.	Diese WE sind nichtig, da sie nur zum Schein abgegeben wurden und dies dem jeweiligen Empfänger der WE auch bewusst war.
Beispiel: Der Lehrer »spielt« im Unterricht mit einem Schüler den Verkauf seines Pkw durch.	Beispiel: A möchte gerne, dass B ihm sein Cabriolet am Wochenende leiht. B will dies aber auf keinen Fall, jedoch um Ruhe vor A zu haben, sagt B zu das Fahrzeug zu leihen. Der Leihvertrag kommt zustande. A kennt den inneren Vorbehalt von B nicht.	Beispiel: Grundstückskaufverträge, bei denen aus Gründen der Steuerersparnis nur ein niedrigerer Kaufpreis beurkundet wird. (Die Grunderwerbssteuer beträgt laut GrEStG vom Kaupreis einer Immobilie 3,5 Prozent.)

Tab. Bewusste Willensmängel

Bitte beachten: Eine Scherzerklärung ist nur dann ein »guter Scherz«, wenn die mangelnde Ernsthaftigkeit erkannt wird, sonst wird er zum »schlechten Scherz« für den Erklärenden, da er »beim Wort genommen« werden kann und ggf. einen Vertrauensschaden gemäß § 122 Absatz 1 BGB ersetzen muss.

B Irrtümer (unbewusste Willensmängel)

Irrtum ist die unbewusste Fehlvorstellung von der Wirklichkeit. Somit handelt es sich beim Irrtum um einen unbewussten Willensmangel.

MERKE

Irrtum
Der Irrtum wird definiert als das unbewusste Auseinanderfallen von Wille und Erklärung (vgl. §§ 119, 120 BGB).

Inhaltsirrtum (vgl. § 119 Abs. 1 BGB)	Erklärungsirrtum (vgl. § 119 Abs. 1 BGB)	Eigenschaftsirrtum (vgl. § 119 Abs. 2 BGB)
Der Erklärende irrt über die Bedeutung oder Tragweite der abgegebenen Erklärung.	Die Äußerung des Erklärenden weicht von dem ab, was er eigentlich erklären will.	Der Erklärende irrt über eine verkehrswesentliche Eigenschaft einer Person oder Sache (beachtlicher Motivirrtum).
Der Erklärende verkennt die Bedeutung eines Fachausdruckes (er weiß nicht, was er damit sagt). Die abgegebene WE ist nichtig.	Versprechen, Verschreiben, Vergreifen (der Erklärende weiß nicht, was er sagt oder tut). Die abgegebene WE ist nichtig.	Eigenschaften sind der gegenwärtigen Wert und die prägenden Merkmale tatsächlicher oder rechtlicher Art. Daher wird die WE nichtig. (Achtung: der Preis ist jedoch keine Eigenschaft).
Beispiel: A will sein Segelboot an B für einige Tage vermieten, erklärt aber irrtümlich, dass er ihm sein Boot verleihen wolle. Kurz vor Überlassung des Bootes erfährt A, dass die Leihe nach § 598 BGB unentgeltlich ist.	Beispiel: Der Erklärende will ein Auto für 50.000,00 Euro verkaufen, verschreibt sich aber und bietet den Wagen seinem Vertragspartner für 5.000,00 Euro an.	Beispiel: ▸ bei einer Sache: Baujahr und Fahrleistung eines Fahrzeugs, Echtheit eines Kunstwerks ▸ bei einer Person: Alter, Sachkunde, Vorstrafen, Geschlecht

Tab. Irrtümer (unbewusste Willensmängel)

Unter einem **Motivirrtum** versteht man die Fehleinschätzung realer Gegebenheiten, die als Grundlage für die Willensbildung dienen. Dieser Irrtum ist unbeachtlich und berechtigt nicht zur Anfechtung (▸ Kapitel 2.1.3).

BEISPIEL

Motivirrtum

Alexander bestellt bei einem Möbelhändler Möbel in der Annahme, Bettina würde ihn heiraten. Bettina heiratet jedoch Alexander nicht.

Die Willenserklärung des Erklärenden erfolgt bei einem **Kalkulationsirrtum** aufgrund fehlerhafter Berechnungen. Hierbei ist zwischen offenem und verdecktem oder internem Kalkulationsirrtum zu unterscheiden:

- **Offener Kalkulationsirrtum** – Werden dem Erklärungsempfänger die Kalkulationsgrundlagen offen gelegt, d. h. konnte er die Kalkulation mit- und nachvollziehen, kann der Erklärende seine Willenserklärung anfechten.
- **Verdeckter oder interner Kalkulationsirrtum** – Wurde die Berechnung dem Empfänger nicht offen gelegt, dann handelt es sich um einen Irrtum bei der Willensbildung im Vorfeld der WE. Dieser Motivirrtum ist nicht anfechtbar (s. o. und vgl. § 119 Abs. 1 BGB).

BEISPIEL

Kalkulationsirrtum
Eine falsche Flugpreisberechnung berechtigt den Reiseveranstalter bei einem offenen Kalkulationsirrtum zur Anfechtung. Eine Nachforderung in Höhe der Differenz zwischen einem zu niedrig berechneten Fugpreis und dem korrekt berechneten Flugpreis ist nicht möglich. Die Aufnahme einer entsprechenden Klausel in den AGB ist unzulässig. (Alles ist nachzulesen in ► LF 4, Kapitel 3.)

C Falschübermittlung (Übermittlungsirrtum), Täuschung, Drohung

Falschübermittlung (Übermittlungsirrtum, vgl. § 120 BGB)	Arglistige Täuschung (vgl. §§ 123, 124 BGB)	Widerrechtliche Drohung (vgl. §§ 123, 124 BGB)
Sie ist eine Form des Erklärungsirrtums durch die übermittelnde Person (den Erklärungsboten) oder die übermittelnde Einrichtung.	Sie liegt vor, wenn bei einem anderen vorsätzlich eine unrichtige Vorstellung über Tatsachen erzeugt wird. Beachte: Täuschung ist auch durch Unterlassen möglich, wenn eine Aufklärungspflicht besteht.	Sie ist gegeben, wenn der Erklärende ein künftiges Übel in Aussicht stellt und damit entweder einen verwerflichen Zweck verfolgt oder dabei ein verwerfliches Mittel einsetzt.
Beispiel: A möchte 12 Eintrittskarten kaufen und sagt zu seinem Boten B: »Besorge mir bitte ein Dutzend Eintrittskarten.« B meint aber, ein Dutzend seien 14 Eintrittskarten und verlangt auch beim Händler C 14 Stück, die er A bringt.	Beispiel: Ein Gebrauchtwagenhändler bestätigt gegenüber einem Kunden die Unfallfreiheit eines Autos. Er weiß aber, dass dies nicht zutrifft.	Beispiel: A droht B mit einer Anzeige wegen tatsächlicher, unterlassener Hilfeleistung, wenn B dem A nicht sein Ferienhaus übereignet.

Tab. Weitere Anfechtungsgründe

Die Vorschrift der Nichtigkeit des vom Übermittler geschlossenen Rechtsgeschäftes ist n. h. M. nur bei unbewusster bzw. fahrlässiger Falschübermittlung gegeben. Bei bewusst falscher oder unrichtiger Übermittlung ist die Erklärung nicht als zugegangen anzusehen und der Übermittler trägt ggf. die Kosten für den entstandenen Schaden.

MERKE

Willensmängel führen zu Nichtigkeit
Willensmängel führen dazu, dass ein Rechtsgeschäft anfechtbar bzw. nichtig wird (► Kapitel 2.1.3). Nur in Ausnahmefällen führen sie nicht zu der Unwirksamkeit.

2.3 Stellvertretung und Vollmacht

Die **Stellvertretung** ermöglicht das rechtsgeschäftliche Handeln für einen Dritten.

Sie ist für die höchstpersönlichen Rechtsgeschäfte, wie z. B. bei der Eheschließung gemäß § 1311 Satz 1 BGB und bei der Testamentserrichtung gemäß § 2064 BGB jedoch ausgeschlossen.

Zu unterscheiden sind bei der Stellvertretung:

- die so genannte **gewillkürte Stellvertretung** (Stellvertretung für Fälle, in denen der Vertretene auch selbst handeln könnte),
- die **gesetzliche Stellvertretung** (z. B. des Minderjährigen durch die gesetzliche Vertretung seiner Eltern gem. § 1629 BGB) und
- die **rechtsgeschäftliche Vertretung**.

© Butch – Fotolia.com

Die rechtsgeschäftliche Vertretung ist sowohl bei der Abgabe einer Erklärung (vgl. § 164 Abs. 1 aktive Stellvertretung), als auch bei einem Empfang (vgl. § 164 Abs. 3 passive Stellvertretung) für einen Dritten möglich (Beispiel Reisebuchung ▸ LF 4.1, Kapitel A.4).

Der Stellvertreter gibt eine **eigene Willenserklärung gemäß § 164 Absatz 1 des BGB** ab und ist somit der rechtsgeschäftlich Handelnde. Die Folgen des Rechtsgeschäfts treffen allerdings den Vertretenen.

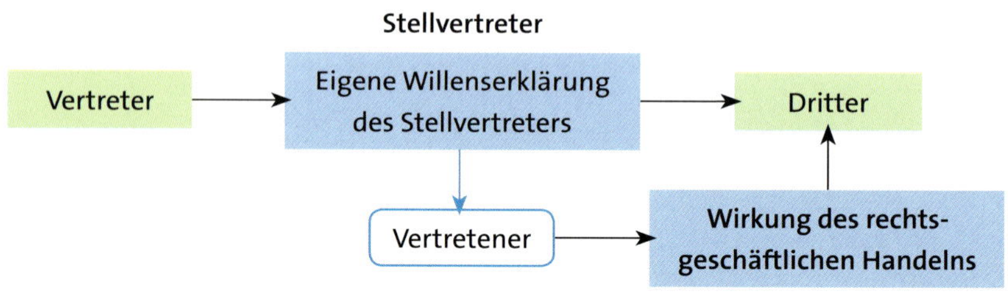

Abb. Geschäftsvermittlung per Stellvertreter

Der **Stellvertreter** gibt im Namen des Vertretenen eine eigene Willenserklärung ab. Der Vertretene wird durch die Willenserklärung des Vertreters unmittelbar gebunden.

Ein **Bote** überbringt bzw. empfängt lediglich Erklärungen, die inhaltlich nicht von ihm stammen.

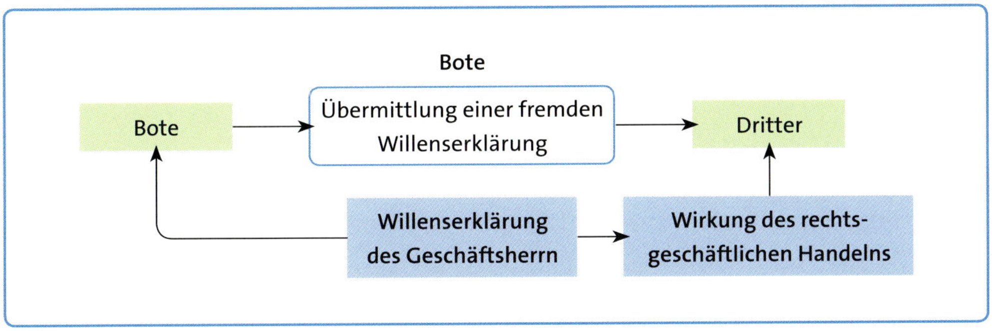

Abb. Geschäftsvermittlung per Bote

Gemäß dem **Offenkundigkeitsprinzip** entscheidet das äußere Auftreten darüber, ob jemand als Stellvertreter oder als Bote handelt. Ein eigener Entscheidungsspielraum ist Indiz für ein Handeln als Stellvertreter, das Fehlen eines solchen für eine Botenstellung.

Bote und Stellvertreter

BEISPIEL

Der Stellvertreter sagt, dass er dieses Bild kaufen möchte.
Der Bote sagt: »Ich kaufe dieses Bild für Herrn Müller«.

Die **Vollmacht** ist nach § 166 Absatz 2 des BGB die **durch Rechtsgeschäft erteilte Vertretungsmacht** (▸ LF 1, Kapitel 2.1.3). Sie wird gemäß § 167 BGB durch eine formfreie empfangsbedürftige Willenserklärung erteilt.

Die Vollmacht kann entweder dem zu Bevollmächtigenden (Innenvollmacht) oder dem Dritten, demgegenüber die Vertretung stattfinden soll (Außenvollmacht) erklärt werden. Die Vollmacht kann umfänglich als Einzelvollmacht (d. h. der Bevollmächtigte ist allein zur Vertretung befugt) bzw. als Gesamtvollmacht (d. h. mehrere Vertreter können nur zusammen den Geschäftsherrn vertreten erteilt werden (**Geschäftsführung** ▸ LF 1, Kapitel 2.3.2).

Spezialvollmacht	Gattungsvollmacht	Generalvollmacht
für ein bestimmtes Geschäft	für wiederkehrenden Geschäfte eines Tätigkeitsbereiches	für unbeschränkte Vollmacht auf alle alltäglichen Geschäfte

Tab. Umfang der Vollmacht

Die Vollmacht eines Vertreters kann so umfangreich sein, dass er wiederum eine Untervollmacht erteilen kann.

Die Vollmacht erlischt u. a.

- nach vollständige Ausführung des Geschäfts, für die die Vollmacht erteilt worden war,
- bei Widerruf der Vollmacht und
- bei Tod oder Eintritt der Geschäftsunfähigkeit des Bevollmächtigten, nicht jedoch des Vollmachtgebers.

Spezialfälle der Vollmacht stellen die **Handlungsvollmacht (vgl. § 54 HGB)** und die **Prokura (vgl. §§ 48 ff. HGB)** dar. Sie werden im Zusammenhang mit den Kaufmannseigenschaften in ▸ LF 1, Kapitel 2.1.3 erörtert.

2.4 Rechtssubjekte und Rechtsobjekte

Rechtssubjekte sind rechtsfähige Personen, die in der Lage sind, Träger von Rechten und Pflichten zu sein.

Neben den natürlichen Personen (vgl. §§ 1 ff. BGB) sind auch juristische Personen die ihre Rechtspersönlichkeit durch die Rechtsordnung erlangen, und teilweise verselbstständigte Personenzusammenschlüsse, als Rechtssubjekte rechtsfähig (Unternehmensformen ▸ LF 1, Kapitel 2.3).

Juristische Personen	Personengesellschaften und Personenzusammenschlüsse
Kapitalgesellschaften Gesellschaft mit beschränkter Haftung (GmbH), Aktiengesellschaft (AG), Genossenschaft (e. G.)	Gesellschaft bürgerlichen Rechts (GbR) gem. §§ 705 ff. BGB
Eingetragener Verein (e. V.) gem. §§ 55 ff. BGB)	Offene Handelsgesellschaft (oHG) gem. § 105 HGB
Stiftung (gem. §§ 80 ff. BGB)	Kommanditgesellschaft (KG) gem. § 161 HGB
Öffentlich-rechtliche Körperschaften z. B. Gemeinden, Universitäten	Parteien, Gewerkschaften

Tab. Übersicht Rechtssubjekte

MERKE

Rechtssubjekte

Es gibt drei Kategorien von Rechtssubjekten:

- Den Menschen,
- juristische Personen und
- Personengesellschaften (verselbstständigte Personenzusammenschlüsse).

Rechtsfähigkeit ist die Fähigkeit Träger von Rechten und Pflichten zu sein. Natürliche Personen erlangen ihre Rechtsfähigkeit mit Vollendung der Geburt, sie endet mit dem Tod (Gehirntod).

MERKE

Die Kernfrage der Rechtsfähigkeit
Wer wird berechtigt und verpflichtet bzw. wer kann berechtigt und verpflichtet werden?

Handlungsfähigkeit setzt die Rechtsfähigkeit voraus und bezeichnet die Möglichkeit, aktiv Rechte und Pflichten von sich aus zu begründen, zu ändern oder aufzuheben. Die Handlungsfähigkeit selbst ist gesetzlich nicht geregelt. Um in vollem Umfang an dem Rechts- und Geschäftsverkehr teilnehmen zu können, muss der Mensch rechts- und handlungsfähig sein.

BEISPIEL

Handlungsfähigkeit
- Die Testierfähigkeit beginnt mit dem 16. Lebensjahr (vgl. § 2229 BGB).
- Die Ehefähigkeit beginnt mit dem 16. Lebensjahr (vgl. § 1303 BGB).
- Die Möglichkeit, Anträge auf Sozialleistungen zu stellen und (eigene) Sozialleistungen zu erhalten, beginnt mit dem 15. Lebensjahr (vgl. § 36 SGB I).

Rechtsobjekte sind die Gegenstände des Rechtsverkehrs, an denen Rechtssubjekte (Personen) subjektive Rechte (Herrschaftsrechte) haben können. Das Gesetz fasst die **Rechtsobjekte Sachen und Rechte** unter dem Begriff »Gegenstände« zusammen.

MERKE

Rechtsobjekte
An Rechtsobjekten bestehen Rechte. Sie selbst können nicht Träger von Rechten und Pflichten sein. Rechtsobjekte sind Gegenstand von Herrschaftsrechten (subjektiven Rechten).

Sachen (vgl. § 90 BGB) materielle Rechtsobjekte	Tiere (vgl. § 90 a BGB)	Rechte immaterielle Rechtsobjekte
▸ bewegliche (Mobilien) alle Sachen, die nicht Grundstücke oder Bestandteil eines Grundstückes sind (Beispiel: ein Fahrzeug) ▸ unbewegliche (Immobilien) ein Grundstück als ein räumlich abgegrenzter Teil der Erdoberfläche, der im Bestandsverzeichnis eines besonderen Grundbuchblattes eingetragen ist.	sind keine Sache, werden ihr aber gleichgestellt (vgl. § 1 TierSchG). Zweck des Gesetzes ist es, aus der Verantwortung des Menschen für das Tier als Mitgeschöpf dessen Leben und Wohlbefinden zu schützen. Niemand darf einem Tier ohne vernünftigen Grund Schmerzen, Leiden oder Schaden zufügen.	▸ absolute – sind von jedermann zu akzeptieren ▸ relative – gelten nur gegenüber bestimmten Personen(gruppen) Beispiele immaterieller Rechtsobjekte: ▸ Forderungen, ▸ das Urheberrecht (UrhG), ▸ das Patentrecht (PatG)

Tab. Rechtsobjekte

Neben dieser Unterteilung bestehen weitere **Subkategorien von beweglichen Sachen (materiellen Rechtsobjekten):**

Abb. Beispiele für materielle Rechtsobjekte

- **vertretbare Sachen** (Bestimmbarkeit nach Zahl, Maß oder Gewicht, Fungibilität) und **nicht vertretbare Sachen** (vgl. § 91 BGB),
- **verbrauchbare Sachen** (bestimmungsgemäßer Gebrauch besteht in dem Verbrauch oder in der Veräußerung) und **nicht verbrauchbare Sachen** (vgl. § 92 BGB),
- wesentliche und unwesentliche **Bestandteile einer Sache** (vgl. § 93 BGB),
- **Zubehör** das kein Bestandteil der Hauptsache ist sondern dem wirtschaftlichen Zweck der Hauptsache dient (vgl. §§ 97, 98 BGB),
- **Früchte bzw. Nutzungen als unmittelbare Erzeugnisse** (z. B. Kirschen vom Kirschbaum bzw. der Mietzins einer vermieteten Wohnung, vgl. §§ 99 f. BGB).

Sachen (materielle Rechtsobjekte) gehören einer Person bzw. einem Rechtssubjekt und können diesen unterschiedlich ausgeprägt zugeordnet werden.

2.4.1 Besitz und Eigentum

Eigentum ist das umfassendste Herrschaftsrecht, das die Rechtsordnung einer Person über eine Sache gibt. Eigentum ist die rechtliche Herrschaft über eine Sache (vgl. § 903 BGB). Unter **Besitz** versteht man dagegen die tatsächliche Herrschaft über eine Sache (vgl. § 854 Abs. 1 BGB).

MERKE

Gegenstände des Eigentums und des Besitzes
Gegenstände des Eigentums und des Besitzes können nur Sachen sein. (Tiere gelten als Sache mit besonderem Schutz.)
An anderen, immateriellen Rechtsobjekten, wie z. B. dem Urheberrecht (UrhG) oder dem Patentrecht (PatG) bzw. der Forderung besteht kein Eigentum.

Im Hinblick auf den **Besitzer und die Besitzarten** wird zwischen **mittelbarem** Besitzer (vgl. § 868 BGB) und **unmittelbarem** Besitzer unterschieden. Der mittelbare Besitzer überlässt seinen Besitz dem unmittelbaren Besitzer (z. B. dem Mieter, Pächter, Verwahrer oder Pfandgläubiger) für eine bestimmte Zeit.

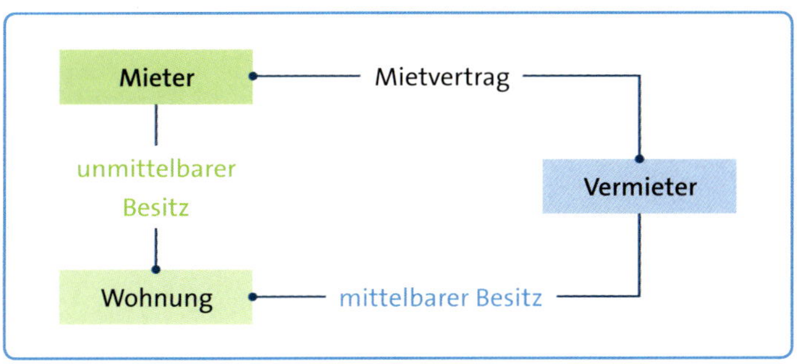

Abb. Mittelbarer und unmittelbarer Besitz

Außerdem wird zwischen **Eigen- und Fremdbesitz** unterschieden. Hier gehört dem Eigenbesitzer »zeitweilig« eine Sache, unabhängig davon, ob er das Recht daran besitzt.

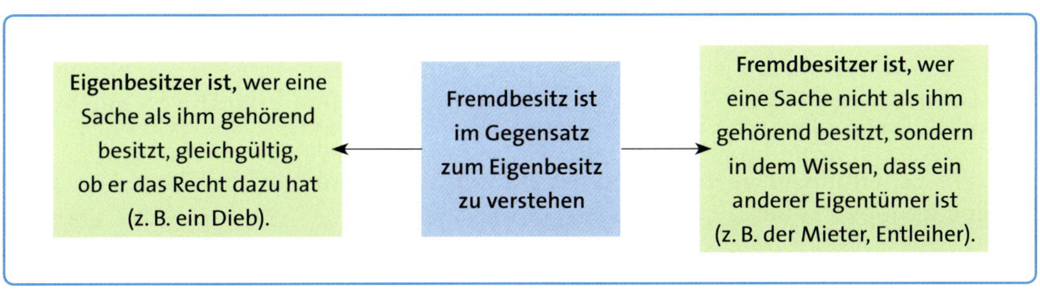

Abb. Eigen- und Fremdbesitz

Beim **Besitzdiener** wiederum besteht ein soziales Abhängigkeitsverhältnis privater oder öffentlich-rechtlicher Natur. Der Besitzdiener, z. B. eine Hausangestellte, ist in Bezug auf die Sache den Weisungen eines anderen unterworfen (vgl. § 855 BGB). Der Besitzdiener ist kein Besitzer.

Daneben gibt es noch eine weitere Möglichkeit den Begriff »Besitz« als **Sachherrschaft** zu spezifizieren, nämlich nach der Zahl der personalen Zuordnung der Besitzprätendenten:

- Der **Alleinbesitz** besagt, dass man die Sache unter Ausschluss anderer Personen besitzt.
- Von **Mitbesitz** spricht man, wenn mehrere Personen eine Sache zusammen besitzen (vgl. § 866 BGB).
- Von **Teilbesitz** spricht man, wenn jede Personen eine Sache derart besitzen, dass jeder nur einen Teil besitzt. Teilbesitz ist insbesondere an abgesonderten Wohnräumen möglich (Untervermietung, vgl. § 865 BGB).

BEISPIEL

Mitbesitz

Ehegatten haben einen Mitbesitz an der gemeinsamen gemieteten Wohnung und den Sachen des gemeinsamen Hausrates.

Teilbesitz

Der Student als Untermieter ist unmittelbarer Besitzer seines Zimmers sein, und der Mieter unmittelbarer Besitzer des Restes der Wohnung.

Besitz drückt lediglich das **reale Herrschaftsverhältnis** aus, die **rechtliche Herrschaft** erlangt man nur durch Eigentumserwerb.

2.4.2 Eigentumserwerb an beweglichen Sachen

Die Übertragung des Eigentumsrechts geschieht mittels eines **dinglichen Vertrages**, der spezifischen Vertragsart mit der Rechte an Sachen geregelt werden.

Beim **Eigentumserwerb** ist zu unterscheiden zwischen dem Erwerb von einem Berechtigten (vgl. §§ 929–931 BGB) und dem gutgläubigem Erwerb von einem Nichtberechtigten (vgl. §§ 932–935 BGB).

Für den **Eigentumserwerb von einem Berechtigten**, müssen drei Voraussetzungen gegeben sein:

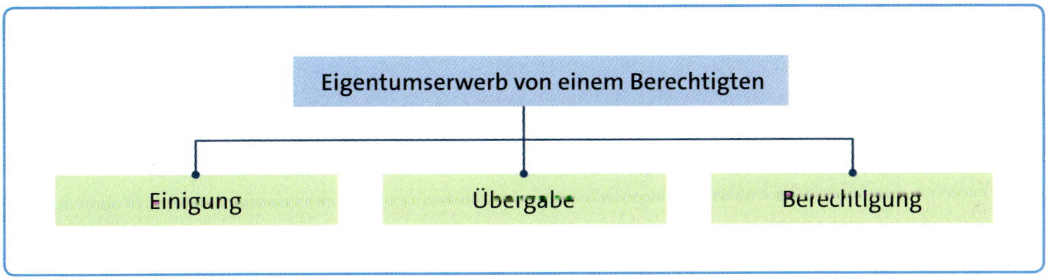

Abb. Eigentumserwerb von einem Berechtigten

- Der Eigentumserwerb von einem Berechtigten setzt die **Einigung** in Form eines Vertrages (▸ Kapitel 2.5) voraus mit dem Inhalt, dass Eigentum übergehen soll (vgl. §§ 145ff. BGB).
- Durch die **Übergabe** wird der vollständige Besitz aufgegeben und dem Erwerber der Besitz verschafft. Diesem kommt ein **Übergabesurrogat in Form eines Besitzkonstituts** (vgl. § 930 BGB), z. B. einer Sicherungsübereignung bzw. einer Abtretung des Herausgabeanspruchs gegen Dritte, gleich (vgl. § 931 BGB).
- Ferner muss der Veräußerer zu der Übertragung des Eigentums **befugt oder berechtigt** sein, d. h. das rechtliche Eigentum an der Sache besitzen.

Art	Vollzug	Beispiel
Einigung, dass das Eigentum übergehen soll plus Übergabe (gem. § 929 BGB)	Übergabe und Annahme der Sache	Kauf eines Fahrrads
Einigung und Abtretung des Herausgabeanspruchs (gem. § 931 BGB)	Ein Dritter übergibt die Sache	Übergabe des Lagerscheins bei Einlagerung von Mais
Einigung, wenn sich der Bewerber bereits im Besitz der Sache befindet	Berechtigter behält die Sache	Kauf einer Kamera auf Probe
Einigung, dass der Käufer Eigentümer werden soll, der Verkäufer aber Besitzer bleibt	Verkäufer behält die Sache als Besitzer	Kauf von Wertpapieren, die auf einem Wertpapierkonto der einer Bank geführt werden
Sicherungsübereignung (gem. § 930 BGB, Besitzkonstitut)	Die Sicherheit (und damit der Besitz) bleibt bei der Bank	Kfz-Kauf auf Kredit, die Bank erhält Kfz-Brief als Sicherheit

Tab. Eigentumserwerb an beweglichen Sachen

Der Eigentumserwerb durch Übertragung setzt grundsätzlich voraus, dass der Übertragende auch Eigentümer ist. Ist er oder sie es nicht, kann der Erwerber kein Eigentum erlangen.

Gutgläubiger Eigentumserwerb

Im Rechtsverkehr gilt die gesetzliche Vermutung, dass der Besitzer einer beweglichen Sache auch ihr Eigentümer ist (vgl. § 1006 Abs. 1 Satz 1 BGB).

Aus diesem Grund ist ein **Eigentumserwerb des gutgläubigen Erwerbers** trotz **fehlender Berechtigung des Veräußerers** möglich (mit Übertragung des vorhandenen Besitzes des Veräußerers bzw. der Besitzerlangung von einem Dritten).

Gutgläubiger Eigentumserwerb von einem Nichtberechtigten

- Veräußerung durch Nichtberechtigten
- Guter Glaube
- kein Abhandenkommen (= unfreiwilliger Verlust des unmittelbaren Besitzes)

Abb. Gutgläubiger Eigentumserwerb von einem Nichtberechtigten

Gutgläubiger Eigentumserwerb ist allerdings nur möglich, so lange dem Erwerber nicht bekannt oder in Folge grober Fahrlässigkeit unbekannt ist, dass der Veräußerer nicht Eigentümer der Sache ist (vgl. § 932, Abs. 2 BGB).

MERKE

Rechtsungültigkeit bei gestohlenen Sachen
Der gutgläubige Eigentumserwerb gilt nicht für gestohlene Sachen.
Er ist dann nicht rechtsgültig.

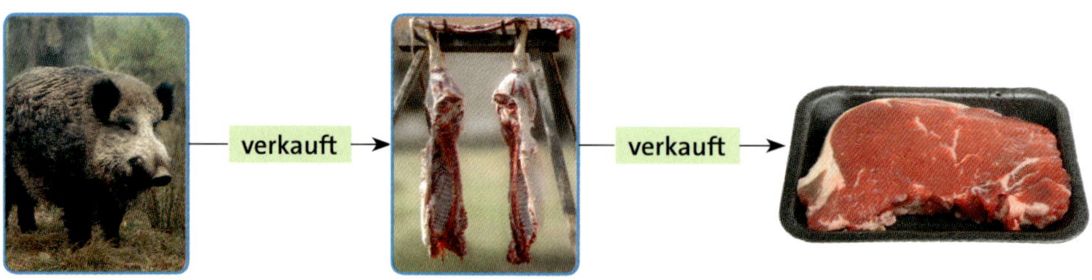

Jäger schießt in einem fremden Revier ohne Erlaubnis ein Wildschwein

Metzger verarbeitet das Wildschwein

Kunde kauft Wildschweinfleisch

Abb. Beispiel für gutgläubigen Eigentumserwerb

2.4.3 Eigentumserwerb an Immobilien

Abb. Grundstück

Der **Eigentumserwerb an Grundstücken** (Immobilien) erfolgt durch die Einigung zwischen dem Veräußerer und dem Erwerber, der so genannten Auflassung (vgl. § 925 ff. BGB) und der Eintragung in das Grundbuch (vgl. §§ 873 ff. BGB und ▸ LF 1, Kapitel 2.2).

Die **Auflassung (= Einigung)** muss notariell beurkundet werden, ansonsten ist die Einigung nicht verbindlich (§ 873 II BGB). Sind sich Veräußerer und Erwerber schuldrechtlich darüber einig, dass sich die Veräußerung auch auf das Zubehör (vgl. § 97 BGB) erstreckt, so erlangt der Erwerber mit dem Eigentum an dem Grundstück zugleich auch das Eigentum an dem Zubehör (vgl. § 926 BGB).

Grundbuch

BEISPIEL

Das Grundbuch ist ein öffentliches Register, das Rechtsverhältnisse an Grundstücken wiedergibt, während die Grundstücke selbst durch das Katasteramt (Vermessungsamt) gebildet werden.
Das Grundbuchamt ist eine Abteilung des Amtsgerichts. Es führt die Grundbücher für alle im Amtsgerichtsbezirk gelegenen Grundstücke.
Das Grundbuch wurde früher in Papierform geführt. Diese Einzelhefte wurden jedoch bei der Umstellung auf das elektronische Grundbuch geschlossen.
Die Einsicht in das Grundbuch ist jedem gestattet, der ein berechtigtes Interesse darlegt.

Das Grundbuch hat folgende Abteilungen:

- **Abteilung I:** Eintragung des Eigentümers,
- **Abteilung II:** Eintragung aller Belastungen des Grundstücks mit Ausnahme von Grundpfandrechten,
- **Abteilung III:** dient der Aufnahme von Hypotheken, Grundschulden und Rentenschulden einschließlich der sich auf diese Rechte beziehenden Vormerkungen, Widersprüche und Veränderungen.

BEISPIEL

Abteilung II – Belastungen eines Grundstückes

- Lasten: Grunddienstbarkeiten (§§ 1018 ff. BGB Dienstbarkeiten, Grunddienstbarkeiten, p. b. Dienstbarkeiten), Dauerwohn- und Dauernutzungsrecht, Reallasten, Nießbrauch, Vorkaufsrechte, Auflassungsvormerkung, Erbbaurecht
- Beschränkungen: Nacherbenvermerk, Testamentsvollstrecker-Vermerk, Zwangsversteigerungs- und Zwangsverwaltungsvermerk, Insolvenzvermerk, Sanierungs- und Umlegungsvermerk, Verwaltungs- und Benutzungsregelungen bei Miteigentum

Die dingliche Einigung wird beim Eigentumserwerb bei Grundstücken **gleichzeitig mit der schuldrechtlichen Einigung** erklärt.

Die Eintragung des Rechts (Eigentümer) erfolgt meistens erst Monate nach dem Vertragsschluss. In der Zwischenzeit könnte z. B. der Grundstückseigentümer sein Grundstück ein weiteres Mal verkaufen.

Die **Vormerkung** gemäß der §§ 883 ff. BGB dient daher dem Schutz desjenigen, der einen schuldrechtlichen Anspruch auf **Vornahme einer dinglichen Rechtsänderung** an einem Grundstück hat.

MERKE

Vormerkung
Die Vormerkung schützt den Vormerkungsberechtigten gegen weitere Eintragungen im Grundbuch.

2.5 Verträge

Ein **Rechtsgeschäft** (▸ Kapitel 2.1) besteht aus mindestens einer Willenserklärung, welche die Rechtsordnung an den Eintritt eines gewollten rechtlichen Erfolges knüpft.

Einseitige Rechtsgeschäfte enthalten die Willenserklärung einer einzigen Person, z. B. eine Kündigungserklärung. **Verträge sind mehrseitige Rechtsgeschäfte.** Sie enthalten inhaltlich übereinstimmende Willenserklärungen mehrerer Personen.

Es werden verschiedene **Vertragsarten** unterschieden.

Typische Vertragsarten im Tourismus, wie Beherbergungsvertrag, Kontingentierungsvertrag, Timesharing-Vertrag, Agenturvertrag, Werkvertrag, Gastspielvertrag, Beförderungsvertrag und GEMA-Vertrag werden in ▸ Fachwissen Tourismus Band 4, LF 8 ausführlich behandelt.

Darlehensvertrag	Schuldrechtlicher Vertrag, durch den dem Darlehensnehmer Geld oder vertretbare Sachen auf Zeit zum Gebrauch, entgeltlich (mit Zinsen) oder unentgeltlich überlassen werden (► Kapitel 5.2.1).	Gelddarlehen (vgl. §§ 488–498 BGB), Sachdarlehen (vgl. §§ 607–609 BGB)
Dienstvertrag	Dienstnehmer leistet dem Dienstberechtigten gegen eine Vergütung einen Dienst. ► Unselbstständige bzw. weisungsgebundene Tätigkeit: z. B. Arbeitsvertrag (► LF 1, Kapitel 5.1) ► Selbstständig Tätige: z. B. Arzt-Patient-Behandlungsvertrag	(vgl. §§ 611–630 BGB)
Geschäftsbesorgungsvertrag	Dienst- oder Werkvertrag, der eine Geschäftsbesorgung, also eine Tätigkeit wirtschaftlicher Art im fremden Interesse zum Inhalt hat (► LF 4, Kapitel 3). Er ist i. d. R. entgeltlich.	(vgl. § 675 BGB)
Leihvertrag	Der Verleiher einer Sache verpflichtet sich dem Entleiher die Sache zum Gebrauch unentgeltlich zu überlassen.	(vgl. §§ 598 ff. BGB)
Mietvertrag	Der Mietvertrag verpflichtet den Vermieter, dem Mieter den Gebrauch der Mietsache während der Mietzeit zu gewähren. Der Mieter ist verpflichtet, dem Vermieter die vereinbarte Miete zu entrichten.	§ 535 BGB
Pachtvertrag	Der Verpächter gewährt gegen Entgelt dem Pächter den Gebrauch und den Fruchtgenuss des verpachteten Gegenstandes.	(vgl. §§ 581 ff. BGB)
Versicherungsvertrag	Versicherungsnehmer sichern sich durch Zahlung einer Prämie an ein Versicherungsunternehmen gegen ein finanzielles, ungewisses oder geschätztes finanzielles Risiko ab.	(keine rechtliche, sondern nur wirtschaftliche Definition)
Maklervertrag	Auftraggeber verpflichtet sich dem Makler für den Nachweis der Gelegenheit zum Abschluss eines Vertrags oder für die Vermittlung eines Vertrages eine Maklercourtage zu zahlen.	(vgl. §§ 652 ff. BGB)
Verwahrungsvertrag	Durch den Verwahrungsvertrag wird der Verwahrer verpflichtet, eine ihm von dem Hinterleger übergebene bewegliche Sache aufzubewahren.	(vgl. §§ 688–700 BGB).

Tab. Vertragsarten im Überblick

Verträge müssen inhaltlich übereinstimmende Willenserklärungen mehrerer Personen enthalten. Entsprechend liegt ein **Einigungsmangel (Dissens)** vor, wenn die Willenserklärungen in einem Vertrag nicht übereinstimmen:

- Bei einem **offenen Einigungsmangel (offener Dissens)** ist den Parteien bewusst, dass sie sich nicht in einem gewünschter Punkt übereinstimmend geeinigt haben. Der Vertrag gilt dann als noch nicht abgeschlossen (vgl. § 154 BGB).
- Ein **versteckter Einigungsmangel (versteckter Dissens)** ist gegeben, wenn die Parteien irrtümlich der Ansicht sind, dass sie sich geeinigt haben. In diesem Fall gilt der Vertrag dann, wenn anzunehmen ist, dass der Vertrag auch ohne diese Bestimmung über die in Wirklichkeit keine Einigung vorliegt geschlossen worden wäre (vgl. § 155 BGB).

2.5.1 Zustandekommen eines Vertrages

Anfrage

© de la Motte

Die **Anfrage dient der Kontaktaufnahme** mit möglichen Geschäftspartnern. Die **allgemeine Anfrage** ist in der Regel die Bitte um Prospekte und Kataloge, um sich einen ersten Überblick über das Leistungsangebot eines potentiellen Anbieters zu verschaffen.

© de la Motte

Die **bestimmte Anfrage** dient der Einholung von Angeboten. Daher ist sie spezifischer und enthält konkrete Information über die gewünschten Waren, (z. B. deren Qualität) und über gewünschte Dienstleistungen (z. B. Umfang, Bereitstellungstermin). Sie muss sorgfältig formuliert sein, um möglichst für einen Angebotsvergleich alle relevanten Daten abgleichen zu können.

Vertragsangebot

Die **zeitlich erste Willenserklärung**, das Vertragsangebot (**Angebot, Antrag, Offerte**), ist eine empfangsbedürftige Willenserklärung. Sie kann an eine bestimmte Person oder an eine Vielzahl von Personen (z. B. bei Warenautomaten) gerichtet sein.

MERKE

Angebot =
Willenserklärung an bestimmte Person
Das Angebot ist eine an eine bestimmte Person gerichtete Willenserklärung, Leistungen zu den angegebenen Bedingungen zu liefern.

Das **Angebot** muss inhaltlich so bestimmt sein, dass die Annahme durch eine bloße Zustimmung (Antwort »ja«) des Empfängers erfolgen kann.

- Sie **muss alle regelungsbedürftigen Hauptpunkte**, die für den jeweiligen Vertragstyp konstituierend sind, umfassen. Bei einem Kaufvertrag sind das z. B. die notwendigen Vertragsbestandteile Kaufgegenstand und Kaufpreis.
- Die **vertraglichen Nebenpunkte** sind dagegen nicht notwendiger Vertragsbestandteil (z. B. Erfüllungsort). Über sie kann man sich auch noch später einigen. Wird keine Vereinbarung hierüber getroffen, werden diese Punkte durch gesetzliche Normen geregelt.

Eine weitere grundlegende Voraussetzung für ein Angebot neben den grundlegenden Vertragsbestandteilen ist dessen **Verbindlichkeit**. Der Anbietende muss sich mit dem Angebot rechtlich binden wollen.

Der **Rechtsbindungswille ist nicht gegeben**, wenn der Anbietende lediglich eine Aufforderung zur Abgabe von Angeboten abgeben will. Durch sie verweist der Anbieter lediglich auf die Möglichkeit eines Vertragsabschlusses, der Rechtsbindungswille fehlt.

BEISPIEL

Aufforderung zum Vertragsangebot

- Postwurfsendungen, Reklamezettel
- Kataloge, Zeitungsinserate
- Schaufensterauslagen, Speisekarten
- Gegenstände in den Regalen eines Supermarktes

Der Kunde gibt durch das Vorzeigen/Auflegen der Ware an der Kasse des Selbstbedienungsladens ein Angebot ab. Die Kassiererin kann es durch das Verbuchen des Preises in der Registrierkasse annehmen.

Realofferten

Bei den so genannten **Realofferten (konkludent abgegebene Vertragsangebote)** wird die angebotene Ware dem potentiellen Vertragspartner so zugänglich gemacht, dass dieser durch konkludentes Handeln den Vertrag schließen kann.

Realofferten

BEISPIEL

Brezel auf den Tischen im Biergarten, Betrieb eines Warenautomaten, Betrieb öffentlicher Verkehrsmittel, Zapfsäule an der Tankstelle.

Die **Zusendung unbestellter Ware** gehört ebenfalls zu den Realofferten. Die Zusendung und das Erbringen sonstiger unbestellter Leistungen sind – soweit von einem Unternehmer an einen Verbraucher ohne eine ihm zurechenbare Auforderung erfolgt – rechtlich bedeutungslos. Sie begründen keinerlei Verpflichtungen. Der Lieferant bleibt allerdings Eigentümer der Ware.

- Der Verbraucher muss nicht auf die Lieferung reagieren.
- Er muss die Sachen nicht zurücksenden.
- Er muss die Sachen nicht herausgeben.
- Er kann die Leistung unentgeltlich nutzen, gebrauchen und verbrauchen.

Zusendung unbestellter Ware

BEISPIEL

Die Reiseverkehrskauffrau Hannelore erhält vom Verlag »Schön Lesen GmbH« eine Enzyklopädie in vier Bänden über die Lyrik im Mittelalter. Der Lieferung liegt eine »Rechnung« samt Zahlschein über 200,00 Euro bei. Hannelore verwendet die Bücher zunächst als Leiterersatz bei dem Aufhängen der Gardinen und entsorgt sie dann aus Platzmangel. Die Zusendung der Bücher stellt keinen Antrag dar und die Nutzung der Bücher keine Annahme. Somit besteht keine Haftung für Hannelore, und sie kann die Bücher entsorgen.

Zahlt der Verbraucher die unbestellte Leistung, wird dies als **Annahme des Vertrages** gewertet. Sendet er die unbestellte Ware zurück, muss der Lieferant die dadurch entstandenen Kosten ersetzen (vgl. § 683 BGB).

Unbestellte Leistungen (§ 241 a BGB)

BGB

(1) Durch die Lieferung unbestellter Sachen oder durch die Erbringung unbestellter sonstiger Leistungen durch einen Unternehmer an einen Verbraucher wird ein Anspruch gegen diesen nicht begründet.
(2) Gesetzliche Ansprüche sind nicht ausgeschlossen, wenn die Leistung nicht für den Empfänger bestimmt war oder in der irrigen Vorstellung einer Bestellung erfolgte und der Empfänger dies erkannt hat oder bei Anwendung der im Verkehr erforderlichen Sorgfalt hätte erkennen können.
(3) Eine unbestellte Leistung liegt nicht vor, wenn dem Verbraucher statt der bestellten eine nach Qualität und Preis gleichwertige Leistung angeboten und er darauf hingewiesen wird, dass er zur Annahme nicht verpflichtet ist und die Kosten der Rücksendung nicht zu tragen hat.

2.5.2 Angebotsbindung

Der Antragende ist nach § 145 BGB an seinen Antrag gebunden. Der Empfänger kann das Angebot ausschlagen oder annehmen.

Allerdings kann der Antragende seine Gebundenheit durch **Freizeichnungsklauseln** (z. B. »ohne obligio«) ausschließen oder zeitlich befristen (vgl. §§ 147–149 BGB). Das Angebot ist dann lediglich als Aufforderung zur Abgabe eines Angebots durch den Anderen zu verstehen.

BEISPIEL

Eingeschränktes Angebot (Freizeichnungsklauseln)

- **Mengenfreizeichnung**
  »Solange der Vorrat reicht.« (d. h., die Menge ist unverbindlich, der Preis verbindlich)
- **Preisfreizeichnung**
  »Preisänderung vorbehalten.« (die Menge ist verbindlich, der Preis unverbindlich)
- **Vollständige Freizeichnung**
  »freibleibend, unverbindlich« (ein völlig unverbindliches Angebot)

Der »freibleibend« Anbietende hat eine **Reaktionspflicht** auf ihm zugehende Angebote. Widerspricht er ihnen nicht unverzüglich, kommt ein entsprechender Vertrag zustande.

MERKE

Schweigen als Annahme
Schweigen unter Kaufleuten ist als konkludente Angebotsannahme zu werten (vgl. ► Kapitel 2.2.3).

befristetes Angebot	unbefristete Angebot	eingeschränktes Angebot
Das Angebot gilt nur bis zu einem angegebenen Zeitpunkt.	Das Angebot gilt für einen Zeitraum, in dem unter normalen Bedingungen eine Bestellung abgewickelt sein kann, bzw. bis zum Widerruf.	Der Anbieter kann die Bindung an sein Angebot einschränken oder durch Freizeichnungsklauseln ganz aufheben.

Tab. Angebotsbindungen

Ein Angebot erlischt regelmäßig durch die **Ablehnung** des Empfängers.

Ein Angebot erlischt auch durch **Ablauf der Frist** (vgl. § 146 BGB). Nach § 147 Absatz 2 BGB ist der Antrag gegenüber einem Abwesenden solange gültig, wie der Antragende normalerweise mit einer Antwort rechnen kann (das Finanzamt z. B. unterstellt hierzu drei Tage).

Falls der Antragende **keine Frist festgesetzt** hat und der Empfänger anwesend ist, hat er den Antrag sofort, d. h. so schnell wie objektiv möglich anzunehmen, ansonsten erlischt das Angebot. Die verspätete Annahme gilt wieder als neues Angebot an den ursprünglich Antragenden (vgl. § 150 BGB). Wird das Angebot vom Empfänger verändert angenommen, so ist auch dies ein neues Angebot an den ursprünglich Antragende (vgl. § 150 Abs. 2 BGB).

Abb. »Angebotsvergleich«

2.5.3 Angebotsvergleich und Angebotsannahme

Der **Angebotsvergleich** dient dazu einen adäquaten Anbieter auszuwählen, bei dem die Ware bestellt werden soll. Grundsätzlich sind Angebote nach folgenden Kriterien zu vergleichen und zu bewerten.

Qualitätsvergleich	Preisvergleich	Terminvergleich
Zu suchen ist nicht das billigste Angebot, sondern das preiswerteste mit entsprechender Qualität.	Vergleichsbasis unter Berücksichtigung von Preisnachlässen und Bezugskosten.	Die angegebenen Lieferzeiten und Zahlungsziele sind zu berücksichtigen.

Tab. Entscheidungskriterien für Angebote

Daneben werden häufig weitere Kriterien wie z. B. die Dauer und Qualität der bisherigen Geschäftsziehung, das Verhalten bei Mängelrügen und die Zuverlässigkeit und Termintreue in den Entscheidungsprozess einfließen.

Zusätzlich werden betriebseigene Prüf- und Vergleichsinstrumente (Checklisten) eingesetzt.

Die **Annahme eines Angebotes** ist grundsätzlich eine empfangsbedürftige Willenserklärung, durch die der Antragsempfänger dem Antragenden sein Einverständnis mit dem angebotenen Vertragsschluss mitteilt.

Sie wird mit dem **Zugang beim Antragenden** wirksam. Die Annahme muss einschränkungslos erfolgen, sonst stellt sie einen neuen Antrag dar (vgl. § 150 BGB).

In einigen Ausnahmefällen ist der Zugang der Annahmeerklärung nicht erforderlich (vgl. § 151 BGB). Dies ist der Fall, wenn nach der Verkehrssitte kein Zugang zu erwarten bzw. erforderlich ist.

Zugang der Annahmeerklärung nicht erforderlich BEISPIEL

- kurzfristige Buchung eines Hotelzimmers
- bei einer Versteigerung kommt der Vertrag durch den Zuschlag des Versteigerers zustande
- Waren, die starken Preisschwankungen unterworfen sind, werden »express« bestellt

> **Annahme = Antrag** MERKE
> Wenn die Annahme inhaltlich dem Antrag entspricht und vor dem Erlöschen des Antrags wirksam wird, ist ein Vertrag zustande gekommen.

Sonderfall Option: Der Optionsvertrag gewährt einem Vertragspartner ein Gestaltungsrecht, durch seine einseitige WE ein Rechtsverhältnis in Wirkung zu setzen oder zu verlängern, z. B. Buchungsoption, Option zu der Verlängerung eines befristeten Mietvertrages, Abonnements.

2.6 Besondere Vertragsarten zum Verbraucherschutz

Häufig kommt es bei der Vertragsabwicklung zwischen Verbrauchern und Kaufleuten zu Schwierigkeiten und Meinungsverschiedenheiten. Juristen sagen es kommt dann zu einer Leistungsstörung (Kaufvertragsstörungen ▸ Kapitel 4).

Da der Verbraucher gegenüber den Herstellern und Vertreibern von Waren und Dienstleistungen (z. B. aufgrund mangelnder Fachkenntnis und Information) benachteiligt werden könnte, **schützen ihn besondere Vertragsarten**.

2.6.1 Fernabsatzvertrag und außerhalb von Geschäftsräumen geschlossene Verträge (AGV)

Mit der EU-Richtlinie 2011/83/EU wurden die Richtlinien über Haustürgeschäfte und Fernabsatzgeschäfte zusammengeführt und überarbeitet.

Seit dem 13. Juni 2014 ist die Umsetzung der EU-Verbraucherrechterichtlinie in Kraft. Insbesondere sind die Vorschriften für außerhalb von Geschäftsräumen abgeschlossene Verträge (bislang Haustürgeschäfte) und für im Fernabsatz geschlossene Verträge grundlegend neu gefasst und EU-weit vereinheitlicht.

So hat der Unternehmer nicht nur bei Fernabsatzverträgen, sondern erstmals auch bei dem sogenannten »Haustürgeschäft« (außerhalb von Geschäftsräumen geschlossene Verträge) und im stationären Handel Informationspflichten.

> **Außerhalb von Geschäftsräumen geschlossener Vertrag (AGV)** MERKE
> Unter einen außerhalb von Geschäftsräumen geschlossenen Vertrag fällt gemäß § 312 b Abs. 1 Nr. 1 BGB zunächst ein Vertrag, der bei gleichzeitiger Anwesenheit des Unternehmers und des Verbrauchers an einem Ort, der nicht zu den Geschäftsräumen des Unternehmers gehört, geschlossen wird. Hierzu gehören insbesondere auch Verträge, die in einer Privatwohnung, am Arbeitsplatz, in einem Restaurant, das nicht Geschäftsraum des vertragsschließenden Unternehmers ist, in einem Kurhaus oder auf allgemein zugänglichen Verkehrsflächen geschlossen werden.

Diese Richtlinie (AGV) gilt für Verträge über Warenlieferungen oder Dienstleistungen zwischen einem Gewerbetreibenden und einem Verbraucher, wenn ein Vertrag

- mit dem Verbraucher außerhalb der Geschäftsräume einen Vertrag abschließt, selbst nach Vertragsanbahnung durch den Verbraucher.
- im Geschäftsraum des Unternehmers geschlossen wird oder per Fernkommunikation zustande kommt, Verbraucher und Unternehmer aber vorher an einem Ort außerhalb persönlich und individuell miteinander gesprochen haben.
- außerhalb dessen Geschäftsräume unterbreitet, den der Unternehmer direkt annimmt.
- während eines vom Gewerbetreibenden außerhalb von dessen Geschäftsräumen (mit-) organisierten Ausflugs (»Kaffeefahrten«) geschlossen wird.

Ausgenommen aus der Begrifflichkeit des AGV sind Bargeschäfte bis 40 Euro (Bagatellgrenze), bei denen die Leistung sofort erbracht und bezahlt wird (§ 312 Abs. 2 Nr. 12 n. F.).

MERKE

Fernabsatzvertrag
Fernabsatzverträge sind Verträge, bei denen der Unternehmer und der Verbraucher für die Vertragsverhandlungen und den Vertragsschluss ausschließlich Fernkommunikationsmittel verwenden (z. B. Briefe, Kataloge, Telefonanrufe, Telekopien, E-Mails, SMS, Rundfunk und Telemedien (vgl. § 312 c n. F. BGB).

Informationspflichten bei außerhalb von Geschäftsräumen geschlossenen Verträgen und Fernabsatzverträgen

Der Unternehmer ist nach (§ 312a Abs. 2 BGB n. F. i. V. m. Art. 246 EGBGB n. F.) verpflichtet, dem Verbraucher rechtzeitig vor Abgabe von dessen Vertragserklärung folgende Informationen zur Verfügung zu stellen.

Vorvertragliche Informationspflichten (§ 312 d Absatz 1 BGB n. F. /Auszug):

- wesentliche Eigenschaften der Waren oder Dienstleistungen
- Identität des Unternehmers, Anschrift und Telefonnummer, ggf. E-Mail-Adresse
- Gesamtpreis einschließlich aller Steuern und Abgaben inkl. Liefer- und Versandkosten
- Zahlungs-, Liefer- und Leistungsbedingungen inkl. -terminen und Beschwerdesystem
- Hinweis auf gesetzliche Mängelhaftung, ggf. auf Kundendienstleistungen und Garantien
- Laufzeit und Beendigungsmöglichkeiten
- ggf. Funktionsweise digitaler Inhalte einschließlich technischer Schutzmaßnahmen
- ggf. Beschränkungen der Interoperabilität/Kompatibilität mit Hard- und Software

Widerrufsrecht bei außerhalb von Geschäftsräumen geschlossenen Verträgen und Fernabsatzverträgen

Steht dem Verbraucher ein Widerrufsrecht zu, ist der Unternehmer verpflichtet, den Verbraucher u. a. zu informieren (vgl. Art. 246 Abs. 3 EGBGB n. F.) über:

- die Tatsache, dass ihm ein Widerrufsrecht zusteht
- dass der Widerruf keiner Begründung bedarf
- über Namen und Anschrift desjenigen, dem gegenüber der Widerruf erklärt werden kann
- über die Bedingungen, die Fristen und das Verfahren für die Ausübung des Widerrufsrechts

Muster für die Widerrufsbelehrung bei außerhalb von Geschäftsräumen geschlossenen Verträgen und bei Fernabsatzverträgen mit Ausnahme von Verträgen über Finanzdienstleistungen (Anlage 1 zu Artikel 246 a § 1 Absatz 2 Satz 2/Auszug)

Widerrufsrecht

Sie haben das Recht, binnen vierzehn Tagen ohne Angabe von Gründen diesen Vertrag zu widerrufen.

Die Widerrufsfrist beträgt vierzehn Tage ab dem Tag (Hinweis zu Sonderfällen (jedoch nicht vor ...)

Um Ihr Widerrufsrecht auszuüben, müssen Sie uns (Namen/Firma und ladungsfähige Anschrift des Widerrufsadressaten) mittels einer eindeutigen Erklärung (z. B. ein mit der Post versandter Brief, Telefax oder E-Mail) über Ihren Entschluss, diesen Vertrag zu widerrufen, informieren. Sie können dafür das beigefügte Muster-Widerrufsformular verwenden, das jedoch nicht vorgeschrieben ist. (Dieser Absatz kann entfallen, wenn die beiderseitigen Leistungen erst nach Ablauf der Widerrufsfrist erbracht werden)

Zur Wahrung der Widerrufsfrist reicht es aus, dass Sie die Mitteilung über die Ausübung des Widerrufsrechts vor Ablauf der Widerrufsfrist absenden.

Folgen des Widerrufs

Wenn Sie diesen Vertrag widerrufen, haben wir Ihnen alle Zahlungen, die wir von Ihnen erhalten haben, einschließlich der Lieferkosten (mit Ausnahme der zusätzlichen Kosten, die sich daraus ergeben, dass Sie eine andere Art der Lieferung als die von uns angebotene, günstigste Standardlieferung gewählt haben), unverzüglich und spätestens binnen vierzehn Tagen ab dem Tag zurückzuzahlen, an dem die Mitteilung über Ihren Widerruf dieses Vertrags bei uns eingegangen ist. Für diese Rückzahlung verwenden wir dasselbe Zahlungsmittel, das Sie bei der ursprünglichen Transaktion eingesetzt haben, es sei denn, mit Ihnen wurde ausdrücklich etwas anderes vereinbart; in keinem Fall werden Ihnen wegen dieser Rückzahlung Entgelte berechnet.

Neu konzipiert ist das Widerrufsrecht, das nunmehr ausnahmslos für alle Vertriebsformen gilt. Das neue Recht findet Anwendung auf B2C-Verträge (Unternehmer/Verbraucher). Das neue Recht sieht für das »Haustürgeschäft« und für Fernabsatzverträge z. T. identische Regelungen vor.

Widerrufsfrist

Sowohl bei AGV als auch bei Fernabsatzverträgen steht dem Verbraucher grundsätzlich ein 14-tägiges Widerrufsrecht zu (§ 312 g Abs. 1 i. V. m. § 355 Abs. 1 BGB n. F.). Die Frist beginnt mit Vertragsschluss, soweit nichts anderes bestimmt ist. Bei Waren ist zusätzlich erforderlich, dass diese beim Empfänger eingegangen ist.

Widerrufsrecht bei falscher Belehrung

Im Falle einer fehlenden oder nicht korrekten Widerrufsbelehrung verlängert sich das Widerrufsrecht nach Ablauf der 14-Tages-Frist auf dann 12 Monate und 14 Tage (vgl. § 356 Abs. 6 BGB-RegE).

Widerrufserklärung

Verbraucher müssen den Widerruf ausdrücklich erklären. Das bloße Zurücksenden der Ware reicht dafür nicht aus. (vgl. § 355 Abs. 1 S. 2 und 3 BGB,-RegE)

Widerrufsformular muss zur Verfügung gestellt werden

Der Unternehmer muss dem Verbraucher ein Widerrufsformular zur Verfügung stellen (optional auf der Webseite). Die wirksame Erklärung des Widerrufs ist nicht an die Einhaltung der Textform geknüpft, sondern kann auch (fern)mündlich erfolgen.

Kosten der Hinsendung

Die regulären Hinsendekosten trägt der Unternehmer mit Ausnahme etwaiger Expresszuschläge.

Nicht paketversandfähige Waren an den Unternehmer zurückschicken

Der Verbraucher muss sämtliche Waren an den Unternehmer zurückschicken, auch solche, die nicht per Paket verschickt werden können (z. B. Speditionsware). Die Pflicht zur Rücksendung der Ware besteht nur dann nicht, wenn der Unternehmer dem Verbraucher angeboten hat, die Ware abzuholen (vgl. § 357 Abs. 5 BGB-RegE).

Kosten der Rücksendung

Die Rücksendekosten bei Ausübung des Widerrufsrechts sind – unabhängig vom Warenwert – vom Verbraucher zu tragen, wenn der Händler über diese Rechtsfolge vorab belehrt hat.

Abwicklung des Widerrufs

Die empfangenen Leistungen, also sowohl die erhaltene Ware als auch der erhaltene Kaufpreis, sind spätestens nach 14 Tagen zurückzugeben bzw. zu erstatten (vgl. § 357 Abs. 1 BGB-RegE).

Zurückbehaltungsrecht

Der Unternehmer kann die Rückerstattung des Kaufpreises verweigern, solange er die Ware nicht erhalten oder der Verbraucher die Rücksendung der Ware nicht nachgewiesen hat.

Erweiterung der Ausnahmen vom Widerrufsrecht

Bei der Lieferung versiegelter Waren – die aus Gründen des Gesundheitsschutzes oder der Hygiene nicht zur Rückgabe geeignet sind – ist es ausgeschlossen, den Vertrag zu widerrufen (vgl.§ 312 g Abs. 2 BGB-RegE).

Kein Widerrufsrecht bei Downloads

Bei einem Download-Produkt ist der Widerruf ausgeschlossen (vgl. § 356 Abs. 5 BGB-RegE).

Zusatzkosten für bestimmte Zahlungsarten

Der Unternehmer darf bei Zahlungen mit Kreditkarte oder anderen bestimmten Zahlungsmitteln nicht über Zuschläge mitverdienen. Den Verbrauchern muss mindestens ein zumutbares Zahlungsmittel ohne Aufschläge angeboten werden (vgl. § 312 a IV BGB).

Voreinstellungen für Zusatzleistungen

Vereinbarungen über Zusatzleistungen wie beispielsweise Reiserücktrittsversicherungen oder Expressversand dürfen nicht über bereits angekreuzte Checkboxen herbeigeführt werden (vgl. § 312 a III BGB).

Folgen von Gesetzesverstößen

Wenn gegen Verbraucherschutzgesetze verstoßen wird (§ 2 UKlaG, §§ 3, 5 a Abs. 4 UWG i. V. m. § 8 Abs. 3 UWG) drohen Abmahnungen, einstweilige Verfügungen und Klagen von Verbraucherverbänden und Mitbewerbern. Im elektronischen Geschäftsverkehr kommt der Vertrag nicht zustande, wenn die sog. »Buttonlösung« nicht umgesetzt wird (§ 312 j Abs. 4 BGB n. F.). Wer die Info-Pflichten nicht umsetzt, muss ggf. auch mit Vertragsanfechtungen rechnen.

2.6.2 Verbraucherkredit

Kreditverträge im Sinne der §§ 491 a–512 BGB sind alle Verträge zwischen einem Unternehmer als Darlehensgeber und einem Verbraucher als Darlehensnehmer bei denen ein Kredit in Form eines Zahlungsaufschubs, eines Darlehens (Nettodarlehensbetrag zwischen 200,00 und 75.000,00 Euro) oder einer sonstigen Finanzierungshilfe gewährt wird.

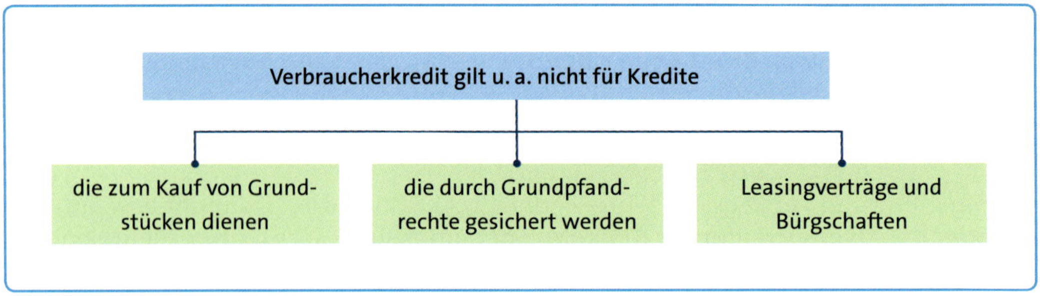

Abb. Ungültigkeitsbereiche des Verbraucherkreditrechtes

Vor dem Abschluss eines Verbraucherkreditvertrages ist der Verbraucher umfassend auf einem Standardformblatt (EU einheitlich) zu informieren.

Das Formular muss u. a. folgende Informationen enthalten:

- Namen und Anschriften von Vertragsparteien und Kreditvermittler
- Vertragslaufzeit
- Gesamtkreditbetrag
- Auszahlungsbedingungen
- effektiver Jahreszins und Kreditgebergesamtzins
- Sollzins (für fremdes Kapital entrichtete Zinsen)
- Gesamtkosten des Kredits
- Betrag, Zahl und Fälligkeit der einzelnen Zahlungsraten (Tilgungsplan)
- Kontoführungskosten
- wiederkehrende und nicht wiederkehrende Kosten
- verlangte Sicherheiten und Versicherungen
- Widerrufsrecht und Frist für die Ausübung des Widerrufsrechts
- Verfahren und Kosten im Fall einer vorzeitigen Rückzahlung
- Verfahren im Fall einer Kündigung des Kreditvertrages

Der **effektive Jahreszinssatz** gibt die Gesamtkosten des Verbraucherkredits pro Jahr in Prozent an. Mit der folgender Formel (**Uniformmethode**) lassen sich die jährlichen Zinsen eines Verbraucherkredits berechnen.

$$\text{Effektiver Jahreszins (Uniformmethode)} = \frac{\text{Gesamtkosten (alle Zinsen und Kosten)} \cdot 2.400}{\text{Nettokredit} \cdot (\text{Laufzeit in Monaten} + 1)}$$

Der **Preis für den Kredit** (Gesamtkosten/Zinsen) wird u. a. bestimmt durch den Nominalzinssatz, den Auszahlungskurs, den Tilgungssatz, Beginn und Höhe des Kreditvertrages und die Laufzeit. Banken dürfen neben den Zinsen keine Bearbeitungsgebühren für Verbraucherkredite verlangen.

Verbraucherkredit – Berechnung BEISPIEL

Nettokreditsumme: 12.000,00 Euro, Laufzeit: 48 Monate
Sollzinssatz: 0,50 % pro Monat
Berechnung der Zinsen: 12.000,00 Euro · 0,50 % · 48 = 2.880,00 Euro

Berechnung des effektiven Jahreszinses:

$$\frac{2.880{,}00 \cdot 2.400{,}00 \text{ Euro}}{(48 + 1) \cdot 12.000{,}00 \text{ Euro}} = \frac{6.912.000{,}00 \text{ Euro}}{588.000{,}00 \text{ Euro}} = 11{,}76\,\%\text{ p. a.}$$

Gemäß § 355 Absatz 1 des BGB beträgt die **Widerrufsfrist für Verbraucherdarlehen-**, als auch für Kunden, die Ware bei einem Händler über einen Kredit finanzieren **14 Tage** und beginnt mit der ordnungsgemäßen Widerrufsbelehrung.

Verbraucherkreditkündigung MERKE

Der Darlehensgeber darf Kreditverträge mit einer fest vereinbarten Vertragslaufzeit grundsätzlich nicht vor Vertragsablauf kündigen. Verbraucher hingegen dürfen Kredite mit bestimmter Vertragslaufzeit (z. B. Ratenkredite) jederzeit ganz oder teilweise tilgen.

Im Gegenzug darf die Bank bei vorzeitig getilgten Krediten mit einem fixen Zinssatz von dem Kreditnehmer eine **Vorfälligkeitsentschädigung** verlangen. Die Vorfälligkeitsentschädigung ist auf maximal ein Prozent des vorzeitig zurückgezahlten Betrages limitiert. Bei einer Restlaufzeit von weniger als einem Jahr sind höchstens 0,5 Prozent zulässig.

Ob Kaufmann oder Verbraucher, sie sind (fast) täglich mit Verträgen aller Art konfrontiert. Um die eigenen Interessen durchzusetzen, eventuelle Gefahren zu erkennen und bei Problemen richtig zu handeln, sind grundlegende Kenntnisse über Rechtsgeschäfte und Verträge notwendig.

AUFGABEN

1. Worin findet die Privatautonomie insbesondere ihren Ausdruck?
2. Unterscheiden Sie drei Kategorien von Rechtssubjekten.
3. Nennen Sie jeweils zwei Beispiele für empfangsbedürftige und nicht empfangsbedürftige Willenserklärungen.
4. Überprüfen Sie, ob es sich in den folgenden Fällen eine Willenserklärung abgegeben und zugegangen ist:
   a) Herr Meyer steigt in ein Taxi ein.
   b) Frau Müller verweigert die Annahme eines Briefes, da sie Nachporto bezahlen müsste.
   c) Herr Blau nimmt sich auf dem Weg zur Arbeit jeden morgen eine Zeitung wortlos von der Auslage eines Kiosks und legt dafür 0,60 Euro auf die Geldschale.
   d) Herr Tagschläfer nimmt seine Post vom Briefträger nicht entgegen, weil er weiß, dass es sich um ein Kündigungsschreiben handelt.
   e) Sabine lädt ihre Freundin Christina zum Geburtstag ein.

5. Überprüfen Sie die nachstehenden Fälle auf die notwendigen Komponenten einer Willenserklärung und auf die Möglichkeit der Anfechtung.
   a) Frau Knoll unterzeichnet einen Vertrag in der Meinung sie unterschreibt eine Glückwunschkarte.
   b) Frau Groll unterzeichnet einen Kaufvertrag in der Meinung, es sei ein Mietvertrag und bestellt so 10 Paletten Toilettenpapier.
   c) Herr Siebenschläfer unterzeichnet einen neuen Arbeitsvertrag in der Meinung, es sei ein Aufhebungsvertrag.
   d) Karin Gedankenlos, Inhaberin eines Elektrogeschäftes, bestellt bei einem Versandhandel die Kaffeemaschine Brüh XL, IM DUTZEND. Sie geht dabei davon aus, dass das Wörtchen »Dutzend« keine Größenordnung, sondern eine Typenbezeichnung ist.
   e) Ein Bote übermittelt die Willenserklärung des Geschäftsherrn unbewusst falsch und ordert einen Bus statt für den 17. Juni für den 17. Juli fix für den Betriebsausflug.
   f) Herr Bert Optimist möchte sich im Urlaub mit seiner Britta verloben und kauft entsprechende Ringe. Um ein adäquates Outfit bei der Frage aller Fragen zu haben, kleidet er sich von Kopf bis Fuß elegant ein. Doch der Sommer ist verregnet und Britta möchte weder in Urlaub noch sich mit Bert verloben.
   g) Ein Patient, der die Krankenhausleistungen über seine gesetzliche Krankenkasse abwickeln will, unterzeichnet einen Vertrag über Wahlleistungen.

h) Ein Buchhalter droht seinem Arbeitgeber, dass er dem Finanzamt Informationen über die frisierte Bilanz geben werde, wenn er keine Gehaltserhöhung bekommt.

6. Welches Rechtsgeschäft liegt bei der Erteilung einer Kontovollmacht über das Girokonto vor?

7. Erklären Sie den Unterschied zwischen einem Rechtsgeschäft und einem Vertrag.

8. Was versteht man unter gegenseitig verpflichtenden Rechtsgeschäften und einseitig verpflichtenden Rechtsgeschäften?

9. Prüfen Sie, ob es sich in den nachstehenden Situationen um ein gegenseitig verpflichtendes oder einseitig verpflichtendes Rechtsgeschäft oder kein Rechtsgeschäft handelt:
   a) Der Touristikkaufmann Michael Meyer erhält von der VOBA-Reisen GmbH einen Arbeitsvertrag.
   b) Die Großvater übergibt seiner Enkelin Birgit zum erfolgreichen Abitur 500,00 Euro.
   c) Herr Gernegroß schließt mit seinem Freund, der eine Reinigungsfirma betreibt, einen Arbeitsvertrag ab, der nicht erfüllt werden soll, sondern dazu dient, dass Herr Gernegroß ein Darlehen von einer Bank bekommt.

10. Welche Formvorschriften müssen ggf. in folgenden Fällen beachtet werden?
    - Grundstücksverkauf
    - Schenkungsversprechen
    - Verbrauchsgüterkauf
    - Mietvertrag
    - Kündigung eines Arbeitsvertrages
    - Anmeldung zum Handelsregister

11. Der Minderjährige Adrian veräußert als Stellvertreter einen antiken Schrank für seine Großmutter. Kommt ein Rechtsgeschäft zu Stande?

12. Bis zu welchem Zeitpunkt kann eine Willenserklärung wirksam widerrufen werden?

13. Welche Bedeutung haben die Formvorschriften im BGB?

14. Im Rahmen einer Willenerklärung kann ein »guten Scherz« zum »schlechten Scherz« werden. Erläutern Sie die Aussage.

15. Ein Kunde möchte bei Ihnen eine Bausteinreise buchen. Zu diesem Zweck nennen Sie ihm die Einzelpreise für Flug und Hotel, Transfer und drei Ausflüge, die Sie sich notieren und der Kunde mitschreibt. Sie vergessen bei der Ermittlung des Gesamtpreises die Kosten für einen Ausflug zu addieren. – Gilt Ihr Angebotspreis?

© MEV Verlag GmbH

16. Ein langjähriger Geschäftskunde ruft in Ihrem Reisebüro an, und beauftragt Sie ihm ein Angebot für einen Flug per Fax zukommen zu lassen. Nach Absenden des Angebotes hören Sie fünf Tage nichts mehr von ihm.
   a) Ist ein Vertrag zustande gekommen?
   b) Wie gestaltet sich der Sachverhalt, wenn der Geschäftsfreund einen privaten Flug buchen möchte?

17. Sie lassen Ihr Zeugnis öffentlich beglaubigen. Sind damit auch die darauf ausgewiesenen Noten beglaubigt?

18. Ihr Vater schenkt Ihnen eine neue Uhr zum Geburtstag. Erklären Sie in diesem Zusammenhang den Begriff Heilung.

19. Definieren Sie den Begriff Rechtsobjekte.

20. Welche Sachen liegen vor?
   Auf Ihrem Einkaufsbummel erwerben Sie zur Erfrischung ein Eis aus einer Kühlbox und einen MP 3-*Player* mit Schutzhülle und einem Aufkleber mit der Internetanschrift des Herstellers.

21. Unterscheiden Sie Besitz und Eigentum.

22. In welchem Fall ist ein Eigentumsrecht gegeben:
   - Urheberrecht
   - Forderung
   - Mieter
   - Vermieter (Hauseigentümer)
   - Untermieter

23. Herr Singer kauft bei Gebrauchtwagenhändler Kleiner einen Audi für 10.000,00 Euro. Er erhält Schlüssel und Papiere. Im Kfz-Brief steht als Halter Frau Hübsch. Frau Hübsch ist auch Eigentümerin. Sie wollte verkaufen, hatte aber telefonisch im Büro des Gebrauchtwagenhändlers Kleiner widerrufen, was dort vergessen worden war. Hat Herr Singer das Eigentum gutgläubig erworben?

24. Dieter Fliege hat an Herrn Sport ein Fahrrad vom 1. Juni bis zum 18. Juni verliehen. Nach zwei Wochen verkauft Herr Fliege dieses Fahrrad an Klaus Ludwig. Prüfen Sie wie der Erwerber Kraus das Eigentum an dem Fahrrad erlangt.

25. Frau Knapp hatte einen Audi A3 bei einem Autohändler bestellt, der am 5. August 2015 geliefert werden soll. Da die Bezahlung des Pkw laut Kaufvertrag erst am 15. Oktober 2015 erfolgen sollte, vereinbarte der Autohändler mit Frau Knapp im Kaufvertrag die Lieferung des Audi A3 unter Eigentumsvorbehalt (vgl. § 449 BGB). Beschreiben Sie, wie Frau Knapp Eigentümerin des Audi wird.

26. Der Reiseveranstalter Frölich ist Eigentümer eines Reisebusses. Da er aufgrund einer Steuernachzahlung dringend Geld benötigt, veräußert er, da sonst keine Sicherheiten vorhanden sind, den Reisebus an den Fahrzeughändler Spross, Preis 75.000,00 Euro. Frölich erhält das Geld sofort. Da Frölich den Bus zur Aufrechterhaltung seines Betriebes benötigt, vereinbarten sie, dass Herr Spross dem Herrn Frölich den Bus zu einem Preis von 900,00 Euro pro Monat vermietet. Prüfen Sie, wie Spross das Eigentum an dem Bus erlangt.

27. Überprüfen sie die folgenden Aussagen auf ihre Richtigkeit:
a) Der Dachgepäckträger ist ein wesentlicher Bestandteil eines Autos.
b) Das Lenkrad ist ein wesentlicher Bestandteil eines Autos.
c) Warndreieck und Verbandskasten sind kein Zubehör des Autos.

28. Worin unterscheiden sich Anfrage und Angebot?

29. Die Zusendung unbestellter Ware ist eine Realofferte. Erklären Sie die rechtliche Bedeutung der Aussage für den Adressaten.

30. Herr Sorglos verkauft ein Service seiner Mutter, in der Hoffnung, dass sie es ihm schenkt an seinen Nachbarn Heinz für 250,00 Euro. Die Mutter überlässt ihrem Sohn das Porzellan jedoch nicht und möchte es auch nicht verkaufen. Erläutern Sie an diesem Beispiel das Abstraktionsprinzip.

31. Prüfen Sie in den nachfolgenden Situationen, ob die Rechtsgeschäfte wirksam sind:
a) Der Kreditvermittler Uwe Lange gewährt Herrn Jürgen Spengler, der sich aufgrund seiner Scheidung in einer finanziellen Notlage befindet, ein Darlehen über 20.000,00 Euro. Unter Ausnutzung dieser Notlage fordert der Kreditvermittler einen Zinssatz von 25 Prozent p. a. (der übliche Marktzins beträgt acht Prozent).
b) Der Hauseigentümer Meyer beauftragt den Heizungsinstallateur Jürgen Klein, die Heizungsarbeiten in seinem Mietshaus ohne Erstellung einer Rechnung auszuführen.
c) Herr Gerhard Grün möchte ein Grundstück von Herrn Rolf Mächer erwerben. Sie einigen sich auf einen Kaufpreis von 1 Mio. Euro. Der Kaufvertrag soll nur über eine Summe von 600.000,00 Euro geschlossen werden. Herr Grün überweist Herrn Mächer 600.000,00 Euro. 400.000,00 Euro übergibt Herr Grün Herrn Mächer in bar.
d) Um sich die Notarkosten zu sparen, schließen Hinz und Kunz einen Kaufvertrag über einen Grundstückverkauf privatschriftlich ab und lassen die Ehefrauen die Unterschriften beglaubigen.
e) Ein 6-jähriger Schüler kauft eine CD für 2,00 Euro.

32. Handelt es sich in folgenden Fällen um einen Fernsabsatzvertrag bzw. außerhalb von Geschäftsräumen geschlossenen Vertrag (AGV), sodass Sie vom Widerrufsrecht Gebrauch machen können?

a) An der Haustür verkauft Ihnen eine Dame von der Behindertenwerkstatt handgemalte Weihnachtskarten für 12,00 Euro.
b) Im S-Bahnhof in Berlin werden Sie von einem Vertreter zum Abschluss eines Zeitungsabonnements überredet.
c) Der Markisenvertreter trifft Sie zu Hause nicht an. Am Abend meldet er sich telefonisch und vereinbart einen Termin zur Vorstellung der neuen Sommerkollektion. Sie bestellen eine Markise.

33. Auf einer Kaffeefahrt am 4. Juni haben Sie sich breit schlagen lassen und eine neue Kaffeemaschine gekauft.
A Sie wurden ordnungsgemäß über den Widerruf belehrt.
B Sie wurden erst nach Vertragsabschluss über den Widerruf ordnungsgemäß belehrt.
C Sie wurden nicht über den Widerruf belehrt.
a) Zu welchen Terminen endet Ihr Widerrufsrecht jeweils?
b) Angenommen die Kaffeemaschine trifft am 17. Juni bei Ihnen ein. Zu welchen Terminen endet Ihr Widerrufsrecht dann jeweils?

34. Herr Sparlos nimmt von seinem Arbeitgeber, der Papierbank AG, ein Darlehen über 40.00,00 Euro in Anspruch, um damit den Kauf eines Bauplatzes zu finanzieren. Da zu einem neuen Haus bekanntlich ein neues Auto gehört, nimmt Frau Sparlos von ihrem Arbeitgeber, der Zinstor Bank AG, einen Kredit von 15.000,00 Euro in Anspruch, um das neue Auto zu finanzieren. Schließlich nehmen sie gemeinsam noch einen Kredit über 4.000,00 Euro bei einer *online*-Bank auf, um ihren Urlaub zu bezahlen. Das Standardformblatt wurde jeweils ordnungsgemäß genutzt. Die Laufzeiten der Kredite sind alle größer als fünf Jahre.

© MEV Verlag GmbH

a) Handelt es sich in den aufgeführten Fällen um Verbraucherkredite?
b) Wie das Leben so spielt gewinnt Familie Sparlos zwei Jahre nach Kreditaufnahme im Lotto und möchte alle Schulden tilgen. Kann Herr Sparlos den Kredit vorzeitigt komplett ablösen?
c) Wie hoch darf maximal die Vorfälligkeitsentschädigung der Bank sein?

35. Ein Verbraucherkredit wird zu folgenden Konditionen vergeben:
- Nettokreditsumme: 25.000,00 Euro
- Laufzeit: 60 Monate
- Sollzinssatz: 0,60 Prozent/Monat

Berechnen Sie den effektiven Jahreszins.

3 Kaufverträge

© MEV Verlag GmbH

Der Kaufvertrag ist ein gegenseitiger Vertrag, der aus zwei aufeinander bezogenen, inhaltlich übereinstimmenden Willenserklärungen (Angebot und Annahme) besteht.

Der Verkäufer verpflichtet sich mit Abschluss eines Kaufvertrages dazu, dem Käufer die gekaufte Sache zu übergeben und das Eigentum an ihr frei von Sach- und Rechtsmängeln zu verschaffen. Im Gegenzug ist der Käufer verpflichtet, den vereinbarten Kaufpreis zu bezahlen und dem Verkäufer die gekaufte Sache abzunehmen (vgl. § 433 Abs. 2 BGB).

Gegenstand des Kaufvertrags können **Rechtsobjekte** (▸ Kapitel 2.4) sein:

- ein körperlicher Gegenstand, in jedem Aggregatzustand (fest, flüssig, gasförmig),
- ein Tier (vgl. § 90a BGB),
- eine Sachgesamtheit – mehrere Sachen, die als zusammengehörend durch einen einheitlichen Vertrag verkauft werden, z. B. Inventar eines Reisebüros (vgl. § 433 BGB),
- materielle und immaterielle Gegenstände, wie z. B. Wertpapiere, Unternehmen (vgl. § 453 BGB),
- eine Forderung (vgl. § 453 I BGB),
- ein Tausch (vgl. § 480 BGB),
- die Lieferung herzustellender oder zu erzeugender Sachen (vgl. § 381 II HGB).

© MEV Verlag GmbH

Kaufarten MERKE

Nach der rechtlichen Stellung der Kaufvertragspartner wird unterschieden zwischen bürgerlichen Kauf, Verbrauchsgüterkauf und Handelskauf. Schließen Privatleute bzw. ein Kaufmann für seine private Zwecke einen Kaufvertrag miteinander ab, so handelt es sich um einen bürgerlichen Kauf.

Auch bei einer so genannten **Internet-Auktion**, bei der die Kaufsache gegen das jeweilige Höchstgebot verkauft wird, handelt es sich um einen Kaufvertrag (vgl. BGH, Urteil vom 03.11.2004, Az.: VIII ZR 375/03).

3.1 Inhalte des Kaufvertrages

Üblicherweise werden im Kaufvertrag **die Inhalte fixiert**, die den Interessen der Parteien entsprechen. Deshalb findet man häufig folgende Abmachungen:

- Art, Beschaffenheit und Güte der Ware
- Menge der Ware
- Preis der Ware
- Lieferungsbedingungen
- Zahlungsbedingung
- Erfüllungsort
- Eigentumsübertragung
- Gerichtsstand

Sind keine Vereinbarungen getroffen und lässt sich auch der Sinn des Geschäfts nicht erkennen, so **treten die gesetzlichen Bestimmungen des BGB und HGB** in Kraft.

Die gesetzlichen Regelungen im Überblick:

- Art und Güte der Ware: mittlere Art und Güte sind zu liefern
- Beförderungskosten: trägt der Käufer (Warenschulden sind Holschulden)
- Zahlungsbedingungen: Geld muss dem Lieferer auf Kosten und Gefahr des Käufers geschickt werden (Geldschulden sind Schickschulden)
- Erfüllungsort und Gerichtsstand: Wohn- bzw. Firmensitz des Schuldners

3.1.1 Eigenschaften der Ware

Art, Beschaffenheit und Güte

Die **Art der Ware** wird durch die genaue handelsübliche Bezeichnung bestimmt (Fremdenführer Andalusien, Wanderkarte für die Pfalz).

Die **Beschaffenheit und Güte der Ware** wird z. B. durch Handelklassen für Obst und Gemüse (Handelsklasse Extra: höchste Qualität, H. I: gute Qualität, H. II: mittlere Qualität) bestimmt, sie gelten in der gesamten EU. Weitere Möglichkeiten sind Gütezeichen (wie z. B. das für echtes Leder), der Jahrgang bei einem Wein, Formmuster, Abbildungen, Beschreibungen und Proben.

Kaufarten mit Besonderheiten hinsichtlich der Art, Beschaffenheit und Güte des Kaufgegenstandes	
Kauf auf Probe (§§ 454, 455 BGB) Beispiel: Versandhausware	Kauf mit Rücktrittsrecht innerhalb einer vereinbarten Frist. Der Kauf auf Probe ist beim Versandhandel üblich.
Kauf nach Probe (»nach Muster«, § 434 BGB)	Die zu liefernde Ware soll der Probe (dem Muster) entsprechen. Die Eigenschaft der Ware gilt als zugesichert.
Kauf zur Probe	Kauf mit der Absicht, bei Zufriedenheit eine größere Warenmenge zu bestellen.
Gattungskauf (§§ 243, 480 BGB, § 360 HGB) Beispiel: Mehl	Kauf von vertretbaren (austauschbaren) Sachen, die nach Maß, Zahl oder Gewicht bestimmt werden können
Stück- oder Spezieskauf (§§ 433, 459 ff. BGB) Beispiel: Ölgemälde	Kauf eine Einzelsache (nicht vertretbar), die individuelle Merkmale aufweist
Ramschkauf (Kauf *en bloc*, Kauf in Bausch und Bogen) Beispiel: Obstkonserven aus Überproduktion	Kauf einer größeren Menge an Waren zu einem Pauschalpreis ohne Qualitätszusicherung
Bestimmungskauf (Spezifikationskauf) Beispiel: Auto	Käufer hat das Recht innerhalb einer festgelegten Frist Einzelheiten der Gattungsware (Maß, Form, Farbe) näher zu bestimmen.

Tab. Kaufarten hinsichtlich Art, Beschaffenheit und Güte der Ware

Werden keine Absprachen über Beschaffenheit und Güte der Ware getroffen, so hat der Warenschuldner eine Sache von mittlerer Art und Güte zu leisten (vgl. § 243 BGB).

Menge und Preis

Nach § 1 des Einheiten- und Zeitgesetz (EinhZeitG) sind im amtlichen und geschäftlichen Verkehr **Größen** in gesetzlichen Einheiten anzugeben und die dafür festgelegten Namen und Einheitszeichen (z. B. kg, hl, l, m) bzw. die handelsübliche Bezeichnung (z. B. Strauß Blumen) zu verwenden. Die Preise zwischen den Vertragsparteien **können fest** (z. B. »zahlbar ohne jeden Abzug«) oder durch Preisnachlässe in Form von Skonti, Boni und Rabatten **variabel vereinbart** werden.

In der Praxis gibt es zahlreiche **Preisnachlässe** aufgrund individueller Preisverhandlungen gegenüber Kunden. Sie werden in Form eines absoluten Betrages oder eines prozentualen Abzuges gewährt.

BEISPIEL

Preisnachlässe
- Rabattcoupons, -marken, -gutscheine
- Mengenrabattstaffelungen
- Wiederverkäuferrabatte
- Pauschalreduzierungen für bestimmte Personengruppen: Kundenkarteninhaber, Studenten-, Seniorenrabatte

© VRD – Fotolia.com

- **Der Rabatt** mindert sofort beim Kauf den Preis. Sie werden beim Einkauf und Verkauf nicht gesondert erfasst, sondern direkt vor der Berechnung der USt von der Nettorechnungssumme abgezogen.
- **Der Bonus** wird erst nach einer bestimmten Frist (z. B. halben oder einem Jahr) nachträglich gewährt, wenn ein bestimmter Mindestumsatz (Umsatzbonus) realisiert wurde. Der Preisnachlass, beispielsweise in Höhe von vier Prozent, wird dann rückwirkend auf den Gesamtbetrag der entsprechenden Periode gewährt.
- **Skonti** stellen einen Preisnachlass dafür dar, dass innerhalb einer bestimmten Frist gezahlt wird (Skontofrist).

Für Rabatt- und Bonusvereinbarungen müssen auf Rechnungen entsprechende Formulierungen verwendet werden.

BEISPIEL

Formulierungen für Preisnachlässe
»Es bestehen Rabatt- oder Bonusvereinbarungen.«
Bei der Skontogewährung ist es ausreichend, wenn es in der Rechnung heißt: »2 % Skonto bei Zahlung bis ...«

Bei Boni, Skonti oder Rabatten erfolgt auf der Rechnung die Berichtigung der Umsatzsteuer bzw. der Vorsteuer (► Fachwissen Tourismus Band 3, LF 5, Kapitel 8.4.2) bei Inanspruchnahme des Skontos bzw. Gewährung des Bonus oder Rabattes.

Exkurs: Rechnungserstellung

Eine **Rechnung ist auf Papier** zu erstellen. Bei einer auf elektronischem Wege übermittelten Rechnung müssen die Echtheit der Herkunft und die Unversehrtheit des Inhalts durch eine **elektronische Signatur** gesichert sein (vgl. § 14 Abs. 3 UStG und ▸ Kapitel 2.2.1).

BEISPIEL

Rechnung

Auf der Rechnung über 1.000,00 Euro (netto) lauten die Zahlungsbedingungen: »Zahlbar in 10 Tagen mit 2 % oder 30 Tage netto Kasse«.
Somit ergibt sich eine Differenz von 20 Tagen, ab dem Tag, an dem noch Skonto in Anspruch genommen werden kann und bis zu dem spätesten Zahlungstermin.

Das bedeutet:

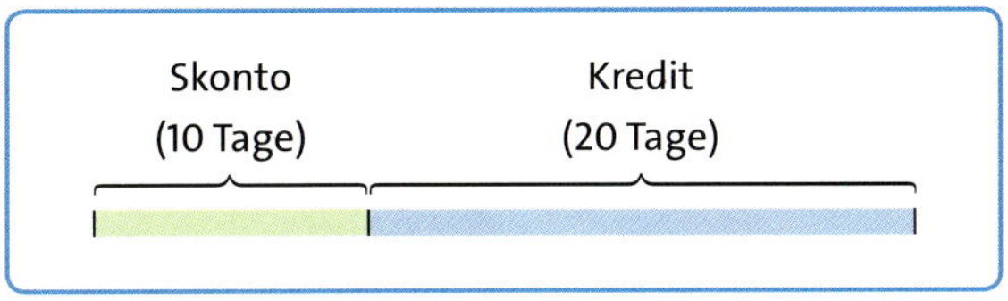

Abb. Grafische Darstellung der Zahlungsbedingungen

$$p = \frac{z \cdot 100 \cdot 360}{k \cdot t} = \frac{2\,\% \cdot 100 \cdot 360\ \text{Tage}}{(100\,\% - 2\,\%) \cdot (30\ \text{Tage} - 10\ \text{Tage})} = \underline{\underline{36{,}73\,\%}}$$

(vergleichbarer Jahreszins, entspricht für 20 Tage = 20,00 Euro)

Rechnungs-Pflichtangaben (vgl. § 14 UStG)

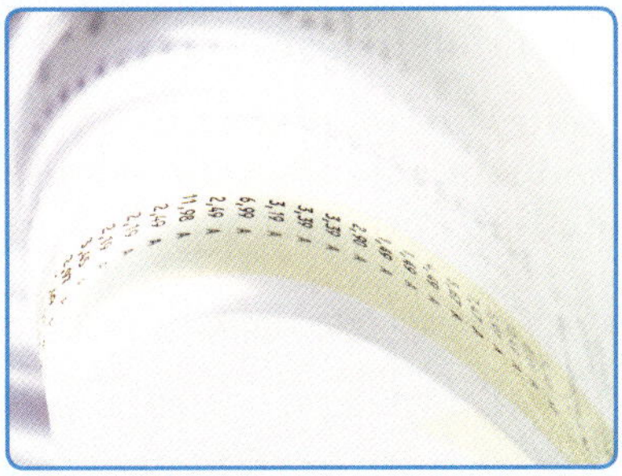

- Name und Anschrift des leistenden Unternehmens,
- Name und Anschrift des Leistungsempfängers,
- Termin der Lieferung oder Leistung,
- Menge und Bezeichnung der gelieferten Produkte bzw. Art und Umfang der Dienstleistung,
- die ggf. nach Steuersätzen aufgeschlüsselten Netto-Beträge und
- die jeweils darauf entfallenden Steuer-Beträge,
- das Ausstellungsdatum (= Rechnungsdatum),
- eine einmalig vergebene Rechnungsnummer sowie
- die Steuernummer oder die Umsatzsteuer-Identifikationsnummer des Ausstellers.

Es lohnt sich die **Rechnung innerhalb der Skontofrist** zu bezahlen. Ist eine Kreditaufnahme erforderlich, um die Rechnung innerhalb dieser Frist zu begleichen, so muss der Kreditzins < 36,73 % betragen, was durchaus realistisch ist. Daher kann sich im Einzelfall kann sich die Ausnutzung des Skonto selbst dann noch lohnen, wenn hierfür kurzfristig einen Kredit aufgenommen werden muss (▸ Kapitel 5.2.3).

Hinweis: Jede Rechnung muss Angaben über vereinbarte Entgelte bzw. eine im Voraus vereinbarte Minderung des Entgelts beinhalten (vgl. §§ 14 Abs. 4 und 14 a UStG sowie §§ 33 und 34 UStDV).

3.1.2 Lieferungs- und Zahlungsbedingungen

Die meisten Unternehmen regeln ihre Liefer- und Zahlungsbedingungen in den **Allgemeinen Geschäftsbedingungen (AGB).** Ansonsten gelten die gesetzlichen Regelungen bzw. der Handelsbrauch (vgl. § 346 HGB; **Handelsbrauch** = »unter Kaufleuten ist in Ansehung der Bedeutung und Wirkung von Handlungen und Unterlassungen auf die im Handelsverkehr geltenden Gewohnheiten und Gebräuche Rücksicht zu nehmen.«).

Abb. Lieferung

Lieferbedingungen

Sie regeln die näheren Einzelheiten einer Lieferung wie z. B. die Lieferzeit, den Liefertermin, Versanddokumente, Transport- und Verpackungskosten sowie den Erfüllungsort.

Lieferbedingungen sind im Handelsverkehr getroffene Vereinbarungen und sind **keine Bedingungen** im Rechtssinne, sondern Bestandteile der individuellen Kaufverträge.

Tages- oder Sofortkauf	Fixgeschäft (§ 323 Abs. 2 BGB) oder Fixhandelsgeschäft (§ 376 HGB)	Terminkauf	Kauf auf Abruf
»Lieferung unverzüglich nach Vertragsabschluss«	»Lieferung bis 28. Juli fest«, »Lieferung am 4. August fix«	»Lieferung innerhalb von einer Woche«	Der Käufer ruft die Ware innerhalb einer festgelegten Frist ganz oder teilweise ab.

Tab. Kaufarten unter Berücksichtigung der Lieferzeit

Zahlungsbedingungen

Im Rahmen der Zahlungsbedingungen werden **Zahlungszeitpunkt, Zahlungsort, Zahlungsmittel** (z. B. in Euro) und **Zahlungswege** (z. B. per Überweisung ▸ Kapitel 6.3.1) und **Zahlungsfälligkeit** von Geldschulden vereinbart.

Vorauszahlung	Bei Lieferung	Zahlungsziel (Lieferantenkredit)
▸ »Zahlung gegen Vorkasse« ▸ »Anzahlung«	▸ »gegen bar« ▸ »Zahlung gegen Nachnahme«	»Zahlung innerhalb von zehn Tagen mit vier Prozent Skonto oder innerhalb von 30 Tagen netto Kasse«

Tab. Zahlungszeitpunkt

Wird keine Vereinbahrung über den Zahlungszeitpunkt getroffen, ist der Käufer nach dem Gesetz verpflichtet, die **Ware mit der Lieferung zu bezahlen** (so genanntes **Zug-um-Zug-Geschäft**).

3.1.3 Eigentumsvorbehalt

© MEV Verlag GmbH

Der Eigentumsvorbehalt ist eine Vereinbarung zwischen Käufer und Verkäufer beim Verkauf einer beweglichen Sache, dass das **Eigentum an der Kaufsache erst bei vollständiger Zahlung des Kaufpreises** an den Käufer übergeht (vgl. § 449 BGB).

MERKE

Eigentumsvorbehalt

Der Eigentumsvorbehalt stellt ein Sicherungsmittel für den Verkäufer (Warenkreditgeber) dar. Der Eigentumsvorbehalt muss Bestandteil des Kaufvertrages sein. In der Praxis wird er z. B. mittels AGB, Briefbogen oder Bestätigungsschreiben vereinbart.

Durch die Lieferung der Sache erhält der Käufer bis zur vollständigen Bezahlung ein so genanntes **dingliches Anwartschaftsrecht** (aufschiebend bedingtes Eigentum) an der Sache. Nach Bezahlung wird aus dem Anwartschaftsrecht automatisch das Vollrecht Eigentum (▸ Kapitel 2.4.1). Mithilfe des dinglichen Anwartschaftsrechts an der Kaufsache kann der Käufer z. B. einen Kredit aufnehmen und so den Kaufpreis finanzieren.

Der einfache Eigentumsvorbehalt wird häufig durch weitere Regelungen ergänzt, da der Besitzer einer Sache, ohne Eigentümer zu sein, die Kaufsache an einen gutgläubigen Dritten wirksam weiterveräußern kann.

Um diese Möglichkeit einzuschränken, wird der einfache Eigentumsvorbehalt i. S. v. § 449 BGB modifiziert und es entstehen weitere **Spezialformen des Eigentumsvorbehalts.**

Erweiterter und verlängerter Eigentumsvorbehalt

Beim **erweiterten Eigentumsvorbehalt (Kontokorrentvorbehalt)** wird der Käufer erst Eigentümer der Kaufsache, wenn er sowohl

- die **Kaufpreisforderung** nach § 433 II BGB komplett bezahlt hat
- als auch sämtliche **noch offene Forderungen** aus der Geschäftsbeziehung zum Verkäufer getilgt hat.

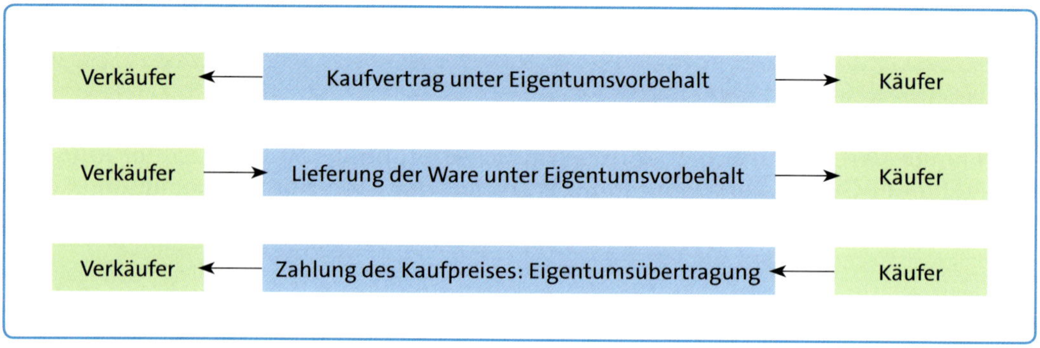

Abb. Vorgänge beim erweiterten Eigentumsvorbehalt

Verlängerter Eigentumsvorbehalt BEISPIEL

Auszug aus den Allgemeinen Geschäftsbedingungen (AGB)

1. Wir behalten uns das Eigentum an der gelieferten Kaufsache bis zur vollständigen Zahlung sämtlicher Forderungen aus dem Kaufvertrag vor. [...]
3. Der Käufer ist zur Weiterveräußerung, Weiterverarbeitung und Umgestaltung der Vorbehaltsware im normalen Geschäftsverkehr berechtigt. Die Forderungen des Abnehmers aus der Weiterveräußerung der Vorbehaltsware tritt der Käufer schon jetzt an uns in Höhe des mit uns vereinbarten Faktura-Endbetrages (einschließlich Mehrwertsteuer) ab.

Im Rahmen des **verlängerten Eigentumsvorbehaltes** ermächtigt der Verkäufer den Käufer die Kaufsache im ordnungsgemäßen Geschäftsgang weiterzuverarbeiten, umzugestalten oder weiter zu veräußern. Im Gegenzug tritt der Käufer dem Verkäufer die daraus erwachsenen Rechte z. B. den Verkaufserlös (Zession ▸ Kapitel 5.2.2) ab.

Der Eigentumsvorbehalt erlischt grundsätzlich, wenn

- der Kaufpreis für die Vorbehaltsware vereinbarungsgemäß bezahlt wurde,
- der Verkäufer vom Vertrag zurücktritt und die Ware zurückverlangt.

3.1.4 Gefahrenübergang

Ein **zufälliger Untergang** des Kaufgegenstandes liegt vor, wenn weder Schuldner noch Gläubiger den Untergang der Sache zu vertreten haben (zumeist bei Vorliegen höherer Gewalt). **Die Gefahr** (Übergang der Preisgefahr) meint das Risiko, das der Verkäufer trotz zufälligen Unterganges des Kaufgegenstandes hat, den Anspruch auf den Kaufpreis zu behalten.

MERKE

Gefahrenübergang
Der Gefahrenübergang bezeichnet den Zeitpunkt, an dem die Gefahr des zufälligen Untergangs des Kaufgegenstandes vom Schuldner auf den Gläubiger übergeht.

Regelungen im Kaufrecht

- **Normalfall** – Mit der Übergabe der verkauften Sache geht die Gefahr des zufälligen Untergangs und der zufälligen Verschlechterung (Leistungsgefahr) auf den Käufer über (vgl. § 446 Satz 1 BGB).
- **Gefahrenübergang bei Annahmeverzug** – Mit Annahmeverzug (▸ Kapitel 4.4) des Käufers geht die Gefahr des zufälligen Untergangs und der zufälligen Verschlechterung (Leistungsgefahr) auf den Käufer über (vgl. § 446 Satz 3 BGB).
- **Gefahrenübergang beim Versendungskauf** – Beim Versendungskauf geht die Gefahr mit Übergabe des Kaufgegenstandes an den Spediteur über (vgl. § 447 BGB).
- **Sonderregel für den Verbrauchsgüterkauf** – Beim Verbrauchsgüterkauf bleibt die Gefahr bis zur Übergabe an den Käufer (Verbraucher) beim Verkäufer (vgl. § 447 BGB und ▸ Kapitel 3.3.3).

3.1.5 Leistungsorte

Der Leistungsort nach den §§ 269 f. BGB (auch als Erfüllungsort bezeichnet, vgl. § 447 BGB) ist derjenige Ort, an dem der **Schuldner die Leistungshandlung zu erbringen** hat.

Entsprechend dem Leistungs- bzw. Erfüllungsort unterscheidet man beim Kaufvertrag zwischen **Platzkauf**, d. h. Verkäufer und Käufer wohnen bzw. haben ihren Geschäftssitz am selben Ort und **Versendungskauf** (Distanzkauf). Dies bedeutet, dass der Verkäufer die Ware an einen Bestimmungsort versendet, der nicht mit dem Erfüllungsort identisch ist.

Leistungsort für Waren

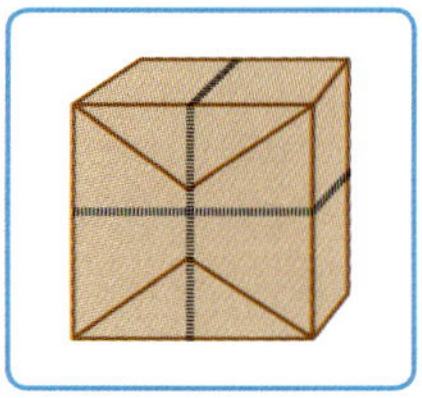

Je nach vertraglicher Vereinbarung oder gesetzlicher Vorschrift werden bei dem Leistungsort für Waren die folgenden Konstellationen unterschieden:

Holschuld (vgl. § 269 Abs. 1 BGB, gesetzlicher Regelfall)

Schuldner ← Gläubiger muss Ware beim Schuldner abholen ← Gläubiger

- Leistungs- und Erfüllungsort ist Sitz des Schuldners
- Transport (Verpackung, Versicherung) erfolgt auf Kosten des Gläubigers

Bringschuld (vgl. § 269 Abs. 1 BGB)

Schuldner → Schuldner muss Ware zum Gläubiger bringen → Gläubiger

- Leistungs- und Erfüllungsort ist Sitz des Gläubigers
- Transport erfolgt auf Kosten des Schuldners

Schickschuld (vgl. § 447 BGB)

Schuldner → Schuldner muss Ware an Gläubiger übersenden → Gläubiger

- Leistungsort ist Sitz des Schuldners (Verkäufers)
- Erfüllungsort ist Sitz des Gläubigers (Käufers)
- Übereignung findet am Sitz des Gläubigers statt (vgl. § 929 BGB)
- Transportkosten zahlt der Gläubiger, wenn nichts anderes vertraglich geregelt ist (vgl. § 448 Abs. 1 BGB).

MERKE

Leistungsort:
Besonderheit beim Verbrauchsgüterkauf
Nach § 474 Absatz 2 BGB ist Gefahrenübergang erst mit der Ablieferung beim Verbraucher, d. h. am Leistungsort.

Neben den vorgestellten Leistungsorten (Erfüllungsorten) gibt es u. a. noch den **natürlicher Erfüllungsort**, der sich aus der Natur des Schuldverhältnisses ergibt, wie z. B. eine Heizöllieferung für ein Hotel, und den **vertraglichen Erfüllungsort**, wie z. B. »Der Erfüllungsort ist für beide Seiten Worms.«, der für beide Vertragsparteien eine identische Regelung trifft.

© MEV Verlag GmbH

Leistungsort für Geld

Der Geldschuldner hat gemäß § 270 Absatz 1 BGB dem Gläubiger das Geld auf eigene Kosten und Gefahr zu übermitteln.

Auf den **Zahlungsort** finden – wie auf den Ort einer Leistung – die Vorschriften des § 270 Absatz 4 BGB Anwendung.

MERKE

Leistungsort für Geldschuld
Der Leistungsort für die Zahlung liegt grundsätzlich beim Schuldner (vgl. § 269 BGB). Die Geldschuld (vgl. § 270 BGB) ist eine Schickschuld mit Gefahr- und Kostenübertragung auf den Schuldner. Der Geldschuldner trägt die Leistungsgefahr für das Geld bis zur Ankunft beim Gläubiger.

Der **Erfüllungsort für Geldschulden** ist der Ort, an dem der geschuldete Leistungserfolg eintritt und das Schuldverhältnis erlischt.

Kommt das Geld nicht beim Gläubiger an, muss der Geldschuldner noch einmal zahlen (vgl. § 270 Abs. 1 BGB). Die **Zahlung ist grundsätzlich sofort fällig**.

Bei Zahlung durch Überweisung (▸ Kapitel 6.3.1) ist die Leistungshandlung so zu erbringen, dass der Geldbetrag vor Fristablauf bei dem Geldinstitut des Gläubigers eingeht und auf dessen Konto »gut geschrieben« wird.

© MEV Verlag GmbH

Exkurs: Inhalte Allgemeiner Geschäftsbedingungen

Allgemeine Geschäftsbedingungen (AGB) sind alle für eine Vielzahl von Verträgen vorformulierten Vertragsbedingungen, die eine Vertragspartei (Verwender) der anderen Vertragspartei bei Abschluss eines Vertrags stellt. Gleichgültig ist, ob die Bestimmungen einen äußerlich gesonderten Bestandteil des Vertrags bilden oder in die Vertragsurkunde selbst aufgenommen werden, welchen Umfang sie haben, in welcher Schriftart sie verfasst sind und welche Form der Vertrag hat. AGB liegen nicht vor, soweit die Vertragsbedingungen zwischen den Vertragsparteien im Einzelnen ausgehandelt sind (vgl. § 305 Absatz 1 BGB).

BEISPIEL

AGB = Bestandteil des Vertrages

Allgemeine Geschäftsbedingungen werden nur dann Bestandteil eines Vertrags, wenn der Verwender bei Vertragsschluss die in den §§ 305 Absätze 2 und 3 und 305a des Bürgerlichen Gesetzbuches Voraussetzungen beachtet.

Voraussetzungen sind die folgenden Hinweise:

- **Ausdrücklicher Hinweis** des Verwenders auf die AGB (§ 305 Abs. 2 Nr. 1 BGB) bei Vertragsabschluss. Der Hinweis über die Einbeziehung der AGB muss vor oder bei Vertragsschluss erfolgen.
  Beispiel: Hinweis auf einem Bestellformular »Ich bestelle unter Bezugnahme auf die umseitig ausgedruckten Geschäftsbedingungen …«
- Der **Hinweis in Form eines Aushangs** ist ausreichend, wenn ein ausdrücklicher Hinweis unverhältnismäßig wäre (vgl. § 305 Abs. 2 Nr. 1, 2 BGB)
  Beispiele: Bewachte Parkplätze, bewachte Garderobe, Hinweisschild auf einem Spielplatz.
- Die **Möglichkeit der zumutbaren Kenntnisnahme** von geltenden AGB muss gegeben sein.
  Beispiele: Aushang in Geschäftsräumen, Bereithaltung eines Leseexemplars der AGB.

Abb. bewachter Parkplatz

- Die **Zustimmung des Vertragspartners** muss erfolgt und nachweisbar sein.
  Beispiel: Unterschrift auf einem Bestellformular mit dem Hinweis auf die Akzeptierung der geltenden AGB.

Sonderregelungen

Die genannten Voraussetzungen **gelten nicht** für Verträge, die gegenüber einem Unternehmer oder einer juristischen Person des öffentlichen Rechts (▸ Kapitel 2.4) abgeschlossen werden (vgl. § 310 Abs. 1 BGB).

Für Personenbeförderungsverträge und Verträge über Telekommunikations-, Informations- und andere Dienstleistungen (▸ Kapitel 2.6) ist eine erleichterte Einbeziehung möglich (vgl. § 305 a BGB).

AGB werden grundsätzlich nicht Vertragsbestandteil, wenn

- der Kunde ihnen widerspricht,
- es sich um überraschende Klauseln handelt (d. h., Klauseln die nach dem äußeren Erscheinungsbild des Vertrages so ungewöhnlich sind, dass der Vertragspartner nicht mit ihnen zu rechnen braucht),
- sie erst nach Vertragsschluss »einbezogen« werden (z. B. bei Aushändigung der AGB nach Vertragsabschluss oder erst auf dem Lieferschein),
- gegen zwingendes Recht verstoßen wird.

Besonderheiten unter Kaufleuten

Durch ein **Kaufmännisches Bestätigungsschreiben** können unter Kaufleuten auch nach Vertragsschluss wirksam AGB in den Vertrag einbezogen werden. Allerdings ist der bloße Hinweis auf die AGB auf der Rechnung oder auf dem Lieferschein **nicht ausreichend**.

Sind die AGB nicht Vertragsbestandteil geworden, gelten statt dieser die gesetzlichen Regelungen.

Inhaltskontrolle

Die Inhaltskontrolle von AGB unterliegt gesetzlichen Regelungen, nach denen die Wirksamkeit dieser beurteilt wird.

Demnach sind die AGB – unter der Voraussetzung, dass sie **Vertragsbestandteil geworden sind – nur wirksam**, wenn sie **nicht gegen ein spezielles Klauselverbot** (vgl. §§ 308, 309 BGB) verstoßen.

BGB

Unwirksame Klauseln
(Auszug § 309 BGB)

- Kurzfristige Preiserhöhung (Nr. 1)
- Leistungsverweigerungsrechte (Nr. 2)
- Aufrechnungsverbot (Nr. 3)
- Freistellung von Mahnung (Nr. 4)
- völliger Haftungsausschluss für Personenschäden (Nr. 7 a)
- völliger Haftungsausschluss für sonstige Schäden (Nr. 7 b)
- Beschränkung von Mängelrechten auf die Nacherfüllung (Nr. 8 b)
- Ausschlussfrist für die Mängelanzeige, die kürzer als die Mängelfrist ist (Nr. 8 b)
- Erleichterung der Verjährung (Nr. 8 b)
- Laufzeit des Vertrags (Nr. 9 f)

Abb. unwirksame Klausel: kurzfristige Preiserhöhung

Außerdem dürfen AGB **nicht gegen die Generalklausel des § 307 BGB** verstoßen (was heißt, den Vertragspartner des Verwenders entgegen den Geboten von Treu und Glauben nicht unangemessen zu benachteiligen; eine unangemessene Benachteiligung kann sich auch daraus ergeben, dass die Bestimmung nicht klar und verständlich ist).

Das Gesetz unterscheidet **zwei Klauselverbote**:

- Bei der Wirksamkeit von Klauselverboten **mit Wertungsmöglichkeit** (gem. § 308 BGB) bedarf es einer richterlichen Wertung, in wieweit eine unangemessene Benachteiligung des Vertragspartners vorliegt.
- Ein Verstoß gegen Klauselverbote **ohne Wertungsmöglichkeit** (gem. § 309 BGB) ist immer unwirksam.

Unter Kaufleuten kann es vorkommen, dass AGB verwendet werden die sich widersprechen bzw. inhaltlich voneinander abweichen. Daher empfiehlt es sich eine so genannte **Abwehrklausel** in die AGB aufzunehmen: »Für das Angebot / den Vertrag gelten ausschließlich unsere AGB. Andere Bedingungen bedürfen unserer ausdrücklichen Zustimmung«.

3.1.6 Gerichtsbarkeit und Gerichtsstand

Die **ordentliche Gerichtsbarkeit** umfasst die Zivil- und Strafgerichtsbarkeit. Sie ist eine der Gerichtsbarkeiten neben der Arbeits-, der Verwaltungs-, der Finanz- und der Sozialgerichtsbarkeit (außerordentliche Gerichtsbarkeit) nach dem deutschen Recht. Die streitige und die freiwillige Gerichtsbarkeit sind die Teile der Zivilgerichtsbarkeit.

Alle bürgerlichen Rechtsstreitigkeiten fallen in die Zuständigkeit der **ordentlichen Gerichte** (vgl. § 13 Gerichtsverfassungsgesetz, GVG).

Instanzziell umfasst die ordentliche Gerichtsbarkeit die Amtsgerichte (AG), die Landgerichte (LG), die Oberlandesgerichte (OLG) und den Bundesgerichtshof (BGH) als oberstes Bundesgericht.

Zivilgerichtsbarkeit		Strafgerichtsbarkeit
Streitige Gerichtsbarkeit	**Freiwillige Gerichtsbarkeit**	
▸ entscheidet über bürgerlich-rechtliche Ansprüche, z. B. Reisestreitigkeiten ▸ Kaufpreisansprüche ▸ Schadensersatzansprüche ▸ Erstattungsansprüche ▸ Ehesachen	bestreitet die Verfahren zur Regelung privater Rechtsangelegenheiten, z. B. ▸ Nachlasssachen ▸ Grundbuchsachen ▸ Registersachen (Eintragungen in das HR) ▸ Vormundschaftssachen	Entscheidet über die strafrechtliche Verantwortlichkeit von Personen, denen die Begehung strafbarer Handlungen, wie z. B. ▸ Diebstahl, ▸ Rauschgifthandel, ▸ Körperverletzung oder ▸ Mord vorgeworfen wird.

Tab. Ordentliche Gerichtsbarkeit

Sachliche Zuständigkeit

Die sachliche Zuständigkeit regelt, ob das Amtsgericht oder Landgericht innerhalb derselben Gerichtsbarkeit als erster Instanz zuständig ist.

- Nach § 23 GVG ist das **Amtsgericht** u. a. zuständig für Streitigkeiten über vermögensrechtliche und nichtvermögensrechtliche Ansprüche mit einem Streitwert bis zu 5.000,00 Euro und unabhängig vom Streitwert für Streitigkeiten aus Mietverträgen über Wohnraum.
- Das **Landgericht** ist u. a. zuständig für alle Klagen, die über 5.000,00 Euro hinausgehen (vgl. § 71 GVG). Die Berechnung des Streitwertes für die Zuständigkeit findet sich in den §§ 1ff. Zivilprozessordnung (ZPO).

BEISPIEL

Streitwert
Fordert der Kläger einen Geldbetrag, so ist diese Summe der Streitwert, Zinsen und Kosten werden nicht berücksichtigt (vgl. § 4 Absatz 1 ZPO).

Örtliche Zuständigkeit

Die Örtliche Zuständigkeit (**Gerichtsstand**) des sachlich zuständigen Gerichts richtet sich nach den §§ 12 ff. ZPO.

Die Zuständigkeit der Gerichtsbarkeit beantwortet die Frage, welches Gericht die Gerichtsbarkeit ausüben muss.

BGB

Allgemeiner Gerichtsstand (§§ 12–18 ZPO)
Der allgemeine Gerichtsstand ist stets örtlich zuständig für alle gegen eine Person zu erhebenden Klagen soweit nicht ein anderer ausschließlicher Gerichtsstand begründet ist (§ 12 ZPO).
Für natürliche Personen ist der Gerichtstand der Wohnsitz des Beklagten in Zeitpunkt der Klagerhebung (§ 13 ZPO).
Für juristische Personen, OHG oder KG ist der Gerichtstand der Sitz der Firma, wie er sich aus der Satzung, dem Handelsregister oder dem Ort der tatsächlichen Verwaltung ergibt Sitz (§ 17 ZPO).

Gerichtsstand der gewerblichen Niederlassung (§ 21 ZPO) – Ein Kaufmann oder eine Gesellschaft kann auch am Ort der Niederlassung verklagt werden, wenn die Klage auf den Geschäftsbetrieb der Niederlassung Bezug nimmt.

Gerichtsstand des Erfüllungsorts (§ 29 ZPO) – Als Gerichtsstand kann auch der Erfüllungsort gewählt werden (vgl. § 269 BGB). Er fällt häufig mit dem allgemeinen Gerichtsstand zusammen.

MERKE

Vereinbarung vertraglicher Gerichtsstand/Erfüllungsort
Die Vereinbarung eines vertraglichen Gerichtsstandes zwischen einem Kaufmann und einem Nichtkaufmann ist unzulässig. Eine solche Vereinbarung ist nur wirksam, wenn die Vertragsparteien Kaufleute, juristische Personen des öffentlichen Rechts oder öffentlich-rechtliche Sondervermögen sind.

Grundsätzlich gibt es immer **zwei Erfüllungsorte**.

Der Gerichtsstand im Zeitpunkt Vertragsabschlusses ist generell maßgeblich. Der **Kläger kann unter den genannten Gerichtsständen wählen**, seine Wahl ist bindend. Wird die Klage bei einem falschen, also einem örtlich nicht zuständigen Gericht eingereicht, so ist sie unzulässig.

BEISPIEL

Erfüllungsorte

Der Verkäufer A in Köln hat an den Käufer B in Würzburg eine Maschine für 7.000,00 Euro verkauft. Wenn A nicht liefert, muss B beim LG Köln auf Lieferung klagen (es greift sowohl § 29 ZPO mit Paragraf § 269 BGB als auch § 12 ZPO). Verklagt A den B auf Abnahme, so kann er in Köln (gemäß § 29 ZPO) oder in Würzburg (gemäß § 12 ZPO) klagen.

Gerichtsstand Ort der Unerlaubten Handlung – Ferner ist auch ein Gericht zuständig, in dessen Bezirk der Beklagte gegenüber dem Kläger eine unerlaubte Handlung begangen hat (vgl. § 32 ZPO).

Ausschließlicher Gerichtsstand – Für bestimmte Klagen hat der Gesetzgeber eine ausschließliche Zuständigkeit für den Gerichtsstand bestimmt und schließt eine Vereinbarung der Parteien über die Zuständigkeit aus (vgl. § 40 Abs. 2 Nr. 2 ZPO).

Weitere Gerichtsstände – Ansonsten ist eine Vereinbarung für die örtliche und sachliche Zuständigkeit in einzelnen Fällen möglich (vgl. § 38 ZPO). Zulässig sind Vereinbarung in AGB, wenn die Vertragsparteien Kaufleute sind (vgl. § 38 Abs. 1 ZPO) und nach Entstehung der Streitigkeit, wenn sie ausdrücklich und schriftlich getroffen wird (vgl. § 38 Abs. 3 ZPO).

- § 24 ZPO dinglicher Gerichtsstand
- § 29 a ZPO Gerichtsstand in Wohnraummietsachen
- § 29 c ZPO bei Widerruf von Haustürgeschäften
- § 32 ZPO »Fliegender Gerichtsstand« – der Abmahnende kann sich bei Verstößen im Internet sein Gericht aussuchen, da die Verletzung bei Internetstreitigkeiten in jedem Ort Deutschlands stattgefunden hat.

Für die **Berufung (zweite Instanz)** gegen ein Urteil des Amtsgerichtes ist das Landesgericht zuständig. Gegen ein erstinstanzliches Urteil des Landesgerichtes kann Berufung beim Oberlandesgericht eingelegt werden (Gerichtliches Mahnverfahren ▸ Kapitel 4.5).

3.2 Kaufvertragsarten

Der Abschluss des Kaufvertrages ist grundsätzlich formfrei. Somit kann er z. B. mündlich, schriftlich, während eines Gespräches am Telefon, durch Austausch von E-Mails oder über Internet-Formulare geschlossen werden (Formerfordernisse für Rechtsgeschäfte ▸ Kapitel 2.1.1).

Ausgenommen von der Formfreiheit sind Sonderfälle, wie z. B.

- Grundstückskäufe, Ratenlieferungsverträge (gem. § 505 BGB) und
- Teilzahlungsgeschäfte nach § 502 Absatz 3 BGB.

Sie unterliegen einem **Formzwang**.

Je nach den Vertragspartnern eines Kaufvertrags (Unternehmer, Kaufleute oder Privatpersonen) und dem Kaufzweck (privat oder geschäftlich) werden verschiedene Kaufvertragsarten unterschieden:

Käufer / Verkäufer	Verbraucher	Unternehmer	Kaufmann
Kaufmann	**Verbrauchsgüterkauf (Einseitiger Handelskauf)** Rechtsgrundlage: ▸ Verbraucherrecht	**Zweiseitiger Handelskauf** Rechtsgrundlage: ▸ Handelsrecht/ Schuldrecht	**Zweiseitiger Handelskauf** Rechtsgrundlage: ▸ Handelsrecht
Unternehmer	**Verbrauchsgüterkauf (Einseitiger Handelskauf)** Rechtsgrundlage: ▸ Verbraucherrecht	**Zweiseitiger Handelskauf** Rechtsgrundlage: ▸ Schuldrecht	**Zweiseitiger Handelskauf** Rechtsgrundlage: ▸ Handelsrecht/ Schuldrecht
Verbraucher	**Bürgerlicher Kauf (Privatkauf)** Rechtsgrundlage: ▸ Schuldrecht	**Sonstiger einseitiger Handelskauf** Rechtsgrundlage: ▸ Schuldrecht	**Sonstiger einseitiger Handelskauf** Rechtsgrundlage: ▸ Handelsrecht/ Schuldrecht

Tab. Kaufvertragsarten

Bürgerlicher Kauf (Privatkauf) – Hierbei handelt es sich um einen Kauf unter Nichtkaufleuten oder unter Kaufleuten bzw. Unternehmern, die für private Zwecke einen Kaufvertrag abschließen.

Handelskauf – Der Handelskauf ist ein Kaufvertrag gemäß § 433 BGB über bewegliche Sachen, der für mindestens einen Vertragspartner ein Handelsgeschäft ist (vgl. § 343 Abs. 1 HGB). Handelsgeschäfte sind im Sinne des HGB alle Geschäfte eines Kaufmanns (► LF 1, Kapitel 2.1), die zum Betrieb seines Handelsgewerbes gehören.

einseitiger Handelskauf	zweiseitiger Handelskauf
nur eine Partei ist Kaufmann i. S. d. §§ 1–6 HGB oder kraft Rechtsschein (vgl. §§ 373–376, 380 i. V. m. § 345 HGB)	beide Parteien sind Kaufleute (Bedingung für die Mängelrüge vgl. § 377 HGB und die Aufbewahrungspflicht vgl. § 379 HGB)

Tab. Handelskaufarten

Handelsgeschäfte unterliegen handelsrechtlichen Sonderregelungen zur Beschleunigung der Geschäftsabwicklung und Stärkung der Rechtsstellung des Verkäufers. Dadurch kommt es zu einer **Kollision mit den Bestrebungen um einen effektiven Verbraucherschutz**, so dass Verbraucher schützende Sonderregeln auch für einen Kaufvertrag Verbrauchsgüterkauf gelten.

3.3 Verbrauchsgüterkauf (Konsumentenkauf)

Ein Kaufvertrag wird gemäß § 474 Absatz 1 Satz 1 BGB als **Verbrauchsgüterkauf (Konsumentenkauf)** bezeichnet, wenn ein Verbraucher (Käufer, vgl. § 13 BGB) von einem Unternehmer (Verkäufer, vgl. § 14 BGB) eine bewegliche Sache kauft. Dabei ist es unerheblich, ob der Verbraucher die Kaufsache im Einzelhandel oder im Versandhandel gekauft hat.

Abb. Am Marktstand

Für den Verbrauchsgüterkauf gelten **kaufrechtliche Sonderregelungen zum Schutz des Verbrauchers.** Er wird in seiner Eigenschaft als Käufer rechtlich gegenüber dem gewerblichen Käufer besser gestellt. Diese Sonderform des Kaufes basiert auf der **Verbrauchsgüterkaufrichtlinie** (RiLi 1999/44/EG) der EG. Durch sie wird für den Verbraucher ein unabdingbarer Mindestschutz geschaffen.

MERKE

Ausnahmen

Kein Verbrauchsgüterkauf sind Kaufverträge über unbewegliche Gegenstände, wie z. B. Grundstückskaufverträge und Kaufverträge über gebrauchte Gegenstände, die im Rahmen einer Versteigerung abgeschlossen werden, an der der Verbraucher selbst teilnehmen konnte (vgl. § 474 Abs. 1 Satz 2 BGB).

3.3.1 Verbraucher und Unternehmer

Zweck der Differenzierung zwischen Unternehmer und Verbraucher ist der Verbraucherschutz.

- **Verbraucher** – sind natürliche Person, die ein Rechtsgeschäft nicht im Rahmen einer gewerblichen oder selbständigen beruflichen Tätigkeit abschließt.
- **Unternehmer** – ist eine natürliche oder juristische Person, die ein Rechtsgeschäft im Rahmen ihrer gewerblichen oder selbständigen beruflichen Tätigkeit abschließt. Der Unternehmerbegriff ist wesentlicher weiter gefasst als der Begriff des Kaufmanns im Sinne des Handelsgesetzbuches. Neben Kaufleuten können auch z. B. Ärzte, Rechtsanwälte, Wissenschaftler, Künstler und Landwirte Unternehmer sein (► LF 1, Kapitel 2).

Abb. Unternehmer und Verbraucher

Die Unterscheidung zwischen den Begriffen ist bedeutsam, weil die Zuordnung jeweils **unterschiedliche exklusive Rechte begründet**.

Tätigt der Unternehmer z. B. Geschäfte mit einem Verbraucher, so muss er bestimmte **Informationspflichten** vor Vertragsschluss erfüllen und unter Umständen ein **Widerrufsrecht** einräumen sowie vorab darüber belehren (► Kapitel 2.6.1). Beim Verkauf von Sachen muss er die gesetzlichen **Gewährleistungsrechte** (► Kapitel 4.1.2) beachten und kann diese nicht ausschließen.

Man kann bei einem Vertrag **nicht gleichzeitig** Verbraucher und Unternehmer sein.

Spezielles zwingendes Recht gilt für Verbrauchergeschäfte

- spezielles AGB-Recht (vgl. §§ 305 Abs. 2 und 3, 308, 309 BGB, ► Exkurs in Kapitel 3.1.5)
- außerhalb von Geschäftsräumen geschlossene Verträge (AGV) (vgl. §§ 312 ff. BGB, ► Kapitel 2.6.1)
- Fernabsatzvertrag (vgl. §§ 312 b ff. BGB, ► Kapitel 2.6.1)
- Teilzeitwohnrechtvertrag (vgl. §§ 481 ff. BGB)
- Verbraucherkredit (vgl. §§ 491 ff. BGB, ► Kapitel 2.6.2)
- Wohnungsmietvertrag (vgl. §§ 535, 549 ff. BGB)
- Reisevertrag (vgl. §§ 651a ff. BGB, ► LF 4.1, Kapitel A)

3.3.2 Besonderheiten beim Verbrauchsgüterkauf

Beim Verbrauchsgüterkauf existiert eine Reihe von zwingenden Vorschriften zur **Einschränkung der Vertragsfreiheit**. Von diesen dürfen die Vertragsparteien weder durch AGB die eine unangemessene Benachteiligung des Vertragspartners verhindern (vgl. §§ 305 ff. BGB), noch durch eine individuelle Vereinbarung abweichen. Das gesamte Mängelrecht (Kaufvertragsstörungen ▸ Kapitel 4) ist bis auf die Verjährungsregeln zwingend.

Gefahrenübergang

© MEV Verlag GmbH

Versendet ein Unternehmer auf Verlangen des Käufers (Schickschuld) die Ware an einen anderen Ort und diese geht auf dem Transport unter besteht beim Verbrauchsgüterkauf kein Anspruch des Unternehmers auf Kaufpreiszahlung gemäß § 447 Absatz 2 BGB, obwohl die Sache untergegangen ist (vgl. § 326 Abs. 1 BGB).

Wird die Kaufsache auf dem Transport beschädigt, so kann der Verbraucher Gewährleistungsrechte (▸ Kapitel 4.1.2) geltend machen.

Gefahrenübergang BEISPIEL

Ein Verbraucher bestellt Rotwein bei einem Winzer aus Deidesheim.
Der Winzer trägt ggf. die Verantwortung dafür, dass die Ware auf dem Transport untergeht. Der Verbraucher muss den Kaufpreis nicht entrichten, wenn er den Wein nicht erhält.

Das **Transportrisiko beim Versendungskauf trägt der Verkäufer**. Somit ist der für die Gewährleistungshaftung maßgebliche Zeitpunkt die Verschaffung des unmittelbaren Besitzes (vgl. § 854 BGB) des Käufer an der Kaufsache bzw. ein Annahmeverzug des Käufers (vgl. § 446 BGB, ▸ Kapitel 4.4).

© MEV Verlag GmbH

Keine Vereinbarungen zum Nachteil des Verbrauchers

Danach darf ein Unternehmer nicht durch **Ausschluss von Gewährleistungsrechten** von der gesetzlich vorgeschriebenen Haftung für Sachmängel (▸ Kapitel 4.1.1) abweichen. Das gilt allerdings nicht für den Ausschluss oder die Beschränkung des Schadensersatzanspruches (vgl. § 475 Abs. 3 BGB).

Gewährleistungsrechte

BEISPIEL

Auf die Vereinbarung als AGB-Klausel, dass der Käufer als Nacherfüllung nur Anspruch auf die Nachbesserung hat, dass also sein Wahlrecht aus § 439 Absatz 1 BGB von vorne herein nicht besteht, kann sich der Verkäufer nicht berufen. Eine solche Vereinbarung zum Nachteil des Verbrauchers weicht von den §§ 433–435, 437 und 439–443 BGB ab. Der Käufer kann trotz der Vereinbarung die Lieferung einer neuen, mangelfreien Sache verlangen.

Der Verbraucher **braucht keinen Nutzungsersatz** bei einer Nachlieferung und Austausch der Kaufsache zu leisten, wenn ihm eine mangelfreie Sache nachgeliefert wird und er bereits die alte mangelhafte Kaufsache in Gebrauch genommenen hat (vgl. § 439 Abs. 4 BGB).

Verkürzungen bei den Verjährungsfristen

Beim Verbrauchsgüterkauf über neue Sachen ist eine Verkürzung der Verjährungsfristen (► Kapitel 3.3.2) für Mängelgewährleistungsansprüche von der gesetzlichen Verjährungsfrist fast nie möglich. (Ausnahmen formuliert § 438 Absatz 1 Nr. 1–2 BGB.)

Nach Mitteilung des Mangels durch den Verbraucher darf die **Gewährleistungsfrist** für **neue Sachen zwei Jahre**, bei **gebrauchten Waren ein Jahr** nicht unterschreiten (vgl. § 475 Abs. 2 BGB).

Eine **Vorverlegung** des gesetzlichen Verjährungszeitpunktes von der Besitzverschaffung auf den Zeitpunkt des Vertragsschlusses **ist unzulässig**.

Rechtsverhältnis	Kaufgegenstand	Verjährungsverkürzung	
		Individuell vertraglich	durch AGB
Unternehmer/Unternehmer oder **Privatperson/Privatperson**	neu	bis auf 0 Jahre	bis auf 1 Jahr
	gebraucht	bis auf 0 Jahre	bis auf 0 Jahre
Unternehmer/Verbraucher	neu	bis auf 2 Jahre	bis auf 2 Jahre
	gebraucht	bis auf 1 Jahr	bis auf 1 Jahr

Tab. Verjährungsverkürzungsregeln beim Verbrauchsgüterkauf

Beweislastumkehr

Zeigt sich **innerhalb der ersten sechs Monate** nach Gefahrübergang ein Sachmangel an der Kaufsache (Ist-Beschaffenheit der Sache weicht von der Sollbeschaffenheit ab, vgl. § 434 Abs. 1 BGB, ▸ Kapitel 4.1.1), so vermutet das Gesetz, dass dieser Sachmangel bereits bei Gefahrübergang vorhanden war.

Der Unternehmer (Verkäufer) ist im Streitfall verpflichtet, seine etwaige Behauptung, der Mangel sei erst nach Gefahrübergang z. B. in Folge unsachgemäßer Benutzung durch den Käufer entstanden, zu beweisen.

BEISPIEL

Beweislastumkehr

Ein Verbraucher kauft im Möbelgeschäft einen neuen Schreibtischstuhl, den er mit seinem Pkw nach Hause transportiert. Beim Ausladen stellt er fest, dass der Stuhl an der Rückseite einen ca. 2 cm langen Riss in der Polsterung hat. Verlangt der Privatmann von Möbelhaus Nacherfüllung, ist es an dem Möbelhaus zu beweisen, dass der Riss während des Transports und der Mangel erst nach Gefahrübergang entstand.

Ausnahme: Die Beweislastumkehr tritt nicht ein, wenn die Vermutung mit der Art der Sache oder des Mangels nicht zu vereinbaren ist (vgl. § 476 BGB).

BEISPIEL

Unvereinbarkeit der Vermutung des Mangels

Eine Hausfrau kauft bei einem professionellen Katzenzüchter eine »heilige Birma Katze«. Fünf Monate nach Übergabe des Tieres erkrankt die Katze und verstirbt. Die Inkubationszeit für die auslösende Krankheit des Tieres beträgt maximal vier Wochen.

Da die Inkubationszeit für die Krankheit der Katze viel kürzer ist als die Zeit seit der Übergabe des Tieres beträgt, lässt sich nicht vermuten, dass die Krankheit bereits bei Gefahrübergang bestand. Somit schließt die Art des Mangels die Vermutung aus.

MERKE

Beweislastumkehr

Die Beweislastumkehr gilt ausschließlich für Sachmängel.
Auf Rechtsmängel ist sie nicht anzuwenden.

Garantien

Nach dem Sachmängelgewährleistungsrecht muss der Mangel der Sache bereits zum Zeitpunkt des Gefahrüberganges vorhanden gewesen sein. Die Garantieerklärung (z. B. in Form der Beschaffenheits- oder Haltbarkeitsgarantie) macht das Vorliegen eines Mangels nicht vom Zeitpunkt des Gefahrübergangs abhängig.

Garantien sind i. d. R. freiwillige und einseitige Leistungsversprechen des Herstellers oder Verkäufers. Das Gesetz enthält in § 477 BGB Sonderbestimmungen und Mindestanforderungen für Garantieerklärungen gemäß § 443 BGB.

Mindestanforderungen an eine Garantieerklärung; diese muss

- **einfach und verständlich** sein,
- den **Hinweis auf die gesetzlichen Rechte des Verbrauchers** sowie darauf enthalten, dass diese durch die Garantie nicht eingeschränkt werden,
- den **Inhalt der Garantie** und alle wesentlichen **Angaben die für deren Geltendmachung** erforderlich sind, insbesondere die Dauer und den räumlichen Geltungsbereich des Garantieschutzes sowie Namen und Anschrift des Garantiegebers, enthalten,
- auf Verlangen des Verbrauchers diesem in **Textform** (vgl. § 126 b BGB) mitgeteilt werden.

Ein Verstoß gegen die Mindestanforderungen an eine Garantieerklärung führt nicht zur Unwirksamkeit der Garantie. Unklarheiten bei der Garantieerklärung gehen zu Lasten des Garantiegebers.

Regress des Unternehmers beim Lieferanten

Der **Letztverkäufer einer neuen Sache** hat beim Verbrauchsgüterkauf einen Anspruch auf den Ausgleich für die Verbraucherschutz bedingten Belastungen (**Regress**) einer neuen Sache gegen seinen Lieferanten (wegen der Mangelhaftigkeit der Sache, vgl. §§ 478, 437 BGB).

Der **Letztverkäufer hat außerdem Anspruch auf Ersatz des Reparaturaufwandes**. Dazu zählen auch Transport-, Wege-, Arbeits- und Materialkosten. Ein Haftungsausschluss zwischen Lieferant und Unternehmer ist nur eingeschränkt möglich (vgl. § 478 Abs. 4 BGB).

Die **Verjährung der Rückgriffsansprüche des Letztverkäufers** beträgt grundsätzlich **zwei Jahre**. Sie beginnt nicht vor Ablauf von zwei Monaten nach dem Zeitpunkt, in dem dieser die Ansprüche des Verbrauchers wegen der mangelhaften Sache erfüllt hat (vgl. § 479 Abs. 3 BGB).

Zusammenfassung:

Besonderheit des Verbrauchsgüterkaufs ist u. a., dass die gesetzlichen Regelungen des Kaufvertragsrechts nicht bzw. nur eingeschränkt abgeändert werden können:

Abb. Sache defekt geliefert

- der Gefahrübergang beim Versendungskauf tritt nicht schon mit Übergabe an die Transportperson ein,
- die Gewährleistung kann nicht generell ausgeschlossen werden,
- die Gewährleistungsfrist muss bei neuen Kaufsachen mindestens zwei Jahre betragen, bei gebrauchten Kaufsachen mindestens ein Jahr,
- die Vereinbarung eines Haftungsausschlusses ist bei Arglist des Verkäufers unwirksam,
- das Wahlrecht des Käufers die Art der Nacherfüllung zu wählen ist zwingend,
- für den Rückgriff des Verkäufers, der eine mangelhafte Sache zurücknehmen musste, gegen seinen Lieferanten gelten nach den §§ 478 und 479 BGB erleichterte Bedingungen.

Abweichungen hiervon sind nur möglich, wenn eine entsprechende Vereinbarung nach Mitteilung des Mangels an den Verkäufer getroffen wurde.

3.4 Verjährungsfristen im Schuldrecht

Die **Verjährung** dient der Sicherheit des Rechtsverkehrs und des Rechtsfriedens (vgl. auch Verjährungsfristen im Reiserecht ▸ LF 4.1, Kapitel B.4.4).

Abb. Begrenzte Haltbarkeit

BEISPIEL

Verjährungsfrist

Eine Kaufsache wird am 31.12.2013 geliefert. Da es sich um eine Ereignisfrist handelt beginnt die Verjährung am Folgetag, am 01.01.2012 (gesetzliche Feiertage spielen keine Rolle (§ 193 BGB gilt nur für das Fristende). Fristablauf ist somit Donnerstag der 31.12.2015, 24.00 Uhr.

Frist	Ansprüche	Fristbeginn
30 Jahre (§ 197 I BGB)	1. Herausgabeansprüche aus Eigentum, 2. rechtskräftig festgestellte Ansprüche, 3. Ansprüche aus vollstreckbaren Vergleichen oder vollstreckbaren Urkunden, 4. Ansprüche die durch die im Insolvenzverfahren erfolgte Feststellung vollstreckbar geworden sind und 5. Ansprüche auf Erstattung der Kosten der Zwangsvollstreckung.	Beginn mit Entstehung des Anspruchs (taggenau)
10 Jahre (§ 196 BGB)	Rechte an einem Grundstück ► Ansprüche auf Übereignung eines Grundstücks ► Ansprüche im Zusammenhang mit Grundstücksbelastungen	Beginn mit dem Tag ihrer Entstehung (taggenau)
5 Jahre (§ 438 Abs. 2 BGB)	Mängelansprüche bei Bauwerken und eingebauten mangelhaften Sachen	Ab Übergabe / Abnahme
3 Jahre (§ 195 BGB)	► Zahlungsanspruch des Verkäufers, ► Lieferanspruch des Käufers, ► Mietzinsanspruch des Vermieters, ► Lohn- und Gehaltsansprüche	Nach Ablauf des Entstehungsjahres und Kenntnis des Gläubigers von Anspruch und Schuldner (vgl. § 199 BGB); folglich Beginn Verjährung mit Ablauf 31.12. und Ende drei Jahre später 31.12., 24.00 Uhr
2 Jahre (§ 438 Abs. 3 BGB)	Gewährleistungsansprüche im ► Kaufrecht (vgl. § 438 Abs. 1 Nr. 3 BGB) ► Werkvertrag (vgl. § 634 a Abs. 1 Nr. 1 BGB)	Bei Kauf mit Übergabe bzw. Ablieferung der Sache, bei Werkvertrag mit Abnahme

Tab. Verjährungsfristen

Die **regelmäßige Verjährungsfrist beträgt drei Jahre** (Verjährungszeit für Ansprüche, bei denen keine andere Verjährung im Gesetz geregelt ist).

Fortlaufhemmung und Ablaufhemmung

Bei der **Fortlaufhemmung** läuft die Verjährung nicht weiter. Die Verjährungsfrist wird unter bestimmten Voraussetzungen gehemmt. Die Verjährung kommt durch diese Verhandlungen zum Stillstand und wird anschließend um den Zeitraum des Stillstandes verlängert. Nach dem Ende der Hemmung lebt der noch nicht abgelaufene Teil der Verjährungsfrist wieder auf.

Die Verjährung ist gehemmt (Auszug)

- durch Rechtsgutverletzung (vgl. § 204 BGB),
- durch Vergleichsverhandlungen (vgl. § 203 BGB),
- bei vereinbarten Leistungsverweigerung (vgl. § 205 BGB),
- bei höherer Gewalt (vgl. § 206 BGB) und
- aus familiären und ähnlichen Gründen (vgl. § 207 BGB).

© fotonazario – Fotolia.com

Abb. höhere Gewalt: Überschwemmung

Bei der **Ablaufhemmung** wird die Verjährung nicht für einen bestimmten Zeitraum angehalten, sondern sie **endet erst nach einem bestimmten Zeitpunkt.**

Bei Klageerhebung oder der Zustellung eines Mahnbescheides **endet sie sechs Monate** nach einer rechtskräftigen Entscheidung durch das Gericht oder einer anderweitigen Erledigung des Verfahrens. Verhandeln die Vertragsparteien über die Gewährleistung, so endet die Hemmung der Verjährung erst drei Monate nach Abbruch der Verhandlungen (vgl. § 204 BGB).

BGB

Ablaufhemmung
bei nicht voll Geschäftsfähigen (§ 210 BGB)

[...] so tritt eine für oder gegen sie laufende Verjährung nicht vor dem Ablauf von sechs Monaten nach dem Zeitpunkt ein, in dem die Person unbeschränkt geschäftsfähig [...]

Ablaufhemmung in Nachlassfällen (§ 211 BGB)

[...] vor dem Ablauf von sechs Monaten nach dem Zeitpunkt ein, in dem die Erbschaft von dem Erben angenommen [...] werden kann.

Neubeginn der Verjährung

Beim Neubeginn der Verjährung beginnt die Verjährungsfrist nach dem Zeitpunkt der Unterbrechung wieder von vorne zu laufen.

Unterbrechende Ereignisse sind (Auszug):

- **Anerkenntnis des Schuldners** (vgl. § 212 Abs. 1 Nr. 2 BGB) und
- die **Beantragung gerichtlicher oder behördlicher Vollstreckungsmaßnahmen** (vgl. § 212 Abs. 1 Nr. 2 BGB und ► Kapitel 4.5).

MERKE

Das »Kleingedruckte«

Nach Eintritt der Verjährung ist der Schuldner berechtigt seine Leistung zu verweigern. Leistet der Schuldner in Unkenntnis der Verjährung so kann er seine Leistungen nicht zurück fordern.

AUFGABEN

1. Geben Sie für die nachfolgenden Rechtsgeschäfte an, welcher Vertrag vorliegt.
   a) Frau Klein bringt einen Mantel zur Reinigung, um einige Flecken entfernen zu lassen.
   b) Frau Klein erwirbt am Fahrkartenautomaten eine Fahrkarte, um mit der S-Bahn vom Stadtzentrum nach Hause zu fahren.
   c) Zur Finanzierung ihrer Urlaubsreise überlässt die VOBA e. G. Frau Klein einen Betrag von 1.000,00 Euro zu einem Zinssatz von 8,5 Prozent.
   d) An ihrem Urlaubsort bezieht Frau Klein eine Ferienwohnung für 80,00 Euro pro Tag.
   e) Frau Klein erwirbt in einem Dönerladen einen Döner zu 4,00 Euro.
   f) Die Mutter von Frau Klein schenkt ihrer Tochter eine Halskette im Wert von 200,00 Euro.
   g) Daheim stellt Frau Klein fest, dass sie kein Mehl mehr hat. Sie bittet ihre Wohnungsnachbarin um eine Packung Mehl mit dem Hinweis, am nächsten Tag eine Packung Mehl zurück zu geben.
   h) Am Wochenende bittet sie die Wohnungsnachbarin um die Überlassung ihres Gasgrills bis zum Sonntag.
   i) Der Gitarrenlehrer Saite erteilt der Tochter von Frau Klein, der 12-jährigen Alina, wöchentlich eine Stunde Gitarrenunterricht für 30,00 Euro die Stunde.
   j) Frau Klein übergibt an der Hotelrezeption ihren Schmuck zur Aufbewahrung im Hoteltresor und entrichtet dafür 5,00 Euro.
   k) Frau Klein beauftragt ihre Hausbank für sie 100 Aktien der Bio AG »billigst« zu erwerben.
   l) Frau Klein übernimmt von der Bitburger Brauerei AG eine Gaststätte mit Einrichtung und Zapfanlage und betreibt diese.

2. Wolfgang Steinau kauft bei dem Einzelhändler Klaus Ton einen MP 3-*Player* für 80,00 Euro. Herr Ton händigt Herrn Steinau das Gerät aus, Herr Steinau dem Herrn Ton vier 20 Euro-Scheine. Prüfen Sie, wie viele Rechtsgeschäfte vorgenommen worden sind.

3. Welche Kaufarten liegen vor?
   a) Kaufmann und Privatperson
   b) Kaufmann und Kaufmann
   c) Unternehmer und Verbraucher
   d) Privatperson und Privatperson
   e) Kauf einer Originalstatue eines Künstlers
   f) Kauf einer Jeans
   g) Kauf eines Bildes zur Ansicht, Rückgaberecht innerhalb von acht Tagen
   h) Kauf eines Pkw dessen Innenausstattung später vom Verkäufer bestimmt wird

i) Kauf von 250 g Briefmarken
j) Zahlungsziel innerhalb von 10 Tagen mit 3 % Skonto, 20 Tage ohne Preisabzug
k) Einkauf in einem Supermarkt
l) Lieferung Ende Juli
m) Lieferung der Geburtstagstorte zum 4. August
n) Käufer informiert den Verkäufer über den genauen Liefertermin

4. Welche Auswirkung auf die Verjährung hat …
a) … eine Anerkennung des Anspruchs durch den Schuldner gegenüber dem Gläubiger in Form einer Abschlagszahlung?
b) … die Anerkennung eines Mangels an der Kaufsache durch den Verkäufer?
c) … die Nacherfüllung durch Nachbesserung (► Kapitel 4.1)?

5. Welche Möglichkeiten gibt es, die gesetzliche Verjährungsfrist zu verkürzen …
a) … beim Verbrauchsgüterkauf?
b) … außerhalb des Verbrauchsgüterkaufs?

© helix – Fotolia.com

6. Was ist der Erfüllungsort?

7. Herr Augenschein aus Bonn kauft in einem Möbelhaus in Köln eine neue Sitzgarnitur.
a) Wo ist der gesetzliche Erfüllungsort für Herrn Augenschein?
b) Wo ist der gesetzliche Erfüllungsort für den Möbelhändler?
c) Welche Vereinbarungen sind notwendig, dass Herr Augenschein die Ware geliefert erhält?

8. Welche Bedeutung hat der Erfüllungsort im Hinblick …
a) … auf den Gefahrenübergang?
b) … für den Gerichtsstand?
c) … für die Kostenübernahme bei Versendung der Ware auf Wunsch des Käufers?
d) … auf die besondere Möglichkeit der Vollkaufleute bei der Bestimmung des Gerichtsstandes?

9. Erklären Sie folgende Regelungen:
a) Warenschulden sind Holschulden.
b) Geldschulden sind Schickschulden.

© dessauer – Fotolia.com

10. Herr Finanzstark und Herr Barz, beide wohnhaft in Bremen, schlossen am 12.04.2016 einen Darlehensvertrag über 5.000,00 Euro. Der von Herrn Finanzstark ausgezahlte Darlehensbetrag sollte am 01.01.2017 zur Rückzahlung fällig werden. Herr Barz zog Ende 2016 nach Lüneburg und vergaß im Umzugsstress die Rückzahlung vorzunehmen. Nach erfolglosen Mahnungen erhob Herr Finanzstark im Mai 2017 Klage vor dem Amtsgericht Bremen. Ist das Amtsgericht Bremen sachlich und örtlich für diese Klage zuständig?

11. Herr Sparbier vermietete im Jahr 2017 eine in Neustadt a.d.W. gelegene *First-Class*-Ferienwohnung an den aus Düsseldorf stammenden Herrn Weinkenner für einen Zeitraum von vier Wochen. Nachdem Herr Weinkenner den entsprechenden Mietzins trotz Fälligkeit nicht leistete verklagte Herr Sparbier diesen vor dem Amtsgericht Neustadt auf Zahlung des Mietzinses in Höhe von 5.500,00 Euro. Ist das Amtsgericht Neustadt für diese Klage zuständig?

12. Herr Sammel bietet eine Münzsammlung in einer Kleinanzeige für 12.000,00 Euro an. Im Inserat nennt er Namen, Anschrift und Telefonnummer. Schon einige Stunden nach Erscheinen der Anzeige erscheint Herr Fröhlich bei Herrn Sammel und ist von der Münzsammlung begeistert. Herr Fröhlich erklärt Herrn Sammel, dass er die Sammlung für den genannten Preis kaufen wolle und nur noch zur Bank fahren müsse um den Kaufpreis zu besorgen und gegen Abend wieder zu kommen. Zwischenzeitlich erscheint Herr Kleber, der die Sammlung auch kaufen möchte und das nötige Geld bar dabei hat. Herr Sammel erklärt hierauf, dass er die Münzsammlung bereits verkauft habe. Herr Kleber, der den Wert der Sammlung weit höher einschätzt als den Kaufpreis, verlangt von Herrn Sammel ihm die Sammlung unverzüglich zu verkaufen.
    a) Hat Herr Kleber einen Anspruch auf Lieferung der Münzsammlung gegen Zahlung des Kaufpreises?
    b) Wie wäre der Sachverhalt zu beurteilen, wenn Herr Sammel sowohl Herrn Frölich als auch Herrn Kleber die Sammlung schriftlich am 21.02. angeboten hätte und die Interessenten am nächsten Tag erschienen wären?

13. Ein Einzelhändler formuliert in seinen AGB:
    »Die Gewährleistung beträgt fünf Monate für alle Waren. Da wir abhängig von den Preisen des Großhandels sind, sind die Preise auf den Waren grundsätzlich freibleibend. Bei Mängeln der Ware bessern wir grundsätzlich nur nach. Mündliche Zusagen unseres Verkaufspersonals bedürfen der schriftlichen Bestätigung unseres Marktleiters.«
    Sind die Einschränkungen nach den AGB zulässig?

14. Was bedeutet Beweislastumkehr?

15. Auf der Rechnung mit 2.000,00 Euro lauten die Zahlungsbedingungen: »Zahlbar innerhalb 10 Tagen mit 2 % oder 30 Tage netto Kasse«. Der Marktzins beträgt 12,5 %. Lohnt es sich die Skontofrist zu nutzen und einen entsprechenden Kredit bei der Bank aufzunehmen?

16. Vergleichen Sie die Formulierungen zum Eigentumsvorbehalt im Hinblick auf die Sicherheiten für den Verkäufer: Welche Formulierung ist für den Käufer die günstigste?
    a) »Bis zur Bezahlung aller Ansprüche aus der Geschäftsverbindung behält sich der Verkäufer an seinen Warenlieferungen das Eigentum vor. Die Waren dürfen nur im ordnungsgemäßen Geschäftsverkehr veräußert werden.«
    b) »Die gelieferte Ware bleibt bis zu ihrer Bezahlung Eigentum des Verkäufers.«
    c) »Bei der Verarbeitung noch in Fremdeigentum stehender Waren erwirbt der Verkäufer Miteigentum an den neuen Sachen.«

17. Überprüfen Sie folgende Aussagen im Hinblick auf ihre Rechtmäßigkeit gegenüber einem Verbraucher:
    a) »Die Gefahr geht mit Absendung der Ware durch den Händler auf den Käufer über.«
    b) »Die Gewährleistungsfrist bei neuen Kaufsachen beträgt grundsätzlich ein Jahr.«
    c) »Die Gewährleistungsfrist bei gebrauchten Waren beträgt generell sechs Monate.«
    d) »Die Nacherfüllung bei mangelhafter Ware besteht ausschließlich in der Nachbesserung.«

18. Worin besteht der Unterschied zwischen einem Unternehmer und einem Kaufmann?

19. Sie finden für eine Gattungsware folgende Angebote:
    a) Listenpreis 700,00 Euro, Rabatt 5 %, Skonto 3 %
    b) Listenpreis 672,00 Euro, Skonto 2 %
    c) Listenpreis 690,00 Euro, Rabatt 2 %, Skonto 3 %

    Für welches entscheiden Sie sich, wenn Sie lediglich nach dem günstigsten Angebot Ihre Wahl treffen?

20. Unter welchen Voraussetzungen werden ABG Bestandteil eines Vertrages?

21. Was versteht man unter dem »Vorrang der Individualabrede« gegenüber den Bestimmungen in den AGB?

22. Der Mieter zahlt anstelle der vereinbarten Miete von 438,00 Euro zwei Jahre lang nur eine Miete von 435,00 Euro. Der Vermieter hat diese Zahlungen niemals beanstandet, weshalb beim Mieter der Eindruck entstehen konnte, der Vermieter sei mit dieser Abrundung einverstanden. Besteht ein Nachzahlungsanspruch?

23. Herr Glücklos wurde im Dezember 2009 von einem Auto angefahren. Dabei erlitt Herr Glücklos Verletzungen, die einen 14-tägigen Krankenhausaufenthalt notwendig machten. Zudem wurde sein damals mitge-

führter Laptop zerstört und seine Kleidung zerrissen. Der Fahrer flüchtete zunächst unerkannt, wurde aber am 10. Januar 2017 ermittelt.

a) Welche Ansprüche kann Herr Glücklos unter Berücksichtigung der Verjährungsfristen noch geltend machen?
b) Welche Besonderheit ist ggf. bei der Berechnung der entsprechenden Verjährungsfristen zu beachten?

24. Ein Elektromeister stellte seinem Kunden für die erbrachten Leistungen eine Rechnung zum 28. November 2016. Der Kunde zahlte bisher nicht. Wann ist die Forderung des Elektromeisters verjährt?

25. Sattlermeister Bezug stellte seinem Kunden am 24.10.2016 eine Rechnung für eine ausgeführte Neubeziehung der Sitzgarnitur aus. Der Kunde zahlte in der Folgezeit nicht. Wann ist die Forderung des Sattlermeisters verjährt?

26. Ein Lieferant verkauft eine mangelhafte Klimaanlage an einen Installateurfachbetrieb, der diese bei einem Kunden installiert. Welche Rechte hat der Installateurfachbetrieb gegenüber seinem Lieferanten?

27. Frau Gleit kaufte am 24.06.2014 bei Augenoptikermeister Sicht eine hochwertige Brille. Am 20.05.2017 betritt Frau Gleit das Geschäft des Augenoptikermeisters und fordert Neulieferung, weil an einer Stelle der Brillenfassung die Farbe abgeblättert ist. – Wann verjähren die Gewährleistenansprüche des Augenoptikermeisters Sicht gegenüber seinem Lieferanten?

28. Malermeister Pinsel hat noch ausstehende Forderungen, die zum 31.12.2016 zu verjähren drohen. Am 27.12.2016 beantragt er einen Mahnbescheid. Der Kunde erhebt Widerspruch und es kommt zu einem Klageverfahren, das sich über sechs Monate hinzieht. Wann verjähren die Forderungen des Malermeisters, wenn das Gericht sie nicht als begründet anerkennt?

29. Frau Fleißig, Inhaberin von »Gardinen Fleißig e. K.«, lieferte am 12.07.2013 an Frau Heimlich die bestellten neuen Vorhänge und stellte diese in Rechnung. Am 30.12.2016 beginnen Frau Fleißig und Frau Heimlich über den Anspruch bis zum 31.03.2017 zu verhandeln.

a) Wann verjährt der Kaufpreis?
b) Wann endet die Hemmungsfrist?
c) Wann würde der Kaufpreis jetzt verjähren?

4 Kaufvertragsstörungen

© MEV Verlag GmbH

Das **Kaufrecht** verpflichtet den Verkäufer, dem Käufer die Kaufsache »frei von Sach- und Rechtsmängeln« im Zeitpunkt des Gefahrübergangs zu verschaffen (vgl. § 433 Abs. 1 Satz 2 BGB).

Die Folgen der Verletzung dieser Pflicht ist eine **Leistungsstörung**, die den Verkäufer zu einer **Rechts- und Sachmängelhaftung (Gewährleistung)** verpflichtet. Solange die Leistung jedoch noch nicht erfüllt ist spricht man von **Erfüllungsstörung** und es gelten die Rechte des Käufers aus den §§ 434, 320 ff. (Unmöglichkeit, Verzug).

Schlechterfüllung	Verzug	

mangelhafte Lieferung	▸ Schuldnerverzug
	▸ Lieferverzug
	▸ Zahlungsverzug
		▸ Gläubigerverzug
		▸ Annahmeverzug
		  ▸ des Käufers
		  ▸ des Verkäufers

Tab. Überblick Erfüllungsstörungen

4.1 Schlechterfüllung

Von Schlechterfüllung spricht man, wenn der Schuldner seine Leistung nicht wie geschuldet erbringt.

4.1.1 Sach- und Rechtsmängel

BGB

Sachmangel (§ 434 BGB)
(1) Die Sache ist frei von Sachmängeln, wenn sie bei Gefahrübergang die vereinbarte Beschaffenheit hat. Soweit die Beschaffenheit nicht vereinbart ist, ist die Sache frei von Sachmängeln,
1. wenn sie sich für die nach dem Vertrag vorausgesetzte Verwendung eignet, sonst
2. wenn sie sich für die gewöhnliche Verwendung eignet und eine Beschaffenheit aufweist, die bei Sachen der gleichen Art üblich ist und die der Käufer nach der Art der Sache erwarten kann. [...]

(2) Ein Sachmangel ist auch dann gegeben, wenn die vereinbarte Montage durch den Verkäufer oder dessen Erfüllungsgehilfen unsachgemäß durchgeführt worden ist. Ein Sachmangel liegt bei einer zur Montage bestimmten Sache ferner vor, wenn die Montageanleitung mangelhaft ist, es sei denn, die Sache ist fehlerfrei montiert worden.
(3) Einem Sachmangel steht es gleich, wenn der Verkäufer eine andere Sache oder eine zu geringe Menge liefert.

Ein **Sachmangel nach § 434 BGB** liegt vor, wenn der Kaufgegenstand:

- nicht die vereinbarte Beschaffenheit hat (hierzu zählt auch der der Kauf nach Probe oder Muster),
- eine andere als die vereinbarte Sache geliefert wurde (Falschlieferung),
- die Sache sich nicht für die nach dem Vertrag vorausgesetzte Verwendung eignet,
- die Sache sich nicht für die gewöhnliche Verwendung eignet,
- die Sache nicht die Beschaffenheit aufweist, die bei Sachen der gleichen Art üblich ist, und die der Käufer nach der Art der Sache erwarten kann,
- die Sache nicht der Werbung des Verkäufers oder Herstellers entspricht,
- die Sache in zu geringer Menge geliefert wurde (nicht jedoch in einer Übermenge).

© Michal Adamczyk – Fotolia.com

Und außerdem:

- bei unsachgemäßer Ausführung einer **vereinbarten Montage** durch den Verkäufer (Erfüllungsgehilfen) und
- wenn eine sich auswirkende **mangelhafte Montageanleitung** mit geliefert wurde (so genannte »IKEA-Klausel«).

Ist der Käufer bereits im Rahmen des Angebotes auf eine bestimmte Eigenschaft hingewiesen worden (z. B. durch Text oder Bild), so gilt diese Eigenschaft nicht mehr als Mangel im Sinne des Gesetzes, sondern als vereinbarte Eigenschaft.

BEISPIEL

Vereinbarte Eigenschaft

Ein Kratzer befindet sich an einem Schreibtisch. Der Verkäufer kennzeichnet die Ware als mangelhaft und ermäßigt deshalb den Preis.

Ein Mangel ist nicht immer bei Gefahrenübergang sofort erkennbar. Deshalb wird zwischen **offenen und versteckten Mängeln** unterscheiden.

Verschweigt der Verkäufer einen Mangel wider besseres Wissen, handelt es sich um einen **arglistig verschwiegenen Mangel**.

Untersuchungs- und Rügepflichten

Bei **Verbrauchsgüterkauf** (▸ Kapitel 3.3) können Waren innerhalb der Gewährleistungsfrist ohne Unterscheidung in offene oder versteckte Mängel untersucht und gerügt werden. Arglistig verschwiegene Mängel sind jedoch unverzüglich nach Entdecken innerhalb von drei Jahren zu rügen (vgl. § 377 Abs. 3 HGB, § 438 Abs. 3 BGB).

Bei **zweiseitigem Handelskauf** muss der Kaufmann die Ware unverzüglich nach der Abnahme auf Menge, Art und Güte prüfen (vgl. § 377 HGB und ▸ Kapitel 3.1.1).

Abb. offener Mangel: vereinbarte Montage unzureichend

- **Offene Mängel** muss er unverzüglich nach Prüfung rügen. Unterlässt der Käufer diese Mitteilung, gilt die Ware als genehmigt.
- **Versteckte Mängel** sind unverzüglich nach deren Entdeckung innerhalb von zwei Jahren anzuzeigen (vgl. § 377 Abs. 2 HGB und § 438 Abs. 1 BGB).
- Bei **arglistig verschwiegenen Mängeln** ist die Gewährleistungsfrist drei Jahre (vgl. § 377 Abschnitt III HGB und § 438 Abschnitt III BGB).

Handelskauf (Abschnitt II § 377 HGB)

BGB

(1) Ist der Kauf für beide Teile ein Handelsgeschäft, so hat der Käufer die Ware unverzüglich nach der Ablieferung durch den Verkäufer, soweit dies nach ordnungsmäßigem Geschäftsgange tunlich ist, zu untersuchen und, wenn sich ein Mangel zeigt, dem Verkäufer unverzüglich Anzeige zu machen.
(2) Unterlässt der Käufer die Anzeige, so gilt die Ware als genehmigt, es sei denn, dass es sich um einen Mangel handelt, der bei der Untersuchung nicht erkennbar war.
(3) Zeigt sich später ein solcher Mangel, so muss die Anzeige unverzüglich nach der Entdeckung gemacht werden; anderenfalls gilt die Ware auch in Ansehung dieses Mangels als genehmigt.
(4) Zur Erhaltung der Rechte des Käufers genügt die rechtzeitige Absendung der Anzeige.
(5) Hat der Verkäufer den Mangel arglistig verschwiegen, so kann er sich auf diese Vorschriften nicht berufen.

Für die **Mängelrüge** besteht keine Formvorschrift, sie sollte aus Beweisgründen schriftlich mit einer Auflistung der Mängel verfasst werden. Hält der Käufer die Rügefristen nicht ein, verliert er seine Rechte.

Eine **vertragliche Verlängerung der Rügefristen** ist bei zweiseitigem Handelskauf möglich (▸ Kapitel 3.4). Die gesetzliche Frist darf, auch in den AGB, nicht unterschritten werden (vgl. § 475 Abs. 2 BGB).

Aufbewahrungspflichten

Mangelhafte Ware muss bei **Distanzkauf** aufbewahrt und dem Verkäufer zur Verfügung gestellt werden können (vgl. § 139 Abs. 1 HGB). Für die Kosten der Aufbewahrung muss der Verkäufer aufkommen.

Bei **Platzkauf** kann die Ware sofort zurückgegeben werden.

Leicht verderbliche Ware kann im Rahmen eines **Notverkaufs** auf Rechnung des Verkäufers versteigert werden (auch ▸ Kapitel 4.4.2). Waren mit einem Börsen- oder Marktpreis kann der Käufer durch einen dazu ermächtigten Handelsmakler verkaufen lassen (vgl. § 379 Abs. 2 HGB).

Der Verkäufer kann die Erfüllung der Rechte, die dem Käufer wegen **Mangelhaftigkeit** der Kaufsache zustehen verweigern, wenn sie verjährt sind (**Verjährungseinrede**). Beim zweiseitigen Handelskauf können die Verjährungsfristen vertraglich (z. B. in den AGB ▸ Exkurs in Kapitel 3.1.5) verkürzt werden. (Für den Verbrauchsgüterkauf gilt dies nicht.)

Rechtsmängel

Ein **Rechtsmangel** nach §435 BGB liegt vor, wenn dem Käufer die rechtliche **Möglichkeit zur uneingeschränkten Nutzung** durch Rechte Dritter nicht gegeben ist. Dies können neben öffentlich-rechtlichen Beschränkungen oder auch gewerbliche Schutzrechte sein.

BEISPIEL

Rechtliche Beschränkungen der uneingeschränkten Nutzung
- örtliche Baubeschränkung (öffentlich-rechtliche Beschränkung)
- Patente, Gebrauchs- oder Geschmacksmuster, Warenzeichen (gewerbliche Schutzrechte)

Kann der Käufer eines Grundstücks wegen eines Rechtsmangels ein Wege- oder Leistungsrecht nicht mit übernehmen, schmälert das für ihn den Wert des Grundstücks. Das kann z. B. durch eine Minderung des Kaufpreises ausgeglichen werden.

4.1.2 Zweistufigkeit der Gewährleistung

Das Kaufrecht sieht einheitliche Konsequenzen für Sach- und Rechtsmängel vor:

Weist die verkaufte Sache einen Mangel auf, kann der Käufer die Rechte Nacherfüllung, danach Rücktritt vom Vertrag und Minderung oder Schaden- und Aufwendungsersatz geltend machen. Die Struktur der Mängelhaftung nach Kaufrecht ist ein **abgestuftes Gewährleistungssystem**.

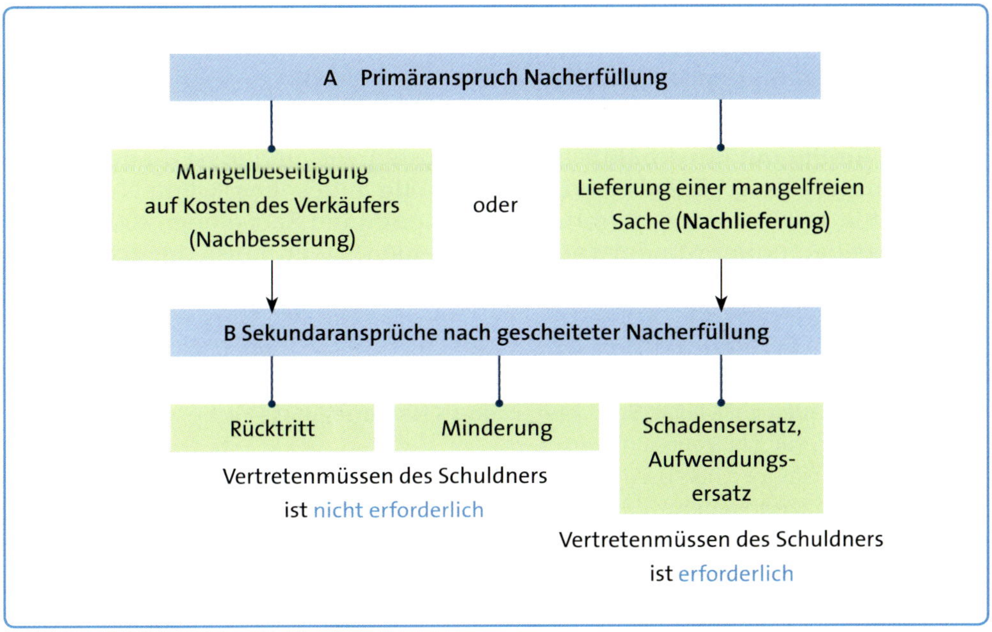

Abb. Struktur der Mängelhaftung nach Kaufrecht

MERKE

Ausschluss von Gewährleistungsrechten
Beim **bürgerlichen Kauf** (► Kapitel 3.2) können Gewährleistungsansprüche ausgeschlossen werden.

A Erste Stufe der Gewährleistung: Nacherfüllung

Im Falle der Lieferung einer mangelhaften Sache ist die **Nacherfüllung nach Wahl** des Käufers auf Kosten des Verkäufers der **vorrangige Anspruch (Primäranspruch)**. Grundsätzlich kann er dabei wählen zwischen:

- Beseitigung des Mangels (**Nachbesserung**) oder alternativ
- Lieferung einer mangelfreien Sache (**Nachlieferung**). Bei Nachlieferung kann der Verkäufer im Gegenzug die Rückgabe der mangelhaften Sache verlangen.

Abb. Nachlieferung

Der Käufer hat den **Anspruch auf zweimalige Nacherfüllung**. Die für die Nacherfüllung anfallenden Kosten z. B. Transport-, Wege-, Arbeits- und Materialkosten hat der Verkäufer zu tragen (vgl. § 439 Abs. 2 BGB).

Der Verkäufer kann die vom **Käufer gewählte Art der Nacherfüllung ablehnen**, wenn sie für ihn mit unverhältnismäßigen Kosten verbunden ist. In der gängigen Rechtsprechung wird als **unverhältnismäßig** angesehen, wenn Nacherfüllungskosten 150 Prozent des Wertes der mangelfreien Sache oder 200 Prozent des mangelbedingten Minderwertes übersteigen. Dann muss der Käufer die alternative Art der Nacherfüllung akzeptieren.

Nacherfüllungsalternativen

BEISPIEL

- Erwirbt der Käufer ein Unikat (Stückkauf) kann als Nacherfüllung nur Nachbesserung in Frage kommen.
- Liefert der Verkäufer einen Tisch statt eines Stuhls kann als Nacherfüllung nur Nachlieferung in Frage kommen.
- Wird zu wenig geliefert kann als Nacherfüllung nur Nachlieferung der tatsächlich geschuldeten Sache in Frage kommen.

© MEV Verlag GmbH

Die Nacherfüllung ist **an dem Ort zu erbringen**, wo sich die Kaufsache befindet. In der Regel ist das am Wohnsitz des Käufers.

Achtung: Die **Selbstvornahme der Nacherfüllung** führt im Kaufrecht nach den §§ 275 und 326 BGB zum Erlöschen des Anspruchs, weil der Käufer dem Verkäufer die Nachbesserung unmöglich gemacht hat.

Scheitert die Nacherfüllung nach **zwei erfolgslosen Versuchen** kann der Käufer die weiteren Gewährleistungsansprüche (**Sekundäransprüche**) geltend machen.

Inanspruchnahme von Sekundäransprüchen

MERKE

Will der Käufer diese in Anspruch nehmen, muss er dem Verkäufer grundsätzlich erst eine angemessene Frist zur Nacherfüllung gesetzt haben und diese Frist muss erfolglos abgelaufen sein (vgl. § 323 BGB).

Der Käufer kann die Sekundäransprüche Rücktritt und Minderung bei einem Mangel der Kaufsache jedoch erst erklären, wenn dem Händler **ausreichend Gelegenheit zur Nachbesserung** gegeben wurde.

BEISPIEL

Nachfristen

Der Käufer eines Fernsehgerätes entscheidet sich für die Nachbesserung.
Er setzt dem Verkäufer dazu eine angemessene Frist. Da durch die Nachbesserung der Mangel nicht beseitigt wird verlangt der Käufer nun vom Verkäufer die Nachlieferung eines mangelfreien Gerätes. Hierzu muss er dem Verkäufer wiederum eine angemessene Frist setzen.

Ein **Ausschluss der Nacherfüllung** ist gegeben, wenn:

- die gesetzte angemessene Frist zur Nacherfüllung erfolglos abgelaufen ist,
- der Verkäufer von vornherein die Nacherfüllung verweigert (vgl. § 440 Satz 1 BGB),
- die Nacherfüllung unmöglich ist (vgl. § 275 Abs.1 BGB) oder
- Nacherfüllung für den Käufer unzumutbar ist.

Abb. Fristsetzung

In Folge des Ausschlusses der Nacherfüllung kann der Käufer nun die weiteren nachrangigen und in § 437 BGB geregelten Gewährleistungsansprüche geltend machen.

B Zweite Stufe der Gewährleistung: Rücktritt, Minderung, Schadensersatz

Rücktritt

Wenn der Anspruch auf Nacherfüllung nicht realisiert wird, kann der Käufer, sofern es sich nicht um einen geringfügigem Mangel handelt (vgl. § 323 Abs. 4 Satz 2 BGB), vom Kaufvertrag zurücktreten.

Voraussetzung: Eine **Fristsetzung** muss nach § 323 Abs. 1 BGB) erfolgt sein.

Bei Unmöglichkeit der Nacherfüllung, Verweigerung der Nacherfüllung, fehlgeschlagener Nacherfüllung und Unzumutbarkeit der Nacherfüllung ist die **Fristsetzung entbehrlich**.

Der Käufer muss für die **Fristsetzung** gegenüber dem Verkäufer formlos erklären, dass er wegen der Mängel vom Vertrag zurücktritt. Im Rahmen des **Rückabwicklungsverhältnisses** hat der Käufer die Ware an den Verkäufer zurückzugeben und der Verkäufer hat dem Käufer den Kaufpreis zu erstatten.

Es ist keine Nachfrist notwendig bei:

- **Unmöglichkeit** der Nacherfüllung (vgl. § 275 BGB),
- **Verweigerung** durch den Verkäufer (vgl. § 440 BGB),
- **zwei fehlgeschlagenen** Nacherfüllungsversuchen,
- **Unzumutbarkeit** für den Verkäufer bzw. Käufer (vgl. § 440 BGB) oder
- **kalendermäßiger Bestimmung** des Liefertermins (▸ Kapitel 4.2.1)

Minderung

Bei der **Minderung ist der Kaufpreis in dem Verhältnis herabzusetzen**, in dem der Wert der Sache zum Zeitpunkt des Vertragsabschlusses in mangelfreiem Zustand zum wirklichen Wert gestanden hätte. Die Minderung ist, soweit erforderlich, durch Schätzung zu ermitteln.

Berechnung des geminderten Preises

BEISPIEL

Herr Belesen kauft für sein Arbeitszimmer einen antiken Bücherschrank von einem Möbelhändler für 5.000,00 Euro. Nach Gefahrenübergang stellt sich heraus, dass der Schrank an der Innenseite einer Tür beschädigt ist. Unbeschädigt wäre er nach Sachverständigengutachten 4.500,00 Euro wert, aufgrund der Beschädigung beträgt sein Wert jedoch nur 4.000,00 Euro.

$$\text{geminderter Preis} = \frac{\text{wirklicher Wert} \cdot \text{vereinbarter Preis}}{\text{Wert ohne Mangel}} = \frac{4.000{,}00 \cdot 5.000{,}00}{4.500{,}00} = \underline{\underline{4444{,}44 \text{ Euro}}}$$

Hat der Käufer mehr als den geminderten Kaufpreis gezahlt, so ist der **Mehrbetrag vom Verkäufer zu erstatten** (vgl. § 441 Abs. 3f. BGB).

Entsprechend hat der Verkäufer dem Käufer die **Differenz des gezahlten Kaufpreises zum geminderten Preis** zu erstatten. Im Beispiel oben hat der Verkäufer dem Käufer 555,56 Euro zu erstatten.

Die Minderung ist gegenüber dem Verkäufer durch **formlose Erklärung** (vgl. § 441 Abs. 1 Satz 1 BGB) geltend zu machen. Die Gewährleistungsansprüche bleiben unbeschadet von der Minderung weiterhin bestehen.

Die Gewährleistung von Schadensersatz wird der Komplexität wegen in einem eigenen, dem folgenden Unterkapitel behandelt.

4.1.3 Schadensersatz

Der Verkäufer haftet nicht nur für Schäden des mangelhaften Kaufgegenstandes selbst, sondern auch für die so genannten **Mangelfolgeschäden**. Das sind Schäden, die aufgrund der Mangelhaftigkeit an anderen Sachen oder Personen eingetreten sind, wenn beim Verkäufer ein Verschulden vorliegt.

Die **Verantwortlichkeit (das Verschulden) gemäß § 276 BGB** liegt vor, wenn der Unternehmer:

- **vorsätzlich handelt** (»mit Absicht«),
- **fahrlässig handelt** (»wer die im Verkehr erforderliche Sorgfalt außer Acht lässt«),
- **eine Garantie abgibt** (»Dafür stehe ich ein«, »Garantieerklärung« ► Kapitel 3.3.2),
- **das Beschaffungsrisiko trägt** (z. B. bei Gattungsschulden) und aufgrund dessen ein Schaden für den Verbraucher entsteht.

Abb. Sorgfalt beachten

Generell wird in materielle und immaterielle Schäden unterschieden:

Materielle Schäden	Immaterielle Schäden
Vermögensschäden sind alle Beeinträchtigungen von in Geld bewertbaren Gütern. Der Schaden ist genau belegbar.	**Nachteile oder Schädigungen**, die sich nicht als Vermögensverluste berechnen lassen.
Beim Deckungskauf ist es der **Mehrpreis oder sonstige Auslagen** wie Telefongebühren, Portokosten, entgangener Gewinn usw.	**Persönlichkeitsrechtsverletzungen** (Rufschädigung)

Tab. Materielle und immaterielle Schäden

Schadensersatz neben der Leistung

Entstandene Schäden können unabhängig von einer später erfolgreich durchgeführten oder auch gescheiterten Mangelbeseitigung und als so genannter **einfacher oder »kleiner« Schadensersatz** auf der Basis des § 280 BGB neben der Leistung, also neben der Nacherfüllung, geltend gemacht werden.

»Kleiner« Schadensersatz	»Großer« Schadensersatz
Der Gläubiger behält die erbrachte Teilleistung und verlangt Schadensersatz statt der Leistung nur in Bezug auf den ausgebliebenen Teil.	Der Gläubiger gibt bereits erhaltene (qualitative oder quantitative) Teilleistung(en) zurück und verlangt Schadensersatz in Bezug auf die gesamte Leistung (vgl. § 281 Abs. 1 Satz 2 BGB).

Tab. Kleiner und Großer Schadensersatz

MERKE

Schadensersatz neben der Leistung
Hierunter fällt ein Schaden der während des Verzugs mit der noch geschuldeten Leistung eintritt (kleiner Schadensersatz).

Schadensersatz statt der Leistung

Bei Schadensersatz statt der Leistung hat der Käufer das Interesse an der Leistung (den Primäranspruch) verloren und **begehrt statt dessen Schadensersatz**. Dem Schuldner kann hier grundsätzlich eine Frist zur Nacherfüllung gewährt werden.

Voraussetzungen für Schadensersatz statt Leistung:

- **Pflichtverletzung** liegt vor,
- **Frist zur Nacherfüllung ist verstrichen** oder ggf. Entbehrlichkeit der Frist gemäß der §§ 281 Abs. 2, 440 BGB,
- der Mangel ist nicht von dem Käufer zu vertreten (**Beweislastumkehr**) oder
- bei ggs. Verträgen ist u. U. **Vertragstreue des Gläubigers** gegeben (vgl. § 242 BGB).

© bluedesign – Fotolia.com

MERKE

Schadensersatz statt Leistung
Hierunter fällt ein Schaden, der an die Stelle der endgültig weggefallenen Leistung tritt (großer Schadensersatz). Bei geringfügigen Mängeln ist allerdings ein solcher Schadensersatz ausgeschlossen.

Der Käufer kann aufgrund mangelhafter Nachbesserung und/oder Nachlieferung (mangelhafte Nacherfüllung) gemäß § 281 Absatz 1 Satz 1 BGB Schadensersatz statt Leistung wegen nicht oder nicht wie geschuldet erbrachter Leistung unter der Voraussetzung fordern, dass er eine **Frist zur Nacherfüllung** (soweit erforderlich) gesetzt hatte und diese erfolglos abgelaufen ist.

URTEIL

Bestimmungen für eine Fristsetzung bei Schadensersatz statt Leistung

Der Bundesgerichtshof hat über die Anforderungen an die Bestimmung einer Frist zur Nacherfüllung bei Geltendmachung von Schadensersatz nach § 281 Abs. 1 BGB entschieden, «dass es für die erforderliche Fristsetzung ausreicht, wenn der Käufer den Verkäufer auffordert, den Mangel «umgehend« zu beseitigen. Die Angabe eines bestimmten (End-) Termins oder Zeitraums ist für die Bestimmung einer angemessenen Frist nicht erforderlich. Eine Frist ist ein bestimmter oder bestimmbarer Zeitraum. Mit der Aufforderung zur umgehenden Nacherfüllung wird eine zeitliche Grenze gesetzt, die aufgrund der jeweiligen Umstände des Einzelfalls bestimmbar ist. Dem Zweck der Fristsetzung, dem Schuldner vor Augen zu führen, dass er die Leistung nicht zu einem beliebigen Zeitpunkt erbringen kann, sondern dass hierfür eine zeitliche Grenze besteht, wird auf diese Weise hinreichend Genüge getan.«

BGH-Urteil des VIII. Zivilsenats vom 12.8.2009 – VIII ZR 254/08

BEISPIEL

Kosten einer Ersatzvornahme durch den Gläubiger

Das Ehepaar Koch kauft sich eine neue Küche inklusive Montage im Möbelhaus Schöner Leben GmbH in Köln. Sie wird im Februar geliefert und montiert. Dabei treten Montagemängel auf. Als diese im April noch nicht behoben sind, beauftragt das Ehepaar ein anderes Unternehmen mit der Mangelbehebung und verlangt mit Recht Ersatz der diesbezüglichen Kosten von dem Möbelhaus.

Daraus folgt: Der Verkäufer haftet auch für den Differenzbetrag, den der Käufer zahlen muss, wenn er sich eine mangelfreie Sache bei einem Mitbewerber zu einem höheren Betrag beschafft **(Mehrkosten bei einem Deckungskauf)**.

Ersatz vergeblicher Aufwendungen

Anstelle des Schadensersatz statt Leistung kann der Käufer **Ersatz der Aufwendungen** verlangen, die er im Vertrauen auf den Erhalt der Leistung (Kaufsache) gemacht hat und billigerweise (üblicherweise) machen durfte (vgl. § 284 BGB).

MERKE

Vergebliche Aufwendungen

Hierunter fallen Aufwendungen, die für den Käufer deshalb nutzlos geworden sind weil die Kaufsache nicht an ihn, den Käufer, geliefert wurde.
Die Aufwendungen können durch einen wirtschaftlichen, ideellen oder konsumtiven Zweck begründet sein.

Vergebliche Aufwendungen

BEISPIEL

Im Vertrauen auf die korrekte Lieferung einer Fertiggarage durch den beauftragten Bauunternehmer hat der Käufer den Weg zu seiner Baustelle pflastern lassen, um dem Bauunternehmer eine reibungslose Anfahrt zu ermöglichen.

Wird der Zweck **ohne die Pflichtverletzung des Schuldners nicht erreicht**, besteht der Anspruch auf einen Ersatz vergeblicher Aufwendungen jedoch nicht.

Die Gewährleistungsrechte Rücktritt, Minderung und Schadensersatz als zweite Stufe der Gewährleistung kann der Käufer nur **in Folge des Ausschlusses der Nacherfüllung** (erste Stufe der Gewährleistung) geltend machen.

Voraussetzung	Lieferung mangelhafter Ware	
erfüllte Pflichten des Käufers	▸ Überprüfung der Ware (Kaufmann) ▸ Einhaltung der Rügefristen ▸ Aufbewahrung bei Distanzkauf	
Vorrangige Rechte (Wahlrechte) bei Pflichtverletzung des Verkäufers	Mangelbeseitigung auf Kosten des Verkäufers	Nachlieferung einer mangelfreier Sache
Nachrangige Rechte bei Nichterfüllung vorrangiger Rechte	Rücktritt und ggf. Schadensersatz für verzugsbedingte Schäden	Schadensersatz statt der Leistung oder Ersatz vergeblicher Aufwendungen

Tab. Überblick Rechte bei Schlechterfüllung und Gewährleistung

4.2 Lieferungsverzug

Der Verzug ist eine **Pflichtverletzung in zeitlicher Hinsicht durch Leistungsverspätung** (vgl. § 280 Abs. 2 BGB). Der Schuldner erbringt die fällige noch mögliche und einredefreie Leistung verspätet.

4.2.1 Voraussetzungen für den Schuldnerverzug

Voraussetzung für den Schuldnerverzug ist zunächst, dass eine **Leistungsverpflichtung des Schuldners** aufgrund eines gesetzlichen oder eines vertraglichen Schuldverhältnisses **besteht**.

- Die Leistung muss, wenn auch verspätet, vom Schuldner **nachholbar** sein.

- Im Falle der **Unmöglichkeit der Leistung** ist die Leistungspflicht nach § 275 BGB ausgeschlossen, so dass der Schuldner **nicht in Verzug** kommen kann. Beispiel: Ein totes Pony kann nicht mehr an den neuen Eigentümer übergeben werden. (Der **Unterschied zwischen Unmöglichkeit und Verzug** besteht darin, dass das Leistungshindernis bei Unmöglichkeit dauerhafter Natur ist, während es bei Verzug lediglich vorübergehend ist.)
- Die **Leistungspflicht muss fällig** sein. Die Fälligkeit des Leistungsanspruchs ergibt sich z. B. aus einem von den Vertragsparteien vereinbaren Fälligkeitszeitpunkt. Dabei werden unbestimmte von bestimmten Fälligkeitsansprüchen unterschieden.

unbestimmt	bestimmt
▸ Lieferung sofort ▸ demnächst ▸ bald	▸ ab Anfang Juni ▸ frühestens Sommer ▸ Lieferung ab 01.11.20...

Tab. Fälligkeitsansprüche

Wenn sich weder aus einer Vertragsabrede oder aus sonstigen Umständen etwas anderes ergibt müssen alle **Leistungen grundsätzlich sofort** erbracht werden (vgl. § 271 BGB).

BEISPIEL

kalendermäßig bestimmter Liefertermin
- Lieferung bis zum 01.07.20...
- Lieferung spätestens bis Ablauf 32. Kalenderwoche
- Lieferung in der 20. Kalenderwoche
- Lieferung bis Ende August
- Lieferung im Laufe des Monats Juli 20...

kalendermäßig bestimmbarer Liefertermin
- Lieferung 14 Tage nach Bestelldatum
- Lieferung 10 Tage nach Rechnungserhalt
- Lieferung ab 01.11.20...
- Lieferung 3 Wochen nach Zugang der Bestellung

© MEV Verlag GmbH

Bei **kalendermäßig bestimmtem oder bestimmbarem Termin** gilt der aus dem Kalender ablesbare oder bestimmbare Termin als Fälligkeitszeitpunkt.

MERKE

Überschreitung des Fälligkeitstermins
Die Überschreitung eines vereinbarten Fälligkeitstermins alleine begründet noch nicht den Schuldnerverzug.

Voraussetzungen

Fälligkeit der Lieferung (§ 271 I BGB)

Ist eine Zeit für die Leistung weder kalendermäßig bestimmt bzw. bestimmbar, noch aus den Umständen zu entnehmen, so kann der Gläubiger die Leistung sofort verlangen, der Schuldner sie sofort bewirken.

Mahnung nach Fälligkeit (§ 286 BGB)

Der Verzug tritt mit Zugang der Mahnung ein!

Es ist keine Mahnung notwendig, wenn:
- **Lieferzeitpunkt kalendermäßig bestimmt** oder **bestimmbar** ist (§ 286 II Nr. 1 und Nr. 2 BGB)
- insbesondere bei **Fix-** oder **Zweckkauf** (§ 323 I und II Nr. 2 BGB)
- **»Selbstinverzugsetzung«** des Verkäufers (§ 286 II Nr. 3 BGB)
- **aus besonderen Gründen** der sofortige Eintritt des Verzugs gerechtfertigt ist (§ 286 II Nr. 4 BGB)

Verschulden des Lieferers (§ 286 IV BGB, § 276 BGB)

Verschulden ist grundsätzlich gegeben bei:
- **Fahrlässigkeit:** d. h., der Verkäufer **lässt die erforderliche Sorgfalt außer Acht**
- **Vorsatz:** Verkäufer liefert mit Wissen und Wollen (absichtlich) nicht rechtzeitig

Ausnahme: Kein Verschulden bei höherer Gewalt (Naturkatastrophen, Streik). Bei Gattungswaren ist ein Verschulden des Verkäufers nicht nachzuweisen.

Nachholbarkeit der geschuldeten Leistung (§ 275 I BGB)

Die geschuldete Leistung kann trotz Verzug noch erbracht werden (d. h., Lieferungsverzögerung ist nur vorübergehend).

Ausnahme: Ist dies nicht der Fall, so liegt eine Unmöglichkeit der Leistung vor (§ 283 BGB) (begründet Schadensersatzanspruch des Käufers).

Abb. Voraussetzungen des Lieferungsverzuges

Weitere Voraussetzungen für den Schuldnerverzug:

1. Keine Einrede

Dem Anspruch darf keine Einrede gegen die Leistungspflicht des Schuldners (z. B. des nicht erfüllten Vertrages) entgegenstehen.

2. Mahnung oder Termin

Der Gläubiger muss den Schuldner **nach Fälligkeit der Leistung mahnen**, wenn sich der Termin für die Leistungsverpflichtung des Schuldners nicht nach dem

Kalender bestimmen lässt. Mit Erhalt der Mahnung wird der Schuldner erst in Verzug gesetzt (vgl. § 286 BGB, ▸ Kapitel 4.3.1).

3. Entbehrliche Mahnung – die Mahnung ist nicht erforderlich, wenn

- die Leistungszeit nach dem Kalender bestimmt ist (vgl. § 286 Abs. 2 Nr. 1 BGB); in diesem Fall fallen Fälligkeit und Verzug auf einen Termin; Beispiel: »Lieferung am 10.03.« – wenn die Leistung am 10.03. erbracht werden soll, kommt der Schuldner ohne Mahnung in Verzug (Erforderlich dafür ist, dass sich der Termin ausschließlich nach dem Kalender bestimmen lässt.),
- der Leistungserbringung ein Ereignis vorauszugehen hat und eine angemessene Zeit für die Leistung bestimmbar ist, und dass sie sich von dem Ereignis an nach dem Kalender berechnen lässt (vgl. § 286 Abs. 2 Nr. 2 BGB),
- sich zum Zeitpunkt des Vertragsabschlusses der genaue Termin noch nicht nach dem Kalenderdatum festlegen lässt; Beispiel: »4 Wochen nach Abruf«,
- der Schuldner die Leistung ernsthaft und endgültig verweigert (vgl. § 286 Abs. 2 Nr. 3 BGB) oder
- »aus besonderen Gründen unter Abwägung der beiderseitigen Interessen der sofortige Eintritt des Verzugs gerechtfertigt ist« (vgl. § 286 Abs. 2 Nr. 4 BGB). Das sind Pflichten, deren Erfüllung besonders eilig ist (Beispiel: Reparatur eines Wasserrohrbruches).

4. Fix- oder Terminkauf

Hat die Lieferung zu einem genau bestimmten Zeitpunkt zu erfolgen (z. B. »genau am«, »Frist zum ...«, »bis 13. Juni fest« oder »Lieferung am 04. August fix« handelt es sich um ein **Fixgeschäft** (vgl. § 323 Abs. 2 BGB) oder um ein **Fixhandelsgeschäft** (vgl. § 376 HGB). Beim Fixhandelsgeschäft unter Kaufleuten muss zudem Einigkeit der Parteien darüber herrschen, dass der Vertrag bei Nichteinhaltung der Lieferzeit seine Rechtsgültigkeit verliert.

Besteht eine solche »**Fixklausel**« und der Verkäufer liefert nicht, verliert der Vertrag durch die Nichterfüllung seine Wirkung. Eine **spätere Lieferung** hat keine von Schuld befreiende Wirkung. Handelt es sich dabei um ein zweiseitiges Handelsgeschäft, kann der Käufer ohne Mahnung und ohne Fristsetzung **vom Vertrag zurücktreten (vgl. § 376 HGB)**. Mahnung und Nachfrist sind bei einem Fix- oder Terminkauf nicht notwendig. Beispiel: Auftrag für ein Feuerwerk in der Nacht vom 31.12.201... Lieferung am 02.01.201...

5. Vertretenmüssen

Der Schuldner muss die Leistungsverzögerung zu vertreten haben (vgl. § 286 Abs. 4 BGB). Hier sind als Gründe insbesondere **Vorsatz und Fahrlässigkeit** (vgl. § 276 BGB) des Schuldners zu nennen. Nach demselben Paragrafen gibt es die Möglichkeit, ein Vertretenmüssen **auch ohne Verschulden** anzunehmen, wenn der Schuldner beispielsweise eine **Garantie** (▸ Kapitel 3.3.2) für die Einhaltung der vereinbarten Leistungszeit übernommen hat.

BEISPIEL

Nichtvertretenmüssen

- ein unverschuldeter Irrtum über die Leistungspflicht
- unverschuldete Hindernisse wie Krankheit
- Wohnortwechsel des Schuldners

Bei Verzögerungen, an denen den Schuldner kein Verschulden trifft, gerät er nicht in Verzug (z. B. bei höherer Gewalt ▸ LF 4.1, Kapitel B.2.3).

4.2.2 Rechtsfolgen des Schuldnerverzugs

Grundsätzlich ist der Schuldner mit Fristablauf weiterhin zur Leistung verpflichtet und haftet für die Erfüllung.

Bei **Lieferungsverzug kann der Käufer** zwischen verschiedenen Rechten wählen:

- weiterhin auf **Erfüllung (Lieferung)** bestehen,
- **zusätzlich Schadensersatz** für den durch die Verzögerung entstandenen Schaden verlangen (vgl. §§ 280 Abs. 2, 288 Abs. 4 BGB; **Schadensersatz neben der Leistung** ▸ Kapitel 4.1.3; **Verzugsschaden** ist der Schaden der dadurch entsteht, dass nicht fristgemäß, sondern verspätet geliefert wird),
- die Leistung ablehnen und **Schadensersatz statt der Leistung** (▸ Kapitel 4.1.3) verlangen, wenn die zusätzlichen Voraussetzungen der Paragrafen §§ 281–283 BGB vorliegen,
- **Rücktrittsrecht** – der Gläubiger kann vom Vertrag zurücktreten.

BGB

Rücktritt wegen nicht oder nicht vertragsgemäß erbrachter Leistung (§ 323 BGB)

(1) Erbringt bei einem gegenseitigen Vertrag der Schuldner eine fällige Leistung nicht oder nicht vertragsgemäß, so kann der Gläubiger, wenn er dem Schuldner erfolglos eine angemessene Frist zur Leistung oder Nacherfüllung bestimmt hat, vom Vertrag zurücktreten.

(2) Die Fristsetzung ist entbehrlich, wenn

1. der Schuldner die Leistung ernsthaft und endgültig verweigert,
2. der Schuldner die Leistung zu einem im Vertrag bestimmten Termin oder innerhalb einer bestimmten Frist nicht bewirkt und der Gläubiger im Vertrag den Fortbestand seines Leistungsinteresses an die Rechtzeitigkeit der Leistung gebunden hat oder
3. besondere Umstände vorliegen, die unter Abwägung der beiderseitigen Interessen den sofortigen Rücktritt rechtfertigen.

▸▸▸

(3) Kommt nach der Art der Pflichtverletzung eine Fristsetzung nicht in Betracht, so tritt an deren Stelle eine Abmahnung.
(4) Der Gläubiger kann bereits vor dem Eintritt der Fälligkeit der Leistung zurücktreten, wenn offensichtlich ist, dass die Voraussetzungen des Rücktritts eintreten werden.
(5) Hat der Schuldner eine Teilleistung bewirkt, so kann der Gläubiger vom ganzen Vertrag nur zurücktreten, wenn er an der Teilleistung kein Interesse hat. Hat der Schuldner die Leistung nicht vertragsgemäß bewirkt, so kann der Gläubiger vom Vertrag nicht zurücktreten, wenn die Pflichtverletzung unerheblich ist.
(6) Der Rücktritt ist ausgeschlossen, wenn der Gläubiger für den Umstand, der ihn zum Rücktritt berechtigen würde, allein oder weit überwiegend verantwortlich ist oder wenn der vom Schuldner nicht zu vertretende Umstand zu einer Zeit eintritt, zu welcher der Gläubiger im Verzug der Annahme ist.

Das **Rücktrittsrecht nach § 323 Absatz 1 BGB** setzt grundsätzlich voraus, dass der Gläubiger dem Schuldner eine angemessene Nachfrist setzt, bevor er zurücktreten kann.

Das **Rücktrittsrecht ist ausgeschlossen**, wenn der Gläubiger für die Umstände, die zu der Leistungsverzögerung geführt haben, zumindest überwiegend verantwortlich ist oder sich in Annahmeverzug (▸ Kapitel 4.4) befindet (vgl. § 323 Abs. 4 BGB).

Der **Anspruch auf die Leistung entfällt**, wenn der Käufer sich für Schadensersatz statt der Leistung entscheidet. Allerdings kann er nach Rücktritt vom Vertrag weiterhin Schadensersatz verlangen (vgl. § 325 BGB).

Während des Schuldnerverzuges unterliegt der Schuldner einer **Haftungsverschärfung**, da er nicht nur Vorsatz und Fahrlässigkeit zu vertreten hat. Er haftet wegen der Leistung auch für Zufall, es sei denn, der Schaden wäre auch bei rechtzeitiger Leistung eingetreten (vgl. § 287 BGB).

BEISPIEL

Haftungsverschärfung
Herr Mayer gibt den gemieteten Pkw nicht zum vereinbarten Datum zurück. Eine Woche später wird der Pkw Herrn Mayer ohne dessen Verschulden gestohlen. Trotz fehlenden Verschuldens haftet er dem Vermieter des Wagens auf Schadensersatz (vgl. § 287 BGB).

Um einem **Lieferungsverzug vorzubeugen** wird häufig eine **Konventionalstrafe (Vertragsstrafe)** als Druckmittel in Form einer bestimmten, zu zahlenden Geldsumme zwischen den Vertragspartnern vereinbart (vgl. §§ 339 ff. BGB).

Voraussetzungen	Rechte des Käufers
1. Fälligkeit der Leistung 2. Mahnung (Ausnahme: Fixgeschäft) 3. Verschulden des Lieferers	▸ Erfüllung ▸ Erfüllung und Schadensersatz (konkreter bzw. abstrakter Schadensersatz ▸ Rücktritt (nach angemessener Nachfrist) ▸ Schadensersatz wegen Nichterfüllung (nach angemessener Nachfrist) ▸ ggf. Konventionalstrafe

Tab. Überblick Lieferungsverzug

4.3 Zahlungsverzug

Der Zahlungsverzug ist genau wie der Lieferungsverzug ein **Schuldnerverzug**.

Der Schuldner befindet sich trotz Fälligkeit einer Forderung jedoch nicht automatisch im Verzug.

Leistet der Schuldner auf eine **Mahnung des Gläubigers** die nach dem Eintritt der Fälligkeit erfolgte nicht, so kommt er durch die Mahnung in Zahlungsverzug (▸ Kapitel 4.3.1), sofern er die Nichtleistung zu vertreten hat und **keine Verzugshindernde Einreden** bestehen.

Verzugshindernde Einreden

BEISPIEL

Einrede nach § 320 BGB »Wer aus einem gegenseitigen Vertrag verpflichtet ist, kann die ihm obliegende Leistung bis zur Bewirkung der Gegenleistung verweigern. [...]«
Einrede nach § 214 BGB »Nach Eintritt der Verjährung ist der Schuldner berechtigt, die Leistung zu verweigern. [...]«
Einrede nach § 273 BGB »Hat der Schuldner aus demselben rechtlichen Verhältnis, auf dem seine Verpflichtung beruht, einen fälligen Anspruch gegen den Gläubiger, so kann er, sofern nicht aus dem Schuldverhältnis sich ein anderes ergibt, die geschuldete Leistung verweigern, bis die ihm gebührende Leistung bewirkt wird (Zurückbehaltungsrecht). [...]«
Eine solche Einrede muss erhoben werden, um den Verzug auszuschließen.
Einrede nach § 771 BGB »Der Bürge kann die Befriedigung des Gläubigers verweigern, solange nicht der Gläubiger eine Zwangsvollstreckung gegen den Hauptschuldner ohne Erfolg versucht hat (Einrede der Vorausklage). [...]«

Die **angemahnte Entgeltforderung** muss auf einem gegenseitigen Vertrag beruhen. Die Rechnung ist die entsprechende Aufstellung über diese Forderung.

Anforderungen an eine Rechnung im Sinne des Schuldrechts:

- eine Rechnung muss schriftlich erfolgen,
- aus ihr muss ersichtlich sein, für welche Leistung das Entgelt gefordert wird,
- die betragsmäßig geforderte Summe muss benannt werden,
- die Rechnung muss zugehen,
- der Zugang kann vor dem Eintritt der Fälligkeit liegen.

(Formerfordernisse an eine Rechnung beschreibt der ▸ Exkurs in Kapitel 3.1.2)

4.3.1 Verzugseintritt

© MEV Verlag GmbH

Der Schuldner einer Entgeltforderung kommt spätestens dann in Verzug, wenn er nicht **innerhalb von 30 Tagen nach Fälligkeit und Zugang** einer Rechnung oder einer gleichwertigen Zahlungsaufstellung leistet.

Ist der **Zeitpunkt des Zugangs** der Rechnung oder Zahlungsaufstellung unsicher, kommt der Schuldner, der nicht Verbraucher ist (z. B. eine GmbH), spätestens **30 Tage nach Fälligkeit und Empfang der Gegenleistung** in Verzug (vgl. § 286 Abs. 3 BGB).

MERKE

Verzugseintritt für Verbraucher
Bei Entgeltforderungen entsteht Verzugseintritt innerhalb einer 30-Tages-Frist nach Rechnungszugang. Dies gilt für einen Verbraucher (i. S. v. § 13 BGB) nur, wenn er auf diese Folgen in der Rechnung oder Zahlungsaufstellung besonders hingewiesen worden ist.

Mit dem Zahlungsverzug entsteht dem Gläubiger das Recht **zusätzliche Verzugszinsen** zu verlangen.

BEISPIEL

Gesetzlicher Verzugseintritt
Die Frist läuft ab Rechnungseingang beim Schuldner am 01.04.20...
(gilt bei Verbrauchern nur bei entsprechendem Hinweis) – die Zahlung sollte nach der gesetzlichen Verzugsregelung nach 30 Tagen, also am 01.05.20..., erfolgen.
Aufgrund des gesetzlichen Feiertages am 01.05. ist die Zahlung gemäß § 193 BGB bis zum nächsten Werktag, dem 02.05.20..., fällig.
Zahlungsverzug besteht demnach ab dem 03.05.20...
Bei tatsächlicher Zahlung am 14.06.20... sind 42 Verzugstage entstanden.

© MEV Verlag GmbH

URTEIL

Hinweis BGH-Urteil Samstag ist kein Werktag

Der Samstag zählt nicht bei der Frist für Mietzahlungen bis zum dritten Werktag eines Monats. Im Interesse einheitlicher Handhabung gelte dies unabhängig von der Zahlungsweise – also nicht nur für Überweisungen.

(VIII ZR 291/09 und VIII ZR 291/09)

Verzug durch Mahnung

Durch eine **Mahnung**, also die an den Schuldner gerichtete eindeutige und bestimmte **Aufforderung die Leistung zu erbringen**, kann der Gläubiger den Schuldner einer fälligen Zahlung (Leistung) schon vor Ablauf der 30 Tage nach Fälligkeit in Verzug setzten (vgl. § 286 Abs. 3 BGB).

MERKE

Frühzeitiges Inverzugsetzen

In dem Fall einer ausgesprochenen Mahnung tritt der Verzug mit Ablauf des Tages ein, an dem die Mahnung dem Schuldner zugegangen ist.

Aus Beweisgründen empfiehlt sich für den **Zugang der Mahnung ein Einschreiben mit Rückschein** (▸ LF 4.1, Exkurs Kapitel B.2). Sollte die Mahnung durch normale Briefsendung erfolgen wird ein Zugang z. B. nach 3 Tagen unterstellt (fingiert), bei Faxversendung am folgenden Tag.

BEISPIEL

Zahlungsverzug durch Mahnung

Der Gläubiger versendet die Mahnung am 28.04. per Post mit normalem Brief bzw. per Fax am 30.04.20... Der Schuldner befindet sich dann gemäß § 193 BGB ab dem 03.05.20... in Verzug.

Es gibt **keine gesetzlichen Fristen für eine Mahnung**. Folgende Zeiträume haben sich jedoch in der Praxis durchgesetzt:

- Erste **Zahlungserinnerung** 14 Tage nach Rechnungsstellung.
- **Erste Mahnung** drei Wochen nach Rechnungsstellung.
- **Zweite Mahnung** 10 Tage nach der ersten Mahnung.
- **Dritte Mahnung** 7 bis 10 Tage nach der zweiten Mahnung.

Kaufmännisches Mahnverfahren

MERKE

Diese zeitliche Abfolge wird als kaufmännisches Mahnverfahren bezeichnet. Das kaufmännische Mahnverfahren hat keinen Einfluss auf die Forderungsverjährung (► Kapitel 3.4).

Reagiert der Schuldner auch auf die dritte Mahnung nicht, so kann der Gläubiger die **Zustellung eines Mahnbescheides** beantragen und so das **gerichtliche Mahnverfahren** (► Kapitel 4.5) eröffnen.

Entbehrlichkeit der Mahnung

Eine Mahnung ist wie beim Lieferungsverzug unter bestimmten Voraussetzungen entbehrlich. Der Schuldner befindet sich dann gemäß der in § 286 BGB genannten Gründe **in Verzug**.

Entbehrlichkeit der Mahnung bei kalendermäßiger Bestimmung (§ 286 Abs. 2 Nr. 1)

BGB

Entbehrlich ist die Mahnung, wenn eine Zeit nach dem Kalender bestimmt ist (z. B. exakte Kalenderdaten, Festlegung von Leistungszeiträumen wie 28. Kalenderwoche, Ende Mai).

Berechenbarkeit (§ 286 Abs. 2 Nr. 2)

Der Berechenbarkeit hat ein Ereignis vorauszugehen (z. B. 10 Tage nach Auktionsende bei einer Plattform wie ebay).

Ernsthafte und endgültige Erfüllungsverweigerung (§ 286 Abs. 2 Nr. 3)

Bei einer ernsthaften und endgültigen Erfüllungsverweigerung stellt eine Mahnung nur noch eine Formsache ohne Erfolgsaussichten dar.

Besondere Gründe (§ 286 Abs. 2 Nr. 4)

Zu den besonderen Gründen gehört das Sich-Entziehen vor der Mahnung (z. B. der Schuldner wandert aus).

Ebenso wie der Lieferungsverzug setzt der Zahlungsverzug ein **Vertretenmüssen** voraus (vgl. § 286 Abs. 4 BGB).

Die **Zahlung der Geldforderung** hat der Schuldner (gemäß § 270 Absätze 2 und 3 BGB) »auf seine Gefahr und Kosten« **am Wohnort bzw. an der gewerblichen Niederlassung** des Gläubigers zu erbringen.

Der Verzug einer geschuldeten Geldforderung endet mit **Wertstellung zugunsten des Gläubigers** bei seiner Bank bzw. durch Barübergabe des Geldbetrages.

Kostendeckung von Verzugsschäden MERKE

Der Schuldner trägt die Verantwortung für die fristgemäße Begleichung einer rechtmäßigen Forderung. Deshalb können Kosten die für die Eintreibung von Forderungen anfallen i. d. R. ab der zweiten Mahnung als Verzugsschaden und ab dem Zeitpunkt des Zahlungsverzuges gegen den Schuldner geltend gemacht werden.

Voraussetzung ist, dass die **Kosten dem Verzug des Schuldners direkt zugerechnet** werden können. Somit können z. B. Kosten für das Verfassen eines Mahnschreibens von unternehmenseigenen Mitarbeitern nicht als Verzugsschaden geltend gemacht werden.

Verzugsschäden BEISPIEL

Portokosten, Verzugszinsen, Kosten für einen beauftragten Rechtsanwalt, Gerichtskosten für einen Mahnbescheid (► Kapitel 4.5), Kosten für ein Mahnschreiben nach Eintritt des Verzuges (gerichtlich anerkannt sind hier 2,50 Euro pro Mahnung; die Kosten eines Rechtsanwalts sind dem anwaltlichen Inkassobüro gesondert zu erstatten)

4.3.2 Verzugszinsen

Der vom Schuldner zu zahlende gesetzliche Verzugszins auf die Hauptforderung errechnet sich aus dem so genannten **Basiszinssatz zuzüglich eines bestimmten Aufschlags**.

Dieser Basiszinssatz wird von der Deutschen Bundesbank **zweimal im Jahr** neu festgelegt, und zwar regelmäßig jeweils zum 1. Januar und zum 1. Juli (vgl. § 247 Abs. 1 Satz 2 BGB).

Gesetzliche Verzugszinsen MERKE

Bei Rechtsgeschäften, an denen ein Verbraucher beteiligt ist, beträgt der gesetzliche Zinssatz beim Schuldnerverzug 5 Prozentpunkte über dem Basiszinssatz (vgl. § 288 Abs. 1 BGB).

Die Verzugszinsen unter Kaufleuten betragen 9 Prozent. Zusätzlich kann der Gläubiger bei Eintritt des Verzuges eine Pauschale von 40 Euro vom Schuldner verlangen, solange dieser keine Privatperson ist. (§ 288 Abs. 2, 5, 6 BGB)

Starttermin für die **Zinsberechnung** (Von) ist der Folgetag des Fälligkeitstermins und der Endtermin der Tag der Leistung (Bis). Verzugszinsen werden taggenau nach der Effektivzinsmethode (act/act) und nicht nach der deutschen kaufmännischen Methode (30/360) berechnet.

Berechnung der Verzugzinsen

BEISPIEL

Fall 1

Unterstellt sei ein Basiszinssatz von 1,95 %. Ein Unternehmen kauft bei einem anderen Unternehmen Waren im Wert von 100.000,00 Euro. Kommt das Unternehmen 60 Tage in Zahlungsverzug, betragen die Verzugszinsen 1.800,00 Euro.

Lösung Fall 1

Forderung (100.000,00 Euro) · (Zinssatz (10,95)/100) · (Verzugstage (60)/365) =
1.800,00 Euro (Verzugszinsen)

Fall 2

Die Reiseverkehrskauffrau Christina gründet ihr eigenes Reisebüro. Zu diesem Zweck nimmt sie einen Betriebsmittelkredit auf. Da sie die Raten nicht pünktlich bezahlt kündigt ihr die Hausbank den Kredit am 15.11.2016. Die Bank fordert sie im Kündigungsschreiben auf, den gesamten Restbetrag von 10.000,00 Euro bis zum 31.12.2016 zurück zu zahlen. Unterstellt sei ein Basiszinssatz von 0,12 %.

Lösung Fall 2

Verzugszinssatz (nach BGB § 288 (2)) nF = 9,12 %
(10.000,00 Euro · 9,12 % / 100) bzw. (10.000,00 Euro · 9,12 % / 100 / 365 Tage) · 365 =
912,00 Euro (Verzugszinsen)

Den aktuellen Basiszins können Sie z. B. im Internet unter www.basiszins.de abfragen.

Der Unternehmer kann auch **höhere Verzugszinsen** u. a. in den folgenden Fällen geltend machen:

- **Vertragliche Vereinbarung** – In einem Vertrag wurden für den Fall des Verzugs höhere Verzugszinsen vereinbart.
- **Verlust von Anlagezinsen** – Der Gläubiger kann nachweisen, dass ihm durch die mangelnde Zahlung ein Zinsverlust entstanden ist, da er den Forderungsbetrag hätte anlegen können.
- **Aufwendung von Kreditzinsen** – Der Gläubiger kann nachweisen, dass es ihm aufgrund der ausstehenden Zahlung nicht möglich war mit dieser einen Kredit zu tilgen. In diesem Fall können die dadurch entstandenen Kreditzinsen geltend gemacht werden.

Die Verbuchung von Verzugszinsen beim Käufer

Zinsen die der Käufer zahlen muss weil er nicht rechtzeitig bezahlt (hat), stellen für ihn einen Zinsaufwand dar und erhöhen die Schuld an den Lieferanten. Die Buchung von Verzugszinsen lautet beim Käufer: **Verzugszinsen-Aufwand an Personenkonto des entsprechenden Lieferanten.**

Für den **Verkäufer stellen die Verzugszinsen einen Finanzertrag** dar. Sie erhöhen die Forderung gegen den Käufer. Die Verbuchung von Verzugszinsen lautet beim Verkäufer: **Personenkonto des entsprechenden Käufers an Verzugszinsenerträge.**

Die genauen Buchungsvorgänge können in ▸ Band Rechnungswesen, LF 5 nachgelesen werden.

Zinseszinsen von Verzugszinsen können grundsätzlich nicht dem Schuldner in Rechnung gestellt werden.

Voraussetzungen	Verzugszinsen
Schuldner zahlt nicht rechtzeitig	ab Fälligkeitstermin können Verzugszinsen verlangt werden
Kein Zahlungstermin vereinbart	ggf. Entbehrlichkeit der Mahnung
30 Tage nach Rechnungszugang	Verzugszinsen Einseitiger Handelskauf: Basiszins + 5 % Zweiseitiger Handelskauf: Basiszins + 9 %
Der Basiszinssatz wird von der Deutschen Bundesbank jeweils zum 1. Januar und zum 1. Juli eines Jahres neu festgelegt.	

Tab. Überblick Zahlungsverzug

Reagiert der Kunde auf eine Mahnung zur Zahlung in keiner Weise, kann der Antrag auf ein gerichtliches Mahnverfahren(▸ Kapitel 4.5) gestellt werden.

4.4 Annahmeverzug

Der Käufer ist **verpflichtet dem Verkäufer die gekaufte Sache abzunehmen** (vgl. § 433 Abs. 2 BGB).

Der Gläubiger kommt in **Annahmeverzug (Gläubigerverzug)**, wenn er die ihm angebotene Leistung nicht annimmt (vgl. § 293 BGB).

BEISPIEL

Annahmeverzug des Gläubigers

- unbekannter Aufenthaltsort des Gläubigers
- Ungewissheit über die Person des Gläubigers
- Verweigerung der Annahme der vom Schuldner angebotenen Leistung

© Gina Sanders – Fotolia.com

Beim **Gläubigerverzug (Annahmeverzug)** geht es um die Verletzung bloßer Obliegenheiten. Der Gläubiger sollte in seinem eigenen Interesse einen Annahmeverzug vermeiden, so dass er keine daraus resultierenden, negativen Folgen zu tragen hat.

Aufgrund der Pflichtverletzung (der unterlassenen Annahme) bestehen beim Gläubigerverzug **keine Schadensersatzansprüche oder Rücktrittsrechte des Schuldners**. Der Verzug hat für den Gläubiger als den Nichtannehmenden lediglich Rechtsnachteile.

Ausnahmen davon sind **Vertragstypen bei denen die Annahme als echte Rechtspflicht** besteht. Hierzu zählen z. B. **Kaufvertrag** (nach § 433 Absatz 2 BGB) und **Werkvertrag** (nach § 640 Absatz 1 BGB). Bei diesen Vertragsarten stellt der Annahmeverzug eine Pflichtverletzung dar (vgl. §§ 280 ff., 323 ff. BGB).

Dies bedeutet für den nicht annehmenden Käufer der Kaufsache, dass er sich **gleichzeitig mit seiner Abnahmepflicht in Schuldnerverzug** sowie als Gläubiger des Lieferanspruchs aus § 433 Absatz 1 Satz 1 BGB in Annahmeverzug befindet.

4.4.1 Voraussetzungen des Gläubigerverzuges

1. Erfüllbarer Anspruch des Gläubigers

Der Schuldner hat einen Anspruch (Leistungsberechtigung) entsprechend der vereinbarten bzw. gesetzlichen Leistungszeit leisten zu dürfen (vgl. § 271 BGB).

BEISPIEL

Familie Jung bestellt neue Möbel.
Als Liefertermin wird der 10. August vereinbart, da sie noch ihre Wohnung renovieren möchten. Der Möbelhändler kann nicht vor diesem Termin liefern.

© helix – Fotolia.com

2. Anbieten der geschuldeten Leistung durch den Schuldner

Tatsächliches Angebot (§ 294 BGB)
Der Schuldner muss alle ihm obliegenden Leistungshandlungen zur rechten Zeit (§ 271 BGB), am rechten Ort (§§ 269, 270 BGB), in rechter Weise (§ 243 Abs. 2 BGB) erbracht haben. Es liegt also ausschließlich am Gläubiger »nur noch zu zugreifen«.

BGB

Wörtliches Angebot (§ 295 BGB)
Der Gläubiger weigert sich vor dem tatsächlichen Anbieten der Leistung diese anzunehmen oder der Schuldner muss den Gläubiger vergeblich aufgefordert haben die geschuldete Sache abzuholen (mitwirkende Handlung, Zug-um-Zug des Gläubigers).

2. Anbieten der geschuldeten Leistung durch den Schuldner (Fortsetzung)

BGB

Angebot entbehrlich (§ 296 BGB)
Sofern der Gläubiger eine kalendermäßig fixierte Mitwirkungshandlung nicht erbringt, ist ein Angebot der Leistung entbehrlich.

BEISPIEL

Der Bauherr Meyer bestellt eine Fertiggarage
Er möchte bis zum vereinbarten Liefertermin am 28. Juli das notwendige Fundament selbst erstellen.
Der Fertiggaragenlieferant kommt am 27. Juli zur Baustelle und stellt fest, dass das zur Lieferung der Garage benötigte Fundament noch nicht fertig gestellt ist.

3. Leistungsvermögen des Schuldners

Der Schuldner muss im maßgeblichen Zeitpunkt **zur Leistung bereit und auch im Stande sein** (vgl. § 297 BGB). Ein vorübergehendes Leistungshindernis des Schuldners schließt den Gläubigerverzug aus.

4. Nichtannahme der Leistung durch den Gläubiger

Der **Gläubiger verweigert die Annahme** der Leistung (Grund bzw. Verschulden ist unerheblich, vgl. § 293 BGB) oder will nicht die vereinbarte Gegenleistung z. B. bei dem Zug-um-Zug-Geschäft erbringen (§ 298 BGB).

Rechtsfolgen des Gläubigerverzuges:

- Der Schuldner hat während des Annahmeverzuges nur **Vorsatz** und grobe **Fahrlässigkeit** zu vertreten (vgl. § 300 Abs. 1 BGB).
- Der Lieferer hat einen **Ersatzanspruch für seine Mehraufwendungen** (vgl. § 304 BGB).

MERKE

Grundsatz:
Die Leistungspflicht des Schuldners besteht fort. Von dieser kann er sich aber befreien: bei beweglichen Sachen durch Hinterlegung (vgl. § 372 ff. BGB) oder Versteigerung (vgl. § 383 BGB) und bei unbeweglichen Sachen durch Besitzaufgabe (vgl. § 303 BGB).

Bei einer Geldschuld muss der Schuldner bei einem Annahmeverzug des Gläubigers nach § 301 BGB keine Zinsen zahlen (**Wegfall der Verzinsung**).

4.4.2 Rechte des Schuldners (Verkäufers)

Aus dem Gläubigerverzug entstehen dem Verkäufer unterschiedliche Rechte.

A Klage auf Abnahme und Lagerung der Leistung

Die Leistungspflicht des Schuldners besteht fort. Der Verkäufer muss die Ware bis zur Abnahme durch den Kunden lagern. Die dafür anfallenden Kosten (z. B. Transport-, Lagerkosten) gehen zu Lasten des Käufers.

Abb. Lagerhaus

Unterschiede bei der Lagerung

BEISPIEL

Schuldner ist Kaufmann: Ordnungsgemäße Einlagerung in einem öffentlichen Lagerhaus oder in sonst sicherer Weise (vgl. § 373 HGB).
Schuldner ist Verbraucher: Geld, Wertpapiere und sonstige Urkunden sowie Kostbarkeiten kann der Schuldner bei einer dazu bestimmten öffentlichen Stelle (z. B. dem Amtsgericht) für den Gläubiger hinterlegen (vgl. § 372 BGB).

B Selbsthilfeverkauf

Nicht hinterlegungsfähige Sachen können versteigert werden. Der Erlös der Versteigerung kann dann hinterlegt werden (vgl. § 383 Abs. 1 Satz 1 BGB). Voraussetzung ist die **Androhung des Selbsthilfeverkaufes gegenüber dem Käufer (Warengläubiger)**. Dies ergibt sich aus den §§ 384 BGB und 373 Absatz 2 HGB: »Die Versteigerung ist erst zulässig, nachdem sie dem Gläubiger angedroht worden ist [...]« bzw. der Verkäufer »ist ferner befugt, nach vorgängiger Androhung die Ware öffentlich versteigern zu lassen.[...]« .

- beim **Notverkauf** – Selbsthilfeverkauf bei leicht verderblicher Ware. Er stellt die Ausnahme dar, da bei ihm eine Androhung entfällt.
- beim **Handelskauf** – Selbsthilfeverkauf unabhängig von der Art der Ware. Der Verkäufer »ist ferner befugt, nach vorgängiger Androhung die Ware öffentlich versteigern zu lassen [...]« (vgl. § 373 HGB).
- beim **Bürgerlichen Kauf** – Selbsthilfeverkauf nur für hinterlegungsfähige Waren. »Wenn der Verderb der Sache zu besorgen oder die Aufbewahrung mit unverhältnismäßigen Kosten verbunden ist.[...]« (vgl. § 383 BGB).

Möglichkeiten des Selbsthilfeverkaufes stellen die öffentliche Versteigerung und der freihändige Verkauf dar. Beide laufen nach einem festgelegten Durchführungsschema ab und für beide gelten festgelegte Regeln.

öffentliche Versteigerung
(bei Waren, die keinen Markt- oder Börsenpreis besitzen, i. d. R. Spezialanfertigungen)
▸ Schuldner hat Versteigerung am Leistungsort des Gläubigers stattfinden zu lassen (§ 383 Bas. 1 BGB), Ausnahme: »Ist von der Versteigerung am Leistungsort ein angemessener Erfolg nicht zu erwarten, so ist die Sache an einem geeigneten anderen Ort zu versteigern.[...] (§ 383 Abs. 2 BGB), ▸ Ort und Zeit sind dem Käufer vorher mitzuteilen, damit dieser selbst mit bieten kann (§ 384 Abs. 2 BGB, § 373 Abs. 5 HGB), ▸ Ort und Zeit der Versteigerung sind öffentlich bekannt zu geben (§ 383 Abs. 3 BGB) ▸ Käufer und Verkäufer können bei der Versteigerung mit bieten (§ 373 Abs. 4 HGB) ▸ die Versteigerung hat durch einen Gerichtsvollzieher oder durch einen öffentlich angestellten Versteigerer öffentlich zu erfolgen (§ 383 Abs. 3 BGB, § 373 Abs. 2 HGB) ▸ das Ergebnis der Versteigerung muss dem Käufer (Warengläubiger) unverzüglich mitgeteilt werden (§ 373 Abs. 5 HGB)

freihändiger Verkauf
(nur ausnahmsweise bei Sachen mit einem Börsen- oder Marktpreis, vgl. §§ 385 BGB, 373 Abs. 2 HGB)
▸ Verkauf muss durch einen zu solchen Verkäufen öffentlich ermächtigten Handelsmakler oder durch eine zu öffentlichen Versteigerungen befugte Person durchgeführt werden (§ 385 BGB, § 373 Abs. 2 HGB), ▸ Ort und Zeit des Verkaufs müssen dem säumigen Käufer mitgeteilt werden.
Besonderheit: Des weiteren kann auf die ordnungsgemäße Erfüllung des Kaufvertrages verzichtet und der Kaufvertrag im gegenseitigen Einvernehmen rückabgewickelt werden.

Der **Selbsthilfeverkauf erfolgt auf Rechnung des säumigen Käufers**, d. h. einen Mindererlös zwischen Rechnungsbetrag und Versteigerungserlös hat der Käufer zu ersetzen, ein etwaiger Mehrerlös ist ihm herauszugeben (vgl. § 373 Abs. 3 HGB).

4.5 Gerichtliches Mahnverfahren

Voraussetzung für einen Schuldnerverzug ist die **Mahnung** (▸ Kapitel 4.3.1), also die **Aufforderung des Gläubigers** an den Schuldner die vertraglich geschuldete Leistung zu erbringen.

BGB

Verzug des Schuldners (§ 286 BGB)
(1) Leistet der Schuldner auf eine Mahnung des Gläubigers nicht, die nach dem Eintritt der Fälligkeit erfolgt, so kommt er durch die Mahnung in Verzug. Der Mahnung stehen die Erhebung der Klage auf die Leistung sowie die Zustellung eines Mahnbescheids im Mahnverfahren gleich.

Ist die **außergerichtliche Mahnung erfolglos**, kann der Gläubiger **Klage auf die Leistung erheben** oder ein **gerichtliches Mahnverfahren einleiten**, sofern es sich um einen fälligen Anspruch auf Zahlung einer Geldsumme in Euro handelt.

Mahnantrag

Der **Antrag auf Erlass eines Mahnbescheids** muss mit dem entsprechenden Formular, durch einen adäquaten Datenträger oder durch Datenfernübertragung gestellt werden.

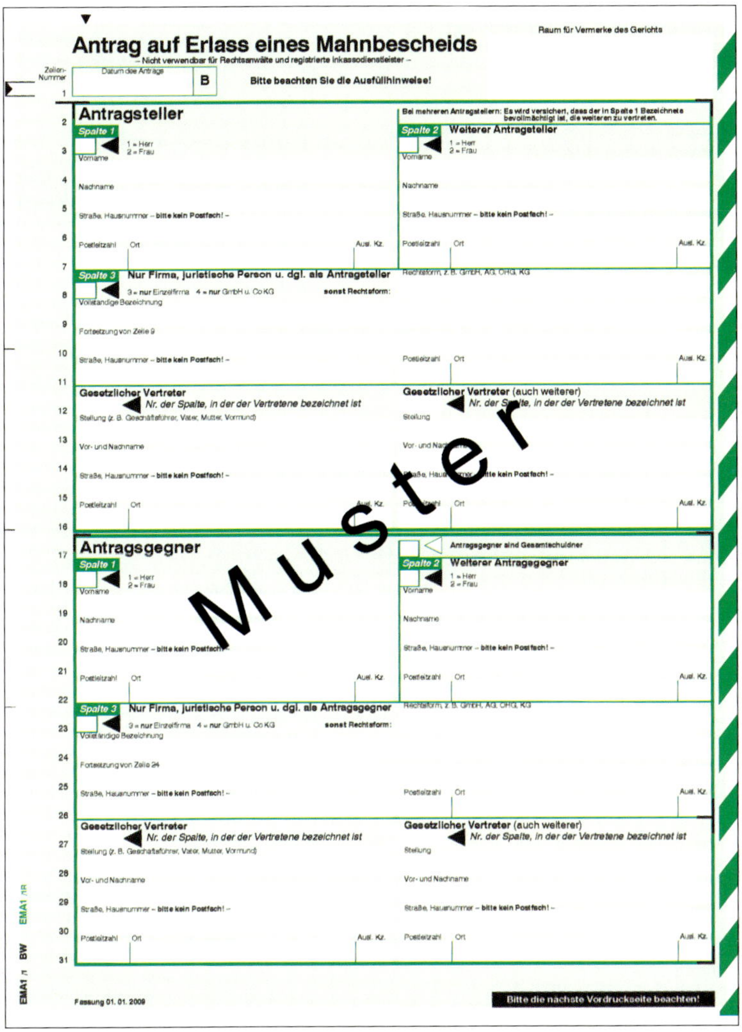

Raum für Vermerke des Gerichts

Antrag auf Erlass eines Mahnbescheids

– Nicht verwendbar für Rechtsanwälte und registrierte Inkassodienstleister –

Zeilen-Nummer

1 Datum des Antrags | B | **Bitte beachten Sie die Ausfüllhinweise!**

2 **Antragsteller** | **Bei mehreren Antragstellern: Es wird versichert, dass der in Spalte 1 Bezeichnete bevollmächtigt ist, die weiteren zu vertreten.**

Spalte 1 | **Spalte 2 Weiterer Antragsteller**

3 1 = Herr 2 = Frau; Vorname | 1 = Herr 2 = Frau; Vorname

4 Nachname | Nachname

5 Straße, Hausnummer – **bitte kein Postfach!** – | Straße, Hausnummer – **bitte kein Postfach!** –

6 Postleitzahl Ort Ausl. Kz. | Postleitzahl Ort Ausl. Kz.

7 **Spalte 3 Nur Firma, juristische Person u. dgl. als Antragsteller** | Rechtsform, z. B. GmbH, AG, OHG, KG

8 3 = **nur** Einzelfirma 4 = **nur** GmbH u. Co KG **sonst Rechtsform:**; Vollständige Bezeichnung

9 Fortsetzung von Zeile 9

10 Straße, Hausnummer – **bitte kein Postfach!** – | Postleitzahl Ort Ausl. Kz.

11 **Gesetzlicher Vertreter** | **Gesetzlicher Vertreter** (auch weiterer)

12 *Nr. der Spalte, in der der Vertretene bezeichnet ist*; Stellung (z. B. Geschäftsführer, Vater, Mutter, Vormund) | *Nr. der Spalte, in der der Vertretene bezeichnet ist*; Stellung

13 Vor- und Nachname | Vor- und Nachname

14 Straße, Hausnummer – **bitte kein Postfach!** – | Straße, Hausnummer – **bitte kein Postfach!** –

15 Postleitzahl Ort Ausl. Kz. | Postleitzahl Ort Ausl. Kz.

16

17 **Antragsgegner** | Antragsgegner sind Gesamtschuldner

Spalte 1 | **Spalte 2 Weiterer Antragsgegner**

18 1 = Herr 2 = Frau; Vorname | 1 = Herr 2 = Frau; Vorname

19 Nachname | Nachname

20 Straße, Hausnummer – **bitte kein Postfach!** – | Straße, Hausnummer – **bitte kein Postfach!** –

21 Postleitzahl Ort Ausl. Kz. | Postleitzahl Ort Ausl. Kz.

22 **Spalte 3 Nur Firma, juristische Person u. dgl. als Antragsgegner** | Rechtsform, z. B. GmbH, AG, OHG, KG

23 3 = **nur** Einzelfirma 4 = **nur** GmbH u. Co KG **sonst Rechtsform:**; Vollständige Bezeichnung

24 Fortsetzung von Zeile 24

25 Straße, Hausnummer – **bitte kein Postfach!** – | Postleitzahl Ort Ausl. Kz.

26 **Gesetzlicher Vertreter** | **Gesetzlicher Vertreter** (auch weiterer)

27 *Nr. der Spalte, in der der Vertretene bezeichnet ist*; Stellung (z. B. Geschäftsführer, Vater, Mutter, Vormund) | *Nr. der Spalte, in der der Vertretene bezeichnet ist*; Stellung

28 Vor- und Nachname | Vor- und Nachname

29 Straße, Hausnummer – **bitte kein Postfach!** – | Straße, Hausnummer – **bitte kein Postfach!** –

30 Postleitzahl Ort Ausl. Kz. | Postleitzahl Ort Ausl. Kz.

31

EMA1 /1 BW EMA1 /1R

Fassung 01. 01. 2009

Bitte die nächste Vordruckseite beachten!

Muster

Abb. Mahnbescheid (Muster)

Der **Mahnantrag** muss gemäß § 690 Absatz 1 ZPO **folgende Angaben** enthalten:

- die **Bezeichnung der Parteien**, ihrer gesetzlichen Vertreter und der Prozessbevollmächtigten;
- die **Bezeichnung des Gerichtes** bei dem der Antrag gestellt wird;
- die **Bezeichnung des Anspruches** unter bestimmter Angabe der verlangten Leistung; Haupt- und Nebenforderungen sind gesondert und einzeln zu bezeichnen, Ansprüche aus Verträgen gemäß den §§ 491 bis 504 des BGB auch unter Angabe des Datums des Vertragsschlusses und des nach den §§ 492 und 502 des BGB anzugebenden effektiven oder anfänglichen effektiven Jahreszinses;
- die **Erklärung, dass der Anspruch nicht von einer Gegenleistung abhängt** oder dass die Gegenleistung erbracht ist;
- die **Bezeichnung des** für ein streitiges Verfahren zuständigen **Gerichtes**.

Streitwert	Gerichtskosten
0,00 – 1.000,00	32,00
1.000,01 – 1.500,00	35,50
1.500,01 – 2.000,00	44,50
2.000,01 – 3.000,00	54,00
3.000,01 – 4.000,00	63,50
4.000,01 – 5.000,00	73,00
5.000,01 – 6.000,00	82,50
6.000,01 – 7.000,00	92,00
7.000,01 – 8.000,00	101,50
8.000,01 – 9.000,00	111,00
9.000,01 – 10.000,00	120,50

Tab. Gebühren für den Erlass eines Mahnbescheides in EUR (Stand 2016)

Mit der Einreichung des Antrages auf Erlass eines Mahnbescheides bei Gericht entstehen **Kosten für den Antragsteller**, die sich nach der Höhe der Forderung richten.

Wird ein **Rechtsanwalt mit der Erstellung des Bescheids beauftragt** entstehen weitere Kosten: Rechtanwaltsgebühr (gem. § 13 RVG, 3305 VV) und Erstattung der Auslagen des Rechtsanwalts (gem. § 2 Abs. 2 RVG, Nr. 7002 VV).

Der **Rechtspfleger erlässt den Mahnbescheid** sofern die genannten Voraussetzungen erfüllt sind, ohne dass ein Richter überprüft, ob die Forderung berechtigt ist. Der Mahnbescheid wird nun dem Schuldner «von Amts wegen« zugestellt (vgl. § 693 ZPO) und der Antragsteller hierüber informiert.

MERKE

Mahnbescheid
Mit der Zustellung des Mahnbescheids wird eine laufende Verjährungsfrist (► Kapitel 3.4) unterbrochen.

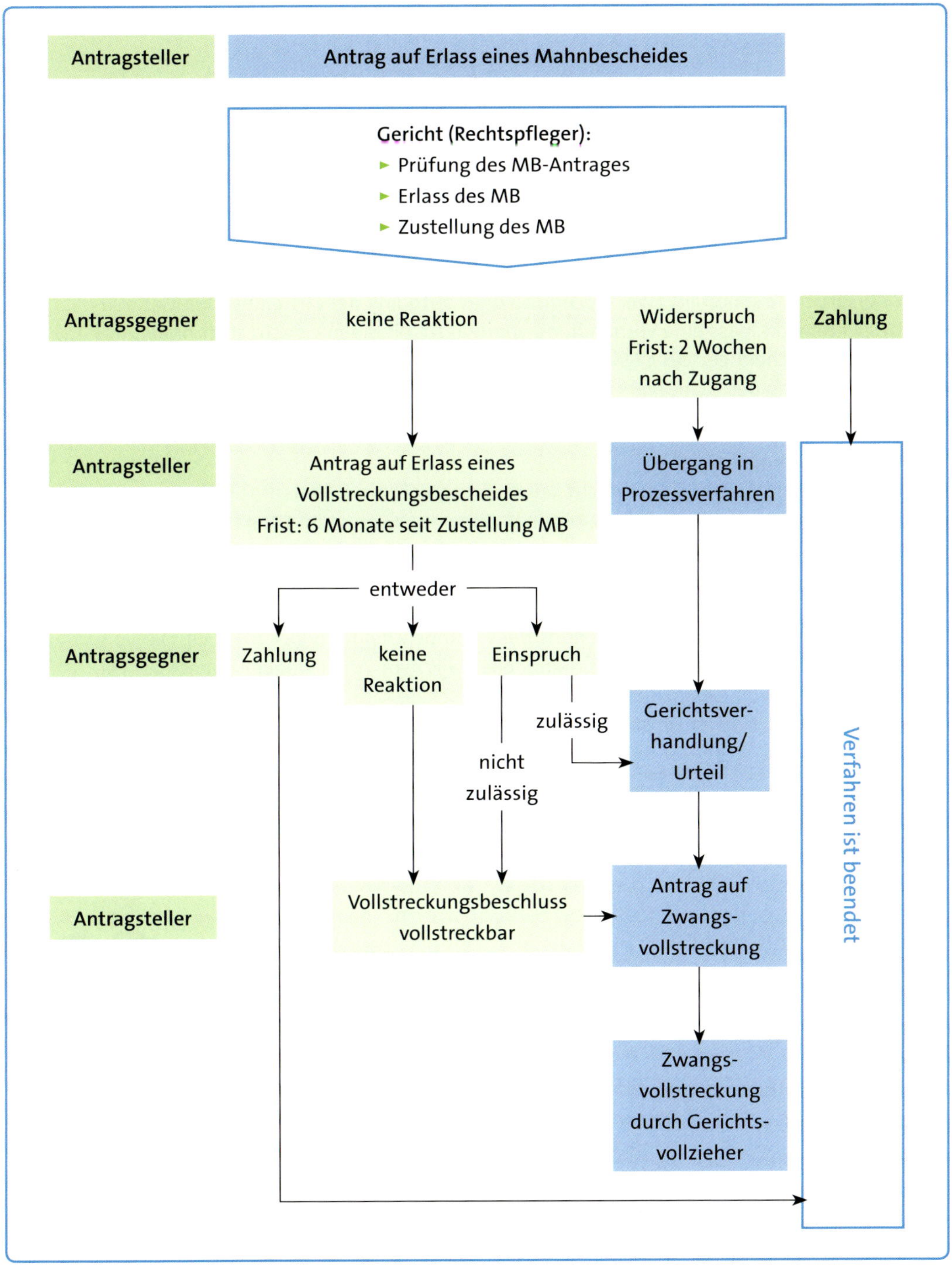

Abb. Ablauf des gerichtlichen Mahnverfahrens

Der Ablauf des gerichtlichen Mahnverfahrens (§§ 688 ff. ZPO)

BGB

1. Der Schuldner zahlt
Der Schuldner zahlt die Hauptforderungen, Zinsen, Nebenforderungen und Verfahrenskosten sowie die Kosten eines evtl. Prozessbevollmächtigten innerhalb von zwei Wochen seit Zugang des Mahnbescheids. Damit ist das Verfahren abgeschlossen.

2. Der Schuldner legt Widerspruch ein
Die Widerspruchsfrist beträgt zwei Wochen ab dem Zeitpunkt der Zustellung des Mahnbescheides. Er bewirkt, dass eine Verhandlung vor dem zuständigen Gericht statt findet, das in dem Mahnbescheid gemäß § 692 Absatz 1 Nr. 1 ZPO festgelegt worden ist. Das Gericht prüft die Forderung des Gläubigers auf die Zulässigkeit und Begründetheit, also die Klage, und entscheidet ggf. durch Vergleich oder Urteil.

3. Der Schuldner reagiert nicht
Reagiert der Schuldner nicht oder reicht keinen fristgerechten Widerspruch ein, kann das Gericht auf Antrag des Antragstellers innerhalb einer Frist von sechs Monaten einen Vollstreckungsbescheid gegen den Gläubiger erlassen. Der Antragsteller muss die anfallenden Gerichtskosten vorgelegen, die das Fünffache der oben genannten Gerichtsgebühren betragen.
Fristbeginn ist der Zeitpunkt der Zustellung des Mahnbescheides (vgl. § 701 ZPO). Der Vollstreckungsbescheid wird dem Antragsgegner ebenfalls »von Amts wegen« zugestellt (vgl. § 699 Abs. 4 Satz 1 ZPO). Gegen den Vollstreckungsbescheid kann der Antragsgegner binnen einer Frist von zwei Wochen Einspruch gemäß § 700 ZPO einlegen.

Das Mahngericht gibt dem aus dem Mahnverfahren erwachsenen Rechtsstreit »von Amts wegen« an das zuständige (im Mahnbescheid bezeichnete) Gericht ab und das **streitige Verfahren** wird eröffnet. Der weitere Verlauf des Gerichtsverfahrens hängt vom Einzelfall ab und kann u. U. mit der anschließenden **Zwangsvollstreckung** enden.

Zwangsvollstreckung

Die **Zwangsvollstreckung ist das Verfahren**, in dem Ansprüche durch staatlichen Zwang verwirklicht werden.

Der Vollstreckungsgläubiger erwirkt gegen den Vollstreckungsschuldner in einem vorangegangenen Gerichtsverfahren (wie z. B. dem gerichtlichen Mahnverfahren) einen **Vollstreckungstitel**. Die Zwangsvollstreckung äußert sich in der Pfändung von Sachen, Forderungen und Immobilien des Schuldners oder bei fruchtloser Sachpfändung in der Abgabe einer eidesstattlichen Versicherung.

Sachpfändungen

Der Schuldner beauftragt den Gerichtsvollzieher eine Pfändung vorzunehmen. Die Pfändung erfolgt durch Anbringung eines Pfandsiegels auf der gepfändeten Sache. Die Zwangsvollstreckung beginnt in der Regel durch den Gerichtsvollzieher in die Gegenstände, die sich in der Wohnung des Schuldners befinden.

Abb. Pfandsiegel

Eidesstattliche Versicherung

Bei **fruchtloser Sachpfändung** kann der Schuldner zu der Abgabe einer eidesstattlichen Versicherung nach § 899 ZPO gezwungen werden. Dadurch erhält der Gläubiger eine Übersicht über die Vermögensverhältnisse des Schuldners die ihm Anhaltspunkte für eventuell weitere Zwangsvollstreckungsmöglichkeiten gibt.

Weigert sich der Schuldner die eidesstattliche Versicherung abzugeben, so kann er auf Kosten des Gläubigers in **Zwangshaft** genommen werden.

Pfändung in Forderungen

Hierfür erlässt das Vollstreckungsgericht einen Pfändungs- und Überweisungsbeschluss. Somit kann der Schuldner nicht mehr über die Pfandsachen verfügen. Beispiele für Pfändungen in Forderungen sind Bankguthaben, Arbeitslohn oder Ansprüche aus Versicherungen.

Pfändungsschutzkonto

BEISPIEL

Bei der Veranlassung eines Pfändungsschutzkontos erhält der Schuldner ohne gerichtliches Verfahren einen automatischen Sockel-Pfändungsschutz von z. Zt. monatlich 985,15 Euro. Die Pfändungsfreibeträge sind der entsprechenden Tabelle zu entnehmen.

Nettolohn monatlich (Euro)	Pfändbarer Betrag bei Anzahl unterhaltsberechtigter Personen					
	0	1	2	3	4	≥ 5
bis 1.079,99	0,00	0,00	0,00	0,00	0,00	0,00
1.800,00 bis 1.809,99	508,28	160,98	38,72	0,00	0,00	0,00
1.810,00 bis 1.819,99	515,28	165,98	42,72	0,00	0,00	0,00
2.400,00 bis 2.409,99	928,28	460,98	278,72	141,49	49,29	2,13
2.410,00 bis 2.419,99	935,28	465,98	282,72	144,49	51,29	3,13
2.800,00 bis 2.809,99	1.208,28	660,98	438,72	261,49	129,29	42,13
2.810,00 bis 2.819,99	1.215,28	665,98	442,72	264,49	131,29	43,13

Tab. Lohnpfändungstabelle ab 01.07.2015 bis 30.06.2017 (Auszug)

Immobilienzwangsvollstreckung

Im Rahmen der Zwangsvollstreckung kann auch auf die Immobilien des Schuldners zugegriffen werden. Dies geschieht durch Eintragung einer **Zwangssicherungshypothek** oder durch Einleitung eines **Zwangsversteigerungsverfahrens**. In beiden Fällen wird der Gläubiger als Nutznießer berücksichtigt.

Das gerichtliche Mahnverfahren ist streng formalisiert. Die Nutzung entsprechender Vordrucke ist zwingend vorgeschrieben.

Sachlich zuständig ist stets das Amtsgericht unabhängig von der Höhe der Geldforderung.

Örtlich zuständig ist grundsätzlich das Amtsgericht am Wohnort bzw. Sitz des Antragstellers.

Die einzelnen Bundesländer haben überwiegend zentrale **Mahngerichte** eingerichtet.

Abb. Mahngerichte in Deutschland

EU-Mahnverfahren für grenzüberschreitende Geldforderungen

Forderungen aus dem Bereich der Zivil- und Handelssachen können in allen EU-Mitgliedstaaten, mit Ausnahme von Dänemark, geltend gemacht werden.

Gläubigern bietet das neue EU-Mahnverfahren die Möglichkeit, schnell und kostengünstig einen Titel zu bekommen, sofern der in einem anderen Mitgliedstaat ansässige Schuldner seine Verbindlichkeiten nicht begleicht.

Das europaweit einheitliche Mahnverfahren ist grundsätzlich bei dem Gericht anhängig zu machen, in dessen Bezirk der Antragsgegner beziehungsweise Schuldner seinen Aufenthalt hat.

Soweit es nicht um arbeitsrechtliche Ansprüche geht, wird in Deutschland das Europäische Mahnverfahren zentral beim Amtsgericht Wedding – Europäisches Mahngericht Deutschland – bearbeitet. [...]

www.pomerania.net

AUFGABEN

1. Der Tourismuskaufmann Peter Flott kaufte sich in dem Lederwarengeschäft Klaus Heine e. K. einen Aktenkoffer mit Zahlenschloss und zahlte dafür 180,00 Euro in bar. Am nächsten Tag stellt Herr Flott fest, dass das rechte Zahlenschloss defekt ist. Herr Flott geht in das Geschäft zurück und informiert Herrn Heine über den Fehler. Herr Heine macht Herrn Flott den Vorschlag einen einwandfreien Aktenkoffer zu besorgen. Herr Flott ist damit einverstanden, unter der Bedingung, dass er den Koffer in 10 Tagen geliefert bekommt. Nach 10 Tagen ruft Herr Flott bei Herrn Heine an. Der Geschäftsmann erklärt ihm, dass er noch keinen Ersatz beschaffen konnte aber weiterhin darum bemüht ist. Dies lehnt Herr Flott ab und erklärt er möchte seine 180,00 Euro zurück. Kann Peter Flott von Herrn Heine den Betrag zurück fordern?

2. Der Inhaber eines Restaurants kauft 500 Dosen Champignon-Konserven bei seinem Lebensmittelgroßhändler; zwei Wochen nach Lieferung beschwert sich eine Kundin des Restaurants darüber, dass die Champignons in ihrem Gericht verdorben gewesen seien. Daraus schließt der Inhaber des Restaurants, dass der Doseninhalt der ihm verkauften Champignons verdorben gewesen ist. Welche Rechte kann der Inhaber des Restaurants jetzt noch geltend machen?

3. Wie lange haftet ein Unternehmen für Mängel an der von ihm entwickelten *Software*?

4. Wann beginnt die Verjährungsfrist für arglistig verschwiegene Mängel an einer Kaufsache?

5. Wie lange ist die Rügefrist für diese Mängel: minderwertiger Wein in einer Flasche, fehlenden Seiten in einem Buch?

6. Überprüfen Sie die folgenden Fälle:
   FALL A: Der Inhaber eines Restaurants bestellt bei einem Winzer 24 Flaschen halbtrockenen Riesling und 12 Flaschen Burgunder. Geliefert werden 24 Flaschen Burgunder und 12 Flaschen halbtrockenen Rieslings.
   FALL B: Herr Müller hat seinen Balkon mit frostsicheren Fliesen gefliest. Nun möchte er die gleichen Fliesen auf der Terrasse verlegen. Er bestellt im Fachhandel eine entsprechende Menge nach und verlegt sie. Trotz sachgemäßer Verlegung stellt er nach dem ersten Frost fest, dass einige Fliesen gesprungen sind.
   a) Welche Mängel liegen in den Fällen vor?
   b) Welche Möglichkeit (Rechte) haben die o. g. Verkäufer, wenn die jeweilige Kaufsache vor 25 Monaten erworben wurde?
   c) Wie ist die Rechtslage in Fall B zu beurteilen, wenn Herr Müller die Fliesen von seinem Nachbarn preiswert erworben hätte, da dieser sie übrig hatte?

7. Was versteht man unter der »Zweistufigkeit der Gewährleistung«?

8. Ein Elektrohändler hat eine Kaffeemaschine im Sonderangebot für 40,00 Euro verkauft. Ein Kunde kommt mit seiner Maschine nach fünf Monaten zu ihm und reklamiert sie, da das Wasser nicht mehr aufgeheizt wird. Der Verkäufer hat keine solche Maschine mehr auf Lager und kann auch keine mehr besorgen, da sie aus einer Überproduktion stammte. Eine Reparatur der Maschine wäre so zeitaufwändig, dass der Stundenlohn alleine schon 60,00 Euro betragen würde. Entsprechend lehnt der Verkäufer eine Nachbesserung ab.
   a) Zu Recht?
   b) Welche Rechte kann der Käufer geltend machen?

9. Herr Prächtig kauft für sein Arbeitszimmer einen Perserteppich (ein Unikat!) in einem Einrichtungshaus für 10.000,00 Euro. Nach Lieferung stellt sich bei genauerem Betrachten heraus, dass der Perserteppich einen Webfehler hat. Ein Sachverständiger schätzt den Wert des Teppichs auf 8.000,00 Euro, jedoch aufgrund des Fehlers dann nur noch auf 5.000,00 Euro.
   a) Welche Rechte kann Herr Prächtig für sich in Anspruch nehmen?
   b) Angenommen er entscheidet sich für die Minderung – wie hoch ist sein finanzieller Anspruch?

10. Frau Radler kauft sich ein neues Fahrrad beim Händler Plattfuß. Nach zwei Tagen stellt Frau Radler fest, dass eine Lampe des Rücklichtes defekt ist. Sie verlangt von Herrn Plattfuß die Lieferung eines neuen Fahrrads. Herr Plattfuß lehnt ab und ist lediglich bereit nachzubessern. Klären Sie die Rechtslage.

11. Herr Radler kauft sich auch ein neues Fahrrad beim Händler Plattfuß. Nach drei Wochen stellt Herr Radler fest, dass bei Fahrten über unebene Strecken der Fahrradrahmen instabil ist. Er möchte deswegen sofort vom Vertrag zurücktreten. Herr Plattfuß ist nur bereit, das Fahrrad gegen ein neues einzutauschen. Wie erklären Sie die Reaktion des Händlers in diesem Fall?

12. Die Tourismuskauffrau Sandra kauft sich einen neuen Taschenrechner, der beim Multiplizieren Funktionsstörungen zeigt. Als Sandra reklamiert ist der Verkäufer zum Umtausch bereit. Kann Sandra auf die Rückerstattung des Kaufpreises bestehen?

13. Herr Fernweh kauft sich einen Fotoapparat mit japanischer Bedienungsanleitung die nicht zu verstehen ist. Er kann daher den Apparat nicht bedienen. Bitte klären Sie die Rechtslage.

14. Das Ehepaar Bollmann hat bei dem Küchenstudio Gärtner GmbH eine Einbauküche für 32.000,00 Euro gekauft. Als Liefertermin wurde der

28. August vereinbart. An diesem Tag wurde nicht geliefert. Eine telefonische Rückfrage im Küchenstudio Gärtner ergab, dass die Monteure mit dem vorangegangenen Auftrag nicht fertig geworden waren. Ein neuer Liefertermin könne momentan nicht genannt werden. Das Ehepaar Bollmann hatte seine alte Einbauküche ausbauen lassen, diese mussten sie nun teilweise wieder einbauen. Für den Anschluss des alten Elektroherdes stellte ihnen eine Elektrofirma 223,00 Euro in Rechnung. Prüfen Sie, ob das Ehepaar die 223,00 Euro zurück verlangen kann.

15. Der Tennisclub »Alle Bälle sind Gelb e.V.« feiert sein 10-jähriges Bestehen. Zu diesem Zweck richtet er im Clubheim einen bunten Abend aus. Die Bewirtung sollen 15 engagierte Hostessen übernehmen, Speisen und Getränke sind für 18.00 Uhr fest bei einer *Catering*firma bestellt. Die Damen sind pünktlich erschienen, die *Catering*firma lässt jedoch auch um 20.00 Uhr noch auf sich warten.
    a) Unterscheiden Sie die Begriffe Deckungskauf, Aufwendungsersatz und Schadensersatz für diesen Fall.
    b) Wozu raten Sie in der konkreten Situation?

16. Nennen Sie drei Voraussetzungen für den Lieferungsverzug.

17. Herr Rebensaft, Inhaber eines Restaurants, bestellt bei seinem Lieferanten Promiller 80 Flaschen Barrique-Wein. Promiller liefert nicht rechtzeitig. Zwischenzeitlich sind die Preise für Barrique-Weine gefallen. Herr Rebensaft deckt sich deshalb bei Großhändler Pfiffig mit erheblich preisgünstigerem Barrique-Wein ein und informiert Promiller, dass er nicht mehr liefern brauche. Promiller verlangt Abnahme und Zahlung der bestellten 80 Flaschen, weil Herr Rebensaft ihm keine Nachfrist gesetzt habe. Ist Herr Promiller im Recht?

18. Der Inhaber der Schnitzel Ranch, Peter Pferd, entdeckt morgens beim Betreten seines Restaurants einen Wasserrohrbruch, der die Küche erheblich unter Wasser setzte. Er informiert seinen Installateur über den Schaden. Dieser verspricht umgehend zu kommen, damit der Mittagstisch für die Gäste auf jeden Fall gesichert ist. Der Installateur erscheint um 16.00 Uhr und der Umsatz des Mittagstisches ist buchstäblich »ins Wasser« gefallen. Welche Ansprüche hat Herr Pferd?

19. Klaus hat Jennifer in notarieller Urkunde schenkweise versprochen, ihr zum Geburtstag am 17.04. sein Auto zu übereignen. Klaus vergisst den Termin. Jennifer lässt Klaus am 10.05. per Anwalt auffordern das Auto zu liefern und die Kosten für die Inanspruchnahme des Anwalts zu übernehmen. Hat Jennifer einen entsprechenden Anspruch?

20. Der Marmorsteinhändler Edel und der Inhaber des Inneneinrichtungshauses, Herr Exklusiv, schließen am 12. August einen Kaufvertrag, wonach der Marmorsteinlieferant dem Inneneinrichtungshaus am 1. September 15 Waschtische zu liefern hat. Der Marmorsteinlieferant

kann infolge von Fehldispositionen am 1. September und auch später nicht liefern.
Am 15. September schreibt Herr Exklusiv dem Herrn Edel: »Sie befinden sich seit dem 1. September in Lieferungsverzug. Ich fordere von Ihnen Schadensersatz in Höhe meines entgangenen Gewinnes von 7.500,00 Euro und 500,00 Euro für nutzlos aufgewendete Löhne, da ich meine Arbeiter an zwei Tagen nicht anderweitig einsetzen konnte.«

a) Ist der Schadensersatzanspruch über 7.500,00 Euro begründet?
b) Ist der Schadensersatzanspruch über 500,00 Euro begründet?

21. Sind folgende Lieferfristen kalendermäßig bestimmbar?

- Lieferung in der 20. Kalenderwoche
- Lieferung bis Ende September
- Lieferung im Laufe des Monats Februar
- Lieferung bis zum 01.10.20...
- Lieferung spätestens bis Ablauf 22. Kalenderwoche
- Lieferung 3 Wochen nach Bestelldatum
- Lieferung 14 Tage nach Rechnungserhalt
- Lieferung ab 08.03.20...
- Lieferung 1 Monat nach Zugang der Bestellung

a) Ab wann befindet sich der Lieferer ohne Mahnung in Verzug?
b) In welchen Fällen müssen Sie mahnen?

22. Bei welchen Kaufarten ist eine Mahnung nach Lieferungsverzug generell nicht notwendig?

23. Wozu werden Konventionalstrafen vereinbart?

24. Frau Schnell hat einen Pkw über einen Ratenkredit in einem Autohaus gekauft. Da sie den Ratenzahlungen nicht nachkommt, wird der Ratenkredit über 5.000,00 Euro am 15.12.2016 gekündigt. Das Autohaus fordert Frau Schnell zu der sofortigen Rückzahlung des Kredites auf. Am 15.01.2017 schreibt das Autohaus, dass Frau Schnell den Ratenkredit bis zum 31.01.2017 zu zahlen habe.

a) Ab wann schuldet Frau Schnell Verzugszinsen?
b) Wie hoch sind die Verzugszinsen bezogen auf ein Jahr?

25. Der Einzelhändler Sartor bestellt im Rahmen seines Unternehmens Waren für 5.000,00 Euro. Der Großhändler Hellmann liefert am 10.11.2016. Die Rechnung über 5.000,00 Euro, datiert vom gleichen Tag, erhält Sartor zusammen mit der Lieferung. Sartor bezahlt zunächst nicht. Am 25.01.2017 erhält Sartor von Hellmann eine Mahnung. Er soll bis 05.02.2017 bezahlen. Die Kaufpreiszahlung erfolgt am 17.03.2017.

a) Ab wann kann Hellmann zusätzlich Verzugszinsen verlangen?
b) Wie hoch sind die Verzugszinsen (unterstellter Basiszinssatz 1,95 % für 2016 bzw. 2,7 % für 2017)?

c) Angenommen Hellmann hätte, weil Sartor nicht fristgerecht zahlt, selbst einen Überziehungskredit in Anspruch nehmen müssen – welche Folgen hätte dies für Sartor?

26. In einem Kaufvertrag (Verbrauchsgüterkauf) wird vereinbart, dass der Kaufpreis spätestens 14 Tage nach Lieferung (am Samstag, den 19.03.2017) zu zahlen ist. Wann muss der Käufer bezahlen?

27. Die Möbel Gärtner GmbH liefert an das Reisebüro Schön Weg e. K. fünf Bürostühle. Schön Weg erhält die Rechnung am 10. März.
    a) Die Rechnung enthält kein Zahlungsziel. Ab wann befindet sich das Reisebüro in Zahlungsverzug, wenn keine Mahnung versandt wurde?
    b) Die Rechnung enthält kein Zahlungsziel. Ab wann befindet sich das Reisebüro in Zahlungsverzug, wenn am 20. März eine Mahnung zugeht?
    c) Wenn in der Rechnung als Zahlungsziel »Zahlung spätestens bis 24. März« festgelegt wurde – ab wann befindet sich das Reisebüro dann in Zahlungsverzug?

28. Die Möbel Gärtner GmbH liefert an den Rentner Schnauf einen Fernsehsessel. Herr Schnauf erhält die Rechnung am 28. April. Ein Zahlungsziel enthält die Rechnung nicht. Ab wann befindet sich Herr Schnauf automatisch in Zahlungsverzug?

29. Ein Gärtner vereinbart mit Frau Strauch per Werkvertrag die Gestaltung und Pflege ihres Gartens im Frühjahr. Die Abnahme der Gartenarbeit erfolgte durch Frau Strauch am 30. Juli.
    Sie ist mit der Arbeit zufrieden und der Gärtner händigt ihr die Rechnung aus. Auf ihr ist der Vermerk »Sofort fällig, Mängel berechtigen nicht, den Rechnungsbetrag im vollen Umfang einzubehalten«. Frau Strauch kann den Rechnungsbetrag nicht sofort begleichen, weil sie nicht über die Höhe an Bargeld in der geforderten Höhe zu Hause verfügt und zahlt 14 Tage nach Einpflanzung der Gewächse in ihren Garten. Wann gerät Frau Strauch mit der Zahlung in Verzug?

30. Das Einrichtungshaus Klar verkauft Herrn Kaufmann drei Glastüren, Lieferung frei Haus. Als das Einrichtungshaus die Glastüren zum vereinbarten Termin durch seinen Mitarbeiter Herrn Rad liefern lassen möchte, trifft dieser Herrn Kaufmann nicht zu Hause an. Auf der Rückfahrt zum Geschäft hat Herr Rad einen Unfall mit Frau Schell, die ihm an einer Kreuzung die Vorfahrt nahm. Die drei Glastüren gehen zu Bruch. Herr Klar vom Einrichtungshaus beschließt trotzdem Herrn Kaufmann die Rechnung über drei Glastüren zu schicken. Muss Herr Kaufmann zahlen?

31. Das Spezialitätenrestaurant Gaumenfreuden GmbH möchte für eine Bürgertafel ein großes Fischbüffet ausrichten. Es bestellt bei einem

Fischgroßhändler 30 kg fangfrischen Lachs und weitere 100 kg frischen Fisch. Der Großhändler liefert den Fisch auf Eis gekühlt fristgerecht an. Gaumenfreuden GmbH sagt die Teilnahme an der Bürgertafel kurzfristig ab, weil das Wetter umgeschlagen ist und nimmt deshalb den Fisch nicht an. Welche Rechte hat der Fischgroßhändler?

32. Der Schreiner Holz fertigt im Auftrag von Frau Glück eine Holztreppe nach den Maßen des Treppenhauses der Auftraggeberin an. Frau Glück ist mittlerweile der Überzeugung, dass eine Holztreppe pflegeintensiver ist als eine Steintreppe und nimmt die Treppe nicht ab.
    a) Zu welcher Vorgehensweise ist Herr Holz verpflichtet, wenn er beabsichtigt nun die Treppe im Selbsthilfeverkauf zu veräußern?
    b) Wer trägt den Mindererlös gegenüber dem vereinbarten Kaufpreis, wem steht ggf. ein Mehrerlös zu?
    c) Wer trägt die Kosten der Einlagerung bis zur Versteigerung?

33. Hausbauer Heinz möchte seinen Keller für das bestellte Fertighaus selbst bauen. Zum vereinbarten Liefertermin des Fertighauses fehlt jedoch die Kellerdecke, so dass das Haus nicht errichtet werden kann.
    a) Befindet sich Herr Heinz in Annahmeverzug?
    b) Wie liegt der Fall, wenn Herr Heinz die Decke nicht verlegen konnte, weil es in der vergangenen Woche zu stark geregnet hatte?
    c) Wie beurteilen Sie den Fall, wenn Herr Heinz die Kellerdecke nicht pünktlich von seinem Baustoffhändler geliefert bekommen hatte und deshalb den Keller nicht fristgerecht fertig stellen konnte?

34. Frau Grün bestellt für ihren Garten vier Palmen, Lieferung frei Haus. Als sie die Bäume geliefert bekommt, möchte der Gärtner die Rechnung in bar beglichen haben. Frau Grün möchte jedoch den Kaufpreis überweisen. Eine Verabredung über die Zahlungsmodalitäten wurde nicht getroffen. Der Gärtner nimmt seine Pflanzen wieder mit. Befindet sich Frau Grün im Annahmeverzug?

35. Angenommen der Gärtner lässt sich darauf ein, dass Frau Grün den Betrag überweist. Er nennt ihr die entsprechende Bankverbindung. Leider unterläuft ihm dabei ein Zahlendreher, so dass Frau Grün die Überweisung nicht korrekt ausführen kann. Hat Herr Gärtner Anspruch auf Verzugszinsen?

36. Erklären Sie folgende Begriffe:
    - eidesstattliche Versicherung
    - Widerspruch und Einspruch
    - Zwangsvollstreckung
    - Pfändungs- und Überweisungsbeschluss
    - fruchtlose Sachpfändung

37. Warum sollte der Schuldner auf einen Mahnbescheid reagieren?

38. Welche Fakten prüft der Rechtspfleger ehe er einen Mahnbescheid zustellen lässt?

5 Investition und Finanzierung

Der **Begriff »Investition«** hat seinen Ursprung in dem lateinischen Wort *investire* (dt. = einkleiden). Im übertragenen Sinne heißt dies, dass das Unternehmen durch eine Investition mit Vermögensgegenständen ausgestattet wird.

Vermögen ist die Gesamtheit aller materiellen und immateriellen Güter, die ein Unternehmen zur Erreichung seiner Ziele einsetzt.

Zur **Abgrenzung von Investitionsarten** lassen sich verschiedene Kriterien heranziehen. Eine dieser Möglichkeiten ist die Unterscheidung in die Bereiche Sachanlagen, Finanzanlagen und immaterielle Wirtschaftsgüter.

Sachinvestitionen	▸ Erst-/Neuinvestition (Büroausstattung) ▸ Ersatzinvestition (z. B. Ersatz eines veralteten PC) ▸ Erweiterungsinvestition (z. B. einen zusätzlichen Counter-Arbeitsplatz schaffen)
Finanzierungsinvestition	▸ Beteiligungsrechte (Aktien) ▸ Forderungsrechte (Darlehen)
Immaterielle Investitionen	▸ für die Vermeidung von Umweltbelastungen (z. B. für CO_2-neutrales Reisen) ▸ im Personalbereich (Fort- und Weiterbildung) ▸ im sozialen Bereich (Betriebskindergarten, Kantine)

Tab. Investitionsarten

BGB

Inhalt der Bilanz (§ 247 HGB)

(1) In der Bilanz sind das Anlage- und das Umlaufvermögen,
[...] gesondert auszuweisen.
(2) Beim Anlagevermögen sind nur die Gegenstände auszuweisen, die bestimmt sind, dauernd dem Geschäftsbetrieb zu dienen.

»Dauernd« bezieht sich dabei nicht auf die Zeitdauer, sondern auf die Tatsache, dass Anlagegegenstände dem Betrieb mehrmals dienen, indem sie genutzt werden. Zum **Anlagevermögen** gehört die in ▸ Kapitel 1.1 bereits beschriebene Betriebs- und Geschäftsausstattung (BGA). Es ist außerdem in ▸ Fachwissen Tourismus Band 3, LF 6 beschrieben.

5.1 Wirtschaftliche Gesichtspunkte der Beschaffung

Die **Anschaffungskosten** für die Büro- und Geschäftsausstattung (BGA) sind der wichtigste ökonomische Gesichtspunkt und von entscheidender Bedeutung.

Weitere wirtschaftliche Gesichtspunkte sind in ▸ Kapitel 1.1.3 bereits beschrieben.

BGB

Bewertungsmaßstäbe
(§ 255 HGB)
(1) Anschaffungskosten sind die Aufwendungen, die geleistet werden, um einen Vermögensgegenstand zu erwerben und ihn in einen betriebsbereiten Zustand zu versetzen, soweit sie dem Vermögensgegenstand einzeln zugeordnet werden können. Zu den Anschaffungskosten gehören auch die Nebenkosten sowie die nachträglichen Anschaffungskosten. Anschaffungspreisminderungen sind abzusetzen.

Unter **Anschaffungs- bzw. Nebenkosten** versteht man die Aufwendungen die geleistet werden, um

- einen Vermögensgegenstand zu erwerben und
- ihn in einen betriebsbereiten Zustand zu versetzen

soweit sie dem Vermögensgegenstand einzeln zugeordnet werden können.

BEISPIEL

Nebenkosten
Hierzu zählen Porto und Verpackung, Provision, Courtage, Kommissionskosten, Eingangsfrachten, Transportkosten, Speditionskosten, Rollgelder, Transportversicherungsprämien, Zollgelder, Lagergelder, Anfuhrkosten, Abladekosten, Steuern, Abgaben, Notar-, Gerichts- und Registerkosten.

Als **Anschaffungspreisminderungen** durch den Liefernden oder Leistenden kommen Skonti, Boni und Rabatte in Betracht (▸ Kapitel 3.1.1). Sie werden auch als »Nachlässe« bezeichnet.

BEISPIEL

Typische Nachlässe
Rabatte (z. B. Treue-, Mengen-, Wiederverkäufer- oder Sonderrabatt),
Skonto (Zahlung erfolgt vor Fälligkeit)

Anschaffungsnebenkosten und Anschaffungspreisminderungen beeinflussen den Anschaffungspreis für ein Wirtschaftsgut.

BEISPIEL

Berechnung des Bezugspreises in Euro

Listenpreis	2.500,00		2.500,00
– Rabatt 10 %	250,00	–	250,00
= Zieleinkaufspreis		=	2.250,00
– Skonto 3 %	67,50	–	67,50
= Bareinkaufspreis		=	2.182,50
+ Bezugskosten	95,00	+	95,00
= Bezugspreis		=	2.277,50

Der **Anschaffungspreis oder Bezugspreis** für ein Wirtschaftsgut stellt für den Betrieb eine kalkulierbare Investitionsgröße dar (► Band Rechnungswesen, LF 6).

5.2 Finanzierung der Betriebs- und Geschäftsausstattung

Das **Anlagevermögen** eines Unternehmens sollte durch Eigenkapital und langfristiges Fremdkapital finanziert werden.

Reichen die eigenen Mittel nicht zur **Finanzierung der Investition aus**, bietet der **Investitionskredit** oder das **Investitionsdarlehen** der Kreditinstitute mit einer Laufzeit von bis zu zwanzig Jahren eine mögliche Form der Fremdfinanzierung.

MERKE

Darlehen
Unter einem Darlehen wird im Kreditgewerbe ein mittel- und langfristiger Kredit verstanden, der in einer Summe ausgezahlt und für den eine regelmäßige Tilgung vereinbart wird.

Für den vom Darlehensgeber zur Verfügung gestellten Geldbetrag hat der Darlehensnehmer in einem vereinbarten Zeitraum zusätzlich Zinsen zu zahlen (vgl. Gelddarlehen §§ 488–498 BGB).

Durch die Inanspruchnahme eines **Disagios** kann der Nominalzinssatz für die zu zahlenden Raten während der gesamten Kreditlaufzeit gesenkt werden. Das bedeutet:

- Bei einem Kredit von 100.000,00 Euro mit einem Disagio von acht Prozent werden dem Kreditnehmer ca. 92.000,00 Euro ausgezahlt, er muss aber 100.000,00 Euro zurückzahlen. Nachteil ist, das Kreditinstitut erhält von Beginn an durch das Disagio vorausbezahlte Zinsen.
- Bei einem Kredit **ohne Disagio** werden nur Zinsen auf die Teilbeträge, und zwar ab dem jeweiligen Auszahlungszeitpunkt, verlangt. Zu viel vorausbezahlte Zinsen werden zurückerstattet. Zu beachten ist, dass bei vorzeitiger Rückzahlung des Kredits das Disagio in voller Höhe zu zahlen ist.

Effektiver Zinssatz für einen Investitionskredit

BEISPIEL

Ein Kredit über 60.000,00 Euro wird von der Bank zu folgenden Bedingungen angeboten: Bearbeitungsgebühren 2 %, Zinssatz 8 % p. a., Laufzeit 200 Tage.

Lösung:

Kredit		60.000,00 Euro	(entspricht 100 %)
Bearbeitungsgebühren	–	1.200,00 Euro	(entspricht 2 %)
Auszahlungsbetrag	=	58.800.00 Euro	(entspricht 98 %)

1. Berechnung der Bearbeitungsgebühren:

$$\frac{60.000{,}00}{100 \cdot 2} = \underline{\underline{1.200{,}00 \text{ Euro}}}$$

2. Berechnung der Zinsen:

$$Z = \frac{60.000{,}00 \cdot 8 \cdot 200}{100 \cdot 365} = \underline{\underline{2.630{,}14 \text{ Euro}}}$$

3. Berechnung der Kreditkosten:

Zinsen		2.630,14 Euro
Gebühren	+	1.200,00 Euro
Kreditkosten	=	3.830,14 Euro

4. Berechnung des effektiven Zinssatzes:

$$p_{(eff)} = \frac{3.830{,}14 \cdot 100 \cdot 365}{58.800{,}00 \cdot 200} = \underline{\underline{11{,}89\,\%}}$$

Der **Investitionskredit** eines Unternehmers ist dabei von dem Verbraucherdarlehen zu unterscheiden:

© Dan Race – Fotolia.com

Das **Verbraucherdarlehen** räumt Verbrauchern u. a. ein Widerrufsrecht nach den §§ 355–360 BGB (▸ Kapitel 2.6.3) ein und weist zahlreiche Verbraucher schützende Form- und Inhaltsbeschränkungen auf. So müssen Verbraucherdarlehensverträge (Nettodarlehensbetrag größer 200 Euro) in Schriftform abgefasst sein und u. a. folgende Angaben enthalten:

- den Nettodarlehensbetrag,
- die zu bestellenden Sicherheiten,
- den Gesamtbetrag aller aufzubringenden Teilzahlungen,
- den effektiven Jahreszins.

Fehlt eine dieser Angaben oder ist die Schriftform nicht eingehalten, so ist der Verbraucherdarlehensvertrag unwirksam (vgl. § 494 Absatz 1 BGB).

5.2.1 Darlehensarten

Es existieren **verschiedene Darlehensarten**. Sie unterscheiden sich hinsichtlich der monatlichen (jährlichen) Gesamtbelastung, der Rückzahlungmodalitäten, der Tilgungsbeträge und der Zinsbelastung während der Laufzeit.

Annuitätendarlehen	Abzahlungsdarlehen	Fälligkeitsdarlehen
Konstante Rate, Zins- und Tilgungsanteil variieren innerhalb der Annuität	Konstante Tilgung, Zinsen sinken im Zeitablauf	Konstante Zinszahlungen, Kompletttilgung am Ende

Abb. Darlehensarten

Annuitätendarlehen

Der monatlich oder jährlich zu zahlende Betrag auf ein Annuitätendarlehen setzt sich aus **Tilgung und Zinsen (= Annuität)** zusammen. Die Annuität ist jeweils gleich hoch. Während der Laufzeit verringert sich der Zinsanteil der Rate kontinuierlich, während der Tilgungsanteil durch den ersparten Zinsanteil steigt.

Annuitätendarlehen

BEISPIEL

Ein Annuitätendarlehen ist in zehn gleichen Jahresraten zurück zu bezahlen.
Kreditbetrag: 20.000,00 Euro, Zinsatz 6,5 %, Laufzeit 10 Jahre
Der Tilgungsplan ist dann wie folgt (Darstellung der Jahressummen in Euro):

Jahr	Schulden-stand Vorjahr	Annuität	davon Zinsen/ Gebühren	davon Tilgung	Schulden-stand am Jahresende
1	20.000,00	2.725,15	1.256,76	1.468,39	18.531,61
2	18.531,61	2.725,15	1.158,43	1.566,72	16.964,89
3	16.964,89	2.725,15	1.053,49	1.671,66	15.293,23
4	15.293,23	2.725,16	941,56	1.783,60	13.509,63
5	13.509,63	2.725,15	822,10	1.903,05	11.606,58
6	11.606,58	2.725,15	694,65	2.030,50	9.576,08
7	9.576,08	2.725,15	558,65	2.166,50	7.409,58
8	7.409,58	2.725,15	413,57	2.311,58	5.098,00
9	5.098,00	2.725,15	258,74	2.466,41	2.631,59
10	2.631,59	2.725,15	93,56	2.631,59	0,00
Gesamt		**27.251,51**	**7.251,51**	**20.000,00**	**0,00**

Annuität: 2.725,15 Euro bzw. einmal 2.725,16 Euro (jährlich)
Zinsen und Gebühren gesamt: 7.251,51 Euro
Gesamtaufwand für das Darlehen: 27.251,51 Euro

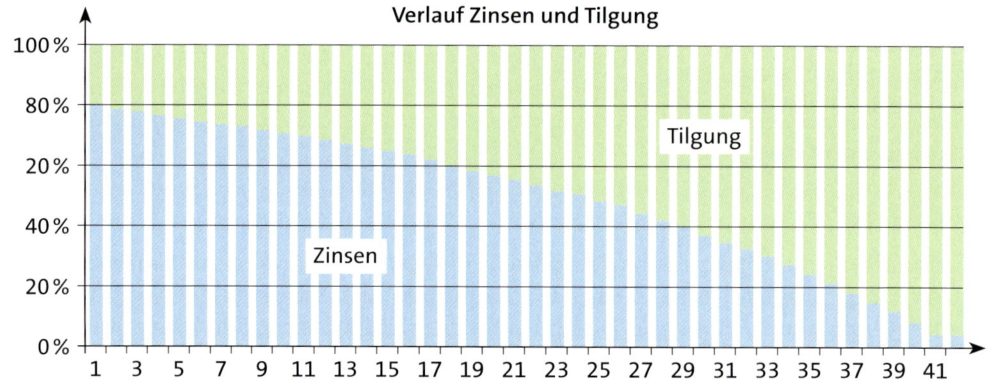

Abb. Verlauf von Zins und Tilgung bei einem Annuitätendarlehen
www.hausbau-erfahrungen-kosten.de

Ein Annuitätendarlehen zur Anschaffung eines Wirtschaftsgutes kann mit Formeln beschrieben werden. Es entsteht dann ein **ganzer Formelblock**, der die **Kalkulation des Darlehens** ermöglicht.

Annuitäten bei jährlicher Zahlung

Berechnung der Annuität

$A = Z + T$
A = Annuität
Z = Zinsen
T = Tilgung

Berechnung der Annuität im *n*-ten Jahr

$$A = \frac{K \cdot q^n \cdot (q-1)}{(q^n - 1)}$$

A = Annuität
K = Gesamtschuld

Zinsbelastung für das Jahr *t*

$$Z_t = \frac{K \cdot p \cdot \left(1 - \frac{t-1}{n}\right)}{100}$$

Z_t = Zinsen für das Jahr t
K = Gesamtschuld
p = Zinssatz
t = Jahr, für das der Zins berechnet werden soll
n = Tilgungsdauer in Jahren

Tilgung im *n*-ten Jahr

$T_n = T_1 \cdot q^{n-1}$
T_n = Tilgung im n-ten Jahr
T_1 = Tilgung im 1. Jahr

Abzahlungsdarlehen

Bei dieser Kreditform handelt es sich um ein Darlehen mit stets **gleich bleibenden Tilgungsraten** über die gesamte Laufzeit, die sich aus einer **Leistungsrate** und den jeweils **auf die Restschuld errechneten Zinsen** zusammensetzt.

Durch die **abnehmenden Zinsen aufgrund der Verringerung der Restschuld** entstehen **sinkende Leistungsraten**.

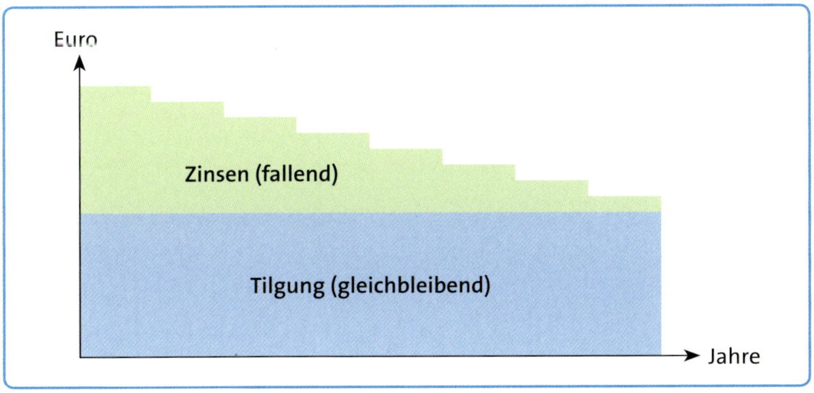

Abb. Abzahlungsdarlehen

Abzahlungsdarlehen

BEISPIEL

Kreditbetrag: 20.000,00 Euro, Zinssatz 6,5 %, Laufzeit 10 Jahre
Der Tilgungsplan ist dann wie folgt (Darstellung der Jahressummen in Euro):

Jahr	Schulden-stand Vorjahr	Annuität	davon Zinsen/ Gebühren	davon Tilgung	Schulden-stand am Jahresende
1	20.000,00	3.300,00	1.300,00	2.000,00	18.000,00
2	18.000,00	3.170,00	1.170,00	2.000,00	16.000,00
3	16.000,00	3.040,00	1.040,00	2.000,00	14.000,00
4	14.000,00	2.910,00	910,00	2.000,00	12.000,00
5	12.000,00	2.780,00	780,00	2.000,00	10.000,00
6	10.000,00	2.650,00	650,00	2.000,00	8.000,00
7	8.000,00	2.520,00	520,00	2.000,00	6.000,00
8	6.000,00	2.390,00	390,00	2.000,00	4.000,00
9	4.000,00	2.260,00	260,00	2.000,00	2.000,00
10	2.000,00	2.130,00	130,00	2.000,00	0,00
Gesamt		**27.150,00**	**7.150,00**	**20.000,00**	**0,00**

Erforderliche regelmäßige Tilgungsrate: 2.000,00 Euro (jährlich)
Zinsen und Gebühren gesamt: 7.150,00 Euro
Gesamtaufwand für das Darlehen: 27.150,00 Euro

Auch das Abzahlungsdarlehen kann mit **Formeln** beschrieben werden, die die **Kalkulation des Darlehens** ermöglichen.

Abzahlungsdarlehen bei jährlicher Zahlung

Berechnung der jährlichen Tilgungsrate

$$T = \frac{K}{n}$$

Berechnung der Zinsen

$$Z = \frac{K \cdot p}{100}$$

Annuität

$A = T + Z$

Die Zinsen werden von der jeweiligen Restschuld berechnet

Fälligkeitsdarlehen

Bei dieser speziellen Form des Darlehens werden **während der Laufzeit nur Zinsen gezahlt**. Es wird daher auch **Zinszahlungsdarlehen** genannt.

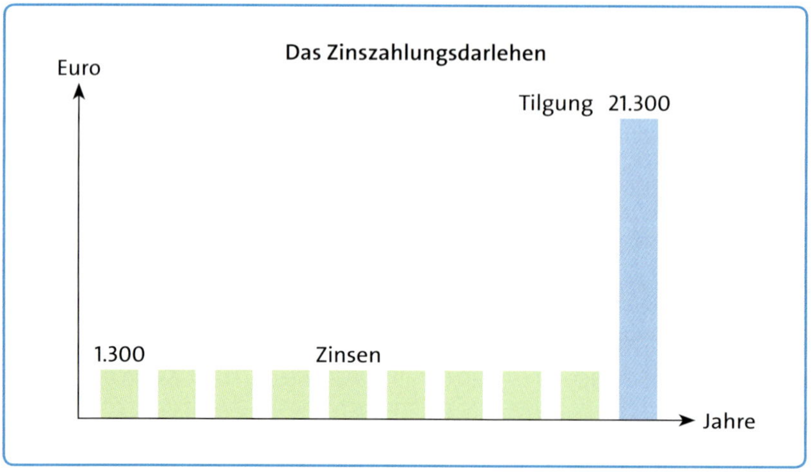

Abb. Fälligkeitsdarlehen

Der jährliche Zinsaufwand bleibt beim Fälligkeitsdarlehen über den Darlehenszeitraum identisch, da keine Tilgung erfolgt. Die **Darlehensrückzahlung erfolgt zu einem bestimmten, festgesetzten Termin** in einer Summe.

BEISPIEL

Fälligkeitsdarlehen
Kreditbetrag: 20.000,00 Euro, Zinssatz 6,5 %, Laufzeit 10 Jahre
Tilgung nach 10 Jahren: 20.000,00 Euro
Jährlicher Zinsaufwand: 1.300,00 Euro
Zinsen und Gebühren gesamt: 1.300,00 Euro
Gesamtaufwand für das Darlehen: 33.000,00 Euro

Forwarddarlehen

Forwarddarlehen sind originär Finanzierungsangebote von Banken an Darlehensnehmer in zinsgünstigen Zeiten die Möglichkeit zu nutzen, sich einen günstigen Zins für die Zukunft zu sichern.

5.2.2 Sicherung von Bankkrediten

Investitionsdarlehen werden »banküblich« abgesichert, um den Kreditgeber vor dem Risiko zu schützen, dass der Kreditnehmer seinen Verpflichtungen aus dem Kreditvertrag nicht nachkommt.

Grundsätzlich gibt es keine einheitliche Regelung für die Kreditsicherung, trotzdem haben sich folgende bankübliche Kreditsicherheiten herauskristallisiert:

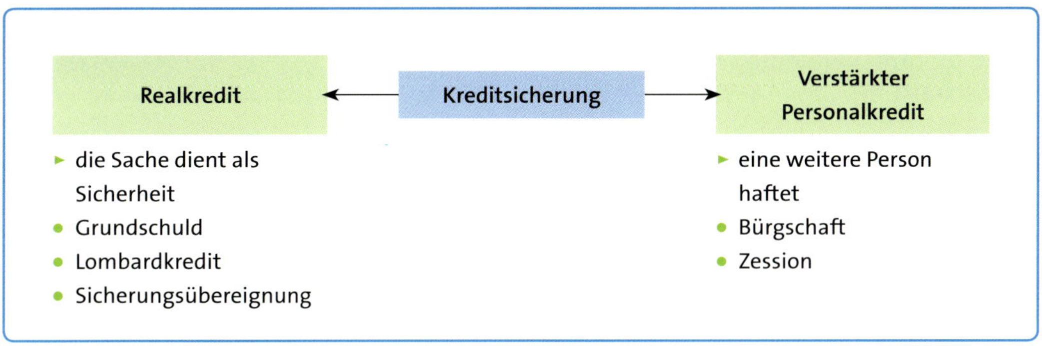

Abb. Arten der Kreditsicherung

Grundschuld

In der Regel verlangen deutsche Banken eine **Grundschuldbestellung als Sicherheit** für ein gewährtes Investitionsdarlehen. Es wird nach vorbestimmter Rangfolge in Abteilung 3 des Grundbuches eingetragen. Sollte der Schuldner seiner Verpflichtungen der Bank gegenüber nicht nachkommen, kann sie die Zwangsversteigerung betreiben und sich aus dem Versteigerungserlös schadlos halten.

Lombardkredit

Der **Lombardkredit** ist ein Kredit, der durch die **Übergabe und Verpfändung einer beweglichen Sache** oder eines **verbrieften Rechtes** (z. B. von Wertpapieren) an Dritte gesichert ist. Der Darlehensgeber (Pfandgläubiger) wird dadurch nur Besitzer, jedoch nicht Eigentümer an den übergebenen bzw. verpfändeten Sachen (Besitz und Eigentum ▸ Kapitel 2.4.1). Üblicherweise werden nicht die vollen 100 Prozent des Wertes des Pfandgegenstandes als Darlehen ausgegeben.

Sicherungsübereignung

Mit der **Sicherungsübereignung überträgt der Schuldner dem Gläubiger das Recht an einer Sache**, ohne dass der Besitz übergeht bzw. das Gut übergeben wird. So kann und darf der Kreditnehmer die Sache weiter nutzen. Wirtschaftlich betrachtet ist die Sicherungsübereignung ein Pfandrecht (vgl. §§ 929, 930 BGB).

Bürgschaft

Durch den **schriftlichen Bürgschaftsvertrag** verpflichtet sich der Bürge gegenüber dem Gläubiger eines Dritten (z. B. einer Bank) für die Erfüllung der Verbindlichkeit des Dritten ein zu stehen (vgl. § 765 BGB). Vor der Inanspruchnahme des Bürgen muss der Gläubiger jedoch versuchen, durch Vollstreckung die Schuld bei dem Schuldner einzutreiben **(Einrede der Vorausklage)**, sofern der Bürge nicht hierauf verzichtet hat **(selbstschuldnerische Bürgschaft)**.

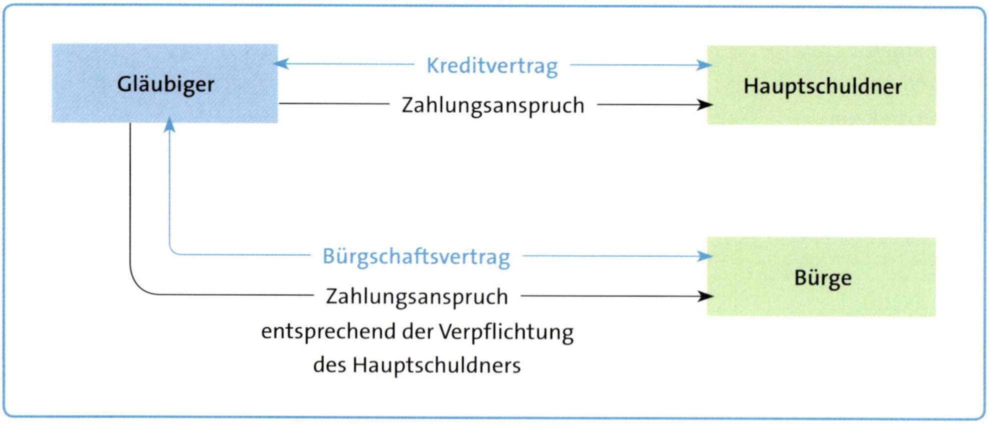

Abb. Selbstschuldnerische Bürgschaft

Zession

Durch die Zession überträgt der Kreditnehmer **(der Zedent)** eine Forderung aus Warenlieferung und Leistung in das Vermögen eines anderen Kreditgebers **(des Zessionars)**, z. B. einer Bank. Der Zessionar tritt an die Stelle des Zedenten bei dem ursprünglichen Drittschuldner. Der Zessionar darf sich aus der abgetretenen Forderung nur in Höhe des bei ihr offenen Saldos befriedigen.

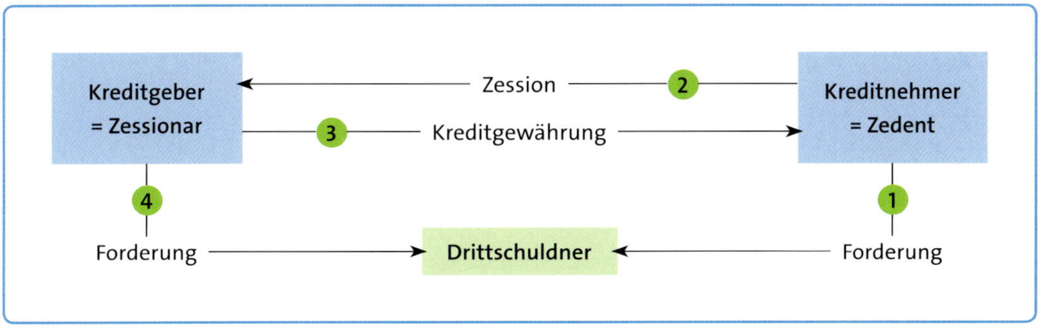

Abb. Zession

5.2.3 Kurzfristige Kredite

Kredite sind auch nötig, um den **laufenden Zahlungsverkehr** eines Unternehmens zu tätigen. Unter diesem werden z. B. die Skonto-Nutzung und die Sicherstellung der Zahlungen für Einzugsermächtigungen und Daueraufträge verstanden.

Aus diesen Gründen werden die folgenden kurzfristigen Kredite einem Unternehmen nicht im klassischen Sinne von einer Bank durch Kreditvertrag eingeräumt, sondern

- zum einen als **Überziehungskredit mit einer Kreditlinie**, bis zu deren Höhe ein Konto jederzeit überzogen werden kann,
- zum anderem durch **einen Kunden, der vor Fälligkeit der Leistung** diese bereits anbezahlt und

durch **Lieferanten, die eine Leistung erbringen**, deren Forderung jedoch erst zu einem späteren Zeitpunkt fällig wird.

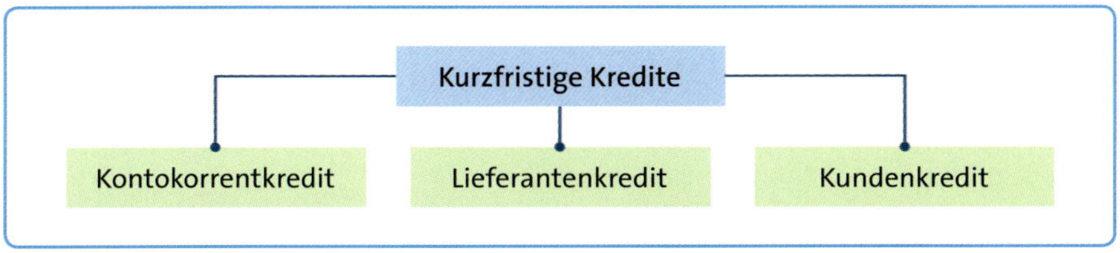

Abb. Kurzfristige Kreditarten

Kontokorrentkredit

Der **Kontokorrentkredit** (it. *conto* = Rechnung / *corrente* = laufend) dient der **Finanzierung des laufenden Zahlungsverkehrs**. Bis zur vereinbarten Kredithöhe kann über den Kontokorrent frei verfügt werden. Zinsen werden nur für den tatsächlich in Anspruch genommenen Betrag berechnet.

Der Kontokorrentkredit eignet sich vor allem für kurzfristige Kredite oder Saisonkredite. Der Kontokorrentkredit wird gerne genutzt um Skontovorteile aus zu nutzen (vgl. § 355 HGB). Da der Kontokorrentkredit **verhältnismäßig teuer** ist, sollte er nur als kurzfristiges Finanzierungsinstrument eingesetzt werden.

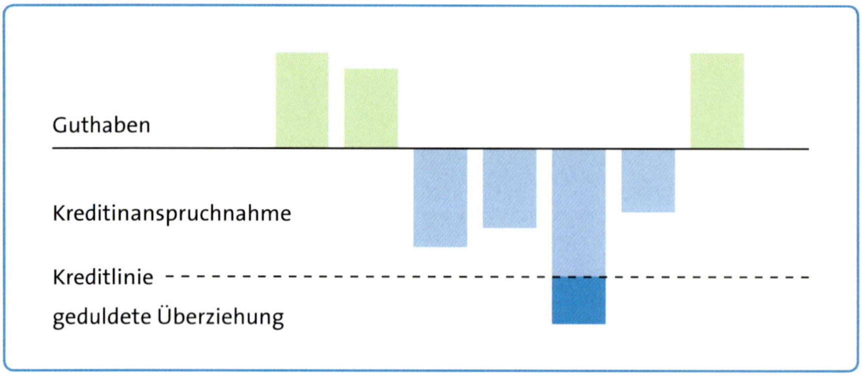

Abb. Kontokorrentkredit

Lieferantenkredit

Ein **Lieferantenkredit entsteht automatisch** dadurch, dass man eine Ware nicht bei Erhalt, sondern erst später bezahlt. Der Lieferant räumt dem Unternehmen als Käufer ein **Zahlungsziel** ein, beispielsweise 30 Tage. Mit Zahlung des Rechnungsbetrages ist der Kredit dann »ausgelöst«.

Häufig sind Lieferantenkredite mit einer **Skontofrist** (▸ Kapitel 3.1.1) verbunden. Durch die Wahrung der Skontofrist kann ein Preisnachlass auf den Rechnungsbetrag bei Zahlung innerhalb dieser Frist erzielt werden.

Lieferantenkredit mit Skontofrist

BEISPIEL

Ein Lieferant gewährt ein Zahlungsziel von 30 Tagen.
Bei Zahlung binnen 10 Tagen räumt er drei Prozent Skonto ein.
Skontosatz = 3 %, Zahlungsziel = 30 Tage, Skontofrist = 10 Tage

Lösung: Skontobezugsspanne = Zahlungsziel – Skontofrist

$$\text{Effektiver Zinssatz} = \frac{3\,\% \cdot 360\ \text{Tage/Jahr}}{20\ \text{Tage}} = \underline{\underline{54\,\%/\text{Jahr}}}$$

Kundenkredit

Bei einem **Kundenkredit steht der umgekehrte Fall** an: Ein Kundenkredit entsteht automatisch dadurch, dass ein Kunde eine Ware nicht bei Erhalt, sondern vorzeitig anbezahlt.

> Nach Auffassung von Verbraucherschützern lassen sich deutsche Reiseveranstalter von ihren Kunden zinslose Kredite in Milliardenhöhe geben. Hintergrund sind [die] bei Pauschalreisen »inzwischen üblichen Anzahlungen in Höhe von 30 bis 40 Prozent des Reisepreises«, wie mehrere Verbraucherzentralen beklagen. [...]
>
> Für die Veranstalter sind die hohen Vorauszahlungen ein gutes Geschäft: Die Branche setzt pro Jahr 20 bis 22 Milliarden Euro um, das meiste davon mit Pauschalreisen. Folglich geben ihnen die Kunden Jahr für Jahr einen zinslosen Milliarden-Vorschuss. [...]
>
> Damit ist nun z. T. Schluss. Reiseveranstalter dürfen nur in Ausnahmefällen mehr als 20 % Anzahlung für kurzfristige Pauschalreisen verlangen. (BGH, Az: XZR 85/12)

www.rp-online.de/reise/news

5.2.4 *Leasing*

Unter dem **Begriff *Leasing*** (engl. *to lease* = mieten) wird allgemein das **Mieten von Anlagegütern** verstanden.

Finanzwirtschaftlich bedeutet es für Unternehmen, die *Leasing* betreiben, dass sie als der Nutzer die Anschaffung des Investitionsobjekts nicht aus eigenen Mitteln direkt bezahlen müssen, sondern an einen *Leasing*geber (z. B. an eine *Leasing*gesellschaft) regelmäßige Gebühren (Raten) zahlen.

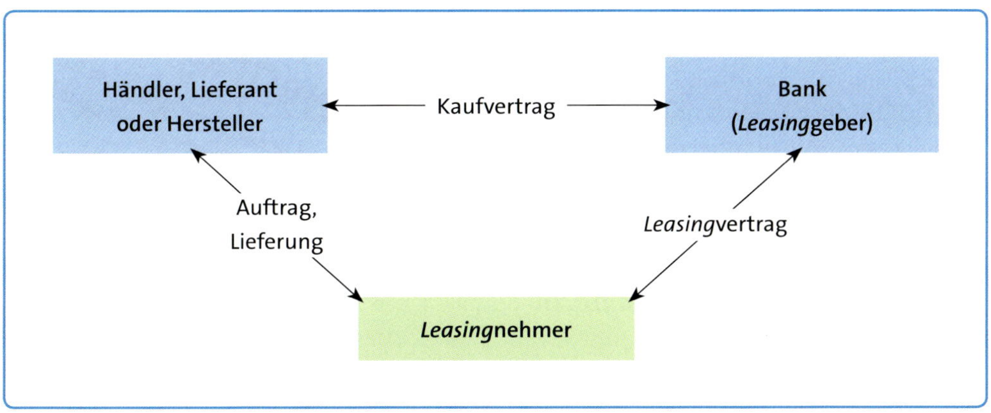

Abb. Das *Leasing*-Prinzip

In der Praxis tritt der Hersteller des *Leasing*gutes – insbesondere bei beweglichen Gütern wie z. B. Kraftfahrzeugen oder Computern – häufig selbst als *Leasing*geber auf und übernimmt die Finanzierung des *Leasing*objektes. Diese Art des Leasings wird **direktes *Leasing*** genannt.

MERKE

*Leasing*arten
Nach der Art der Vertragsgestaltung unterscheidet man zwischen *Operate-Leasing* und Finanzierungs*leasing*.

Bei dem heute üblichen **Finanzierungs*leasing*** wird (im Gegensatz zum *Operate-Leasing*) eine feste Grundmietzeit mit einer Laufzeit von mindestens 24 Monaten vereinbart. In dieser Zeit kann der Vertrag von beiden Seiten nicht gekündigt werden. Wartung, Reparatur, Pflege und Versicherung des *Leasing*objektes übernimmt der *Leasing*nehmer.

Das ***Operate-Leasing*** ist als ein kurzfristiger Mietvertrag zu beschreiben der mit weiteren Miete-untypischen Dienstleistungen (wie z. B. Wartungskosten, Reparaturkosten) belastet ist. Seine Bedeutung ist in der Praxis gering.

In der Regel wird das *Leasing*gut dem *Leasing*geber zugerechnet, da die Grundmietzeit i. d. R. zwischen 40 und 90 Prozent der Nutzungsdauer beträgt. Er führt es in seinem Anlagevermögen und kann es entsprechend abschreiben (Abschreibungen ▸ Band Rechnungswesen, LF 5, Kapitel 9).

Die **Höhe der *Leasing*rate** hängt zunächst vom Anschaffungspreis des Leasingobjekts ab. Sie verringert sich um eine eventuell geleistete anfängliche Einmalzahlung und den angenommenen Restwert des *Leasing*gutes zum Ende der *Leasing*laufzeit.

In die *Leasing*rate werden eingerechnet:

- der Ausgleich des Wertverlusts während des *Leasings*,
- Zinsen für die Bereitstellung des Kapitals durch den *Leasing*geber,
- Verwaltungskosten,
- ein Zuschlag für das Ausfallrisiko und
- eine Gewinnmarge.

Das *Leasing* ist immer teurer als der Kauf. Die **Vorteile der *Leasing*finanzierung** sind jedoch:

- Schonung des Eigenkapitals und
- Liquiditätsentlastung.

BEISPIEL

Berechnung der *Leasing*rate

(alle Beträge in Euro)

Fahrzeug		44.981,00
Zubehör	+	10.241,55
Rabatt	–	3.313,35
Total Verkaufspreis Fahrzeug		**51.909,20**
Restwert		19.790,20
(durch *Leasing*geber bestimmter Restwert)		
*Leasing*zins	5 % / Jahr	
Laufzeit	48 Monate	
Anzahlung	–	10.000,00
Kilometer pro Jahr		15.000
Prozentsatz Restwert		39,5
Verkaufspreis Fahrzeug		51.909,20
Anzahlung	–	10.000,00
Finanzierung 1		41.909,20
Restwert	–	19.790,20
Kapitalbedarf		**22.119,00**
Zins 1 (Wertverzehr)	+	**2.211,90**
(Formel = Kapital : 2 · Zins 1 · Laufzeit : 12 Monate : 100)		
Zins 2 (Restwert)	+	**3.958,04**
(Formel = Restwert · Zins 2 · Laufzeit : 12 Monate : 100)		
Total Kapital		**28.288,94**

© Berger's Reisen Omnibus & Touristik oHG

© Cla78 – Fotolia.com

Daraus ergibt sich eine **monatliche *Leasing*rate von 589,35** Euro.
(Formel = Total Kapital : Laufzeit)
Der bezahlte Betrag innerhalb der Laufzeit des *Leasing*vertrages erhöht sich auf 38.288,94 Euro (Formel = *Leasing*rate · Laufzeit + Anzahlung).

Daraus ergibt sich:
Kapitalkosten effektiv pro Monat 797,69 Euro
effektiver Jahreszins 14,72 %
(Formel = 100 % : effektiv bezahlter Betrag · Kapitalkosten effektiv pro Monat · Laufzeit : 12 Monate)

Außerdem besteht die Möglichkeit das Leasinggut nach einer gewissen Dauer zum vereinbarten Restkaufpreis zu übernehmen, was als **Teilamortisation gilt,** bzw. bei der **Vollamortisation** zurückgeben zu können.

AUFGABEN

1. Erklären Sie den Begriff »dauernd« im Zusammenhang mit folgendem Zitat: »Beim Anlagevermögen sind nur die Gegenstände auszuweisen, die bestimmt sind dauernd dem Geschäftsbetrieb zu dienen.«
2. Nennen Sie drei Gegenstände auf Ihrem Schreibtisch die »dauernd« dem Betrieb dienen.
3. Der Listenpreis für einen Kinderstuhl für die Spielecke im Reisebüro beträgt 280,00 Euro. Da Sie vier Stühle kaufen sowie einen Spieltisch für 450,00 Euro erhalten Sie vom Möbelhändler 10 % Mengenrabatt und 5 % Sonderrabatt. Des Weiteren räumt Ihnen der Händler 2 % Skonto ein, wenn Sie binnen 10 Tagen zahlen. Wie hoch ist der Bareinkaufspreis?
4. Ein Kredit über 50.000,00 Euro wird von der Bank zu folgenden Bedingungen angeboten: Bearbeitungsgebühren 2 %, Zinssatz 6 % p.a., Laufzeit 300 Tage.
5. Was versteht man unter dem Begriff »Annuität«?
6. Darlehensbetrag: 20.000,00 Euro, Zinssatz: 8 %, Laufzeit: 6 Jahre. Welche Darlehensart liegt jeweils vor? Begründen Sie Ihre Antwort.
   a) Das Darlehen wird in gleichen jährlichen Raten getilgt.
   b) Das Darlehen wird in gleichen Annuitäten getilgt.
   c) Das Darlehen wird am Ende der Laufzeit getilgt.
7. Erklären Sie die Bedeutung eines Auszahlungskurses in Höhe von 97 % bei einem Darlehen.
8. Ein Annuitätendarlehen ist in fünf gleichen Jahresraten zurück zu zahlen – wie hoch sind die Raten bei folgenden Konditionen: Kreditbetrag 12.000,00 Euro, Zinssatz 5 %, Laufzeit 5 Jahre, jährliche Tilgung
9. Ein Annuitätendarlehen wird zu folgenden Konditionen vergeben: Kreditbetrag 10.000,00 Euro, Zinssatz 6 %, Laufzeit 10 Jahre. Berechnen Sie die Tilgung und die Zinsen jeweils für das vierte und achte Jahr bei jährlicher Tilgung.
10. Berechnen Sie für ein Abzahlungsdarlehen die Annuität am Ende des dritten und sechsten Jahres bei jährlicher Tilgung. Konditionen: Kreditbetrag 15.000,00 Euro, Zinssatz 7 %, Laufzeit 8 Jahre.
11. Berechnen Sie für ein Abzahlungsdarlehen in Höhe von 25.000,00 Euro bei einem Zinssatz von 7 % und einer Laufzeit von 15 Jahren die Summe der gezahlten Zinsen bei jährlicher Tilgung.
12. Erklären Sie den Unterschied zwischen Kontokorrentkredit und Darlehen.

13. Ordnen Sie jeweils die richtige Aussage den Begriffen »Grundschuld«, »Bürgschaft«, »Zession« und »Lombardkredit« zu:
a) Eine dritte Person haftet für die Verbindlichkeiten, falls der Schuldner seinen Zahlungsverpflichtungen nicht nachkommt.
b) Ein Grundstück wird mit der Summe belastet, für die es »haftet«.
c) Verpfändung von Rechten oder beweglichen Sachen.
d) Abtretung von Forderungen, z. B. Lohnabtretung oder Abtretung von Versicherungen.

14. Nennen Sie jeweils Vor- und Nachteile von *Leasing* für den *Leasing*nehmer.

15. Erstellen Sie eine *Ranking*tabelle für die Beschaffung von Büromöbeln unter den Gesichtspunkten »Wirtschaftlichkeit«, »Ergonomie« und »Ökologie«. Bitte ordnen Sie den einzelnen Gesichtspunkten jeweils drei Einzelkriterien zu, die Sie für besonders wichtig halten. Gewichten Sie prozentual. Die Summe der Gewichtungen darf maximal 100 Prozent betragen.

Wirtschaftlichkeit		Ergonomie		Ökologie	
Kriterien	Gewichtung	Kriterien	Gewichtung	Kriterien	Gewichtung
	%		%		%
	%		%		%
	%		%		%

16. Sie benötigen für die *Lounge* Ihres Reisebüros eine neue Sitzgruppe. Dazu liegen Ihnen folgende Angebote vor:
Angebot A – Listenpreis 5.500,00 Euro, Lieferzeit 8 Wochen, Lieferung frei Haus, Rabatt 5 %; neben dem GS-Zeichen sind die Produkte mit QUALITY OFFICE gekennzeichnet
Angebot B – Listenpreis 6.500,00 Euro, Lieferzeit 10 Wochen, Lieferung frei Haus, Zahlungsbedingungen: 10 Tage nach Lieferung oder drei Prozent Skonto bei Zahlung binnen 10 Tagen; neben dem GS-Zeichen sind die Produkte mit einem FSC-Label versehen
a) Führen Sie einen Angebotsvergleich im Hinblick auf die Anschaffungskosten durch.
b) Vergleichen Sie Ihre finanzielle jährliche Belastung unter der Maßgabe, dass Sie die Anschaffungskosten fremd finanzieren und durch ein Abzahlungsdarlehen bzw. Annuitätendarlehen über vier Jahre tilgen möchten. Der Zinssatz soll acht Prozent für beide Finanzierungsformen betragen, Zinsintervall jährlich.
c) Ihre Stammkundschaft sind *Best Ager* und legt Wert auf stilvolles, ökologisches Reisen. In wie weit wird Ihre Entscheidung zu Gunsten von Angebot A bzw. Angebot B hierdurch beeinflusst?

6 Methoden des Zahlungsverkehrs

Unter dem Begriff **Zahlungsverkehr** versteht man alle Übertragungen von Zahlungsmitteln die zwischen Wirtschaftssubjekten (öffentliche und private Haushalte, Unternehmen) als Gegenleistung im allgemeinen Wirtschaftsverkehr erfolgen.

Zahlungsmittel sind alle Formen des Finanzvermögens, die zur Tilgung von Geldschulden und als allgemeines Tauschmittel akzeptiert werden. Beispiele sind Bargeld und Buchgeld, z. B. das Guthaben auf einem Girokonto.

Ein **Girokonto** ist ein »laufendes« Konto, da es ständig Zu- und Abbuchungen verzeichnet.

Ebenso zählen die **Geldsurrogate**, die Geldersatz-Mittel, wie z. B. der Scheck (Zahlungsanweisung) und der Wechsel (Zahlungsverpflichtung), als auch die Karten (Debitkarten, Kreditkarten, vorausbezahlte Karten), die von Banken und anderen Unternehmen ausgegeben werden, zu den Zahlungsmitteln.

MERKE

Unterscheidung nach Zahlungsmedium
Nach dem verwendeten Zahlungsmedium unterscheidet man vor allem den baren und den unbaren Zahlungsverkehr.

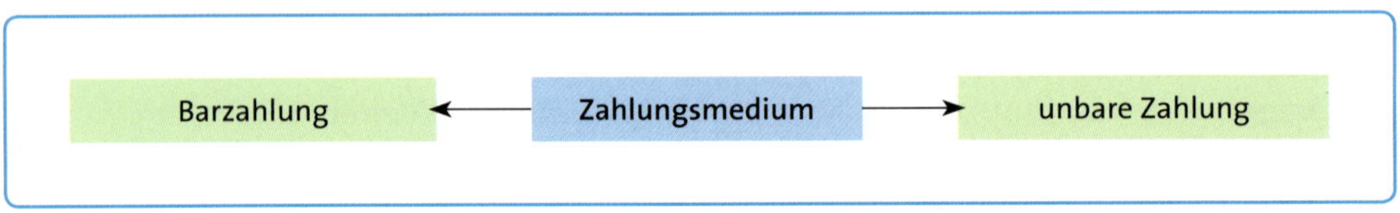

Abb. Zahlungsmedien

6.1 Barzahlung

Barzahlung erfolgt entweder durch die **direkte Übergabe von Banknoten und Münzen** oder die Übergabe erfolgt mit Hilfe eines Dritten, wie z. B. per *Western Union* Bargeldtransfer.

Bei der Barzahlung verwenden **weder Zahler noch Empfänger** ein Girokonto.

Falls Sie Waren oder Dienstleistungen für Ihr Touristikunternehmen in bar einkaufen, achten Sie bitte darauf, dass Ihre Barzahlung quittiert wird. Sie brauchen diesen Beleg für den **Nachweis der erfolgten Zahlung** und für Ihre **Buchführung** (▸ LF 5, Kapitel 2).

Die Barzahlung unter Verbrauchern erfordert keinen Beleg.

Quittung Nr. ____________

Betrag € inkl. MwSt. % Betrag €

Betrag in Worten

von

an

für

dankend erhalten.

Datum Ort

____

Stempel/Unterschrift des Empfängers

Abb. Quittungsformular

Die **Quittierung einer Barzahlung** kann auch formlos erstellt werden. In diesem Fall sollte sie **mindestens die folgenden sechs Angaben** enthalten:

1.	Betrag in Wort und Zahl	4.	Empfangsbestätigung
2.	Name des Zahlers	5.	Ort und Tag der Ausstellung
3.	Grund der Zahlung	6.	Unterschrift des Zahlungsempfängers

Tab. Mindestangaben auf einer Quittung

Für die Barzahlung mit Hilfe des **Bargeldtransfer-Verfahren** müssen die Kunden das *Western Union* Sendeformular ausfüllen und es zusammen mit dem Transferbetrag und den anfallenden Entgelten in einer Filiale der Postbank oder der Deutschen Post abgeben.

Der Auftraggeber erhält darauf hin eine Bestätigung mit einer 10stelligen Geldtransferkontrollnummer (*Money Transfer Control Number*, MTCN), benachrichtigt den Empfänger bezüglich des Geldtransfers und gibt ihm die für die Abholung notwendigen Informationen sowie die MTCN an.

Der Empfänger kann den Überweisungsbetrag dann bei der jeder *Western Union* Niederlassung oder Vertriebsstelle, die auf dem Überweisungsformular angeführt ist, abholen. Diese Barzahlungsart erfordert einen Beleg.

Der Zahlungsverkehr wird weiterhin nach der **Verwendung von Belegen** in die beleggebundenen Zahlungsarten und in die beleglosen bzw. »elektronischen« Zahlungsarten unterschieden.

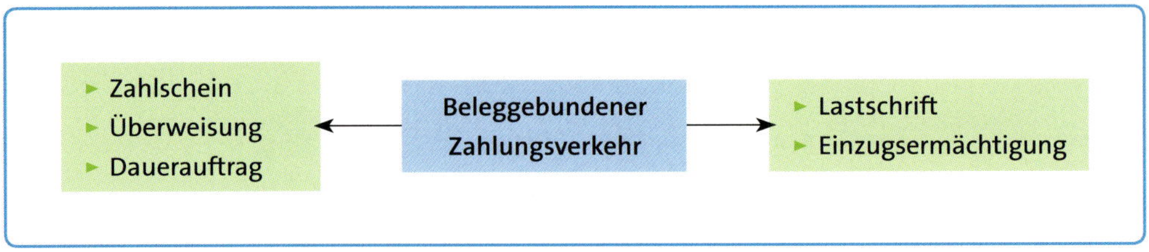

Abb. Beleggebundener Zahlungsverkehr

Eine weitere beleggebundene Zahlungsart stellt die halbbare Zahlung dar.

6.2 Halbbarer Zahlungsverkehr

Zur Abwicklung von halbbarem Zahlungsverkehr benötigt **entweder der Zahlungspflichtige oder der Zahlungsempfänger** ein Girokonto:

- **Möglichkeit 1** – der Zahlende zahlt den Betrag bar ein und das Geld wird dem Konto des Empfängers gutgeschrieben.
- **Möglichkeit 2** – der Zahlende lässt den Betrag mittels einer Zahlungsanweisung von seinem Konto abbuchen und übergibt den Betrag bar an den Empfänger.

Halbbar bezahlen kann man z. B. mit dem **Zahlschein** oder dem **Barscheck**.

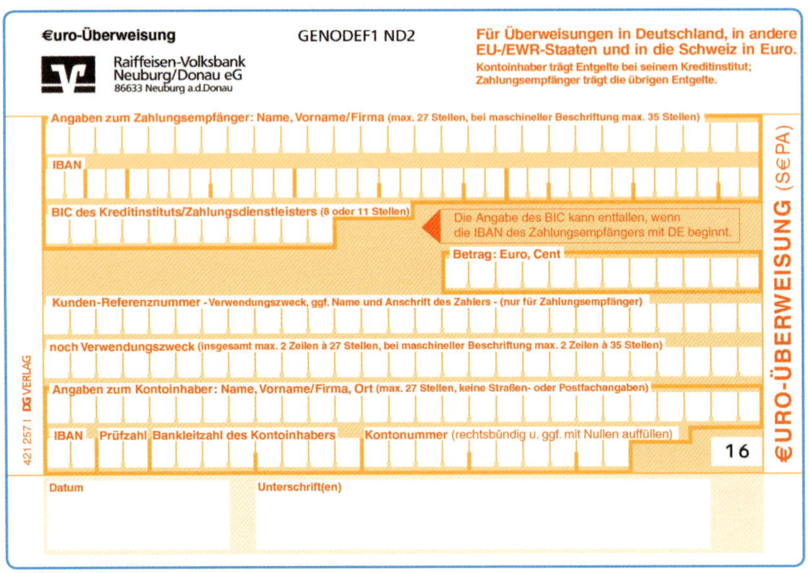
€uro-Überweisung

GENODEF1 ND2

Raiffeisen-Volksbank Neuburg/Donau eG
86633 Neuburg a.d.Donau

Für Überweisungen in Deutschland, in andere EU-/EWR-Staaten und in die Schweiz in Euro.
Kontoinhaber trägt Entgelte bei seinem Kreditinstitut; Zahlungsempfänger trägt die übrigen Entgelte.

Angaben zum Zahlungsempfänger: Name, Vorname/Firma (max. 27 Stellen, bei maschineller Beschriftung max. 35 Stellen)

IBAN

BIC des Kreditinstituts/Zahlungsdienstleisters (8 oder 11 Stellen)

Die Angabe des BIC kann entfallen, wenn die IBAN des Zahlungsempfängers mit DE beginnt.

Betrag: Euro, Cent

Kunden-Referenznummer - Verwendungszweck, ggf. Name und Anschrift des Zahlers - (nur für Zahlungsempfänger)

noch Verwendungszweck (insgesamt max. 2 Zeilen à 27 Stellen, bei maschineller Beschriftung max. 2 Zeilen à 35 Stellen)

Angaben zum Kontoinhaber: Name, Vorname/Firma, Ort (max. 27 Stellen, keine Straßen- oder Postfachangaben)

IBAN | Prüfzahl | Bankleitzahl des Kontoinhabers | Kontonummer (rechtsbündig u. ggf. mit Nullen auffüllen)

16

Datum

Unterschrift(en)

€URO-ÜBERWEISUNG (S€PA)

421 257 I DG VERLAG

Abb. Zahlschein

6.2.1 Scheck

Juristisch gesehen ist der Scheck **eine Urkunde** (▸ Kapitel 2.1.1), die eine unbedingte Anweisung des Ausstellers an seine Bank enthält, an jemanden die im Scheck genannte Summe zu zahlen.

Der Scheck ist ein **Wertpapier, das der Formstrenge** unterliegt. Die **zwingenden Bestandteile** ergeben sich aus Paragraph § 1 Scheckgesetz (ScheckG):

- die **Bezeichnung** als Scheck
- die **Anweisung** zur Zahlung einer Summe
- **Name** des Bezogenen
- Zahlungsort
- Tag und Ort der **Ausstellung**
- **Unterschrift** des Ausstellers

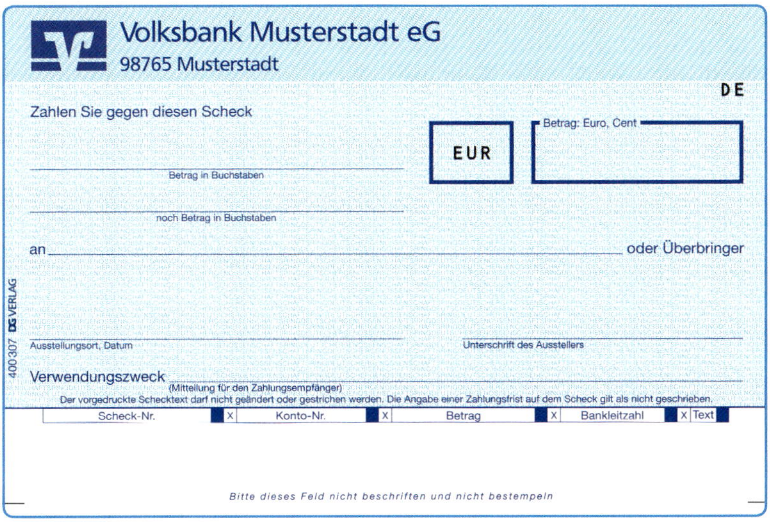
Volksbank Musterstadt eG
98765 Musterstadt
DE
Zahlen Sie gegen diesen Scheck
EUR
Betrag: Euro, Cent
Betrag in Buchstaben
noch Betrag in Buchstaben
an oder Überbringer
Ausstellungsort, Datum
Unterschrift des Ausstellers
Verwendungszweck
(Mitteilung für den Zahlungsempfänger)
Der vorgedruckte Schecktext darf nicht geändert oder gestrichen werden. Die Angabe einer Zahlungsfrist auf dem Scheck gilt als nicht geschrieben.
Scheck-Nr. x Konto-Nr. x Betrag x Bankleitzahl x Text
Bitte dieses Feld nicht beschriften und nicht bestempeln
400307 DG VERLAG

Abb. Scheck

Der Standardfall bei Schecks ist der **Inhaberscheck (Überbringerscheck)**, der bei der kontoführenden Stelle vom Überbringer in bar als **Barscheck** eingelöst bzw. bei jeder Bank vom Inhaber zur **Gutschrift** eingereicht werden kann. Die Formulierung auf dem Scheck lautet dann: »Zahlen Sie (...) an Herrn/Frau ... oder Überbringer.«

Der **Verrechnungsscheck ist eine Sonderform des Überbringerschecks**, der allerdings von der bezogenen Bank nicht bar ausgezahlt werden darf. Durch den Vermerk »Nur zur Verrechnung« auf dem Scheck wird die bezogene Bank angewiesen, den Scheck nur im Wege der Kontogutschrift einzulösen.

6.2.2 Reisescheck

Der **Reisescheck (Travelerscheck, *Traveler Cheque*)** ist ein weltweit akzeptiertes Zahlungsmittel, das besonders während einer Reise oder während eines Urlaubs im Ausland eingesetzt wird.

Reiseschecks werden vor der Reise über eine Bank oder sonstige Verkaufsstelle (Beispiele: Thomas Cook, American Express)

- in der **gewünschten Währung** (Landeswährung des Urlaubslandes oder leicht konvertierbare Währungen wie US-Dollar) und
- in der gewünschten **Nennwert-Stückelung** (z. B. Euro Stückelung: 50, 100, 200; US-Dollar Stückelung: 20, 50, 100, 500, 1.000)

erworben und sind bei der **Ausgabe sofort zu bezahlen**.

Bei Ausstellung wird in der Regel eine **Verkaufsprovision** von einem Prozent des Verkaufspreises fällig, mindestens aber 5,00 Euro.

Die Kosten beim Eincashen (Einlösen) der Reiseschecks werden von der einlösenden Bank bestimmt.

Abb. Reisescheck

Sicherheit von Reiseschecks

Aus Sicherheitsgründen sind die Schecks bei Empfang in dem jeweils dafür vorgesehenen Feld mit einer **ersten Unterschrift** zu versehen. Außerdem erhält man einen **Erwerbsnachweis** (Verkaufsanzeige, engl. *Purchaser's receipt copy of the sales advice,* PAF), auf dem die verkauften Schecks inkl. Seriennummern aufgeführt sind.

Zum **Einlösen der *Traveler Cheques*** muss eine **zweite Unterschrift** auf dem Scheck geleistet werden. Außerdem muss der/die Unterschreibende sich ausweisen. (Es existieren daneben auch Scheckarten, bei welchen zwei Erstunterschriften bei Ausgabe vorgesehen sind und für die zur Einlösung eine der beiden Unterschriften ausreicht.)

Die **aktuelle Liste der unverbrauchten Reiseschecks** sollten im eigenen Interesse sicher und getrennt von den Schecks aufbewahrt werden.

Bei Verlust werden Reiseschecks nach Vorlage der Kaufquittung (mit den ID-Nummern der *Traveler Cheques*) und dem Käufernamen schnell und vor Ort ersetzt. (Ein Ersatz erfolgt i. d. R. binnen 24 Stunden bei jeder Office oder Agentur des Reisescheck-Emittenten.)

PRO | CONTRA

Vorteile von Reiseschecks	Nachteile von Reiseschecks
▸ sicherer als Bargeld, ▸ kostenfreier Ersatz bei Verlust oder Diebstahl, ▸ gute Budgetübersicht, da im Voraus bezahlt, ▸ unbegrenzte Gültigkeit	▸ nur in den wichtigsten Weltwährungen erhältlich, ▸ Wechselgebühren fallen an, ▸ die Kaufquittung muss getrennt von den Schecks aufbewahrt werden, um bei Verlust Ersatz zu erhalten.

Tab. Vor- und Nachteile von Reiseschecks

© de la Motte

MERKE

Reiseschecks
Reiseschecks stellen eine beleggebundene, halbbare Zahlungsart dar.

Barzahlung und halbbare Zahlung sind bevorzugte Zahlungsmedien, wenn ein Privatkunde oder Verbraucher in das Geldgeschäft involviert ist. In der Geschäftswelt und für Rechtsgeschäfte zwischen Kaufleuten und Unternehmen (▸ Kapitel 2.1) ist die bargeldlose Zahlung das gängige Medium.

6.3 Bargeldlose oder unbare Zahlung

MERKE

Bargeldlose Zahlung
Bei unbarer Zahlung verwenden sowohl Zahler als auch Empfänger ein Girokonto.

Instrumente des bargeldlosen Zahlungsverkehrs sind: Überweisung, Dauerauftrag, Lastschrift, Bankkarte (Debitkarte), Kreditkarte, Geldkarte und Online-Bezahlverfahren. Es wird Bargeld weder ein- noch ausgezahlt, so dass sowohl der Zahlende als auch der Empfänger ein Girokonto bei einem Geldinstitut eingerichtet haben müssen.

6.3.1 Überweisung

Die Überweisung ist in Deutschland eine der häufigsten Zahlungsvorgänge.

Ein Zahlungsvorgang mittels Überweisung kommt zu Stande, indem der Zahlende seiner Bank einen **Zahlungsauftrag zu Lasten seines Kontos** und zur **Gutschrift auf das Konto eines bestimmten Dritten** erteilt.

Die Bankverbindung des Auftraggebers und des Empfängers muss mit der **IBAN (internationale Kontonummer)** und der **SWIFT/BIC (internationale Bankleitzahl)** angegeben werden.

Wenn ein Kontoinhaber eine Überweisung per Online-Banking ausführen möchte, muss er sich zunächst mit seiner persönlichen PIN am Konto anmelden. Die Überweisung selbst muss durch eine **Transaktionsnummer** (»TAN«) bestätigt werden. Entweder hat er von seiner Bank eine Liste mit TANs erhalten, von denen er eine eingeben muss. Moderner und sicherer sind jedoch Verfahren, bei denen die TAN über ein Kartenlesegerät errechnet wird.

Möchte man einen Zahlungsvorgang regelmäßig mit **demselben Betrag und an denselben Empfänger** wiederholen, wird der Überweisungsauftrag einmal als Dauerauftrag erteilt. Die Bank sorgt dann für die pünktliche Abwicklung. Die Laufzeit eines **Dauerauftrags** kann begrenzt bzw. jederzeit widerrufen werden.

BEISPIEL

Dauerauftrag
Mietzahlungen für Büroräume, Leasingzahlungen für den Firmenwagen, Mitgliedsbeitrag DRV, Gebühren für CRS-Reservierungssystem

MERKE

Widerruf der Überweisung
Ein Widerruf der Überweisung ist nicht mehr möglich, sobald der Überweisungsauftrag der Bank zugegangen ist.

Internationale Kontonummer IBAN

Die **Internationale Kontonummer** (engl. *International Bank Account Number*, Abk. IBAN) besteht aus einer Reihe alphanumerischer Zeichen, die eindeutig ein bestimmtes Konto bei einer Bank identifizieren.

Aufbau der IBAN – Die ersten zwei Alphazeichen identifizieren das Land, in dem das Konto geführt wird. Die nächsten beiden Zeichen sind Prüfziffern, sie verifizieren die komplette IBAN. Der letzte Teil der IBAN ist die länderspezifische Kontonummer; sie besteht in den meisten Fällen aus Bankleitzahl, Kontonummer, ggf. Filialnummer und Prüfziffern.

Die IBAN hat je Land eine feste Länge, für Deutschland ist die IBAN 22-stellig. In der folgenden Abbildung sehen Sie das **Beispiel einer IBAN für Deutschland**.

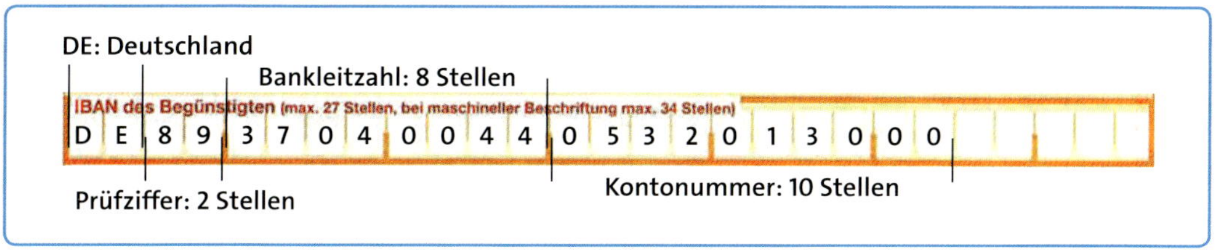

Internationale Bankleitzahl BIC/SWIFT

BIC bedeutet »*Bank Identified Code*« und ist auch als SWIFT-Code bekannt. Dieser Code dient der weltweit eindeutigen Identifizierung von Kreditinstituten und ist maximal 11-stellig. **SWIFT *(Society for Worldwide Interbank financial Telecommunication)*** ist dabei eine Kooperative, die internationale Zahlungen durch standardisierte, sichere Mitteilungen und Software-Schnittstellen zu über 7.000 Finanzinstituten in 194 Ländern unterstützt.

Der BIC/SWIFT-Code wird für Auslands- und EU-Überweisungen benötigt. Im internationalen Zahlungsverkehr ist über den weltweit eindeutigen SWIFT-Code eine Identifikation der Bank ohne Angaben von Adresse und Bankleitzahl möglich.

Aufbau der BIC/SWIFT – Der BIC- oder SWIFT-Code besteht aus acht oder elf alphanumerischen Zeichen.

- 4-stelliger **Bankcode**
- 2-stelliger **Ländercode**
- 2-stelliger **Code des Ortes**
- 3-stelliger **Code der Filiale** (optional)
- **Beispiel:** BIC Deutsche Bank Frankfurt DEUTDEDBFRA (= 11-stellig)

IBAN und BIC des eigenen Kontos können dem Kontoauszug entnommen werden.

6.4 Einheitlicher Euro-Zahlungsverkehrsraum SEPA

Im **europäischen Zahlungsverkehrsraum SEPA** (engl. ***Single Euro Payments Area***) gelten einheitliche Standards und Regeln für Überweisungen, Lastschriften und Kartenzahlungen. Zum **SEPA-Raum** zählen alle 28 EU-Mitgliedstaaten sowie Island, Liechtenstein, Monaco, Norwegen, die Schweiz und San Marino (Stand 2016 vor Brexit).

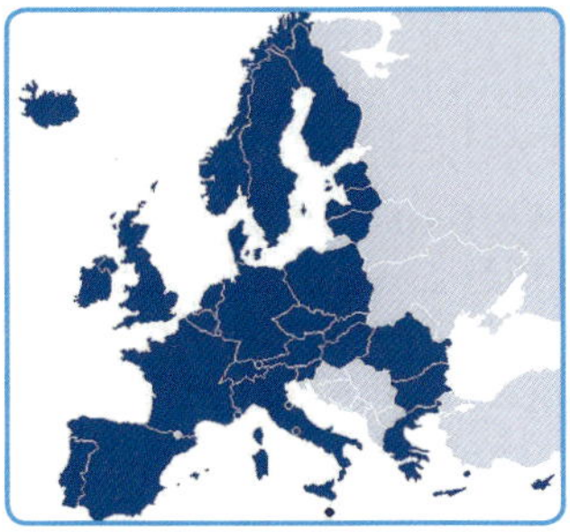

Abb. SEPA-Zahlungsraum

MERKE

Auslandsüberweisung
Als Auslandsüberweisung bezeichnet man Zahlungen, die eines der Kriterien für die SEPA-Überweisung nicht erfüllen. Hierzu werden gesonderte Auslandsüberweisungsformular verwandt.

6.4.1 Euro-Überweisung

Die »€uro-Überweisung« ist eine **grenzüberschreitende Überweisung innerhalb der EU-/EWR-Staaten** (inkl. Norwegen, Island, Liechtenstein) in Euro und kann parallel zu den heutigen Inlandsüberweisungen auch innerhalb Deutschlands verwendet werden. Bei der Euro-Überweisung trägt der Auftraggeber die Entgelte und Auslagen bei seinem Kreditinstitut und der Empfänger trägt die übrigen Entgelte und Auslagen (**Entgeltteilung**, engl. ***SHARE***).

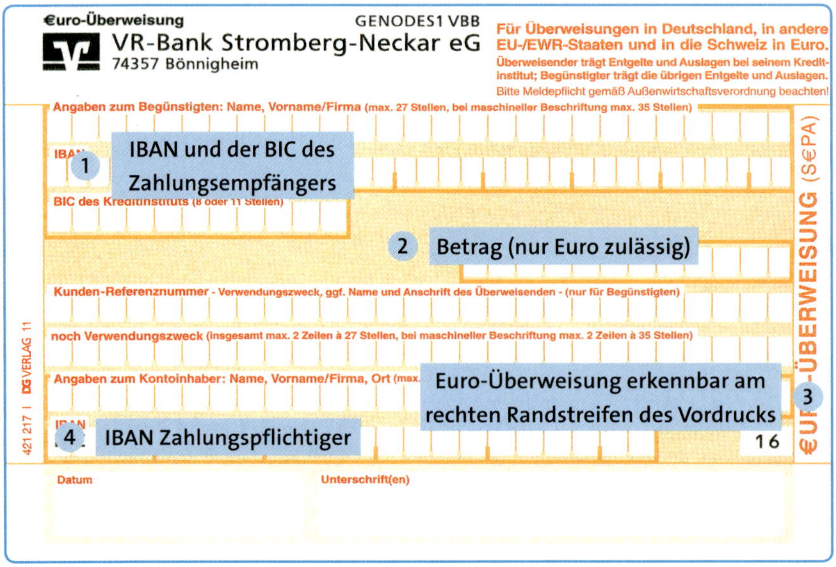

Abb. Vordruck Euro-Überweisung

6.4.2 SEPA-Basis-Lastschriftverfahren

© Picture-Factory – Fotolia.com

Mit dem **SEPA-Basis-Lastschriftverfahren *(SDD Core)*** können Zahlungsempfänger nach Abschluss einer Vereinbarung zum selbigen Lastschrifteinzug Gelder von Konten im Binnenmarkt einziehen.

Der Zahlungsempfänger löst den jeweiligen Zahlungsvorgang aus, indem er über seinen Zahlungsdienstleister die SEPA-Basis-Lastschriften vorlegt.

Voraussetzungen für eine SEPA-Basis-Lastschrift sind:

- Die Lastschriften haben einen **festen Fälligkeitstermin** (D). Dieser wird vom Zahlungsempfänger im Vorfeld des Einzuges mitgeteilt.

BEISPIEL

Inhalt einer SEPA Vorabinformation:
Sehr geehrter Kunde,
mittels SEPA Lastschrift ziehen wir zum SEPA Mandat 4711 mit der SEPA Gläubiger Identifikationsnummer DE12ZZZ12345678900 eine Forderung in Höhe von X.XXX,XX EUR zum Fälligkeitstag TT.MM.JJJJ zu Lasten ihrer Bankverbindung mit der IBAN Kontonummer DE12345678909876543210 bei der XYZ Bank (BIC: ABCDDEMMXXX) ein und bitten rechrtzeitig für eine entsprechende Kontodeckung zu sorgen.

- Jeder Lastschrifteinreicher hat eine eigene Kennung zur Identifizierung, die **Gläubiger-Identifikationsnummer** (*Creditor Identifier, CI*).

In Deutschland kann eine **Gläubiger-Identifikationsnummer** bei der Deutschen Bundesbank über die Internetseite www.glaeubiger-id.bundesbank.de beantragt werden.

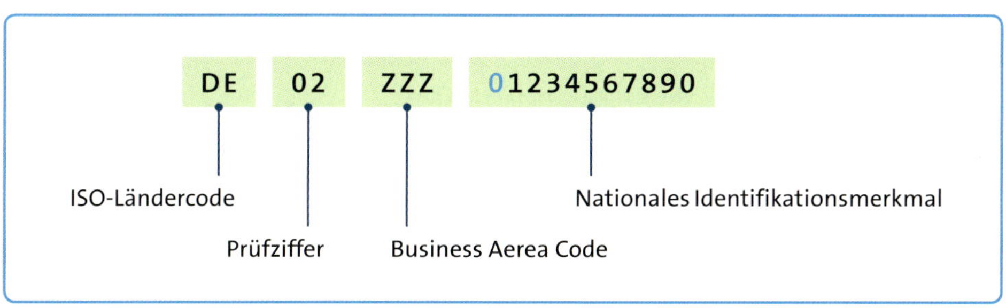

Abb. Aufbau der Gläubiger-Identifikationsnummer

Zudem müssen Sie als Zahlungspflichtiger dem Zahlungsempfänger vor dem Zahlungsvorgang ein entsprechendes »**SEPA-Lastschriftmandat**« erteilen.

Muster GmbH, Rosenweg 2, 12345 Beispielstadt

Gläubiger-Identifikationsnummer DE99ZZZ05678901234
Mandatreferenz 9B7 543 CB2

SEPA-Lastschriftmandat
Ich ermächtige die Muster GmbH, Zahlungen von meinem Konto mittels Lastschrift einzuziehen. Zugleich weise ich mein Kreditinstitut an, die von der Muster GmbH auf mein Konto gezogenen Lastschriften einzulösen.

MERKE

Gültigkeit des SEPA-Lastschriftmandats
Das Mandat gilt unbefristet bis zum Widerruf durch den Zahlungspflichtigen. Sollte jedoch innerhalb von 36 Monaten seit Ausstellung des Mandats bzw. seit dem letzten Einzug keine Folgelastschrift vom Zahlungsempfänger eingereicht worden sein, verfällt das Lastschriftmandat aus Gründen des Verbraucherschutzes automatisch.

Verbraucherschutz

Sollte ein Kunde (Zahlungspflichtiger) mit einem Zahlungseinzug durch eine SEPA-Basis-Lastschrift des Zahlungsempfängers nicht einverstanden sein, kann er binnen einer **Frist von acht Wochen** ab dem Zeitpunkt der Belastungsbuchung (Fälligkeitstermin »D«) auf dem Konto ohne Angabe von Gründen die Erstattung des belasteten Lastschriftbetrages verlangen **(Widerspruchsfrist)**.

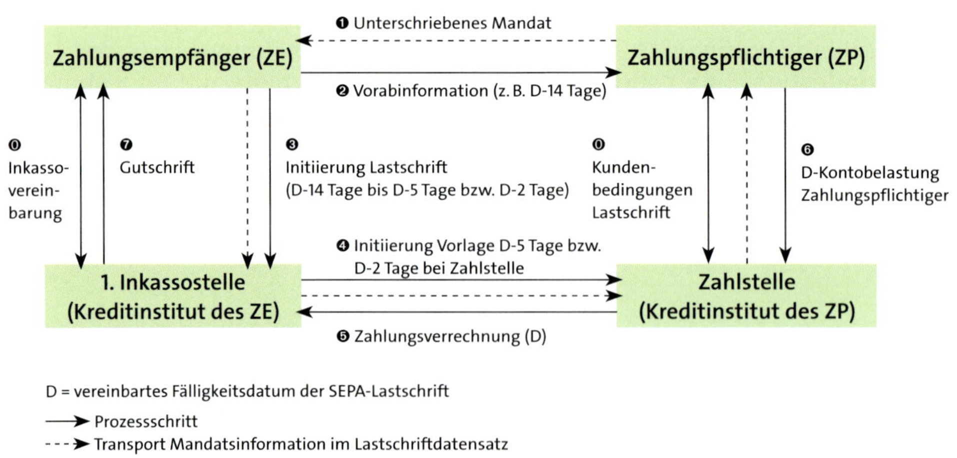

Abb. SEPA-Basis-Lastschriftverfahren

Mit dem Lastschriftmandat **autorisiert der Zahlungspflichtige** gegenüber seiner Bank die Einlösung der jeweiligen SEPA-Lastschriften des Zahlungsempfängers.

6.4.3 SEPA-Firmen-Lastschriftverfahren

Das **SEPA-Firmen-Lastschriftverfahren (SDD B2B)** ist speziell auf die Bedürfnisse von Firmenkunden zugeschnitten, um insbesondere eine frühe Finalität von Zahlungen zu erzielen. Der Zahlungsempfänger löst den jeweiligen Zahlungsvorgang in Euro innerhalb von SEPA aus, indem er über seinen Zahlungsdienstleister die SEPA-Firmen-Lastschriften vorlegt.

Wie bei zuvor beschriebenem Basis-Lastschriftverfahren hat das Firmen-Lastschriftverfahren einen **festen Fälligkeitstermin (D)** und jeder Lastschrifteinreicher hat eine eigene **Gläubiger-Identifikationsnummer (CI)**. Zudem muss der Zahlungspflichtige dem Zahlungsempfänger vor dem Zahlungsvorgang ein entsprechendes »**SEPA-Firmen-Lastschriftmandat**« erteilen und die kontoführende Bank als Zahlungspflichtiger vor der ersten Zahlung über die Erteilung des Mandats unterrichten. Der Zahlungspflichtige erhält von dem Zahlungsempfänger ein entsprechendes Mandatsformular, welches er unterschreibt und an den Zahlungsempfänger zurücksenden muss. Der Zahlungspflichtige hat seiner Bank vor der ersten Belastung eine Kopie des »SEPA-Firmen-Lastschriftmandats« vorzulegen.

Gültigkeit MERKE

Solange der Bank des Zahlungspflichtigen eine Kopie des »SEPA-Firmen-Lastschriftmandats« vorliegt und dieser nicht widersprochen wird, werden Lastschrifteinzüge durchgeführt und belastet.

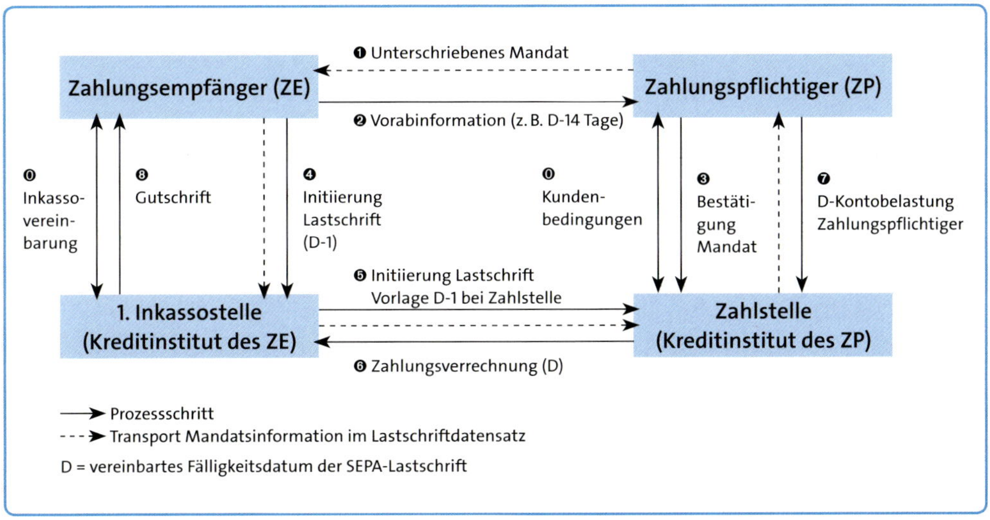

Abb. SEPA-Firmen-Lastschriftverfahren

Das SEPA-Firmen-Lastschriftverfahren ähnelt dem heutigen Abbuchungsauftragsverfahren.

6.4.4 Kartenzahlung

Debitkarten werden meist in Verbindung mit einem Girokonto von Banken oder Sparkassen an den Inhaber ausgegeben. Die bekannteste Debitkarte ist die **girocard**. Mit dem girocard Logo wurde eine einheitliche Marke für die deutschen Verfahren **electronic cash** (Bezahlen mit PIN im Handel) und das **Deutsche Geldautomaten System** geschaffen.

Eine Debitkarte ist rechtlich eine **Zahlungskarte** (vgl. § 152 a Abs. 1 Nr. 1, i. V. m. Abs. 4 StGB). Bei der Verwendung dieser Karte (z. B. Bargeldabhebung an einem Geldautomaten oder Kauf einer Ware) wird das entsprechende Girokonto mit dem Zahlungsbetrag unmittelbar belastet.

Bei **Kreditkarten** wird dem Verbraucher ein tatsächlicher Kreditrahmen zur Verfügung gestellt, sodass gezahlte Beträge erst nach einem gewissen Zeitraum (meistens nach einem Monat) dem Konto belastet werden.

Bei Debit- und Kreditkarte muss man sich bei Kartennutzung durch die Eingabe einer **Geheimzahl (PIN = Persönliche Identifikationsnummer)** authentifizieren, um die missbräuchliche Nutzung der Karte zu vermeiden. Die Zahlung mit Debitkarte und Kreditkarte wird als belegloser Zahlungsverkehr bezeichnet.

Bank-Karten sind mit SEPA im Binnenmarkt noch breiter einsetzbar. Das so genannte »SEPA Cards Framework« definiert generelle Anforderungen an Kartensysteme, die das Bezahlen in Europa weiter vereinfachen. Für Kartenzahlungen gelten auf Basis der Chip-Technologie somit europaweit einheitliche Standards. Letztlich sollen Kunden Ihre Karte im gesamten Euro-Zahlungsverkehrsraum in gleicher Weise verwenden können wie in ihrem Heimatland.

SEPA-EC-Kartenzahlung

Die SEPA-EC-Kartenzahlung ermöglicht es den Kunden, innerhalb von Europa an jedem Terminal mit jeder EC-Karte bargeldlos zu bezahlen und an jedem Geldautomaten [des SEPA-Raumes] Bargeld abzuheben. Verwendbare Karten müssen das »girocard«-Logo aufweisen.

Einheitliche Sicherheitstechnologien – wie z. B. der Chip auf der Karte oder die PIN-Autorisierung- bieten beim Bezahlen einen verbesserten Schutz vor Kartenmissbrauch für Händler und Kunden. Kreditkarten von MasterCard und VISA entsprechen den Anforderungen zu SEPA.

EAPS Euro Alliance of Payment Schemes

EAPS steht für die Europäische Allianz der Zahlungssysteme und wurde von sechs europäischen Betreibern von Kartenzahlungssystemen als neues Zahlungssystem gegründet. Karteninhaber erhalten so die Möglichkeit ihre Zahlungskarten an mehr Akzeptanzstellen europaweit einzusetzen. EAPS stellt die Kooperation nationaler Systeme dar.

VPay

VPay ist eine europäische Entwicklung, die speziell den Bedürfnissen des SEPA-Raums Rechnung tragen soll. VPay ist eine Debitkart von VISA Europe und stellt das Pendant zu Maestro bei MasterCard dar. VPay-Zahlkarten können in Millionen von Geschäften und Geldautomaten in ganz Europa eingesetzt werden. Sie wurden als sichere Karte mit EMV Chip und verpflichtender PIN Eingabe konzipiert.

6.4.5 Online-Bezahlverfahren

Neben den klassischen Verfahren (Vorauskasse, Rechnung, Nachnahme) gibt es immer häufiger speziell entwickelte Bezahlverfahren für das Internet, wie »giropay« von der Deutschen Kreditwirtschaft. Giropay nutzt die Onlinebanking-Anwendung der Bank, um automatisiert eine Überweisung an den Händler zu erstellen. Der Kunde muss daher die für die Bezahlung notwendigen Daten nicht selbst eingeben, sondern die Überweisung nur noch mit einer TAN bestätigen.

Ein anderes weit verbreitetes Verfahren ist »PayPal«. Um mit dem internationalen Bezahldienst zahlen zu können, benötigen die Kunden ein PayPal-Konto, welches sie kostenlos mit ihrer E-Mail-Adresse und einem Passwort eröffnen können. Der Interneteinkauf wird über dieses Benutzerkonto abgewickelt. Der Zahlungsbetrag wird entweder vom vorhandenen Paypal-**Guthaben** oder vom hinterlegten Bankkonto oder der Kreditkarte des Kunden abgebucht. Paypal steht Menschen in über 200 Märkten zur Verfügung und ist daher auch **grenzüberschreitend nutzbar**.

AUFGABEN

1. Ihr Kunde Frank Fröhlich zahlt seine gebuchte Reise an. Ihr Drucker ist nicht funktionstüchtig
und Sie stellen ihm eine Quittung in Ermangelung eines Quittungsblockes über 250,00 Euro auf einem Blatt Papier aus.
Welche Mindestangaben müssen Sie machen?

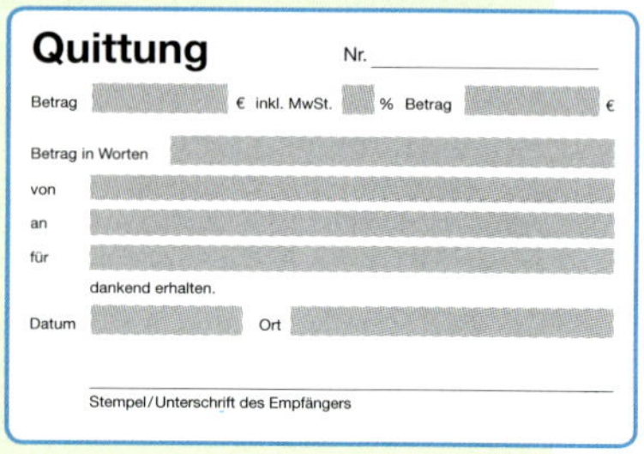

Quittung Nr. ____________

Betrag ______ € inkl. MwSt. ___ % Betrag ______ €

Betrag in Worten ______

von ______

an ______

für ______

dankend erhalten.

Datum ______ Ort ______

Stempel/Unterschrift des Empfängers

2. Unterscheiden sie die Begriffe »Überweisungsauftrag« und »Dauerauftrag«.
3. Ab welchem Zeitpunkt ist der Widerruf einer Überweisung nicht mehr möglich?
4. Wem erteilen Sie eine Einzugsermächtigung bzw. einen Abbuchungsauftrag?
5. In welchem Zeitraum kann eine Lastschrift im nationalen Lastschriftverfahren widerrufen werden?
6. Warum gilt das Widerspruchsrecht nicht für einen Abbuchungsauftrag?
7. Für welche der folgenden Zahlungsanlässe würden Sie zweckmäßigerweise einen Dauerauftrag, einen Abbuchungsauftrag oder eine Einzugsermächtigung erteilen?
Zeitung, Mietzahlung, Prämie, Schulgeld, Vereinsbeiträge, Gasrechnung, Wasserrechnung, Stromrechnung, Telefonrechnung
8. Worin sehen Sie den entscheidenden Nachteil für den Zahlungspflichtigen bei einer Lastschrift?
9. Was versteht man unter SEPA?
10. Erklären Sie die Abkürzungen:
    a) IBAN
    b) SWIFT/BIC
    c) SHARE
11. SEPA-Basis-Lastschriftverfahren
    a) Wer kann das Lastschriftverfahren nutzen?
    b) Womit kann man den Empfänger des SDD Core identifieren?
    c) Über welche Autorisierung muss der Zahlungsempfänger verfügen?
    d) Die Belastungsbuchung des Zahlungspflichtigen erfolgte am 01.03. Wann endet die Widerspruchsfrist?
12. Worin besteht der entscheidende Unterschied zwischen einer SEPA-Firmen-Lastschrift und dem SEPA-Basis-Lastschriftverfahren?
13. Worin besteht der besondere Verbraucherschutz beim SEPA-Basis-Lastschriftverfahren?

14. Bei welcher Bank kann ein Inhaberscheck nur bar eingelöst werden?
15. Unterscheiden Sie die Begriffe »Debitkarte« und »Kreditkarte«.
16. Welche Sicherheit ist mit dem Vermerk »Nur zur Verrechnung« auf einem Scheck verbunden?
17. Worin besteht der besondere Schutz bei der Einlösung von Reiseschecks?
18. Unter welchen Voraussetzungen werden Reiseschecks bei Verlust erstattet?

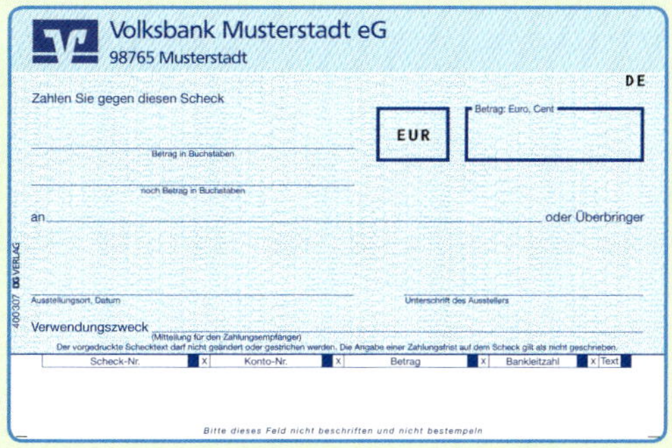
Volksbank Musterstadt eG
98765 Musterstadt
DE
Zahlen Sie gegen diesen Scheck
EUR
Betrag: Euro, Cent
Betrag in Buchstaben
noch Betrag in Buchstaben
an ________ oder Überbringer
Ausstellungsort, Datum
Unterschrift des Ausstellers
Verwendungszweck
(Mitteilung für den Zahlungsempfänger)
Der vorgedruckte Schecktext darf nicht geändert oder gestrichen werden. Die Angabe einer Zahlungsfrist auf dem Scheck gilt als nicht geschrieben.
Scheck-Nr. x Konto-Nr. x Betrag x Bankleitzahl x Text
Bitte dieses Feld nicht beschriften und nicht bestempeln
400307 DG VERLAG

Exkurs: Augmented Reality und Virtual Reality im Reisebüro

Das Internet ist die erste Wahl für Inspiration, Recherche und das Einholen von Reiseinformationen. Reisen für »kleines Geld« sind zur Konsumware geworden, die man sich mit einem Klick auf dem Smartphone kauft. Die Rolle des Reisebüros verändert sich, es muss Mehrwerte z. B. in Form von persönlichen Erlebnissen anbieten. Hierzu bedienen sich die Reiseprofis u. a. Erlebnis-Kommunikationsinstrumente wie z. B. Augmented Reality (AR) und Virtual Reality (VR) und inszenieren mit diesen virtuelle Reiseerlebnisse.

Unter AR versteht man die computergestützte Erweiterung der Realitätswahrnehmung. Die erweiterte Realität dient insbesondere der Darstellung zusätzlicher Informationen. Bei der virtuellen Realität taucht der Benutzer komplett in eine virtuelle Welt ein.

Augmented Reality Magazine und Kataloge

Zur Information und Inspiration stehen dem Reisenden u. a. Reisemagazine mit Augmented Reality zur Verfügung, die es dem Leser erlauben digitale Zusatzinhalte wie z. B. Videos oder Bildergalerien zu Print-Artikeln in dem Magazin abzurufen und so die gedruckte Realität zu erweitern.

In den traditionellen Print-Katalog lässt sich zum einen wie gewohnt blättern und zum anderen ermöglichen digitale Verknüpfungen, dass die Reisenden u. a. ergänzenden Informationen zu Reisedestinationen und digitale Reiseangebote mit ihrem Smartphone oder Tablet aufrufen.

Virtual Reality-Brille

Eine VR-Brille ermöglicht es dem Reisenden, sich auf einen gefühlten 360 Grad-Rundgang durch Hotels, Kreuzfahrtschiffe und Urlaubsziele zu begeben. Dabei setzt VR auf Interaktionen mit dem Reisenden. Wer real geht, geht auch in der virtuellen Welt, er ist »live« vor Ort. Die nahezu perfekte Immersion, dieses vollständige Eintauchen, ist die entscheidende Voraussetzung für das individuelle Erlebnis in der virtuellen Realität. Die Virtual Reality emotionalisiert, inspiriert und nimmt den potenziellen Gast mit auf seine hautnahe Erlebnisreise. Die virtuelle Realität wird dabei mit Elementen wie Sound und realitätsnahen Düften erweitert.

Upselling mit Emotion

VR ist auch ein emotionaler Appetit-Anreger für Upselling. Die Devise heißt: Statt Standarddoppelzimmer zumindest die Juniorsuite, statt Innenkabine mindestens Außenkabine mit kleinem Balkon.

Die visuellen Verkaufsargumente, die Erwartungen und Vorstellungen bestätigen bzw. noch übertreffen, und die damit verbundenen Emotionen machen Lust auf mehr und liefern den Buchungsimpuls. Das Auge bucht mit. VR eignet sich ideal zum Upselling, zum hochwertigeren Verkaufen ohne zeitaufwendige Verkaufsgespräche.

Lernfeld 4

Verkaufsgespräche zielorientiert führen

Beratungs- und Verkaufsgespräche stellen für die Mitarbeiter von Reiseunternehmen, Reisebüros und touristischen Serviceeinrichtungen eine besondere Herausforderung im Hinblick auf ihre sozialen und kommunikativen Fähigkeiten dar.

Da Beratungs- und Verkaufsgespräche ein effektives Instrument zum erfolgreichen Beraten und Verkaufen sind, müssen sie professionell gestaltet, zielgerichtet und kundenorientiert geführt und nach verkaufspsychologischen Grundsätzen aufgebaut sein. In jedem dieser Gespräche gibt es zwei Schlüsselmomente: Der erste Eindruck zählt und der letzte Eindruck zahlt sich hoffentlich für Sie aus.

1 Verkaufssituation

Neue Technologie ermöglicht es dem Reisenden, eine Vielzahl digitaler Reisemärkte mit umfassenden Vernetzungen, Kooperationen, Verlinkungen und Meta-Suchmaschinen zu betreten. Allerdings scheint er damit zunehmend überfordert bzw. ist mit dem Angebot aufgrund zeitaufwändiger Suche nach Reiseoptionen unzufrieden und bemängelt das Fehlen spezifischer und relevanter Informationen entsprechend seiner individuellen Bedürfnisse.

Reisende nutzen u. a. deshalb soziale Netzwerke zur Urlaubsplanung, in denen sie sich z. B. mit virtuellen Freunden und Follower auf Facebook, Twitter und Co. über Insider-Tipps für den Aufenthalt vor Ort austauschen und sich auf branchenspezifischen Social Media Communities, wie z. B. die Hotelbewertungsportale Tripadvisor und HolidayCheck, über Meinungen und Bewertungen zu Unterkünften und Urlaubsorten informieren.

Der Reisende wünscht ein einmaliges, individuell gestaltetes, einzigartiges Urlaubserlebnis, das seiner Persönlichkeit entspricht und kein anonymes, undifferenziertes Produkt von der Stange. Reisen ist für ihn ein ganzheitliches Erlebnis. Er sucht Authentizität, Lebensqualität und individuelles Wohlergehen und definiert so Luxus neu. Reisen werden immer mehr zu einer Reise zum Ich, bei der der Reisende etwas Gutes für die Umwelt (Social Design) tun und dabei auf nichts verzichten möchte. Die Destination »Ich« ist dabei individuell verschieden ausgeprägt, ja manchmal dem Reisenden selbst unbekannt.

Destination »Ich«

BEISPIEL

So kann die Destination »Ich« für den einen Selfness bedeuten und für den Selfie-verliebte Kunden eine spezielle Städtetour, deren Schauplätze danach ausgesucht sind, wie gut sie sich auf Instagram machen.

Der Reisende kommt i. d. R. vorinformiert in das Reisebüro und erwartet dort Mitarbeiter mit profundem Wissen anzutreffen. Sie als Expedient entwirren die Komplexität des WWW, reduzieren die Informationsfülle und richten ihr Angebot transparent auf die Bedürfnisse des Kunden aus und geben ihm die Freude an der Reisevorbereitung wieder und beziehen die Vorinformationen z. B. aus den sozialen Netzwerken und von Bewertungsportalen wohl dosiert –keinesfalls abwertend – mit ein.

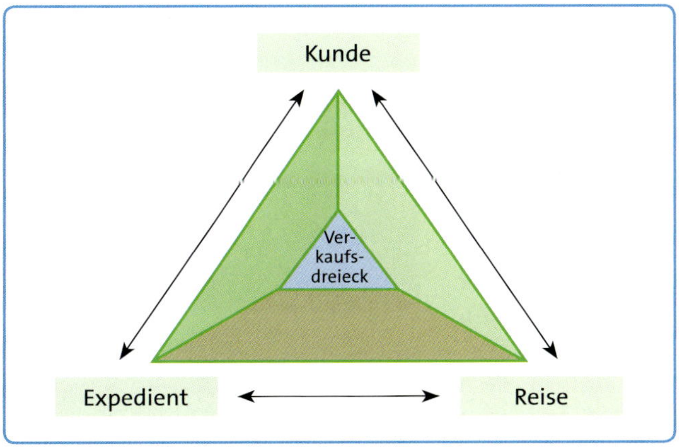

Abb. Das Verkaufsdreieck

Um dem Reisenden sein einzigartiges und erinnerungswürdiges Reiseerlebnisse anbieten zu können, individualisieren Sie als Kundenversteher vorhandene Produkte, führen Service- bzw. Qualitätselementen zusammen bzw. schnüren aufgrund der Wünsche, Vorstellungen und Präferenzen des Reisenden dessen persönliches Reiseerlebnispaket und bieten so den entscheidenden Mehrwert für den Kunden gegenüber einer Buchungsstelle im Internet.

Sie als Expedient können nicht für alle Produkte auf dem Markt über tiefe Produktkenntnisse verfügen. Der Kunde erwartet aber zumindest von ihnen, dass Sie das »eigene« Leistungsangebot auch mit technischen Lösungen (z. B. 3D-Brille, HeliView) detailliert darstellen können. Dabei treten Sie gleichzeitig als angenehmer und freundlicher Gastgeber und guter Verkäufer auf. Sie sind ein kompetenter Reiseberater, Info-Scout und Manager in Sachen Urlaub, Erlebnis und Entspannung.

Verkaufen heißt in dem Zusammenhang »Mehrwert für den Kunden bieten«, als kompetenter Expedient Emotionen, Beweggründe und Motive des Kunden zu erkennen und unter Berücksichtigung von Verkaufsstrategien zu beraten, zu empfehlen, Alternativen aufzuzeigen und Nutzen zu verdeutlichen. So erhält der Kunde seine Reisewünsche erfüllt (Bedarfsdeckung) und Sie erhalten Ihre eigenen wirtschaftlichen Interessen berücksichtigt (Umsatz, Gewinn). Es wird eine *Win-Win-Situation* hergestellt, die gleichzeitig den Aufbau einer langfristigen Kundenbeziehung im Fokus hat.

Selfness-Reisen dienen der Steigerung der Lebensqualität und Lebensfreude, der Stärkung des Selbstwertes, geben der Menschlichkeit Raum und mehr Selbstbewusstsein und Selbstbestimmung.

1.1 Verkaufsatmosphäre

Die **Präsentation und die Dekoration** eines Reisebüros müssen emotionale und rationale Ansprüche erfüllen.

Die Inszenierung der Fassade (Schaufenster-, Vordach-, Schriftzug- und Dekorationsgestaltung) kommuniziert überzeugend das Genre, die Vielfältigkeit und die Qualität des Dienstleistungsangebotes und bewegen den Kunden zum Betreten des Geschäfts. Firmenschriftzug und das Logo helfen, sich von den Mitbewerbern zu differenzieren und geben dem Reisebüro nach außen ein kompetentes Profil.

© de la Motte

© de la Motte

Abb. Schaufenster und Wartebereich eines Reisebüros

Das **Schaufenster** ist *Eye-Catcher* und Visitenkarte. Der professionelle Auftritt weckt positive Assoziationen zu Lifestyle-Produkten, Spezialisten, Luxusanbieter »First Mover«, inspiriert, weckt Lust auf MEE(H)r und unterstreicht die besonderen Nutzenbotschaft des Reisebüros. Die Signalwirkung des Schaufensters wird verstärkt durch originelle Blickfänge und authentische Materialien, die dreidimensional in Szene gesetzt – unter Beachtung der Blickrichtung (von links oben nach rechts unten) –, Geschichten erzählen und Emotionen wecken. Das themenbezogene, unbeschwerte Ferienleben wird im Schaufenster inszeniert und zelebriert.

Der **Eingangsbereich** ist offen und einladend gestaltet. Als Willkommenszone hilft sie dem Kunden die Schwellenangst durch Transparenz zu überwinden. Schaufensterscheiben und die Glastüren des Eingangsbereiches sind entspiegelt. Sie lassen so einen ungehinderten Blick des potenziellen Kunden auf Mitarbeiter, das Geschehen im Ladeninneren und die Einrichtung von außen zu.

Der **Geschäftsraum s**pricht die Emotionen der Kunden an. Tageslicht und eine wirkungsvolle Beleuchtung verbunden mit einem Wechselspiel von Stimulierung und Entspannung erzeugen ein Wohlfühlklima.

© de la Motte

© de la Motte

Abb. Geschäftsräume eines Reisebüros

Eine dynamische Raumgestaltung mit u. a. Beratungs- und Inspriationsinsel, stimmungsvollen Urlaubsbildern und Filmen auf interaktiven Monitoren, authentischen Accessoires zu speziellen Reiseangeboten und eine Kreuzfahrtlounge lassen den Geschäftstraum zu einer **dreidimensionalen »virtuellen Reise«** werden.

Es werden der **Sehsinn** ebenso wie ist der **Tastsinn** angesprochen und es kommt zum Kontakt zwischen Kunde und Produkt. Untermalt wird »die Inszenierung« von entspannender **Hintergrundsmusik (Hören)**, **olfaktorischen Reizen (Riechen)** und z. B. über ein angebotenes Getränk **(Schmecken).** Alles verstärkt die Kundensympathie zusätzlich (▸ Kapitel 2.3 Sinneskanäle).

MERKE

Multisensuale Ansprache
Diese multisensuale (ganzheitliche) Ansprache der menschlichen Sinne ist ein Markenzeichen für den Premium-Qualitäts-Verkauf.

Helle und freundliche Farben (warme Farben wie Gelb, Orange und Rot) dominieren. Sie wirken stimulierend. Dunkle Farben wie Schiefergrau, Schwarzblau und Dunkelgrünblau sind nur eingesetzt, um Kontraste zu erzielen.

An mobilen Multifunktions-*Countern mit Wlan, iPad,* und *Touch-Table* beraten die Reiseprofis interaktiv oder mit traditionellen Print-Katalogen und geben **Insider**tipps.

1.2 Kommunikation und Kommunikationsstörungen

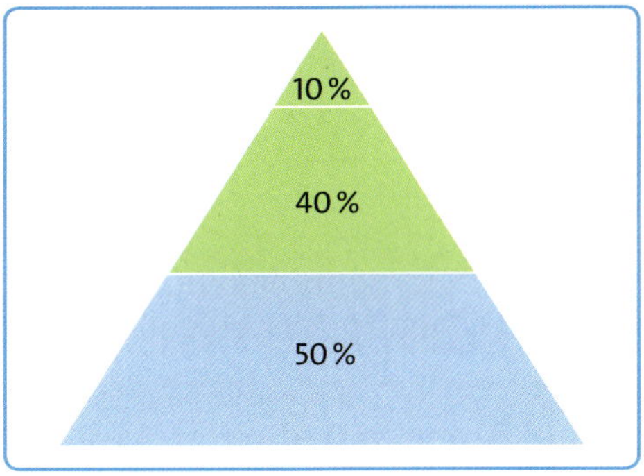

Kommunikation findet in den unterschiedlichsten Facetten (z. B. mündlich, schriftlich, monologisch, dialogisch, privat, öffentlich) des beruflichen und privaten Lebens statt.

Kommunikation ist der verbale und nonverbale Austausch von Informationen zwischen Personen.

Abb. Kommunikationsebenen 1

Die Verständigung untereinander wird sowohl von der *Ratio* (dem Verstand), als auch durch die *emotionale* Ebene (die Gefühlsebene) sowie durch die *mentale* Ebene (geistige Ebene) eines Menschen bestimmt. Unsere Sinnesorgane leiten dabei über die unterschiedlichen **Wege der Kommunikation** (*Optik*, *Akustik*, Geruch) unsere Erfahrungen und Empfindungen an unser Gehirn, das beim Empfangen der Signale deren (Be-)Deutung interpretiert.

Emotional intelligente Menschen (engl. *emotional quotient*, EQ) sind u. a. in der Lage, den Ist-Zustand und die Wirkung eines anderen Menschen aufzunehmen und richtig darauf zu reagieren. Das heißt sie sind in der Lage, die **Körpersprache** zu interpretieren (▸ Kapitel 1.3), die das entscheidende Merkmal der Kommunikation ausmacht (ca. 50 Prozent) und die Gefühle und Bedürfnisse des anderen – aber auch die eigenen – spiegelt. Diese werden erfasst und bewertet. Der **Klang der Stimme** ist das entscheidende zweite Merkmal der Kommunikation (ca. 40 Prozent). Die sprachlich transportierten Informationsinhalte sind dabei der unbedeutendste Faktor, nämlich weniger als 10 Prozent.

»Der Körper ist der Übersetzer der Seele ins Sichtbare.« (Christian Morgenstern, deutscher Schriftsteller 1871–1914)

www.gutzitiert.de

Abb. nonverbale Kommunikation

Die **emotionale Ebene** stellt den weitaus größeren Anteil unserer Kommunikation miteinander dar. Es gilt, sich dessen bewusst zu werden und den richtigen Umgang damit zu erlernen.

Sachebene (bewusste, rationale Ebene)
- verbale Kommunikation von Zahlen,
- Fakten und Daten, Gesprächsinhalte

Gefühlsebene (unbewusste, emotionale Ebene)
- nonverbale Kommunikation, Gestik, Mimik, Stimme,
- Kleidung, Geruch, Atmosphäre (des Reisebüros)

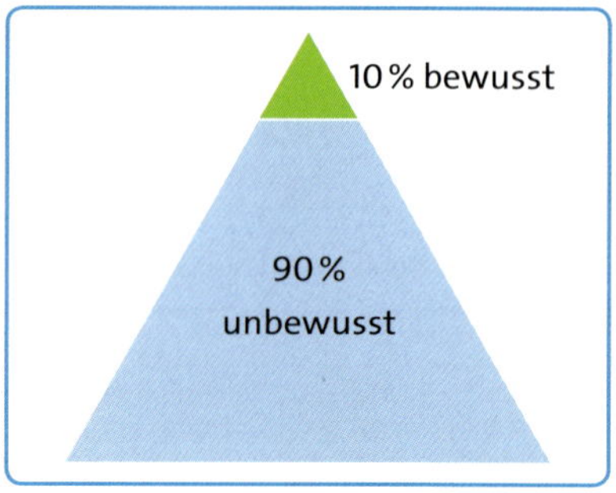

Abb. Kommunikationsebenen 2

Kommunikationsmodelle versuchen die unterschiedlichen, komplexen Kommunikationsformen der Wirklichkeit und ihre wesentlichen Faktoren vereinfach zu erfassen und darzustellen.

In ihrem beruflichen Alltag wird die **interpersonale Kommunikation** im Vordergrund stehen. Das Basismodell dieser Zwei-Wege-Kommunikation (»*face-to-face*«-Kommunikation) geht von einem wechselseitigen Kommunikationsprozess aus, bei dem der Sender und der Empfänger ihre Rollen wechseln.

Die **Kanäle der *face-to-face*-Kommunikation** sind:
Verbaler Kanal, Prosodischer Kanal (Tonhöhe, Lautstärke), Paralinguistischer Kanal (Mimik, Gestik), KinesischerKanal (Bewegungsverhalten), Statischer Kanal (*Standing Features*).

Promotor und Rezipient MERKE

Der Austausch von Informationen geschieht durch verbale- und nonverbale Interaktion zwischen Menschen und durch Rollentausch von Promotor als Impulsgeber und Rezipient als Nachrichtenempfänger.

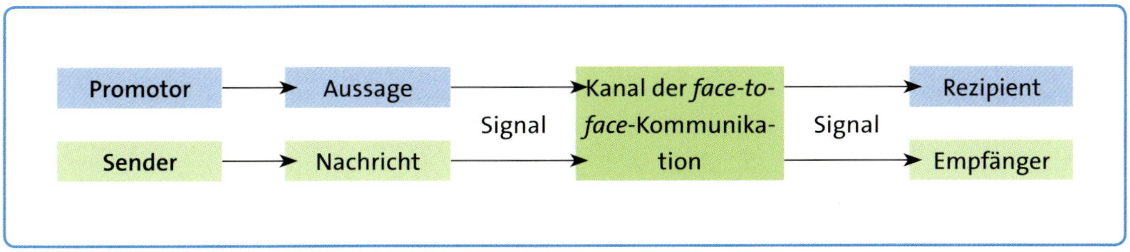

Abb. Basiselemente der Kommunikation

Dieser unmittelbare, bilaterale Austausch ist ein hochkomplexer Vorgang zwischen den beteiligten Gesprächspartnern in ihren wechselnden Rollen als Sender und Empfänger, der von unterschiedlichsten Störquellen behindert werden kann.

Kommunikationsstörungen

Die Grundannahmen über das Gelingen und über Störungen in der Kommunikation sind nach dem Kommunikationswissenschaftler und Psychoanalytiker Paul Watzlawick (*25. Juli 1921, † 31. März 2007) die folgenden Axiome:

1. Axiom	»Man kann nicht **nicht** kommunizieren« (Watzlawick 1996,53)
2. Axiom	»Jede Kommunikation hat einen Inhalts- und einen Beziehungsaspekt, derart, dass letzterer den ersteren bestimmt und daher eine Metakommunikation ist.« (Ebd.56)
3. Axiom	»Die Natur einer Beziehung ist durch die Interpunktion der Kommunikationsabläufe seitens der Partner bedingt.« (Ebd.61)
4. Axiom	»Menschliche Kommunikation bedient sich digitaler (verbaler) und analoger (nonverbaler, nicht sprachlicher) Modalitäten (Ausdrucksmittel). Digitale Kommunikationen haben eine komplexe und vielseitige logische Syntax aber eine auf dem Gebiet der Beziehungen unzulängliche Semantik (Bedeutungslehre). Analoge Kommunikationen hingegen besitzen dieses semantische Potential, ermangeln aber die für eindeutige Kommunikation erforderliche logische Syntax.« (Ebd.68)
5. Axiom	»Zwischenmenschliche Kommunikationsabläufe sind entweder symmetrisch (gleichwertig) oder komplementär (ergänzend), je nachdem ob die Beziehung zwischen den Partnern auf Gleichheit oder Unterschiedlichkeit beruht.« (Ebd. 50–70)

Tab. Axiome der Kommunikation nach Watzlawick

www.germanistik-kommprojekt.uni-oldenburg.de, Multimediaprojekt »Kommunikation«

Sender und Empfänger
Letztendlich ist nicht ausschlaggebend, was der Sender sagt, entscheidend ist ausschließlich was beim Empfänger ankommt

MERKE

Um die Intention des Senders vor möglichen Störquellen zu schützen, sollte man folgende indianische Weisheit berücksichtigen:

»Einen halben Mond lang sollst du gehen in den Mokassins des anderen, dann wirst du verstehen.«

www.seelsorge-bpol.de/glaube.../Weitere_Lebensweisheiten.pdf

Jede Kommunikationsstörung beeinträchtigt die Übermittlung der gewünschten Sachinhalte. Und hier beginnt auch eine Schwierigkeit der Kommunikation: **teilweises Nichtverstehen ist vorprogrammiert.** Natürlich kann der Lärm in der Umgebung dafür verantwortlich sein, dass Kommunikationspartner sich nur teilweise verstehen. Dieser (Störungs-) Lärm steht für »Rauschen« und ist für existierende Kommunikationsmodelle noch zu erfassen.

Problematischer sind die bei den jeweiligen Kommunikationspartnern selbst liegenden möglichen Störquellen. Solche Phänomene sind Störfaktoren der Kommunikation, die von Kommunikationsmodellen nicht erfasst werden können. Kommunikation ist nur möglich, wenn die Bereitschaft, Fähigkeit und das Vermögen zur Kommunikation (bei)der Beteiligten gegeben sind.

BEISPIEL

Mögliche Ursachen für Kommunikationsstörungen im Bereich des Senders:

- wählt unklare, mehrdeutige Formulierungen
- spricht zu leise, monotone Stimme, spricht undeutlich
- erzeugt Widerspruch zwischen verbalen und nonverbalen Mitteilungen
- bedient sich falscher oder nicht eindeutige Begriffe
- hat Beeinträchtigungen in der Artikulation
- wählt unangepasste Sprechgeschwindigkeit
- verwendet keine anschauliche Sprache
- verwendet Fachtermini, bildet komplizierte Sätze
- hat ein arrogantes Auftreten
- kommt nicht auf den Punkt (Kernbotschaft)

Mögliche Ursachen für Kommunikationsstörungen im Bereich des Empfängers:

- ist unfähig zuzuhören, zeigt mangelnde Empathie (Einfühlungsvermögen)
- hat kein Interesse am Inhalt der Kommunikation, ist unaufmerksam
- misstraut dem Gesprächspartner
- hat Wissensdefizite, andere Wertvorstellungen oder Vorurteile

Die aus der emotionalen Beziehungsebene resultierenden Probleme in der Kommunikation hat der Verhaltensforscher Konrad Zacharias Lorenz (*7. November 1903, † 27. Februar 1989) so zusammengefasst: »Gesagt heißt nicht immer gesagt, gesagt heißt nicht immer gehört, gehört heißt nicht immer verstanden, verstanden heißt nicht immer einverstanden, einverstanden heißt nicht immer angewendet, angewendet heißt nicht immer beibehalten.«

www.germanistik-kommprojekt.uni-oldenburg.de, Multimediaprojekt »Kommunikation«

Während sich äußere Störfaktoren, wie eine **ablenkende Kommunikationsumgebung** bei der Übertragung der Nachricht oder Sichtbeeinträchtigung bei der nonverbalen Kommunikation, relativ leicht abstellen lassen, sind die potentiell bei den Kommunikationspartnern liegenden Störfaktoren möglichst durch vorausschauendes Denken und die **Wahl einer gemeinsamen Sprache** zu vermeiden.

Die Gesprächspartner sollten sich immer einer Tatsache bewusst sein: Die wirkliche Kunst einer bewussten Gesprächsführung besteht darin, **Kommunikationsstörungen möglichst zu vermeiden.**

Destruktive Natur MERKE

Die Formen von Kommunikationsstörungen sind überaus vielfältig, sie alle haben dabei gemeinsam, dass sie grundsätzlich destruktiver Natur sind.

Paul Watzlawick verweist in diesem Zusammenhang auf die **Rückmeldung des Rezipienten**: »Ich weiß nicht, was ich gesagt habe, bevor ich die Antwort meines Gegenüber gehört habe«.

tu-dresden.de, aus einem Seminar von Ina Schönberger

Das ***Feedback*** bietet für ihn somit Hinweise darauf, Kommunikationsstörungen zu vermeiden und Missverständnisse bzw. Fehlinterpretationen aufzuklären. Somit ist es ein **Qualitätsbarometer für die Kommunikation**.

Kommunikation und Kommunikationsstörungen MERKE

Kommunikation setzt immer die Bereitschaft, Fähigkeit und das Vermögen der Kommunikationspartner zur Kommunikation sowie einen störfreien Übertragungskanal voraus. Ist eine der Voraussetzungen nicht oder nur zum Teil gegeben, kommt es zu Kommunikationsstörungen.

Dabei sollte man sich bewusst sein, dass die verbale Sprache nur ein Mittel der Kommunikation ist. Der Kommunikationsprozess umfasst auch Signale des Promotors und Rezipienten, die sie u. a. durch Gesten, Mimik, Blicke, Körperhaltung und ggf. durch viel sagendes Schweigen aussenden.

1.3 Körpersprache

Der erste Eindruck bildet die **Basis für eine zwischenmenschliche Beziehung**, für das Empfinden von Sympathie oder Antipathie. Sie senden als Person durch ihren Blickkontakt, ihr Zugehen auf jemanden, ihre Standposition, ihren Tonfall, durch die Ansprache und ihre Sitzposition bewusste und unbewusste Botschaften und Signale an Ihr Gegenüber aus. Die Körpersprache hat somit einen nicht unbedeutenden Anteil für die Kommunikation.

Abb. Begrüßungen

Die **Wissenschaft der Körpersprache *(Kinesie)*** erforscht diese Botschaften und bezieht sich dabei in erster Linie auf Beobachtungen. Körpersprache ist instinktiv und läuft unbewusst ab, deshalb unterstellt man ihr eine besonders hohe Glaubwürdigkeit. Sie gilt als das Mittel der **nonverbalen (= nicht sprachlichen) Kommunikation** zwischen Personen, aber auch zwischen Mensch und Tier.

Zu berücksichtigen sind bei einer Interpretation der Körpersprache, Unterschiede, die in Geschlecht, Kultur und Lebensalter der Person begründet sind und die sich aus dem Eindruck bez. Status und der Rolle einer Person in der Gesellschaft erklären.

MERKE

Sitzhaltung
Typisch für amerikanische Männer: übereinander gelegte Beine, Knöchel des einen Beins liegt quer über dem Knie des anderen.
Typisch für europäischer Männer: sitzen mit geschlossenen Oberschenkeln.

Auch die Kleidung, ergänzt um den verwendeten Schmuck, ist ein gezieltes Ausdruckselement nonverbaler Kommunikation. Grundsätzlich gilt: Die berufliche Kleidung soll der Art der Tätigkeit angepasst sein. *"To do"* heißt dabei »etwas tun«, und stellt das erwünschte Erscheinungsbild dar (*"don't"* ist die Kurzform von *"do not"* und gilt als unerwünscht).

Im Folgenden einige Beispiele für Ihren Beruf:

Abb. Wirkung verschiedener Kleidung

"*do*" für Frauen	"*do*" für Männer
Hose oder Rock kombiniert mit Blazer oder Jacke	Anzug oder Kombination
Jeans sind dunkel und gepflegt	Jeans sind dunkel und gepflegt
elegante *Bodies*, Bluse und hochwertige T-Shirts	Hemd, Poloshirt, Rollis
Kleidergröße: körpernah, aber nicht zu eng	Socken sind dunkler als die Hose und lang genug, damit auch beim Sitzen kein nacktes Bein sichtbar wird
nicht zu tief dekolletiert	Gürtel ist zu den Schuhen passend
passendes Make-up, aber keine Kriegs-bemalung	Krawatte überdeckt genau den Knopf des Hosenbundes
Schuhe sind farblich passend	keine sichtbaren Ketten, Ohrringe, *Piercings* oder Tätowierungen
passender Schmuck, jedoch maximal vier Ringe an den Händen	Verzicht auf Sandalen, Pantoletten, Clogs, Stiefel, Turnschuhe
typgerechtes Outfit	keine billig wirkenden Accessoires, Imitationen
Tätowierungen und *Piercings* sind nicht sichtbar	Outfit sollte gute, körpernahe Passform besitzen

Tab. "*Do's*" für Frauen und Männer im Berufsfeld Touristik

Erster Eindruck

MERKE

Der erste Eindruck des Kunden von Ihnen wird im Wesentlichen bestimmt durch Ihre Körpersprache, durch Kleidung, Statussymbole und Geruch (über 50 Prozent).

Körperhaltung

Körpersprache lebt von Optik – unsere Körperhaltung sagt nicht nur etwas über uns selbst aus, sie kann auch als Signal für andere gedeutet werden.

Körpersignale	
Zuneigung, Sympathie	eigene Körperhaltung der des Gegenübers angleichen
Interesse, Zuneigung, Begeisterung	vorgebeugte Körperhaltung und Hände auf dem Schoß
Aggressivität	Hand zur Faust geballt, evtl. mit in Falten gelegter Stirn
Unsicherheit	Unruhiger Finger am Mund
Verlegenheit	unterbrochene Blickkontakt, schamrotes Gesicht
Nachdenklichkeit	auf Hände gestützter Kopf, kratzen am Kopf
Nervosität	häufiges Wischen über die Mundwinkel, schnelle Fuß- und Handbewegungen
Machtanspruch	großräumiges Auftreten, breitbeinig, breitschultrig, aufrechte Haltung
Schwäche	Füße nah beieinander, schräg gestellter Kopf
Etwas verbergen	Hände in den Hosentaschen verborgen
Verschlossenheit	Arme über Brust gekreuzt
Aufgabe	Arme hinter Rücken verschränken

Tab. Körpersprache – Körpersignale

Die Körperhaltung ist zudem sehr bedeutend für unsere Aussprache. So kann ein- und derselbe Satz völlig unterschiedlich klingen, je nachdem wie Sie sich platzieren oder hinstellen. Probieren Sie es einmal aus!

Gestik

© de la Motte

Abb. Verschiedene Gesten

Die Gesamtheit der Handbewegungen bezeichnet man als Gestik. Sie begleiten und ergänzen die Sprache, führen die »kommunikative Regie« und helfen, z. B. Gegenstände oder Situationen bildhaft darzustellen.

Gesten	
Emotion	Bewegungen mit der linken Hand
Rationalität	Bewegungen mit der rechten Hand
Aufrichtigkeit	Handbewegungen führen vom Körper weg
Gehemmtheit, Verschlossenheit	Handbewegungen führen zum Körper hin
Großspurigkeit, Überheblichkeit	Hände in Halshöhe ausstrecken
Eitelkeit und Stolz	Kragen mehrfach mit dem Zeigefinger lockern
Ungehalten sein	wiederholt die Hände reiben
Suche nach Selbstbestätigung	Krawattenknoten grundlos nachbessern
Schüchternheit	mit der Hand über den Hinterkopf streichen
Zustimmung	mit der Hand genüsslich übers Haar streichen
Kritisch, skeptisch sein	Kinn in die Hand stützen

Tab. Körpersprache – Gesten

Symbolische Gesten werden kulturabhängig verschieden interpretiert.

Symbolische Gesten

BEISPIEL

Kopfnicken heißt nicht weltweit »Ja«. In Indien oder Bulgarien wiegt man für ein »Ja« auch den Kopf hin und her.
Kopfschütteln heißt nicht weltweit »Nein«. In arabischen Ländern, in der Türkei oder in Süditalien neigt man dafür den Kopf zurück.
Der aufgestellte Daumen gilt nicht weltweit als »O.K.«. In Japan steht diese Geste für die Zahl Fünf, in Australien ist der aufgestellte Daumen die Alternative für den berüchtigten »Mittelfinger«.

Das Gesicht

Die Körpersprache des Gesichts, die Mimik, ist auf das Gesichtsfeld, insbesondere auf die Augen- und Mundpartie bezogen.

Mimik			
Zustimmung und Einverständnis nickender Kopf sowie ein gespitzter Mund		**Es sind noch Fragen offen** gespitzter Mund, evtl. mit zusammengezogenen Augenbrauen	
Interesse, Zuneigung, Begeisterung ein lächelnder Mund		**Arroganz** Nase zeigt Richtung Decke, verschmitztes Lächeln	

Tab. Körpersprache – Mimik

Das Gesicht zeigt dominant nur wenige verschiedene **Basis-Emotionen**: Angst, Furcht, Glück, Trauer, Überraschung und Abscheu. Die Basis-Emotionen bieten im Alltag aufgrund ihrer vielfältigen Kombinationsmöglichkeiten und Ausprägungsgrade eine nahezu unerschöpfliche Zahl von Möglichkeiten an Gesichtsausdrücken.

Zusammenspiel von Basis-Emotionen

BEISPIEL

Verblüffung: Augenbrauen hochgezogen, Augen weit geöffnet, offener Mund.

Gesichtsausdruck	
Enttäuschung	hängende Mundwinkel
Lüge	die Blickrichtung häufig wechseln, dem Blick des anderen nicht standhalten
Langeweile	Blick wandert herum
Freude	Lächeln und strahlende Augen
Unsicherheit	die Augen wandern zwischen zwei Punkten hin- und her
Entschluss fassen	die Nase leicht heben
Hoffnung	Aufschauen

Tab. Körpersprache – Gesichtsausdruck

Lachen

Jeder Mensch hat seine eigene Art zu lachen. Dennoch gibt es einige Verhaltensmuster beim Lachen, die grundsätzliche Interpretationen zulassen.

Lachverhaltensmuster	
Arglosigkeit	lautes Loslachen
Zurückhaltung	kurzes, stilles Lachen
Schadenfreude	Lachen mit weit aufgerissenem Mund
Scheinheiligkeit	Lächeln mit schiefem Mund
Verschlossenheit	Lächeln mit geschlossenem Mund

Tab. Körpersprache – Lachverhaltensmuster

Lautes Loslachen verweist zu sehr auf Kumpelhaftigkeit und lässt darauf schließen, dass Ihnen die notwendige Distanz zum Kunden fehlt. Schadenfreude ist für Sie tabu und Scheinheiligkeit steht in einem engen Zusammenhang mit Unwahrheit und entfällt ebenso. Verschlossenheit widerspricht ihrem Beruf. Ein kurzes und stilles Lachen empfiehlt sich für Sie als Expedient.

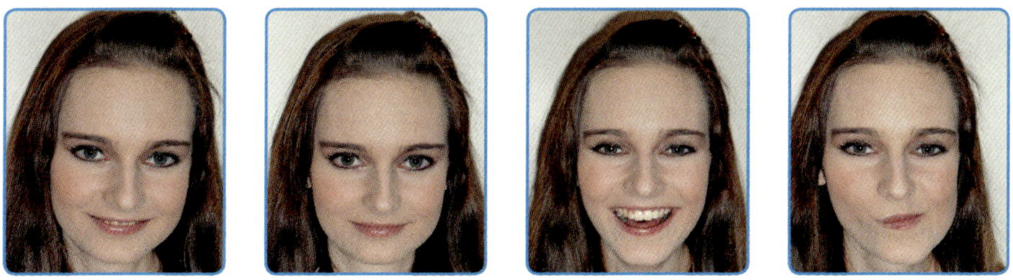

Abb. Lachverhaltensmuster

MERKE

Generell gilt:
Lachen reduziert die Muskelanspannung und die Anzahl der Stresshormone. Daher ist Lachen nicht nur gesund, sondern es eignet sich auch für jede Art von Gesprächseröffnung (Verkaufsgesprächseröffnung ► Kapitel 1.5).

Die Sprache der Augen

»*Vultus loquitur quodcumque tegis.*« Dein Gesicht verrät alles, was du verheimlichst. (Seneca, römischer Philosoph – † 65 n. Chr., aus *Hercules Oetaeus* 705/706, römischen Tragödie).

www.imperiumromanum.com

Augen können vielfältige Stimmungslagen ausdrücken. Aus den Augen spricht die Seele, der Ausdruck unserer Augen lässt sich nicht willentlich beeinflussen. Blickphänomene, wie »jemandem schöne Augen machen« oder in »jemanden verguckt sein« lassen sich nicht imitieren.

»Augenblicke«			
Verachtung, Ablehnung Blick nach oben oder zur Seite		**Unterwerfung, Resignation** gesenkter Blick, jemanden nicht anschauen	
Scham, Beschämung Blick nach unten und zur Seite		**Verschließen, zurückziehen** geschlossene Augen	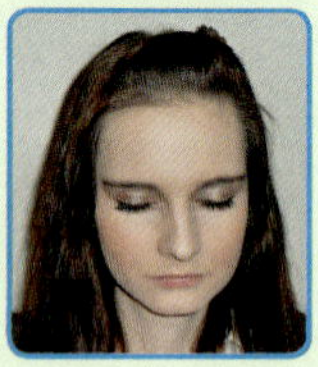

Über die Augen laufen 60 bis 70 Prozent unserer Kommunikation ab. Augen erzählen, was wir fühlen und denken. Wer diese Signale kennt und damit zu arbeiten versteht, beherrscht bereits einen wesentlichen Baustein der emotionalen Intelligenz.

Auch wenn die universellen Übereinstimmungen überwiegen, gibt es je nach Kulturkreis wenige kulturelle Besonderheiten: So gilt bei den Asiaten der direkte Blickkontakt als eher unhöflich, sie schauen vorzugsweise auf die Wangen oder den Hals. Im Gegensatz hierzu wird von Arabern der direkte Blickkontakt beim Gespräch geradezu gefordert.

»Augenblicke«			
List, Tücke Augen zu einem schmalen Spalt geschlossen		**Lüge, Unsicherheit** ausweichender Blick	
Wachsamkeit aufgerissene Augen		**Stress** Blick wandert hastig hin und her	
Schüchternheit durch jemanden »hindurch« sehen			

Tab. Körpersprache – Augen

Nähe und Berührung

»*Noli turbare circulos meos!* Störe meine Kreise nicht!« So soll Archimedes den anrückenden Römern zugerufen haben und daraufhin erschlagen worden sein.

Jeder Mensch hat seine Distanzzone, die ihn umgibt. Die Annäherung durch einen anderen Menschen in diese »Hoheitszone« stellt immer ein **Eindringen** in diesen Bereich dar und ist somit auch **Ausdruck nonverbaler Kommunikation**.

Distanzzonen werden in vier Kategorien unterteilt:

- **Intime Distanz** reicht vom direkten körperlichen Kontakt bis zu einer Entfernung von ca. 50 cm.
- **Persönliche Distanz** umfasst die Zone von ca. 50 bis 120 cm und bildet somit die normale Gesprächsdistanz.
- **Gesellschaftliche oder soziale Distanz** schließt jegliche Berührung aus. In dieser Distanz (1,5 bis 3,5 m) werden unpersönliche Angelegenheiten erledigt.
- **Öffentliche Distanz** beginnt bei etwa 3,5 m Abstand. Es besteht keine persönliche Beziehung, die Menschen agieren als Einzelner.

1.4 Kundentypen

Jeder Kunde ist ein Individuum und damit einmalig. Jedoch gibt es bestimmte Verhaltensmuster, die eine »typgerechte« Vorgehensweise im Umgang mit Kunden erlauben.

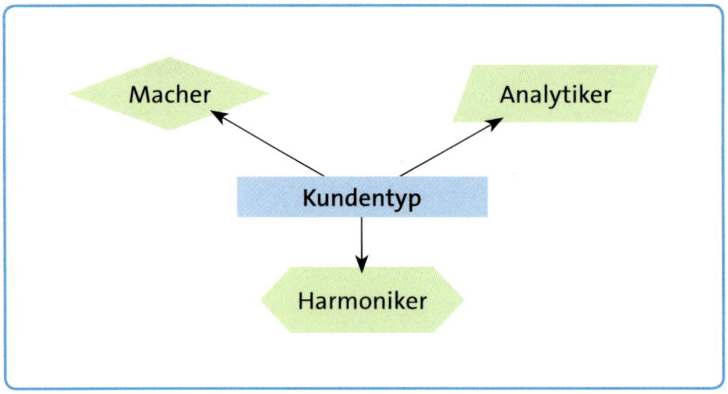

Abb. Kundentypen

Der Kundentyp Macher konzentriert sich auf das wesentliche, trifft Entscheidungen nicht Hals über Kopf, ist nutzen- und ergebnisorientiert und gibt für sinnvollen Service auch mehr Geld aus. Er bevorzugt *Understatement* und *Noblesse*. Führen Sie das Verkaufsgespräch zielorientiert und verzichten Sie auf eine lange Aufwärmphase sowie auf *Small Talk* (► Kapitel 1.5).

Der Kundentyp Harmoniker braucht das freundliche Lächeln, den Blickkontakt, das aktive Zuhören und aufrichtiges Interesse des Verkäufers. Die Beziehungsebene muss hundertprozentig stimmen. Entsprechend lang sind der *Small Talk* und die Aufwärmphase. Der Harmoniker spricht am liebsten über Privates und genießt gerne einen »persönlichen Service«. Er bucht erst dann, wenn er gefühlsmäßig von Verkäufer, Veranstalter und Produkt überzeugt ist.

Der Kundentyp Analytiker legt keinen gesteigerten Wert auf eine intensive Beziehungsebene. Er kommt vorinformiert zu Ihnen ins Reisebüro und wählt in der Regel das Angebot, das für ihn, laut seiner Recherche, am besten und günstigsten ist. Drängen Sie einen Analytiker niemals zum Buchen. Seine Entscheidung trifft er allein aufgrund von Zahlen, Daten und Fakten.

Sie werden die dargestellten Charaktere oder Kundentypen selten »in Reinkultur« erleben. Häufig ist jedoch eine starke Tendenz zu einem bestimmten Typ Kunde erkennbar.

	Macher	Harmoniker	Analytiker
Auftreten	entschlossen, zielstrebig, korrekt	Zurückhaltend, sucht Halt, muss »abgeholt« werden,	zurückhaltend, unauffällig
Blickverhalten	prüfend	sucht Blickkontakt	ruhig
Gestik	bestimmend, herausfordernd	lebendige, offene Gestik und Mimik	kaum Emotionen erkennbar, passiv
Stimme	bestimmend	melodisch	monoton
Sprache, Wortwahl	klare, deutliche zielbezogene Formulierungen	emotional, ausschweifend, begeisternd	sachlich, Inhalte stehen im Vordergrund, spricht wenig
Gesamteindruck	entschlossen, aktiv, selbstsicher, extrovertiert, begeisterungsfähig	positive Grundhaltung, liebenswürdig, geduldig, mitteilsam, sympathisch	hält sich zurück, sachlich, beobachtet, skeptisch, kontrolliert, kompetent
Beziehungsverhalten	direkt: Wir	kontaktfreudig: Du	zurückhaltend: Ich
Konfliktverhalten	stur	emotional, dramatisierend	ausweichend
Zeitdimension	Zukunft	Gegenwart	Vergangenheit
Akzeptiert nicht	Fremdbestimmung, Passivität	Hektik, Stress, Disharmonie	Inkompetenz, Oberflächlichkeit, Informationsmangel
Wünscht	Fakten, Abgrenzung von Dritten	liebt Text mit Bildern, will Vertrauen fassen	Fachwissen, Beratung, Vergleiche
Entscheidung/ Entscheidungsgrundlage	spontan, initiativ, persönlicher Vorteil steht im Vordergrund oder interessiert	verlässt sich auf seine Gefühle, Fakten verwirren ihn, Vertrauen zum Partner ist Entscheidungsgrundlage	sparsam, wägt Nutzen und Kosten ab, entscheidet sich nach langer, sachlicher Prüfung und aufgrund von Fakten

Tab. Kundentypen Macher, Harmoniker, Analytiker

1.5 Kontaktphase

Die Kontaktphase stellt bereits die **erste Phase des Verkaufsgesprächs** (▸ Kapitel 2) dar. In der **Kontaktphase besteht Ihre Hauptaufgabe** im Aufbau einer harmonischen Atmosphäre und guten Beziehung zum Kunden. Hier werden alle Weichen für das gesamte spätere Beratungsgespräch gestellt. Hier »öffnen Sie die Tür« für den Verkaufserfolg. Nutzen Sie die ersten 30 Sekunden, in denen der Kunde zu seinem »ersten Eindruck« gelangt, optimal.

MERKE

Eintretende Kunden beachten!
Das heißt, auch ein noch so intensives Kundengespräch am *Counter* oder am Telefon darf nicht dazu führen, dass Sie den eintretenden Kunden ignorieren.

Zunächst nimmt der Kunde beim Betreten Ihres Reisebüros Ihre Körpersprache und Ihre Kleidung war, also unterbewusst Merkmale und Eigenschaften, die direkt »ins Auge springen«. Körpersprache und Kleidung sind die ersten Indikatoren, auf Grund derer Sie der Kunde einschätzt.

Zeigen Sie dem Kunden durch Blickkontakt, Gestik und Mimik und durch direktes Ansprechen, dass Sie ihn/sie wahrgenommen haben und sich seiner so bald wie möglich annehmen werden.

Begrüßung

Stehen Sie auf, gehen Sie aufrecht und offen auf den Kunden zu, begrüßen Sie ihn/sie mit einem spürbaren Händedruck. Stellen Sie sich vor, bieten Sie Ihrem Kunden einen Sitzplatz an und lächeln Sie.

© de la Motte

Die gute Begrüßungsabfolge:

- einen freundlichen Blickkontakt herstellen,
- Körperwendung zum Kunden hin,
- vom Platz aufstehen, auf den Kunden zugehen und die Hand zur Begrüßung reichen,
- kurze Vorstellung der eigenen Person (der Kunde wird sich ebenfalls vorstellen),
- ab nun den Kunden mit Nachnamen ansprechen,
- einen Platz anbieten und auf Ablagemöglichkeiten hinweisen,
- gleichzeitig oder mit ein wenig Verzögerung setzen (keinesfalls als erste/r sitzen!!!),
- ein Getränk anbieten, offen und freundlich lächeln.

Small Talk

Nutzen Sie ein positives Kontaktthema zu einem *Small Talk*, um mit dem Kunden »ins Gespräch« zu kommen (Achtung! Kundentyp ▸ Kapitel 1.4). Das kann z. B. das Wetter, das können die Kinder oder die letzte Reise des Kunden sein. – Fallen Sie jedoch nicht mit »der Tür ins Haus«. Die Themenwahl der »Aufwärmrunde« hängt natürlich davon ab, wie gut Sie den Kunden kennen.

BEISPIEL

Small Talk-Themen

»Ist das Wetter nicht herrlich?«
»Möchten Sie sich wieder einmal erholen?«
»Was macht denn Ihr Hobby?«
»Wie geht es denn Ihren zauberhaften Enkelkindern?«

Für Ihr weiteres Vorgehen sollten Sie sich bewusst sein, dass der Kunde Ihre **Beratungsqualität** im Hinblick auf verbale und nonverbale Kommunikationskompetenz, Einfühlungsvermögen, Flexibilität, Verlässlichkeit, und Fachkenntnisse beurteilt und Sie bei der Abschlussphase des Verkaufsgesprächs (▸ Kapitel 2.6) möglicherweise sein Urteil wissen lässt.

Die **Interaktion zwischen Ihnen und Ihren Kunden** und die *Face-to-Face*-Kommunikation lassen persönliche Kontakte entstehen, die Ihr komplettes Beratungsgespräch zu einem »Augenblick der Wahrheit« werden lässt.

Abb. Beratungsgesprächssituationen

Umgang mit Katalogabholern

Nicht jeder Kunde möchte eine Beratung. Nicht jeder Katalogabholer möchte tatsächlich nur einen Katalog erhalten. Das gilt es herauszufinden!

Häufig sind **Katalogabholer** introvertierte Kundentypen (▸ Kapitel 1.4), die nur darauf warten, dass Sie ein Gespräch anbieten. Sprechen Sie Katalogabholer also auf alle Fälle als Kunden an. Fallen Sie nicht »mit der Tür ins Haus«, sondern bauen Sie zunächst eine gewinnende Gesprächsatmosphäre auf:

Lächeln Sie, suchen Sie den Blickkontakt und fragen Sie den Kunden, was Sie für ihn tun können. Versuchen Sie durch zwei Impulse »Na, wo soll die Reise denn hingehen?« oder »Haben Sie schon ein Reiseziel im Blick?« ihn in ein Gespräch zu verwickeln und bieten Sie einen Platz an, um in Ruhe darüber zu reden. Dann starten Sie Ihr Beratungsgespräch.

Möchte der Kunde jedoch wirklich nur den Katalog zum Erhalt, bekommt er ihn. Heften Sie in diesem Fall Ihre Visitenkarte auf oder an den Katalog und notieren Sie in dem Beisein des Kunden Ihre Telefondurchwahl bzw. Ihre e-Mailadresse. Versuchen Sie dabei eine Terminvereinbarung zu erreichen, z. B. durch »Gerade für dieses Zielgebiet kann ich Ihnen noch interessante Zusatzinformationen und Ausflugtipps geben, falls Sie interessiert sind. – Wann passt es bei Ihnen?«

Abb. Reisekataloge

AUFGABEN

1. Ordnen Sie die genannten Eigenschaften und Verhalten den Grundtypen Ihrer Kunden in Form einer Tabelle zu:

   Blickkontakt, reden lassen, gute Beziehungsebene schaffen, förmliche Begrüßung, auf Distanzzone achten, kontrollierte Körperhaltung, offene Begrüßung, zielstrebig zum Thema kommen, direkter Einstieg ins Verkaufsgespräch, etwas zarteren Händedruck anwenden, spricht über seine Familie und die Kinder, Interesse zeigen, entspannte, offene Körperhaltung ist zu erkennen, formell und strukturiert ins Verkaufsgespräch einsteigen, konzentrierte Gesprächabfolge, muss noch einmal durchrechnen, prüft alle »Für und Wider«, professionelles Auftreten ist angeraten, an der langen (Gesprächs-) Leine führen, achtet nicht so sehr auf Geld, braucht Lob und Anerkennung, hört sich am liebsten selber reden, *Small Talk* ist gewünscht, langsam zum Thema führen, bei der Stange halten, denkt in der Vergangenheit, an Tradition bzw. an Geschichte interessiert, Mehrwert verdeutlichen, lässt sich vom Verkäufer nicht überreden, will das Beste für sein Geld, fühlt sich schnell »über den Tisch gezogen«, wirkt skeptisch, sein Herz ansprechen, möchte wie »König Kunde« behandelt werden, sprüht vor Energie, fester Händedruck ist angebracht, ist entschlossen, aktiv und risikobereit, will gerne Bester sein, spricht laut, denkt in der Gegenwart, will mit *Power* zur Buchung kommen.

Harmoniker	Analytiker	Macher

2. Geben Sie jeweils für jeden Kundentypus zwei Empfehlungen für einen adäquaten Umgang.
3. Nennen Sie drei Signale (Gestik/Mimik), die Ihnen zeigen, dass Sie den Zugang zu Ihrem Kunden gefunden haben.
4. Nennen Sie zwei Signale (Körperhaltung), die Ihnen zeigen, dass Sie den Zugang zu Ihrem Kunden gefunden haben.
5. Wie groß sollte Ihre Distanzzone zum Kunden sein?
6. Welches Lachen sollten Sie gegenüber Kunden bevorzugen? Begründen Sie Ihre Entscheidung.

© de la Motte

7. Das Gesicht Ihrer Kundin zeigt hängende Mundwinkel und ihr Blick wandert herum. Warum sollten Sie dieses Kundenverhalten als Warnsignal verstehen?
8. Bilden Sie drei Beispiele für einen geeigneten *Small Talk* mit den folgenden Kunden:
   a) langjähriger Kunde und begeisterter Golfspieler,
   b) älteres Ehepaar, haben drei Enkelkinder,
   c) jüngerer Herr, hervorragender und leidenschaftlicher Motorradfahrer.
9. Was tun Sie persönlich, um in der Kontaktphase eines Verkaufsgesprächs eine positive Basis zu schaffen?

Exkurs: Erlebnis

Erlebnisse sind keine Produkte. Produkte können jedoch so gestaltet werden, dass sie in den Konsumenten Erlebnisse hervorrufen und liefern dadurch einen Erlebnisnutzen, der ein wesentliches Konsummotiv darstellt. Der Erlebnisnutzen wertet den Kundennutzen eines Produktes auf und zählt zum Grundnutzen.

Ein Erlebnis ist ein außergewöhnliches, inneres emotionales Ereignis mit besonderer Intensität im Leben eines Menschen. Der Erlebnisnutzen besteht in positiven Emotionen aus dem Erlebnis und steigert die Lebensqualität.

Erlebnisse sind keine Leistung des (Reise-)Anbieters. Das individuelle Erlebnis entsteht nur im Menschen und durch ihn selbst. Ein Erlebnisanbieter (Expedient) kann nur alle erforderlichen Reize (»Zutaten«) des Produkts (Reiseangebotes) so formen und gestalten, dass sie sich z. B. von Reisenden relativ leicht in Erlebnisse umsetzen lassen. Dazu müssen Erlebnisse inszeniert werden wie ein Theaterstück. Die Inszenierung der Dienstleistung (Reise) basiert immer auf einem Thema, es stellt den roten Faden der Erlebnisinszenierung dar (z. B. Kreuzfahrt). Die Produktinszenierung, also sämtliche Reize, richtet sich nach den Erlebnissen, die in dem Konsumenten ausgelöst werden sollen.

Der Erlebnisnutzen von Produkten setzt sich aus zwei Komponenten zusammen:
- aus der Inszenierungsleistung des Anbieters und
- aus den Erlebnissen, die sich im Konsumenten entfalten

Die Qualität und Intensität eines Erlebnisses hängen von der subjektiven Wahrnehmung einer Person ab.

Ein Erlebnis kann auch zu weiteren Erlebnissen führen. Dies ist der Fall, wenn bei dem Konsumenten das Ausgangsereignis einen bleibenden Eindruck hinterlässt, sodass das Erlebnis als Erinnerung erhalten bleibt und das Abrufen dieser Erinnerung ebenfalls ein Erlebnis darstellt.

BEISPIEL

Beispiele Erlebnisinszenierung
- einzelne Kommunikationsmaßnahmen (VR-Brille) werden so inszeniert, dass die Kommunikationsmaßnahme selbst vom Empfänger als Erlebnis empfunden wird
- der Verkaufsort wird so inszeniert, dass er Erlebnisse (z. B. Kreuzfahrtlounge) vermittelt
- die Einkaufsumgebung bietet u.a. durch passende Musik und Dekorationselemente die Möglichkeit, in eine andere Realität einzutauchen

Der Kunde kann als »partizipierender Schauspieler« in die Erlebnisinszenierung integriert werden und aktiv an dem Zustandekommen des Erlebnisses beteiligt werden oder integriert sein, ohne Einfluss auf die Inszenierung ausüben zu können (z. B. sieht einen Film).

Der Erlebnisnutzen eines Reisenden setzt sich am Counter u. a. in »bare Münze« um: in Buchung und Upselling.

2 Verkaufsgespräch

Aus Sicht des Reiseveranstalters bzw. Reisemittlers ist das **Verkaufsgespräch** ein zentrales Element der Kommunikation mit potentiellen Kunden und gleichzeitig Element der Distributionspolitik im Marketing (▸ Fachwissen Tourismus Band 1, LF 10).

Verkaufsgespräch

MERKE

Das Verkaufsgespräch unterscheidet sich vom zwischenmenschlichen, privaten Gespräch durch eine starke Strukturierung in Phasen, der Vermeidung von Diskussionen, der gezielten Anwendung von Fragetechniken und durch eine auf Emotionen abzielende Informationsdarstellung.

Die **Phasen eines Verkaufsgesprächs** werden im Folgenden dargestellt.

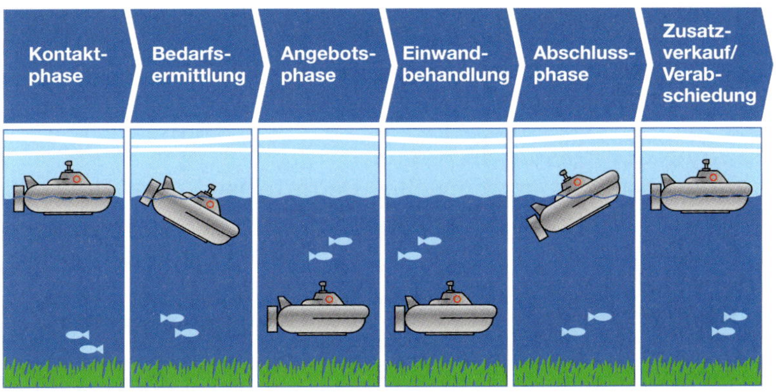

Abb. Ablauf eines Verkaufsgesprächs

Die **erste Phase** eines erfolgreichen Verkaufsgesprächs, **die Kontaktphase,** hat mit dem eigentlichen Reiseangebot noch gar nichts zu tun. Hier geht es primär darum, sich auf den Kunden einzustellen. In der Kontaktphase und bei der Begrüßung des Kunden kommt es im Wesentlichen darauf an, dem Kunden direkte Zuwendung zu signalisieren (▸ Kapitel 1.4).

Die Überleitung zu der **zweiten Phase** des Verkaufsgespräches, der **Bedarfsermittlung** (▸ Kapitel 2.2), bilden Fragen.

Überleitung zur Bedarfsermittlung

BEISPIEL

»Was kann ich heute für Sie tun?«
»Wie kann ich Ihnen helfen?«
»Was führt Sie heute zu mir?«

2.1 Fragetechnik und aktives Zuhören

Fragen sind das dominante **Werkzeug eines Verkäufers**. Nur wer die Wünsche des Kunden genau erforscht, kann das passende Produkt oder eine spezielle Dienstleistung anbieten.

Durch Fragen lernt man die Wünsche, die Vorstellungen, die Probleme und die Interessen des Kunden kennen. Mit Hilfe von Fragen spinnt man einen roten Faden und nimmt den Kunden im Rahmen eines zielorientierten Beratungs- bzw. Verkaufsgespräches »an die Hand« und bestimmt den Gesprächsverlauf.

Abb. Sokrates

Kurzum: »Wer fragt, der führt!«

Sokrates (griech. Philosoph 469–399 v. Chr.) hat die Fragetechnik mit der »Hebammenkunst« verglichen, denn durch geschicktes Fragen zum richtigen Zeitpunkt helfen Sie dem Kunden, seine bewussten und unbewussten Bedürfnisse (► Kapitel 2.2) zu äußern, sie »zur Geburt« zu bringen.

Funktion und Vorteile der Fragetechnik:

- Der Fragende gestaltet das Gespräch aktiv, und hat die Gesprächinitiative,
- er/sie bestimmt den Gesprächsverlauf,
- erhält Informationen über Wünsche, Bedürfnisse, Ziele, Befindlichkeiten und Probleme des Kunden,
- vermittelt dem Kunden, dass man sich für seine Probleme interessiert und sie wichtig nimmt,
- lernt die Sichtweisen, Einstellungen und Meinung des Gesprächspartners kennen,
- aktiviert den Kunden,
- erhält die notwendigen Buchungsdaten,
- hilft dem Kunden, sich seiner Bedürfnisse bewusst zu werden und Entscheidungen zu fällen,
- hat selbst Zeit zum Nachdenken und Strukturieren,
- erarbeitet eine Basis für die gemeinsame Zielfindung,
- erfährt, welche Angebotsvorteile den Kunden besonders interessieren,
- treibt die gemeinsame Lösung (geeignete Reise) voran,
- regt den Kunden zu eigenen Lösungen an,
- hilft aus einer Verlegenheit,
- bezieht den Gesprächspartner in den Lösungsprozess mit ein,
- weckt beim Gesprächspartner Interesse, Aufmerksamkeit und Sympathie,
- lässt den Gesprächspartner Wertschätzung und Akzeptanz spüren,
- gibt dem Kunden Gelegenheit, sich emotional mit seinen Bedürfnissen auseinanderzusetzen.

MERKE

Wichtige Hinweise zum Fragen:
- Formulieren Sie Ihre Fragen ausschließlich im Indikativ (denn der Konjunktiv als die Möglichkeitsform, erzeugt Unsicherheit).
- Fragen Sie immer bedürfnisorientiert und nicht produktorientiert.
- Fragen ist für Sie nicht gleichbedeutend mit ausfragen.
- Machen Sie nach jeder Frage eine Pause.
- Reichen Sie keine zusätzlichen Informationen zur gestellten Frage nach.
- Bewerten Sie lange Pausen des Befragten positiv und als Hinweis auf die Qualität ihrer Frage.
- Stellen Sie immer nur eine Frage auf einmal und bilden Sie kurze Sätze ohne »Fachchinesisch«.

Fragetechniken und Fragearten

Um die unterschiedlichen Fragen im Beratungs- bzw. Verkaufsgespräch zu erreichen, werden von Ihnen verschiedene Fragearten eingesetzt.

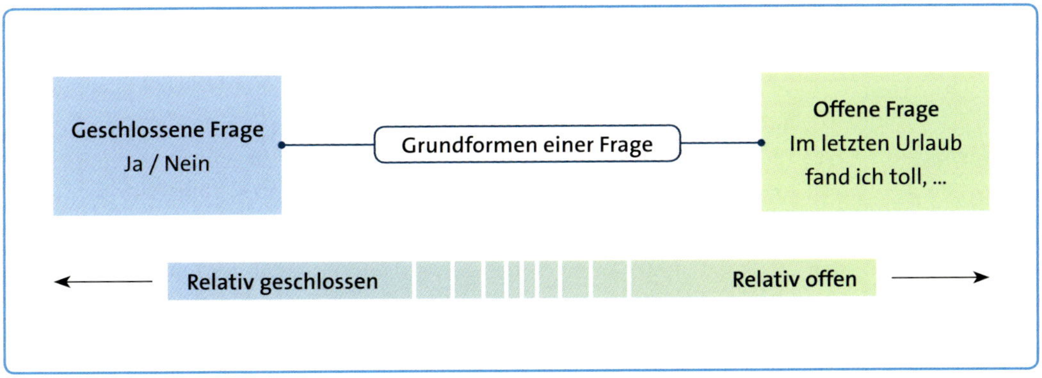

Abb. Grundformen einer Frage

Grundsätzlich wird zwischen **offenen und geschlossenen Fragen** unterschieden. Offene Fragen lassen dem Gesprächspartner einen großen Antwortspielraum, während geschlossene Fragen nur alternativ mit »ja« bzw. »nein« und in Ausnahmefällen mit »weiß nicht« beantwortet werden können.

Zwischen offener und geschlossener Frage existiert ein »Spielraum«, in welchem Fragen nicht klar der einen oder der anderen »Seite« zugeordnet werden können.

- Die so genannte **relativ geschlossene Frage** (z. B. »Wie viel?«, »Wo?«) ermöglicht dem Befragten eine Antwort, die über »Ja« und »Nein« hinausgeht.

- Die **relativ offene Frage** (»Welche Flugverbindung ist für Sie günstig?«) deutet bereits eine Zielführung an.

In den nun folgenden Tabellen sind die wichtigsten Fragearten jeweils mit einem Beispiel und ihrer Intention aufgelistet.

MERKE

Intention
Als Intention einer Frage wird die Absicht, die hinter ihr steht, oder das Ziel einer Frage bezeichnet.

Offene Fragen

Offene Fragen beginnen meist mit einem Fragewort und werden daher auch als **W-Fragen** bezeichnet. Sie sind zum Einstieg in ein Gespräch gut geeignet.

Offene Frage	Wer, wie, was, welche, wozu, wo, womit, wodurch, worin, wie viele, weshalb, wen, wem oder wann ...?	Fordert den Gesprächspartner auf, sich zu äußern, lässt einen großen Freiraum zum Antworten, ist zur Bedarfsermittlung geeignet.
Definitionsfrage	Was verstehen Sie unter ...? Was meinen Sie mit ...?	Klärt verschiedene Signifikante (»Bedeutungshöfe«) eines Begriffs.
Informationsfrage	Um Sie optimal beraten zu können ... Um Ihnen ein individuelles Angebot zu unterbreiten ...	Zielt darauf ab, Fakten zu erfahren, wird immer mit einem Vorteil für den Gesprächspartner verbunden.
Nutzwertfrage	Wofür wollen Sie ...?	Der sachliche Vorteil wird erfragt.

Tab. Offene Fragen

MERKE

Bevor Sie fragen
Bevor Sie eine Frage stellen, sollten Sie sich über deren Intention bewusst sein.

Ein Zitat von Mark Twain, einem US-amerikanischen Schriftsteller (1835–1910) sollten Sie beherzigen. Es lautet: »Wenn du fragst, bedenke, wohin deine Antwort dich führt.«

www.i-communication.at/content/kommunikationstraining

Geschlossene Fragen

Bei geschlossenen Fragen muss sich der Gesprächspartner zwischen verschiedenen, schon recht stark vorgegebenen Antwort-Varianten entscheiden.

Geschlossene Frage	Verstehe ich Sie richtig, Sie möchten ...? Meinen Sie damit, dass ...? Sie haben also die Absicht, ...? Ist es richtig, dass ...? Waren Sie schon einmal ...?	Eignet sich dazu, den Redefluss eines Gesprächspartners zu dämmen, hilft dabei, Details zu klären, konkrete Daten zu erfahren oder eine inhaltsarme Ausführung »auf den Punkt« zu bringen.
Entscheidungsfrage	Möchten Sie ab Frankfurt fliegen?	Führt zur Entscheidungsäußerung.
Bestätigungsfrage	Sehen Sie das genauso? Haben Sie sich das so vorgestellt? Wenn ich Sie richtig verstanden habe, möchten Sie ... Trifft dies zu? Sind Sie mit den besprochenen ... einverstanden?	Eignet sich für eine Zusammenfassung, ist ideal, um Einwände zu vermeiden (▸ Kapitel 2.5), führt Teilentscheidungen herbei, motiviert und aktiviert den Gesprächspartner.
Alternativfrage	Möchten Sie von Frankfurt oder Stuttgart fliegen?	Durch die Vorgabe von zwei oder mehreren (positiven) Alternativen wird Entscheidungsfreiraum suggeriert, Einsatz vornehmlich in der Abschlussphase des Verkaufsgesprächs (▸ Kapitel 2.6).
Abschlussfrage	Können wir das so buchen?	Die Bestätigung des Kunden wird in Form einer Frage abverlangt.
Paraphrasierung	Habe ich Sie richtig verstanden, dass es Ihnen vor allem darum geht, jetzt möglichst schnell wieder ... zu können und deswegen der Termin verschoben werden soll?	Filtert aus der »Botschaft« des Kunden den emotionalen Anteil heraus und greift nur die Sachinformation auf, geeignet für eine kurze Bestätigung.

Tab. Geschlossene Fragen

Taktische Fragen

Die vorgestellten Fragearten lassen sich noch unter einem anderen Aspekt systematisieren: Offene und geschlossene Fragen dienen überwiegend der Informationsgewinnung, daher werden sie auch als Informationsfragen bezeichnet.

Die übrigen Fragen dienen dominant der Gesprächslenkung und werden daher taktische Fragen genannt.

Leerfrage	Was meinen Sie genau damit?	Der »rote Faden« wird wieder aufgenommen oder führt zu einer »Verschnaufpause«.
Bumerangfrage (Bumerang-Methode)	Kunde: »Ich kann nicht ...«. Verkäufer: »Weshalb können Sie nicht ...?«	Nimmt die Antwort als Frage wieder auf, Argumente und Bewertungen des Gesprächspartners werden zu Gunsten des Fragenden verändert.
Konkretisierungsfrage	Geben Sie mir ein Beispiel dazu? Wie meinen Sie das (genau)? Was heißt in diesem Zusammenhang ...? Inwiefern erscheinen Ihnen die Kosten für den Mietwagen zu hoch? Was verstehen Sie unter ...?	Gesprächspartner muss sein Anliegen / seine Antwort präzisieren bzw. konkretisieren.
Motivierungsfrage	Wie haben Sie das gemacht? Wie gelang Ihnen dieses ...?	Wird mit einem versteckten oder offenen Kompliment eingeleitet, soll eher verschlossene Menschen öffnen.
Skala-Frage	Wie würden Sie in Schulnoten Ihren letzten Urlaub bewerten?	Fordert die Bewertung eines Kriteriums, z. B. anhand einer Punkteskala, der Gesprächspartner soll Stellung beziehen.
Suggestivfrage	Sie werden mir doch sicherlich zustimmen, dass ...? Sind Sie denn nicht der Ansicht, dass ...? Sie wollen doch sicherlich auch, dass ...? Sie sind doch auch der Meinung, dass ...?	Dem Gesprächspartner wird suggeriert, in welche Richtung er sich äußern kann, die Antwort wird ihm »in den Mund gelegt«, häufig enthaltene Wörter sind: doch, sicher, auch, etwa und gut.
Direkte Frage	Darf ich diese Reise für Sie buchen?	Ist direkt auf die Information gerichtet, die vordergründig in Erfahrung gebracht werden soll.

Tab. Taktische Fragen I

Indirekte Frage	Haben Sie einen Parkplatz gefunden? statt der Frage Sind Sie mit dem Auto gekommen?	Der Fragende möchte vordergründig eine Information, die über einen verschleierten Tatbestand Aufschluss gibt, stellt elegante »Umschiffung von Gesprächsklippen« dar, eine direkte Konfrontation wird vermieden.
Rhetorische Frage	Wollen wir nicht alle, dass unsere Kinder gesund groß werden?	Die Frage ist im Prinzip eine These, die keiner Antwort bedarf.
Reflexion	Sie wollen also sagen, ...?	Sachverhalt wird zur kurzen Bestätigung zurückgefragt.
Initialfrage	Welches ist der wichtigste Punkt für Sie?	Ruft zu Beginn eines Klärungs- oder Dialogprozesses eine Motivation zur Festlegung hervor.
Kontrollfrage	Habe ich Sie richtig verstanden, dass es nur noch ...?	Ansichten oder Fakten werden reflektiert.
Meinungsfrage	Wie stehen Sie zu der Angelegenheit ...?	Auf die Wertvorstellungen des Gesprächspartners soll eingegangen werden (können).
Motivfrage	Welchen Sinn hat für Sie die ...? Haben Sie nicht das letzte Mal damit einen ... gehabt?	Erkundet den Antrieb des Gesprächspartners.
Referenzfrage	Woran orientieren Sie denn letztlich Ihr Handeln?	Bedrängung des Gegenübers, indem eine Bezugsperson oder -sache eingefordert wird.
Zirkuläre Frage *(Loop)*	Wie ist die Meinung Ihrer Frau ...?	Bringt die Sichtweise anderer Personen hinein, obwohl sie nicht anwesend sind.
Stimulierungsfrage	Wissen Sie denn nicht, dass Herr XY dort seine Flitterwochen verbracht hat?	Ein Lob oder die Ächtung eines gemeinsamen Gegners bezieht Emotionen in das Gespräch ein, Gesprächspartner wird stimuliert (»verbale Streicheleinheiten«).
Gegenfrage	Wie meinen Sie das? Wie darf ich ihre Frage verstehen?	Stellt die Rückgabe einer Frage dar, fordert Konfrontation oder Präzisierung ein, Kunde soll sich konstruktiv am Gespräch beteiligen.

Tab. Taktische Fragen II

Die richtige Fragetechnik erlernen Sie wie das Tanzen: Es ist wichtig, die Grundschritte zu beherrschen. Zunächst eignen Sie sich fünf offene Fragen an, lernen mit weiteren vier taktischen Fragen das Gespräch zu führen und üben vier geschlossene Fragen zur Abschlusstechnik ein.

Nach und nach können Sie dann Ihr Fragerepertoire erweitern, bis Sie sich auf den verschiedensten »Verkaufsparketten« sicher bewegen können.

Informationsgewinnung und Gesprächslenkung MERKE
Offene und geschlossene Fragen dienen überwiegend der Informationsgewinnung, während taktische Fragen dominant der Gesprächslenkung dienen.

Aktives Zuhören

»Eine(r) der Gründe, warum man in der Konversation so selten verständige und angenehme Partner findet, ist, dass es kaum jemanden gibt, der nicht lieber an das dächte, was er sagen will, als genau auf das zu antworten, was man zu ihm sagt. Die Feinsten und Gefälligsten begnügen sich damit, während man es ihrem Auge und Ausdruck ansehen kann, dass ihre Gedanken nicht bei unserer Rede sind, sondern sich eifrig mit dem beschäftigen, was sie sagen wollen. Sie sollten bedenken, dass es ein schlechtes Mittel ist, anderen zu gefallen oder sie zu gewinnen, wenn man sich selbst so sehr zu gefallen sucht, und dass die Kunst, gut zuzuhören und treffend zu antworten, die allerhöchste ist, die man im Gespräch zeigen kann.« Dies schreibt Francois de la Rochefoucauld, französischer Literat (1613–1680).

www.uni-siegen.de, aus einem Seminar über Aktives Zuhören

Miteinander reden ist häufig schwierig, weil wir eben nur mit einander reden, ohne auf einander zu hören. Mit Hilfe der Technik des aktiven Zuhörens treffen Sie die bewusste Entscheidung **von einem Hören zu einem Hinhören**.

Sie können durch aktives Zuhören, die Welt ein bisschen mit den Augen ihres Gesprächpartners sehen, in dem Sie versuchen, sich emotional in den Gesprächspartner zu versetzen und seinem Gedankengang zu folgen.

Sie signalisieren Ihrem Gegenüber durch gezielte Aufmerksamkeit und Interesse sowie durch entsprechende verbale und nonverbale Reaktionen Ihr **Verstehen-Wollen**. Sie analysieren das Was, das Wie und insbesondere das, was nicht gesagt wird und »lesen auch zwischen den Zeilen«.

Die vier Elemente des aktiven Zuhörens	
Schaffen Sie eine entspannte Gesprächssituation, gespickt mit Aufmerksamkeitssignalen.	Durch angenehmen Blickkontakt, Kopfnicken, offene und zugewandte Körperhaltung, zustimmendes, offenes Lächeln und durch verbale Aufmerksamkeitssignale, wie »mmh«, »ja, ich verstehe«, »ach so«, »hmm, das klingt interessant« usw. geben Sie ihren Gesprächspartner positive Rückmeldungen.
Paraphrasieren Sie!	Durch die Formulierung des Gesagten in eigenen Worten wird sichergestellt, dass Sie ihr Gegenüber richtig verstehen.
Fassen Sie zusammen.	»Mit anderen Worten ...« »Ihnen ist wichtig, dass ...« »Verstehe ich sie richtig, dass ...?« »Sie meinen, wenn ..., dass ...?« »Wenn ich Sie richtig verstanden habe, dann ...?« »Habe ich richtig verstanden, dass ...? 
Spiegeln Sie Emotionen.	»... und Sie sind darüber ziemlich verärgert.« »Verstehe ich Sie richtig, dass Sie enttäuscht sind, dass ...?«

Tab. Die vier Elemente des Aktiven Zuhörens

MERKE

Aktives Zuhören
Hören Sie gut zu. Signalisieren Sie Ihrem Gegenüber im Laufe des Gesprächs ständig, dass Sie ihm mit Interesse folgen. Aktives Zuhören ist ein Geben und Nehmen, ein Wechsel zwischen Konkretisieren (= fragen) und Paraphrasieren (= zuhören bzw. zusammenfassen).

Vorteile des aktiven Zuhörens

- Sie räumen Missverständnisse aus,
- vergewissern sich, ob Sie ihren Gesprächspartner richtig verstehen,
- signalisieren Verständnis,
- fordern zur genaueren Darstellung von Äußerungen auf,
- Sie lenken ihr Gegenüber,
- Sie gewinnen Zeit, sich eigene Argumente zu überlegen,
- schaffen ein positives, vertrauensvolles Gesprächsklima und
- vermitteln ein Gefühl der Wertschätzung und Akzeptanz.

Elegante Möglichkeiten, um mithilfe von Fragetechniken zu der eigentlichen Bedarfsermittlung überzuleiten, bilden auch Formulierungen, wie »Damit ich das Richtige für Sie finde, benötige ich zunächst einige Informationen von Ihnen ...« bzw. »Um Sie optimal beraten zu können, würde ich zunächst gerne ein paar Fragen stellen ...«.

2.2 Bedarfsermittlung

Im Rahmen der **Bedarfsermittlung ist es Ihre Aufgabe**, die individuellen Kundenwünsche, die Träume, die Vorstellungen, die Bedürfnisse und die dominanten Kaufmotive eines Kunden durch kompetente und adäquate Fragen herauszufinden.

Reise- und Urlaubsmotive

Jedes Jahr wird mehreren tausend Deutschen über 14 Jahren im Rahmen einer repräsentativen Marktforschungsstudie dieselbe Frage gestellt: »Worauf kommt es Ihnen beim Urlaub eigentlich an?« Die meist genannten Antworten sind: neue Kraft tanken, entspannen, weg vom Alltagsstress, ausruhen und faulenzen am Strand sowie etwas für die Bildung tun. Vor Ort wird entsprechend Wert gelegt auf landestypische Spezialitäten, Ausflüge in die Umgebung und auf viel Schlaf.

Diese Informationen alleine, können jedoch die **Reise- und Urlaubsmotive** (lat. *movere*, bewegen) von Reisenden nicht ausreichend erklären. Da es nicht das Erklärungsmodell für Reise- und Urlaubsmotive gibt, ist notwendig, verschiedene Sichtweisen zu einem Puzzle zusammenzufügen.

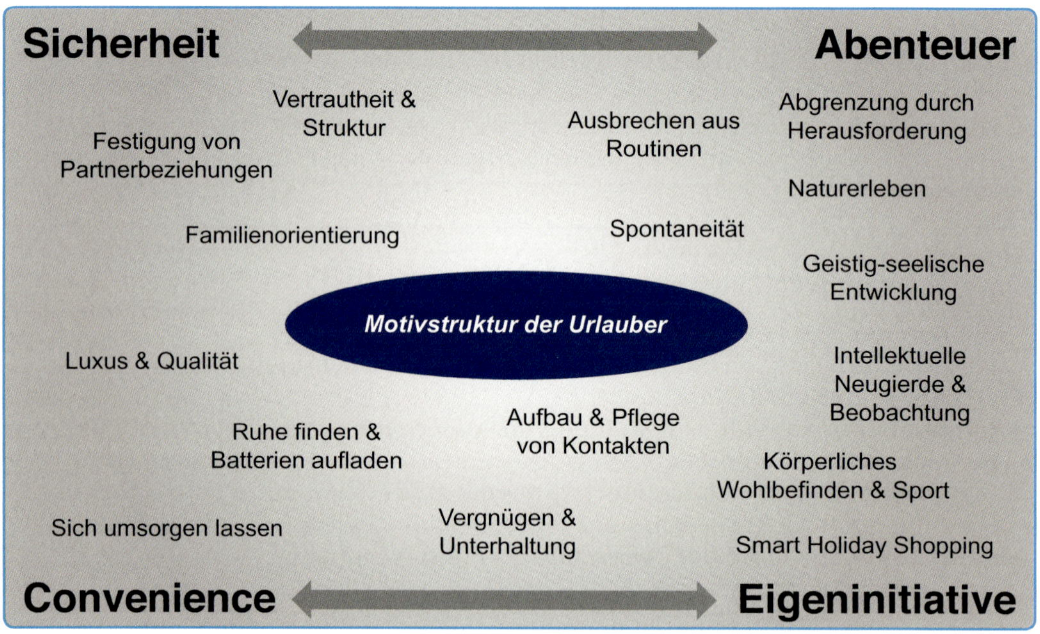

Abb. Motivstruktur der Urlauber
www.phaydon.de

Einige Autoren sehen im Tourismus das **moderne Pilgertum** (lat. *Peregrinari*, in der Fremde sein), einen möglichen **Weg zur Selbstfindung** (z. B. Begehung des Jakobswegs), die **Suche nach dem Anderen**, das Aufsuchen von Sehenswürdigkeiten, deren man durch die alleinige Vorstellungskraft nicht habhaft werden kann (z. B. Besuch historischer Kulturbauten, wie Alhambra, Sakrada Familia, der Pyramiden).

Ein anderer Ansatz sieht im Tourismus die **Möglichkeit, Alltagsnormen und Alltagszwänge aufzuheben**, sich einen **Kontrast zum Alltagsgrau** und zu der monotonen Arbeitswelt zu schaffen, durch das Eintauchen in eine imaginäre und fiktive oder inszenierte Welt. Ferner sind auch das **Prestigedenken**, der Lebensstil, der Wunsch nach Status, das Mithalten-Können mit Bekannten und Nachbarn sowie das Zeigen des Sich-Leisten-Könnens als Reisemotive ausgeprägt. Natürlich gibt es auch den **Erholungssuchenden** im klassischen Sinne, der einfach nur entspannen möchte. Die **Maslow'sche Bedürfnispyramide** (benannt nach dem US-amerikanischen Psychologen Abraham Maslow) wird vielfach herangezogen, um Reise- und Urlaubsmotive zu erklären. Sie unterteilt sich in fünf Stufen, die aufeinander aufbauend die Wichtigkeit von menschlichen Bedürfnissen kategorisiert darstellt und nach Wichtigkeit ordnet. Diese Prioritätenstufen können allerdings bei verschiedenen Menschen, Kulturen und Völkern in ihrer Ausprägung unterschiedlich gewichtet sein. Auf das Reisen bezogen ergeben sich interessante Ansätze zur Bedarfsermittlung im Gespräch.

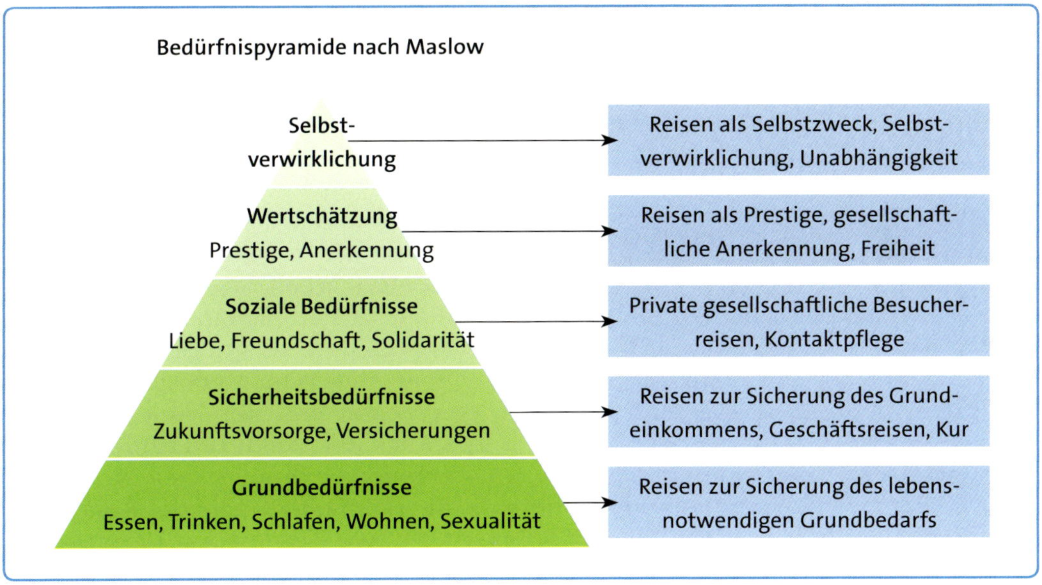

Abb. Bedürfnispyramide nach Maslow

MERKE

Pyramidenabschnitte

Die dargestellten Pyramidenabschnitte 1 und 2 stellen materielle Wertabschnitte dar, während die darauf aufbauenden Pyramidenabschnitte 3, 4 und 5 als postmaterielle Werteabschnitte gelten.

Dient die Urlaubsreise der »**Selbstverwirklichung**«, so ist sie in der obersten Stufe der Pyramide anzusiedeln, während der einfache Massentourismus (essen, trinken, schlafen in einfacher Beherbergung) eher die Befriedigung von »**Grundbedürfnissen**« darstellt und somit Repräsentant der untersten Hierarchieebene der Pyramide ist. Kuren und Wellness-Angebote, die der Gesundheitsvorsorge bzw. –nachsorge dienen stellen die Befriedigung von »**Sicherheitsbedürfnissen**« dar und sind Beispiele für die zweite Pyramidenebene. Private und gesellschaftlich veranlasste Reisen dienen der Befriedung von »**sozialen Bedürfnissen**«. Reisen, deren Motiv im Prestige- und Statusdenken liegen, bilden den vierten Pyramidenabschnitt »**Wertschätzung**«.

Reise- und Urlaubsmotive sind vielfältig. Sie gehen jedoch immer vom Individuum selbst aus (als intrinsische Motivation wie Neugier, Interesse, Zeit für den Partner, für die Familie und für sich selbst haben) und rufen eine unmittelbare **Bedürfnisbefriedigung** hervor. Sie besitzen einen **Selbstzweck-Charakter**.

Instrumente, die lediglich zum Erreichen einer mittelbaren Bedürfnisbefriedigung dienen, werden als **extrinsische Motivation** bezeichnet. Sie werden durch äußere Einwirkungen, von Dritten beeinflusst (z. B. Sehenswürdigkeiten, Sonne und Strand, Sport, *Nightlife*).

Ebenen beim Verkaufsgespräch MERKE

Das Beratungs- bzw. Verkaufsgespräch ist nichts anderes als eine Kommunikation in einer besonderen emotionalen Situation und findet somit auf zwei Ebenen statt: auf der rationalen und auf der emotionalen.

Ebene	beeinflusst durch
Sachliche Ebene (»kognitiv«, Verstandesebene)	Argumente
Emotionale Ebene (»affektiv«, Gefühlsebene)	Gefühle, Eindrücke

Tab. Ebenen der Kommunikation

Die Ratio, der Verstand des Menschen, wird zweitrangig (lat. *sekundär*), wenn Sie es als Expedient verstehen, neben Qualität, Service und Preis, die emotionale Ebene des Kunden positiv anzusprechen und das Verkaufsgespräch emotional zu führen. Die emotionale Ebene (der Bauch) entscheidet meist unbewusst viel häufiger als die rationale Ebene (der Kopf).

Bedienen Sie sich der »**Macht der Sprachhypnose**«, schaffen Sie dem Kunden mit Worten ein Wohlfühlerlebnis, einen psychologischen Erlebnis-Mehrwert und verhelfen Sie ihm so zur Ausschüttung von Glückshormonen. Steuern Sie die Emotionen ihrer Kunden während des Verkaufsgespräches.

Nach der **Eisbergtheorie von Sigmund Freud** (Begründer der Pychoanalyse, * 6. Mai 856, † 23. September 1939) gleicht die menschliche Bewusstseinsbildung einem Eisberg, dessen sichtbarer Bereich nur 10 bis 20 Prozent oberhalb der Wasserlinie und dessen unsichtbarer Bereich 80 bis 90 Prozent ausmacht und sich unterhalb der Wasserlinie befindet, adäquat der verborgenen menschlichen Bewusstseinsbereiche der Gefühle und Triebe (vgl. Beschwerde-Eisberg im Rahmen der Ziele des Beschwerdemanagements ▸ Kapitel 3.1). Entsprechend dieser Theorie laufen die Mehrzahl der Entscheidungen des Kunden eindeutig auf der emotionalen, oft unbewussten Ebene ab und die Minderzahl der Entscheidungen auf der rationalen Ebene.

Verkaufen
Verkaufen ist daher immer ein Übertragen von menschlichen Gefühlen und Trieben.

MERKE

Mit Ihren Kunden sprechen Sie **während des Beratungsgespräches** beide Ebenen an, die bewusste und die unbewusste:

- **Auf der Sachebene** die reisetechnischen Einzelheiten wie die Destination, das Verkehrsmittel, das Hotel, die Reisedauer und die Ausflüge usw.
- **Auf der Gefühlsebene** geht es um Prestige, Sicherheit, Neugier, Bequemlichkeit, Geltungssucht, Luxus, Anerkennung, Image, Elite-Bewusstsein, Lebensqualität, Lifestyle usw., d. h. darum, den Urlaubstraum nach den eigenen Bedürfnissen zu erleben.

Entscheidend für eine gute Bedarfsermittlung ist es, die Bedürfnisse des Kunden, also seine Kaufmotive, die ihn wirklich zu Ihnen führen, zu erkennen.

Bedürfnisse des Kunden
Es gibt nur einen Menschen, der weiß, was der Kunde exakt möchte, und das ist der Kunde selbst.

MERKE

Für Sie bedeutet dies als Konsequenz: Die Bedarfsanalyse beginnt mit Fragen, die beim Kunden positive Gefühle wecken, also seine Bedürfnisse individuell ansprechen und analysieren.

Starten Sie mit einer offenen Frage, sie ermöglicht Ihrem Kunden unbeschwert und ungelenkt »frei von der Leber« zu reden. Stellen Sie die Schlüsselfrage! Sie ist häufig die notwendige »Starthilfe« für den Kunden seine Urlaubswünsche und -träume offen und unverblümt »auf den Tisch zu legen« und hilft Schwellenängste bzw. Sprechhemmungen zu überwinden.

© de la Motte

Abb. »Schlüsselfrage«

Prozess der Bedarfsermittlung	Beispiele
Schlüsselfrage	»Worauf kommt es Ihnen im Urlaub besonders an?« »Was ist Ihnen Im Urlaub besonders wichtig?«
Die jetzt von dem Kunden genannten Reisemotive bilden i. d. R. die entscheidenden Argumente für die folgenden und weiteren Phasen des Verkaufsgesprächs. Nehmen Sie daher ihre Eingangsfrage leicht abgewandelt noch einmal auf.	
Eingangsfrage wieder aufnehmen	»Worauf kommt es Ihnen (auch) noch an?« »Was ist (auch) noch wichtig für Sie?«
Geben Sie Ihrem Kunden Impulse, sofern wichtige Reisemotive bisher nicht genannt wurden.	
Impulse geben	»Welchen Wert legen Sie auf Sehenswürdigkeiten?« »Wie wichtig ist Ihnen Sport im Urlaub?« «Welche Wassersportart liegt Ihnen besonders am Herzen?«
Klären Sie nun die Reisedetails, sofern Sie noch nicht darüber gesprochen hatten.	
Reisedetails klären	»Wir haben noch nicht über den Reisetermin gesprochen: An welchen Zeitraum hatten sie gedacht?« »Wie haben Sie sich Ihr Hotel vorgestellt?« »Was verstehen Sie unter z. B. einem schönen Hotel?« »Was heißt für Sie z. B. strandnah?« »Was heißt für Sie preiswert?«
Fassen Sie danach die Wunschliste des Kunden zusammen und kontrollieren Sie diese zusammen mit Ihrem Kunden.	
Zusammenfassen	»Habe ich Sie richtig verstanden, dass es Ihnen vor allem auf ein ruhiges Vier-Sterne-Hotel in Alcudia mit Halbpension ankommt, das Sandtennisplätze besitzt und Animation gezielt für Best Ager anbietet?«

Tab. Prozess der Bedarfsermittlung

Abb. Bedarfsklammer

Die Bedarfsermittlung wird eröffnet durch eine offene Frage und beendet durch die Paraphrasierung. Innerhalb dieser, so genannten **Bedarfsklammer** (▸ Abb. linke Seite) können – je nach Situation – weitere offene Fragen, Definitions-, Stimulierungs-, und Bestätigungsfragen und weitere Fragearten von Ihnen ergänzt werden.

Hören Sie aktiv zu und schreiben Sie stichwortartig die wichtigsten Angaben und alle Bedürfnisse ihres Kunden auf ihren **Kundenberatungsbogen** mit. Auf der ▸ Seite 465 finden Sie ein Muster eines Kundenberatungsbogens, wie er zur Dokumentation der Bedarfsermittlung verwendet werden kann. Die notierten Informationen sind wichtig, um später das **richtige Reiseangebot** für Ihren Kunden finden zu können und Ihr Beratungsgespräch zu einem erfolgreichen Verkaufsgespräch zu machen.

BEISPIEL

Auszug aus Beratungsgespräch 1:
(A = Verkäufer, B = Kunde):

A: Hallo, wie kann ich Ihnen behilflich sein?
B: Guten Tag. Ich möchte in den Sommerferien mit meiner Familie verreisen.
A: Sehr schön, da werden wir sicher etwas für Sie finden. Nehmen Sie doch bitte Platz. Ich heiße xy. Verraten Sie mir auch Ihren Namen?
B: Mein Name ist xx.
A: Frau xx, haben Sie und die Familie sich schon Gedanken gemacht, wohin Sie gerne verreisen möchten?
B: In den letzten beiden Jahren waren wir an der türkischen Riviera und wir spielen mit dem Gedanken dort wieder hin zu fahren.
A: Diese Region ist wirklich ideal für Familien, das Preis-Leistungs-Verhältnis ist super und die vielen Wasserrutschen sorgen vor allem bei Kindern für großes Vergnügen.
B: Ja, das stimmt. Schauen Sie doch bitte mal nach, ob die Hotels Asteria in Belek und das Golden Coast in Side noch frei sind.
A: In welchem Zeitraum können Sie verreisen und wie lange? Wie viele Kinder haben Sie und wie alt sind diese? Wünschen Sie ein Familienzimmer oder die Suite? Bevorzugen Sie einen bestimmten Abflughafen?
B: Kundin beantwortet alle Fragen nacheinander.
A: Sie sind also zwei Erwachsene und zwei Kinder, Michael ist sieben Jahre alt und Marie ist fünf Jahre alt. Sie können in den ersten beiden Wochen der Sommerferien für eine Woche verreisen und würden gerne ab Zweibrücken fliegen. Sie wünschen ein Doppelzimmer mit zwei Zustellbetten und Ihr Budget liegt bei 2.100,00 EUR. Habe ich noch eine wichtige Angabe vergessen? / Sind diese Angaben vollständig?
B: Diese Angaben sind korrekt.

Auszug aus Beratungsgespräch 2:
(A = Verkäufer, B = Kunde)

A: Guten Tag, ich freue mich das Sie zu uns gekommen sind.
Wie kann ich Ihnen behilflich sein?
Mein Name ist Kunz.
Wie darf ich Sie ansprechen?
B: Guten Tag, mein Name ist Michalk.

A: Wo hin soll es denn gehen, Herr Michalk?
B: Ich möchte zwei Wochen Urlaub in der Türkei verbringen.
A: Ja gerne, da kann ich Ihnen sicher helfen.
Mit wie viel Personen möchten Sie verreisen?
B: Wir sind zu zweit.
A: Wann möchten Sie verreisen?
B: Vom 1. Oktober an für zwei Wochen.
A: Von welchem Flughafen möchten Sie fliegen?
B: Ab FRA oder STR.
A: Bevorzugen Sie All inclusive oder Halbpension?
B: Natürlich All inclusive mit gefräßigem Freund.
A: Wie stellen Sie sich Ihren Urlaub vor?
B: Also, ich möchte gern Erholung und etwas vom Land (Kultur) erfahren.
A: Möchten Sie ein Hotel oder eine Ferienwohnung?
B: Ich bevorzuge ein Vier-Sterne-Hotel an der Türkischen Riviera mit Sandstrand.
A: Wie Sie gerade schon sagten, wünschen Sie ein Vier-Sterne-Wellness-Hotel direkt am Sandstrand?
B: Genau, vielleicht können Sie mir noch ein- oder zwei Ausflugziele empfehlen?
A: Ja, gerne, ich schaue gleich mal nach Angeboten für Sie. ...
Also ich habe hier zwei Angebote gefunden: ...

Der nun folgende Vorschlag stellt einen sehr engen Rahmen für die Bedarfsermittlung dar und sollte von Ihnen als »Erste Hilfe für Einsteiger« verstanden werden, die Sie zu einer individuellen Form der Bedarfsermittlung und unter Berücksichtigung Ihrer Persönlichkeit weiterentwickeln können.

BEISPIEL

Basisdaten klären

»Wann möchten Sie in Urlaub fahren?«
»Haben Sie schon ein Reiseziel vor Augen?«
»Wie lange möchten Sie verreisen?«
»Reisen Sie alleine oder mit Ihrer Familie / Ihrem Freund?«
»Wie alt sind Ihre Kinder?«
»An welchen finanziellen Rahmen haben Sie gedacht?«
»Welche Unterkunft und Verpflegung bevorzugen Sie?«
»Welcher Flughafen liegt für Sie optimal?«

Reisemotive ermitteln

»Wie stellen Sie sich Ihren Urlaub vor?«
»Was möchten Sie im Urlaub unternehmen?«
»Worauf legt Ihr Partner wert?
»Was möchten Ihre Kinder alles machen?«
»Was ist Ihnen sonst noch wichtig?«
»Habe ich in meiner Zusammenfassung noch etwas vergessen?«

Sorglos Reisen GmbH

Wir sind für sie da. **Datum:** ☐☐ ☐☐ ☐☐ **Expedient:** ____

Kundendaten: Neukunde ☐ Stammkunde ☐

Anrede: Frau ☐ Herr ☐
Name: ____________________
Vorname: ____________________
Straße: ____________________
PLZ/Ort: ____________________
Tel.: ____________________
Mobil: ____________________
Erreichbar ab: ____________________
E-Mail-Adresse: __________@__________
Geburtdatum: ____________________

Wie stellen Sie sich Ihren Urlaub vor?
____
____
____
____
____

Wichtig für mich ist:
____
____

Reiseleistungen:

Reiseart:

nur Hotel ☐	Städtereise ☐	Kreuzfahrt ☐
Badeurlaub ☐	Studienreise ☐	Wellness/Kururlaub ☐
Cluburlaub ☐	Rundreise ☐	nur Flug ☐

Destination: ____________________
Abflughafen: ____________________
Hotelkategorie: ☆ ☐ ☆☆ ☐ ☆☆☆ ☐ ☆☆☆☆ ☐ ☆☆☆☆☆ ☐
Verpflegung: AI ☐ VP ☐ HP ☐ ÜF ☐ ÜN ☐
Reisezeitraum: ____________________
Reisedauer: ____________________
Preisvorstellung: ☐ < 500 ☐ < 1000 ☐ < 1500 ☐ < 2000 **Budget:** _____ €

Anzahl Reisende: Erwachsene ☐ Kinder ☐ Alter ☐ ☐ ☐ ☐

Zusatzleistungen:

Versicherungen	☐ RRV	☐ Paket
Mietwagen	☐ ja	☐ nein
Transfer	☐ ja	☐ nein
Parken	☐ ja	☐ nein

Sonstige ____________________

Einreisehinweise:

Impfbestimmungen informiert	☐ ja	☐ nein
Visabestimmungen informiert	☐ ja	☐ nein

Buchungs-Nr.: ____________________
Options-Nr.: ____________________ Optionsende: ____________________

Einwilligungserklärungen des Kunden liegen vor für

Telefonkontakt (§ 7 Abs. 2 Nr. 2 UWG)	☐ ja	☐ nein
elektronische Post (§ 7 Abs. 2 Nr. 3 UWG)	☐ ja	☐ nein
Abo-Newsletter	☐ ja	☐ nein

Abb. Kundenberatungsbogen (Muster)

Exkurs: Verkaufen am Telefon

Auch im Zeitalter von E-Mail, SMS und MMS hat das Telefongespräch noch seine Berechtigung. Bietet es doch den Vorteil – wie auch ein persönliches Gespräch – Argumente unverzüglich auszutauschen.

Abb. Beratung am Telefon

Allerdings hat der Gesetzgeber bei Telefonaten einige Einschränkungen im Rahmen des Verbraucherschutzes erlassen.

Anrufe ohne Einwilligung

Telefonwerbung ohne die vorherige Einwilligung des Verbrauchers ist gemäß § 7 Absatz 2 Nr. 2 des **Gesetzes gegen den unlauteren Wettbewerb** (UWG) eine unzumutbare Belästigung des Verbrauchers und daher gesetzlich verboten.

Unzumutbare Belästigungen (§ 7 UWG)

BGB

(1) Eine geschäftliche Handlung, durch die ein Marktteilnehmer in unzumutbarer Weise belästigt wird, ist unzulässig. Dies gilt insbesondere für Werbung, obwohl erkennbar ist, dass der angesprochene Marktteilnehmer diese Werbung nicht wünscht.
(2) Eine unzumutbare Belästigung ist stets anzunehmen
bei Werbung unter Verwendung eines in den Nummern 2 und 3 nicht aufgeführten, für den Fernabsatz geeigneten Mittels der kommerziellen Kommunikation, durch die ein Verbraucher hartnäckig angesprochen wird, obwohl er dies erkennbar nicht wünscht;
bei Werbung mit einem Telefonanruf gegenüber einem Verbraucher ohne dessen vorherige ausdrückliche Einwilligung oder gegenüber einem sonstigen Marktteilnehmer ohne dessen zumindest mutmaßliche Einwilligung; [...]

Des Weiteren sind unerbetene Werbeanrufe wettbewerbswidrig. Entsprechend können Firmen, die solche Anrufe durchführen, z. B. von der IHK abgemahnt werden. Zudem stellen sie einen Eingriff in das allgemeine Persönlichkeitsrecht des Verbrauchers dar, so dass er gerichtlich einen Unterlassungsanspruch gemäß der §§ 1004 und 823 BGB durchsetzen kann.

Beseitigungs- und Unterlassungsanspruch (§ 1004 BGB)

BGB

(1) Wird das Eigentum in anderer Weise als durch Entziehung oder Vorenthaltung des Besitzes beeinträchtigt, so kann der Eigentümer von dem Störer die Beseitigung der Beeinträchtigung verlangen. Sind weitere Beeinträchtigungen zu besorgen, so kann der Eigentümer auf Unterlassung klagen.
(2) Der Anspruch ist ausgeschlossen, wenn der Eigentümer zur Duldung verpflichtet ist.

BGB

Schadensersatzpflicht
(§ 823 BGB)
(1) Wer vorsätzlich oder fahrlässig das Leben, den Körper, die Gesundheit, die Freiheit, das Eigentum oder ein sonstiges Recht eines anderen widerrechtlich verletzt, ist dem anderen zum Ersatz des daraus entstehenden Schadens verpflichtet.
(2) Die gleiche Verpflichtung trifft denjenigen, welcher gegen ein den Schutz eines anderen bezweckendes Gesetz verstößt. Ist nach dem Inhalt des Gesetzes ein Verstoß gegen dieses auch ohne Verschulden möglich, so tritt die Ersatzpflicht nur im Falle des Verschuldens ein.

Werbeanrufe sind nur gestattet, wenn der Verbraucher **vorab sein ausdrückliches Einverständnis** erteilt hat, z. B. wenn der Verbraucher selbst ausdrücklich um fernmündliche Information bittet.

Hingegen stellen **vorformulierte Klauseln in den AGB/ARB** eines Veranstalters, nach der sich der Verbraucher mit künftiger Telefonwerbung einverstanden erklärt, keine Einwilligung dar. Auch Werbeanrufe mit Rufnummernunterdrückung sind ein unzulässiges Verhalten. Ebenso ist eine so genannte Nachfasswerbung bei gekündigten Verträgen unzulässig.

Am Telefon abgeschlossene Verträge kann der Verbraucher nach den Vorschriften über **Fernabsatzverträge** binnen **zwei Wochen,** beginnend mit dem Zeitpunkt, zu dem der Verbraucher eine Belehrung in Textform erhalten hat, widerrufen (▸ LF 2, Kapitel 2.6.1). Erfolgt diese Belehrung nach Vertragsschluss, beträgt die Frist einen Monat. Wird der Verbraucher nicht oder fehlerhaft über die Möglichkeit belehrt, erlischt das Widerrufsrecht nicht, so dass der Verbraucher auch zu einem späteren Zeitpunkt noch widerrufen kann. Ausgeschlossen ist ein Widerrufsrecht des Verbrauchers für Reise- und Beförderungsleistungen.

BEISPIEL

Widerrufsrecht für telefonisch abgeschlossene Verträge
über Zeitungen, Zeitschriften, Illustrierte
über Wett- und Lotteriedienstleistungen

Besonderheiten des Telefonierens

Der Gesprächsverlauf eines Beratungsgespräches mit allen Facetten ist Ihnen bekannt, so dass hier nur auf die wesentlichen Merkmale eines Telefonats eingegangen werden soll. Zunächst gilt es, wie bei einem persönlichen Beratungsgespräch, bei dem Sie dem Kunden gegenüber sitzen, sich auf ein Telefongespräch vorzubereiten.

BEISPIEL

Vorbereitungsfragen

- Welche Informationen habe ich über den Gesprächspartner?
- Welches Ziel hat mein Telefonat?
- Welche inhaltlichen Fragen stelle ich?
- Welche Unterlagen benötige ich während des Telefonats?
- Welchen Nutzen ist für den Gesprächspartner wichtig?
- Welches Preissegment biete ich an?
- Welche Fragen könnte mein Gesprächspartner an mich haben?
- Welche Einwände sind zu erwarten?
- Welche Einwände kann ich entkräften?

Das Telefon hat andere Regeln als das persönliche *Face-to-Face*-Gespräch. Im Gegensatz zu Ihrem Beratungsgespräch im Büro können sie während eines Telefonates Ihre Körpersprache kaum einsetzen. Aus diesem Grund ist Ihre **Stimme** ein wesentlicher Schlüssel zum Erfolg und Ihre persönliche Visitenkarte. Daher zunächst einige Hinweise zur **Modulation ihrer Ausdruckweise**.

Sie bestimmen den **Eindruck Ihrer Stimme und Ihrer Stimmung** durch die Sprechgeschwindigkeit, Lautstärke und Klangfarbe Ihrer Aussprache. Dabei kommt der Modulation dieser Elemente eine entscheidende Bedeutung zu. Eine erfolgreiche, überzeugende Kommunikation – insbesondere während eines Telefonats – ist zu 38 Prozent von diesen Faktoren abhängig.

Modulationsmöglichkeiten:

- sprechen der Worte mit veränderter Lautstärke,
- sprechen der Worte mit veränderter Geschwindigkeit,
- sprechen der Worte mit veränderten Pausen zwischen den Worten.

BEISPIEL

Modulation

In dem Beispiel »Der *gefangene* Floh – Der gefangene *Floh*« sprechen Sie den Satz mit der Betonung (bzw. lauter) auf der kursiven Schrift. – Ändert sich die Aussage?

Ein Wechsel der Sprechgeschwindigkeit mit einer Modulation der Lautstärke führt zu mehr Aufmerksamkeit ihres Zuhörers.

Dagegen wirkt eine reine **Beschleunigung des Sprechtempos** stressend, Ihr Zuhörer findet weniger Zeit zum Mitdenken und schaltet ab. Geben Sie Ihrem Zuhörer die Möglichkeit mitzudenken, Inhalte besser aufzunehmen und miteinander zu verknüpfen durch Verlangsamung des Sprechtempos.

Lächeln Sie, Sprechen Sie freundlich, deutlich, akzentuiert und klar. Verschlucken Sie keine Endsilben und vermeiden Sie Verlegenheitslaute (**= Telefonlaute**, wie z. B. »ähm«, »öh«, »hmm«, »äh«, »mmmh«). Auch das weit verbreitete Räuspern ist leider ein gängiger Störfaktor. Signalisieren Sie ihrem Gesprächspartner, dass Sie **aktiv zuhören**, durch Bestätigungen wie »ja«, »richtig«, »klingt interessant« …

Generell gilt: Erzeugen Sie durch **Tempovariationen** »Spannung«, betonen Sie jeweils die wichtigsten Inhaltskomponenten eines Satzes und nicht die Satzzeichen, fesseln Sie Ihren Gesprächspartner, indem Sie ihn in Ihr Thema gedanklich einbinden. Formulieren Sie kürzere Sätze, damit Sie und Ihr Gesprächspartner natürliche Pausen zum Nachzudenken und Atmen haben.

Stehen Sie bei längeren Telefonaten oder bei komplexen Themen während des Gesprächs auf; Sie wachsen, werden selbstbewusster, dynamischer und Ihre Modulation klingt sicherer und souveräner. **Sprechen Sie motiviert** und sprechen Sie Ihren Gesprächspartner punktiert mit seinem Namen an.

Kaffeetrinken oder Rauchen sind während eines Telefonats tabu, denn sie wirken sich negativ auf Ihre Modulation aus.

MERKE

Am Telefon

Lächeln Sie am Telefon, denn die Ohren Ihres Gesprächspartners können sehen! Sie führen einen Dialog, an dem der Kunde den Hauptanteil hat. Verdeutlichen Sie Ihr Thema durch Sprachbilder.

Verwenden Sie zum **Buchstabieren** von schwer verständlichen Wörtern oder Begriffen das **deutsche Buchstabieralphabet**. Das ist und klingt professionell.

A	Anton	**J**	Julius	**SCH**	Schule
Ä	Ärger	**K**	Kaufmann	**T**	Theodor
B	Berta	**L**	Ludwig	**U**	Ulrich
C	Cäsar	**M**	Martha	**Ü**	Übermut
CH	Charlotte	**N**	Nordpol	**V**	Viktor
D	Dora	**O**	Otto	**W**	Wilhelm
E	Emil	**Ö**	Ökonom	**X**	Xantippe
F	Friedrich	**P**	Paula	**Y**	Ypsilon
G	Gustav	**Q**	Quelle	**Z**	Zacharias
H	Heinrich	**R**	Richard		
I	Ida	**S**	Samuel		

2.3 Angebotssuche und Angebotspräsentation

Nach Ihrer erfolgreichen Bedarfsermittlung heißt es die passenden Angebote zu finden. Die Buchung entscheidenden Wünsche des Kunden berücksichtigen Sie dabei zuerst.

Lassen Sie in der **Phase der Angebotssuche** ihren Kunden nicht allein. Binden Sie ihren Kunden weiterhin in das Gespräch ein, z. B. indem Sie ihm / ihr sagen, dass Sie einen Moment Zeit benötigen, um das Richtige zu finden; erklären Sie, dass Sie im Computer-Reservierungs-System (CRS) die Verfügbarkeit prüfen.

Halten Sie Blickkontakt und setzen Sie ihre Körpersprache ein. Ermuntern Sie durch kurze Bestätigungen und durch **Telefonlaute** (wie z. B. »mmmh« ▸ Exkurs) den Kunden zum Weitersprechen. Greifen Sie zwischendurch zu einer Leerfrage.

BEISPIEL

Leerfrage
»Was meinen Sie genau damit?«
»Wie darf ich das verstehen?«

Sinneskanäle und Neuromarketing

Neuromarketing erforscht, vereinfacht gesagt, auf der Grundlage psychologischer und neuro-physiologischer Erkenntnisse das menschliche Gehirn. Es hat zum Ziel, die unsichtbaren Prozesse im Gedankengang des Kunden **für oder gegen eine Kaufentscheidung** zu ergründen und diese in Beziehung zu seinem sichtbaren Verhalten zu setzen.

Das Forschungsgebiet sieht sich als »Fenster« zum menschlichen Gehirn und liefert Erkenntnisse, die Sie in Ihrem Beratungsgespräch nutzen sollten. Eines wurde jedoch mit den Ergebnissen offensichtlich: **den** »Kaufknopf« gibt es nicht.

Ihr Beratungserfolg wird wesentlich bestimmt durch:

- Ihre emotionale Ansprache,
- den Einsatz von visuellen Medien (Bilder sprechen lassen),
- die Einbindung Ihres Beratungsgespräches in eine Geschichte,
- die adäquate und situationsgerechte Ansprache des Kunden und seiner Reisemotive (▸ Kapitel 2.2)
- die Vermittlung Ihrer Botschaft über mehrere Sinneskanäle und
- durch ihre Körpersprache (▸ Kapitel 1.3).

© Jeanette Dietl – Fotolia.com

Der **visuelle (Sehen)**, der **auditive (Hören)** und der **kinästhetische (Fühlen) Sinneskanal** sind für die Angebotspräsentation von zentraler Bedeutung: Ihre Informationen nimmt der Kunde umso leichter und umso besser auf, wenn Sie Ihr Angebot auf verschiedenen **Sinneskanälen** gleichzeitig vermitteln.

Dabei berücksichtigen Sie die Tatsache, dass verschiedene Menschen unterschiedliche Kanäle bevorzugen.

BEISPIEL

Schlüsselwörter, die den richtigen »Kanal« treffen
visuell: sich vorstellen, weitsichtig sein, wahrnehmen, offensichtlich, sich vor Augen führen, etwas einleuchtend finden, erscheinen
auditiv: betonen, harmonisch, sozusagen, übereinstimmen, überzeugend klingen, etwas erläutern, ich frage mich
kinästhetisch: anmuten, aufgreifen, beeindrucken, festmachen, den Eindruck haben, enthalten, erleben

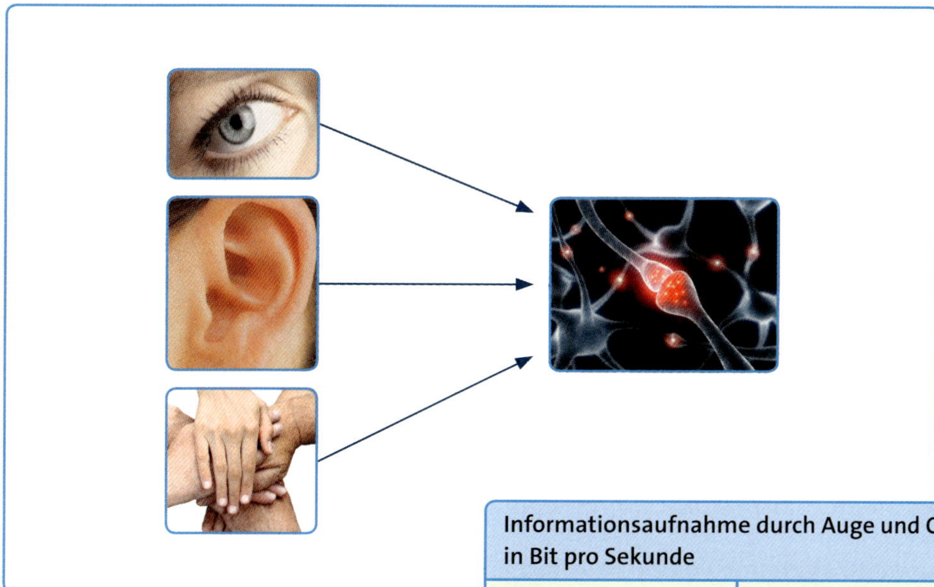

Abb. Verschiedene Sinneskanäle

Informationsaufnahme durch Auge und Ohr in Bit pro Sekunde	
Augen	10.000.000
Ohren	100.000

Tab. Informationsaufnahmegeschwindigkeit

Wesentlich ist, dass der Kunde Ihre **Angebotspräsentation sehen und hören kann**, weil Informationen über nur einen der beiden Kanäle weniger einprägsam sind. Das ganze sollte möglichst noch um die Ansprache des kinästhetischen Kanals ergänzt werden, z. B. indem der Kunde »seinen« Katalog erhält, in welchem er sich Notizen machen, unterstreichen oder Seiten einknicken kann.

Um überzeugend zu präsentieren, ist es notwendig, dass Sie den **richtigen Medieneinsatz** für Ihre Angebotspräsentation planen.

BEISPIEL

Medien zur Angebotspräsentation

Giata – bietet Reisebüros für die Kundenberatung u. a. professionelle Hotelclips an und damit die Möglichkeit, dass der Kunde für einen Moment seinen Urlaub bereits »vor Ort« erlebt.

BistroPortal – garantiert Ihnen als Expedient u. a. einen sekundenschnellen Zugriff auf die bedeutendsten Reiseleistungen fast aller relevanten touristischen Leistungsträger (Pauschal- und Last-Minute-Angebote, Charterflüge, Hotels, Ferienhäuser sowie Mietwagen- und Versicherungsangebote)

Konventionelle Medien – Kataloge, Prospekte, Karten, persönliche Unterlagen

Netze – das weltweite Netzwerk Internet und das nicht öffentliche Intranet

Die einfachste Form der Angebotspräsentation stellt die so genannte **Nutzenbrücke** dar.

Sie verbindet die Dienstleistung mit Hilfe einer Brückenformulierung und ihrem spezifischen Nutzen.

Bildung einer Nutzenbrücke

- »Die Pauschalreise bedeutet für Sie alle Reiseleistungen aus einer Hand.«
- »Die Pauschalreise spart Ihnen Nebenkosten für den Transfer.«

Sprachhilfen (»Ausdruckskoffer«) für Nutzenbrücken sind »Bringt Ihnen, bedeutet für Sie, erhöht Ihr, sorgt für, ermöglicht Ihnen, sichert Ihnen, erleichtert Ihnen, steigert Ihre, stärkt Ihr, verhindert, dass …«

Argumente sind umso effektiver und aussagefähiger, je stärker sie den individuellen Nutzen für den Kunden aufzeigen. Formulieren Sie Ihre Nutzenbrücke so, dass die Wahl Ihrer Argumente auf die speziellen Bedürfnisse des Kunden abzielt, für ihn interessant und zutreffend wirken, und so ins Schwarze treffen. Verschießen Sie Ihr Pulver nicht auf einmal, sondern bilden Sie für jedes Argument eine eigene Nutzenbrücke und verstärken Sie diese durch den Einsatz von Medien und Ihrer eigenen Person.

BEISPIEL

Nutzenbrücke Sicherheit
... garantiert Ihnen, bietet Ihnen einen exzellenten Service,
ist sehr beliebt bei ..., hier sind Sie auf der sicheren Seite, ... besticht durch Top Qualität

Nutzenbrücke Prestige
... eine optimale Lösung, durchdachtes Konzept, bestes Preis-Leistungs-Verhältnis, ... eine erstklassige Adresse, exklusiver Rahmen

Nutzenbrücke Anerkennung
... ein sensationelles Angebot, für diese Region einfach einzigartig, einzigartiges Erlebnis, geniale Konzeption

Verwenden Sie in Ihrer **Angebotspräsentation** Formulierungen, die die individuellen Reisemotive des Kunden spiegeln.

BEISPIEL

Individuelle Nutzenbrücke mit Verstärker
Basisdaten: Ehepaar Mitte dreißig, Pauschalreise, 7-14 Tage, Destination sonnig und erholsam, DZ, VP, Anfang 2017
Kundenwünsche: warmes Klima, baden und entspannen, ungezwungene Atmosphäre, Erholung und Wellness, schicke Restaurants, ansprechendes Ambiente, interessante Ausflugsmöglichkeiten, Unterhaltung
»Die Karibik garantiert Ihnen während ihres kompletten Urlaubs mit ihren hochsommerlichen Temperaturen Sonne pur.«

Verstärker:
ein Foto – »Die Buchung dieses Clubschiffes ermöglicht Ihnen eine hochwertige Seereise in ungezwungene Atmosphäre.«
Körpersprache und ein Klimadiagramm – »Nur in diesem Inselparadies können Sie zu dieser Jahreszeit einen table-top, eine cheese roll oder einen 360er bei angenehmen 26 Grad Wassertemperatur drehen.«
ein Katalog – »Auf dieser Kreuzfahrt wartet in jedem Hafen eine neue Welt darauf, von Ihnen entdeckt zu werden.«
Überblick Wellnessangebot – »Dieses Schiff verfügt über einen weitläufigen Wellnessbereich und attraktive Wohlfühlangebote mit Meerblick.«
Vorstellung der verschiedenen Restaurants – »Das schwimmende Hotel mit seinen zahlreichen Restaurants ist ein wahres Paradies für Gourmets und Genießer.«
entsprechende Programme – »Dieses Kreuzfahrtschiff bietet jeden Abend erstklassige Musicals und spannende Theater-Aufführungen.«
Kundenaussagen – »Die Schiffe dieser Reederei verfügen über erstklassig ausgestattete Balkonkabinen, auf denen Sie ihren privaten Sonnenuntergang genießen können.«

Bildhafte Sprache

Verwenden Sie eine bildhafte Sprache, malen Sie mit Ihren Worten Bilder, die Ihren Gesprächspartnern vertraut sind und positive Assoziationen wecken. Sie schaffen dadurch eine **gemeinsame kommunikative Ebene** und gewinnen das Vertrauen Ihres Gesprächpartners.

Lassen Sie die Ohren des Kunden zu Augen werden, denn ein Bild sagt mehr als tausend Worte. Virginia Satir (Dr. hc., US-amerikanische Familientherapeutin 1916–1988) sagt: «Worte haben keine Energie, solange sie kein Bild auslösen.«

www.nur-zitate.com

Dies bedeutet: **Das Wort an sich bedeutet nichts, solange es bei dem Menschen kein Bild auslöst.** Menschen folgen dem Gefühl des Bildes. Nutzen Sie diese Erkenntnisse für Ihre Angebotspräsentation.

Urlaubsbilder

BEISPIEL

Urlaubsparadies Toskana: »Die Gäste sitzen am lauen Sommerabend auf der Terrasse der historischen Residenz. Für die richtige Entspannung sorgen die köstliche toskanische Küche sowie ein gutes Glas Wein aus der Region. Die nahen Weinberge, die sanften Olivenhaine, die Pinienwälder und exotische Düfte laden zu einem Abendspaziergang, begleitet vom allabendlichen Konzert der Grillen, ein.«

Andere: »Das sanfte, warme Licht der Mitternachtssonne ...«, »Die Sonne lacht.«, »An den steilen, rötlich schimmernden Granitwänden kleben die Bilderbuch-Häuschen ...«, »Wie ein Fels in der Brandung...«, »Eisberge flüstern leise ...«

Teil einer Spielbahn im Golfsport: »Eine Landschaft, die jedes Hochglanzfoto einfach nur verblassen lässt: zwischen rapsgelben Feldern und grün leuchtenden *Fairway*-Schneisen ...«

Ihre Kunden begrüßen eine bildhafte Sprache. Achten Sie bei der Verwendung aber darauf, dass Sie **unpassende Bilder** vermeiden.

Unpassendes Bild und unpassende Vergleiche

BEISPIEL

»Die Welt ist bunt wie ein Schmetterling ...« – die meisten Schmetterlinge haben nur drei Farben!

»Erscheint wie aus 1001 Nacht ...«, » ... die Eisberge kommen fast wie im Gänsemarsch ...«, »Erscheint einem so riesig, ...«, »Sieht aus, als wenn ...«

Starten Sie bei Ihren Kunden das Kopfkino! Verwenden Sie Metaphern, denn sie sind viel mehr als nur ein Stilmittel, sie sind Vergleiche mit einem »Aha-Effekt«. Bildhafte Vergleiche bringen Leben in Ihre Präsentation, sie sind das *Flor de sal* Ihrer Präsentation.

Metapher

BEISPIEL

sicherer Hafen (Schutz und Geborgenheit), die Mutter der Welt (Istanbul), Wüstenschiff (Kamel), Insel der Glückseligen (Insel Chios, fünftgrößte Insel Griechenlands)

Erzählen Sie eine Geschichte und betten Sie Ihr Angebot darin ein. Eine solche Präsentation ist spannend, sie fesselt die Aufmerksamkeit Ihres Kunden, fördert sein Zuhören, emotionalisiert ihn, ist interessanter als jeder Katalogtext und erwirkt seine Zustimmung, ohne zu bedrängen. Nutzen Sie diese Möglichkeit zur Angebotspräsentation und erzählen Sie positive, unterhaltsame Geschichten von begeisterten Kunden.

Ausflugsempfehlung

BEISPIEL

»Kürzlich erzählten mir Kunden, dass sie und ihre Kinder an Bord des »Piratenpotts« als Nachwuchspiraten den schaurigen Hauch des goldenen Zeitalters sagenhafter Raubzüge erlebten: Die Familie war im Juli an der Ostseeküste Schleswig-Holsteins unterwegs und hat sie von Glücksburg bis Scharbeutz erobert. Eine Woche wilde Kaperfahrt und an Land bei spannenden Schatzsuchen und tollen Piratenspielen. Das wurde als großes Urlaubserlebnis gefeiert.«

Oder vereinen Sie zwei Gegensätze, **These und Antithese**, indem Sie in einem ersten Satz eine These aufnehmen und diese in einem zweiten Satz als Antithese widerspiegeln. Hierdurch vereinen sich scheinbare Gegensätze zu einem unvergesslichen Erlebnis.

These und Antithese Sevilla

BEISPIEL

© MEV Verlag GmbH

»Einerseits ist Sevilla eine zauberhafte und romantische Stadt, andererseits brodelnde Lebendigkeit.« oder »Sevilla, das bedeutet andalusische Fröhlichkeit und Lebensfreude, aber auch unerschöpfliche kulturelle Möglichkeiten.«

Abgeleitet von einer berühmten Variante des Kartenspiels Skat wird beim **Angebots-Grand mit Vieren** jedes Argument zum »Stich« und gewinnt die Runde zwischen Ihnen und Ihrem Kunden für Sie.

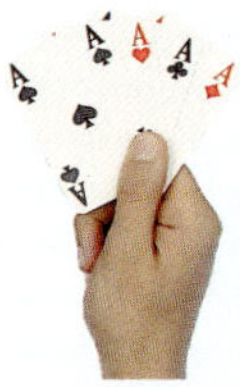

Angebots-Grand mit Vieren – Paris

BEISPIEL

»Das wird Sie begeistern: Die Pyramide und der *Louvre* haben fast die Hauptrolle im Film »Der *Da Vinci Code*« gespielt. Die Kathedrale *Notre Dame* wurde mit dem Roman »Der Glöckner von *Notre Dame*« von *Victor Hugo* weltberühmt. Das *Musée du Louvre* zeigt u. a. berühmte Kunstwerke wie Die Mona Lisa (ein Gemälde von *Leonardo da Vinci*), Der Sklave (eine Skulptur von *Michelangelo*) und Die Venus von Milo (eine Statue hellenistischer Kunst, um 100 v. Chr.).
Die *Avenue des Champs-Elysées,* die weltbekannte, fast zwei Kilometer lange Prachtstraße mit Parkanlagen, eleganten Restaurants, Theatern und Museen lädt nicht nur zum Shoppen ein. ...«

Bei der **Technik des *Top-Ten-Ranking*** zählen Sie Ihre Argumente nacheinander auf. Als »roter Faden« dient das Alphabet oder eine Zahlenreihe von 1 bis n. Sie müssen selbstverständlich hier keine 10 Argumente bilden, sondern wesentlich ist, dass Sie eine folgerichtige Buchstaben- oder Zahlenreihung nutzen.

Top-Ten-Ranking

BEISPIEL

Ihre Vorteile sind: »Erstens, der gute Wein als ständiger Begleiter der hervorragenden toskanischen Küche, zweitens, die Mischung und einzigartige Quintessenz aus Tradition und Moderne und drittens, das Meer an der Küste der Toskana ist ruhig und ideal geeignet für Sportarten wie Windsurfen oder Wasserski.«

Durch den Satzklang werden bildhafte Begriffe zu **Klangfiguren (lat. *Anapher*)**. Sie erzeugen **Assoziationen** (mentale Verbindungen, Verknüpfungen) und erhöhen die Merkfähigkeit für die wesentlichen Aussagen. Wohl eine der berühmtesten Anaphern ist: »*Veni Vedi Vici*« von *Gaius Iulius Caesar* (röm. Staatsmann 100–44 v. Chr.) – »Er kam, er sah, er siegte.«

Anapher mit Assoziationen

BEISPIEL

»Sie tauchen ein in die großartige Vergangenheit der Nilmetropole.«
»Sie erleben aber auch das pulsierende Leben der Nilmetropole.«

Für die Präsentationstechnik der **Dreierkette** werden drei Argumente in einem Satz miteinander verbunden.

Abb. Dreierkette Worms
(Wein – Kultur – Geschichte)

Dreierkette

BEISPIEL

»So finden Golf-Liebhaber, ob Einsteiger, Fortgeschrittene oder Profis, variantenreiche *Fairways* und *Greens*.«
»Hier an der *Seine* wird gepinselt, gemalt und porträtiert.«
»Machen Sie doch während des Urlaubs Ihren Bootsführerschein: Ablegen, steuern, anlegen.«

Die ***Klimax*** als rhetorisches Mittel besteht aus einer stufenartigen Steigerung von Ausdrücken.

Klimax

BEISPIEL

»Das Hotel bietet nicht nur eine Poollandschaft, sondern eine atemberaubende Poollandschaft, wenn nicht eine spektakuläre Poollandschaft für Ihre Kinder.«

Vermeiden Sie jedoch den berühmten »Tritt ins Fettnäpfchen«, indem Sie Behauptungen aufstellen, die nur »Halbwahrheiten« sind, die Sie nur »vom Hörensagen« oder aus der »Klatschpresse« kennen.

»Fettnäpfchen«

BEISPIEL

»Die Bewohner Palmas (von Palma de Mallorca) heißen Palmen.«
»Die Insel gehört zu den Balearen, weil es auf Mallorca den Ballermann gibt.«
»Die Eltern von Paris Hilton haben die Stadt nach ihrer Tochter benannt.«

Solche Äußerungen bringen keine Entspannung in ein Beratungsgespräch – im Gegenteil, der Kunde fühlt sich nicht ernst genommen und die gute Gesprächsatmosphäre wird empfindlich gestört.

MEER. LEIDENSCHAFT. LEBEN.

Auch **die Nennung eines Logos** (Markensymbol) kann bei einem Kunden einen unbewussten Automatismus auslösen, den Sie nur schwer einschätzen können, da Sie nicht wissen, ob das Logo positiv oder negativ besetzt ist. Sie erreichen bei Ihrem Kunden wenig, wenn Sie die bestehende Assoziation des Kunden zu einer Marke nicht kennen. Diese muss emotional positiv besetzt sein (*Emotional Branding* ▸ Kapitel 3.3.2), nur dann können Sie den daraus resultierenden Zustimmungsfaktor für sich nutzen.

Vermeiden Sie ebenso klischeehafte bzw. unzutreffende sprachliche Logos.

BEISPIEL

Unzutreffende sprachliche Logos

- »Die Sichel im östlichen Mittelmeer ...« – Denken Sie dabei wirklich an Korfu?
- »Paris, die Stadt der Liebe ...« – »Paris ist keine Stadt, sondern eine Welt ...« schrieb Friedrich Hebel bereits vor anderthalb Jahrhunderten.
- Und wenn die Kanaren die »Inseln des ewigen Frühlings« sind, was ist dann klimatisch gesehen Madeira?

Abb. Vorstellen einer Destination nach dem »Ankerplatzprinzip«

Das Vorstellen einer Destination

Für die meisten Urlauber ist das Hotel der Dreh- und Angelpunkt ihres Urlaubes. Entsprechend stellen Sie, ausgehend von diesem »Ankerplatz«, den der Kunde bereits durch Ihre Präsentation (Katalog, Giata) kennt, die Destination Ihres Angebots vor.

Ihre Vorgehensweise bei diesem so genannten »**Ankerplatzprinzip**« verdeutlicht ein Steinwurf ins Wasser: Es werden immer größere Kreise dadurch ausgelöst.

Für Sie bedeutet dies konkret: Nach der Vorstellung des Hotels erläutern Sie die Lage der Destination am Ort, am Strand, am Küstenabschnitt, geben Tipps für erste Unternehmungen in der Nähe, verweisen auf erste Highlights, die während des Transfers vom Flughafen ins Hotel zu sehen sind. Sie geben eventuell Hinweise zu Sehenswürdigkeiten und zu größeren Städten in der Nähe oder Sie verweisen auf Tagesausflüge.

2.4 Preisnennung

Zu einem Reiseangebot gehört auch immer die »Gretchenfrage« nach dem Preis. Nennen Sie ihn, ohne jedes Unsicherheitsgefühl. Ihre Stimme, Ihre Gestik sowie Ihre Mimik spielen in diesem Moment eine zentrale Rolle.

Das **Preisgespräch** darf für Sie nichts Unangenehmes sein, denn Sie bieten eine Leistung zu einem fairen Preis, egal wie hoch dieser ist. Alle anderen Gedanken und Überzeugungen Ihrerseits würden den Kunden nur irritieren und werden ganz sicher zu einem Preiseinwand (▸ Kapitel 2.5) führen.

Im Folgenden werden Ihnen einige Techniken zur Preisnennung vorgestellt, die Ihnen das Preisgespräch erleichtern können.

Sandwich-Methode

Eine der häufigsten Methoden der Preisnennung ist die Sandwich-Methode.

© MEV Verlag GmbH

Abb. Sandwich-Kunst

Sie wissen, ein Sandwich besteht aus zwei dünnen Brotscheiben zwischen denen sich ein beliebiger Belag befindet. Sie als **Preis-Sandwich-Macher** nennen entsprechend zwei- bis drei für den Kunden entscheidende Merkmale Ihres Angebots und daraufhin den Preis. So stellen Sie einen Bezug zum Kundennutzen her.

Die folgenden Möglichkeiten **(Preisnennungsvariationen)** können Sie im Rahmen der Sandwich-Methode oder isoliert davon nutzen; im letzteren Fall ist es allerdings notwendig, sich wieder einleitend zunächst auf den Kundennutzen zu beziehen.

Preisumlage	Preissplitting	Preiskombination
Bezieht sich das Reiseangebot auf mehrere Personen, so nennen Sie den Komplettpreis und legen ihn dann auf die Einzelperson um.	Auch in diesem Fall sind Sie verpflichtet, den Gesamtpreis der Reise zu nennen, brechen ihn dann aber auf die Wochen bzw. die Urlaubstage herunter.	Verdeutlichen Sie, dass der Gesamtpaketpreis bereits Zusatznutzen beinhaltet (z. B. Ausflüge, Skipass) und nennen Sie deren Preisanteil.

Tab. Preisnennungsvariationen

Alle aufgeführten Möglichkeiten verfehlen jedoch ihre Wirkung, wenn sie zwischen den einzelnen Phasen eine Pause oder gar eine »peinliche Stille« aufkommen lassen.

Kleiner Tipp: Bewegt sich der Reisepreis zwischen 1.000,00 Euro und 1.999,00 Euro, nennen Sie ihn in Hunderten (eintausendachthundert = achtzehnhundert Euro).

In Beratungstrainings wird der **Zeitpunkt der Preisnennung** unterschiedlich diskutiert. Hier einige Entscheidungshilfen, zu welchem Zeitpunkt über den Preis einer Reise gesprochen werden sollte:

© dell – Fotolia.com

- vor der Angebotspräsentation, d. h. bei der Bedarfsermittlung (► Kapitel 2.2),
- zusammen mit der Angebotspräsentation (► Kapitel 2.3) oder
- nach der Angebotspräsentation und nachdem alle Kundeneinwände (► Kapitel 2.5) geklärt wurden.

Generell gilt, dass frühe Preisfragen des Kunden Kaufinteresse zeigen und somit zu begrüßen sind.

> **Frühe Preisanfragen** — MERKE
> Frühe Preisanfragen des Kunden sind Signale für Kaufinteresse.
> Sie sollten direkt geklärt werden, wenn sie einen hohen Kundennutzen darstellen.
> Andernfalls sollten Sie sie solange vertagt werden, bis der Kunde eine Wertvorstellung von der angebotenen Reise hat.

2.5 Einwandbehandlung

Einwände sind subjektive, aber sachliche Bedenken gegen Ihr Reiseangebot, die aus der Sicht Ihres Kunden objektives Gewicht haben. Aus Kundensicht sind die Bedenken berechtigt und für Sie sind sie auch logisch nachvollziehbar.

Vorwände des Kunden sind hingegen logisch nicht nachvollziehbar. Sie sind Scheinargumente, um ein »Nein« zu rechtfertigen. Der wahre Grund der Ablehnung des Angebots bleibt für Sie hinter »der Vor-Wand« verborgen. Da es sich also um kein rationales Argument handelt, kämpfen Sie in diesem Fall gegen Windmühlen.

> **Einwände = Kaufsignale** — MERKE
> Einwand ist nicht gleich Vorwand. Nur Einwände sind als Kaufsignale zu verstehen.

Nehmen Sie die Einwände Ihres Kunden auf, interpretieren Sie die Argumente als Signale und beeinflussen Sie diese aktiv. Hören Sie freundlich und interessiert zu, und signalisieren Sie, unterstützt von Ihrer Körpersprache, dass Sie die Einwände ernst nehmen und für sinnvoll erachten.

Auf Einwände reagieren

In der Praxis und in der Literatur werden viele Methoden angewandt bzw. aufgezeigt Einwänden richtig zu begegnen. Die folgenden Prinzipien fassen die wesentlichen zusammen, auch wenn sie Ihnen manchmal unter einem anderen Namen begegnen sollten.

Verwenden Sie bei der Technik der **Bumerangmethode** den Einwand des Kunden als Argument für die Buchung, in dem sie ihn als Vorteil ausweisen. Greifen sie den Einwand scheinbar auf und formulieren Sie für Ihr Gegenargument eine geeignete Einleitung.

Bumerangmethode

BEISPIEL

»Gerade weil ...«
»Gerade aus diesem Grund ...«
»Gerade dann sollten Sie ...«

Einwände werden bei der Bumerangmethode (auch engl. *Reframing* genannt) gezielt in einem anderen Kontext dargestellt. Etwas Negatives wird in Folge auf diese Weise in etwas Positives umgedeutet.

Bei der **Ja, aber-Methode** und ihren Variationen stimmen Sie Ihrem Gesprächspartner bedingt zu. Entscheidend dabei ist, dass Sie die Entgegnung definitiv mit »Ja« beginnen und die Aussage Ihres Kunden inhaltlich wiedergeben. Zwischen »Ja« und »aber« muss eine ausreichend Pause liegen, die die positive Wertschätzung des Einwandes und des Kunden unterstreichen, ansonsten klingt Ihr »aber« zu sehr als Widerspruch.

Ja, aber-Methode und Variationen

BEISPIEL

»Ja, aber ...«, »Ja, ich sehe ...«,
»Ja, allerdings, ...«, »Ja, obwohl, ...«
»Ja, unbedingt, aber berücksichtigen Sie auch ...«
»Ja, nur in diesem Fall ...«
»O.K., in diesem Punkt stimme ich Ihnen zu, aber ...«
»Ja, Sie haben weitgehend Recht, jedoch ...«
»Ja, diese Ansicht kann ich in gewissem Umfang teilen, allerdings ...«
»Ich stimme Ihnen weitgehend zu, nur ...«
»Ich bin ganz Ihrer Meinung, nur ...«
»Ich bin ganz bei Ihnen, jedoch ...«

Bei der nächsten Methode werden Einwände Ihres Kunden zu Details des Reiseangebots für kurze Zeit zurückgestellt, weil sie im Kontext eine nur untergeordnete Rolle spielen. Für die Anwendung dieser **Zurückstellungsmethode** warten Sie nicht das Einverständnis des Kunden ab, sondern reden einfach weiter. Häufig lösen sich die Einwände im Verlauf des Gespräches von selbst auf oder gehen unter.

Zurückstellungsmethode

BEISPIEL

Kunde fragt: »Bis um wie viel Uhr gibt es Spätaufsteher-Frühstück?«
Sie antworten:

- »Erlauben Sie, dass ich später darauf eingehe ...«
- »Ich komme gleich darauf zurück, ...«
- »Darf ich dieses Argument gleich aufnehmen? ...«
- »Ich komme gerne anschließend darauf zurück, ...«
- »Ein wichtiges Argument von Ihrer Seite. Zunächst jedoch ...«

Die **Vorausnahme-Technik** funktioniert folgendermaßen: Sie nehmen zu erwartende Einwände als Frage vorweg und entkräften sie durch Ihre Beantwortung auf elegante Weise. Der Kunde fühlt sich ernst genommen und Sie stehen als souveräner Gesprächspartner da.

Vorausnahme-Technik

BEISPIEL

Tatsache ist, dass einige Kunden meinen, dass die Transferzeit Flughafen–Hotel recht lang ist. Nehmen Sie dies auf:

- »Ich sehe an Ihrer Reaktion, dass ...«
- »Ich werde häufig gefragt, ob ...«

Der Begriff der Division bei der **Division-Technik** ist abgeleitet von dem lateinischen Wort *divisio* und bedeutet (Ab-/Zer-)Teilung. Mit dieser Technik zerteilen Sie einen Einwand so, dass die genannten Nachteile minimiert werden. Danach entkräften sie diese gezielt Schritt für Schritt, in dem Sie den Kundennutzen durch eine relative Umwandlung maximieren.

Division-Technik

BEISPIEL

»Dieses Hotel ist zwar um 210,00 Euro teurer, das macht bei 14 Tagen Urlaub 15,00 Euro pro Tag, also lediglich 7,50 Euro pro Person. Dafür haben Sie den Vorteil ...«
»Der Komplettpreis für Sie, Ihren Mann und die zwei Kinder beträgt vierzehnhundert Euro für Ihren 14-tägigen All inclusive-Badeurlaub an der Türkischen Riviera. Das sind pro Person 25,00 Euro am Tag. Versuchen Sie mal, zu Hause für diesen Preis zu frühstücken, Mittag zu essen, Kaffee zu trinken und ein Abendessen in einem Fünf-Sterne-Hotel zu bekommen.«

Sie sind nun ganz nahe an der Buchung, doch da ist noch eine Barriere, die Sie bei Ihrem Kunden herausgehört haben. Sie gilt es zu überwinden, in dem Sie den wunden Punkt ansprechen, also den **Einwand isolieren**, und die Lösung aufzeigen.

Einwand isolieren

BEISPIEL

»Vermute ich richtig, dass Sie noch einmal mit Ihrer Frau sprechen möchten?«
»Wollen wir nochmals über die Flugzeiten sprechen?«
Stimmt der Kunde zu, setzen Sie Ihre Einwandbehandlung fort.

Zeigen Sie Ihrem Kunden, dass er mit seinen Vorbehalten nicht alleine ist, dass auch Dritte diese Erfahrung schon gemacht haben. Hierfür eignet sich das Erzählen von **Anekdoten**. Viele Menschen orientieren sich bei Ihrer Entscheidungsfindung an anderen Menschen, nach dem Motto »Also, wenn der das kann, dann kann ich das auch!«. Damit schwächen Sie den Einwand ab und können wieder zu Ihren Methoden übergehen.

Anekdoten

BEISPIEL

»Genau das gleiche ist einem Kunden im letzten Sommerurlaub auch passiert, ...«
»Die Arbeitskollegin meiner Frau hat ihr eine ähnliche Situation erzählt ...«

© de la Motte

Für das Anwenden der **Plus-Minus-Methode** schließlich, falten Sie ein Blatt Papier vertikal (der Länge nach). Auf die rechte Hälfte des Blattes schreiben Sie die Vorteile des Reiseangebots, auf die linke Blattseite die Bedenken des Kunden. Auf diese Art visualisieren Sie und bieten Ihrem Kunden eine Entscheidungshilfe an. Füllen Sie die Spalten federführend und inhaltlich so aus, dass der Kunde deutlich seinen Nutzen erkennen kann. Mit dieser Methode haben Sie eine glaubwürdige und auf einen Blick erkennbare Auflösung für bestehende Einwände an der Hand und eine überzeugende Lösung für Ihren Kunden gefunden.

Auf Preiseinwände reagieren

Jeder Preiseinwand ist ebenso ein Kaufsignal wie alle anderen Einwände. Der Kunde will nur sicher sein, das er für seine Reise einen **angemessenen Preis** zahlt.

Nehmen Sie einen Preiseinwand gelassen und als willkommenen hin. Federn sie ihn zunächst durch eine verständnisvolle Antwort ab und relativieren Sie den Einwand entsprechend.

BEISPIEL

Preiseinwände relativieren

Kunde: »Die Reise ist bei einem anderen Reiseveranstalter billiger!«

1. Emotionaler Puffer

»Gut, dass Sie das so offen ansprechen ...«
»Ich sehe, Sie haben sich schon vorab informiert ...«

2. Relativierung der Kundenaussage

»Sicherlich gibt es Preisunterschiede; sie sind allerdings häufig in der Qualität des Hotels begründet. Das Leistungsangebot unseres Reiseveranstalters setzt ausschließlich auf hochwertige Häuser. Ich habe Sie so verstanden, dass Qualität für Sie eine wichtige Rolle spielt.«

Kundeneinwand: »Das ist mir zu teuer!«

1. Emotionaler Puffer

»Ich verstehe Sie, Herr Reisegern, dass Ihnen im ersten Moment der Betrag hoch erscheint.«

2. Relativierung der Kundenaussage

»Bitte schauen Sie sich diese exklusive Hotelanlage mit den Gourmetrestaurants an, ganz zu schweigen von den Rasenplätzen, auf denen Sie täglich Ihren Matchball verwandeln könnten. Ist das nicht ein Traum?«

Einem Preiseinwand sollten Sie mit emotionaler und sachlicher Überzeugungskraft begegnen. Zeigen Sie den **Mehrwert und den Zusatznutzen** (z. B. Zeitersparnis, Gesundheit, Wohlbefinden) für den Kunden und ggf. z. B. für deren Kinder auf.

Generell hat jede Reise ihren angemessenen Preis. Somit sollte ein Preiseinwand vom Kunden begründet werden. Entsprechende Fragen helfen, die **Wertigkeit der Reise** bewusst zu machen.

BEISPIEL

Bewusstmachen der Wertigkeit einer Reise

Fragen auf »Das ist mir zu teuer!«

- »Zu teuer – im Vergleich zu was ist das Angebot zu teuer?«
- »Wie viel zu teuer ist Ihnen das Angebot?«
- »Was verstehen Sie unter zu teuer?«
- »Im Verhältnis zu was ist es zu teuer?«
- »Was heißt zu teuer für Sie (genau)?«
- »Gegenüber welchem Angebot ist es zu teuer?«
- »Womit vergleichen Sie den Preis?«
- »Auf was möchten Sie verzichten?«

© de la Motte

2.6 Abschlussphase

Sie leiten die Abschlussphase ein, nachdem Sie Ihr Angebot präsentiert haben und verstärkt **Kaufsignale** des Kunden erkennen.

Wie in allen anderen Phasen des Verkaufsgesprächs bleiben Sie auch in dieser Phase authentisch. Das heißt, verändern Sie Ihr Verhalten gegenüber dem Kunden nicht und verfallen Sie nicht in Hektik, nur weil es jetzt um den Abschluss geht.

© de la Motte

Abb. Beim Kundengespräch

Die nachfolgenden Vorschläge können Sie sofort umsetzen oder nach Ihrem Geschmack mit steigender Erfahrung abwandeln.

Kaufsignale

Sendet der Kunde **verbale** und/oder **nonverbale Kaufsignale**, dann ist er/sie über die »Kaufschwelle« getreten und es ist nun der optimale Zeitpunkt, um zu buchen.

Ihr Kunde fragt z. B. nach dem Erhalt der Landeswährung oder nach spezifischer Kleidung vor Ort – ein Kunde stellt die Frage nach dem vor Ort i. d. R. erst, wenn er/sie sich eigentlich schon für das Urlaubsangebot entschieden hat.

Frage nach dem vor Ort / nach Reisedetails BEISPIEL

»Kann ich mich auch ganz sicher darauf verlassen, dass der Mietwagen zum Flughafen gebracht wird?«
»Wie lange benötige ich von meinem Hotel mit dem Mietwagen nach ...«
»Ist auch die AB Variante möglich?«
»Geht es auch ...?«
»Kann man ...?«, »Darf man ...?«
»Besteht die Möglichkeit ...?«
»Wo werden ...?«

Die Frage nach detaillierten Reisedetails ist ein klares Kaufsignal! Die Tabelle der folgenden Seite listet weitere Kaufsignale auf.

Einholen einer weiteren Meinung	Ihr Gesprächspartner will buchen, er benötigt nur noch eine weitere Meinung, die seine Entscheidung absichert. Beispiel: Ihr Kunde schaut seine Begleitung an und fragt: »Das sieht doch gut aus, – oder was meinst du dazu?«
Die Frage nach dem letzten Beweis	Fragen nach Referenzen sind meistens Kaufsignale: Der Kunde ist zum Abschluss bereit, eigentlich schon überzeugt, aber er benötigt noch einen letzten »Beweis« (Referenz), dass er mit seiner Reise »gut fährt«, bevor er seine Buchungsentscheidung trifft. Beispiele: »Wie oft wurde dieser Club schon gebucht?« »Waren Ihre Kunden bisher zufrieden mit dem Hotel?« »Und die fünf Sterne des Hotels in Ägypten sind vergleichbar mit einem Fünf-Sterne-Haus bei uns?«
Identifizierung mit der Reise	Am Ende des Verkaufsgesprächs identifizieren sich Kunden häufig mit ihrer Reise, noch bevor sie diese gebucht haben. Beispiele: »Das ist genau mein Ding!« »Ich finde das Hotel klasse!« »Da werden sich unsere Kinder pudelwohl fühlen!« »Am liebsten würde ich schon morgen fliegen ...!« Auch Telefonlaute, wie »mmmh« sind hinreichende Signale.
Nonverbale Kaufsignale	Oft erkennen Sie auch an der Körperhaltung, an Mimik und Gestik, dass der Kunde kaufbereit ist. Beispiele: zustimmendes Nicken, hört Ihnen interessiert zu, will den Katalog nicht mehr aus der Hand legen, Ihre Angebotspräsentation erzeugt beim Kunden ein zustimmendes Lächeln, gelöster Gesichtsausdruck, leichtes zustimmendes Kopfnicken, seine Augen glänzen, die Pupillen werden größer

Tab. Weitere Kaufsignale

Es bedarf etwas Trainings, um die Kaufsignale des Kunden in jeder Phase des Beratungsgesprächs eindeutig erkennen bzw. entschlüsseln zu können. Sie sind jedoch erforderlich und die **Voraussetzung für einen erfolgreichen Abschluss**.

Der direkte Buchungswunsch

© de la Motte

Der Wunsch nach dem Verkaufsabschluss und der Buchung kann direkt oder indirekt vom Kunden geäußert werden.

Häufiger äußert der Kunde jedoch den **direkten Kaufwunsch**, wie z. B.: »O.K., das nehme ich.«, »Ja, das passt genau.« oder »Gut, das machen wir so!«

Das heißt für Sie dann: **Direkt zum Abschluss!** Mit Formulierungen, wie »Ja, das ist genau der richtige Urlaub für Sie!«, »Dann buchen wir Ihren Urlaub doch gleich ein!« oder »Dann machen wir Ihren Urlaub jetzt fest!« bestätigen Sie Ihrem Kunden, dass er die richtige Entscheidung getroffen hat. Dabei halten Sie freundlich den Blickkontakt, nicken dem Kunden auffordernd zu und lächeln.

Bestätigende Abschlussformulierungen

BEISPIEL

»Ja, machen wir es gleich fest, dann können Sie heute Abend schon auf Ihren Urlaub anstoßen!«
»Prima, dann ist ja alles klar!«
»Buchen wir es ein, damit Ihr Wunsch, Ägypten einmal hautnah zu erleben, auch wirklich in Erfüllung geht!«
»Dann machen wir Ihren Urlaub doch gleich perfekt und buchen ihn ein!«
»Es sind nur noch x Plätze frei, wir brauchen also nur noch zu buchen ...!«

Die Buchungsentscheidung des Kunden kann auch mit der Formulierung einer entsprechenden **Abschlussfrage** motiviert werden.

Die **direkte Abschlussfrage**	Diese Abschlussfrage ist eine geschlossene Frage. Sie sollten sie nur stellen, wenn Sie klare Kaufsignale erhalten – und dann unverzüglich. »Darf ich das dann so für Sie buchen?« »Entspricht dieses Angebot Ihren Vorstellungen?« »Sollen wir es dann so einbuchen, wie wir es besprochen haben?« »Darf ich die Reise so für Sie buchen?«
Die **alternative Abschlussfrage**	Diese Frage geht davon aus, dass die Kaufentscheidung schon getroffen ist. Offen ist nur noch, welche Variante des Angebots gewählt werden soll. »Soll ich als Flughafen Stuttgart oder Frankfurt buchen?« »Möchten Sie Halbpension oder All inclusive?«
Die **indirekte Abschlussfrage**	Sie signalisieren Ihrem Kunden die klare Botschaft, dass die Zeit der Entscheidung gekommen ist, ohne ihn jedoch zu sehr unter Druck zu setzen. »Wie gefällt Ihnen das Angebot nun?« »Welche Fragen sind von Ihrer Seite jetzt noch offen?« »Herr XY, fassen wir noch einmal zusammen, ... sind nun noch Fragen offen geblieben?«

Tab. Abschlussfragen

Weitere Abschlussmöglichkeiten

Sollte der direkte Buchungswunsch des Kunden ausbleiben, können neben der Abschlussfrage auch die folgenden Möglichkeiten zur Anwendung kommen:

Bei der Methode der **Empfehlung** fassen Sie die wesentlichen Kundenwünsche kurz noch einmal zusammen und sprechen eine Empfehlung aus.

BEISPIEL

Empfehlung

»Also, ich empfehle Ihnen ...«
»Ich rate Ihnen zu ...«
»An Ihrer Stelle würde ich ...«

© de la Motte

Mit der Anwendung der **Ja-Straße** halten Sie Ihren Kunden auf Buchungskurs. Stellen Sie einige Fragen, von denen Sie absolut sicher sind, dass Ihr Kunde diese mit »Ja« beantworten wird und platzieren Sie die letzte und wichtigste Frage an das Ende des Dialogs: die Buchungsfrage.

BEISPIEL

Ja-Straße

»Sie wollten doch das Hotel direkt am Strand?« – »Ja.«
»Das Zimmer sollte mit Meerblick sein?« – »Ja.«
»Ihnen waren sportliche Aktivitäten wichtig?« – »Ja.«
»Soll ich dann dieses Angebot für Sie buchen?« – »Ja.«

Bestärken Sie Ihren Kunden darin, die richtige Entscheidung getroffen zu haben und formulieren Sie eine passende **Abschlussbestätigung**.

BEISPIEL

Abschlussbestätigung

»Damit haben Sie eine erstklassige Wahl getroffen!«
»Das ist doch der Urlaub, wie Sie es sich gewünscht haben!«
»Sie haben mit dieser Reise eine sehr gute Entscheidung getroffen.«

Buchungsentscheidung vertagen?

Nicht jeder Kunde bucht bei seinem ersten Besuch bei Ihnen. Sie kennen die Aussagen: »Ich will mir die Sache noch mal in Ruhe überlegen …« oder »Ich möchte noch einmal mit meiner Frau darüber reden.«?

Zeigen Sie in dieser Situation Professionalität. Bauen Sie keinen künstlichen Druck nach der Verknappungsmethode auf: »Es sind nicht mehr viele Plätze in der Maschine frei. Damit Sie Ihren Urlaub sicher in der Tasche haben, sollten Sie wirklich jetzt buchen.« – Der Kunde könnte, nachdem er das Reisebüro verlassen hat, im Internet selbst recherchieren und Sie stehen ggf. als Lügner da.

Bieten Sie lieber eine entsprechende Option an und vereinbaren Sie mit dem unschlüssigen Kunden einen neuen Gesprächstermin: »Machen wir einen Termin für morgen gleich fest. – Wann passt es Ihnen?«

Letzte Einwände und Mehrwert

Mehr als 50 Prozent Ihrer Kunden informieren sich bereits im Internet, ehe sie zu Ihnen ins Reisebüro kommen. Das Interportal wird als so genannter *Gatekeeper* (engl., »Türöffner«) für die Recherche und Evaluation von Reiseinformationen und -angeboten genutzt.

Ihre Kunden haben vielleicht bereits mit Hilfe von *Google Earth* Ausflugsmöglichkeiten ihrer Wunschdestination sondiert sowie empfohlene Unterkünfte und Restaurants z. B. auf *www.tripadvisor.de* gescheckt.

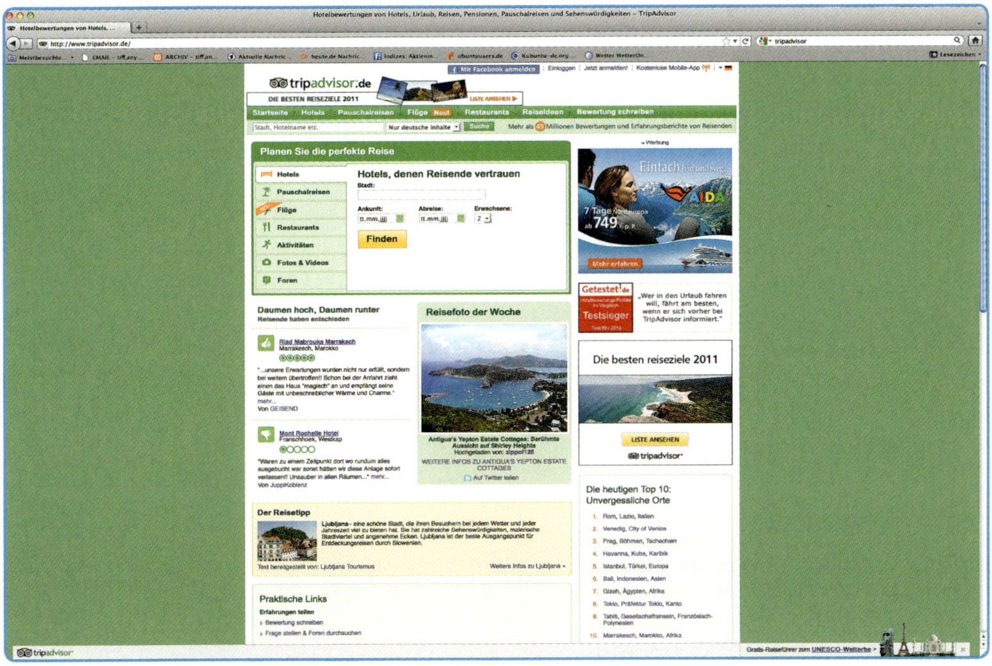

Abb. *Screenshot* Internetportal

Gerade während des Abschlussgesprächs werden Einwände mit vorhandenen **Informationen aus dem Internet** begründet. Deshalb sollten Sie wissen, weshalb sich Ihre Kunden zwar *online* informieren, aber dann überwiegend zu Ihnen ins Reisebüro kommen, um zu buchen.

Dieser so genannte **Ropo-Effekt** (engl. *research online – purchase offline*) zeigt, dass der Kunde ein hohes Vertrauen in Sie als Reisemittler und Fachberater/in setzt. – Das nicht ganz uneigennützig, denn letztlich bieten Sie ihm Sicherheit.

BEISPIEL

Sicherheitspräferenzen

- Sie sind persönlicher Ansprechpartner auch nach der Reise.
- Sie sind der Urlaubsfachmann.
- Sie kennen die Destinationen.
- Sie kennen die Insiderszene.

Die **Präferenzbildung »Sicherheit«** des Kunden nimmt, einer Studie zufolge, stetig zu. Sie betrifft sowohl Sie als vom Kunden ausgewählten Reisevermittler, als auch die Wahl des Reiseveranstalters.

Zeigen Sie Ihrem Kunden daher nochmals den **individuellen Mehrwert Ihres Angebots**, in dem Sie die Seriosität und das Qualitätslevel des Reiseveranstalters betonen.

Stärken Sie außerdem des Kunden Sicherheitsbestreben, in dem Sie auf sich und auf die Möglichkeit des persönlichen Kontakts und Gesprächs jederzeit vor und nach der Reise verweisen. »Ich bin immer für Sie da!«

Viele Kunden empfinden die Reisebüros aufgrund der Ähnlichkeit der angebotenen Dienstleistung und der Gleichförmig ihrer Ausstattung als austauschbar (▸ Kapitel 3.3.1).

Die **Sachkompetenz und die kommunikative Qualifikation** von Ihnen sind die entscheidenden Unterscheidungsmerkmale zum Mitbewerber.

MERKE

Beratungserfolg und Kommunikationskompetenz

Ihr Beratungserfolg hängt von Ihrer Fähigkeit ab, wie gut Sie durch Ihre Kommunikation andere Menschen überzeugen und beeinflussen können.

Nur, wenn es Ihnen gelingt, Ihren Kunden zu begeistern, wird er von seiner Reiseentscheidung überzeugt sein, sich auf die Reise freuen und wiederkommen, um sich von Ihnen beraten zu lassen und bestenfalls bei Ihnen zu buchen (Kundenbindung ▸ Kapitel 3.3).

Abb. kreative Innovation

Sie verstehen zu begeistern

Überraschung – Sie begrüßen Ihre Kunden wie Gäste in einer *Lounge*-Atmosphäre.
Ihre **Beratung** beruht auf Kooperation zwischen Kunde und Ihnen.
Sie berücksichtigen während Ihrer gesamten Beratung den Blickwinkel des Kunden und dessen Lebenskontext.
Sie verabschieden Ihren Kunden an der Ausgangstür.
Gefühlte Wertschätzung – Ihre Beratung beruht auf emotionaler Bindung, Vertrauen und hohem Erlebniswert.
Sie inszenieren **Mehr-Werte** für Ihre Kunden (*Unique Selling Proposition*[1])
Sie sprechen Ihre Kunden gezielt und differenziert auf höherwertige Produkte (*Up-Selling*[2]) an und vermeiden »kosmetische Individualisierung« (Massenabfertigung).
Andersartigkeit
Sie heben sich von den Mitbewerbern positiv ab.
Sie zeichnen strategische Kreativität und kundenorientierte Innovationen aus.
Sie gehen intelligente Kooperationen (*Cross-Selling*[3]) ein. …

---

[1]) Der so genannte *Unique Selling Proposition* (USP) ist ein Wettbewerbsvorteil, den die eigenen Reiseleistungen gegenüber den Reiseleistungen der Mitbewerber als Differenzierungsmerkmal aufweisen (z. B. höherwertige Hotels in einer bestimmten Destination).

[2]) Der Begriff *Up-Selling* bezeichnet im Tourismus das Bestreben des Anbieters, dem Kunden statt einer günstigen Variante, im nächsten Schritt eine höherwertige Dienstleistung anzubieten (z. B. auf einem Kreuzfahrtschiff statt einer Innenkabine eine Juniorsuite).

[3]) *Cross-Selling*: Im Tourismus bezeichnet diese Marketingstrategie, neben der Kernleistung auch ergänzende Leistungen, wie z. B. einen Mietwagen zu vermitteln.

2.7 Zusatzberatung und Verabschiedung

Sie haben einem Kunden seinen Urlaubstraum erfüllt. Beglückwünschen Sie ihn/sie zu der Buchungsentscheidung. Fangen Sie nun den positiven Zustand Ihres Kunden ein und verstärken Sie ihn.

Dies setzt voraus, dass Sie sich intensiv mit den möglichen Wünschen und Bedürfnissen des Kunden auseinandergesetzt haben.

MERKE

Optimale Wunscherfüllung
Denken Sie an einen möglichen Zusatzverkauf.
Die Zusatzberatung trägt zur optimalen Wunscherfüllung bei.

Sie sollten dem Kunden ein **zusätzliches Angebot** machen, von dem Sie aufgrund der Bedarfsermittlung wissen, dass es seinen Wünschen entspricht. Nutzen Sie die »Kauflaune« und das Buchungserlebnis des Kunden, um seine Reise komplett zu machen und um sich selbst und dem Kunden unnötigen Ärger zu ersparen.

Reiserücktrittsversicherung

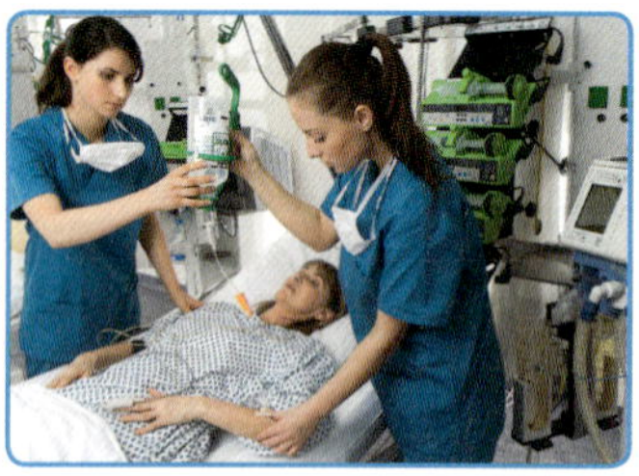

Im Wesentlichen werden im Reisebüro Versicherungen, Mietwagen und Eintrittskarten als Zusatzleistungen gebucht. Bei fast allen Reisebüros liegt der **Versicherungsverkauf dabei an erster Stelle**. Eine Erklärung dafür ist sicherlich die gesetzliche Verpflichtung des Reisebüros zum Hinweis auf den Abschluss einer Reiserücktrittskostenversicherung.

Die **Reiserücktrittsversicherung** ersetzt i. d. R. die Reisekosten und die Stornogebühr, wenn der Reisende aus bestimmten Gründen, z. B. bei Krankheit, Impfunverträglichkeit oder Schwangerschaft, daran gehindert wird, die Reise anzutreten. Entscheidend für den **Eintritt der Versicherung** ist der Zeitpunkt des Reiserücktritts: die Reise darf noch nicht angetreten worden sein. Sie gilt als angetreten, wenn eine Leistung aus dem Reisevertrag bereits in Anspruch genommen wurde (z. B. »Zug zum Flug«).

URTEIL

Reiserücktrittskostenversicherung (Leitsatz)
Der Reiseveranstalter oder in besonderen Fällen das vermittelnde Reisebüro sind nur zum Hinweis auf eine Reiserücktrittskosten- und eine Rücktransportkostenversicherung, nicht aber auf eine Reiseabbruchversicherung verpflichtet.
(BGH, Urteil vom 25.07.2006, Az.: X ZR 182/05)

In der Praxis gibt es zahlreiche Variationen, um die **Hauptleistungen der Reise** (► LF 4.1, Kapitel A.1) abzudecken. Eine Reiserücktrittsversicherung macht immer Sinn, da man die Zukunft nicht vorhersehen kann. Sie ist die »sichere Bank« für den Kunden, die die Stornierungskosten bis hin zum kompletten Reisepreis zahlt.

BEISPIEL

Reiserücktrittsversicherung anbieten

»Welche Versicherungsleistungen für Ihren persönlichen Schutz und den Schutz Ihre Familie möchten Sie zu Ihrer Reise abschließen?«

»Die Reise-Rücktrittskosten-Versicherung gibt Ihnen schon Sicherheit, bevor Ihr Urlaub losgeht.«

Mietwagenangebot

Der **Mietwagen** ist das **zweitwichtigste Zusatzprodukt** im Reisebüro. Mietwagen werden in allen Größen und Variationen angeboten. Die Reisenden haben die Auswahl zwischen Kleinwagen über Kompaktwagen, Minivan, Kombi, Cabrio bis hin zum Mittelklassewagen, Luxus-Coupe, Geländewagen oder Wohnmobil.

Eine Buchung vor der Reise beim Reisemittler in Deutschland erspart Stress vor Ort und der Kunde unterliegt zu seiner eigenen Sicherheit deutschem Vertragsrecht.

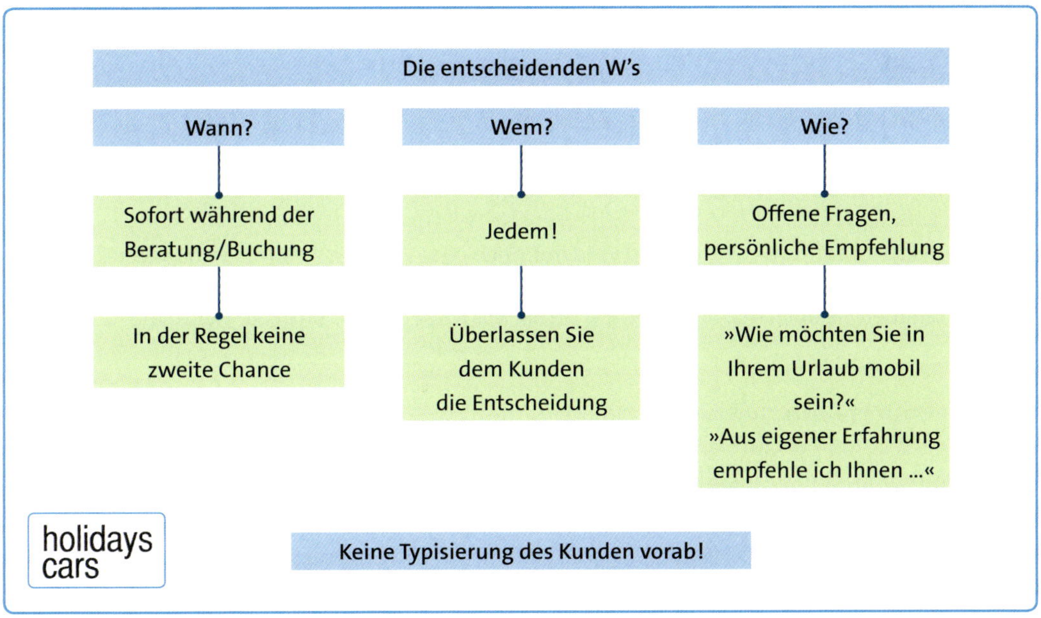

Abb. Mietwagenangebot

Argumente für einen Mietwagen BEISPIEL

»Und mit dem Mietwagen können Sie auf eigene Faust ... selbst entdecken.«
»Ein Mietwagen garantiert Ihnen Unabhängigkeit an jedem Urlaubstag.«
»Da haben Sie ausreichend Platz, um das Surfbrett Ihrer Tochter und die Tauchausrüstung Ihres Sohnes mit zum Strand zu nehmen.«

Geben Sie Ihrem Kunden auch nach der Buchung einer Zusatzleistung ein **positives *Feedback***. Bestätigen Sie ihn mit dem Hinweis auf besondere Reisevorteile: »Mit der Buchung dieser Reise haben Sie sich ein Stück Paradies komplettiert ...« oder »Mit dieser Reise kommen Sie und alle Familienmitglieder nun voll auf Ihre Kosten!«.

Verabschiedung

Genau wie der berühmte erste Eindruck (▸ Kapitel 1.3), wirkt auch der **letzte Eindruck** beim Gesprächspartner nach. Die **Verabschiedung** – unabhängig, ob die Reise gebucht wurde oder nicht – ist ein »Danke schön« an Ihren Kunden.

Höflichkeit ist hier oberstes Gebot. Sie begleiten Ihren Kunden zur Tür und reichen ihm die Hand zur Verabschiedung. Seien Sie angenehm anders als alle anderen!

Abb. Verabschiedung

Verabschiedung BEISPIEL

»Herr XY, mit dieser Reise werden Sie und Ihre Familie die Ferien so richtig genießen können.«
»Herr XY, bis zu Ihrem Traumurlaub sind es ja nur noch paar Wochen – sollten sich Fragen bis dahin ergeben, ich bin jederzeit für Sie da.«
»Herr XY, schauen Sie doch mal auf einen Kaffee bei mir vorbei, wenn Sie in der Nähe sind.«

Signalisieren Sie Ihrem Kunden, dass Sie nicht nur das »schnelle Geld« wollen, sondern, dass Sie **Garant für eine nachhaltige Zufriedenheit** sind, wann immer er oder sie an Urlaub denkt.

Bereiten Sie nach der Verabschiedung des Kunden jede Buchung gewissenhaft nach (▸ **Nachbereitung** Aufgabe 47). Dies hilft, Kunden an sich und den Service des Reisebüros zu binden (▸ Kapitel 3.3).

AUFGABEN

1. Bilden Sie die entsprechenden drei Überleitungen zur Bedarfsermittlung für die folgenden Kunden:
   a) langjähriger Kunde und begeisterter Golfspieler,
   b) älteres Ehepaar, haben drei Enkelkinder,
   c) jüngerer Herr, hervorragender und leidenschaftlicher Motorradfahrer.
2. Welche Fragearten werden im folgenden Text gestellt? Bitte benennen Sie diese.

R: Guten Tag! Mein Name ist Puchner.
K: Guten Tag, Schmitt.
R: Bitte setzen Sie sich. Möchten Sie etwas trinken?
K: Nein, danke.
R: Wie darf ich Ihnen denn helfen?
K: Ich möchte mit meiner Frau im Mai nach Mexiko reisen.
R: Wie stellen Sie sich Ihren Urlaub denn vor, haben Sie bestimmte Vorstellungen, was Sie unbedingt erleben möchten?
K: Wir möchten ca. sieben Tage an der *Riviera Maya* baden, aber vorher auch ein bisschen Kulturprogramm machen.
R: Was verstehen Sie genau unter »Kulturprogramm« und wie lange soll dieses dauern?
K: Vielleicht vier bis fünf Tage. Uns interessieren hauptsächlich die Mayastätten in *Chichén Itza* und *Tulum*, das sollte unbedingt mit im Programm sein. Wenn es geht, möchten wir in einer Gruppe unterwegs sein und während unseres Urlaubes nicht noch einmal fliegen müssen.
R: Wenn ich Sie richtig verstehe, sind Sie aber durchaus bereit, während Ihres »Kulturprogramms« umherzureisen und an verschiedenen Orten zu übernachten?
K: Ja, das ist richtig, nur während des Badeaufenthaltes möchten wir an einem Ort bleiben und uns auch um die Verpflegung keine Sorgen machen müssen.
R: Da sind Sie doch sicher mit mir einer Meinung, dass der Aufenthalt mit All inclusive-Verpflegung in einer schönen Hotelanlage in *Playa del Carmen* genau das richtige zum Entspannen und Ausruhen ist?
K: Ja, das wäre das Ideale für uns. Während des ersten Teils der Reise möchten wir nur Frühstück, dann können wir auch auf eigene Faust etwas von der Kultur des Landes kennen lernen. Können Sie mir schon ein Angebot unterbreiten?
R: Ich habe hier die ideale Reise für Sie: Sie fliegen nach *Cancun* (von wo aus es am Ende der Reise auch wieder nach Hause geht) und starten von dort aus eine fünftägige Rundreise in einer deutschsprachigen Kleingruppe über die *Yucatan*-Halbinsel. Während der Rundreise übernachten Sie in sehr guten Mittelklassehotels mit Frühstück, so dass Sie die

weitere Verpflegung ganz nach Ihrem Geschmack gestalten können. Während Ihrer Rundreise besuchen Sie *Chichén Itza, Merida, Uxmal* und *Tulum*, bevor Sie in Ihrem Fünf-Sterne-Ressort in *Playa del Carmen* sieben Tage lang das glasklare Wasser und die mexikanische Sonne genießen. Was denken Sie, wird Ihrer Frau diese Reise auch so gut gefallen?

K: Ja, das ist genau das richtige für uns. Wie sieht es denn mit einer Reiseversicherung aus?

R: Da kann ich Ihnen verschiedene Pakete anbieten. Welcher Versicherungsschutz ist Ihnen denn wichtig?

K: Hauptsächlich möchte ich einen Storno- und Umbuchungsschutz, evtl. auch eine Reisekrankenversicherung.

R: Da ist der Rundum-Sorglos-Schutz das ideale Paket für Sie. Es beinhaltet neben der Reiserücktritt-, Reiseabbruch- und Reisekrankenversicherung auch eine Reisegepäckversicherung, so dass Sie während der gesamten Reise rundum geschützt sind.

K: Dann brauchen wir uns ja um nichts mehr zu kümmern, so machen wir es.

R: Sie haben dann also den Flug Frankfurt – *Cancun* – Frankfurt, die fünftägige Yucatan-Rundreise in der Kleingruppe mit deutscher Reiseleitung und den anschließenden siebentägigen Badeaufenthalt in *Playa del Carmen* inklusive aller Transfers, sowie das Rundum-Sorglos-Paket der ERV für ... Euro pro Person. Darf ich das so für Sie buchen?

K: Ja, vielen Dank, wir freuen uns schon auf unseren Urlaub.

R: Ich freue mich, dass wir das Richtige für Sie gefunden haben!

© de la Motte

3. Vermeiden Sie »Warum«- und »Weshalb«-Fragen im Verkaufsgespräch. Begründen Sie diese Regel.

4. Warum sollte bei einer Alternativfrage immer die letztgenannte Möglichkeit die von Ihnen bevorzugte sein?

5. Belegen Sie anhand von zwei Beispielen, dass rhetorische Fragen und Kontrollfragen taktische Fragen sind.

6. Warum steht immer die Frage nach den Bedürfnissen und Interessen und nicht die produktbezogene Frage im Vordergrund?

7. »Wer fragt der führt, wird argumentiert verliert.«
Begründen Sie diese Aussage für ein Beratungsgespräch.

8. In welchen Phasen des Verkaufsgespräches setzen Sie folgende Fragearten ein? Begründen Sie Ihre Entscheidungen.

- Offene Frage
- Ergänzungsfrage
- Informationsfrage
- Vorschlagsfrage
- Rückkopplungsfrage
- Rückfrage
- Entscheidungsfrage
- Kontaktfrage
- Alternativfrage
- Bumerangfrage
- Suggestivfrage
- Paraphrasierung

© de la Motte

9. Ordnen Sie die Fragen (Zuordnungsbeispiele) den Oberbegriffen zu.
Oberbegriffe: Paraphrasierung, Initialfrage, Nutzwertfrage, Zirkuläre Frage, Stimulierungsfrage, Skala-Frage, Suggestivfrage.
Zuordnungsbeispiele:
- »Haben Sie noch nicht gehört, dass selbst berühmte Hollywood-Stars gerne ihren Urlaub in … verbringen?«
- »Können Sie sich vorstellen, dass dieses Hotel von 40 Prozent seiner Gäste mehrmals besucht wird?«
- »Sie möchten also im Juli und August nach Norwegen fahren, um dem heißen Sommer in Deutschland zu entgehen, richtig?«
- »Habe ich Sie richtig verstanden, dass ein All inclusive-Cluburlaub das Richtige für Sie ist, da Sie keine weiteren Nebenkosten haben möchten?«
- »Wie würde Ihren Kindern der Aufenthalt am Meer gefallen?«
- »Was schätzen Sie sagt Ihre Frau zu dem gewählten Ziel?«
- »Wie stellen Sie sich Ihren Urlaub vor?
- »Was möchten Sie in Ihrem Urlaub unbedingt erleben?«
- »Wie möchten Sie in Ihrem Urlaub verpflegt werden?«
- »Treten Sie diesen Urlaub aus einem besonderen Anlass an?«
- (Kunde möchte Sandstrand:) »Wie hat Ihnen der Strand in Ihrem letzten Urlaub gefallen?«
- »Wie zufrieden waren Sie mit dem Service in diesem Hotel?«
- »Wie viele Sterne würden Sie persönlich dem Hotel XY zuordnen?«
- »Sie trinken doch sicherlich gerne eine Tasse Kaffee während Sie warten?«
- »Sie sind doch auch der Meinung, dass sich All inclusive in Ägypten mehr lohnen würde?«

10. Formulieren Sie aus den folgenden geschlossenen Fragen offene Fragen:
- »Möchten Sie etwas trinken?«
- »Reisen Sie zu zweit?«
- »Entspricht dieses Angebot Ihren Vorstellungen?«
- »Meinen Sie damit, dass die Flugzeiten ungünstig sind?«
- »Möchten Sie eine Reiserücktrittsversicherung dazu buchen?«

11. Formulieren Sie aus einer direkten Frage eine indirekte Frage:
    - »Möchten Sie etwas trinken?«
    - »Möchten Sie All inclusive buchen?«

12. Geben Sie vier verschiedene Beispiele für aktives Zuhören (in der Bedarfsermittlung) an.

13. Erklären Sie (mit Hilfe der Texte ▸ in Kapitel 2.2) die folgenden Reisemotive:
    Reisen als Erholung, Reisen als Flucht, Reisen als Prestigekonsum, Reisen als Trieb, Reisen als Pilgertum, Reisen zu imaginären und inszenierten Welten, Reisen als Differenzerfahrung.

14. Geben Sie jeweils zwei Beispiele für …
    a) … intrinsische und extrinsische Urlaubsmotive.
    b) … manifeste und latente Urlaubsmotive.
    c) … bewusste und unbewusste Urlaubsmotive.

15. Welche Motive stehen entsprechend der Maslow'schen Bedürfnispyramide hinter folgenden Aussagen?
    Low-Cost-Carrier-Angebot nutzen, ausspannen und erholen, Tapetenwechsel, frische Kraft gewinnen, Regeneration der Arbeitskraft, Swinging-life-Szene der Megastädte erleben, Sporttourismus, Bildungstourismus, Campingtourismus, Kongressreisen.

16. Dialog während der Bedarfsermittlung:
    a) Welche Frageformen liegen vor?
    b) Ordnen Sie die Fragen so weit möglich nach einer sinnvollen Reihenfolge an.
    - »Was meinen Sie damit genau?«
    - »Wohin soll Ihr Urlaub gehen?«
    - »Wo haben Sie den letzten Traumurlaub verbracht?«
    - »Was ist besonders wichtig für Sie im Urlaub?«
    - »Worauf kommt es Ihnen noch an?«
    - »Wir haben noch nicht über kulturelle Interessen gesprochen.«
    - »Wie möchten Sie wohnen?«
    - »Woran haben Sie gedacht?«
    - »Welche Reisezeit kommt für Sie in Frage?«
    - »Was heißt für Sie gutes Hotel?«

17. Bilden Sie jeweils zwei Beispiele (Körpersignale und verbale Formulierungen) dafür, dass Sie Ihrem Kunden aktiv zuhören.

18. Beurteilen Sie die zwei Auszüge aus einem Beratungsgespräch in ▸ Kapitel 2.2 auf …
    a) … ihre praktische Durchführbarkeit,
    b) … darauf, welche Reisemotive entsprechend der Maslow'schen Bedürfnispyramide beim Kunden vorliegen.

19. Ergänzen Sie folgende Nutzenbrücken für
a) eine Städtereise, b) eine Rundreise und c) für einen Cluburlaub:
- »Das bedeutet für Sie …«
- »Der Vorteil für Sie besteht darin, …«
- »Sie haben dabei den Vorteil …«
- »Sie gewinnen …«
- »Ihre Frau und ihre Kinder haben …«
- »Herr Schmitt, Sie haben …«

20. Setzen Sie eine Katalogseite als individuellen Verstärker ein:

Lassen Sie aus der anonymen Katalogseite eine persönliche Seite des Kunden werden. Schreiben Sie wesentliche Informationen als Notiz für den Kunden auf die entsprechende Seite, heben Sie zwei wichtige Informationen durch Unterstreichen hervor, verweisen Sie auf Seitenzahlen mit weiteren Informationen im Katalog, kreisen Sie zwei wesentliche Aussagen zu den Urlaubsmotiven des Kunden ein und notieren Sie zwei Ausflugtipps. Dabei können Sie folgende Formulierungen während dieser Tätigkeiten in der Praxis nutzen: »Ich zeige Ihnen …«, »Hier sehen Sie …«, »So können Sie sich ein Bild davon machen …«

21. Welche Sinneskanäle sprechen folgende Formulierungen dominant an?
sich vorstellen, offensichtlich, wahrnehmen, sich etwas näher ansehen, sich vor Augen führen, betonen, harmonisch, sozusagen, übereinstimmen, überzeugend klingen, das klingt vernünftig, aufgreifen, erleben, enthalten, festmachen, den Eindruck haben

22. Formulieren Sie eine individuelle Nutzenbrücke mit Verstärker für einen Cluburlaub.

23. Formulieren Sie jeweils ein Beispiel für die folgenden Stilmittel der Angebotspräsentation.
- *Metapher:* …
- Urlaubsbild: …
- These-Antithese: …
- Angebots-*Grand* mit Vieren: …
- *Top-Ten-Ranking:* …
- *Anapher:* …
- Die Dreierkette: …
- *Klimax:* …

© de la Motte

24. Welche Stilmittel wurden in den folgenden Beispielen verwandt?
a) »Das Hotel ist ideal für einen entspannten Urlaub im Herzen von Garda, mit den verwinkelten Gässchen und den urigen Tavernen.«
b) »Buntes Treiben auf Basaren, schöne Moscheen und der faszinierende Sonnenuntergang über Istanbul – erleben Sie Urlaub wie aus 1001 Nacht …«

c) »Einerseits eine moderne und pulsierende Stadt andererseits eine Stadt mit Ruheinseln und Gemächlichkeit. Sie ist eine Mischung aus europäischer Großstadt und orientalischem Märchen und die einzige Stadt der Welt, die auf zwei Kontinenten liegt.«
d) »Das Schiff ist so groß wie 20 Fußballfelder aneinander gereiht.«
e) »Die *Hagia Sophia* war die Hauptkirche des byzantinischen Reiches, später eine Moschee und ist heute ein Museum. Die Blaue Moschee besticht mit ihren sechs Minaretten und der architektonischen Meisterleistung. Der Topkapi-Palast, der nicht erst seit dem gleichnamigen Film weltberühmte Sultanspalast, war über Jahrhunderte hinweg das Regierungs- und Nervenzentrum des Osmanischen Weltreiches. Auf den abgelegenen Prinzeninseln fühlt man sich bei einer Kutschfahrt wie eine Prinzessin aus 1001 Nacht.«
f) »Erstens, Istanbul ist die einzige Metropole der Welt, die auf zwei Kontinenten liegt, zweitens, wenn Sie nach Istanbul reisen, besuchen Sie eine der ältesten noch bestehenden Städte der Menschheit und drittens die Prinzeninseln sind mit ihren Pinienwäldern und Sommervillen im Jugendstil, sowie den exklusiven Fischrestaurants ein ideales Ausflugsziel.«
g) »Wenn Sie den Ort betreten, werden Sie automatisch von der bewegenden Vergangenheit mitgerissen und finden sich im Mittelalter wieder.«
h) »Mit Moscheen, Museen und Opern kommen Kunstliebhaber voll auf ihre Kosten.«
i) »Das Schiff bietet nicht nur einen *Wellness*bereich, sondern einen hochmodernen *Wellness*bereich, einen unverwechselbaren *Wellness*bereich mit *Beauty Center*.«

25. Stellen Sie jeweils den Zusammenhang zwischen den genannten Urlaubsarten und einer Kreuzfahrt her. Dazu benötigen Sie Pauschalreiseangebote, Kreuzfahrtangebote der Hurtigruten, Clubschiffangebote und Kurztrippangebote. Nennen Sie jeweils mindestens eine Kreuzfahrtart (bei Punkt a) sind es zwei Kreuzfahrtarten), die diese Reisemotive auch abdecken und benennen Sie deren jeweilige Merkmale.
a) Städtereise, z. B. Hamburg, Reisemotive: Kultur, Abwechslung, Erlebnis
b) Cluburlaub, z. B. Robinson, Reisemotive: Sport, Spiel, Spaß, Party, angenehmes Publikum, Animation, Unterhaltung, Erlebnis, Familie, Erholung usw.
c) Studienreise, z. B. Skandinavien, Reisemotive: Erlebnis, Abwechslung, Einmaligkeit, Abenteuer
d) Badeurlaub, z. B. Mallorca, Reisemotive: Sonne, Wasser, Wärme, Erholung, Spaß, Sport, Spiel, Familie

26. Begegnen Sie Vorurteilen über Kreuzfahrten professionell, indem Sie sie entkräften. Ordnen Sie die aufgezählten Argumente den Stichpunkten in der Tabelle sinnvoll zu:

Bequeme Reiseform für Jung und Alt, nur einmal den Koffer aus- und einpacken, das Hotel ist immer dabei, es gibt für jeden das passende Schiff, Zeit eine vielfältige Küche zu probieren, es gibt zahlreiche und gut verträgliche Medikamente, der Schiffsarzt hat 24 Stunden Sprechzeit, die Kleidung ist abhängig vom Schiff, der Kunde bestimmt die Kleiderordnung durch seine Schiffswahl, umfangreiches Leistungspaket, exzellentes Preis-Leistungs-Verhältnis, für jeden Geldbeutel das passende Angebot, jeden Tag neue Orte, Kulturen, andere Menschen, ein umfangreiches Ausflugsangebot, Seetage sind Genießertage, es gilt, das Schiff mit seinen vielfältigen Möglichkeiten zu entdecken.

Vorurteil	Gegenargumente
nur für alte Leute	
zu teuer	
schwimmendes Gefängnis	
Essen – Figur	
Kleidung	
Seekrankheit	

27. Beurteilen Sie die folgenden Angebotspräsentationen (A = Expedient, B = Kunde) im Hinblick auf:

a) die logische Abfolge,
b) taktische Fragen,
c) den Satzbau,
d) die Wortwahl,
e) die Bedarfsorientiertheit,
f) den Kundennutzen,
g) die Abschlusssicherheit.

Angebot 1

A: Ich möchte Ihre Reisewünsche kurz zusammenfassen, damit Sie sehen, ob ich alle Punkte richtig notiert habe: Sie reisen zusammen mit Ihrer Freundin, möchten vom 01.05. bis 15.05.2017 für eine Woche an die *Playa de Palma* reisen und hätten gerne ein Vier-Sterne-Hotel direkt am Strand, welches auch Abendunterhaltung und *Wellness*anwendungen, wie Massagen, anbietet. Außerdem hätten Sie gerne die Verpflegung All inclusive und das Hotel sollte in der Nähe von *Balneario 6* liegen. Sie wollen tagsüber am Strand *relaxen*, einkaufen gehen und abends das Nachtleben erfahren.

Der Reisepreis sollte pro Person 600,00 Euro nicht übersteigen. – Habe ich etwas übersehen?

B: Nein, Sie haben alles genannt, was uns beiden wichtig ist.

A: Sehr schön, dann werde ich nun nach passenden Angeboten schauen ... – Sehen Sie mal, hier kann ich Ihnen ein schönes Hotel direkt am Strand auf der Höhe von *Balneario 2* anbieten. Dieses Hotel verspricht ein besonders angenehmes Urlaubserlebnis: Verpflegung, Snacks, Unterhaltung und diverse Sportangebote sind bereits im Preis inbegriffen.

B: Das Hotel ist ganz schön, aber es liegt zu weit von *Balneario 6* entfernt.

A: Ja, bis zum »Ballermann« sind es dann zu Fuß gut 15 Minuten. Aber Sie werden dadurch entschädigt, dass das Hotel sehr idyllisch liegt und nicht direkt im Trubel ist. Somit können Sie tagsüber in Ruhe entspannen und können nachts gut schlafen, wenn Sie sich einmal nicht ins Partyleben stürzen wollen. Außerdem können Sie bequem mit dem hoteleigenen *Shuttle-Bus* fahren.

B: Da haben Sie Recht, wir wollen nicht jeden Abend Party machen und dann wird es wohl doch zu laut. Wie viel kostet dieses Angebot?

A: Die Reise enthält folgende Leistungen: Bahnanreise zum Flughafen Stuttgart und zurück, Flug, Transfer ab / bis Flughafen sowie sieben Hotelübernachtungen mit Verpflegung All inclusive. Dies alles kostet Sie nur 589,00 Euro pro Person.

Angebot 2

A: Ich fasse noch einmal zusammen ...

B: Diese Angaben sind korrekt.

A: Ich werde nun die Verfügbarkeit und den Preis überprüfen ...
Das Hotel Asteria ist leider über den kompletten Zeitraum ausgebucht. Das *Golden Coast* ist noch frei: Datum 05.07. bis 12.07. mit Flug ab / bis Frankfurt. Ich kann Ihnen die Juniorsuite mit zwei separaten Schlafzimmern anbieten. Dieses Angebot beinhaltet außerdem den Transfer vor Ort sowie dreimal Eintritt frei in dem benachbarten Wasserpark und kostet insgesamt 2.500,00 Euro.

B: Aber das ist ja 350,00 Euro teurer als letztes Jahr! Haben Sie nichts Vergleichbares zu einem günstigeren Preis?

A: Das stimmt, hier liegen wir über Ihrem genannten Reisepreis. Allerdings hätten Sie dieses Jahr eine Juniorsuite mit getrennten Schlafzimmern, was den Vorteil hat, dass Sie die Kinder schlafen legen können und den Abend mit Ihrem Mann bei einem Glas Wein in Ruhe ausklingen lassen können ohne flüstern zu müssen. Außerdem kennen Sie dieses Hotel ja bereits und schätzen dessen Service und Vorzüge.

B: Ja, davon habe ich schon immer geträumt, abends keine Rücksicht auf meine Kinder nehmen zu müssen.

A: Bei diesem All inclusive-Urlaub sind alle Kosten gedeckt und es kommen keine anderen Kosten mehr auf Sie zu.

28. Stellen Sie jeweils eine Destination an der Ostsee und in Süddeutschland nach dem »Ankerplatzprinzip« vor. Sie berücksichtigen dabei mindesten fünf Wellenschläge.

29. Warum sollten Sie auf sprachliche Logos besser verzichten?

30. Unter welchen Bedingungen ist der Einsatz eines Logos nur sinnvoll?

31. Wortschatzübungen: Formulieren Sie die folgenden Begriffe so um, dass »Urlaubsbilder« entstehen: schön gelegen, große Hotelanlage, Sandstrand, klares Wasser, Einkaufsmöglichkeiten, Ausflüge, Besichtigungen, All inclusive, Pool, Animation.

32. Bildbeschreibungen:
Bitte beschreiben Sie die folgenden Bilder »farbenfroh«.

33. Formulieren Sie jeweils Ihre Einwandentkräftung mithilfe der jeweiligen Methoden.

a) Einwand: »Der Strand ist aber ein ganzes Stück vom Hotel entfernt …«
Bumerangmethode: …
b) Einwand: »Im Hotel gibt es aber keinen *Wellness*bereich.«
Ja, aber-Methode: …
c) Einwand: »Ich möchte aber lieber ein amerikanisches Frühstücksbuffet.«
Zurückstellungsmethode: …
d) Einwand: »Da muss ich aber erst nach Frankfurt zum Flughafen fahren und kann nicht direkt in Stuttgart einsteigen.«
Divisions-Technik: …
Einwand isolieren: …
e) Einwand: »Ich habe aber Angst, dass das Gepäck bei der TAP nicht nach *Asuncion* durchgecheckt wird.«
Anekdote: …

34. Welche der folgenden Begriffe setzen Sie zur Einwandbehandlung ein?
Öffnen, Bumerangmethode, isolieren, Offenbarung, Einwände auf Eis legen, Division und Multiplikation, Ja, aber …, Einwände annehmen, verzögern, Einwände durch Rückfragen analysieren, Anekdote, Einwände vorwegnehmen.

35. Welche Techniken und Methoden der Einwandbehandlung stellen die folgenden Formulierungen dar?

a) »Ich sehe an Ihrer Reaktion, dass …«
b) »Darüber sollten wir uns anschließend unterhalten, …«
c) »Genau das ist meinem Kunden aus Mannheim letzten Monat auch passiert!«
d) »Ich sehe, Sie sind noch nicht ganz überzeugt. Woran liegt das?«
e) »Vermute ich richtig, dass die Abflugszeiten Ihre Bedenken sind?«
f) »Unter welchen Prämissen sind Sie bereit jetzt zu buchen?«
g) »Sie sagen, Ihnen ist der Urlaub zu teuer. Aber gerade deshalb …«
h) »Erlauben Sie, dass ich später darauf eingehe … «
i) »Das ist zwar um 240,00 Euro teurer, pro Tag macht es aber lediglich 20,00 Euro und umgerechnet auf zwei Personen nur noch 10,00 Euro aus. Dafür haben Sie aber den Vorteil …«
j) »Ja, allerdings, berücksichtigt man, dass …«
k) »Verstehe ich Sie richtig, Sie meinen …«
l) »Ihre Frage zeigt, dass Sie sich vorab informiert haben, …«

36. Nach der Anwendung der **Plus-Minus-Methode** auf die Bedenken eines Kunden wegen eines Urlaubs in Guatemala erhalten Sie die folgende Tabelle. Setzen Sie die notierten Stichworte für den Kunden verständlich in Sätze um.

+	–
▸ ganz andere Landschaften und Leute als in Europa ▸ unter Einhaltung gewisser Verhaltensregeln keine Gefahr ▸ etwas Besonderes erleben ▸ Verbindung von Kultur- und Strandurlaub ▸ einheimische Führer vermitteln den eigenen Blick auf ihr Land ▸ eindrucksvolle Maya-Bauwerke ▸ nette, hilfsbereite Menschen ▸ warmes Wetter im trüben deutschen Herbst ▸ karibische Lebensfreude ▸ tropische Flora und Fauna ▸ noch nicht zu touristisch	▸ lange Flugzeit ▸ Kriminalität ▸ völlig fremde Kultur

© de la Motte

37. Bilden Sie zwei geeignete Beispiele für die Sandwich-Methode.

38. Innerhalb der Sandwich-Methode können drei Preisnennungsstrategien genutzt werden. Zählen Sie die Varianten auf und bilden Sie jeweils ein Beispiel.

39. Bilden Sie jeweils zwei Beispiele zu folgenden Abschlussmethoden:

a) Die Frage nach dem »vor Ort«
Aufgabe a1): Kunde will eine Pauschalreise in Spanien buchen
Aufgabe a2): Kunde überlegt eine Reise nach Dubai zu buchen

b) Einholen einer weiteren Meinung
c) Die Frage nach dem letzten Beweis
d) Identifizierung mit der Reise
e) Der direkte Buchungswunsch
f) Die direkte Abschlussfrage
g) Die alternative Abschlussfrage
h) Die indirekte Abschlussfrage
i) Empfehlung
j) Ja-Straße
k) Die Abschlussbestätigung

40. Welche Abschlusstechnik wird eingesetzt? (A = Berater, B = Kunde)
B: »Die hören sich ja beide sehr verlockend an. Doch ich glaube, das zweite Angebot gefällt mir besser.«
A: »Eine gute Entscheidung. Darf ich Ihnen dieses Angebot einbuchen?«
B: »Ja, bitte!«
A: »Gut, dann buche ich für Sie ein: am 15.05.17, für sieben Tage, ab Saarbrücken, ein Einzelzimmer mit Halbpension. – Darf ich Ihnen noch eine Reiserücktrittsversicherung oder einen Mietwagen anbieten?«
B: »Nein, danke, eine Reiserücktrittsversicherung habe ich noch nie gebraucht und den Mietwagen buche ich vor Ort, so wie ich ihn benötige.«
A: »Gut, dann brauche ich hier unten noch eine Unterschrift.« (Kunde unterschreibt.) »Vielen Dank für die Buchung, dann wünsche ich Ihnen noch einen schönen Tag – und einen schönen Urlaub auf Mallorca.«
B: »Danke schön, das wünsche ich Ihnen auch.«

41. Bilden Sie jeweils drei Beispiele für einen Zusatzverkauf: Mietwagen, Versicherung und Konzertkarten, jeweils mit Nutzenbrücken.

42. Bestimmen Sie in dem folgenden Beispiel eines Beratungsgesprächs …
a) … die Gliederung in Phasen,
b) … die verwendeten Fragearten in den einzelnen Phasen,
c) … die verwendeten Methoden der Einwandbehandlung,
d) … die Methode der Preispräsentation,
e) … die Form der Abschlusstechnik,
f) … die Nutzenbrücken für den Zusatzverkauf.

EXPI: *Guten Tag. Schön, dass ich Sie in unserem xy-ReiseCenter in Kaiserslautern begrüßen darf. Was kann ich für Sie tun?*

KUNDE: *Guten Tag. Ich brauche unbedingt Urlaub und möchte mich nun bei Ihnen über die Türkei informieren.*

EXPI: *Sie haben sich aber ein schönes Reiseziel ausgesucht. Da kann ich Ihnen sicher weiterhelfen. Nehmen Sie doch bitte erst einmal Platz.*

KUNDE: *Dankeschön.*

EXPI: *Mein Name ist Jennifer Weiß. Darf ich nach Ihrem Namen fragen?*

KUNDE: *Frau Diegel.*

EXPI: *Darf ich Ihnen eine Tasse Kaffee oder einen Cappuccino bringen, Frau Diegel?*

KUNDE: *Haben Sie auch Wasser?*

EXPI: *Natürlich, ich bringen Ihnen sofort ein Glas Wasser. – Frau Diegel, Sie haben eben erwähnt, dass Sie sich über einen Urlaub in der Türkei informieren möchten. Interessieren Sie sich für eine spezielle Region?*

KUNDE: *Ja, die Türkische Riviera. Aber nähere Details hätte ich gerne von Ihnen erfahren. Sie sind ja schließlich die Reiseverkehrskauffrau.*

EXPI: *Haben Sie schon einen genauen Reisetermin?*

KUNDE: *Urlaub habe ich vom 17. bis 31. Mai.*

EXPI: *Also wäre früheste Anreise am 17. Mai und die späteste Rückreise am 31. Mai?*

KUNDE: *Ja genau. In diesem Zeitraum möchte ich gerne Urlaub machen.*

EXPI: *Und wie lange möchten Sie verreisen?*

KUNDE: *10 bis 14 Tage.*

EXPI: *Verreisen Sie alleine oder mit mehreren Personen?*

KUNDE: *Mein Mann und ich, sowie unsere Tochter Lara.*

EXPI: *Wie alt ist Lara?*

KUNDE: *8 Jahre.*

EXPI: *Welche Abflughäfen kommen für Sie in Frage?*

KUNDE: *Nur Zweibrücken und Saarbrücken. Die anderen sind mir zu groß und zu unübersichtlich.*

EXPI: *Und welchen Flughafen bevorzugen Sie?*

KUNDE: *Zweibrücken, ganz klar!*

EXPI: *Welcher Kategorie soll das Hotel entsprechen?*

KUNDE: *Also mindestens vier Sterne, lieber eigentlich fünf Sterne.*

EXPI: *Und welche Verpflegung kommt für Sie in Frage? Bevorzugen Sie Halbpension oder Vollpension?*

KUNDE: *Natürlich Vollpension.*

EXPI: *Welche Vorstellungen haben Sie von Ihrem Hotel?*

KUNDE: *Es soll eine schöne, gepflegte Anlage sein, ebenso familienfreundlich, wegen unserer Tochter. Sie soll sich hier besonders wohl fühlen und natürlich mit anderen Kindern spielen können. Der Strand und das Essen spielen ebenfalls eine wichtige Rolle.*

EXPI: *Worauf legen Sie besonderen Wert?*

KUNDE: *Das Hotel soll strandnah liegen und auch nicht zu weit entfernt von einer Stadt.*

EXPI: *Was verstehen Sie unter strandnah?*

KUNDE: *Der Strand muss direkt vor dem Hotel sein. Von unserem Zimmer wollen wir das Meeresrauschen hören und natürlich auch das Meer sehen.*

EXPI: *Und was verstehen Sie unter nicht so weiter Entfernung?*

KUNDE: *Höchstens 15 bis 30 Minuten. Also muss eine gute Bus- oder Taxi-Anbindung vorhanden sein.*

EXPI: *Worauf legt Ihr Partner wert, Frau Diegel?*

KUNDE: *Er liebt Wassersport mit viel Aktion.*

EXPI: *Selbstverständlich werde ich das ebenfalls bei der Auswahl des Angebots berücksichtigen. – Was möchten Sie in Ihrem Urlaub noch erleben?*

KUNDE: *Wir möchten eine Kombination aus Erholung vom Alltagsstress am Strand und Pool, aber auch etwas erleben.*

EXPI: *Haben wir etwas Wesentliches vergessen, was das Hotel betrifft?*

KUNDE: *Vielleicht sollte es noch eine Wellnessabteilung haben.*

EXPI: *Und welche Wellnessbehandlungen sollen dort angeboten werden?*

KUNDE: *Wichtig wäre mir Massage und Entspannung.*

EXPI: *Sie haben noch gar nichts von Ihren Preisvorstellungen erwähnt. Wie hoch ist Ihr Reisebudget?*

KUNDE: *Da sind wir eigentlich ganz offen. Wichtig ist uns ein toller Urlaub und das alle unsere Wünsche berücksichtig werden.*

EXPI: *Wir werden mit Sicherheit etwas Passendes finden was genau Ihren Wünschen und Vorstellungen entspricht, Frau Diegel.*
Ich möchte nun noch einmal kurz Ihre wichtigsten Wünsche zusammenfassen: Wie Sie gerade schon sagten, legen Sie besonderen Wert auf ein gepflegtes, familienfreundliches Vier- bis Fünf-Sterne-Hotel, was sich durch Strandnähe und zentrale Lage auszeichnet. Das gute Essen und die Wellnessangebote dürfen nicht fehlen. – Habe ich etwas Wichtiges vergessen?

KUNDE: *Nein, der Grundriss mit den Hauptwünschen steht. Jedoch habe ich noch genaue Vorstellungen was das Zimmer betrifft.*

EXPI: *Was konkret meinen Sie damit?*

KUNDE: *Mein Mann und ich bevorzugen ein Doppelzimmer mit separatem Wohnraum. Da unsere Tochter früher ins Bett geht, kommt für uns nur so ein Zimmer in Frage.*

EXPI: *Das kann ich gut nachvollziehen.*
Frau Diegel, einen kleinen Moment bitte. Ich prüfe soebendie Vakanzen in unserem System und werde Ihnen in nur wenigen Minuten ein passendes Angebot vorstellen.
Sie haben als Zielgebiet die Türkische Riviera gewählt. Ein wirklich tolles und vor allem attraktives Urlaubsziel. Dieses Gebiet erstreckt sich auf über 250 km von Kemer bzw. Antalya bis Alanya. Hier erwarten Sie nicht nur schöne Landschaften durch das prachtvolle Taurusgebirge und natürlich dem kristallklarem Mittelmeer, sondern auch feine Sandstrände, zahlreiche Wassersportaktivitäten, attraktive Ruinenstätte, Kultur, Basare und vieles mehr. Ein echtes Urlaubsparadies.
Vielen Dank, Frau Diegel für Ihre Geduld. – Schauen Sie mal, ich möchte Ihnen nun zwei Hotels vorstellen.
Die Urlaubsregion Kundu ist ca. 30 km östlich vom Flughafen Antalya entfernt. Diese Region zeichnet sich durch Themenhotels auf höchstem Niveau aus. Das Hotel Mardan Palace ist mit fünf Sternen klassifiziert und wird vom Veranstalter ÖGER TOURS angeboten. Es befindet sich direkt am Stand, verfügt über Wellnessangebote und Shopping- sowie Besichtigungsmöglichkeiten in der Nähe. Dieses Angebot kostet für Sie inklusive Flug, Transfer, Übernachtung und Vollpension 1.295,00 Euro pro Person. Ihre Tochter zahlt 580,00 Euro.

KUNDE: *Das ist ja schon mal nicht schlecht. Aber 100 Prozent überzeugt bin ich nicht. – Jetzt bin ich schon ganz neugierig auf das zweite Angebot, was Sie für mich haben.*

EXPI: *Ich habe Ihnen hier schon einmal die Katalogseite für das fantastische Hotel aufgeschlagen, dann können Sie schon einmal die ersten Bilder dieser reizvollen Anlage genießen.*

KUNDE: *Oh ja, Bilder sind immer gut für den ersten Eindruck! – Das ist der Wahnsinn. Die Bilder sprechen echt für sich.*

EXPI: *Das zweite Hotel liegt ebenfalls, wie es Ihrem Wunschzielgebiet entspricht, an der Türkischen Riviera, genauer gesagt in Lara. Dieser junge Urlaubsort liegt zwischen Antalya (15 km Entfernung) und Belek an den schönsten Stränden der Provinzhauptstadt mit feinem, hellen Stand und kristallklarem Wasser. Hier befinden sich ausschließlich Fünf-Sterne-Luxushotels mit beeindruckender Architektur und traumhaft großzügig angelegten Gartenlandschaften.*

Das Hotel Delphin Palace hat fünfeinhalb Sterne und eröffnete im Frühjahr 2008 für die Türkeiurlauber. Es wird vom Reiseveranstalter TUI angeboten. Der hoteleigene Strand ist durch die wunderschöne, traumhaft angelegte Gartenanlage in nur wenigen Schritten zu erreichen. Natürlich können Sie am Strand zahlreichen Wassersportaktivitäten nachgehen! Das exklusive und moderne Hotel verfügt neben den Serviceeinrichtungen über Restaurants mit Außenterrasse, verschiedene á-la-carte-Restaurants, Poolbar, Snackbar, Strandbar, Weinhaus, Diskothek, verschiedene kleine Shops, TV- und Filmvorführraum, Internet-Cafe, Friseur, Kosmetik-Studio. Die Swimming-pools, Wasserrutschen und die separatem Kinderbecken sind großzügig und abwechslungsreich angelegt. Die Liegen, Auflagen und Sonnenschirme sind selbstverständlich kostenfrei. Hier befindet sich also das ideale Spielparadies für Ihre Tochter. Die Familienzimmer verfügen über einen separaten Wohnraum und sind mit allen luxuriösen Einrichtungen ausgestattet.

An Unterhaltung wird den ganzen Tag ebenso einiges geboten. Das beginnt tagsüber mit sportlichen Aktivitäten und für die Kids gibt es den Mini-Club bis zum Abend mit Unterhaltungsshows.

Das alles kann ich Ihnen anbieten für 12 Tage, inklusive Zug zum Flug, den Flug mit der TUI-fly ab und bis Antalya, den Transfer zum Hotel, Unterbringung im Hotel Delphin Palace im Familienzimmer, Vollpension und allen Aktivitäten vor Ort für nur 695,00 Euro zum Kinderfestpreis für Ihre Tochter Lara und für die Erwachsenen für 1.495,00 Euro pro Person. Wie Sie sehen, entspricht dieses Angebot in vollem Umfang Ihren speziellen Wünschen, Frau Diegel. Alles ist maßgeschneidert für Sie und Ihren Traumurlaub.

KUNDE: *Das alles hört sich wirklich sehr reizvoll an, vor allem haben es mir die Bilder schon ein wenig angetan, aber der Preis … mit so viel habe ich dann doch nicht gerechnet.*

EXPI: *Aber Frau Diegel, Sie müssen doch bedenken, wenn der Preis 1.495,00 Euro pro Person beträgt, kostet dieses Luxushotel pro Tag doch umgerechnet nur 106,00 Euro.*

KUNDE: *Mmmh – ist Vollpension nicht die teuerste Verpflegungsart? Würden Sie mir eine andere empfehlen?*

EXPI: *Ja, Frau Diegel, Vollpension bzw. All inclusive ist tatsächlich die teuerste Verpflegungsart, aber dabei müssen Sie bedenken, dass Sie hier rund um die Uhr alle Mahlzeiten und Getränke kostenlos zu sich nehmen können. Das beinhaltet nicht nur das Frühstück, Mittagessen und Abendessen, sondern auch Snacks zwischendurch, wie z. B. an der Pool- oder Strandbar, Kaffee, Tee, Kuchen und Eis am Nachmittag sowie sämtliche anti- und alkoholischen Getränke. Eine Halbpension würde ich Ihnen in diesem Luxus-Ressort nicht empfehlen, da sich dieses erstklassige Hotel zudem durch seine fabelhafte Gourmet-Sterne-Küche auszeichnet. Auf Sie kommen also keinerlei zusätzlichen Kosten an Essen mehr zu.*

KUNDE: *So war mir das gar nicht bewusst.*

EXPI: *Eine Pauschalreise bedeutet für Sie außerdem, dass Sie bereits vor dem Urlaub alle anfallenden Kosten abgedeckt haben. Das heißt, für Hotel, Flug und für den Transfer brauchen Sie nichts mehr zu zahlen.*

KUNDE: *Ich habe von unseren Bekannten gehört, dass die Flugzeit immer sehr lang ist. Sie müssen wissen, ich habe eine große Angst vor dem Fliegen.*

EXPI: *Sie werden feststellen, dass durch den hervorragenden Service an Bord der Fluggesellschaft TUI-fly die Zeit wie im Flug vergeht und Sie in nur drei Stunden 15 Minuten Ihrem Traumurlaub beginnen können. Zudem zeichnet sich die hervorragende Lage des Hotels mit kurzer Transferzeit aus. Es sind nur ca. 20 Minuten.*

KUNDE: *Ist ein Luxushotel denn für ein Kleinkind geeignet?*

EXPI: *Gerade dieses Hotel bietet Luxus und Familienfreundlichkeit in einem. Das Hotel Delphin Palace hat sich spezialisiert auf Luxusgäste mit Ihren Kindern. Deshalb werden zahlreiche Attraktionen angeboten, wie Wasserrutschen, Kinderpools, Mini-Club, Sportaktivitäten, und, und, und ...*

KUNDE: *Aber jetzt habe ich noch einen Zweifel: Welche sehenswerten Städte liegen in der Nähe und kann man diese überhaupt mit einem Tagesausflug erreichen?*

EXPI: *Hier werde ich Ihnen einen kleinen Vorgeschmack geben, welche sehenswerten Städte auf Sie warten:*
Antalya – Wahrzeichen ist das Yivli-Minarett
Hafen Kupadasy, Uhrturm am Kale Kapyay-Platz, Altstadt Kaleici,
Kursunulu-Wasserfälle, Hadrianus-Tor, Archäologisches Museum,
fruchtbare Landschaft mit Orangen- und Zitronenplantagen, malerische Hafenstadt, orientalische Basare
Manavgat – Wochenmarkt in der Nähe der Provinzstadt
hier gibt es türkische Spezialitäten und günstige Imitate von Designertextilien, gute und zahlreiche Fischrestaurants
Side – verbindet Antike und Moderne
Kamel- und Eselführerschein, Westernrange, Fischrestaurants auf Stelzen gebaut, auf jeden Fall einen Besuch bzw. ein Essen wert, Taurusgebirge im Hinterland, zahlreiche Luftsportmöglichkeiten, Agora-, Athena- und Apollotempel
Aspendos – das heutige Belkiz
best erhaltenes Amphitheater der römischen Antike für ca. 20.000 Personen, Burganlage mit der Agora, der Basilika und dem Nymphaeum
Termessos – Ruinenstadt

Ruinenlandschaft, historische Mauern auf dem Berg, Amphitheater, Tempelanlagen, Sarkophage
Perge – Theater, Stadion, Stadttor, Nymphäum
Stadttor, Agora, Theater, Säulenstrasse, Thermen
Alanya – die große Bergfestung
Wahrzeichen ist der rote Turm (Kizil Kule) mit der Festung auf der Halbinsel vor der Stadt, Tershane mit der seldschukischen Schiffswerft, Park zum Flanieren, Altstadtviertel Topahane zum Flanieren
Kappadokien – eine der interessantesten Landschaften der Türkei
Nationalpark Göreme mit Höhlenwohnungen und Kirchen und den Tuffkegeln, Ihlara-Tal mit weiteren 50 Höhlenkirchen
Diese kleine Zusammenstellung werde ich Ihnen mal als Liste ausdrucken, damit Sie sehen, welche Vielfältigkeit Sie an der Türkischen Riviera erwartet, und vor allem, um Ihren beiden »daheim Gebliebenen« den ganzen Urlaub auch schon mal schmackhaft machen zu können.

KUNDE: *Ich bin begeistert. Dieses abwechslungsreiche Angebot hätte ich nicht erwartet.*

EXPI: *Ich kann Ihnen dieses Hotel, und vor allem diesen Urlaub an der Türkischen Riviera nur empfehlen, Frau Diegel. Da haben Sie wirklich etwas Erstklassiges für einen sagenhaften und unvergesslichen Urlaub und das alles eingehüllt in einem luxuriösen Ressort.*

KUNDE: *Ja, das stimmt. Ich bin fasziniert davon. Nur muss ich das ganze auch noch meinem Mann und unserer Tochter näher bringen. Gerade auch, was das Finanzielle betrifft, denn ER bezahlt!*

EXPI: *Das ist doch kein Problem. Ich schlage Ihnen vor, die komplette Reise für drei Tage zu reservieren. Dann haben Sie genügend Bedenkzeit und kommen am Donnerstag einfach noch mal zu dritt in unser Reisebüro. Wenn wir das ganze am Donnerstag festmachen, dann würde ich Ihnen auf jeden Fall noch eine Reiserücktrittsversicherung empfehlen. Das ist nämlich ganz wichtig und schützt Sie bei Reiseabbruch, Reiserücktritt etc., das würde für Sie im Familienpaket nur 69,00 Euro kosten.*

KUNDE: *Das machen wir dann auf jeden Fall. Gerade mit unserer Tochter will ich nichts riskieren.*

EXPI: *Hier habe ich Ihnen die Optionsbestätigung ausgedruckt. Wie gesagt, bis am Donnerstag kann ich das ganze für Sie kostenfrei zu dem Preis festhalten. Die Liste mit den Städteempfehlungen habe ich Ihnen ebenfalls beigelegt.*

KUNDE: *Vielen Dank für Ihre große Mühe.*

EXPI: *Natürlich, gerne, Frau Diegel – wir sehen uns dann am Donnerstag.*
Wollen wir einen Termin vereinbaren, damit ich auf jeden Fall für Sie Zeit habe?

KUNDE: *Ja, das machen wir. Mir würde es um 15.00 Uhr gut passen.*

EXPI: *Super, dann am Donnerstag, um 15.00 Uhr. Ich freue mich auf Sie. Bis dahin, und einen schönen Tag noch!*

KUNDE: *Danke, ebenfalls.*

EXPI: *Auf Wiedersehen, Frau Diegel.*

43. Sie möchten einen Stammkunden über ein aktuelles Reiseangebot telefonisch informieren. (Das Einverständnis des Kunden für solche Anrufe liegt vor.)
a) Nennen Sie fünf Grundsätze, nach denen Sie dieses Telefonat vorbereiten.
b) Formulieren sie »drei goldene Regeln« für eine lebendige Rhetorik am Telefon.

44. Der gewünschte Ansprechpartner Ihres Anrufes ist nicht erreichbar.
a) Formulieren Sie zwei Angebote für den Gesprächspartner, damit die Kommunikation nicht abreißt.
b) Sie haben den Namen Ihres Gesprächspartners nicht richtig verstanden. Erfragen Sie ihn (bitte drei Formulierungen).

45. Sie erreichen Ihren gewünschten Ansprechpartner am Telefon. Reagieren Sie auf folgende Einwände:
a) »Ich habe absolut keine Zeit!«
b) »Schicken Sie mir zunächst mal den Katalog!«
c) »Ich melde mich wieder, sobald ich etwas brauche.«

46. Beachten Sie den telefonischen Wahrnehmungskanal: Welche der folgenden Ausdrucksweisen sind für ein Telefonat weniger geeignet?
- etwas betonen,
- »das findet Anklang«,
- »... ein Lied davon singen«,
- »... daher pfeift der Wind«,
- »ganz Ohr sein«,
- »Schauen Sie ...«,
- einleuchtend sein,
- »... in die Hand nehmen«,
- »... unter die Arme greifen«.

Begründen Sie Ihre Entscheidungen.

© Volker Witt – Fotolia.com

47. Überprüfen Sie die folgende **Nachbereitung einer Buchung** auf Vollständigkeit:
- Termin in den Kalender eintragen für das nächste Gespräch mit der Kundin,
- Vorgang mit der ausgedruckten Optionsbestätigung zusammen in eine Vorgangstüte geben, damit alle Unterlagen zusammen sind und nichts verloren geht,
- Preis für Reiserücktrittsversicherung notieren (damit Sie wissen, was Sie der Kundin empfohlen haben),
- Schreibtisch aufräumen und bereit sein für den nächsten Kunden.

Exkurs: Das digitale Reisebüro

Das analoge Reisebüro wird zunehmend digital.

Beispiel DER Concept Store in Berlin

Beim Vorbeigehen bewegt es sich im Schaufenster: Eine lebensgroße virtuelle Dame grüßt aus dem DER Reisebüro und erklärt, wie man durch Gesten das Inspirations-angebot steuern kann. Einfach die Hand heben, schon startet ein Video und man fühlt sich an Deck eines Kreuzfahrtschiffes versetzt. Auf dem Boden weist eine leuchtende Unterwasserwelt den Weg zum Eingang und beim Betreten des DER Reisebüros poppen animierte Muscheln unter den Füßen auf.

Tablets und überdimensionale Videowände mit Urlaubsimpressionen

Wer noch nicht weiß, wohin er reisen möchte, den laden Tablets ein, sich inspirieren zu lassen. Beim Vorbeigehen an einer überdimensionalen Videowand löst sich das Bild langsam in Mosaiksteinchen auf und gibt ein neues Motiv frei. Und wer sich fragt, wie Profis verreisen, dem verraten die Experten der DER Touristik auf der Videowand ihre Geheimtipps aus dem letzten Urlaub. Stimmungsvolle Filme aus der ganzen Welt, unter anderem von einer Safari in Namibia, stimmen mit passender Musik auf die geplante Reise ein. Am einarmigen Banditen nebenan kann man mit etwas Glück Sofortgewinne ergattern.

Abb. Blick in den neuen DER Concept Store

Ein eigenes kleines Kino für die Kunden

Mit der Reiseexpertin geht es zur Inspirationsinsel: Auf dem Sofa startet die Fahrt, die Bühne dreht sich und man ist in einer ganz eigenen Urlaubswelt. Auf dem Tisch wählt die Mitarbeiterin Bilder, Infos und Kurzfilme passend zu den eigenen Reisewünschen aus, die auf einem riesigen gewölbten Fernseher laufen. Gedimmtes Licht und Musik sorgen für Urlaubsstimmung im eigenen kleinen Kino.

Mit den gesammelten Eindrücken geht es am Beratungstisch weiter. Was die DER Reiseexpertin auf dem Bildschirm sieht, wird gleichzeitig auf den Tisch projiziert. Durch eine einfache Kopfbewegung mit der Virtual-Reality-Brille bewegt man sich durch Clubs, Kreuzfahrtschiffe und Sehenswürdigkeiten und erlebt so den Urlaubsort schon vor der Reise fast live.

Nach dem Besuch im DER Concept Store geht die Reise weiter: Bei Fragen oder Wünschen sind die DER Reiseexperten per Email, Chat oder ganz klassisch per Telefon und natürlich im The Q in Berlin erreichbar. Und sollte das Büro mal geschlossen sein, ist die Dame im Schaufenster rund um die Uhr für die DER-Kunden im Dienst.

Statt aneinandergereihter Schreibtische, Bildschirmrückseiten und Formularen erwartet den Kunden im Büro in Berlin Mitte ein neues Beratungskonzept, das Lust auf Urlaub macht. »Wir bieten in den DER Reisebüros schon immer maßgeschneiderte Services, verlagern sie jetzt aber auf die digitale Bühne und machen die Vertriebsmarke DER mit allen Sinnen erlebbar«, beschreibt Andreas Heimann, Geschäftsführer DER Reisebüro, das Konzept des neuen Büros.

Abb. Von links im Einsatz zu sehen - Tablet, Video Wall und einzelner Screen

Abb. Kleine Reise mit der 3D Brille

Abb. Schaufenster des Concept Stores mit Virtual Promoter

AUFGABEN

Sie sind nun in der Lage ein klassisches Beratungsgespräch im Reisebüro zu führen. Die zahlreichen Helfer eines digitalen Reisebüros verändern nicht die Struktur dieses Gesprächablaufes. Sie bieten Ihnen neben dem bereits bekannten Möglichkeiten u. a. weitere Optionen Vorfreude zu generieren, Inspirationen, Begeisterung und Emotionen zu wecken, dienen der Visualisierung, der Ansprache verschiedener Sinne, Bedürfnisse auf den Punkt zu bringen, auf verschiedene Arten zu kommunizieren und ermöglichen bereits vorab »Einblicke« in das individuelle **Reise-**Erlebnis.

Zeigen Sie jeweils anhand von zwei Beispielen, wie Sie Instrumente des digitalen Reisebüros sinnvoll in die einzelnen Phasen des Beratungsgesprächs mehrwertschaffend integrieren. Begründen Sie die Auswahl ihrer Instrumente und die jeweilige Zielsetzung.

Lernfeld 4.1

Rechtsgrundlagen

Statistisch gesehen ist das Reisen für die Deutschen neben dem Besitz eines Autos das beliebteste und teuerste Hobby. Doch häufig werden die schönsten Tage des Jahres zum Fiasko: Kein Jahr vergeht, ohne dass Reisende wegen eines lauten Zimmers, eines dreckigen Strandes oder eines verspäteten Fluges vor Gericht gehen, um eine Minderung des Reisepreises oder Schadensersatz einzuklagen. Hierbei wird den Parteien schnell deutlich, dass es **das** Reiserecht nicht gibt.

Neben den Reglungen im Bürgerlichen Gesetzbuch (vgl. §§ 651a ff. BGB) gelten Rechtsverordnungen und Urteile der Amtsgerichte. Das im Folgenden dargestellte Reiserecht bezieht sich auf Pauschalreisen und dient dem Verbraucherschutz.

A Reisevertragsrecht

Der **Reisevertrag** ist ein gegenseitiger Vertrag (**zweiseitiger Vertrag**, wie z. B. auch Kaufvertrag, Werkvertrag, Mietvertrag ▸ LF 2, Kapitel 2.5) in dem sich der **Reiseveranstalter** zur Erbringung einer oder mehrerer **Reiseleistungen** und der Reisende zu einer Gegenleistung (Zahlung des vereinbarten Reisepreises) verpflichtet.

BGB

Vertragstypische Pflichten beim Reisevertrag (§ 651a Abs. 1 BGB)

(1) Durch den Reisevertrag wird der Reiseveranstalter verpflichtet, dem Reisenden eine Gesamtheit von Reiseleistungen (Reise) zu erbringen. Der Reisende ist verpflichtet, dem Reiseveranstalter den vereinbarten Reisepreis zu zahlen.

Die **Hauptleistungspflichten** des Vertrags sind miteinander verbunden (vgl. § 320 BGB Gegenseitiger Vertrag).

Die gesetzliche Regelung für die häufigste Form des Reisevertrages, die **Pauschalreise**, stellen die §§ 651a bis 651m des Bürgerlichen Gesetzbuches (BGB) dar. Sie regeln die Rechtsbeziehungen zwischen dem Reisenden und dem Reiseveranstalter.

Das bestimmende **Merkmal für ein pauschales Reiseangebot** ist, dass eine Gesamtheit von Reiseleistungen erbracht wird. Die Pauschalreise kann als ein bereits geschnürtes Paket, z. B. aus einem Katalog oder als individualisierte Pauschalreise nach dem »Baukastenprinzip« zusammengestellt sein.

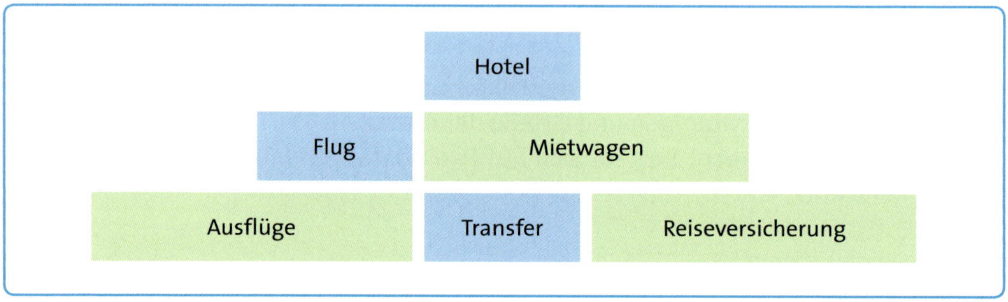

Abb. »Baukastenprinzip«

Kennzeichnend für eine Pauschalreise ist, dass der **Reiseveranstalter in eigener Verantwortung** eine Anzahl von Einzelleistungen (z. B. Flug-, Schiffs-, Bahnreise, Unterkunft, Verpflegung, Reiseleitung) aufeinander abstimmt, für einen bestimmten Zeitraum bündelt und sie zu einem Gesamtpreis anbietet, wobei die Dauer der Reise unerheblich ist.

Pauschalreise

BEISPIEL

Frau Lidy bucht eine 14-tägige Reise nach Korfu. Der Reiseveranstalter verpflichtet sich Frau Lidy auf die Insel zu befördern, sie dort für 14 Tage unterzubringen und nach ihrem Aufenthalt wieder zu dem vereinbarten Ort (»Heimatflughafen«) zurück zu fliegen.

A.1 Anwendungsbereich Pauschalreiserecht

Das Reisevertragsrecht gilt für **verschiedene Typen von Urlaubsreisen**, z. B. für *Fly & Drive*-Angebote, Kreuzfahrten, Gastschulaufenthalte, *Incentive*-Reisen, Geschäftsreisen und u. U. auch für Tagesfahrten.

Tagesfahrt

BEISPIEL

Busfahrt nach Köln mit dem Besuch des Kölner Zoos; der Eintrittspreis für den Tiergarten ist bereits im Reisepreis enthalten.

Abb. »Pauschalreisebausteine« (Flugzeug, Destination, Hotel)

Pauschalreise

MERKE

Erforderlich für eine Pauschalreise sind mindestens zwei ungefähr gleichwertige, erhebliche Einzelleistungen, wie beispielsweise Beförderung und Unterkunft (Hauptleistungen), die zu einem »Gesamtpaket« zusammengefasst und von einem Reiseveranstalter angeboten werden.

Keine Bündelung touristischer Hauptleistungen liegt vor, wenn zu einer Hauptleistung solche **Nebenleistungen erbracht werden**, die lediglich untergeordnete Bedeutung haben, z. B.:

- Flug mit Bordverpflegung,
- Fähre mit Unterbringung an Bord,
- Autoreisezug,
- Beförderung im Schlafwagen,
- Beförderung mit Reiseversicherung.

www.finanztip.de

Unterkunft und typische »Hotelnebenleistungen« sind auch z. B. alle Getränke inklusive, kostenlose Benutzung der hauseigenen Sauna und des hauseigenen Schwimmbades, kostenloser Fahrradverleih, Angebot der Kinderbetreuung auf Anfrage.

Im Rahmen einer Pauschalreise kommt der **Reisevertrag** grundsätzlich zwischen Reiseveranstalter und Reisendem zustande, das Reisebüro kann dabei eine Mittlerfunktion übernehmen.

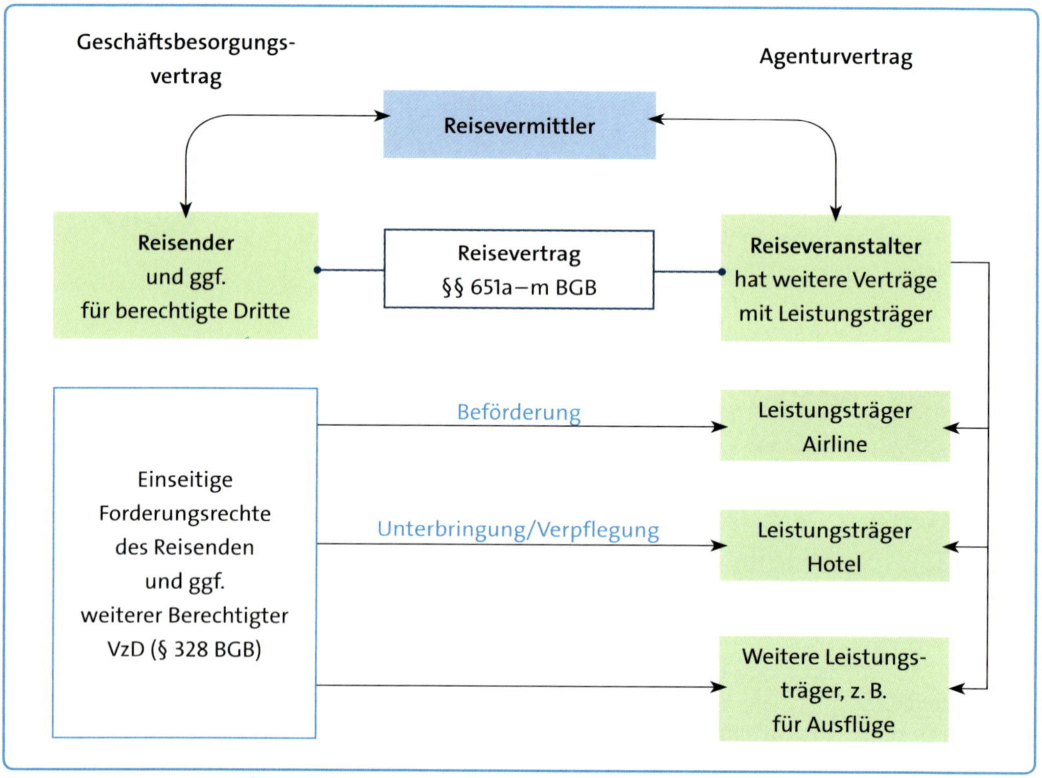

Abb. Rechtsbeziehungen bei einer Pauschalreise

MERKE

Verpflichtung des Reiseveranstalters

Der Reisevertrag verpflichtet den Reiseveranstalter dem Reisenden eine Gesamtheit von Reiseleistungen (Reise) so zu erbringen, dass sie die zugesicherten Eigenschaften hat und nicht mit Fehlern behaftet ist, die den Wert oder die Tauglichkeit zu dem gewöhnlichen oder nach dem Vertrag vorausgesetzten Nutzen aufheben oder mindern (vgl. § 651a Abs. 1 Satz 1 BGB und § 651c Abs. 1 BGB).

Die zu erbringenden Reiseleistungen des Reiseveranstalters ergeben sich insbesondere aus der **Beschreibung in den Reisekatalogen** (▸ Kapitel A.5).

Das Pauschalreiserecht schützt den Reisenden:

- bei der Buchung,
- der Zahlung des Reisepreises,
- der Abwicklung der Reise.

© Kzenon – shutterstock.com

Vorteile des Pauschalreiserechts sind:

- Der Reiseteilnehmer hat nur den Reiseveranstalter als Vertragspartner.
- Für alle Reiseleistungen gilt deutsches Recht und nicht das Recht der Reisedestination.
- Der Reiseveranstalter haftet nach besonderen gesetzlichen Regelungen.

Von den reisevertragsrechtlichen Vorschriften der §§ 651a bis 651l kann nicht abgewichen werden, da es sich um **unabdingbares Recht handelt**, d. h., andere vertragliche Regelungen sind unwirksam.

BGB

Abweichende Vereinbarungen (§ 651m BGB)

Von den Vorschriften der §§ 651a bis 651l kann vorbehaltlich des Satzes 2 nicht zum Nachteil des Reisenden abgewichen werden. Die in § 651g Abs. 2 bestimmte Verjährung kann erleichtert werden, vor Mitteilung eines Mangels an den Reiseveranstalter jedoch nicht, wenn die Vereinbarung zu einer Verjährungsfrist ab dem in § 651g Abs. 2 Satz 2 bestimmten Verjährungsbeginn von weniger als einem Jahr führt.

Das betrifft auch »andere vertragliche Regelungen« wie z. B. **Allgemeine Geschäftsbedingungen (AGB) des Reiseveranstalters** (▸ Exkurs Kapitel A.6.3), die Vertragsbestandteil werden. Sie dürfen nicht zum Nachteil des Reisenden von den Verbraucherschutzvorschriften abweichen.

Kurzum: Kann ein durchschnittlicher Kunde den Eindruck gewinnen (»objektiver Empfängerhorizont«), bei dem Reiseangebot handelt es sich um eine Pauschalreise, so greift das Pauschalreiserecht.

Weitere Anwendungsbereiche des Pauschalreiserechts

Die Rechtsprechung hat die Anwendung der Vorschriften des Reiserechts erheblich erweitert. Entscheidend ist, wer die Verantwortung für die Reise trägt. Der **Veranstalter steht immer dann in der Verantwortung**, wenn:

- der Reisende das Vertriebsnetz des Veranstalters nutzt,
- die Auswahl der Reise auf Vorlage eines Reisekatalogs des Veranstalters erfolgt.

URTEIL

Ferienhaus/Ferienwohnung

Bei der Buchung eines Ferienhauses/einer Ferienwohnung als Einzelleistung gilt das Reisevertragsrecht, wenn die Buchung durch Verwendung eines gewerblichen Reiseprospektes, in dem der Name des Ferienhausvermittlers werbemäßig herausgestellt wird, zu Stande kommt.
(BGH, Urteil vom 29.06.1995, Az.: VII ZR 201/94)

Boot-Chartervertrag

Dient ein Boot als Transportmittel und der Reisende entscheidet frei, welche Wasserstraßen er während der Vertragsdauer befahren möchte, handelt es sich lediglich um einen Mietvertrag. Bietet der Veranstalter auch die Fahrtroute mit adäquaten Zwischenstopps an, findet das Reisevertragsrecht Anwendung.

URTEIL

Wohnmobil

Vermietet ein Gewerbetreibender Wohnmobile, die an einem ausgemachten Ort übergeben werden und wird dem Reisenden eine Fahrtroute vorgegeben, gilt auch hier das Reisevertragsrecht statt des Mietrechts.
(OLG Düsseldorf, Urteil vom 24.04.1997, Az.: 18 U 135/96)

URTEIL

Ferienpark

Ferienparks wie z. B. »Center Parcs«, die für Familien-Kurzurlaube Ferienunterkünfte mit zahlreichen im Preis eingeschlossenen Nebenleistungen anbieten, treten wie Reiseveranstalter auf. Somit ist auch für diese das Reiserecht bindend und ein Sicherungsschein zwingend.
(BGH, Urteil vom 24.11.1999, Az.: I ZR 171/97, NJW 2000, 1693)

Hotel-Gesamtangebot

Entsprechendes gilt für z. B. Hotels, die Übernachtungen zusammen mit anderen Leistungen zu einem Gesamtangebot verbinden.

MERKE

Pauschalreise
Schnürt ein Hotelier ein Gesamtpaket aus Unterkunft und Verpflegung kombiniert mit Freizeitangeboten, wie Fahrrad- und Skiverleih, Angelangebot, Candle-Light-Dinner, Animations- und Fitnessprogramm zu einem »All Inclusive-Angebot« und erbringt er aus Sicht des Kunden diese Leistungen in eigener Verantwortung und für eigene Rechnung, liegt eine Pauschalreise vor.

Abb. Hotel-Gesamtangebot

BEISPIEL

Pauschalreisen
Wellnesswoche (Schwimmhalle, Sauna, Fitness, Squash inkl.) mit sechs Übernachtungen, zum Komplettpreis von 650,00 Euro,
Reiterhof mit dem Angebot einer »Reiterpauschalwoche«,
Romantik-Hotel mit 7-Tage-Schönheits(k)urlaub.

Das **Reiserecht** ist jedoch nicht anwendbar auf Hotelangebote, die z. B. ihren Gästen die kostenlose Nutzung von Schwimmhalle und Sauna überlassen. Sie stellen hiermit nur »Nebenleistungen zur Unterbringung« zur Verfügung. Auch die Buchung eines Hotels inklusive Frühstück bzw. Halb- oder Vollpension ist grundsätzlich als eine **Hauptleistung** zu verstehen, da die Verpflegung eine unwesentliche Nebenleistung der Unterkunft darstellt.

Die Rechtsprechung sieht auch in den auf der nächsten Buchseite folgenden gewerblichen Angeboten **zwei gleich geordnete Reiseleistungen** als gegeben:

URTEIL

Gleich geordnete Reiseleistungen
Unterkunft und Sport- und Freizeiteinrichtungen (Center Parcs, BGH NJW 2000, 1639)
Unterkunft und Sprachschule (BGH NJW 1993, 262)
Unterkunft, Skikurs und Liftpass (OLG Celle RRa 2002, 16)
Fahrt und Musicalbesuch (LG Frankfurt NJW-RR 1999, 57)
Flug und Wohnmobil (LG Frankfurt NJW-RR 1993, 952; AG München RRa 1997, 192)
Unterkunft und Ferienfahrschule (LG Frankfurt NJW-RR 1989, 1399)
Segeltour mit Skipper (OLG Düsseldorf NJW-RR 1995, 314; LG München I NJW-RR 1995, 1522)
Gewonnener Hotelaufenthalt mit entgeltlichem Flug (AG Höhenschönhausen NJW-RR 1999, 129; AG Cloppenburg NJW-RR 2001, 1274)
nach: Verbraucherzentrale Bundesverband e. V. (vzbv), Kurs »Reiserecht«, Fortbildungsprogramm 2009/2010

Wer dagegen seine Reise selbst organisieren möchte, z. B. einen Flug im Reisebüro oder Internet bucht und sich selbst um die Beherbergung kümmert, für den gilt das **örtliche Recht** dieser Leistungsträger. Er ist **Individualurlauber.**

Exkurs: Die Individualreise

Bei der **Individualreise** kombiniert der Urlauber z. B. verschiedenste Transportmittel und Beherbergungsmöglichkeiten nach seinem Geschmack miteinander und schließt dabei eine **Vielzahl von Verträgen mit verschiedenen Vertragspartnern** ab. Die einzelnen Reiseleistungen werden jeweils separat gebucht und berechnet.

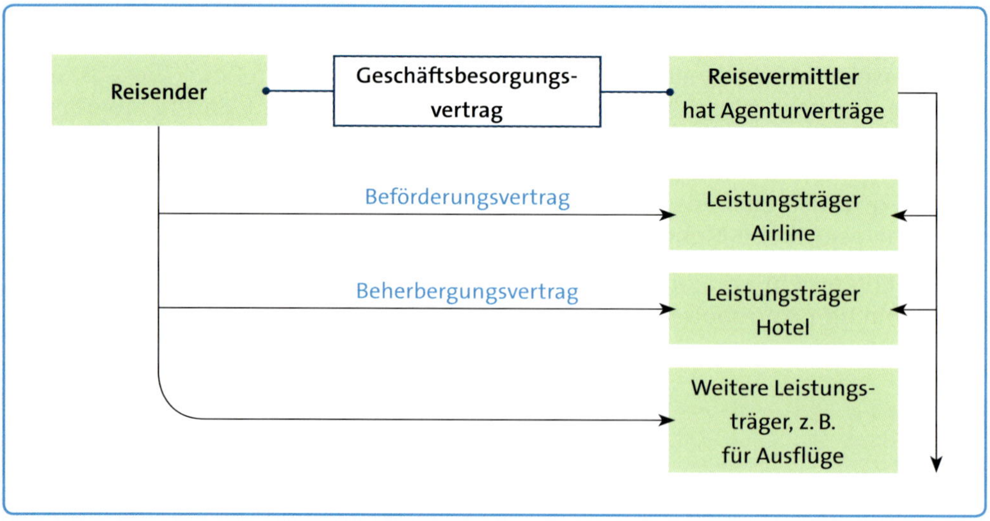

Abb. Rechtsbeziehungen bei einer Individualreise

Im Rahmen einer Individualreise kann es daher zu unterschiedlichen Vertragsarten kommen (Vertragsarten ▸ LF 2, Kapitel 2.5).

Vertragsarten bei der Individualreise:

- **Beförderungsvertrag,** z. B. Fahrt mit Bahn, Bus, Fähre oder auch Flug,
- **Beherbergungsvertrag,** z. B. Buchung eines Hotelzimmers,
- **Mietvertrag,** z. B. Mietwagen, Campingwagen,
- **Dienstvertrag,** z. B. Sprach- oder Sportkurs, Stadtrundfahrt.

BEISPIEL

Individualreise

Herr Klein entschließt sich zu einem Wochenendtrip nach München.
Er bucht einen Flug in einem IATA-Reisebüro und bucht für zwei Nächte ein Hotel in München über ein anderes Reisebüro.

Durch den Kauf des Flugtickets kommt mit der Fluggesellschaft ein **Beförderungsvertrag** zustande. Durch die Buchung des Hotelzimmers kommt ein **Beherbergungsvertrag** mit dem Hotelier zustande. Er hat damit zwei Reiseleistungen gebucht, die zu Verträgen mit unterschiedlichen Partnern führen und gilt als Individualtourist.

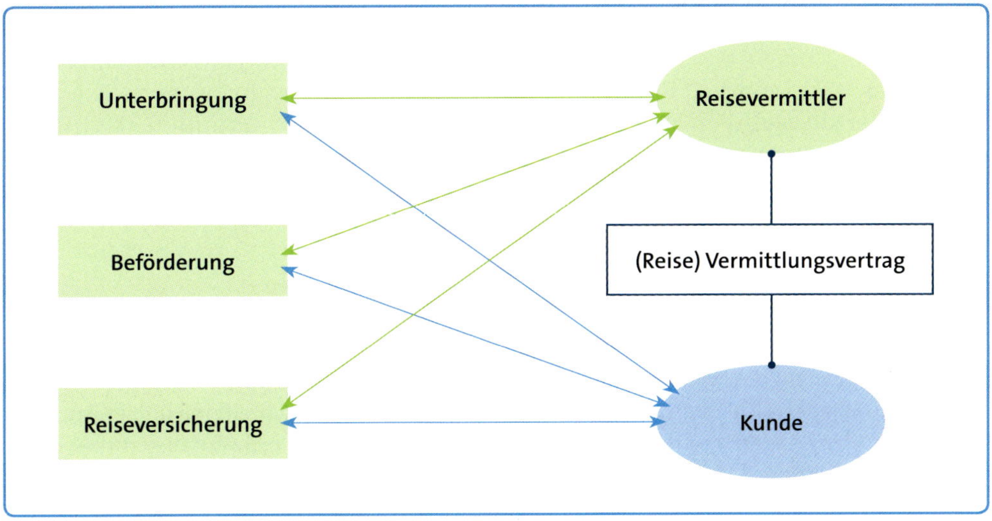

Abb. Rechtsbeziehungen bei der Vermittlung von Einzelleistungen

Für die **Abgrenzung zwischen einer Pauschalreise und einer Individualreise** ist entscheidend, ob die Reiseleistungen als Gesamtpaket zu einem Gesamtpreis angeboten werden (Pauschalreise) oder ob der Reisende selbst einzelne Reiseleistungen zusammenstellt und das Reisebüro diese in separaten Rechnungen, aus denen der jeweilige Leistungsträger hervorgeht, berechnet (Individualreise).

A.2 Parteien des Reisevertrags

Reiseveranstalter ist derjenige, der die Reiseleistungen als Paket verantwortlich anbietet. Somit können u. a. Zeitungsverlage, die Leserreisen anbieten, Radiosender, die Hörerreisen offerieren, oder Volkshochschulen, die Städtereisen durchführen, Reiseveranstalter sein. Eine gewerbliche Tätigkeit oder Gewinnstreben sind nicht erforderlich.

MERKE

Vertragspartner

Der Reiseveranstalter ist alleiniger Vertragspartner des Reisenden. Um seine Leistungen erbringen zu können, bedient er sich selbst weiterer Leistungsträger (Unternehmen), z. B. Fluggesellschaften, Hoteliers. Der Reisende hat keine vertraglichen Ansprüche gegen diese Leistungsträger.

Abb. Fremdenverkehrsbüro einer Stadt

Auch **Fremdenverkehrsstellen oder Fremdenverkehrsbüros** gelten als Pauschalreiseveranstalter, wenn sie Reiseleistungen als Paket eigenverantwortlich anbieten. (Eine Besonderheit ist hier ggf. im Bereich der Kundengeldabsicherung ► Kapitel A.6.5 zu beachten, sofern die Fremdenverkehrsstelle Teil einer juristischen Person des öffentlichen Rechts ist, z. B. einer kreisfreien Stadt.)

Da es sich beim Reisevertragsgesetz um unabdingbares (zwingendes) Recht handelt, sind **Haftung beschränkende Klauseln (Vermittlerklauseln)** in den Allgemeinen Geschäftsbedingungen (AGB) des Reiseveranstalters (► Exkurs Kapitel A.6.3) und in der Reisebestätigung unwirksam, da sie den Reisenden unangemessen benachteiligten (vgl. BGH, Urteil vom 30.09.2003, Az.: X ZR 244/02).

BEISPIEL

AGB-Formulierungen eines Reiseveranstalters

»Die im Rahmen einer Reise oder zusätzlich zu dieser erbrachte Beförderung im Linienverkehr, für die Ihnen ein entsprechender Beförderungsausweis ausgestellt wurde, erbringen wir als Fremdleistung, sofern wir in der Reiseausschreibung und in der Reisebestätigung ausdrücklich darauf hinweisen. Wir stehen daher nicht für die Erbringung der Beförderungsleistung selbst ein. [...]«,

»Wir haften nicht für Leistungsstörungen im Bereich von Fremdleistungen, die lediglich vermittelt werden und in der Reiseausschreibung ausdrücklich als solche gekennzeichnet werden.«

www.reiserecht-aktuell.de

Für eindeutige Fremdleistungen, die nicht zum Gesamtpaket der Pauschalreise gehören und für die ein gesonderter Preis zu entrichten ist (z. B. Mietwagen), handelt der Reiseveranstalter nur als Vermittler.

A.3 Agenturvertrag und Geschäftsbesorgung

Das **Reisebüro** (Reisevermittler) vermittelt oder besorgt Reiseleistungen eines Dritten und ist somit i. d. R. **Handelsvertreter** im Sinne der §§ 84 ff. HGB, wenn es im Rahmen eines **Agenturvertrages** mit dem Reiseveranstalter ständig damit betraut ist.

MERKE

Agenturvertrag
Von einem Agenturvertrag spricht man, wenn der Agent nicht nur ein Geschäft vermittelt, sondern das Geschäft in (fremden) Namen und auf (fremde) Rechnung des Auftraggebers abschließt.

Das Reisebüro schließt i. d. R. mit mehreren Reiseveranstaltern **Agenturverträge** ab. Es muss sich somit für jeden dieser Reiseveranstalter um Reisevertragsabschlüsse bemühen (vgl. § 86 HGB). Werden im Rahmen der Reiseberatung von den Reisebüromitarbeitern Pflichten übernommen, die dem Reiseveranstalter aus dem Reisevertrag resultieren, handelt das Reisebüro als **Erfüllungsgehilfe**.

URTEIL

Haftung des Reiseveranstalters
Hat der Reisekunde seine Auswahlentscheidung getroffen, wird das Reisebüro bei den Informationen über die Durchführung der konkreten gewählten Reise nur noch als Erfüllungsgehilfe des Reiseveranstalters tätig. Die Information über die Pass- und Visumerfordernisse gehört in der Regel nicht zu der möglicherweise vom Reisebüro geschuldeten Auswahlberatung. Diese ist allein Pflicht des Reiseveranstalters bei den Verhandlungen über den gewählten Reisevertrag. Bedient sich der Reiseveranstalter zur Erfüllung dieser Pflicht des Reisebüros, haftet er für dessen Verschulden.
(BGH, Urteil vom 25.04.2006, Az.: X ZR 198/04)

Der **Reiseveranstalter** ist verpflichtet, den Kunden über die adäquaten Pass- und Visumerfordernisse zu der gewählten Reise zu informieren (vgl. § 4 Abs. 1 Nr. 6 und § 5 Nr. 1 BGB-InfoV ► Anhang 1). Der Reiseveranstalter hat deshalb auch für ein **Fehlverhalten des Reisebüros** gemäß § 278 BGB ein zu stehen.

BGB

Verantwortlichkeit des Schuldners für Dritte (§ 278 BGB)
Der Schuldner hat ein Verschulden seines gesetzlichen Vertreters und der Personen, deren er sich zur Erfüllung seiner Verbindlichkeit bedient, in gleichem Umfang zu vertreten wie eigenes Verschulden. [...]

Der **Reiseveranstalter haftet jedoch nicht für Willenserklärungen** und Informationen, die ein selbstständiges Reisebüro vor der Buchung gegeben hat. (Jedoch tritt ein Reisevermittler nur dann selbst als Reiseveranstalter auf, wenn er für ein selbst zusammengestelltes Reisepaket wirbt und als Gesamtheit zu einem Reisepreis anbietet ▸ Ende Kapitel A.3.)

MERKE

Geschäftsbesorgungsvertrag
Die Rechtsbeziehung zwischen Reisebüro und Reisekunde ist juristisch ein Geschäftsbesorgungsvertrag (§§ 675, 631 ff. BGB), der regelmäßig formlos mündlich geschlossen wird. Da der Reisevermittler nicht für die Reisedurchführung verantwortlich ist, findet das Pauschalreiserecht auf dieses Vertragsverhältnis keine Anwendung.

Abb. Vertragsunterschrift

Als **Geschäftsbesorgung** nach den §§ 675 ff. BGB wird jede selbstständige Tätigkeit in fremdem Interesse bezeichnet. Der Abschluss des Geschäftsbesorgungsvertrages zwischen Reisevermittler und Reiseinteressent bedarf keiner bestimmten Form.

Mit der **Erteilung des Vermittlungsauftrags** kommt zwischen der Kundin bzw. dem Kunden und dem Reisevermittler der **Reisevermittlervertrag** als Geschäftsbesorgungsvertrag zustande.

	Abschluss eines Dienst- oder Werkvertrags
+	Gegenstand ist eine Geschäftsbesorgung
=	Geschäftsbesorgungsvertrag

Gegenstand der Geschäftsbesorgung kann eine Tätigkeit wirtschaftlicher Art sein, die mit einer gewissen Selbstständigkeit und auf Dauer auszuüben ist und für und im Interesse des Geschäftsherrn ausgeübt wird.

MERKE

Eigenständiges Rechtsverhältnis
Für den Reisevermittler besteht der Geschäftsbesorgungsvertrag mit dem Reisekunden parallel neben seiner Tätigkeit als Erfüllungsgehilfe des Reiseveranstalters als eigenständiges Rechtsverhältnis.

Der Reisevermittler hat im Rahmen des Geschäftsbesorgungsvertrages bzw. als Erfüllungsgehilfe des Reiseveranstalters eine **ordnungsgemäße Informations- und Beratungspflicht** gegenüber dem Reisenden.

Die Informations- und Beratungspflicht umfasst:

- die Auswahl verschiedener Reiseveranstalter,
- die Auswahl der Destination,
- die Information über die Qualität der Beherbergungsbetriebe,
- die Erfüllung individueller Wünsche,
- die notwendige Information bez. der Beförderung,
- die Nennung und Fälligkeit des Reisepreises,
- die ordnungsgemäße Abwicklung der Buchung,
- den Hinweis auf eine Reiserücktrittsversicherung (▸ LF 4, Kapitel 2.7),
- sowie ggf. Sorgfaltspflichten bei der finanziellen Abwicklung.

Die **schuldhafte Verletzung dieser Pflicht** kann einen Anspruch des Reisenden auf Schadensersatz gegenüber dem Reisebüro begründen.

BGB

Entgeltliche Geschäftsbesorgung (§ 675 Abs. 2 BGB)

(2) Wer einem anderen einen Rat oder eine Empfehlung erteilt, ist, unbeschadet der sich aus einem Vertragsverhältnis, einer unerlaubten Handlung oder einer sonstigen gesetzlichen Bestimmung ergebenden Verantwortlichkeit, zum Ersatz des aus der Befolgung des Rates oder der Empfehlung entstehenden Schadens nicht verpflichtet.

Würde das Reisebüro also nicht darüber informieren, dass zur Einreise in das gebuchte Urlaubsland ein Visum erforderlich ist, **könnte sich der Reisende im Schadenfall an zwei Anspruchsgegner wenden**.

BGB

Gesamtschuldner (§ 421 BGB)

Schulden mehrere eine Leistung in der Weise, dass jeder die ganze Leistung zu bewirken verpflichtet, der Gläubiger aber die Leistung nur einmal zu fordern berechtigt ist (Gesamtschuldner), so kann der Gläubiger die Leistung nach seinem Belieben von jedem der Schuldner ganz oder zu einem Teil fordern. Bis zur Bewirkung der ganzen Leistung bleiben sämtliche Schuldner verpflichtet.

Im Interesse des Verbraucherschutzes **haftet das Reisebüro dann gesamtschuldnerisch neben dem Reiseveranstalter**, wenn es als Erfüllungsgehilfe tätig wurde (vgl. BGH, Urteil vom 19.11.1981, NJW 1982, 377/378).

Verpasster Bus

BEISPIEL

Herr Lustig wendet sich an ein Reisebüro, um eine zweitägige Bustour nach Hamburg zu buchen. In dem Katalog eines Reiseveranstalters ist eine entsprechende Reise zu finden, die ein Reisebüromitarbeiter beim Veranstalter telefonisch für ihn bucht. Da die Reise bereits am nächsten Tag anzutreten ist, können die Reisepapiere nicht ausgehändigt werden. Der Mitarbeiter des Reisebüros teilt Herrn Lustig dann leider einen falschen Abfahrtsplatz mit, worauf dieser am nächsten Tag seine Bustour verpasst.

Abb. Bustour

Der Mitarbeiter des Reisebüros handelt bei der Mitteilung des Abfahrtsplatzes als **Erfüllungsgehilfe des Reiseveranstalters**, so dass Herr Lustig seine Ansprüche direkt beim Veranstalter anmelden könnte.

Der Reisebüromitarbeiter hat gegen die **Informations- und Beratungspflichten im Rahmen des Geschäftsbesorgungsvertrages** (vgl. § 675 BGB) des Reisebüros schuldhaft verstoßen. Das Reisebüro haftet somit für etwaige Fehler wegen Verletzung von Leistungspflichten aus dem Vertragsverhältnis. So kann Herr Lustig auch Schadensersatz wegen der Verletzung von Leistungspflichten gemäß der §§ 280 ff. BGB gegen das Reisebüro geltend machen.

BGB

Schadensersatz wegen Pflichtverletzung (§ 280 BGB)

(1) Verletzt der Schuldner eine Pflicht aus dem Schuldverhältnis, so kann der Gläubiger Ersatz des hierdurch entstehenden Schadens verlangen. Dies gilt nicht, wenn der Schuldner die Pflichtverletzung nicht zu vertreten hat.
(2) Schadensersatz wegen Verzögerung der Leistung kann der Gläubiger nur unter der zusätzlichen Voraussetzung des § 286 BGB verlangen.
(3) Schadensersatz statt der Leistung kann der Gläubiger nur unter den zusätzlichen Voraussetzungen des § 281 BGB, des § 282 BGB oder des § 283 BGB verlangen.

Herr Lustig kann beide, Reiseveranstalter und Reisevermittler, gemeinsam in Anspruch nehmen oder den Schaden bei nur einem anmelden (vgl. § 421 BGB).

MERKE

Reisevermittler = Reiseveranstalter

Ein Reisevermittler wird selbst zum Veranstalter,
wenn er eine von ihm zusammengestellte Reise bewirbt und als Gesamtheit anbietet.
Das Reisebüro handelt als Erfüllungsgehilfe des Reiseveranstalters, soweit dessen Pflichten aus der Buchung bzw. dem Reisevertrag erfüllt bzw. verletzt werden. Deshalb haftet der Reiseveranstalter entsprechend § 278 BGB.

A.4 Buchung für mehrere Personen

Häufig werden Pauschalreisen für mehrere Personen gebucht.

Buchung für mehrere Personen

BEISPIEL

Frau Bilstein bucht im Reisebüro für sich, ihren Ehemann Günter und die Tochter Alina eine Pauschalreise nach Korfu. In der Eingabemaske trägt die Reisebüromitarbeiterin als »buchende Person« Frau Bilstein mit ihren persönlichen Daten ein. Als Reiseteilnehmer werden ihr Mann und die Tochter aufgeführt.

Frau Bilstein ist nun alleinige Vertragspartnerin des Reiseveranstalters. Ihre Familienangehörigen haben entsprechend § 328 BGB das Recht, an der Reise teilzunehmen.

BGB

Vertrag zugunsten Dritter (§ 328 Abs. 1 BGB)

(1) Durch Vertrag kann eine Leistung an einen Dritten mit der Wirkung bedungen werden, dass der Dritte unmittelbar das Recht erwirbt, die Leistung zu fordern.

Bei einem Reisevertrag zugunsten Dritter vereinbaren die Vertragsparteien, dass eine dritte Person gegenüber dem Reiseveranstalter berechtigt sein soll. Somit hat der Dritte zwar einen unmittelbaren Leistungsanspruch gegen den Reiseveranstalter, er wird aber nicht Vertragspartner.

Im obigen Beispiel ist Frau Bilstein verpflichtet den gesamten Reisepreis zu zahlen. Ihre Familiemitglieder haben Anspruch auf die Teilnahme an der gebuchten Reise.

Stellvertretung (Buchung für Mitreisende)

»Kennzeichen der **Stellvertretung** nach den §§ 164 ff. BGB ist, dass eine Person, der Vertreter, ein Rechtsgeschäft für eine andere Person, den Vertretenen, vornimmt und die Wirkungen dieses Rechtsgeschäfts den Vertretenen treffen. Dieser wird unmittelbar berechtigt und verpflichtet, obwohl er selbst nicht gehandelt hat. [...]«

verändert nach: www.ruessmann.jura.uni-sb.de

Unterstellt wird eine Stellvertretung meist, wenn zwischen der buchenden Person und den übrigen Reiseteilnehmern eine Namensverschiedenheit gegeben ist, wie z. B. bei Gruppenreisen. Da bei namens verschiedenen Ehepartnern der Familienstatus nicht zu erkennen ist, geht auch in diesem Fall die Rechtssprechung von jeweils separaten Reiseverträgen aus (vgl. OLG Düsseldorf, NJW-RR 1990, 186; zuletzt auch AG Düsseldorf, Urteil vom 30.07.1997, VuR 1997, 238 ff.).

Hätte Frau Bilstein die Reise als Stellvertreterin für ihre Familienangehörigen gebucht, wären sowohl für ihren Mann als auch für die Tochter jeweils **einzelne Reiseverträge** zustande gekommen, sofern die Familienangehörigen sie bevollmächtigt hätten (vgl. auch ▸ LF 2, Kapitel 2.3).

Abb. Gruppenreise

URTEIL

Gruppenreise gebucht – Keine Haftung für Zahlungsausfälle

Kommt es bei Gruppenreisen zu Zahlungsausfällen, so haftet grundsätzlich nicht, wer die Reise gebucht hat. Das hat das Oberlandesgericht (OLG) Frankfurt entschieden. Vertragspartner des Reiseveranstalters seien jeweils die einzelnen Teilnehmer, argumentierte das Gericht. Eine Ausnahme gelte nur bei der Buchung einer Reise für die eigene Familie. Das Gericht wies mit seinem Spruch die Zahlungsklage eines Reiseveranstalters gegen einen Kunden ab. Der Kunde hatte für eine Gruppe, der neben weiteren Teilnehmern er selbst und seine Ehefrau angehörten, eine Flugreise gebucht. Als einige Teilnehmer der Reise nicht zahlten, wollte der Veranstalter den Kunden zur Kasse bitten. Dieser verwies darauf, er habe die Reise lediglich organisiert und hafte daher nicht für die Zahlungspflichten der einzelnen Teilnehmer. Wer eine Gruppenreise buche, so die Richter, werde damit nicht zum alleinigen Vertragspartner des Reiseveranstalters. Vielmehr komme rechtlich betrachtet zwischen jedem Teilnehmer und dem Veranstalter ein eigenständiger Vertrag zustande. Abweichende Verfahrensweisen müssten jedenfalls ausdrücklich vereinbart sein (vgl. OLG Frankfurt, Az.: 16 U 167/03 III).

www.rechtsanwalt-walther.de

A.5 Reisekatalogangaben

Es besteht generell für einen Reiseveranstalter keine rechtliche Verpflichtung einen Reisekatalog herauszugeben. Sollte er sich jedoch dazu entschließen, dann sind für die Inhalte gesetzliche Vorgaben zu beachten. Diese regelt die **BGB-Informationspflichten-Verordnung** (**BGB-InfoV** ▸ Kapitel A.6.1 und Anhang 1).

BGB

Prospektangaben (§ 4 BGB-InfoV)

(1) Stellt der Reiseveranstalter über die von ihm veranstalteten Reisen einen Prospekt zur Verfügung, so muss dieser deutlich lesbare, klare und genaue Angaben enthalten über den Reisepreis, die Höhe einer zu leistenden Anzahlung, die Fälligkeit des Restbetrages und außerdem, soweit für die Reise von Bedeutung, über folgende Merkmale der Reise: [...]

Zu diesen **Reisemerkmalen** zählen Bestimmungsort, Transportmittel (Merkmale und Klasse), Unterbringung (Art, Lage, Kategorie oder Komfort und Hauptmerkmale sowie – soweit vorhanden – ihre Zulassung und touristische Einstufung), Mahlzeiten, Reiseroute, Pass- und Visumerfordernisse und gesundheitspolizeiliche Formalitäten, die für die Reise und den Aufenthalt erforderlich sind.

Anmerkung: Der Reiseveranstalter kann sich im Rahmen der Informationspflicht bezüglich des Visums an den Vorschriften für deutsche Staatsangehörige orientieren.

Die in dem für die Reisebuchung ausschlaggebenden Katalog enthaltenen Angaben werden Bestandteil des Reisevertrages. Sie sind für den Veranstalter bindend und bestimmen somit u. a. die Leistungspflicht des Veranstalters (vgl. § 4 Abs. 1 Nr. 6 sowie § 5 BGB-InfoV ▸ Anhang 1).

Häufig sind **Katalogangaben wie eine Geheimsprache** formuliert. Einige »verschlüsselte Beschreibungen« können bereits vorab auf zu erwartende Unannehmlichkeiten bzw. Mängel hindeuten.

Im Folgenden einige Beispiele und möglichen Interpretationshinweise für die »Katalogsprache«.

BEISPIEL

Direktflug
Der »Direktflug« kann eine Zwischenlandung einschließen, allerdings ohne, dass das Flugzeug gewechselt werden muss (Beibehaltung der Flugnummer). Der Nonstop-Flug bringt den Reisenden direkt ans Ziel.

Zentrale Lage/verkehrsgünstige Lage
Dahinter verbirgt sich oft eine Warnung vor starkem Verkehrslärm in der Umgebung des Hotels. »Zentral, aber ruhig« ist deshalb schon wesentlich weniger lärmbelastet

Aufstrebender Ort
Die Bezeichnung kann auf eine unterentwickelte und unterversorgte Umgebung mit vielen Baustellen und Straßen in schlechtem Zustand hindeuten. Das gilt auch für die Häuser der Umgebung.

Idylle in ruhiger Natur
Bei dieser Lagebeschreibung sind wahrscheinlich wenig touristische Angebote und Infrastruktur zu finden.

Lebhaft, munter und fröhlich
Es handelt sich um ein Touristengebiet, in dem von einem Erholungsurlaub nicht ausgegangen werden kann.

Hotel direkt am Meer
Ist die Lage des Hotels so und ohne weitere Zusätze beschrieben, kann das heißen, dass kein Badestrand vorhanden ist (Hafen oder Steilküste). Einen Badestrand findet man nur bei einem »Hotel am Strand«.

BEISPIEL

Hotel mit internationaler Atmosphäre
Ein solches Hotel wird möglicherweise von ausgelassenen Vereinen und Gruppen aus aller Herren Länder heimgesucht.

Einrichtung im »griechischen Stil«
Der Fußboden ist gekachelt, die Stühle sind aus Holz, Polstermöbel sind sicher nicht vorhanden.

Kinderfreundliches Haus
Hier findet der Urlauber in der Regel keine Ruhe und Erholung, denn die Kleinen dürfen lauthals toben.

Allabendliche Tanzveranstaltungen
Der Reisende muss damit rechnen, dass er diese auf dem eigenen Zimmer mithören kann.

In der Nähe des Flughafens
Die Beschreibung lässt auf Fluglärm schließen. Das Hotel liegt in der Einflug- oder Abflugschneise eines Flughafens.

Zimmer zur Meerseite
Die Zimmer des Hotels sind zum Meer hin gerichtet, ein Blick aufs Meer ist dabei jedoch nicht geschuldet (Urteil des Amtsgerichts Kleve vom 3.8.2000, AZ 28 C 155/00). Häuser oder üppige Vegetation können den direkten Blick versperren. Nur »Meerblick« heißt eben auch Meerblick.

Natürlicher/Naturbelassener Strand
Der Strand wird sich selbst überlassen. Dort können Abfall, wie Glasscherben und ähnliches, zu finden sein. Oft weist diese Umschreibung gar auf einen Strand hin, in dessen unmittelbarer Nähe Abwasserzuläufe ins Meer führen.

Freundliches und zweckmäßiges Zimmer
Die Wände des Zimmers sind eventuell nur gekalkt und der Fußboden ist gekachelt. Eine zweckmäßige Einrichtung lässt also auf wenig Komfort schließen.

Beheizbarer Swimmingpool
Beheizbar heißt nicht tatsächlich beheizt.

Unterkunft mit Familienanschluss
Hier wird vom Gast erwartet, dass er berichtet, wo er war, was er unternehmen will und dass er an gemeinsamen Aktivitäten oder Spielabenden teilnimmt.

Soeben eröffnetes Haus
Unterkunft kann noch nach Farbe riechen, nicht alle Ausbauarbeiten sind erledigt.

All inclusive
Die Angebote beziehen sich oft nur auf bestimmte Bereiche des Hotels oder der Anlage oder sind auf bestimmte Zeiten begrenzt. Hier ist eine genaue Information anzuraten.

www.anwalt.de/rechtstipps/ratgeber/leistungsbeschreibung.html

Negative Umstände

Generell gilt, dass **negative Umstände**, die den Aufenthalt z. B. in einem Hotel beeinträchtigen könnten, nicht verschwiegen werden dürfen. Bei einem »lebhaften, munteren Hotel« muss auf die damit möglicherweise verbundene Lärmbelästigung im Hauptteil des Katalogs hingewiesen werden und nicht der Hinweis z. B. im Preisteil versteckt werden. Ferner müssen die abgebildeten Fotos, z. B. der Hotelanlage, des Hotelzimmers, der Poollandschaft usw. repräsentativ sein, da sonst nachweislich falsche Erwartungen beim Reisenden geweckt werden, und somit der Veranstalter seine Informationspflichten gegenüber dem Kunden verletzt. Der »**Grundsatz der Prospektwahrheit**« muss gewahrt werden.

URTEIL

Katalog und Wirklichkeit

Ein Kläger erhielt einen Minderungsanspruch in Höhe von 15 Prozent des Reisepreises, weil sein Zimmer nicht der Abbildung im Katalog entsprochen hatte. Es war halb so groß, hatte keine Holzdecke, nur ein Fenster, die abgebildete Möbel wie Couch oder drei Tischleuchten waren nicht vorhanden. Die Einrichtung bestand außerdem nur aus Plastik.

(AG Düsseldorf, Az.: 29 C 16301/97)

Der Veranstalterkatalog ist die **primäre Informationsquelle** bei einer Pauschalreise. Die BGB-InfoV (▸ Kapitel A.6.1 und Anhang 1) schützt den Verbraucher vor unklaren oder irreführenden Angaben über die Reiseleistungen. Dies gilt auch für von einen vom Reiseveranstalter zur Verfügung gestellten Bild- oder Tonträger.

MERKE

Preis- und Leistungsvergleich

Für den Verbraucher müssen durch die im Katalog enthaltenen Informationen Preise und Leistungen des Veranstalters mit anderen vergleichbar werden.

Leistungsänderungen

Die in dem **Prospekt enthaltenen Angaben sind für den Reiseveranstalter bindend**. Er kann jedoch vor Vertragsschluss eine Änderung erklären, soweit er dies in dem Prospekt vorbehalten hat (AGB des Reiseveranstalters ▸ Exkurs in Kapitel A.6.3).

BGB

Prospektangaben,
Mindestteilnehmerzahl (§ 4 BGB-InfoV, Abs. 1, Satz 7)

7. (...) eine für die Durchführung der Reise erforderliche Mindestteilnehmerzahl sowie die Angabe, bis zu welchem Zeitpunkt vor dem vertraglich vereinbarten Reisebeginn dem Reisenden die Erklärung spätestens zugegangen sein muss, dass die Teilnehmerzahl nicht erreicht und die Reise nicht durchgeführt wird.

Reiseveranstalter behalten sich häufig aus ökonomischen Gründen vor, die Reise abzusagen, wenn z. B. die **Mindestteilnehmerzahl** nicht erreicht wird, oder Reiseleistungen (z. B. Abflugzeiten) kurzfristig zu ändern.

Auf solche Vorbehalte muss **im Reisekatalog ausdrücklich** hingewiesen werden. Dies schließt die Nennung der Mindestteilnehmerzahl sowie den spätesten Zeitpunkt einer möglichen Reiseabsage ein.

Bitte beachten Sie! – Mindestteilnehmerzahl

Bei allen Reisen garantieren wir die Durchführung Ihrer Reise, sobald die Mindestteilnehmerzahl von 20 Reisegästen erreicht wird. Bei Nichterreichen dieser Mindestteilnehmerzahl teilen wir Ihnen bis spätestens zwei Wochen vor Reiseantritt die Absage evtl. betroffener Reisen mit!

www.lange-reisen.com

Nach § 651a Absatz 5 BGB ist eine **zulässige Änderung einer wesentlichen Reiseleistung** (▸ Kapitel A.7.3) oder eine **zulässige Absage der Reise** (▸ Kapitel A.7.4) dem Reisenden unverzüglich nach Kenntnis von dem Änderungs- oder Absagegrund zu erklären.

Sollten sich nach Druck des Reisekatalogs Gegebenheiten ändern, die für eine **Buchung von Bedeutung sind**, hat der Reiseveranstalter darüber den Reiseinteressenten zu informieren.

BEISPIEL

Bedeutende Änderungen

Änderungen bei den Pass- und Visa-Vorschriften, geänderte Meldepflichten, verschärfte Sicherheitsmaßnahmen.

Ebenso hat ein Reiseveranstalter den Reisenden über alle **wesentlichen Veränderungen zu informieren, die zwischen Buchung und Reiseantritt** im Zielgebiet eintreten.

Glücks-, Spar-, Joker-, Roulette- oder Fortunareisen

© de la Motte

Bei diesen Reisen bucht der Kunde i. d. R. das Zielland oder Zielgebiet seiner Reise, meist inklusive der gewünschten Hotelkategorie, den Zimmertyp und die Verpflegungsleistung. Seinen Urlaubsort und sein Hotel erfährt der Reisende erst kurz vor Reisebeginn bzw. erst bei der Ankunft am Zielflughafen.

Damit ist **§ 4 Absatz 1 der BGB-Informationspflichten-Verordnung** »[...] soweit für die Reise von Bedeutung« (▸ Anhang 1) Genüge getan. Der Veranstalter ist für derartige Reisen nicht verpflichtet, bereits im Prospekt die Unterbringung genau zu bezeichnen. Die Gewährleistungsrechte (▸ Kapitel B.3) gelten jedoch grundsätzlich auch für diese Reisen.

A.6 Aus dem Reisevertrag resultierende Pflichten

Ein Reisevertrag hat weit reichende Konsequenzen für die beteiligten Parteien. Ihnen werden gesetzlich geregelte Pflichten auferlegt, die sich aus dem Vertrag ergeben. Sie sind in den folgenden Kapiteln dargestellt.

A.6.1 Informationspflichten des Reiseveranstalters

Die **BGB-Informationspflichten-Verordnung (BGB-InfoV)** regelt u. a. die Informationspflichten, die ein Reiseveranstalter beim Abschluss von Reiseverträgen mit einem Verbraucher zu beachten hat (vgl. Abschnitt 3 der BGB-InfoV). Sie ergänzt zahlreiche **verbraucherschutzrechtliche Vorschriften** des deutschen Bürgerlichen Gesetzbuchs (BGB).
Einen vollständigen Abdruck der geltenden BGB-InfoV finden Sie als ▸ Anhang 1 am Ende dieses Kapitels.

> **MERKE**
>
> **Informationspflichten**
> Alle Informationspflichten, die ein Reiseveranstalter bei Pauschalreiseverträgen zu beachten hat, sind in den §§ 4 bis 11 der BGB-InfoV geregelt.

Überblick Informations- und Nachweispflichten von Reiseveranstaltern (RV)

§ 4 Prospektangaben (▸ Kapitel A.5)
Ein vom Veranstalter zur Verfügung gestellter Prospekt muss deutlich lesbar sein und klare und genaue Angaben über die von ihm veranstalteten Reisen enthalten, insbesondere über den Reisepreis, die Höhe einer zu leistenden Anzahlung, die Fälligkeit des Restbetrages sowie spezifische Angaben zu Transport und Beherbergung, Einreisebestimmungen, gesundheitliche Vorsorge und ggf. Mindestteilnehmerzahl. Reiseveranstalter und der Reisende können vom Prospekt abweichende Leistungen vereinbaren.

Überblick Informations- und Nachweispflichten von Reiseveranstaltern (RV)

§ 5 Unterrichtung vor Vertragsschluss
Vor Abgabe der auf den Vertragsschluss gerichteten Willenserklärung (= Buchung) des Reisenden muss eine Unterrichtung bezüglich Pass- und Visumerfordernisse, Fristen zur Erlangung der Dokumente, gesundheitspolizeiliche Formalitäten, z. B. polizeilich vorgeschriebene Impfungen und Atteste, usw. zu erfolgen.

§ 6 Reisebestätigung, Allgemeine Reisebedingungen
Die Aushändigung einer Urkunde über den Reisevertrag (Reisebestätigung ▸ Kapitel A.6.3), die alle in § 4 Absatz 1 genannten Modalitäten und Merkmale enthalten muss, ist zwingend. Diese Urkunde enthält alle wesentlichen Informationen zum Inhalt des Vertrages und Hinweise zu den Rechten und Pflichten des Reisenden.

§ 7 Verträge über Gastschulaufenthalte
Der Reiseveranstalter hat gegenüber dem Gastschüler besondere Informationspflichten. Er hat ihn/sie u. a. über Namen und Anschrift der Gastfamilie, Namen und Erreichbarkeit eines Ansprechpartners im Aufnahmeland, über das Abhilfeverlangen des Gastschülers und die vom Reiseveranstalter ergriffenen Maßnahmen zu informieren (vgl. § 651l BGB).

§ 8 Unterrichtung vor Beginn der Reise
Sofern dem Reisenden keine Informationen in dem ihm zur Verfügung gestellten Prospekt enthalten sind, muss der Reiseveranstalter u. a. über Abfahrts- und Ankunftszeiten und die örtliche Vertretung des Reiseveranstalters informieren (besondere Informationspflicht). Eine besondere Mitteilung muss nicht erfolgen, sofern die adäquaten Angaben bereits in der Buchungsbestätigung (Reisebestätigung) oder im Prospekt enthalten sind und inzwischen keine Änderungen eingetreten sind. Bei Auslandsreisen Minderjähriger ist außerdem die bei der Buchung angegebene Person darüber zu unterrichten, wie sie unmittelbare mit dem Kind in Kontakt treten kann.

§ 9 Muster für den Sicherungsschein (▸ Kapitel A.6.5)
Ein Reiseveranstalter, der seine Hauptniederlassung im Inland hat, hat für den Sicherungsschein das in der Anlage zu § 651k Absatz 2 des BGB bestimmte Muster zu verwenden. Der Sicherungsschein ist der Reisebestätigung anzuheften oder auf ihrer Rückseite abzudrucken.

§ 10 Nachweis nach § 651k Abs. 5 des BGB
»Ein Reiseveranstalter, der seine Hauptniederlassung in einem anderen Mitgliedstaat der Europäischen Gemeinschaft oder einem Vertragsstaat des Abkommens über den Europäischen Wirtschaftsraum hat [...], hat den Nachweis [...] nach Maßgabe der am Ort seiner Hauptniederlassung geltenden Vorschriften, jedoch in deutscher oder einer anderen für den Verbraucher leicht verständlichen Sprache zu führen.« (vgl. § 10 BGB-InfoV). Das heißt, Reiseveranstalter sind verpflichtet erhaltene Kundengelder abzusichern und dies mit einem Sicherungsschein nachzuweisen.

§ 11 Gelegenheitsreiseveranstalter
Die BGB Informationsverordnung gilt nicht für Reiseveranstalter, die nur gelegentlich und außerhalb ihrer gewerblichen Tätigkeiten Pauschalreisen veranstalten. Für Gelegenheitsveranstalter hat der Gesetzgeber die Informationspflicht aufgrund der geringen Anzahl der durchgeführten Reiseleistungen (max. zwei Reisen jährlich) entschärft.

Verträge über **Gastschulaufenthalte**, also einen mindestens dreimonatigen und mit dem geregelten Besuch einer Schule verbundenen Aufenthalt des Gastschülers bei einer Gastfamilie in einem anderen Staat, regelt § 7 der BGB InfoV. Dadurch wird der Besonderheit des »klassischen Schüleraustauschs« Rechnung getragen.

Die Unterbringung eines Schülers in einer Gastfamilie (*homestay*-Aufenthalt), in der er quasi ein Mitglied auf Zeit wird, und die Auswahl der ausländischen Schule kann nicht mit einer anderen touristischen Leistung verglichen werden. Die Informationspflichten für Gastschulaufenthalte gelten auch für ***Au-pair*-Aufenthalte**.

Die §§ 4 bis 8 der BGB-InfoV gelten nicht für so genannte **Gelegenheitsveranstalter**. Die Ausnahmevorschrift des § 11 setzt voraus, dass sowohl das Merkmal »gelegentlich«, als auch das Merkmal »außerhalb ihrer gewerblichen Tätigkeit« erfüllt sind. Von einer gelegentlichen Veranstaltung kann ausgegangen werden, wenn bis zu zwei Pauschalreisen im Jahr stattfinden.

BEISPIEL

Gelegenheitsreiseveranstalter?

Wenn ein privater Radiosender nur gelegentlich Hörerreisen anbietet, trifft § 5 BGB-InfoV nicht zu. Zwar ist das Merkmal »gelegentlich« erfüllt, er handelt aber im Rahmen und »nicht außerhalb« seiner gewerblichen Tätigkeit.

Die Volkshochschule, die regelmäßig Reisen veranstaltet, handelt nicht gewerblich, sie wird aber mehr als zwei Reisen im Jahr durchführen und erfüllt in dem Fall das Merkmal »gelegentlich« nicht.

A.6.2 Buchung und Vertragsschluss

Das Reisebüro tritt i. d. R. bei der **Buchung des Reisevertrages** als Vermittler (gemäß §§ 84 ff. HGB) zwischen Reiseveranstalter und Reisenden auf (► Kapitel A.2). Wie jeder gegenseitiger Vertrag kommt der Reisevertrag durch Angebot und Annahme zustande.

Dabei ist der **Reisekatalog/-prospekt selbst kein Angebot** des Reiseveranstalters, sondern stellt lediglich eine Aufforderung an den Reisewilligen dar, ein Angebot für die beschriebenen Reiseleistungen abzugeben.

MERKE

Buchung und Reisebestätigung

Die Abgabe der 1. Willenserklärung (= Buchung) geht vom Reisewilligen aus, die der Reiseveranstalter dann in Form der Reisebestätigung (= 2. Willenserklärung) annimmt.

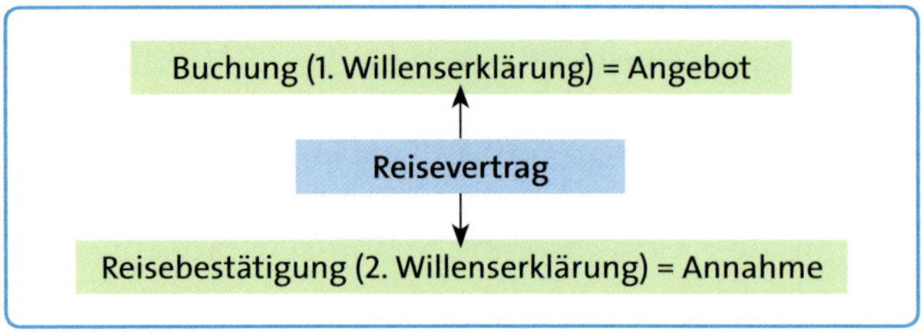

Abb. Zustandekommen des Reisevertrags

Für den Abschluss von Reiseverträgen ausschließlich mittels so genannter **Fernkommunikationsmittel**, d. h. mittels Briefen, Katalogen, E-Mails usw. ist zu beachten, dass § 312b Absatz 3 Nr. 6 des BGB das sonst bei Fernabsatzverträgen geltende Widerrufsrecht (vgl. § 312d Abs. 1 BGB in Verbindung mit § 355 BGB ▸ LF 2, Kapitel 2.6) in der Regel ausschließt.

MERKE

Kein Widerrufsrecht bei Buchung per Fernkommunikationsmittel
Das heißt für den Reisenden, er kann gebuchte Dienstleistungen im Bereich Unterbringung, Beförderung, Beköstigung und Freizeitgestaltung nicht widerrufen.

Der **Reiseveranstalter** ist verpflichtet dem Reisenden bei oder unverzüglich nach der Buchung eine Urkunde über den Reisevertrag (**Reisebestätigung**) auszuhändigen (vgl. § 651a Abs. 3 Satz 1 sowie § 6 Abs. 1 BGB-InfoV).

MERKE

Wirksamkeit des Reisevertrags
Der Reisevertrag kommt erst mit dem Zugang der Reisebestätigung beim Reisenden zustande. Diese hat unverzüglich zu erfolgen, in der Regel innerhalb von drei Wochen ab Buchungstag.

Eine Besonderheit ergibt sich hierbei für »*Last-Minute*-Reisen«:

Eine Aushändigung der Reisebestätigung ist nicht erforderlich, wenn der Reisende die Buchung erst weniger als sieben Werktage vor Beginn der Reise tätigt. In diesem Fall kann die Reisebestätigung auch mündlich erklärt werden (vgl. LG Frankfurt, 2/24 S 492/1989; VuR 1991, 170). Ist der Reisevertrag einmal geschlossen, ergeben sich für den Reisenden **entsprechende Rechte.**

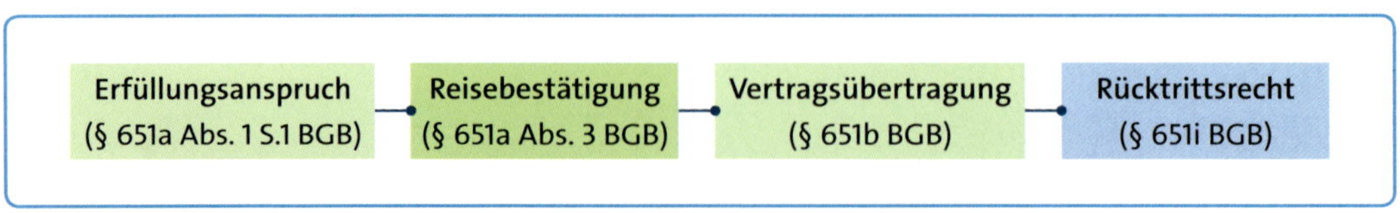

Abb. Rechte und Ansprüche des Reisenden aus dem wirksamen Reisevertrag

Im Fehler-, Mangel- oder Schadenfall kann der Reisende weitere Rechte geltend machen (▸ Kapitel B).

A.6.3 Inhalte der Reisebestätigung

Die Reisebestätigung, genau wie der von dem Veranstalter herausgegebene Prospekt, müssen die nach Artikel 238 des **Einführungsgesetz zum Bürgerlichen Gesetzbuche (EGBGB)** bestimmten Informationen enthalten, die in § 6 Absatz 5 BGB-InfoV fixiert sind.

BGB

Reiserechtliche Vorschriften
(Art. 238 EGBGB)

(1) Das Bundesministerium der Justiz wird ermächtigt, im Einvernehmen mit dem Bundesministerium für Wirtschaft und Technologie durch Rechtsverordnung ohne Zustimmung des Bundesrates,

1. soweit es zum Schutz des Verbrauchers bei Reisen erforderlich ist, Vorschriften zu erlassen, durch die sichergestellt wird,
   a) dass die Beschreibungen von Reisen keine irreführenden, sondern klare und genaue Angaben enthalten und
   b) dass der Reiseveranstalter dem Verbraucher die notwendigen Informationen erteilt und
2. soweit es zum Schutz des Verbrauchers vor Zahlungen oder Reisen ohne die vorgeschriebene Sicherung erforderlich ist, den Inhalt und die Gestaltung der Sicherungsscheine nach § 651k Abs. 3 und der Nachweise nach § 651k Abs. 5 des Bürgerlichen Gesetzbuchs festzulegen und zu bestimmen, wie der Reisende über das Bestehen der Absicherung informiert wird. [...]

Das EGBGB vom 18.08.1896 wurde in der Bekanntmachung vom 21. September 1994 neu gefasst. Es regelt **das Inkrafttreten des Bürgerlichen Gesetzbuchs**.

Im EGBGB wird insbesondere bestimmt, welche Angaben in einem vom Veranstalter herausgegebenen Prospekt und in dem Reisevertrag enthalten sein müssen sowie welche Informationen der Reiseveranstalter dem Reisenden vor dem Vertragsabschluss und vor dem Antritt der Reise geben muss.

© Engels – Fotolia.com

Hierzu gehört auch, dass bei Vertragsschluss ausdrücklich auf bestehende **Allgemeine Geschäftsbedingungen des Reiseveranstalters** (AGB ► Exkurs am Ende dieses Kapitels) hingewiesen wird. Das EGBGB enthält u. a.:

- Übergangsregelungen zum Inkrafttreten des Schuldrechtsmodernisierungsgesetzes,
- Internationales Privatrecht, d. h., die Regelung für Fälle mit Auslandsbezug,
- Ergänzungen zu den zentralen Vorschriften zum Schutz des Verbrauchers des BGB.

Als **Nachweis für eine bestehende Absicherung** des Reiseveranstalters bei einer Versicherung oder einer Bank dient der **Sicherungsschein**, der immer auszuhändigen ist, wenn der Veranstalter bzw. ein Vermittler bereits eine Anzahlung oder Restzahlung vor Erbringung einer Reiseleistung entgegen nimmt bzw. fordert (► Kapitel A.6.5). Das **Reiseveranstalterregister** bietet dem Reisenden die Möglichkeit, sich an zentraler Stelle (z. B. unter www.tip.de/register/) darüber zu informieren, bei welchem **Kundengeldabsicherer** ein Reiseveranstalter gemäß § 651k BGB abgesichert ist. Die Anfragen werden automatisch an alle angeschlossenen Kundengeldabsicherer gesendet und direkt mit den dort vorliegenden Datenbeständen verglichen. Der Kundengeldabsicherer ist verpflichtet, die Beendigung des gleichzeitig entstandenen Kundengeldabsicherungsvertrags der zuständigen Behörde (Gewerbeaufsicht) unverzüglich mitzuteilen.

Die **Reisebestätigung** muss immer Reisepreis und Zahlungsmodalitäten enthalten und sofern von Bedeutung, die Merkmale der Reise nach § 4 Absatz 1 Nr. 2, 3, 4, 5 und 7 BGB-InfoV wiederholen und weitere wesentliche Angaben über die Reise und ihre Umstände sowie ggf. Sondervereinbahrungen enthalten. Hierzu zählen auch die Inhalte der Allgemeinen Geschäftsbedingungen (AGB) des Reiseveranstalters. Zusätzlich muss in der Reisebestätigung **ausdrücklich auf die Rechte bei Reisemängeln** und die **einzuhaltenden Fristen** hingewiesen werden (vgl. § 6 Abs. 2 BGB-InfoV).

Die Reisebestätigung weist festgelegte Inhalte, die den Informationen der Buchung entsprechen auf und gilt als Vertragsschlussdokument (► Kapitel A.6.2).

MERKE

Inhalte der Reisebestätigung
Sollten im Katalog des Reiseveranstalters alle nach § 6 der BGB-InfoV geforderten Informationen abgedruckt sein, muss die Reisebestätigung nur noch Angaben zum Reisepreis und zur Zahlungsweise enthalten.

Aber: Weicht die Reisebestätigung inhaltlich von der Buchung ab, liegt ein neues Angebot (= 1. Willenserklärung) des Reiseveranstalters vor. An dieses ist er circa 12 Tage gebunden.

Bezahlt der Reisende im Falle einer Änderung anstandslos den Reisepreis (= 2. Willenserklärung), muss der Reiseveranstalter davon ausgehen, dass die Änderung in der Reisebestätigung akzeptiert wurde. Widerspricht der Reisende oder reagiert nicht auf das neue Angebot, kommt kein Vertrag zustande.

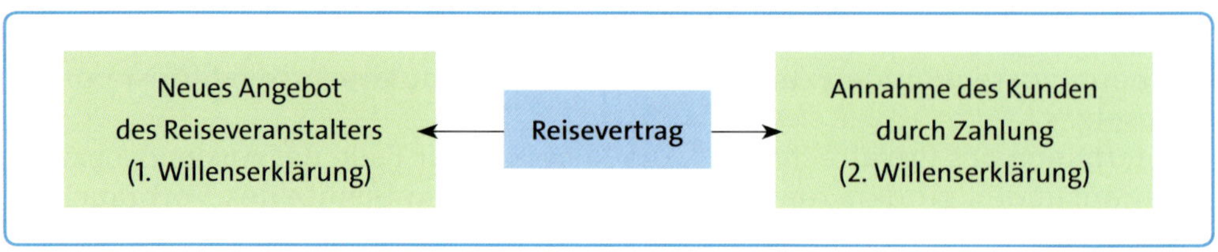

Abb. Abweichende Reisebestätigung

Neckermann Reisen
Thomas-Cook-Platz 1
61436 Oberursel

Telefon: 06171 65-65 190
Telefax: 06171 65-65 199

gast@neckermann-reisen.de
www.neckermann-reisen.de

REISEBESTÄTIGUNG / RECHNUNG

Vorgang:
Bitte stets Vorgang angeben

Buchungsdatum:	11.02.20 . .	09:26:25	Agentur:				
Leistungsbeginn:	14.08.20 . .		Erstellt am:	17.02.20 . .	08:59:22	Seite:	1/3

Wir bestätigen Ihre Neckermann Reise

Reiseziel:	Griechenland/Insel Rhodos	Reisetermin:	14.08.20 . . - 25.08.20 . .	Teilnehmer
Flug:	Frankfurt - Rhodos		14.08.20 . .	1-2
Aufenthalt:	52056A 2A Hotel Kresten Palace Tel.: 0030/030/2241062714 Fax: 0030/030/2241065976 Kallithea Ave GR 85100 Kalithea 1 Doppelzimmer Bad, Klimaanlage lt.Katalog, Balkon oder Terrasse Halbpension		14.08.20 . . - 25.08.20 . .	1-2
Flug:	Rhodos - Frankfurt		25.08.20 . .	1-2

Teilnehmer

1	**HERR**			
	Hotel Kresten Palace	14.08. - 25.08.	951,00 EUR	
	Frühbucherrabatt		-34,00 EUR	
	Flughafenzuschlag		14,00 EUR	
	Teilnehmerpreis			931,00 EUR
2	**FRAU**			
	Leistungen wie Teilnehmer 1			931,00 EUR

Preis aller gebuchten Leistungen	**1.862,00 EUR**
Anzahlung (fällig innerhalb 10 Tagen)	**466,00 EUR**
Restzahlung (fällig 40 Tage vor Reiseantritt)	**1.396,00 EUR**

Zahlungsart Lastschrifteinzug, BLZ: **Kto-Nr.:**

Es wird Ihnen keine weitere Reisebestätigung/Rechnung per Post oder E-Mail zugesandt.

Gesamt: 1.862,00 EUR

Reisebedingungen ausgehändigt ☐ RRV/Schutzpaket nicht gewünscht ☐

Weicht diese Bestätigung von Ihrer Anmeldung ab, setzen Sie sich bitte umgehend mit Ihrem Reisebüro in Verbindung.

Stempel/Unterschrift des Reisebüros

Diese Reiseanmeldung wird durch meine Unterschrift verbindlich. Die Reise- und Zahlungsbedingungen des Reiseveranstalters bzw. Leistungsträgers habe ich zur Kenntnis genommen.

Unterschrift des Kunden

Hiermit erkläre ich, dass ich für die Verpflichtung der von mir angemeldeten Reiseteilnehmer gegenüber dem Reiseveranstalter bzw. Leistungsträger wie für meine eigenen einstehen werde.

Unterschrift des Kunden

Ich bin damit einverstanden, dass meine personenbezogenen Daten vom Reisebüro oder Reiseveranstalter für Kundeninformationen gespeichert, verarbeitet und genutzt werden. Außerdem ist mir bekannt, dass ich Auskunft über die gespeicherten Daten verlangen kann.

Unterschrift des Kunden

TC Touristik GmbH
Geschäftsführung:
Dr. Kristin Neumann,
Ralf Teckentrup,
Michael Tenzer, Christian Würst
Sitz der Gesellschaft
Oberursel (Taunus)

Bankverbindungen:
Commerzbank AG, Frankfurt/Main, BLZ: 500 400 00, Konto-Nr. 580 495 000
IBAN: DE97500400000580495000, BIC: COBADEFF
Hessische Landesbank, Frankfurt/Main, BLZ: 500 500 00, Konto-Nr. 204 200 14
IBAN: DE29500500000020420014, BIC: HELADEFF

Registergericht & Handelsregister-Nr.
Amtsgericht Bad Homburg v.d. Höhe
HRB 4617
Ust.ID-Nr. DE 811 16 80 21
Ust-Nr. 003 246 44009
Ein Unternehmen der Thomas Cook AG

Abb. Reisebestätigung (Muster)

Exkurs: Allgemeine Geschäftsbedingungen des Reiseveranstalters

Verbraucherschutz in der EU – Verbot von missbräuchlichen Vertragsklauseln in AGB

[...]

Was für Folgen hat die Verwendung unzulässiger AGB?

Generell lässt sich sagen, dass vorformulierte Klauseln jedenfalls immer dann unwirksam sind, wenn sie für den Verbraucher »überraschend« sind oder wenn gesetzliche, explizit zum Schutz des Verbrauchers fest geschriebene Rechte vollumfänglich ausgeschlossen werden sollen; also sozusagen immer dann, wenn Verbraucher als Vertragspartner über Gebühr benachteiligt würden.

Vertragsklauseln, die missbräuchlich sind, sind nicht bindend. Das heißt, dass diese Klausel insgesamt unwirksam ist. An ihre Stelle tritt die gesetzliche Regelung. Missbräuchliche Klauseln haben allerdings grundsätzlich keine Auswirkungen auf die übrigen AGB-Regelungen. Das heißt: Sie machen insbesondere den Vertrag an sich nicht unwirksam!

Wie sind die Verbraucher durch die Richtlinie geschützt?

1.) Damit AGB überhaupt im konkreten Fall wirksam werden, muss der Kunde von ihnen Kenntnis bekommen. Mit anderen Worten: Es genügt generell nicht, dass nur die Möglichkeit zur Kenntnisnahme bestand; vielmehr muss der Unternehmer deutlich auf die Klauseln hinweisen. In besonderen Fällen genügt ein für den Kunden deutlich sichtbarer und einsehbarer Aushang, in einer Textilreinigung etwa oder in einem Souvenirgeschäft.

2.) Die EU-Richtlinie schreibt vor, dass die Vertragsbedingungen in klarer und verständlicher Sprache abzufassen sind, und legt fest, dass bei Zweifeln über die Bedeutung einer Klausel die für den Verbraucher günstigste Auslegung gilt.

3.) In den gesetzlichen Vorschriften zu den allgemeinen Geschäftsbedingungen werden bestimmte Fälle aufgeführt, in denen AGB-Klauseln unwirksam sind. In den AGB aufgeführte Klauseln sind aber immer unwirksam, wenn eine Bestimmung gegen »Treu und Glauben« verstößt. Dies ermöglicht es Gerichten, Bestimmungen in AGB für unwirksam zu erklären, auch wenn der Gesetzgeber einen besonders gelagerten Fall übersehen hat. Verbraucher sind somit für alle Fälle geschützt, in welchen Sie unangemessen benachteiligt werden.

In welchen Fällen hilft Verbrauchern die Richtlinie konkret?

Stichwort: Haftungsausschluss – Dem Unternehmer ist es nicht gestattet, seine Haftung für eventuelle Gesundheitsschäden des Verbrauchers auszuschließen, welche durch ein fahrlässiges Verhalten des Unternehmers entstanden sind.

Stichwort: kurzfristige Preiserhöhungen – Klauseln, in denen sich der Unternehmer vorbehält, den Preis für die Ware oder seine Dienstleistung einseitig kurzfristig zu erhöhen, sind unwirksam. Dies gilt jedenfalls, solange es sich um kein »Dauerschuldverhältnis«, also z. B. einen Handynutzungsvertrag, handelt.

Stichwort: einseitige (nachträgliche) Bestimmungen – Der Unternehmer darf sich ebenfalls nicht vorbehalten, die versprochene Leistung nachträglich zu ändern, wenn eine solche Änderung dem Verbraucher unzumutbar ist.

Stichwort: Beweislast – Bestimmungen, bei welchen der Unternehmer die gesetzlich festgelegte Beweislast zu Ungunsten des Verbraucher abändert sind unzulässig.

www.eu-verbraucher.de

Jeder Reiseveranstalter hat **Allgemeine Geschäftsbedingungen (AGB)**. AGB sind vorformulierte Vertragsbedingungen, die nicht zum Nachteil von Reisenden von den Verbraucherschutzvorschriften der §§ 651a bis 651l des BGB abweichen dürfen bzw. gegen das AGB-Gesetz verstoßen dürfen.

Ebenfalls als AGB gelten die **Allgemeinen Reisebedingungen (ARB)**, eine unverbindliche Empfehlungsliste des Deutschen Reisebüro- und Reiseveranstalter-Verbandes (DRV). Die AGB/ARB regeln insbesondere (Reise) Leistungen, Bezahlung, Leistungs- und Preisänderungen, Rücktrittsrechte, Informationspflichten, Haftungen sowie Haftungsausschlüsse.

Die AGB vieler Reiseveranstalter sehen vor, dass vertragliche Ansprüche des Reisenden, für die eine zweijährige gesetzliche Verjährungsfrist gilt, in einem Jahr nach Reiseende verjähren (Verkürzung der Verjährungsfrist ▸ Kapitel B.4.4). Diese Reisebedingungen sind häufig im Katalog der Veranstalter abgedruckt, der im Reisebüro bei der Buchung vor- bzw. ausliegt.

Dies genügt aber nicht: Nach BGB-InfoV ist der Reiseveranstalter bzw. sein Erfüllungsgehilfe (d. h. der Reisevermittler) verpflichtet, dem Reisenden die Reisebedingungen auszuhändigen (vgl. § 305 Abs. 2 Nr. 2 BGB).

URTEIL

Wirksamkeit von Allgemeinen Reisebedingungen (Leitsätze des Gerichts)

1. Dem Reisenden, der in einem Reisebüro eine Reise bucht, wird nur dann die Möglichkeit verschafft, in zumutbarer Weise von den Allgemeinen Reisebedingungen Kenntnis zu nehmen, die der Reiseveranstalter dem Reisevertrag zugrunde legen will, wenn der Reiseveranstalter die Reisebedingungen dem Reisenden vor Vertragschluss vollständig übermittelt.
2. Eine Klausel in Allgemeinen Reisebedingungen, mit der die gesetzliche Verjährungsfrist für die Ansprüche des Reisenden wegen eines Mangels der Reise abgekürzt wird, ist wegen Verstoßes gegen die Klauselverbote des § 309 Nr. 7 Buchst. a und b BGB insgesamt unwirksam, wenn die in diesen Klauselverboten bezeichneten Schadensersatzansprüche nicht von der Abkürzung der Verjährungsfrist ausgenommen werden.

(BGH, Urteil vom 26.02.2009, Az.: Xa ZR 141/07)

Die AGB/ARB sind bei Vertragsschluss entweder an den Kunden auszuhändigen oder es ist auf sie besonders hinzuweisen. Ob der Kunde die AGB liest, bleibt ihm überlassen. Sie werden nach Zustandekommen des Reisevertrags gültiger Vertragsbestandteil, wobei Verstöße gegen gesetzlich festgeschriebene Klauselverbote ausgenommen bleiben.

MERKE

Wirksamkeit des Reisevertrags

Sind einzelne AGB unwirksam, bleibt der (Reise)Vertrag als solcher dennoch bestehen.

A.6.4 Reisepreiszahlung

Der Reisende ist gemäß § 651a Absatz 1 des BGB (▸ Beginn Kapitel A.1) verpflichtet, den vereinbarten Reisepreis (Gesamtpreis) zu zahlen, und nicht Entgelte für Teilleistungen.

Nach dem Gesetz (vgl. §§ 320 ff. BGB) ist der Reisepreis jedoch eigentlich erst am Ende der Reise fällig, da die Leistungen der Reisevertragspartner **Zug-um-Zug** zu erbringen sind.

Dem damit verbundenen finanziellen Risiko begegnen die Reiseveranstalter durch eine **Vorleistungsklausel** und indem sie den Reisepreis bei kurzfristigen Reisen (z. B. wenn zwischen Buchungsdatum und Reisetermin weniger als 30 Tage liegen) in voller Höhe spätestens 10 Tage vor Reisetermin verlangen. Der Kunde muss dann an den Reiseveranstalter zahlen (Feststellung des Zahlungseingangs).

URTEIL

Reiserecht:
Anzahlung von 20 Prozent des Reisepreises ist angemessen

[...] Dagegen kann der Reiseveranstalter im Einzelfall die Bonität eines Kunden nicht prüfen und muss zudem für die Organisation der Reise in Vorleistung treten. Er hat deshalb ein berechtigtes Interesse daran, sich seinerseits gegen das Risiko der Zahlungsunfähigkeit seiner Kunden abzusichern.

(OLG Köln, Urteil vom 11.04.2005, Az.: 16 U 12/05, n. rk.)

Bei einem **größeren Zeitfenster zwischen Buchung und Reisetermin** wird eine anteilige Vorauszahlung eingefordert. Die spezifischen Zahlungsklauseln des Reiseveranstalters sind in seinen AGB (▸ Exkurs Kapitel A.6.3) auszuweisen.

Laut Bundesgerichtshof (BGH) ist eine **Klausel in den AGB des Reiseveranstalters** zulässig, die eine Anzahlung von 20 Prozent des Reisepreises vorsieht (vgl. BGH, Urteil vom 20.06.2006, Az.: X ZR 59/05). Dies soweit die Reise zu einem Zeitpunkt stattfindet, der nicht innerhalb der nächsten 30 Tage liegt. Der BGH hat noch nicht entschieden, bis zu welchem Prozentsatz eine Anzahlungsforderung zulässig ist (vgl. S. 403, BGH-Urteil, Az.: X ZR 85/12 u. a.).

MERKE

Unzulässige AGB-Klauseln

Es darf keine AGB-Klauseln geben, durch die Reisende »wesentliche Teile des Reisepreises« bereits lange Zeit vor Reisebeginn bezahlen müssen und eine Anzahlung darf nur prozentual festgelegt werden.

Abb. Überweisung

Einige Reiseveranstalter sehen mittlerweile in einer 25-prozentigen Reisepreisanzahlung keinen »wesentlichen Teil des Reisepreises« mehr!

Dem **Zahlungsverlangen der Reiseveranstalter** sind enge Schranken gesetzt. Der Gesetzgeber hat Schutzvorschriften für den Reisenden in das BGB eingefügt. Diese verpflichten den Reiseveranstalter, sofern er einen Teil bzw. den kompletten Reisepreis bereits vor Reiseantritt verlangt, den Reisenden im Falle der Insolvenz oder der Zahlungsunfähigkeit vor finanziellen Verlusten zu bewahren.

BGB

Verbotene Annahme
von Entgelten für Pauschalreisen (§ 147b GewO)

(1) Ordnungswidrig handelt, wer entgegen § 651k Abs. 4 Satz 1, auch in Verbindung mit Abs. 5 Satz 2 des BGB, ohne Übergabe eines Sicherungsscheins oder ohne Nachweis einer Sicherheitsleistung eine Zahlung des Reisenden auf den Reisepreis fordert oder annimmt.

Den **gesamten Reisepreis** darf der Reiseveranstalter erst zwei bis vier Wochen vor Reisebeginn einfordern. Eine Klausel in den AGB, nach der die Restzahlung des Reisepreises zu einem Zeitpunkt verlangt wird, zu dem die Durchführung der Reise noch nicht feststeht, ist unzulässig.

Reiseveranstalter sind gemäß § 651k des BGB verpflichtet, erhaltene Kundengelder für den Fall abzusichern, dass **infolge Insolvenz oder Zahlungsunfähigkeit des Veranstalters** Reiseleistungen nicht erbracht werden oder dem Reisenden für die Rückreise zusätzliche Aufwendungen entstehen.

Der Reiseveranstalter muss zur **Absicherung der Kundengelder** dem Reisenden einen direkten Anspruch gegenüber einer Bank oder einer Versicherung verschaffen. **Ein Verstoß gegen diese Absicherungspflicht** stellt eine Ordnungswidrigkeit dar, die mit einer Geldstrafe von bis zu 5.000,00 Euro geahndet werden kann (vgl. § 147b Abs. 2 GewO) und stellt eine unlautere geschäftliche Handlung im Sinne des § 4 Nr. 11 UWG dar.

A.6.5 Sicherungsschein und Kundengeldabsicherung

Reiseveranstalter sind verpflichtet erhaltene Kundengelder abzusichern, so dass der Reisende sein Geld für ausgefallene Reiseleistungen und notwendige Aufwendungen für die Rückreise erstattet bekommen kann.

Der **Sicherungsschein** dient als Nachweis für den Kunden, dass der Reiseveranstalter die vereinnahmten Kundengelder abgesichert hat. Er wird von einer Versicherung oder Bank (als Bankbürgschaft) ausgestellt. Er garantiert für den Fall der Zahlungsunfähigkeit des Reiseveranstalters oder der Eröffnung des

Insolvenzverfahrens über das Firmenvermögen des Reiseveranstalters verfügen zu können.

BGB

Bürgschaft (§§ 765 ff. HGB)
Ein Vertrag, durch den sich der Bürge gegenüber dem Gläubiger verpflichtet, für die Erfüllung der Verbindlichkeit eines Dritten (Hauptschuldner) einzustehen.

Die Vertragssicherung umfasst:

- die auf den Reisepreis geleisteten Zahlungen, wenn Reiseleistungen aufgrund der Zahlungsunfähigkeit oder Insolvenz des Reiseveranstalters ausfallen,
- notwendige Aufwendungen für Rückreise bei Reiseabbruch.
- Der Kundengeldabsicherer kann seine Haftung für die von ihm in einem Jahr insgesamt zu erstattenden Beträge auf 110 Mio. Euro begrenzen.

MERKE

Geldforderung vor Aushändigung des Sicherungsscheins = Ordnungswidrigkeit
Der Reiseveranstalter oder sein Erfüllungsgehilfe darf für Pauschalreisen vor Aushändigung eines Sicherungsscheines keine Anzahlungen oder Vorauszahlungen von Reisenden fordern oder entgegennehmen (vgl. § 651 k IV BGB).

»Mit Erhalt der schriftlichen Reisebestätigung und Aushändigung des Sicherungsscheins werden 25 Prozent des Reisepreises als Anzahlung fällig« – so oder ähnlich lautet häufig die **Formulierung in den AGB bzw. ARB** der Veranstalter.

MERKE

Reisepreiszahlung bei fehlender Übergabe des Sicherungsscheins
Wird dem Kunden kein Sicherungsschein übergeben, ist der Reisepreis erst nach Ende der Reise fällig.

Aber: Mit der Aushändigung des Sicherungsscheins und der Reisebestätigung als Beleg für den Vertragsschluss ist eine Anzahlung bis zu 20 Prozent des Reisepreises zulässig, wenn dies durch die Vorleistungen des Reiseveranstalters gerechtfertigt ist. Die entsprechende **Entscheidung des Oberlandesgerichtes Köln** wurde vom Bundesgerichtshof unter dem **Aktenzeichen X ZR 59/05** bestätigt.

Reisetermin innerhalb der Gültigkeitsdauer
MERKE
Der Reiseveranstalter darf an Reisende nur Sicherungsscheine aushändigen, bei denen der Beginn der Reise innerhalb der Gültigkeitsdauer des Sicherungsscheines erfolgt.

Auch bei **kurzfristigen Buchungen** (z. B. wie bei einer *Last-Minute*-Reise) mit am Flughafen hinterlegten Reiseunterlagen muss ein Originalsicherungsschein ausgehändigt werden. (Bei *Last-Minute*-Reisen liegen weniger als sieben Werktage zwischen Buchung und Reisebeginn.)

Ausgenommen von der Absicherungspflicht sind lediglich:

- Veranstalter, die nur gelegentlich und außerhalb ihrer gewerblichen Tätigkeit Reisen veranstalten (▸ Kapitel A.6.1 und z. B. Vereine),
- Anbieter von Tagesfahrten (Reisen von weniger als 24 Stunden Dauer, keine Übernachtung und Reisepreis bis 75,00 Euro) und
- juristische Personen des öffentlichen Rechts (z. B. eine Gemeinde oder eine Kirche).

Der Sicherungsschein deckt ausschließlich das Insolvenz- bzw. **Zahlungsunfähigkeitsrisiko des Reiseveranstalters** ab, nicht das des vermittelnden Reisebüros. Auch ein Ausgleich für geltend gemachte Reisemängel, die der Reiseveranstalter nicht zurückerstattet, sind über die Kundengeldabsicherung gemäß § 651k BGB nicht abgedeckt.

Sicherstellung, Zahlung (§ 651k Abs. 1 BGB)
BGB
(1) Der Reiseveranstalter hat sicherzustellen, dass dem Reisenden erstattet werden
1. der gezahlte Reisepreis, soweit Reiseleistungen infolge Zahlungsunfähigkeit oder Eröffnung des Insolvenzverfahrens über das Vermögen des Reiseveranstalters ausfallen, und
2. notwendige Aufwendungen, die dem Reisenden infolge Zahlungsunfähigkeit oder Eröffnung des Insolvenzverfahrens über das Vermögen des Reiseveranstalters für die Rückreise entstehen.
Die Verpflichtungen nach Satz 1 kann der Reiseveranstalter nur erfüllen
1. durch eine Versicherung bei einem im Geltungsbereich dieses Gesetzes zum Geschäftsbetrieb befugten Versicherungsunternehmen oder
2. durch ein Zahlungsversprechen eines im Geltungsbereich dieses Gesetzes zum Geschäftsbetrieb befugten Kreditinstituts. [...]

Den Originalwortlaut hier nicht abgedruckter, weiterer Absätze des § 651k BGB können im Internet, z. B. unter www.gesetze-im-internet.de/bgb/_651k.html nachgelesen werden.

Ein **Reisevermittler gilt als vom Reiseveranstalter zur Annahme** von Zahlungen auf den Reisepreis **ermächtigt**, wenn er einen Sicherungsschein übergibt. Er/Sie ist vor Aushändigung des Sicherungsscheins an den Kunden verpflichtet, den Sicherungsschein des Reiseveranstalters auf seine Gültigkeit hin zu prüfen.

Verletzt der Reisevermittler diese Pflicht nach § 651k Absatz 3 Satz 4 BGB schuldhaft, haftet er im Schadenfall (vgl. § 280 BGB ▸ Kapitel A.2).

Ausgestaltung des Sicherungsscheins

Bei der Gestaltung eines Sicherungsscheins ist der Text des der BGB-InfoV angehängten **Mustersicherungsscheins bindend und Abweichungen unzulässig**.

Farbe und Format eines Sicherungsscheins können jedoch variieren. Der Sicherungsschein kann:

- Ein gesondertes Dokument zur Aushändigung mit der Reisebestätigung vor Reiseantritt sein,
- ein Abdruck auf der Rückseite der Reisebestätigung sein oder
- ein Ausdruck sein, erstellt von einem EDV-Reservierungssystem.

Versicherungsscheinnummer: 704.002.635.051
Reiseveranstalter: TC Touristik GmbH, Zimmersmühlenweg 55, DE-61440 Oberursel
Sicherungsschein für Pauschalreisen gemäß § 651k des Bürgerlichen Gesetzbuchs

Dieser Sicherungsschein gilt für den Buchenden und alle Reiseteilnehmer und für sämtliche Reiseleistungen des o. g. Unternehmens

Die Zürich Versicherung AG (Deutschland) - Kautionsversicherer - stellt für den oben bezeichneten Reiseveranstalter gegenüber dem Reisenden sicher, dass von ihm erstattet werden:

1. der gezahlte Reisepreis, soweit Reiseleistungen infolge Zahlungsunfähigkeit oder Eröffnung des Insolvenzverfahrens über das Vermögen des Reiseveranstalters ausfallen, und

2. notwendige Aufwendungen, die dem Reisenden infolge Zahlungsunfähigkeit oder Eröffnung des Insolvenzverfahrens über das Vermögen des Reiseveranstalters für die Rückreise entstehen.

Die vorstehende Haftung der Zürich Versicherung AG (Deutschland) - Kautionsversicherer - ist begrenzt. Der Versicherer haftet für alle durch ihn in einem Jahr insgesamt zu erstattenden Beträge nur bis zu einem Betrag von 110 Mio. Euro. Sollte diese Summe nicht für alle Reisenden ausreichen, so verringert sich der Erstattungsbetrag im Verhältnis, in dem ihr Gesamtbetrag zu dem Höchstbetrag steht. Die Erstattung fälliger Beträge erfolgt erst nach Ablauf des Jahres (01.11.-31.10.), in dem der Versicherungsfall eingetreten ist.

Bei Rückfragen wenden Sie sich an: Zürich Versicherung Aktiengesellschaft oder KAERA Industrie und Touristik Versicherungsmakler GmbH, Telefon 06172-99761-0 Versicherer:

KAERA
Industrie & Touristik
Versicherungsmakler GmbH

ZURICH

Zürich Versicherung
Aktiengesellschaft
(Deutschland)
Solmsstraße 27-37
DE-60252 Frankfurt
Telefon (069) 71 15 - 0
Telefax (069) 71 15 - 2949

Rechtsform
Aktiengesellschaft
Sitz Frankfurt am Main
Registergericht
Frankfurt am Main
HRB 41176

Aufsichtsratsvorsitzender:
Dr. Dieter Wemmer, Vorstand:
Eduard Thometzek (Vorsitzender)
Lutz Christian Bauer, Dr. Marita
Kraemer, Arnulf Loy, Josef Marx,
Axel Schmitz, Dr. Jochen Schwarz,
Dieter van Loo, Jörg Wälder

Abb. Sicherungsschein (Muster)

Den genauen Wortlaut bezüglich der Ausgestaltung des Sicherungsscheins regelt § 9 der BGB-InfoV (▸ Anhang 2). Die Verwendung eines so beschriebenen Scheins ist Pflicht. Er ist in deutscher und in leicht verständlicher Sprache zu formulieren.

Unmittelbarer Anspruch des Reisenden

Wurde dem Reisenden die **Kundengeldabsicherung** durch einen entsprechenden **Sicherungsschein** nachgewiesen, muss ihm in Folge der **unmittelbare Anspruch gegen den Kundengeldabsicherer** verschafft werden.

Letzteres wird dadurch erreicht, dass zwischen dem Reiseveranstalter und dem Absicherer (eine Versicherung oder eine Bank) ein Vertrag zugunsten des Reisenden (vgl. § 328 BGB) abgeschlossen wird, aus dem der Reisende unmittelbare Ansprüche geltend machen kann.

Inhalte und Gegenstand dieses Vertrages sind die **Allgemeinen Versicherungsbedingungen zur Insolvenzversicherung für Reiseveranstalter (AVB IfR)** aus dem Jahr 2009 (▸ Anlage 3).

Gegenstand der Insolvenzversicherung
Eine **Insolvenzversicherung** sichert erhaltene Kundengelder für den Fall ab, dass infolge einer Insolvenz oder einer Zahlungsunfähigkeit die Reiseleistungen eines Reiseveranstalters ausfallen oder dem Reiseteilnehmer für die Rückreise zusätzliche Kosten entstehen. Mit Aushändigung des Sicherungsscheines erfüllt der Reiseveranstalter seine Pflicht zu Insolvenzabsicherung.
Leistungsumfang einer Insolvenzversicherung
Eine **Insolvenzversicherung tritt ein** für ▸ vor Reisebeginn geleistete Zahlungen auf den Reisepreis, wenn die Reiseleistungen aufgrund der Zahlungsunfähigkeit oder Insolvenz des Reiseveranstalters ausfallen, ▸ notwendige Aufwendungen für die Rückreise bei Reiseabbruch. Der Kundengeldabsicherer kann seine Haftung für die von ihm in einem Jahr insgesamt zu erstattenden Beträge auf 110 Mio. Euro begrenzen.

Tab. Inhalte der Insolvenzversicherung

Zahlungsunfähigkeit im Sinne dieser Bestimmung liegt vor, wenn der Versicherungsnehmer nicht in der Lage ist, seine fälligen unstreitigen Zahlungsverpflichtungen zu erfüllen.

Zahlungsunfähigkeit ist in der Regel anzunehmen, wenn der Schuldner seine Zahlungen eingestellt hat.

Ansonsten ist von Zahlungsunfähigkeit auszugehen, wenn der Schuldner innerhalb der nächsten vier Wochen nicht in der Lage sein wird, zumindest 90 bis 95 Prozent seiner fälligen unstreitigen Zahlungsverpflichtungen zu erfüllen.

In dem **Vertrag über die Insolvenzversicherung** zugunsten des Reisenden greifen erneut die Bestimmungen des § 328 Absatz 1 BGB (**Vertrag zugunsten Dritter** ▸ Kapitel A.2). In Anwendung des Absatzes 2 gehen die Rechte auf Leistungsanspruch auf den Reisenden über, auch wenn dieser selbst nicht Vertragspartner des Kundengeldabsicherers ist.

> **Vertrag zugunsten Dritter (§ 328 Abs. 2 BGB)** BGB
>
> (2) In Ermangelung einer besonderen Bestimmung ist aus den Umständen, insbesondere aus dem Zweck des Vertrags, zu entnehmen, ob der Dritte das Recht erwerben, ob das Recht des Dritten sofort oder nur unter gewissen Voraussetzungen entstehen und ob den Vertragschließenden die Befugnis vorbehalten sein soll, das Recht des Dritten ohne dessen Zustimmung aufzuheben oder zu ändern.

Der Kundengeldabsicherer kann **Ansprüche des Reisenden**, der einen Sicherungsschein erhalten hat, nicht zurückweisen, weil der Reiseveranstalter die Versicherungsprämie nicht gezahlt hat oder weil die Bankbürgschaft abgelaufen ist. Dies ergibt sich aus § 334 BGB.

> **Einwendungen des Schuldners gegenüber dem Dritten (§ 334 BGB)** BGB
>
> Einwendungen aus dem Vertrag stehen dem Versprechenden auch gegenüber dem Dritten zu.

A.6.6 Inkassovollmacht des Reisevermittlers

Die **Insolvenz des Reisevermittlers** ist nicht über den Sicherungsschein abgedeckt.

Sollte das Reisebüro den Reisepreis oder eine Anzahlung auf den Reisepreis bereits vereinnahmt haben und diese nicht an den Reiseveranstalter weitergeleitet haben, gilt der Grundsatz, dass der Reisevermittler für den Reiseveranstalter, also **mit Inkassovollmacht**, vereinnahmt.

Wenn allerdings – so das Gesetz – »**in hervorgehobener Form**« (ein Ausschluss in einer AGB-Klausel reicht demnach nicht!) dargestellt wird, dass der Reisevermittler den Reisepreis nicht vereinnahmen soll, sondern dieser direkt beim Reiseveranstalter zu zahlen ist, fließen die Kundengelder im Falle der Insolvenz in die Insolvenzmasse und der Kunde hat das Nachsehen.

Ein **Indiz für die Inkassovollmacht des Reisevermittlers** ist die Aushändigung des Sicherungsscheines durch ihn.

BGB

Sicherstellung, Zahlung
(§ 651k Abs. 4 BGB)

(4) Reiseveranstalter und Reisevermittler dürfen Zahlungen des Reisenden auf den Reisepreis vor Beendigung der Reise nur fordern oder annehmen, wenn dem Reisenden ein Sicherungsschein übergeben wurde. Ein Reisevermittler gilt als vom Reiseveranstalter zur Annahme von Zahlungen auf den Reisepreis ermächtigt, wenn er einen Sicherungsschein übergibt oder sonstige dem Reiseveranstalter zuzurechnende Umstände ergeben, dass er von diesem damit betraut ist, Reiseverträge für ihn zu vermitteln. Dies gilt nicht, wenn die Annahme von Zahlungen durch den Reisevermittler in hervorgehobener Form gegenüber dem Reisenden ausgeschlossen ist.

URTEIL

***Incentive*-Reisen:**
Insolvenzabsicherung »Reisender«

1. Wer eine Reise bucht, an der er selbst nicht teilnimmt, kann gleichwohl Vertragspartei des Reisevertrages werden und als Reisender im Sinne von § 651a Abs. 1 BGB anzusehen sein.
2. So genannte Incentive-Reisen, die Unternehmen im Rahmen einer Werbeaktion ihren Kunden kostenfrei überlassen wollen, dienen Urlaubszwecken.
3. Im Anwendungsbereich des § 651k BGB muss der Reisende entsprechend der in Abs. 1 Satz 1 dieser Bestimmung enthaltenen Regelung darlegen und gegebenenfalls nachweisen, dass Reiseleistungen in Folge Zahlungsunfähigkeit oder Insolvenz des Reiseveranstalters ausgefallen sind. Kommt er dem nach, ist es Sache des Kundengeldabsicherers, zu belegen, dass die Reiseleistungen auch ohne die Zahlungsunfähigkeit oder die Insolvenz des Reiseveranstalters aufgrund anderer Ursachen ausgefallen wären.

(BGH, Urteil vom 16.04.2002, Az.: X ZR 17/01)

A.7 Rechte vor Reisebeginn

Ein Reisevertrag hat weit reichende Konsequenzen für die beteiligten Parteien. Ihnen werden gesetzlich geregelte Rechte zuteil, die sich aus dem Vertrag ergeben und die, gerade in einem Änderungs-, Mangel- oder Schadenfall, greifen.

Abb. Diskutierendes Pärchen

A.7.1 Rücktrittsrecht des Reisenden

Der Gesetzgeber hat durch die Integration der EG-Pauschalreiserichtlinien (90/314/EWG) in die §§ 651a bis 651e BGB (z. B. die Verlängerung der Verjährungsklausel des § 651g Absatz 2 BGB auf zwei Jahre) und durch Bestimmungen zur Insolvenzversicherung die **Rechte von Reisenden enorm gestärkt**.

Bei der Bindung an einen geschlossenen Reisevertrag räumt er dem Reisenden ein **Rücktrittsrecht** ein: Vor Reisebeginn kann der Reisende jederzeit formlos und ohne Angabe eines Grundes vom Reisevertrag zurücktreten. (Die Schriftform ist allerdings zu empfehlen.)

BGB

Rücktritt vor Reisebeginn
(§ 651i BGB)

(1) Vor Reisebeginn kann der Reisende jederzeit vom Vertrag zurücktreten.
(2) Tritt der Reisende vom Vertrag zurück, so verliert der Reiseveranstalter den Anspruch auf den vereinbarten Reisepreis. Er kann jedoch eine angemessene Entschädigung verlangen. Die Höhe der Entschädigung bestimmt sich nach dem Reisepreis unter Abzug des Wertes der vom Reiseveranstalter ersparten Aufwendungen sowie dessen, was er durch anderweitige Verwendung der Reiseleistungen erwerben kann.
(3) Im Vertrag kann für jede Reiseart unter Berücksichtigung der gewöhnlich ersparten Aufwendungen und des durch anderweitige Verwendung der Reiseleistungen gewöhnlich möglichen Erwerbs ein vom Hundertsatz des Reisepreises als Entschädigung festgesetzt werden.

Der Rücktritt gestaltet das Reisevertragsverhältnis in ein **Abwicklungsschuldverhältnis** um. Eine Erfüllung der Vertragspflichten kann nun weder vom Reiseveranstalter noch vom Reisenden verlangt werden. Somit **verliert** der Reiseveranstalter **seinen Anspruch auf den Reisepreis**.

Allerdings hat er das Recht, vom Reisenden eine **angemessene Entschädigung** (für entgangenen Gewinn) zu fordern. Sie richtet sich nach der Höhe des **Reisepreises** unter Abzug des Wertes der vom Veranstalter ersparten Aufwendungen und abzüglich der Erträge aus einer anderweitigen Verwendung der Reiseleistung berechnet. Die **Entschädigungsforderung** kann durch den Abschluss eines **Reiserücktrittskostenvertrages** (▸ LF 4 Kapitel 2.7) aufgefangen werden.

Berechnung der Entschädigungshöhe:

  Reisepreis
– Wert der vom Veranstalter ersparten Aufwendungen
– Erlös des Veranstalter durch anderweitige Verwertung der Reise

= Entschädigung

Der Reiseveranstalter kann auch in seinen AGB (▸ Exkurs Kapitel A.6.3) gemäß § 651i Absatz 3 des BGB **einen Prozentsatz des Reisepreises als pauschalisierte Entschädigung** (als auf den Reisepreis umgelegten Prozentsatz) festsetzen und die Entschädigung in Abhängigkeit vom Zeitpunkt des Rücktritts und der Art der Reise regeln. **Dies wird als »Stornoklausel« bezeichnet.**

Rücktrittsgebühren BEISPIEL

Standard-Gebühren: bis zum 31. Tag vor Reiseantritt 20 %,
ab dem 30. Tag vor Reiseantritt 25 %, ab dem 22. Tag vor Reiseantritt 35 %,
ab dem 15. Tag vor Reiseantritt 50 %, ab dem 8. Tag vor Reiseantritt 65 %,
ab dem 2. Tag vor Reiseantritt bis zum Tag des Reiseantritts oder bei Nichtantritt der Reise 80 % des Reisepreises

Der Reisende muss die »Stornoklausel« nicht akzeptieren, sofern er nachweisen kann, dass die Pauschalisierung in seinem konkreten Falle die ersparten Aufwendungen und die Vorteile anderweitiger Verwertung der Reise nicht angemessen berücksichtigt.

Umwandlung in Abwicklungsschuld = voraussetzungsloses Rücktrittsrecht MERKE

Der Rücktritt des Reisenden nach § 651i des BGB hebt den Reisevertrag nicht auf, sondern wandelt ihn in ein Abwicklungsschuldverhältnis um.
Dieses voraussetzungslose Rücktrittsrecht durch einseitige, empfangsbedürftige Willenserklärung (► LF 2, Kapitel 2.2) des Reisenden ist von dem Rücktrittsrecht nach § 651a Absatz 5 des BGB (Erhöhung des Reisepreises oder wesentliche Änderungen der Reiseleistungen) zu unterscheiden.

A.7.2 Rechte bei Reisepreiserhöhung des Veranstalters

Reiseveranstalter **dürfen Katalogpreise nachträglich** nur bedingt erhöhen.

Möglich ist die Erhöhung dann, wenn ein Veranstalter Kapazitäten in Hotels oder auf Flugstrecken nachkauft und sich seine Kalkulation dabei verändert.

Verlangen Hoteliers oder Fluggesellschaften mehr Geld, dürfen die Veranstalter den finanziellen Mehraufwand an den Kunden weitergeben. Voraussetzung dafür ist, dass im Hinweis- oder Preisteil des Katalogs (► Kapitel A.5) ausdrücklich auf diese möglichen Preisänderungen aufmerksam gemacht wird.

Prospektangaben (§ 4 Abs. 2 BGB-InfoV) BGB

(2) Die in dem Prospekt enthaltenen Angaben sind für den Reiseveranstalter bindend. Er kann jedoch vor Vertragsschluss eine Änderung erklären, soweit er dies in dem Prospekt vorbehalten hat. Der Vorbehalt einer Preisanpassung ist insbesondere aus folgenden Gründen zulässig:

1. aufgrund einer Erhöhung der Beförderungskosten, der Abgaben für bestimmte Leistungen, wie Hafen- oder Flughafengebühren, oder einer Änderung der für die betreffende Reise geltenden Wechselkurse nach Veröffentlichung des Prospektes,

►►►

2. wenn die vom Kunden gewünschte und im Prospekt ausgeschriebene Pauschalreise nur durch den Einkauf zusätzlicher Kontingente nach Veröffentlichung des Prospektes verfügbar ist.

Spätestens zum **Zeitpunkt der Buchung** ist es Pflicht des Reisevermittlers, den Kunden über den geänderten Preis zu informieren.

BGB

Vertragstypische Pflichten beim Reisevertrag (§ 651a Abs. 4, 5 BGB)

(4) Der Reiseveranstalter kann den Reisepreis nur erhöhen, wenn dies mit genauen Angaben zur Berechnung des neuen Preises im Vertrag vorgesehen ist und damit einer Erhöhung der Beförderungskosten, der Abgaben für bestimmte Leistungen, die Hafen- oder Flughafengebühren, oder einer Änderung der für die betreffende Reise geltenden Wechselkurse Rechnung getragen wird. Eine Preiserhöhung, die ab dem 20. Tage vor dem vereinbarten Abreisetermin verlangt wird, ist unwirksam. § 309 Nr. 1 bleibt unberührt.

(5) Der Reiseveranstalter hat eine Änderung des Reisepreises nach Absatz 4, eine zulässige Änderung einer wesentlichen Reiseleistung oder eine zulässig Absage der Reise dem Reisenden unverzüglich nach Kenntnis von dem Änderungs- oder Absagegrund zu erklären. Im Falle einer Erhöhung des Reisepreises um mehr als fünf vom Hundert oder einer erheblichen Änderung einer wesentlichen Reiseleistung kann der Reisende vom Vertrag zurücktreten. [...]

Eine **nachträgliche Reisepreiserhöhung** setzt voraus, dass sich der Reiseveranstalter die Erhöhung im Reisevertrag, unter genauer Angabe zur Berechnung des neuen Preises, z. B. in seinen AGB (► Exkurs in Kapitel A.6.3) vorbehalten hat. Hierbei sind Klauseln, die diesen Fall ausschließen, unwirksam.

BGB

Klauselverbote ohne Wertungsmöglichkeit (§ 309 Nr. 1 BGB)

Auch soweit eine Abweichung von den gesetzlichen Vorschriften zulässig ist, ist in Allgemeinen Geschäftsbedingungen unwirksam

1. (Kurzfristige Preiserhöhungen)
eine Bestimmung, welche die Erhöhung des Entgelts für Waren oder Leistungen vorsieht, die innerhalb von vier Monaten nach Vertragsschluss geliefert oder erbracht werden sollen; dies gilt nicht bei Waren oder Leistungen, die im Rahmen von Dauerschuldverhältnissen geliefert oder erbracht werden.

Reisepreiserhöhungen sind nur dann zulässig:

- Grundsätzlich darf der Reiseveranstalter den Reisepreis nur erhöhen, wenn zwischen dem Antritt der Reise und dem Abschluss des Reisevertrags **mindestens vier Monate liegen**.
- Ferner darf eine Reisepreiserhöhung maximal bis 20 Tage vor Reiseantritt erfolgen, d. h., sie muss **spätestens 21 Tage vor Reisebeginn** gegenüber dem Reisenden erklärt werden.
- Der Reiseveranstalter muss den Reisenden über die Änderungen **unverzüglich** informieren.

Ferner ist Voraussetzung, dass sich die jeweiligen Kostenfaktoren tatsächlich erhöht haben und der Mehrbetrag die Preiserhöhung rechtfertigt.

MERKE

Rücktrittsrecht
Der Kunde hat gemäß § 651a Absatz 5 BGB ein Rücktrittsrecht vom Reisevertrag, sofern der Reiseveranstalter den Reisepreis um mehr als fünf Prozent erhöht oder eine wesentliche Reiseleistung erheblich verändert.

Konsequenzen, die sich aus einer nachträglichen Reisepreiserhöhung durch den Reiseveranstalter ergeben, wenn der **Reisende von seinem Rücktrittsrecht Gebrauch macht, sind dann**:

- Der Kunde muss unverzüglich nach der Erklärung des Reiseveranstalters den Rücktritt erklären und der Reiseveranstalter muss das bis dahin gezahlte Entgelt dem Kunden komplett erstatten.
- Der Kunde kann, statt von seinem Rücktrittsrecht Gebrauch zu machen, die Teilnahme an einer gleichwertigen anderen Reise verlangen.

A.7.3 Zumutbare und unzumutbare Leistungsänderungen

Nachträgliche Reisepreis- und Reiseleistungsänderungen sind nicht die Regel. Grundsätzlich kann der Kunde davon ausgehen, dass die Reiseleistungen aus dem Reisevertrag oder aus dem zugrunde liegenden Katalog vom Reiseveranstalter erbracht werden.

Änderungen oder Abweichungen von den vereinbarten Inhalten des Reisevertrags nach Vertragsschluss sind nur möglich, wenn dies ausdrücklich und eindeutig in den Reisebedingungen vorgesehen ist (vgl. § 651a Abs. 4 BGB) und nicht **wider Treu und Glauben** herbeigeführt wurde.

MERKE

Treu und Glauben
Der allgemeine sozialethische Rechtsgrundsatz Treu und Glauben besagt, dass das Rechtsleben gegenseitiges Vertrauen voraussetzt und gegenseitiges Vertrauen schützt.

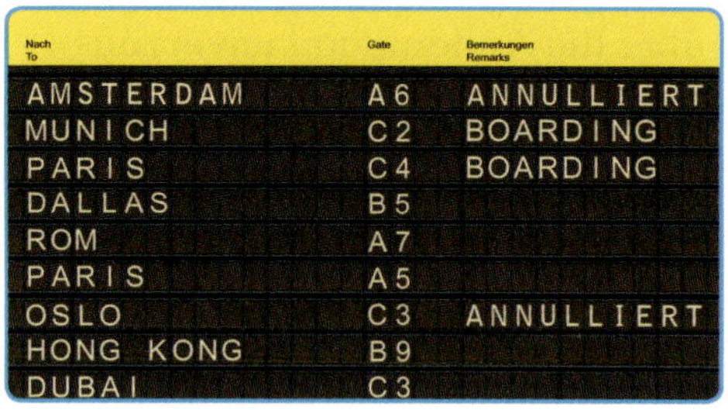

Abb. Geringfügige Änderungen

Geringfügige Änderungen der Reiseleistung muss der Reisende akzeptieren. Allerdings ist es ratsam, sich vor Reiseantritt eventuelle Ansprüche gegen den Reiseveranstalter vorzubehalten. Leistungsänderungen, die keinen gravierenden Einfluss auf die Reise haben gelten als **zumutbar**. Das Recht dafür ergibt sich aus § 308 Nr. 4 BGB.

BEISPIEL

Zumutbare Leistungsänderungen
Dem Kunden wird für das ursprünglich gebuchte Hotel ein gleichwertiges Ersatzhotel angeboten (im gleichen Ort, in vergleichbarer Lage sowie mit gleichem Standard).
Bei einer Rundreise wird die Reihenfolge der besuchten Ziele geändert, weil es an einem Punkt zu einer Hotelüberbuchung gekommen ist.

Liegt aber eine **erheblichen Änderung der Reiseleistung** vor, kann der Reisende vom Reisevertrag zurücktreten, den bereits entrichteten Reisepreis zurückverlangen oder vom Reiseveranstalter verlangen, dass dieser ihm die Teilnahme an einer anderen, mindestens gleichwertigen Reise ermöglicht (vgl. § 651a Abs. 4 BGB), sofern der Veranstalter in seinem Angebot eine entsprechende Reise ohne Aufpreis führt. Ist dies nicht der Fall, kann der Reisende sein Rücktrittsrecht wiederum geltend machen und von der Reise zurücktreten.

Ob eine zumutbare oder eine erhebliche Leistungsänderung vorliegt, ist nach dem jeweiligen Einzelfall zu entscheiden.

BEISPIEL

Erhebliche Änderungen der Reiseleistung
die gebuchte Nilkreuzfahrt soll auf dem Rhein stattfinden, Charter- statt Linienflug, Wechsel der zugesagten Fluglinie, Austausch der Ferienregion, Anreise mit Bus statt mit dem Flugzeug.

Änderungen von im Reisevertrag enthaltenen Leistungen sind nur unter den auf der nächsten Buchseite folgenden Voraussetzungen möglich.

- Der Reiseveranstalter weist auf die **Möglichkeit von Leistungsänderungen** in seinen AGB oder in einem Formularvertrag hin.
- Der Veranstalter muss den Reisenden **unverzüglich über die Leistungsänderung informieren,** nachdem er Kenntnis über den Grund für die Änderung hat (vgl. § 651a Abs. 5 BGB ▸ Kapitel A.7.2).
- In dem **Reisekatalog des Veranstalters** wird auf eine mögliche Leistungsänderung hingewiesen. Andernfalls muss der Kunde spätestens bei Vertragsschluss darüber informiert werden (▸ Kapitel A.5).
- Die **Änderung der vereinbarten Leistung** muss für den Reisenden **zumutbar** sein.

MERKE

Unverzügliche Erklärung
Seinen Rücktritt oder den Wunsch nach einer Ersatzreise muss der Reisende dem Veranstalter gegenüber unverzüglich erklären, nachdem er über die Leistungsänderung informiert wurde.

A.7.4 Rücktritts- und Kündigungsrechte aus dem Reisevertrag

© jeremy culpdesign – Fotolia.com

Der Gesetzgeber räumt sowohl dem Reisenden, als auch dem Reiseveranstalter verschiedene Möglichkeiten des Rücktritts bzw. der Kündigung von einem Reisevertrag ein. Dabei resultiert der jeweilige Rechtsanspruch aus dem **Zeitpunkt des Erscheinens eines Hindernisses** und aus der **Sichtweise (Sphäre)** der Vertragspartner.

Sollte der Reiseveranstalter seinerseits vor Beginn der Reise diese wegen Unmöglichkeit absagen und dieses Hindernis bereits bei Vertragsabschuss gekannt haben, so ist **trotzdem ein Reisevertrag zustande gekommen**, und der Reisende hat die Wahl zwischen Schadensersatz anstatt der Reise oder kann Ersatz für seine vergeblichen Aufwendungen fordern (▸ Kapitel B.2.4).

BGB

Leistungshindernis bei Vertragsschluss (§ 311a Abs. 2 BGB)
(2) Der Gläubiger kann nach seiner Wahl Schadensersatz statt der Leistung oder Ersatz seiner Aufwendungen in dem in § 284 bestimmten Umfang verlangen. Dies gilt nicht, wenn der Schuldner das Leistungshindernis bei Vertragsschluss nicht kannte und seine Unkenntnis auch nicht zu vertreten hat. § 281 Abs. 1 Satz 2 und 3 und Abs. 5 findet entsprechende Anwendung.

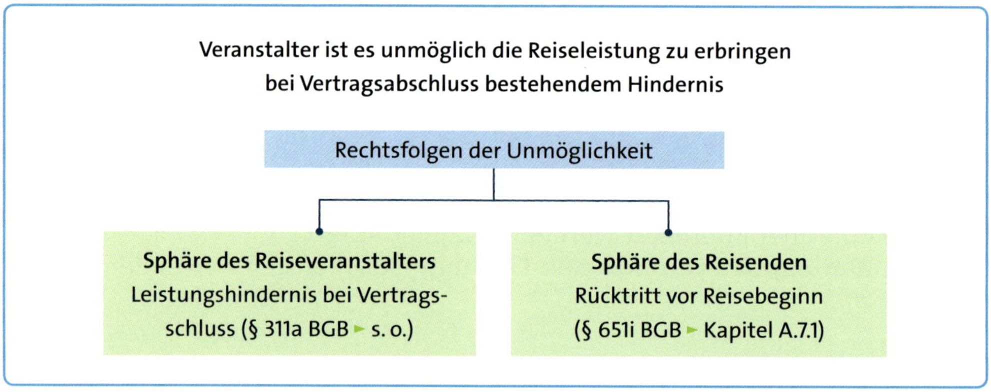

Abb. Rücktritts- und Kündigungsrechte aus dem Reisevertrag bei Vertragsschluss

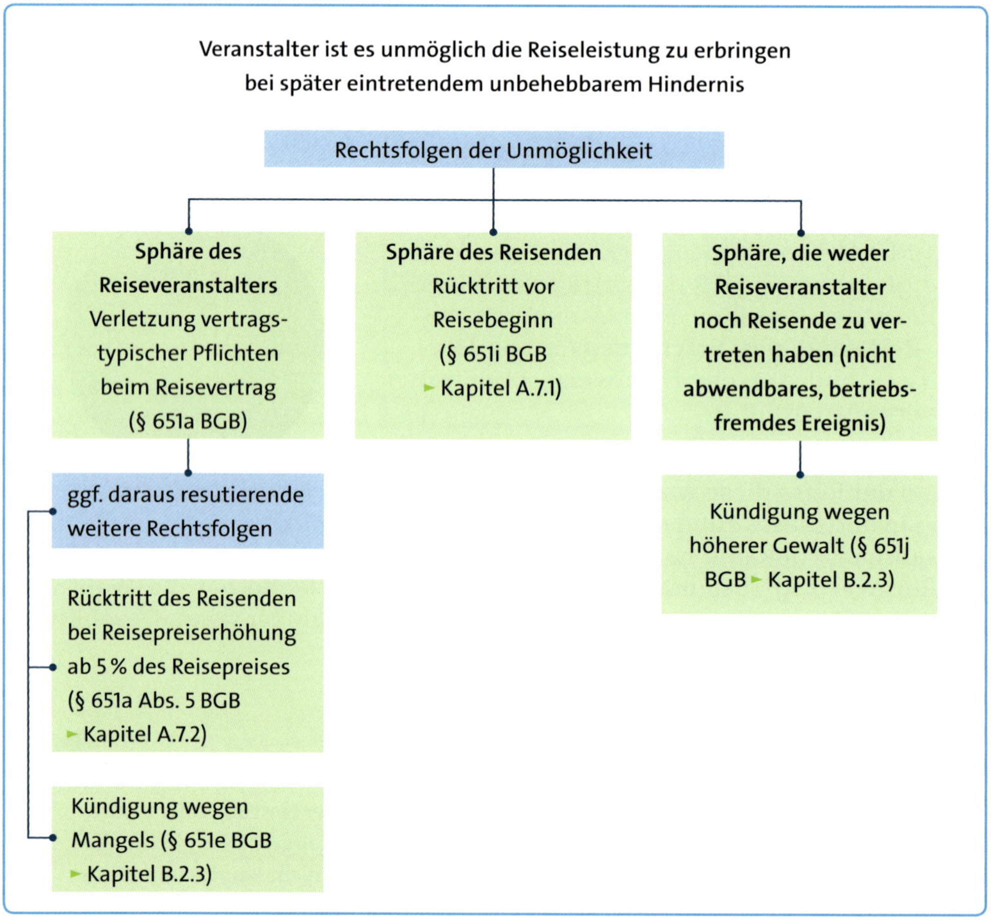

Abb. Rücktritts- und Kündigungsrechte aus dem Reisevertrag nach Vertragsschluss

Wird durch eine Leistungsänderung die **Reise in ihrer Gesamtheit beeinträchtigt**, liegt ein Reisemangel (► Kapitel B.1) vor. Der Reisende kann an Stelle des Rücktritts entweder den Reisepreis mindern (vgl. § 651d BGB ► Kapitel B.2.2) oder, wenn der Reiseveranstalter schuldhaft gehandelt hat, Schadensersatz verlangen (vgl. § 651f BGB ► Kapitel B.2.4).

AUFGABEN

1. In welchem der Fälle ist keine Bündelung touristischer Hauptleistungen gegeben, wenn der Reisende in einem Hotel bucht:
   a) Übernachtung mit Frühstück und gefüllter Minibar,
   b) Übernachtung mit Frühstück inkl. kostenloser Benutzung der hauseigenen Sauna,
   c) Übernachtung mit Frühstück inkl. Kinderbetreuung auf Anfrage,
   d) Übernachtung mit Frühstück inkl. kostenlose Benutzung des Hotelparkplatzes,
   e) Übernachtung mit Frühstück inkl. Rittermahl »Prinz Löwenherz« im hauseigenen Restaurant,
   f) Übernachtung mit Frühstück inkl. Teilnahme am Golfturnier »Dabei sein ist alles« des hoteleigenen Golfclubs,
   g) Übernachtung mit Frühstück inkl. kostenloser Benutzung der *Driving Range*.
2. Nennen Sie ein Beispiel für den Fall, dass nur eine einzige touristische Hauptleistung bereits als Pauschalreise anzusehen ist.
3. Wann gilt das Reiserecht für Fremdenverkehrsstellen/-büros und Touristinformationen?
4. Wann gilt das Reiserecht für Angebote von Hotels und anderen Beherbergungsbetrieben?
5. Nennen Sie sechs vertragstypische Leistungspflichten des Veranstalters aus dem Reisevertrag.
6. Welche abweichenden Vereinbarungen sind gemäß § 651m BGB möglich?
7. Nennen Sie die drei wesentlichen Merkmale einer Pauschalreise.
8. Formulieren Sie vier Beispiele für eine Bündelung touristischer Hauptleistungen in Zusammenhang mit einer Hotelübernachtung.
9. Überprüfen Sie, ob eine Pauschalreise vorliegt.
   - Flug mit Bordverpflegung,
   - Fähre mit Unterbringung an Bord,
   - Beförderung im Schlafwagen,
   - Beförderung mit Reiseversicherung,
   - Reiseleitung vor Ort.

►►►

10. Wer ist im rechtlichen Sinn Reiseveranstalter?

11. Welche Funktion hat der Reisevermittler (bzw. Handelsvertreter)?

12. Wie muss sich der Reisevermittler vom Reiseveranstalter abgrenzen?

13. Charakterisieren Sie die Rechtsbeziehungen zwischen:
    a) Kunde und Reiseveranstalter,
    b) Kunde und Reisevermittler,
    c) Reiseveranstalter und Reisevermittler.

14. Welche Aussagen sind richtig?
    - Nonstop-Flüge sind Langstreckenflüge.
    - Direktflüge sind Mittelstreckenflüge.
    - Direktflüge haben immer eine Zwischenlandung.
    - Nonstop-Flüge haben immer eine Zwischenlandung, behalten nur die Flugnummer bei.
    - Nonstop-Flüge sind Langstreckenflüge mit einer Flugnummer.
    - Nonstop-Flüge haben keine Landung zwischen dem Ausgangs- und dem Zielpunkt.

15. Welche möglichen Beeinträchtigungen kommen ggf. auf den Reisenden bei diesen Katalogformulierungen zu?
    - Hotel strandnah gelegen,
    - direkt an der Strandpromenade,
    - zentral gelegenes Hotel,
    - Naturstrand, feiner Korallenstrand,
    - beheizbarer Swimmingpool, klimatisierbare Zimmer,
    - kinderfreundliches (familienfreundliches) Hotel,
    - Transferzeit zum Flughafen nur 10 Minuten,
    - touristisch gut erschlossen, aufstrebender Ferienort,
    - Mietwagen empfohlen, idyllisch gelegen,
    - landestypische (landesübliche) Einrichtung,
    - sauber und zweckmäßig, helle und freundliche Zimmer,
    - Panoramaaussicht,
    - beliebt bei Stammgästen,
    - Mietsafe,
    - unaufdringlicher Service,
    - neu eröffnetes Hotel,
    - ideal für den aktiven Urlauber,
    - *Barbecue*, All inclusive,
    - von Junggesellen bevorzugt,
    - wöchentliche Animation,
    - bei deutschsprachigen Gästen beliebt.

16. Was wird unter dem »Grundsatz der Prospektwahrheit« verstanden?

17. Nennen Sie fünf zentrale Pflichten, die ein Reiseveranstalter gegenüber seinem Kunden hat.

18. Wer muss nach § 5 BGB-InfoV die Informationsverordnung für Reiseveranstalter nicht beachten?

19. Wer muss keine Kundengeldabsicherung nach § 651k des BGB durchführen?

20. Was ist bei der Umsetzung der BGB-InfoV im Rahmen der Kataloggestaltung zu beachten? Fertigen Sie ein entsprechendes *Mindmap* an.

21. Was bedeutet Kundengeldabsicherung?

22. In welchem Zusammenhang steht der Sicherungsschein mit der Kundengeldabsicherung?

23. Welche Risken sind durch die Kundengeldabsicherung abgesichert?

24. In welchem Fall verstößt der Reisevermittler gegen die Kundengeldabsicherung?

25. Wer ist von der Pflicht zur Kundengeldabsicherung ausgenommen?

26. Für welche Pauschalreisen bedarf es keiner Kundengeldabsicherung?

27. Wann ist der Sicherungsschein auszuhändigen?

28. Beschreiben Sie drei mögliche Formen des Sicherungsscheins.

29. Was genau versichert die Insolvenzversicherung?

30. Nennen Sie zwei konkrete Unternehmen als Beispiele für Kundengeldabsicherer.

31. In den AGB eines Reiseveranstalters heißt es u. a.: »Anzahlung 20 % vom Reisepreis, mindestens 175,00 Euro.« Warum wäre eine solche AGB Klausel eine unangemessene Benachteiligung des Reisenden?

32. Ein Reiseveranstalter formuliert seine AGB neu. Er möchte nun eine der Formulierungen darin aufnehmen, für den Fall, dass ein Reisender von der Reise zurücktritt, weil der Veranstalter aufgrund der Kostenstruktur die Preise um mehr als fünf Prozent erhöhen muss. Zu welcher Lösung raten Sie dem Reiseveranstalter? Bitte begründen Sie:

    »Im Falle des Rücktritts von der Reise …
    - … ist eine Pauschale von X Euro zu zahlen.«
    - … ist ein Betrag von X Euro zu zahlen.«
    - … beträgt die Pauschale X Euro.«
    - … fällt eine Pauschale von mindestens X Euro an.«
    - … ist in jedem Fall eine Pauschale in Höhe von X Euro zu zahlen.«
    - … gelten folgende Stornierungskosten: …«

33. Unter welchen Voraussetzungen kann der Reiseveranstalter Mehrkosten vom Reisenden verlangen?

34. Geringfügige Änderungen der Reiseleistung muss der Reisende akzeptieren. Warum ist es trotzdem ratsam, sich vor Reiseantritt eventuelle Ansprüche gegen den Reiseveranstalter vorzubehalten?

35. Wann liegt Ihres Erachtens eine unzumutbare Leistungsänderung vor, bei Änderung des Ziellandes, Zielortes oder des Hotels? Bitte begründen Sie.

36. Unter welchen Voraussetzungen kann der Reiseveranstalter Mehrkosten von einem Reisenden verlangen?

37. Erläutern Sie den Unterschied zwischen dem Rücktrittsrecht nach § 651a Absatz 5 BGB und nach § 651i BGB.

38. Unter welchen Umständen kann der Reiseveranstalter von einem Reisevertrag zurücktreten?

Anlage 1

BGB-InfoV Abschnitt 3, Informations- und Nachweispflichten von Reiseveranstaltern

§ 4 Prospektangaben

(1) Stellt der Reiseveranstalter über die von ihm veranstalteten Reisen einen Prospekt zur Verfügung, so muss dieser deutlich lesbare, klare und genaue Angaben enthalten über den Reisepreis, die Höhe einer zu leistenden Anzahlung, die Fälligkeit des Restbetrages und außerdem, soweit für die Reise von Bedeutung, über folgende Merkmale der Reise:

1. Bestimmungsort,
2. Transportmittel (Merkmale und Klasse),

3. Unterbringung (Art, Lage, Kategorie oder Komfort und Hauptmerkmale sowie – soweit vorhanden – ihre Zulassung und touristische Einstufung),
4. Mahlzeiten,
5. Reiseroute,
6. Pass- und Visumerfordernisse für Angehörige des Mitgliedstaates, in dem die Reise angeboten wird, sowie über gesundheitspolizeiliche Formalitäten, die für die Reise und den Aufenthalt erforderlich sind,
7. eine für die Durchführung der Reise erforderliche Mindestteilnehmerzahl sowie die Angabe, bis zu welchem Zeitpunkt vor dem vertraglich vereinbarten Reisebeginn dem Reisenden die Erklärung spätestens zugegangen sein muss, dass die Teilnehmerzahl nicht erreicht und die Reise nicht durchgeführt wird.
(2) Die in dem Prospekt enthaltenen Angaben sind für den Reiseveranstalter bindend. Er kann jedoch vor Vertragsschluss eine Änderung erklären, soweit er dies in dem Prospekt vorbehalten hat. Der Vorbehalt einer Preisanpassung ist insbesondere aus folgenden Gründen zulässig:
1. aufgrund einer Erhöhung der Beförderungskosten, der Abgaben für bestimmte Leistungen, wie Hafen- oder Flughafengebühren, oder einer Änderung der für die betreffende Reise geltenden Wechselkurse nach Veröffentlichung des Prospektes,
2. wenn die vom Kunden gewünschte und im Prospekt ausgeschriebene Pauschalreise nur durch den Einkauf zusätzlicher Kontingente nach Veröffentlichung des Prospektes verfügbar ist.
Der Reiseveranstalter und der Reisende können vom Prospekt abweichende Leistungen vereinbaren.
(3) Die Absätze 1 und 2 gelten entsprechend, soweit Angaben über die veranstalteten Reisen in einem von dem Reiseveranstalter zur Verfügung gestellten Bild- und Tonträger enthalten sind.

§ 5 Unterrichtung vor Vertragsschluss

Der Reiseveranstalter ist verpflichtet, den Reisenden, bevor dieser seine auf den Vertragsschluss gerichtete Willenserklärung (Buchung) abgibt, zu unterrichten über
1. Pass- und Visumerfordernisse, insbesondere über die Fristen zur Erlangung dieser Dokumente; diese Verpflichtung bezieht sich auf die Erfordernisse für Angehörige des Mitgliedstaates, in dem die Reise angeboten wird,
2. gesundheitspolizeiliche Formalitäten,
soweit diese Angaben nicht bereits in einem von dem Reiseveranstalter herausgegebenen und dem Reisenden zur Verfügung gestellten Prospekt enthalten und inzwischen keine Änderungen eingetreten sind.

§ 6 Reisebestätigung, Allgemeine Reisebedingungen

(1) Der Reiseveranstalter hat dem Reisenden bei oder unverzüglich nach Vertragsschluss eine Urkunde über den Reisevertrag (Reisebestätigung) auszuhändigen.
(2) Die Reisebestätigung muss, sofern nach der Art der Reise von Bedeutung, außer den in § 4 Abs. 1 genannten Angaben über Reisepreis und Zahlungsmodalitäten sowie über die Merkmale der Reise nach § 4 Abs. 1 Nr. 2, 3, 4, 5 und 7 folgende Angaben enthalten:

1. endgültiger Bestimmungsort oder, wenn die Reise mehrere Aufenthalte umfasst, die einzelnen Bestimmungsorte sowie die einzelnen Zeiträume und deren Termine,
2. Tag, voraussichtliche Zeit und Ort der Abreise und Rückkehr,
3. Besuche, Ausflüge und sonstige im Reisepreis inbegriffene Leistungen,
4. Hinweise auf etwa vorbehaltene Preisänderungen sowie deren Bestimmungsfaktoren (§ 651a Abs. 4 des Bürgerlichen Gesetzbuchs) und auf nicht im Reisepreis enthaltene Abgaben,
5. vereinbarte Sonderwünsche des Reisenden,
6. Namen und ladungsfähige Anschrift des Reiseveranstalters,
7. über die Obliegenheit des Reisenden, dem Reiseveranstalter einen aufgetretenen Mangel anzuzeigen, sowie darüber, dass vor der Kündigung des Reisevertrags (§ 651e des Bürgerlichen Gesetzbuchs) dem Reiseveranstalter eine angemessene Frist zur Abhilfeleistung zu setzen ist, wenn nicht die Abhilfe unmöglich ist oder vom Reiseveranstalter verweigert wird oder wenn die sofortige Kündigung des Vertrags durch ein besonderes Interesse des Reisenden gerechtfertigt wird,
8. über die nach § 651g des Bürgerlichen Gesetzbuchs einzuhaltenden Fristen, unter namentlicher Angabe der Stelle, gegenüber der Ansprüche geltend zu machen sind,
9. über den möglichen Abschluss einer Reiserücktrittskostenversicherung oder einer Versicherung zur Deckung der Rückführungskosten bei Unfall oder Krankheit unter Angabe von Namen und Anschrift des Versicherers.

(3) Legt der Reiseveranstalter dem Vertrag Allgemeine Geschäftsbedingungen zugrunde, müssen diese dem Reisenden vor Vertragsschluss vollständig übermittelt werden.

(4) Der Reiseveranstalter kann seine Verpflichtungen nach den Absätzen 2 und 3 auch dadurch erfüllen, dass er auf die in einem von ihm herausgegebenen und dem Reisenden zur Verfügung gestellten Prospekt enthaltenen Angaben verweist, die den Anforderungen nach den Absätzen 2 und 3 entsprechen. In jedem Fall hat die Reisebestätigung den Reisepreis und die Zahlungsmodalitäten anzugeben.

(5) Die Absätze 1 bis 4 gelten nicht, wenn die Buchungserklärung des Reisenden weniger als sieben Werktage vor Reisebeginn abgegeben wird. Der Reisende ist jedoch spätestens bei Antritt der Reise über die in Absatz 2 Nr. 7 bezeichnete Obliegenheit und die in Absatz 2 Nr. 8 bezeichneten Angaben zu unterrichten.

§ 7 Verträge über Gastschulaufenthalte (§ 651l des Bürgerlichen Gesetzbuchs)

Über die in § 6 bestimmten Angaben hinaus hat der Reiseveranstalter dem Reisenden folgende Informationen zu erteilen:
1. Namen und Anschrift der Gastfamilie, in welcher der Schüler oder die Schülerin untergebracht ist, einschließlich von Veränderungen,
2. Namen und Erreichbarkeit eines Ansprechpartners im Aufnahmeland, bei dem auch Abhilfe verlangt werden kann, einschließlich von Veränderungen und
3. Abhilfeverlangen des Schülers oder der Schülerin und die vom Reiseveranstalter ergriffenen Maßnahmen.

§ 8 Unterrichtung vor Beginn der Reise

(1) Der Reiseveranstalter hat den Reisenden rechtzeitig vor Beginn der Reise zu unterrichten

1. über Abfahrt- und Ankunftszeiten, Orte von Zwischenstationen und die dort zu erreichenden Anschlussverbindungen,
2. wenn der Reisende bei der Beförderung einen bestimmten Platz einzunehmen hat, über diesen Platz,
3. über Namen, Anschrift und Telefonnummer der örtlichen Vertretung des Reiseveranstalters oder – wenn nicht vorhanden – der örtlichen Stellen, die dem Reisenden bei Schwierigkeiten Hilfe leisten können; wenn auch solche Stellen nicht bestehen, sind dem Reisenden eine Notrufnummer und sonstige Angaben mitzuteilen, mit deren Hilfe er mit dem Veranstalter Verbindung aufnehmen kann.

Bei Auslandsreisen Minderjähriger ist die bei Buchung angegebene Person darüber zu unterrichten, wie eine unmittelbare Verbindung zu dem Kind oder dem an dessen Aufenthaltsort Verantwortlichen hergestellt werden kann.

(2) Eine besondere Mitteilung nach Absatz 1 ist nicht erforderlich, soweit die jeweilige Angabe bereits in einem dem Reisenden zur Verfügung gestellten Prospekt oder der Reisebestätigung enthalten ist und inzwischen keine Änderungen eingetreten sind.

[...]

§ 10 Nachweis nach § 651k Abs. 5 des Bürgerlichen Gesetzbuchs

Ein Reiseveranstalter, der seine Hauptniederlassung in einem anderen Mitgliedstaat der Europäischen Gemeinschaften oder einem Vertragsstaat des Abkommens über den Europäischen Wirtschaftsraum hat und dem Reisenden Sicherheit in Übereinstimmung mit den Vorschriften des anderen Staates leistet, hat den Nachweis nach § 651k Abs. 5 Satz 2 des Bürgerlichen Gesetzbuchs nach Maßgabe der am Ort seiner Hauptniederlassung geltenden Vorschriften, jedoch in deutscher oder einer anderen für den Verbraucher leicht verständlichen Sprache zu führen.

Anlage 2

Muster für den Sicherungsschein (§ 9 BGB-InfoV)

(1) Der Reiseveranstalter hat vorbehaltlich des § 10 für den Sicherungsschein nach § 651k Abs. 3 des Bürgerlichen Gesetzbuchs das in der Anlage 1 bestimmte Muster zu verwenden.

(2) Der Reiseveranstalter darf in Format und Schriftgröße von dem Muster abweichen und auf dem Sicherungsschein die Firma oder ein Kennzeichen des Kundengeldabsicherers und seines Beauftragten abdrucken. Ist der Sicherungsschein befristet, ist darauf in der Reisebestätigung in deutlich hervorgehobener Form hinzuweisen.

(3) Der Sicherungsschein ist der Reisebestätigung anzuheften oder auf ihrer Rückseite abzudrucken.

(4) Wird der Sicherungsschein auf der Rückseite der Reisebestätigung abgedruckt, ist auf deren Vorderseite auf den abgedruckten Sicherungsschein in deutlich hervorgehobener Form hinzuweisen. In einem solchen Sicherungsschein können mehrere Kundengeldabsicherer angegeben werden; der Hinweis nach Satz 1 ist dann wie folgt zu fassen:

»Der Sicherungsschein ist auf der Rückseite abgedruckt. Ihr Absicherer ist (Namen einsetzen).«

(5) Enthält die Urkunde neben dem Sicherungsschein weitere Angaben oder Texte, muss sich der Sicherungsschein hiervon deutlich abheben.
(6) Der Sicherungsschein kann auch in Textform nachgewiesen werden und elektronisch mit der Reisebestätigung verbunden werden.

Anlage zu § 9, Muster für den Sicherungsschein

(Fundstelle des Originaltextes: BGBl. I 2002, 3008)
(ggf. einsetzen Ordnungszeichen des Kundengeldabsicherers und des Reiseveranstalters)

Sicherungsschein für Pauschalreisen gemäß § 651k des Bürgerlichen Gesetzbuchs für ...
(einsetzen: Namen des Reisenden, die Wörter »den umseitig bezeichneten Reisenden« oder die Nummer der Reisebestätigung) [1)]
(ggf. einsetzen: Geltungsdauer des Sicherungsscheins) [2)]
Der unten angegebene Kundengeldabsicherer stellt für (einsetzen: die Wörter »für den umseitig bezeichneten Reiseveranstalter« oder: Namen und Anschrift des Reiseveranstalters) gegenüber dem Reisenden sicher, dass von ihm erstattet werden
1. der gezahlte Reisepreis, soweit Reiseleistungen infolge Zahlungsunfähigkeit oder Eröffnung des Insolvenzverfahrens über das Vermögen des Reiseveranstalters ausfallen, und
2. notwendige Aufwendungen, die dem Reisenden infolge Zahlungsunfähigkeit oder Eröffnung des Insolvenzverfahrens über das Vermögen des Reiseveranstalters für die Rückreise entstehen.
Die vorstehende Haftung des Kundengeldabsicherers ist begrenzt. Er haftet für alle durch ihn in einem Jahr insgesamt zu erstattenden Beträge nur bis zu einem Betrag von 110 Mio. Euro. Sollte diese Summe nicht für alle Reisenden ausreichen, so verringert sich der Erstattungsbetrag in dem Verhältnis, in dem ihr Gesamtbetrag zu dem Höchstbetrag steht. Die Erstattung fälliger Beträge erfolgt erst nach Ablauf des Jahres (Angabe des Zeitraums), in dem der Versicherungsfall eingetreten ist. [3)]
Bei Rückfragen wenden Sie sich an: (mindestens einsetzen: Namen, Anschrift und Telefonnummer der anzusprechenden Stelle; falls diese nicht für die Schadensabwicklung zuständig ist, auch Namen, Anschrift und Telefonnummer der dafür zuständigen Stelle).
(einsetzen: Namen, ladungsfähige Anschrift des Kundengeldabsicherers)
Kundengeldabsicherer

1) Diese Angaben können entfallen. In diesem Falle ist folgender Satz einzufügen: »Dieser Sicherungsschein gilt für den Buchenden und alle Reiseteilnehmer.«
2) Falls der Sicherungsschein befristet ist, muss die Frist mindestens den Zeitraum vom Vertragsschluss bis zur Beendigung der Reise umfassen.
3) Dieser Absatz entfällt bei Kundengeldabsicherungen, bei denen die Haftungsbeschränkung nach § 651k Abs. 2 BGB nicht vereinbart wird.

Die Verwendung dieses Musters ist gemäß § 9 Abs. 1 BGB-InfoV Pflicht.

Anlage 3

Allgemeine Bedingungen zur Insolvenzversicherung für Reiseveranstalter (AVB IfR 2009)

§ 1 – Gegenstand der Versicherung

Gegenstand dieser Versicherung ist die Absicherung von Vorauszahlungen der Reiseteilnehmer an Reiseveranstaltungen des Versicherungsnehmers im Sinne der §§ 651a ff. BGB. Der Versicherer übernimmt nach Prüfung der Bonität des Versicherungsnehmers (Reiseveranstalter) in dessen Auftrag die Sicherstellung gemäß § 651 k BGB, mit der er sich Reisenden gegenüber verpflichtet, bei Vorliegen der in den Sicherungsscheinen genannten Voraussetzungen Zahlungen zu leisten. Die Verpflichtung des Versicherers entsteht nur insoweit, als der Versicherungsnehmer seinerseits nach deutschem Recht eine Absicherung vorzunehmen hat.

§ 2 – Leistungsumfang

1. Der Versicherer stellt im Rahmen der gesetzlich möglichen Haftungsbegrenzung die Erstattung folgender Zahlungen bzw. Aufwendungen sicher:
a) des gezahlten Reisepreises, soweit Reiseleistungen infolge Zahlungsunfähigkeit oder infolge einer Insolvenz des Versicherungsnehmers ausfallen und
b) der notwendigen Aufwendungen, die dem Reisenden infolge von Zahlungsunfähigkeit oder einer Insolvenz des Versicherungsnehmers für die Rückreise entstehen.
2. a) Zahlungsunfähigkeit im Sinne dieser Bestimmung liegt vor, wenn der Versicherungsnehmer nicht in der Lage ist, seine fälligen unstreitigen Zahlungsverpflichtungen zu erfüllen. Zahlungsunfähigkeit ist in der Regel anzunehmen, wenn der Schuldner seine Zahlungen eingestellt hat. Ansonsten ist von Zahlungsunfähigkeit auszugehen, wenn er innerhalb der nächsten vier Wochen nicht in der Lage sein wird, zumindest 90 % bis 95 % seiner fälligen unstreitigen Zahlungsverpflichtungen zu erfüllen.
[...]

www.tourvers.de > Insolvenzversicherung > Allgemeine Bedingungen zur Insolvenzversicherung für Reiseveranstalter (AVB)

B Reklamation, Mängelhaftung und Gewährleistung

© MEV Verlag GmbH

»Die Fotos im Reisekatalog haben uns gleich gefallen. Alles sah sehr schön aus. Als wir am Urlaubsort ankamen, konnten wir es kaum glauben: das Hotel lag zwischen verschiedenen Baustellen, die wir auf dem Weg zum Strand umgehen mussten. Unser Zimmer eröffnete keineswegs die im Katalog sichtbare Weitläufigkeit und der Blick vom Balkon ging auf die Abluftanlagen des Speiseraumes.«

Das **Sheraton Miramar Resort El Gouna** ★★★★★ in Ägypten wurde auf einer Gruppe von neun Inseln erbaut, die mit Hängebrücken verbunden sind. Entspannung und Ruhe sind, direkt in der kristallklaren Lagune, garantiert. Das Hotel ist idealer Anlaufpunkt innerhalb einer Nilkreuzfahrt-Badehotel-Kombination.

Reisende stellen Erwartungen an ihren Urlaub – große Erwartungen. Unabhängig davon, ob die Erwartungen begründet oder unbegründet sind, stellen »Störungen« dieser Erwartungen für den Kunden Probleme dar, die oftmals zu **Reklamationen** führen.

Der Reiseveranstalter ist selbstverständlich verpflichtet, den Vertrag ordnungsgemäß zu erfüllen. Trotzdem kommt es häufig vor, dass die Leistungen des Reiseveranstalters nicht den gebuchten und im Reisevertrag zugesicherten Leistungen entsprechen. Dies stellt die **Grundlage für eine Reklamation** dar.

In wieweit nach Reiseantritt und während des Urlaubs für den Reisenden eine **erhebliche oder unerhebliche Nutzungsbeeinträchtigung** vorliegt hängt u. a. von der Art der Störung, der individuellen Nutzungsbeeinträchtigung und seiner zeitlichen Dimension ab.

Weitere Parameter können die Wahl der Destination, der Urlaubszweck und der vereinbarte Qualitätsstandard sein.

BEISPIEL

Vereinbarter Qualitätsstandard
Beeinträchtigungen im drei Sterne-Hotel *Sunrise* in *Lloret de Mar* sind sicher anders zu bewerten als im Hotel Kempinski in St. Moritz.

Beispiele für Unannehmlichkeiten (aus der Rechtsprechung)
keine Reiseleitung am Flughafen, zwei Stunden Wartezeit auf den Koffer, mangelhafte Versorgung mit Handtüchern, Ameisen und Spinnweben im Zimmer, Essen in Schichten sowie Wartezeiten, übliche Verschmutzung am Strand durch andere Touristen, schlechtes Benehmen von Mitreisenden.

Unannehmlichkeiten sind rechtlich nicht als Reisemängel (► Kapitel B.1) einzuordnen. Sie begründen keine Ansprüche gegen den Reiseveranstalter und der Reiseveranstalter haftet nicht für unerhebliche Mängel der Reise.

An- und Abreisetag gelten nicht als Erholungstage, dem Reiseveranstalter steht an diesen Tagen bezüglich seiner Verpflichtung zur Leistungserfüllung große Flexibilität zu.

MERKE

Unannehmlichkeiten und Reisemängel
Die Grenzen zwischen Unannehmlichkeiten und Reisemangel sind fließend und nur im Einzelfall zu bewerten.

Auch Umstände, die unter das so genannte »**Allgemeine Lebensrisiko**« fallen, wie z. B. der verspätete Abflug aufgrund einer Schlechtwetterfront oder starke Windböen während des Fluges, Verletzung durch Holzsplitter auf einer Feluke, normale Kriminalität in Neapel, Affenbiss in Kenia usw. stellen keine Reisemängel dar. Sie liegen nicht in dem Gefahren- bzw. Verantwortungsbereich des Reiseveranstalters.

Hier gilt: Jeder hat selbst auf seine eigene Sicherheit zu achten oder Beeinträchtigungen bzw. Schadensereignisse, mit deren möglichem Eintreten auch im Alltagsleben gerechnet werden muss, hat jeder selbst zu tragen.

MERKE

Allgemeines Lebensrisiko
Das allgemeines Lebensrisiko umfasst insbesondere: Unfälle, die der Reisende selbst zu verantworten hat, Wetter- und Klima-bedingte Umstände (ausgenommen Garantie des Reiseveranstalters z. B. für Schnee) und Diebstahl.

Kurzum: Nicht immer wenn etwas passiert, ist der Reiseveranstalter dafür verantwortlich. Zusammenfassend kann gesagt werden, dass Unannehmlichkeiten und das allgemeines Lebensrisiko **keinen Reisemangel** begründen.

URTEIL

Allgemeines Lebensrisiko
Ein Reisender, der sich auf einem Kreuzfahrtschiff beim Volleyballspiel aufgrund des nassen Bodens verletzt, hat keinen Anspruch auf Schmerzensgeld und Schadensersatz. Hier handele es sich um das allgemeine Lebensrisiko, entschied das Landgericht Darmstadt.
(LG Darmstadt, Urteil vom 11.05.2006, Az.: 13 O 577/05)

»Seien wir ehrlich: Das Leben ist immer lebensgefährlich.«
Erich Kästner (1889–1974)
www.ronald-schmid.de/reiserecht_literarisch.html

B.1 Fehlerhafte Reise und Reisemangel

Die Vorschriften der **§§ 651c und 651h des Bürgerlichen Gesetzbuchs (BGB)** regeln das Vorliegen von Reisemängeln und die verschiedenen Ansprüche des Reisenden.

Der Reiseveranstalter muss entsprechend § 651c Absatz 1 BGB (zweiter Merksatz in ▸ Kapitel A.1) die Reise so erbringen, »dass sie die zugesicherten Eigenschaften hat und nicht mit Fehlern behaftet ist, die den Wert oder die Tauglichkeit zu dem gewöhnlichen oder nach dem Vertrage vorausgesetzten Nutzen aufheben oder mindern.«

Wenn die **tatsächliche Ist-Beschaffenheit** ungünstig von der vertraglich vereinbarten Soll-Beschaffenheit abweicht und dadurch Wert oder Tauglichkeit der Reise nicht nur unwesentlich beeinträchtigt wird, ist die Reise fehlerhaft.

Die Beantwortung der folgenden drei Fragen, soll Ihnen bei der Bewältigung dieser Situation helfen.

Prüfkriterien Fehler:

- Welche **Reiseleistungen** sind vom Reiseveranstalter im konkreten Fall zu erbringen?
- Liegt eine Abweichung der **Ist-Beschaffenheit** der Reise von der Soll-Beschaffenheit vor?
- Stellt der Mangel eine **nicht unerhebliche Nutzungsbeeinträchtigung** für den Reisenden dar?

Grundsätzlich schuldet der Veranstalter den so genannten »Sollzustand«, also die **Soll-Beschaffenheit** und damit die Leistungen, die er mit dem Reisenden vereinbart hat. Dabei kommt insbesondere den Beschreibungen in den Reisekatalogen (▸ Kapitel A.5) eine besondere Bedeutung zu.

Wer sie dekodieren kann, entdeckt die dezenten Hinweise auf mögliche Probleme: Stadtlage oder ein stadtnaher Flughafen (kurze Transferzeit) kann zum Beispiel Lärm bedeuten.

MERKE

Reisemangel

Ein Mangel liegt u. a. vor, wenn die Information in Reiseprospekten nicht den tatsächlichen Gegebenheiten entspricht. Hat der Reiseveranstalter durch die Angaben in seinem Reiseprospekt bereits auf Mängel hingewiesen, bestehen für diese keine Rechte auf Reklamation.

Ein **Reisemangel** kann entweder ein die **Tauglichkeit mindernder Fehler** aus dem Verantwortungsbereich des Reiseveranstalters oder das **Fehlen einer zugesicherten Eigenschaft** sein (z. B. Stadtführung bei Städtereise, gebuchter Kochkurs).

Die Vereinbarung über die zugesicherten Eigenschaften der Reise kann individuell erfolgen oder durch den Reiseprospekt Bestandteil des Vertrages werden (▸ Kapitel A.5 und ▸ Exkurs Kapitel A.6.3).

Es liegt ein Fehler bzw. ein Mangel vor, wenn:

- aus dem geschuldeten »Leistungsbündel« des Reiseveranstalters eine Reiseleistungen nicht erbracht oder
- nicht in der vereinbarten Art und Weise erbracht wird, oder
- verschiedene Reiseleistungen nicht adäquat aufeinander abgestimmt sind,
- der Vertragszweck nicht erfüllt wird,
- sonstige Pflichten nicht eingehalten werden (z. B. Informations- oder Aufklärungspflicht) **und**
- dadurch der Reisenutzen für den Reisenden erheblich eingeschränkt wird oder aufgehoben ist.

Ob aufgrund des Mangels Gewährleistungsrechte in Anspruch genommen werden können, ist im jeweiligen Einzelfall nach Typ, Art und Zweck der Reise, anhand des geschlossenen Vertrages und nach Art des Mangels (Reisemängeltabellen ▸ Exkurs Kapitel B.2.2, Frankfurter Tabelle und dort aufgeführte Gruppen **Unterkunft, Verpflegung, sonstige Mängel, Transport**) zu prüfen.

MERKE

Voraussetzung für die Gewährleistungsrechte

Voraussetzung für die Gewährleistungsrechte ist, dass der Mangel fristgerecht angezeigt (reklamiert) wird und nicht nur eine hinzunehmende Unannehmlichkeit (z. B. eine »Ortsüblichkeit«) ist, sondern die Leistungsstörung die Reise als solche beeinträchtigt und eine tatsächliche Minderung des Nutzens vorliegt.

B.2 Rechte des Reisenden bei mangelhafter Reise

Die Rechtsprechung zur Mängelhaftung und Gewährleistung ist außerordentlich umfangreich. In den nachstehenden Erläuterungen werden die einzelnen Rechte, die das Reiserecht dem Reisenden entweder wahlweise oder nebeneinander zur Verfügung stellt, in ihren Grundsätzen ausgeführt.

Um im Falle eines Reisemangels seine Rechte wahren zu können, muss der Reisende über die **Möglichkeit und Verfahrensweise der Mängelanzeige** in der Reisebestätigung (▸ Kapitel A.6.3) oder im Katalog unterrichtet werden.

Rechte des Reisenden			
Abhilfe, Selbstabhilfe und Aufwendungsersatz § 651c Abs. 2	**Minderung § 651d**	**Kündigung § 651e**	**Schadensersatz § 651f**
► Reisemangel ► Abhilfeverlangen mit angemessener Frist an Reiseveranstalter oder Vertreter (Reiseleiter) ► kein Ausschluss, § 651c Abs. 2 S. 2 (unverhältnismäßig hoher Aufwand) ► Anspruch auf Abhilfe ist modifizierter Erfüllungsanspruch	► Minderung erfolgt kraft Gesetz ► unverzügliche Mängelanzeige § 651d Abs. 2 gegenüber Reiseveranstalter oder dessen Vertreter; bei Verstoß Verlust des Anspruchs, allerdings nur, wennn vorher über Notwendigkeit der Mängelanzeige belehrt wurde	► erhebliche Beeinträchtigung bzw. Unzumutbarkeit, § 651e Abs. 1 ► befristetes Abhilfeverlangen, § 651e Abs. 2 S. 1	► Reisemangel ► Vertretenmüssen (wird vermutet) ► keine Garantiehaftung bei anfänglichen Mängeln analog § 536a Abs. 1 1. Alt. ► (hM) Mängelanzeige bzw. ► Abhilfeverlangen
nach fruchtlosem Fristablauf Selbstabhilfe möglich	Anzeigeerfordernis (–), wenn Veranstalter Mangel kennt oder Abhilfe nicht möglich wäre	nicht erforderlich, wenn Abhilfe unmöglich, vom Reiseveranstalter verweigert wurde oder besonderes Interesse an sofortiger Kündigung	Anspruch besteht neben Minderung oder Kündigung (»unbeschadet«)
	Anspruch entsteht nicht bei schuldhafter Nichtanzeige	Kündigungserklärung	
Ersatz erforderlicher Aufwendungen für Selbstabhilfe, Abs. 3	► Anspruchsgrundlage für die Rückforderung bereits gezahlten Reiseentgeltes ist nicht § 812, sondern §§ 651d I 2 iVm 638 IV, 346 I, 347 I ► für Höhe der Minderung vgl. Frankfurter Tabelle	► Rechtsfolge: angemessene Entschädigung, §§ 651e III, IV iVm § 638 BGB ► entfällt, wenn Teilleistungen für den Reisenden aufgrund der Vertragsaufhebung kein Interesse haben ► Rückerstattung bereits gezahlten Reisepreises nach § 638 IV analog, nicht § 812	► Rechtsfolge: zu ersetzen ist der Nichterfüllungsschaden einschließlich aller Mangelfolgeschäden ► § 651f Abs. 2 BGB: Schadensersatz wegen nutzlos aufgewendeter Urlaubszeit nach hM immaterieller Schaden

Tab. Rechte des Reisenden bei mangelhafter Reise *www.uni-leipzig.de/.../reisevertrag.pdf*

B.2.1 Abhilfe und Selbstabhilfe

Abhilfe

In der juristischen Fachsprache bedeutet der **Begriff Abhilfe** die Beseitigung einer Belastung durch denjenigen, der sie verursacht hat.

BGB

Abhilfe (§651c BGB)
(1) Der Reiseveranstalter ist verpflichtet, die Reise so zu erbringen, dass sie die zugesicherten Eigenschaften hat und nicht mit Fehlern behaftet ist, die den Wert oder die Tauglichkeit zu dem gewöhnlichen oder nach dem Vertrag vorausgesetzten Nutzen aufheben oder mindern.
(2) Ist die Reise nicht von dieser Beschaffenheit, so kann der Reisende Abhilfe verlangen. Der Reiseveranstalter kann die Abhilfe verweigern, wenn sie einen unverhältnismäßigen Aufwand erfordert.

Abb. Reisemangel (Beispiel 1)

Der Reisende kann bei Vorliegen eines Reisemangels **vor Ort** (z. B. die Duschbrause oder der Kühlschrank sind defekt, das Hotel ist überbucht, DZ statt EZ, verschmutztes Zimmer) nach **§ 651c Absatz 2 des BGB** vom Reiseveranstalter verlangen, dass der Mangel abgestellt wird.

Voraussetzung dafür ist, dass der Reisende den oder die Mängel in einem **Mängelprotokoll** genau beschreibt und in einer **Mängelrüge** rügt (**reklamiert**). Pauschale Wertungen, wie »katastrophale und unhygienische Zustände«, »unzumutbare Unterkunft« oder »miserables Essen« reichen dabei aber nicht aus.

Dem Reiseveranstalter muss durch das **Abhilfeverlangen** in einer angemessenen Frist die Möglichkeit gegeben werden seinen Vertrag »mängelfrei« zu erfüllen. Eine gesetzliche Regelung für diese **angemessene Frist** gibt es nicht, aber man kann eine Faustformel formulieren:

MERKE

Mangelabhilfefrist
Je kürzer der Urlaub und je schwerwiegender der Mangel und dessen Beeinträchtigung auf den Reisenden, desto kürzer die Mangelabhilfefrist.

Im Reiserecht entspricht die Mängelhaftung des Reiseveranstalters einer Pauschalreise in wesentlichen Teilen der Haftung eines Werkunternehmers für seine Ware (▸ LF 2, Kapitel 4.1.2).

Vertragspartner des Reisenden ist allein der Reiseveranstalter (▸ Kapitel A.2), nicht der Leistungserbringer. In der Regel wird der **Reiseveranstalter durch die**

Abb. Reisemangel (Beispiel 2)

Reiseleitung vor Ort vertreten. Deren Kontaktdaten müssen nach BGB-InfoV dem Reisenden bekannt sein.

Adäquat ist der vorrangige **Adressat des Abhilfeverlangens** die Reiseleitung vor Ort bzw. die zuständige Stelle zur Entgegennahme des Abhilfeverlangens, die in den AGB des Reiseveranstalters (▸ Exkurs Kapitel A.6.3) benannt wird.

MERKE

Adressat des Abhilfeverlangens bei fehlender Reiseleitung vor Ort
Sollte der Mangel u. a. in der Tatsache bestehen, dass vor Ort keine Reiseleitung vorhanden ist, sollte das Abhilfeverlangen an den Reiseveranstalter in Deutschland (aus Beweisgründen am besten per Telefax) gerichtet werden.

Es reicht rechtlich nicht aus (d. h., es ist umstritten) eine Beanstandung bzw. ein Abhilfeverlangen gegenüber dem jeweiligen Leistungserbringer (Hotelier, Mietwagenfirma, Kapitän usw.) zu formulieren.

URTEIL

Anspruchsverlust
Auch wer eine Beschwerde nach Ende des Urlaubs über die Mängel im Reisebüro vorbringt, hat in der Regel seine Ansprüche verloren.
(AG Bad Homburg, Urteil vom 27.01.1999, Az.: 2 C 3232/98-22)

Das **ausdrückliche Abhilfeverlangen mit Fristsetzung** muss eindeutig und unmissverständlich formuliert sein und umgehend nach Erkennen des Mangels erfolgen.

Es ist die **Voraussetzung für weitergehende Ansprüche** (Minderung, Kündigung, Schadensersatz ▸ Kapitel B.2.2 ff.) aus dem Reisevertrag.

Für das Abhilfeverlangen und die Mängelrüge bestehen keine Formvorschriften. Aus Beweisgründen empfiehlt sich die Schriftform.

Exkurs: Mängelprotokoll, Mängelanzeige, Mängelrüge

Begrifflich sind das Mängelprotokoll, die Mängelanzeige und die Mängelrüge voneinander zu unterscheiden:

- das **Mängelprotokoll** ist eine dokumentierte Auflistung der entstandenen/ vor Ort vorgefundenen Mängel unter Nennung von Zeugen,
- die **Mängelanzeige** stellt das Informieren der Reiseleitung vor Ort unter Formulierung eines **Abhilfeverlangens** mit Fristsetzung dar (dies ist die Voraussetzung für die Inanspruchnahme zugesicherter Rechte!),
- die **Mängelrüge**, nach Beendigung der Reise (binnen eines Monats nach vertraglichem Reiseende) in schriftlicher Form an den Reiseveranstalter zu senden, stellt den formulierten Anspruch auf Reisepreisminderung dar.

BEISPIEL

Mängelprotokoll vom (Datum) ____________
Personalien des Buchenden und Heimatanschrift:
Nachname, Vorname, Straße, Hausnummer, Postleitzahl, Wohnort
Mitreisende (Kinder ____, Erwachsene ____)
Reiseveranstalter: ____________

Mängelanzeige an Reiseleitung vor Ort (Datum und Name der Person)

Reisedaten:
Beginn, Ende ____________
Buchungsnummer ____________
Unterkunft, Urlaubsort, Urlaubsland ____________
Die Anzeige der Mängel erfolgte durch Herrn/Frau ____________
am (Datum, Uhrzeit) ____________
Auch im Namen von den Mitreisenden:
1. ____________
2. ____________
Zeugen des Gesprächs: ____________
Mängel: ____________
____

____
Ort, Datum, Unterschrift des Reisenden

Personalien der Zeugen:
Name, Vorname, Adresse, Land ____________
Mit meiner Unterschrift bestätige ich die Richtigkeit der oben stehenden Angaben.

____
Ort, Datum, Unterschrift des Zeugen

Kenntnis genommen: ____________
Ort, Datum, Unterschrift Reiseleitung

BEISPIEL

Mängelanzeige mit Abhilfeverlangen und Fristsetzung

Datum ____________

Personalien des Buchenden und Heimatanschrift

Reisedaten

Mängelanzeige mit Abhilfeverlangen und Fristsetzung

Adressat: ______________________________

Reiseleitung vor Ort: ______________________________

Für die oben genannte Reise zeige ich folgende Mängel an:

____

____

Ich bitte Sie, diese bis spätestens morgen, Datum __________, 12.00 h zu beseitigen. Sollten die Mängel nicht beseitigt oder im Rahmen der Abhilfe mir kein anderes adäquates Zimmer zugewiesen werden, werde ich den Vertrag kündigen oder Selbsthilfemaßnahmen treffen.

Ich behalte mir vor, weitere Ansprüche geltend zu machen.

Mit freundlichen Grüßen

____

(Ort, Datum, Unterschrift des/der Reisenden)

Kenntnis genommen: ______________________________

Ort, Datum, Unterschrift Reiseleitung

Mängelprotokoll und Abhilfeverlangen mit Fristsetzung sollten aus Beweisgründen schriftlich formuliert und vom Reiseleiter durch Unterschrift bestätigt werden. Allerdings ist der Reiseleiter dazu nicht verpflichtet.

Deshalb ist eine **Beweissicherung** in Form von Fotos, Videoaufnahmen, schriftlicher Bestätigung der Mängel durch Zeugen (immer Anschriften notieren!) zu empfehlen.

URTEIL

Geltendmachung der Ansprüche

Inhaltlich muss die Geltendmachung der Ansprüche eine konkrete Beschreibung der Mängel enthalten, d. h. Ort, Zeit, Ablauf des Geschehens, Schadensfolgen und Ansprüche. Der Reiseveranstalter muss aufgrund der Beschreibung die zur Aufklärung des Sachverhalts gebotenen Maßnahmen einleiten können.

(BGH, Urteil vom 11.01.2005, Az.: X ZR 163/02)

Das sind **die fünf inhaltlichen Elemente einer Mängelrüge**:

- Buchungsnummer
- Mängel ausführlich und vollständig beschreiben
- Verweis auf Abhilfeverlangen möglichst mit Unterschrift der Reiseleitung, ggf. von Zeugen (Fotokopie)
- ausdrückliche Forderung nach Minderung des Reisepreises
- Unterschrift aller erwachsenen Teilnehmer der Reise bzw. der Erziehungsberechtigten

Sie sollten alle in einem Schreiben an den Vertragspartner des Reiseveranstalters Berücksichtigung finden.

BEISPIEL

Gestaltung einer Mängelrüge
(die fünf inhaltlichen Elemente)

Absender: ______________________ Datum: ____________

Adressat: Vertragspartner des Reiseveranstalters (auch bei mehreren Mitreisenden)
Buchungsnummer/Reisekennzeichnung ______________________________________
Reisemängel ____

Sehr geehrte Damen und Herren,
Inhalt:
Reisezeit und Reiseziel
ausführliche und vollständige Beschreibung der Mängel
Verweis auf Abhilfeverlangen
ausdrückliche Forderung nach Minderung des Reisepreises
Unterschrift aller erwachsenen Teilnehmer der Reise bzw. der Erziehungsberechtigten

Anlagen:
Kopien Abhilfeverlangen/Mängelprotokoll
Bildmaterial

Eine Mängelrüge sollte gesichert verschickt werden. Hierbei gelten die verschiedenen Arten eines **Einschreibens** als gesicherte Versandarten.

Ein Einschreiben ist eine garantierte Briefsendung. Der Absender erhält einen Nachweis darüber, dass der Brief bei der Post abgegeben wurde. Darüber hinaus dokumentiert der Postdienstleister, dass der Brief auch ausgeliefert wurde. Je nach Art des Einschreibens wird es nur in den Briefkasten des/der EmpfängerIn eingeworfen oder aber gegen Unterschrift persönlich ausgehändigt. Die unterschiedlichen Arten sind:
Einschreiben (wird an den Empfänger oder eine andere berechtigte Person gegen Unterschrift ausgehändigt)
Einschreiben Einwurf (wird in den Briefkasten eingeworfen und der Postbote dokumentiert die Zeit des Einwurfes)
Einschreiben Eigenhändig (wird nur an den Empfänger persönlich gegen Unterschrift ausgehändigt)
Einschreiben Rückschein (der Absender bekommt zusätzlich eine Nachricht über die Zustellung der Sendung)

www.posttip.de

Alternativ zum Einschreiben kann die Zustellung der Mängelrüge als **Zeugeneinwurf** erfolgen, d. h., der Absender wirft in dem Beisein eines Zeugen (volljährige, geschäftsfähige Person ▸ LF 1, Kapitel 4.1) das Mängelschreiben in den Briefkasten des Vertragspartners des Reiseveranstalters.

Der Zeugeneinwurf gilt als **gesicherte Zustellung** (▸ LF 2, Kapitel 2.2.2) und ist manchmal die zeit- und kostengünstigere Variante.

Eine **Fotokopie aller Schreiben** sollten Sie sich für Ihre Unterlagen aufbewahren.

Das **Vorliegen der Mängelrüge** beim Adressaten unterliegt bestimmten Fristen (▸ Kapitel B.4), deren Einhaltung Voraussetzung für die Geltendmachung der Ansprüche ist.

URTEIL

Aufführung von Reisemängel

Zur Geltendmachung der Ansprüche innerhalb der Frist reicht es, dass der Reisende bestimmte Mängel aufführt, wegen denen er Schadensersatz, Minderung des Reisepreises oder den Rücktritt vom Vertrag erklärt. Die Bezeichnung des Anspruchs, was der Reisende denn eigentlich fordert, ist unerlässlich. Eine genaue Bezifferung ist dagegen nicht notwendig. Der Reisende muss allerdings die Mängel so genau bezeichnen, dass der Veranstalter sie überprüfen kann. Es sind alle Mängel aufzuführen, in einem späteren Rechtsstreit können grundsätzlich keine Mängel nachgereicht werden.
(OLG Frankfurt am Main, Urteil vom 23.10.2003, Az.: 16 U72/03)

Die **Abhilfe ist unverzüglich** (maximal innerhalb von ein- bis zwei Tagen, in manchen Fällen, z. B. bei Überbuchung des Hotels, innerhalb weniger Stunden) nach Mängelanzeige und Abhilfeverlangen vom Reiseveranstalter auf seine Kosten zu erbringen.

Das Abhilfeverlangen mit Bestimmung einer Frist ist entbehrlich, wenn

- die Abhilfe objektiv unmöglich ist oder
- vom Reiseveranstalter verweigert wird oder
- die sofortige Kündigung des Vertrages (▸ Kapitel 5.2.3) durch ein besonderes Interesse des Reisenden gerechtfertigt wird.

Zweck der Abhilfe ist immer die Beseitigung des gerügten Mangels oder die Bereitstellung einer mindestens gleichwertigen Ersatzleistung.

Nach geltender Rechtsprechung ist dem Reisenden ein Umzug in eine Ersatzunterkunft nur dann zumutbar, wenn diese nach Kategorie, Ausstattung, Lage und sonstigen Standard dem gebuchten Hotel entspricht (vgl. OLG Celle, Urteil vom 16.07.2003, Az.: 11 U 84/03).

Eine **gleichwertige Ersatzleistung** gilt dabei als Angebot für eine wirksame Abhilfe. Der Reisende muss im Rahmen seiner **eigenen Schadenminderungspflicht**, die sich aus § 254 des BGB ergibt, eine Ersatzleistung hinnehmen, wenn sie im wesentlich gleichwertig ist, d. h. nur geringfügige Abweichungen aufweist.

BEISPIEL

Abhilfe durch Mängelbeseitigung

der defekte Sessel wird repariert, der Balkon wird gereinigt

Abhilfe in Form einer Ersatzleistung

Hotelwechsel in gleicher Kategorie (mit vergleichbarer Strandlage, gleicher Verpflegung, gleichem Wellness-Angebot, sonstige Standards entsprechen dem gebuchten Hotel usw.) oder aber Bereitstellung einer höherwertigen Leistung, wie Hotelwechsel in höhere Kategorie mit exklusiverer Ausstattung, reichhaltigerer und qualitativ besserer Verpflegung usw.).

Unzureichende Ersatzangebote

Studienreise statt Badeurlaub, Insel statt Festland

Unzumutbarkeit des Ersatzangebotes

Umzug in eine andere Unterkunft zwei Tage vor Abreise, Umzug in eine andere Unterkunft als die Ehefrau mit den Kindern

Grundsätzlich hat der **Reiseveranstalter** die **Kosten der Abhilfe** zu tragen.

So sind z. B. im Rahmen der Abhilfe die Transferkosten in ein höherwertiges Ersatzhotel vom Reiseveranstalter zu tragen; auch eine Umbuchungsgebühr und ein Preisaufschlag dürfen in diesem Fall nicht verlangt werden.

Der Reisende ist **nicht zu einer Fristsetzung** im Rahmen seines Abhilfeverlangens verpflichtet, wenn:

Abb. Abhilfe vor Ort

- die besondere Interessenlage des Reisenden eine sofortige Selbstabhilfe erfordert (vgl. § 651c Abs. 2 Satz 3 BGB, z. B. bei Gesundheitsgefahr) oder
- der Reiseveranstalter die Abhilfe verweigert, weil sie von ihm einen unverhältnismäßigen Aufwand erfordert oder
- die Abhilfe objektiv unmöglich ist (z. B. bei Transportleistungen, Hurrikan zerstörte die Infrastruktur) oder
- wenn eine Reiseleitung vor Ort bzw. die zuständige Stelle zur Entgegennahme des Abhilfeverlangens gemäß den AGB fehlt.

Selbstabhilfe

Stellt der Reiseveranstalter trotz Aufforderung den Mangel nicht in der angemessenen Frist ab, darf der Reisende nach Ablauf dieser Frist den »mangelfreien Zustand« selbst herstellen.

Selbstabhilfe
(§ 651c Abs. 3 BGB) BGB

(3) Leistet der Reiseveranstalter nicht innerhalb einer vom Reisenden bestimmten angemessenen Frist Abhilfe, so kann der Reisende selbst Abhilfe schaffen und Ersatz der erforderlichen Aufwendungen verlangen. Der Bestimmung einer Frist bedarf es nicht, wenn die Abhilfe von dem Reiseveranstalter verweigert wird oder wenn die sofortige Abhilfe durch ein besonderes Interesse des Reisenden geboten wird.

Die dadurch **entstehenden Kosten**, z. B. Telefonkosten, Taxikosten, Umzugskosten, Kosten für das Ersatzhotel, hat der Reiseveranstalter zu ersetzen. Die Selbstabhilfe ist auch möglich, wenn eine Fristsetzung entbehrlich ist. Die möglichen Voraussetzungen dafür wurden bereits oben beschrieben.

URTEIL

Selbstabhilfe/Erweiterte Selbstabhilfe/Hypothetische Minderung

Die Kosten für eine erweiterte Selbstabhilfe (Umzug in ein Ersatz-Hotel) können erst dann geltend gemacht werden, wenn eine erhebliche Beeinträchtigung der Reise vorliegt, was ab einer Minderung von 25 % anzunehmen ist. Bei einer unberechtigten Selbstabhilfe kann jedoch eine hypothetische Minderung[1)] geltend gemacht werden.

(Leitsatz LG Duisburg, Urteil vom 20.12.2007, Az.: 12 S 92/07)

[1)] Waren die Voraussetzungen für die Selbstabhilfe nicht gegeben, könnte für die Zeit, in der die Mängel bestanden, eine Preisminderung geltend gemacht werden. Dies wird als hypothetische Minderung bezeichnet.

Abb. Reisemangel (Beispiel 3)

Reagiert der Reiseveranstalter nicht auf das Abhilfeverlangen und man möchte keine Selbstabhilfe schaffen, ist ein **Beschwerdeprotokoll (Mängelprotokoll)** von Nutzen, um in einem späteren Rechtsstreit die Reklamationen zu belegen. Aus Beweissicherungsgründen gilt auch hier: Schriftform wählen und von Zeugen unterschreiben lassen.

BEISPIEL

Verspätete Abhilfe

Der Reisende bucht für zwei Wochen eine Pauschalreise. Die Dusche bleibt trotz sofortigem Abhilfeverlangens mit zweitägiger Fristsetzung eine Woche nicht nutzbar, erst dann wird sie repariert.

Der Gesetzgeber hat dem Reisenden wahlweise mehrere Rechte bei Reisemangel nebeneinander zur Verfügung gestellt. So kann er auch statt Abhilfe eine **Preisminderung** in Anspruch nehmen.

MERKE

Begrenzung und Ausschluss der Reisepreisminderung

Generell gilt, dass die Abhilfe eine Reisepreisminderung begrenzen aber nicht ausschließen kann.

B.2.2 Reisepreisminderung

Voraussetzung für eine Reisepreisminderung ist, dass der Reisende den Mangel am Urlaubsort ordnungsgemäß angezeigt hat.

MERKE

Unterlassene Mängelanzeige
Unterlässt der Reisende schuldhaft die Mängelanzeige am Urlaubsort, entfällt sein Recht auf Reisepreisminderung. Zeigt er die Mängel schuldhaft nicht unverzüglich an, kann für den entsprechenden Zeitraum ein Anspruch auf Minderung entfallen.

Die Mängelanzeige ist auf einen Zahlungsanspruch gerichtet, also auf die **Erstattung eines Teils bzw. des kompletten Reisepreises**.

Der Reisende ist nicht verpflichtet Mängel anzuzeigen, die dem Reiseveranstalter bekannt sind oder bekannt sein müssten. So werden größere Umbauarbeiten im Hotel als dem Reiseveranstalter bekannt angesehen. **Hier entfällt die Anzeigepflicht** des Reisenden.

Nicht entfallen jedoch die Ansprüche des Reisenden aufgrund der Mängel, sofern er die gesetzlichen Fristen wahrt.

BGB

Minderung (§ 651d BGB)
(1) Ist die Reise im Sinne des § 651c Abs. 1 mangelhaft, so mindert sich für die Dauer des Mangels der Reisepreis nach Maßgabe des § 638 Abs. 3. und Abs. 4 findet entsprechende Anwendung.
(2) Die Minderung tritt nicht ein, soweit es der Reisende schuldhaft unterlässt, den Mangel anzuzeigen.

Die **Berechnung der Höhe der Minderung** des Reisepreises erfolgt als prozentualer Abschlag vom Reisepreis entsprechend der Beeinträchtigung und steht dem Reisenden als Rückzahlungsanspruch zu.

URTEIL

Berechnung der Höhe der Minderung
Die Berechnung der Höhe der Minderung erfolgt üblicherweise nach der Relation der »mängelfreien« zu den »mängelbehafteten« Tagen. Diese schematische Berechnungsweise verbietet sich jedoch bei einer Reise, deren Zweck in dem Besuch von kulturellen und landschaftlichen Sehenswürdigkeiten besteht und bei der wesentliche Highlights ausfallen.
(OLG Köln, Urteil vom 14.07.2008, Az.: 16 U 82/07)

Exkurs: Reisemängeltabellen

Reisemängeltabellen, wie z. B. die Reisemängeltabelle des ADAC, bieten eine erste Orientierungshilfe, ob ggf. ein **rechtlich relevanter Reisemangel** vorliegt und außerdem, in welchem Prozentsatz-Bereich sich eine Reisepreisminderung bewegen könnte. Der Reisende sollte sich beim Blick in eine solche Tabelle bewusst sein, dass sie weder für die Gerichte bindend, noch abschließend ist.

Eine der bekanntesten Reisemängeltabellen ist die so genannte »Frankfurter Tabelle«. Sie wurde von der 24. Zivilkammer des Landgerichts Frankfurt für die Berechnung von Reisepreisminderungen entwickelt.

»Frankfurter Tabelle« zur Reisepreisminderung

Art der Leistung	Mängel	Prozent	Bemerkung
I. Unterkunft	1. Abweichung vom gebuchten Objekt	10–25	je nach Entfernung
	2. Abweichende örtliche Lage (Strandentfernung)	5–15	
	3. Abweichende Art der Unterbringung im gebuchten Hotel (Hotel statt Bungalow, abweichendes Stockwerk)	5–10	
	4. Abweichende Art der Zimmer		
	a) DZ statt EZ	20	Entscheidend, ob
	b) Dreibettzimmer statt EZ	25	Personen der gleichen
	c) Dreibettzimmer statt DZ	20–25	Buchung oder Unbekannte
	d) Vierbettzimmer statt DZ	20–30	zusammengelegt werden
	5. Mängel in der Ausstattung des Zimmers		
	a) zu kleine Fläche	5–10	
	b) fehlender Balkon	5–10	bei Zusage/ je nach Jahreszeit
	c) fehlender Meerblick	5–10	bei Zusage
	d) fehlendes (eigenes) Bad/WC	15–25	bei Buchung
	e) fehlendes (eigenes) WC	15	
	f) fehlende (eigene) Dusche	10	bei Buchung
	g) fehlende Klimaanlage	10–20	bei Zusage/ je nach Jahreszeit
	h) fehlendes Radio/TV	5	bei Zusage
	i) zu geringes Mobiliar	5–15	

Art der Leistung	Mängel	Prozent	Bemerkung
	k) Schäden (Risse, Feuchtigkeit etc.)	10–50	
	l) Ungeziefer	10–50	
	6. Ausfall von Versorgungseinrichtungen		
	a) Toilette	15	
	b) Bad/Warmwasserboiler	15	
	c) Stromausfall/Gasausfall	10–20	
	d) Wasser	10	
	e) Klimaanlage	10–20	je nach Jahreszeit
	f) Fahrstuhl	5–10	je nach Stockwerk
	7. Service		
	a) vollkommener Ausfall	25	
	b) schlechte Reinigung	10–20	
	c) ungenügender Wäschewechsel (Bettwäsche, Handtücher)	5–10	
	8. Beeinträchtigungen		
	a) Lärm am Tage	5–25	
	b) Lärm in der Nacht	10–40	
	c) Gerüche	5–15	
	9. Fehlen der (zugesagten) Kureinrichtungen (Thermalbad, Massagen)	20–40	je nach Art der Projektzusage (z. B. »Kururlaub«)
II. Verpflegung	1. Vollkommener Ausfall	50	
	2. Inhaltliche Mängel		
	a) eintöniger Speisenzettel	5	
	b) nicht genügend warme Speisen	10	
	c) verdorbene (ungenießbare) Speisen	20–30	
	3. Service		
	a) Selbstbedienung (statt Kellner)	10–15	
	b) lange Wartezeiten	5–10	
	c) Essen in Schichten	10	
	d) verschmutzte Tische	5–10	
	e) verschmutztes Geschirr, Besteck	10–15	
	4. Fehlende Klimaanlage im Speisesaal	5–10	bei Zusage
III. Sonstiges	1. Fehlender oder verschmutzter Swimmingpool	10–20	bei Zusage

Art der Leistung	Mängel	Prozent	Bemerkung
	2. Fehlendes Hallenbad		bei Zusage
	a) bei vorhandenem Swimmingpool	10	
	b) bei nicht vorhandenem Swimmingpool	20	
	3. Fehlende Sauna	5	bei Zusage
	4. Fehlender Tennisplatz	5–10	bei Zusage
	5. Fehlendes Mini-Golf	3–5	bei Zusage
	6. Fehlende Segel-, Surf-, Tauchschule	5–10	bei Zusage
	7. Fehlende Möglichkeit zum Reiten	5–10	bei Zusage
	8. Fehlende Kinderbetreuung	5–10	bei Zusage
	9. Unmöglichkeit des Badens im Meer	10–20	je nach Prospektbeschreibung und zumutbarer Ausweichmöglichkeit
	10. Verschmutzter Strand	10–20	
	11. Fehlende Strandliegen, Sonnenschirme	5–10	bei Zusage
	12. Fehlende Snack- oder Strandbar	0–5	je nach Ersatzmöglichkeit
	13. Fehlender FKK-Strand	10–20	bei Zusage
	14. Fehlendes Restaurant oder Supermarkt		bei Zusage/je nach Ausweichmöglichkeit
	a) bei Hotelverpflegung	0–5	
	b) bei Selbstverpflegung	10–20	
	15. Fehlende Vergnügungseinrichtungen (Disco, Nightclub, Kino, Animateure)	5–15	bei Zusage
	16. Fehlende Boutique oder Ladenstraße	0–5	je nach Ausweichmöglichkeit
	17. Ausfall von Landausflügen bei Kreuzfahrten	20–30	des anteiligen Reisepreises je Tag Landausflug
	18. Fehlende Reiseleistung		
	a) bloße Organisation	0–5	
	b) bei Besichtigungsreisen 10-20		
	c) bei Studienreisen mit wissenschaftlicher Führung	20–30	bei Zusage
	19. Zeitverlust durch notwendigen Umzug		anteiliger Reisepreis für
	a) im gleichen Hotel		1/2 Tag
	b) in anderes Hotel		1 Tag
IV. Transport	1. Zeitlich verschobener Abflug über vier Stunden hinaus	5	des anteiligen Reisepreises für einen Tag für jede weitere Stunde

Art der Leistung	Mängel	Prozent	Bemerkung
	2. Ausstattungsmängel		
	a) niedrigere Klasse	10–15	
	b) erhebliche Abweichung vom normalen Standard	5–10	
	3. Service		
	a) Verpflegung	5	
	b) Fehlen der in der Flugklasse üblichen Unterhaltung (Radio, Film, etc.)	5	
	4. Auswechslung des Transportmittels		der auf die Transportverzögerung entfallende anteilige Reisepreis
	5. Fehlender Transfer vom Flugplatz (Bahnhof) zum Hotel: Kosten des Ersatztransportmittels		

Quelle: NJW 1994, S.1639, www.tabelle.info/frankfurter_tabelle.html

Wie ist die Tabelle zu nutzen? (Erläuterungen zur Tabelle)

Folgende Punkte müssen bei der Berechnung des Minderungsbetrages beachtet werden:

1. Geringfügige Beeinträchtigungen bleiben außer Betracht.
2. Die Höhe des Prozentsatzes richtet sich bei Rahmensätzen nach der Intensität der Beeinträchtigung. Dies ist in der Regel unabhängig von den Eigenschaften des einzelnen Reisenden (Alter, Geschlecht, besondere Empfindlichkeit, besondere Unempfindlichkeit). Ausnahmen:
   a) Bei besonderen Eigenschaften oder Gebrechen eines Reisenden, die dem Reiseveranstalter bei Buchung bekannt waren, kann bei besonderer erheblicher Beeinträchtigung der einzelne Tabellensatz und der Höchstprozentsatz um 50 % erhöht werden.
   b) Bei Mängeln der Gruppe III unterbleibt eine Minderung, wenn eine Beeinträchtigung für den Reisenden offenkundig oder nachweisbar nicht gegeben war.
3. Der Prozentsatz wird grundsätzlich vom Gesamtreisepreis (also einschließlich Transportkosten) erhoben
   a) Soweit Beeinträchtigungen während der Reisedauer nur zeitweilig auftreten, wird für die Minderung der auf die entsprechende Zeit umgelegte Gesamtreisepreis der Minderung zu Grunde gelegt. Gleiches gilt, wenn die Gewährleistung des Reiseveranstalters wegen schuldhaft unterlassener Anzeige des Mangels oder Nichtannahme eines zumutbaren Ersatzangebots entfällt.
   b) In Ausnahmefällen (kleinere Mängel bis höchstens 10 %) kann der Prozentsatz dem (anteiligen) Aufenthaltspreis entnommen werden, wenn durch die Mängel der Gesamtzuschnitt der Reise nicht wesentlich verändert worden ist.
   c) Bei zusammengesetzten Reisen (z. B. Rundreise mit anschließendem Erholungsaufenthalt), von denen mindestens ein Reiseteil getrennt gebucht werden kann, ist die Minderung in der Regel aus dem Preis für den Reisteil zu berechnen, auf den die Mängel entfallen. Ziffer 3, b und Ziffer 5 bleiben unberührt.
4. Bei Vorliegen mehrerer Mängelpositionen werden die Prozentsätze addiert.

a) Ist Gegenstand des Vertrages die Leistung von Unterkunft und Vollpension, so dürfen folgende Gesamtprozentsätze innerhalb einer Leistungsgruppe nicht überschritten werden:
Gruppe I (Unterkunft) 50 %
Gruppe II (Verpflegung) 50 %
Gruppe III (Sonstiges) 30 %
Gruppe IV (Transport) 20 %

b) Ist Gegenstand des Vertrages die Leistung von Unterkunft und Halbpension, so erhöhen sich die Tabellensätze der Gruppe I (mit Ausnahme der Position I/1.) um 25 % und vermindern sich die Tabellensätze der Gruppe II um 25 %.

Dabei dürfen folgende Gesamtprozentsätze innerhalb einer Leistungsgruppe nicht überschritten werden:
Gruppe I 62,5 %
Gruppe II 37,5 %
Gruppe III 30 %
Gruppe IV 20 %

c) Ist Gegenstand des Vertrages die Leistung von Unterkunft und Frühstück, so erhöhen sich die Tabellensätze der Gruppe I (mit Ausnahme der Pos. I/1.) um 66,6% und vermindern sich die Tabellensätze der Gruppe II um 66,6%. Dabei dürfen folgende Gesamtprozentsätze innerhalb einer Leistungsgruppe nicht überschritten werden:
Gruppe I 83,3 %
Gruppe II 16,7 %
Gruppe III 30 %
Gruppe IV 20 %

d) Ist Gegenstand des Vertrages nur die Leistung von Unterkunft (ohne Verpflegung), so erhöhen sich die Tabellensätze der Gruppe I (mit Ausnahme der Pos. I/1.) um 100 %; im Einzelfall kann der Gesamtprozentsatz der Gruppe I bis 100 % gehen. Für die Gruppe III verbleibt es bei Gesamtprozentsatz von 30 %, für die Gruppe IV beim Gesamtprozentsatz von 20 %.

5. Ist die Reise in ihrer Gesamtheit durch Mängel einzelner Reiseleistungen oder durch Pflichtverletzungen des Reiseveranstalters schuldhaft erheblich beeinträchtigt worden, so kann dem Reisenden über die Minderungssätze der Tabelle nach Ziffer 2 und über die in Ziffer 3,a vorgesehene Begrenzung auf den betroffenen Zeitraum hinaus der Reisepreis ganz oder teilweise als nutzlose Aufwendung gemäß § 651f II BGB erstattet werden.

6. a) Eine Kündigung nach § 651e II 1 BGB kommt in der Regel nur in Betracht, wenn Mängel mit einem Gesamtgewicht von mindestens 20 % vorliegen. Hierbei ist bei einer Kündigung nach Fristsetzung auf die nicht fristgerecht behobenen Mängel, bei einer sofortigen Kündigung auf die bei Abgabe der Kündigungserklärung vorliegenden Mängel abzustellen.

b) Ein Schadensersatzanspruch nach § 651f II BGB in Form der Kosten für einen Ersatzurlaub kommt in der Regel nur in Betracht, wenn – nicht fristgerecht behobene – Mängel mit einem Gesamtgewicht von mindestens 50 % vorliegen.

c) Eine Reiseleistung ist ohne Interesse für den Reisenden im Sinne des § 651e III 3 BGB, wenn – nicht fristgerecht behobene – Mängel im Gesamtgewicht von mindestens 50 % vorliegen.

d) Im Rahmen der Ziffer 6a–c bleiben die in Ziffern 4b-d vorgesehene Erhöhung und Verminderung der Prozentsätze außer Betracht.

Ergänzung von 1994

In einer Ergänzung zu den Erläuterungen in NJW 94, 1639 hält die 24. Zivilkammer des LG Frankfurt an Vorstehendem grundsätzlich fest. Folgende Änderungen finden aber Anwendung:

zu 3: Gezahlte Versicherungsleistungen des Reisenden sind vom Gesamtreisepreis in Abzug zu bringen. Zuschläge für Flugbeförderungen 1. Klasse bleiben außer Ansatz; sinngemäß gilt dies für sonstige Zuschläge für Komfort. Kosten für zusätzliche Zwischenübernachtungen bleiben außer Ansatz.

zu 3 c): Bei zusammengesetzten Reisen ist vom Gesamtreisepreis auszugehen und dieser anteilig auf die Reisteteile umzulegen.

zu 5: Die Erstattung des Reisepreises als nutzlose Aufwendung kann nunmehr nach § 651f I BGB gefordert werden, so dass die 50 %-Grenze auch unterschritten sein kann und bei Erreichen der 50 %-Grenze eine zusätzliche Entschädigung nach § 651f II BGB verlangt werden kann.

zu 6 c): siehe Vorstehendes

www.hotelkritiken.de

Die Tabelle ist ein **Ranking der einzelnen Reiseleistungen**, d. h. sie fasst die einzelnen Reiseleistungen in Gruppen zusammen und ordnet ihnen maximale Minderungsprozentsätze zu: Unterkunft (Gruppe I), Verpflegung (Gruppe (II), sonstige Mängel (Gruppe III) und Transport (Gruppe IV).

Der **gezahlte Reisepreis (100 Prozent) ist die Obergrenze für eine Reisepreisminderung** auch wenn sich durch die Addition der Prozentsätze größere Werte ergeben sollten. Die folgenden Gesamtprozentsätze dürfen daher innerhalb einer Leistungsgruppe nicht überschritten werden.

Obergrenzen für Pauschalreisen

mit Transport, Unterkunft und VP		mit Transport, Unterkunft und HP		mit Unterkunft und Frühstück	
Gruppe I	50 %	Gruppe I	62,5 %	Gruppe I	83,3 %
Gruppe II	50 %	Gruppe II	37,5 %	Gruppe II	16,7 %
Gruppe III	30 %	Gruppe III	30 %	Gruppe III	30 %
Gruppe IV	20 %	Gruppe IV	20 %	Gruppe IV	20 %

BEISPIEL

Anwendung der Frankfurter Tabelle zur fiktiven Berechnung der Preisminderungssätze

Der Reisende bucht eine 10-tägige Flugpauschalreise für Mitte Juli (Transport, Unterkunft und Vollpension) bei einem deutschen Reiseveranstalter nach Andalusien zum Paketpreis von 1.500,00 €. In der Reisebestätigung ist u. a. das gewünschte Einzelzimmer in dem gewünschten Vier-Sterne-Hotel aufgeführt. Im Reisekatalog heißt es »Vollpension mit warmen Mittags- und Abendbüffet« sowie »alle Zimmer verfügen über eine Klimaanlage, die individuell reguliert werden kann. Eine Augenweide ist der abgebildete Swimmingpool in einem Palmengarten vor der bizarren Steilküste.«
Vor Ort wird er in ein Halb-DZ statt EZ einquartiert, in dem eine Klimaanlage fehlt. Die Toilette befindet sich außerhalb des Zimmers auf der Etage und muss mit anderen Gästen geteilt werden. Auch der Swimmingpool befindet sich noch im Bau. Nach Öffnung des Restaurants am Abend ist nach 20 Minuten nur noch eine Auswahl an kalte Speisen vorhanden.

Minderungssätze:
DZ statt EZ = 20 % Gruppe I
Etagentoilette = 15 % Gruppe I
nicht genügend warme Speisen = 10% Gruppe II
bei nicht vorhandenem Swimmingpool = 20 % Gruppe III
Fehlende Klimaanlage im Hochsommer = 20 % Gruppe I
Lösung: Minderungssatz unter Berücksichtigung der Obergrenzen
Die Obergrenze für Gruppe I (Unterkunft) beträgt 50 %. In dem Beispiel ist der fiktive Minderungssatz 55 %. Für Gruppe I (Unterkunft) ist somit 50 % anzusetzen.
Die Obergrenze für Gruppe II (Verpflegung) beträgt 50 %. Der Minderungssatz von 10 % überschreitet die Obergrenze nicht.
Die Obergrenze für Gruppe III (Sonstiges) beträgt 30 %. Der Minderungssatz von 20% überschreitet die Obergrenze nicht. Rein rechnerisch steht dem Reisenden somit eine Preisminderung von 80% des Reisepreises zu.

Die Frankfurter Tabelle sowie alle anderen Reisemängeltabellen sind lediglich **Orientierungshilfen**.

BEISPIEL

Anwendung der Frankfurter Tabelle
zur fiktiven Berechnung des Preisminderungssatzes bei zeitlicher Begrenzung des Minderungsanspruchs

Der Reisende aus dem vorherigen Beispiel formuliert unverzüglich nach Ankunft vor Ort ein Abhilfeverlangen mit einer Fristsetzung von einem Tag. Am sechsten Tag bekommt er sein ersehntes EZ mit funktionierender Klimaanlage und Toilette.
Lösung:
1. Die Obergrenze für Gruppe I (Unterkunft) beträgt 50 %
Somit beträgt der Minderungssatz 50 % (Hälfte der Urlaubszeit) von der Obergrenze für Gruppe I.
Reisepreis 100 % = 1.500,00 Euro, Obergrenze Gruppe I 50 % = 750,00 Euro
Bezogen auf die Hälfte der Urlaubszeit 25 % = 375,00 Euro
2. Die Obergrenze für Gruppe II (Verpflegung) beträgt 50 %
Der Minderungssatz beträgt für 10 Tage 10 % von der Obergrenze für Gruppe II.
Reisepreis 100 % = 1.500,00 Euro, Obergrenze Gruppe II 50 % = 750,00 Euro
Minderungssatz 10 % = 75,00 Euro
3. Die Obergrenze für Gruppe III (Sonstiges) beträgt 30 %
Der Minderungssatz von 20 % überschreitet die Obergrenze nicht.
Reisepreis 100 % = 1.500,00 Euro, Obergrenze Gruppe III 30 % = 450,00 Euro
Minderungssatz 20 % = 90,00 Euro
Der fiktive Rückerstattungsanspruch beträgt 375,00 Euro + 75,00 Euro + 90,00 Euro = 540,00 Euro.

B.2.3 Kündigung wegen Mangels und höherer Gewalt

Ein Reisevertrag kann bei Vorliegen eines erheblichen Mangels gekündigt werden. Der Reisende muss die **Kündigung** (formlos, Schriftform empfohlen) gegenüber dem Reiseveranstalter oder, soweit dies unzumutbar ist, gegenüber dem örtlichen Erfüllungsgehilfen des Veranstalters (Reiseleitung) erklären.

Durch die **wirksame Kündigung** verliert der Veranstalter den Anspruch auf den vereinbarten Reisepreis, d. h. vom Reisenden erbrachte Zahlungen müssen vom Reiseveranstalter erstattet werden.

Kündigung wegen Mangels (§ 651e BGB)

BGB

(1) Wird die Reise infolge eines Mangels der in § 651c bezeichneten Art erheblich beeinträchtigt, so kann der Reisende den Vertrag kündigen. Dasselbe gilt, wenn ihm die Reise infolge eines solchen Mangels aus wichtigem, dem Reiseveranstalter erkennbaren Grund nicht zuzumuten ist.
(2) Die Kündigung ist erst zulässig, wenn der Reiseveranstalter eine ihm vom Reisenden bestimmte angemessene Frist hat verstreichen lassen, ohne Abhilfe zu leisten. Der Bestimmung einer Frist bedarf es nicht, wenn die Abhilfe unmöglich ist oder vom Reiseveranstalter verweigert wird oder wenn die sofortige Kündigung des Vertrags durch ein besonderes Interesse des Reisenden gerechtfertigt wird.
(3) Wird der Vertrag gekündigt, so verliert der Reiseveranstalter den Anspruch auf den vereinbarten Reisepreis. Er kann jedoch für die bereits erbrachten oder zur Beendigung der Reise noch zu erbringenden Reiseleistungen eine nach § 638 Abs. 3 zu bemessende Entschädigung verlangen. Dies gilt nicht, soweit diese Leistungen infolge der Aufhebung des Vertrags für den Reisenden kein Interesse haben.
(4) Der Reiseveranstalter ist verpflichtet, die infolge der Aufhebung des Vertrags notwendigen Maßnahmen zu treffen, insbesondere, falls der Vertrag die Rückbeförderung umfasste, den Reisenden zurückzubefördern. Die Mehrkosten fallen dem Reiseveranstalter zur Last.

Die **Berechtigung zur Reisevertragskündigung** besteht nicht bei geringfügigen Mängeln, die zu einer Minderung des Reisepreises (▸ Kapitel B.2.2) ausreichend berechtigen.

Die Gerichte beurteilen diese Berechtigung (und damit das **Vorliegen einer erheblichen Beeinträchtigung** und eines **erheblichen Mangels**) jedoch unterschiedlich: Das LG Frankfurt ist der Auffassung, dass eine erhebliche Beeinträchtigung vorliegt, wenn der Kunde aufgrund der Mängel einen Preisnachlass von mindestens 20 Prozent des Gesamtpreises fordern könnte, das LG Hannover sagt 50 Prozent.

Daher empfiehlt es sich, das Vorliegen eines erheblichen Mangels zu prüfen.

URTEIL

Beurteilung der Beeinträchtigung
In welchem Maße ein Mangel die Reise beeinträchtigt, ist aufgrund einer an Zweck und konkreter Ausgestaltung der Reise sowie Art und Dauer der Beeinträchtigung orientierter Gesamtwürdigung zu beurteilen.
(BGH, Urteil vom 07.10.2008, Az.: X ZR 37/08)

Prüfkriterien Kündigung wegen eines erheblichen Mangels:

- Erhebliche Beeinträchtigung durch Mangel der in § 651c bezeichneten Art (z. B. dauernder Baulärm) oder
- dem Reisenden ist die Reise infolge eines solchen Mangels aus wichtigem, dem Reiseveranstalter erkennbaren Grund, nicht zuzumuten (z. B. Gefahr schwerer Erkrankungen, Gehbehinderung) oder
- der Reiseveranstalter hat eine ihm vom Reisenden bestimmte, angemessene Frist ohne Abhilfe zu leisten, verstreichen lassen.

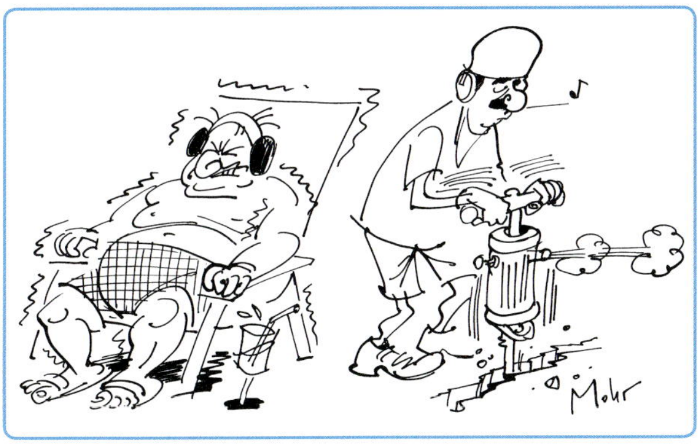

Abb. Erheblicher Mangel

Es liegt z. B. eine **erhebliche Beeinträchtigung** vor, wenn eine wichtige Teilleistung überhaupt nicht erbracht wird oder die zentrale Leistung (z. B. die Unterbringung) schwerwiegende Mängel aufweist.

Der Veranstalter kann bei einer Kündigung des Reisevertrages nach Reiseantritt für bereits erbrachte mängelfreie Leistungen eine Entschädigung verlangen (vgl. § 651e Abs. 3 BGB). Das gilt grundsätzlich auch für die zur Beendigung der Reise noch notwendig zu erbringenden Leistungen, z. B. die **Rückbeförderung**.

Trotz Kündigung ist der Reiseveranstalter nach § 651e Absatz 4 des BGB verpflichtet, sofern dies vertraglich vereinbart ist, den Reisenden vom Urlaubsort zurück zu befördern, wobei eventuelle Mehrkosten (z. B. Rückflug mit einer Linienmaschine) dem Reiseveranstalter zur Last fallen.

Kommt der Reiseveranstalter der **Rückbeförderungspflicht** nicht nach, kann der Reisende Selbstabhilfe ohne weitere Fristsetzung (▸ Kapitel B.2.1) ergreifen.

MERKE

Unterscheidung
Rücktrittsrecht und Kündigungsrecht
Das Kündigungsrecht nach § 651e ist von dem Rücktrittsrecht nach § 651i (▸ Kapitel A.7.1) zu unterscheiden.

Höhere Gewalt liegt vor, wenn durch ein von außen einwirkendes nicht abwendbares Ereignis, das betriebsfremd ist, also in keinem Zusammenhang mit dem Betrieb des Reiseunternehmens steht, zu einer erheblichen Erschwernis, Gefährdung oder Beeinträchtigung der Reise führt.

Bei einer **Kündigung durch den Reiseveranstalter oder Reisenden infolge höherer Gewalt** hat der Veranstalter keinen Anspruch auf den Reisepreis (vgl. § 651e Abs. 3 Satz 1 und 2; Abs. 4 Satz 1 BGB), sondern nur einen Entschädigungsanspruch für bereits erbrachte Leistungen.

Die Berechnung eines Entschädigungsanspruchs erfolgt nach den Formeln:

Wert mängelfrei : Wert mangelhaft = voller Reisepreis : Entschädigung

oder

Schätzung der Entschädigungshöhe gemäß § 638 Abs. 3 Satz 2 BGB

800 : 200 = 1000 : Entschädigung
4 = 1000 : 250
Lösung = 250

Der Reisepreis wird dabei in dem **Verhältnis herabgesetzt,** in dem der Wert der Reise bis zur Kündigung zum Wert bei vollständiger Erbringung der Reise gestanden hätte. Hier also um 250,00 Euro.

Die **Kosten für die Rückbeförderung** des Reisenden trägt der Veranstalter. Ergeben sich hierfür Mehrkosten, besteht eine Kostenteilungspflicht (vgl. § 651j Abs. 2 Satz 2 BGB). Im Übrigen fallen die Mehrkosten dem Reisenden zur Last.

BGB

Kündigung wegen höherer Gewalt (§ 651j BGB)

(1) Wird die Reise infolge bei Vertragsabschluss nicht voraussehbarer höherer Gewalt erheblich erschwert, gefährdet oder beeinträchtigt, so können sowohl der Reiseveranstalter als auch der Reisende den Vertrag allein nach Maßgabe dieser Vorschrift kündigen.

(2) Wird der Vertrag nach Absatz 1 gekündigt, so finden die Vorschriften des § 651e Abs. 3 Satz 1 und 2, Abs. 4 Satz 1 Anwendung. Die Mehrkosten für die Rückbeförderung sind von den Parteien je zur Hälfte zu tragen. Im Übrigen fallen die Mehrkosten dem Reisenden zur Last.

MERKE

Kündigung wegen höherer Gewalt

Wird die Durchführung einer Reise auf Grund höherer Gewalt erheblich erschwert, gefährdet oder beeinträchtigt, können sowohl der Veranstalter als auch der Reisende den Vertrag kündigen.

Nicht außer Acht zu lassen ist dabei die Rolle des **deutschen Auswärtigen Amtes**, und die von dieser Behörde ausgegebenen Reisewarnungen für die gerichtliche Beurteilung des Vorliegens von höherer Gewalt.

Kündigung wegen höherer Gewalt

[...] Eine Kündigung des Reisevertrags ist sowohl vor wie auch nach Reiseantritt zulässig, wenn die Reise durch höhere Gewalt im Zielland erheblich gefährdet wird und dies im Zeitpunkt des Vertragsabschlusses nicht vorhersehbar war (§ 651j BGB). [...]

Über die Frage des Vorliegens der höheren Gewalt entscheiden die Gerichte im Wege der freien Beweiswürdigung. Hierbei werden unter anderem zur Prüfung der Voraussetzungen des § 651j BGB regelmäßig die Sicherheitshinweise und ggf. die Reisewarnungen des Auswärtigen Amts durch die Gerichte herangezogen.

Liegt für ein Land eine Reisewarnung des Auswärtigen Amtes vor, so wird von den Gerichten meist anerkannt, dass ein Fall höherer Gewalt vorliegt. Spricht der Hinweis nur von einem »erhöhten Risiko«, so wird von den Gerichten ein Fall von höherer Gewalt verneint. [...] Es ist aber nicht so, dass nur dann höhere Gewalt vorliegt, wenn das Auswärtige Amt vor Reisen warnt. Die Frage, ob höhere Gewalt vorliegt, kann im Streitfall letztlich nur gerichtlich geklärt werden.

aus: www.auswaertiges-amt.de

Höhere Gewalt

BEISPIEL

Höhere Gewalt liegt vor bei (Ausbruch von) Kriegen, bei Terroranschlägen, bei instabilen politischen Verhältnissen, bei Naturkatastrophen, bei Epidemien, bei Streik außerhalb der touristischen Leistungsträger (z. B. Streik der Fluglotsen), bei behördlichen Eingriffen (z. B. verhängte Einreisesperre).

B.2.4 Schadensersatzpflicht und Schadensersatzanspruch

Das Bürgerliche Gesetzbuch regelt in den §§ 823 ff. u. a. die Schadensersatzpflicht. Unter einem **Schaden** versteht man jede unfreiwillige Einbuße an materiellen und immateriellen Gütern.

Schadensersatz ist der Ausgleich eines materiellen oder immateriellen Schadens. Der Schadensersatz beinhaltet alle auf den Reisemangel zurückzuführenden entstandenen und nachweisbaren:

- Vermögensschäden (z. B. Verlust des Gepäcks),
- Begleit- und Folgeschäden,
- Körperverletzungen und Gesundheitsbeeinträchtigungen,
- Aufwendungen des Reisenden, die zum Ausgleich der mangelhaften Reise notwendig waren.

Abb. Gepäckverlust

Der Reisende kann wegen eines Mangels, den der Veranstalter zu vertreten hat, neben dem Anspruch auf Abhilfe, Minderung oder Kündigung des Reisevertrages, **Schadensersatz wegen Nichterfüllung** beanspruchen (vgl. § 651 f BGB).

MERKE

Anspruch auf Schadensersatz

Anders als die übrigen Ansprüche aus dem Reiserecht setzt der Anspruch auf Schadensersatz das Verschulden des Veranstalters oder seiner Erfüllungsgehilfen voraus. Es muss eine vorsätzliche oder fahrlässige Verletzung der Sorgfaltspflichten vorliegen.

Somit scheiden z. B. Schadensersatzansprüche wegen höherer Gewalt (▸ Kapitel B.2.3) aus. Aber auch hier gilt, dass der Reiseveranstalter sein mangelndes Verschulden hinreichend darlegen (§ 651f Abs. 1 BGB) und im Bestreitensfalle beweisen muss.

BGB

Schadensersatzpflicht (§ 823 BGB)

Wer vorsätzlich oder fahrlässig das Leben, den Körper, die Gesundheit, die Freiheit, das Eigentum oder ein sonstiges Recht eines anderen widerrechtlich verletzt, ist dem anderen zum Ersatz des daraus entstehenden Schadens verpflichtet.

(2) Die gleiche Verpflichtung trifft denjenigen, welcher gegen ein den Schutz eines anderen bezweckendes Gesetz verstößt. Ist nach dem Inhalt des Gesetzes ein Verstoß gegen dieses auch ohne Verschulden möglich, so tritt die Ersatzpflicht nur im Falle des Verschuldens ein.

Die **Haftung des Reiseveranstalters** erstreckt sich auf sein eigenes Verschulden und das Verschulden seiner Erfüllungsgehilfen, z. B. des Hotels oder der Fluggesellschaft nach den §§ 276 und 278 des BGB.

MERKE

Erfüllungsgehilfe des Reiseveranstalters
Erfüllungsgehilfe des Reiseveranstalters ist, wer vom ihm willentlich, also mit Wissen und Wollen des Reiseveranstalters, zur Erfüllung seiner reisevertraglichen Verpflichtungen tätig ist.

Durch den **vom Reiseveranstalter zu leistenden Schadensersatz** soll der Reisende grundsätzlich so gestellt werden, als wäre der Reisevertrag ordnungsgemäß erfüllt worden. Ein Schadensersatz gleicht demnach die unfreiwilligen Einbußen an materiellen und immateriellen Gütern aus.

Reale Lage (= Vermögen mit Schaden)

Hypothetische Lage (= Vermögen ohne Schaden)

Differenz = Schaden

Abb. Ausgleich eines Schadens

Schadensersatzanspruch für materielle Schäden

Ein materieller Schaden ist jede unfreiwillige Einbuße an materiellen Gütern. **Voraussetzung für das Geltendmachen eines materiellen Schadensersatzes** nach den § 651 f Absatz 1, 651 d, 276 und 278 des BGB ist:

- Mangel in der Erfüllung der Reiseleistung,
- dass der Veranstalter den Reisemangel zu vertreten hat (vgl. § 276 BGB)
- er haftet in diesem Zusammenhang auch für das Fehlverhalten seiner Erfüllungsgehilfen bzw. Leistungsträger (vgl. § 278 BGB).
- Das Verschulden des Reiseveranstalters wird vermutet, er muss den Beweis für sein fehlendes Verschulden erbringen.
- Mängelanzeige bzw. Abhilfeverlangen durch den Reisenden beim Reiseveranstalter ist unverzüglich erfolgt.
- Anzeigepflicht entfällt bei unverschuldeter Nichtanzeige.

Der Schadensersatzanspruch gemäß § 651 f Absatz 1 BGB ist nach § 249 BGB zu bestimmen.

BGB

Art und Umfang des Schadensersatzes (§ 249 BGB)

(1) Wer zum Schadensersatz verpflichtet ist, hat den Zustand herzustellen, der bestehen würde, wenn der zum Ersatz verpflichtende Umstand nicht eingetreten wäre.
(2) Ist wegen Verletzung einer Person oder wegen Beschädigung einer Sache Schadensersatz zu leisten, so kann der Gläubiger statt der Herstellung den dazu erforderlichen Geldbetrag verlangen. Bei der Beschädigung einer Sache schließt der nach Satz 1 erforderliche Geldbetrag die Umsatzsteuer nur mit ein, wenn und soweit sie tatsächlich angefallen ist.

BEISPIEL

Typische Beispiele für einen Schadensersatzanspruch

Salmonellenvergiftung durch nachweislich verdorbene Lebensmittel im Rahmen der Halbpension eines Hotels bei einer Pauschalreise (Schadensersatz: u. a. Arzthonorar, Medikamente, gesonderte Verpflegung), Schäden am Reisegepäck.

Im Rahmen einer Pauschalreise kann grundsätzlich der Reiseveranstalter für die entstandenen Schäden haftbar gemacht werden.

URTEIL

Gepäckschäden

[...] Der Schaden kann entweder das Gepäck selbst betreffen, z. B. wenn Kleidungsstücke verschmutzt wurden oder Teile des Gepäcks verloren gegangen sind. Hier ersetzt der Veranstalter entweder die Reinigung oder die Neubeschaffung.
Der Schaden kann aber auch darin bestehen, dass Ihr Gepäck verzögert ausgeliefert wird und Sie im Urlaub ohne Gepäck dastehen. In diesem Fall können Sie den Preis der gesamten Reise mindern. Fehlt das Gepäck z. B. während des gesamten Urlaubs, bekommen Sie ca. 20-25 Prozent des Gesamtreisepreises erstattet. Darüber hinaus kann das fehlende Gepäck auch ein Grund für eine Kündigung des Reisevertrags einer Pauschalreise darstellen, wenn es nicht innerhalb von vier Tagen wieder auftaucht und der Reiseveranstalter keine Maßnahmen ergreift, um Ersatz zu besorgen.
(LG Hannover, Urteil vom 19.04.1985, Az.: 8 S. 393/84)
Taucht das Gepäck am selben Tag wieder auf, haben Sie keinen Minderungsanspruch. Schäden am Gepäck müssen Sie innerhalb von 21 Tagen nach Wideraushändigung dem Reiseveranstalter schriftlich melden.
(LG Frankfurt, Urteil vom 28.10.1985, Az.: 2/24 S 46/85)
www.sommer-tours.de/reiserecht

Bei **Schäden am Reisegepäck** haftet entweder der Reiseveranstalter im Rahmen des Reisevertrages oder der Luftfrachtführer im Rahmen des Montrealer Abkommens (▸ Fachwissen Tourismus Band 4, LF 8.1).

Mitverschulden des Reisenden

Hat der **Reisende bei der Entstehung des Schadens ein Mitverschulden** wird der Entschädigungsanspruch adäquat gekürzt.

BGB

Mitverschulden (§ 254 BGB)

(1) Hat bei der Entstehung des Schadens ein Verschulden des Beschädigten mitgewirkt, so hängt die Verpflichtung zum Ersatz sowie der Umfang des zu leistenden Ersatzes von den Umständen, insbesondere davon ab, inwieweit der Schaden vorwiegend von dem einen oder dem anderen Teil verursacht worden ist.
(2) Dies gilt auch dann, wenn sich das Verschulden des Beschädigten darauf beschränkt, dass er unterlassen hat, den Schuldner auf die Gefahr eines ungewöhnlich hohen Schadens aufmerksam zu machen, die der Schuldner weder kannte noch kennen musste, oder dass er unterlassen hat, den Schaden abzuwenden oder zu mindern. Die Vorschrift des § 278 findet entsprechende Anwendung.

Der **Reiseveranstalter muss nicht für alle Schäden eintreten** – die Rechtsprechung sieht in den folgenden Fällen keine Schadensersatzpflicht des Reiseveranstalters:

URTEIL

Keine Schadensersatzpflicht des Reiseveranstalters

Verweist das Luftfahrtpersonal in Ausübung der Bordgewalt einen Passagier von Bord, so hat der Reiseveranstalter diese Handlung nicht zu vertreten. War die Maßnahme rechtswidrig, besteht ein Schadensersatzanspruch gegen den Staat (sog. Amtshaftung).
(LG Bonn, Urteil vom 07.06.2000, Az.: 5 S 18/00)
Der Reiseveranstalter kann nicht in Regress genommen werden bei Diebstahl aus dem Hotelsafe, außer dem Veranstalter ist nachweisbar, dass er das Hotel nicht sorgfältig genug ausgesucht hat.
(OLG München, Urteil vom 26.04.1999, Az.: 17 U 1581/99)
Der Reiseveranstalter kann nicht in Regress genommen werden für Diebstahl bei Landgang während einer Kreuzfahrt, da dies ein allgemeinen Lebensrisiko ist und der Veranstalter vor dem Gang an Land nur warnen muss, wenn dazu akuter Anlass bestanden hätte.
(LG Bremen, Urteil vom 27.02.2002, Az.: 4 S 432/01)

Generell muss der Reisende differenzieren zwischen **Ansprüchen aus Reisemängeln** gegenüber dem Reiseveranstalter und **Ansprüchen für den Schadensersatz**.

Schadensersatzanspruch für immaterielle Schäden

Ein **immaterieller Schaden** gemäß § 253 BGB ist ein Schaden, der nicht Vermögensschaden ist, für den Schadensersatz jedoch in Geld gewährt wird. (Der betroffene Urlauber muss also z. B. keinen Gutschein (▸ s. u.) zur Abgeltung seiner Schadensersatzansprüche akzeptieren.) Als Beispiele für immaterielle Schäden sind Schmerzen und Schmerzensgeld oder entgangene Urlaubsfreuden und eine entsprechende Entschädigung zu nennen. Sie werden auf den nächsten Seiten beschrieben.

Im Rahmen des Reiserechts kann unter bestimmten Voraussetzungen ein immaterieller Schaden auch in der **nutzlos aufgewendeten Urlaubszeit bestehen** (vgl. § 651f Abs. 2 BGB), nämlich dann, wenn der Zweck der Reise gar nicht oder nur in Teilen erfüllt wird.

Nutzlos aufgewendete Urlaubszeit

BEISPIEL

Urlauber Abschlag hat einen Golfurlaub in einem Hotel mit einem 18-Loch-Platz gebucht. Am Urlaubsort erfährt er, dass das von ihm gebuchte Hotel aufgrund eines Fehlers des Veranstalters völlig ausgebucht ist. Urlauber Abschlag muss deshalb in ein anderes Hotel umziehen, das einen Tennisplatz zur Verfügung stellt.

Schadensersatz (§ 651f BGB)

BGB

(1) Der Reisende kann unbeschadet der Minderung oder der Kündigung Schadensersatz wegen Nichterfüllung verlangen, es sei denn, der Mangel der Reise beruht auf einem Umstand, den der Reiseveranstalter nicht zu vertreten hat.
(2) Wird die Reise vereitelt oder erheblich beeinträchtigt, so kann der Reisende auch wegen nutzlos aufgewendeter Urlaubszeit eine angemessene Entschädigung in Geld verlangen.

Die Begriffe **Vereitlung** und **erhebliche Beeinträchtigung** sind voneinander abzugrenzen:

Vereitlung	erhebliche Beeinträchtigung
Während als Vereitlung gilt, dass Reisende aufgrund eines Reisemangels die Reise nicht antreten können oder die Reise sofort zu Reisebeginn abgebrochen werden muss (z. B. das gebuchte Hotel bzw. ein Ersatzhotel stehen nicht zur Verfügung),	wird eine erhebliche Beeinträchtigung dann als gegeben angesehen, wenn während der Reise so schwerwiegende Mängel auftreten, dass die Reisemängeladdition eine Reisepreisminderung von mindestens 50 Prozent rechtfertigen würde.

Tab. Begriffsklärung »Vereitlung« und »erhebliche Beeinträchtigung«

Die letzte Aussage ist allerdings in der Rechtsprechung umstritten: Zwar sehen die meisten Gerichte eine **erhebliche Beeinträchtigung** dann, wenn eine Minderung des Reisepreises um 50 Prozent angemessen wäre (z. B. Urteil des Landesgericht Düsseldorf vom 07.11.2003, Az.: 22 S 257/02), jedoch andere Gerichte, wie das Landesgericht Koblenz, sehen dies bereits bei einer Preisminderung von 35 Prozent (Az.: 12 S 23/02) als gegeben an.

Voraussetzungen für die Geltendmachung eines immateriellen Schadensersatzes:

- der **Schadensersatzanspruch besteht** neben den anderen Ansprüchen,
- der Reiseveranstalter hat den Mangel zu vertreten,
- **rechtzeitige Mängelanzeige** bzw. rechtzeitiges Abhilfeverlangen durch den Reisenden beim Reiseveranstalter ist erfolgt,
- die Reise wird aufgrund eines Mangels vereitelt oder
- die Reise wird aufgrund eines Mangels wesentlich beeinträchtigt,
- der Reisende hat Urlaubstage nutzlos aufgewendet,
- Anzeigepflicht entfällt bei unverschuldeter Nichtanzeige oder
- entfällt, z. B. wenn der Veranstalter den Mangel kennt oder der Mangel nicht beseitigt werden kann,
- der Schadensersatzanspruch gilt nur für die Mängelzeit und nicht für die gesamte Reisezeit.

Abb. Tennisplatz statt Golfanlage

Unter Beachtung dieser Voraussetzungen kann eine angemessene Entschädigung erwartet werden.

Angemessene Entschädigung

Die maßgebliche **Bezugsgröße für die Entschädigung ist der Reisepreis**. Somit haben auch Mitreisende ohne eigenes Einkommen (wie z. B. Jugendliche, Kinder, Hausfrauen) einen Schadensersatzanspruch.

Einige Gerichte sind dazu übergegangen, den geschädigten Reisenden, die über kein eigenes Einkommen verfügen, **feste Pauschalen zuzusprechen**, die zwischen 50,00 und 75,00 Euro pro Urlaubstag liegen (72,00 Euro nach einem Urteil des Amtsgerichts Frankfurt vom 17.12.2002, Az.: 2-19 O 233/02).

Bei **besonders niedrigem oder hohem Reisegesamtpreis** kommt es häufig zu Zuschlägen bzw. Abschlägen der oben genannten Pauschalen.

Der Reiseveranstalter kann in seinen AGB (► Exkurs Kapitel A.6.3) die **Haftung für Schadensersatzansprüche** insbesondere nach § 651f BGB auf das **Dreifache**

des Reisepreises begrenzen (vgl. § 651h BGB). Eine solche Beschränkung ist allerdings unzulässig für Körperverletzungsschäden.

Was eine »**angemessene Entschädigung**« **für z. B. nutzlos aufgewendete Urlaubszeit** ist, entscheiden die Gerichte auf den Einzelfall bezogen.

URTEIL

Entschädigung wegen nutzlos aufgewendeter Urlaubszeit

Kann der Reiseveranstalter infolge einer Überbuchung den Kunden nicht am gebuchten Urlaubsort unterbringen und tritt der Kunde die Reise daher nicht an, so kann er eine Entschädigung gem. § 651f II BGB wegen Vereitlung der Reise verlangen. Für die Höhe dieses Anspruchs darf jedoch nicht das Arbeitseinkommen als Maßstab herangezogen werden, wohl aber der Reisepreis.

(BGH, Urteil vom 11.01.2005, Az.: X ZR 118/03, LG Hannover)

www.recht-find.de/reiserecht

Vertane Urlaubsfreuden: Wie hoch ist der Tagessatz?

65,00 Euro pro Tag. So jedenfalls das Landgericht Frankfurt am Main. Das klagende Ehepaar hatte eine vierzehntägige Urlaubsreise an den Gardasee per Komfortbus zum Preis von 1.300,00 Euro gebucht. Zwei Tage vor Reiseantritt übersandte der Reiseveranstalter eine neue Reisebestätigung, in der statt der Beförderung mit Komfortbus die Fahrt via Zug im Liegewagen 2. Klasse zum Preis von jetzt 1.383,00 Euro angekündigt wurde. Das Ehepaar stornierte daraufhin die Reise und verlangte Schadensersatz in Höhe von 1.000,00 Euro für vertanen Urlaub. Nach den reiserechtlichen Bestimmungen ist der Reisende berechtigt, im Falle einer Erhöhung des Reisepreises um mehr als 5 Prozent oder einer erheblichen Änderung einer wesentlichen Reiseleistung vom Vertrag zurückzutreten. Beide Voraussetzungen waren im Ausgangsfall erfüllt: Der Reisepreis hatte sich um 8,3 Prozent erhöht und der Austausch des Transportmittels ist als erhebliche Änderung einer wesentlichen Reiseleistung zu bewerten. Das Landgericht Frankfurt sprach dem Ehepaar deshalb 1.000,00 Euro Schadensersatz wegen nutzlos aufgewendeter Urlaubszeit zu (Az.: 2/24 S 173/97). Dabei legte das Gericht als Tagessatz pro Person das durchschnittliche Nettoeinkommen eines Erwerbstätigen in Höhe von 65,00 Euro zugrunde und zog hiervon 50 % ab, weil bei dem letztlich zu Hause verbrachten Urlaub ein Resterholungswert verblieben war, den das Gericht mit 50 Prozent ansetzte.

www.finanztip.de/recht/reiserecht

Die Rechtsprechung mindert im Einzelfall die Entschädigung wegen **nutzlos aufgewendeter Urlaubszeit (bis zu 50 Prozent) um den Resterholungswert**. Sie geht davon aus, dass auch ein mangelhafter oder ein zu Hause verbrachter Urlaub einen Erholungswert hat.

Der **Resterholungswert** muss jedoch nicht angerechnet werden, selbst wenn ein Arbeitnehmer im Schadenfall weiter arbeitet.

Generell gilt: Der Reisende kann u. a. aufgrund der §§ 276 und 278 BGB alle Vermögensschäden und Sachschäden, die er durch einen Reisemangel erfährt, und deren Folgekosten, als Schadensersatzanspruch an den Reiseveranstalter stellen.

Schlechtes Essen und Servicemängel

Ist das Essen im gebuchten Hotel schlecht oder stimmt der Service, den der Reisende billigerweise erwarten darf, nicht, kann in der Regel der Reisepreis gemindert werden. Kommen etwa ungenießbare oder gar verdorbene Gerichte auf den Tisch, können Reisende 20 bis 30 % des Reisepreises zurückerstattet verlangen. Ist das Essen zu kalt, kann bei Vollpension-Buchung unter Umständen eine Reisepreisminderung von 10 % gerechtfertigt sein. In Einzelfällen sprachen Gerichte dem Reisenden wegen verdorbenen Essens auch schon einen Anspruch auf Rückerstattung des kompletten Reisepreises zuzüglich Schadensersatz wegen nutzlos aufgewendeter Reisezeit zu. So gab etwa das Landgericht Düsseldorf der Klage einer Reisenden statt, die sich an einem Hotelbuffet mit Salmonellen infiziert hatte (Az.: 22 S 443/99). […]

www.reisemosaik.at/Reiserecht ► Urteile

Delikthaftung des Reiseveranstalters

Kommt es in Zusammenhang mit einer Reise zu einer unerlaubten Handlung, kann ein Schadensersatzanspruch gemäß der §§ 823 ff. BGB gegen den Reiseveranstalter bestehen.

Mit **unerlaubter Handlung** wird ein schuldhafter, d. h. ein vorsätzlicher oder fahrlässiger, widerrechtlicher Eingriff in ein vom Gesetz geschütztes absolutes Recht besonders von Leben, Körper, Gesundheit und Freiheit bezeichnet (vgl. § 276 BGB).

Grundsätzlich ist jede Person selbst für ihr Handeln verantwortlich. Eine Ausnahme besteht hiervon nach § 831 BGB für **Verrichtungsgehilfen**, die weisungsgebunden sind.

Haftung des touristischen Leistungsträgers MERKE
Da die touristischen Leistungsträger (wie z. B. ein Hotelier) im Rahmen einer Pauschalreise gegenüber dem Reiseveranstalter nicht weisungsgebunden arbeiten (es sind keine Arbeitnehmer des Reiseveranstalters) müssen diese selbst für unerlaubte Handlungen haften.

Eine Ausnahme besteht hierbei jedoch im Rahmen der **Verkehrssicherungspflicht** des Reiseveranstalters. So hat er nicht nur das Hotel sorgfältig auszusuchen, sondern auch ein- bis zweimal im Jahr zu inspizieren.

Verkehrssicherungspflicht MERKE
Unter Verkehrssicherungspflicht versteht man die Pflicht zur Sicherung von Gefahrenquellen, deren Unterlassen zu Schadensersatzansprüchen führen kann.

Verkehrssicherungspflichten sind nicht gesetzlich geregelt, sie sind von der Rechtsprechung entwickelt worden.

Leitsatz Verkehrssicherungspflicht URTEIL
Die Verkehrssicherungspflicht des Reiseveranstalters erstreckt sich auch auf solche Einrichtungen des Vertragshotels, die er im Reisekatalog nicht erwähnt hat, sofern sie aus der Sicht des Reisenden als Bestandteil der Hotelanlage erscheinen. Dies gilt auch, wenn der Hotelbetreiber für die Benutzung der Einrichtung ein gesondertes Entgelt erhebt.
(BGH, Urteil vom 18.07.2006, Az.: X ZR 142/05)

Abb. Balkongeländer

Nach einem Urteil des Oberlandesgerichts Köln (OLG Köln) erhielt die Witwe eines im Urlaub zu Tode gekommenen Reisenden Schmerzensgeld und die Beerdigungskosten für ihren Ehemann erstattet, da der Reiseveranstalter seiner Verkehrssicherungspflicht nicht nachgekommen war.

Keine Verkehrssicherungspflichtverletzung und damit **keine Haftung** bestehen bei Unfällen, die unter das **allgemeine Lebensrisiko** (▸ Beginn Kapitel B) fallen, wie z. B. das Ausrutschen in der Duschwanne.

URTEIL

Schadensersatzanspruch gegen Reiseveranstalter nach tödlichem Balkonsturz im Urlaub

In einem am 18.12.2006 verkündeten Urteil [...] hat der 16. Zivilsenat des Oberlandesgerichts Köln [...] einen Reiseveranstalter zur Zahlung von Schmerzensgeld in Höhe von 6.500,00 Euro sowie von Beerdigungskosten an eine hinterbliebene Frau verurteilt, deren Ehemann während einer Türkeireise vom Balkon im dritten Stock des Hotels abgestürzt war. Nach einem gemeinsamen Besuch der Hotelbar hatte die Ehefrau sich bereits schlafen gelegt, während der Mann noch zum Rauchen auf den Balkon ging. Die Ehefrau wurde später durch ein Geräusch wach und stellte fest, dass ihr Mann vom Balkon gestürzt war. Er hatte das Gleichgewicht verloren und war über die nur 56 cm hohe Balkonbrüstung gestürzt, wodurch er tödliche Verletzungen erlitt und noch am Unfallort verstarb.

Die Witwe hatte im Prozess geltend gemacht, die Höhe der Balkonbrüstung von lediglich 56 cm stelle einen Sicherheitsmangel dar, für den der Reiseveranstalter einzustehen habe. Nach deutschen Bauvorschriften sei eine vergleichbare Balkonfläche mit einer Brüstung von mindestens 0,90 cm Höhe zu versehen. Der Reiseveranstalter hatte sich darauf berufen, die Hotelanlage habe nach den vom Hotelier vorgelegten Unterlagen allen im Urlaubsland geltenden Vorschriften entsprochen; außerdem sei der Verstorbene übermäßig alkoholisiert gewesen.

Der Senat hat in der Begründung des Urteils einen Reisemangel wegen der zu niedrigen Balkonbrüstung bejaht. Den Reiseveranstalter treffe bei der Vorbereitung und Durchführung der von ihm veranstalteten Reise eine Verkehrssicherungspflicht, die sich auch auf die Auswahl und Kontrolle des Vertragshotels erstrecke.

(OLG Köln, Urteil vom 18.12.2006, Az.: 16 U 40/06, Vorinstanz: LG Köln, Az.: 15 O 744/05)

URTEIL

Schadensersatzanspruch bei Normabweichung

[...] Der Benutzer einer hoteleigenen Schwimmbadanlage kann davon ausgehen, dass das Schwimmbecken unterhalb einer Sprungeinrichtung eine ausreichende Tiefe aufweist. Außerdem sind Schilder mit Hinweisen auf die Wassertiefe und entsprechende Verbote an sichtbaren Stellen vorauszusetzen. Sollte die Anlage diesen Normen nicht entsprechen, hat der Reisende nach einem Unfall beim Sprung in den Pool Anspruch auf Schadensersatz gegenüber dem Reiseveranstalter. [...]

(OLG Köln, Urteil vom 30.03.2009, Az.: 16 U 71/08 DAR 2009, 400)

Reisegutscheine

Der begründete Anspruch des Reisenden besteht **grundsätzlich in einer Geldforderung**. Reisegutscheine stellen in diesem Zusammenhang kein Geldsurrogat dar und müssen nicht akzeptiert werden. Sollte vom Reisenden trotzdem ein **Reisegutschein** ohne Angabe einer Gültigkeitsdauer angenommen werden, verjährt dieser nach drei Jahren (▸ Kapitel B.4.2).

Ein Reisegutschein kann vom Reiseveranstalter in seiner Gültigkeit begrenzt werden. Das Oberlandesgericht München sieht jedoch in einer Befristung auf ein Jahr nach Ausstellung eine **unangemessene Benachteiligung** (vgl. § 307 Abs. 1 BGB und OLG München, Urteil vom 17.01.2008, Az.: 29 U 3193/07).

Reisegutschein ohne Gültigkeitsdauer BEISPIEL

Ein am 13. Juni 2010 ausgestellter Reisegutschein verjährt am 31. Dezember 2013. Es handelt sich um eine regelmäßige Verjährung nach § 195 BGB.

B.3 Gewährleistungsansprüche mehrerer Reiseteilnehmer

Generell kann nur ein Vertragspartner des Reiseveranstalters Gewährleistungsrechte geltend machen. Mitreisende besitzen zwar einen direkten Leistungsanspruch (Reisevertrag zugunsten Dritter ▸ Kapitel A.4), können aber keine Gewährleistungsrechte für dieselben Reisemängel geltend machen.

Ehefrau als Vertragspartner BEISPIEL

Der Ehemann von Frau Bilstein fordert in eigenem Namen aufgrund von Reisemängeln die Rückerstattung eines Teils des Reisepreises vom Reiseveranstalter. Der Reiseveranstalter teilt Herrn Bilstein darauf mit, dass er kein Vertragspartner für ihn ist, da der Reisevertrag mit seiner Ehefrau geschlossen wurde.

Hätten die Mitreisenden (z. B. seine Frau) jedoch Herrn Bilstein als Stellvertreter bevollmächtigt, könnte er für sie die Gewährleistungsrechte gegenüber dem Veranstalter geltend machen und für sie auftreten (vgl. § 174 BGB).

Für eine rechtmäßige Stellvertretung gilt:

- Aufgrund von § 651g Absatz 1 des BGB gilt auch eine mündlich erteilte Vollmacht,
- der Vollmachtgeber bleibt bei der Stellvertretung Inhaber der Gewährleistungsrechte,
- der Stellvertreter kann keine Klage für den Anspruchsinhaber bei Gericht erheben.

URTEIL

Stellvertretungen

Hat eine Person für mehrere gebucht und stehen diese in einem Näheverhältnis (Ehepartner oder Lebenspartner und Kinder), was für den Veranstalter erkennbar war (Doppelzimmer, Familienzimmer) so reicht, dass der Buchende klarstellt, dass er für alle diese Personen Ansprüche geltend macht, in dem er beispielsweise in der Wir-Form formuliert. *(LG Düsseldorf, Urteil vom 07.11.2003, Az.: 22 S 257/02 und LG Köln, Urteil vom 21.04.2004, Az.: 26 S 384/03)*

Wer sich bei dem Schreiben von einem Dritten vertreten lässt, muss eine Originalvollmacht erstellen und an den Veranstalter übergeben. Der Reiseveranstalter kann die Ansprüche des Reisenden aus formellen Gründen zurückweisen, wenn sich der geschädigte Pauschalreisende durch eine andere Person vertreten lässt, aber innerhalb der Monatsfrist als Legitimation nur eine Kopie der Vollmacht vorlegt.
(BGH, Urteil vom 17.10.2002, Az.: X ZR 97/99)

Hat eine Person für mehrere gebucht und stehen diese in einem Näheverhältnis (Ehepartner oder Lebenspartner und Kinder), was für den Veranstalter erkennbar war (Doppelzimmer, Familienzimmer) so reicht, dass der Buchende klarstellt, dass er für alle diese Personen Ansprüche geltend macht, in dem er beispielsweise in der Wir-Form formuliert.
(LG Düsseldorf, Urteil vom 07.11.2003, Az.: 22 S 257/02 und LG Köln; Urteil vom 21.04.2004, Az.: 26 S 384/03)

Reiseveranstalter versuchen im Rahmen ihrer AGB (▸ Exkurs Kapitel A.6.3) **Abtretungsmöglichkeiten zu unterbinden** und hoffen Schadensersatzansprüche dadurch abzuwenden. Sie argumentieren häufig, dass es sich z. B. bei einem Schadensersatzanspruch wegen nutzlos aufgewendeter Urlaubszeit um einen so genannten **höchstpersönlichen Anspruch** handelt und somit nur der Betroffenen seine Ansprüche persönlich geltend machen kann.

Es ist möglich, **dieser Einrede vorzubeugen**, in dem die Ansprüche zum Zeitpunkt der Anspruchserhebung und innerhalb der gesetzlichen Ausschlussfrist wirksam abgetreten werden.

MERKE

Abtretung

Bei der Abtretung überträgt der bisherige Gläubiger (Vertragspartner des Reiseveranstalters) seine Forderung gegen den Schuldner (Reiseveranstalter) auf einen neuen Gläubiger, der dadurch alleiniger Anspruchsinhaber wird.

Soll also ein Reiseteilnehmer die Gewährleistungsansprüche für alle Mitreisenden sowohl außergerichtlich, als auch gerichtlich durchsetzen, müssten ihm **vor der ersten Mängelrüge an den Reiseveranstalter** die Ansprüche von allen Anspruchsinhabern abgetreten werden.

Die **Abtretungserklärung** ist formfrei und muss die drei W-Fragen beantworten: **WER tritt an WEN WELCHE Rechte ab?**

Somit entfällt der Einwand der Reiseveranstalter, dass die Ansprüche der anmeldenden Person hinsichtlich des Schadensersatzanspruches nicht berechtigt sind und er wird zum **unzulässigen Abtretungsverbot**.

Ein Abtretungsverbot in den AGB des Reiseveranstalters, das eine Abtretung der Ansprüche ausschließt, ist unzulässig (vgl. § 307 Abs. 1 BGB).

B.4 Fristen im Reisevertragsrecht

Fristen sind gesetzlich, vertraglich oder richterlich bestimmte Zeiträume, die für den Eintritt einer bestimmten Rechtswirkung gesetzt werden.

B.4.1 Die einmonatige Ausschlussfrist

Ansprüche des Reisenden aus Abhilfe, Minderung, Kündigung sowie Schadensersatz müssen dem Veranstalter **innerhalb eines Monats zugehen** und geltend gemacht werden (vgl. § 651g Absatz 1 BGB). Eine spätere Geltendmachung ist nur dann möglich, wenn der Anspruchsteller **ohne Verschulden an der Einhaltung der Frist verhindert war**.

BGB

Ausschlussfrist,
Verjährung (§ 651g BGB)

(1) Ansprüche nach den §§ 651c bis651f hat der Reisende innerhalb eines Monats nach der vertraglich vorgesehenen Beendigung der Reise gegenüber dem Reiseveranstalter geltend zu machen. § 174 ist nicht anzuwenden. Nach Ablauf der Frist kann der Reisende Ansprüche nur geltend machen, wenn er ohne Verschulden an der Einhaltung der Frist verhindert worden ist.

(2) Ansprüche des Reisenden nach den §§ 651c bis 651f verjähren in zwei Jahren. Die Verjährung beginnt mit dem Tage, an dem die Reise dem Vertrag nach enden sollte.

Die **einmonatige Ausschlussfrist** gilt grundsätzlich nur für Reisemängel, nicht dagegen für **deliktische Ansprüche**, also Ansprüche die z. B. der Wiedergutmachung von Schäden dienen oder durch rechtswidriges und schuldhaftes Verhalten verursacht wurden (Beschädigung von Eigentum, Schmerzensgeld).

URTEIL

Eingang von Reisereklamationen

Geht eine Reisereklamation als Telefax am Tag des Fristablaufs um 19:25 Uhr ab, so wird die Frist des § 651g Abs. 1 BGB nicht gewahrt. Denn 19:25 Uhr liegt außerhalb der üblichen Bürozeiten von Unternehmen.

(LG Hamburg, Urteil vom 22.02.1999, RRA 1999, 141)

Unverschuldetes Fristversäumnis wird dem Reisenden dann eingeräumt, wenn die Fristversäumnis entschuldigt ist. Dies ist der Fall, wenn der Reiseveranstalter seine Pflicht zum Hinweis auf die Ausschlussfrist nach § 651g Absatz 1 des BGB nicht erfüllt hat oder soweit der Reisende gesundheitliche Spätschäden geltend macht, die für ihn persönlich bis zum Fristablauf nicht vorhersehbar waren.

URTEIL

Fristversäumnis

Ein Reisender, der die Ausschlussfrist des § 651g Abs. 1 BGB mangels Kenntnis seiner Ansprüche unverschuldet versäumt hat, braucht nach Kenntniserlangung die Anspruchsanmeldung nur dann unverzüglich nachzuholen, wenn der Reiseveranstalter ihn bei Vertragsschluss auf die Ausschlussfrist hingewiesen oder wenn er sie anderweitig in Erfahrung gebracht hatte. Dafür trägt der Reiseveranstalter die Darlegungs- und Beweislast.

(Fortführung von BGH Urteil vom 22.06.2004, Az.: X ZR 171/03)

Abb. Kalender

»Berechnung« der Reklamationsfrist

Der Fristbeginn und das Fristende für Ansprüche nach den §§ 651c bis 651f bestimmen sich nach § 187 Absatz 1, § 188 Absatz 2 und 3 und § 193 des BGB.

BGB

Fristbeginn (§ 187 BGB)

(1) Ist für den Anfang einer Frist ein Ereignis oder ein in den Lauf eines Tages fallender Zeitpunkt maßgebend, so wird bei der Berechnung der Frist der Tag nicht mitgerechnet, in welchen das Ereignis oder der Zeitpunkt fällt.

Fristende (§ 188 BGB)

(1) Eine nach Tagen bestimmte Frist endet mit dem Ablauf des letzten Tages der Frist.

(2) Eine Frist, die nach Wochen, nach Monaten oder nach einem mehrere Monate umfassenden Zeitraum – Jahr, halbes Jahr, Vierteljahr – bestimmt ist, endet im Falle des § 187 Abs. 1 mit dem Ablauf desjenigen Tages der letzten Woche oder des letzten Monats, welcher durch seine Benennung oder seine Zahl dem Tag entspricht, in den das Ereignis oder der Zeitpunkt fällt, im Falle des § 187 Abs. 2 mit dem Ablauf desjenigen Tages der letzten Woche oder des letzten Monats, welcher dem Tage vorhergeht, der durch seine Benennung oder seine Zahl dem Anfangstag der Frist entspricht.

(3) Fehlt bei einer nach Monaten bestimmten Frist in dem letzten Monat der für ihren Ablauf maßgebende Tag, so endet die Frist mit dem Ablauf des letzten Tages dieses Monats.

Für die Berechnung der Reklamationsfrist ist wichtig zu beachten:

- Die Monatsfrist für eine Reklamation oder Mängelrüge läuft mit dem Ende des Tages ab, der mit seiner Zahl dem Tag des geplanten Endes der Reise entspricht. Der Tag des Reiseendes ist also nicht mitzuzählen.
- Fällt das Reklamationsfristende auf einen Samstag, Sonntag oder Feiertag, so verschiebt sich gemäß § 193 BGB das Ende auf den Ablauf des nächsten Wochentages.
- Beginnt die Frist an einem 31. eines Monats und hat der darauf folgende Monat weniger Tage, läuft die Frist am Monatsletzten des Folgemonats ab

Somit kann die Monatsfrist einer verschiedenen Anzahl von Tagen entsprechen.

BEISPIEL

»Berechnung« der Reklamationsfrist
- vertragliches Reiseende z. B. der 12.06.2010, Fristbeginn am 13.06.2010, Fristende bei einer Monatsfrist am 12.07.2010 (24.00h)
- vertragliches Reiseende 31.01.2011, Fristbeginn 01.02.2011, Fristende bei einer Monatsfrist 28.02.2011 (24.00h)
- vertragliches Reiseende 27.02.2010, Fristbeginn 28.02.2010, Fristende bei einer Monatsfrist 28.03. 2010 (24.00h)
- Fristende bei einer Monatsfrist sei der 02.04.2010 (Fr., Karfreitag), Fristende bei einer Monatsfrist 06.04.2010 (Di.) (24.00h)

B.4.2 Verjährung

Unter **Verjährung nach den §§ 214 und 199 sowie auch nach § 195 BGB** versteht man den zeitlichen Ablauf der Durchsetzbarkeit eines Anspruchs.

BGB

Wirkung der Verjährung (§ 214 BGB)
(1) Nach Eintritt der Verjährung ist der Schuldner berechtigt, die Leistung zu verweigern.
(2) Das zur Befriedigung eines verjährten Anspruchs Geleistete kann nicht zurückgefordert werden, auch wenn in Unkenntnis der Verjährung geleistet worden ist. Das Gleiche gilt von einem vertragsmäßigen Anerkenntnis sowie einer Sicherheitsleistung des Schuldners.

MERKE

Beginn der Verjährungsfrist
Die Verjährungsfrist beginnt mit dem in der Reisebestätigung festgehalten, vertraglichen Ende der Reise. Der Tag des Reiseendes zählt auch hier nicht mit, sondern gezählt wird ab dem Folgetag.

Ausschlussfrist und Verjährungsfrist der Ansprüche des Reisenden sind voneinander zu unterscheiden. Unter der Voraussetzung, dass Mängelansprüche innerhalb der einmonatigen Ausschlussfrist geltend gemacht worden sind, verjähren diese **in zwei Jahren**.

Die **regelmäßige Verjährungsfrist** beginnt mit dem Schluss des Jahres zu laufen, in dem der Anspruch fällig ist (vgl. §§ 194, 195, 199 BGB).

BGB

Beginn der regelmäßigen Verjährungsfrist und Höchstfristen (§ 199 BGB)
(1) Die regelmäßige Verjährungsfrist beginnt mit dem Schluss des Jahres, in dem
1. der Anspruch entstanden ist und
2. der Gläubiger von den den Anspruch begründenden Umständen und der Person des Schuldners Kenntnis erlangt oder ohne grobe Fahrlässigkeit erlangen müsste.
(2) Schadensersatzansprüche, die auf der Verletzung des Lebens, des Körpers, der Gesundheit oder der Freiheit beruhen, verjähren ohne Rücksicht auf ihre Entstehung und die Kenntnis oder grob fahrlässige Unkenntnis in 30 Jahren von der Begehung der Handlung, der Pflichtverletzung oder dem sonstigen, den Schaden auslösenden Ereignis an.
(3) Sonstige Schadensersatzansprüche verjähren
1. ohne Rücksicht auf die Kenntnis oder grob fahrlässige Unkenntnis in zehn Jahren von ihrer Entstehung an und
2. ohne Rücksicht auf ihre Entstehung und die Kenntnis oder grob fahrlässige Unkenntnis in 30 Jahren von der Begehung der Handlung, der Pflichtverletzung oder dem sonstigen, den Schaden auslösenden Ereignis an.
Maßgeblich ist die früher endende Frist.
(4) Andere Ansprüche als Schadensersatzansprüche verjähren ohne Rücksicht auf die Kenntnis oder grob fahrlässige Unkenntnis in zehn Jahren von ihrer Entstehung an.
(5) Geht der Anspruch auf ein Unterlassen, so tritt an die Stelle der Entstehung die Zuwiderhandlung.

Wichtig: In besonderen Fällen, z. B. bei Schadensersatzanspruch aus **Verletzung des Lebens, des Körpers, der Gesundheit usw.** verjähren die Ansprüche erst **nach 30 Jahren** (vgl. § 199 II BGB).

Ein verjährter Anspruch besteht weiterhin, er ist nur nicht mehr durchsetzbar und somit wirkungslos geworden.

B.4.3 Neubeginn und Hemmung der Verjährung

Die Verjährung beginnt u. a. erneut, wenn ein Schuldner einem Gläubiger gegenüber **den Anspruch** durch Abschlagszahlung, Zinszahlung, Sicherheitsleistung oder in anderer Weise **anerkennt** (vgl. § 212 Abs. 1 Nr. 1 BGB n. F.). Die Frist läuft entsprechend § 187 Absatz 1 des BGB ab dem auf die maßgebliche Handlung folgenden Tag.

Die Tourismusfachfrau Ilona Becker hat noch Gehaltsansprüche für Dezember 2012.

Verjährungsfrist:	01.01.2013	Regelverjährung 3 Jahre ▶	31.12.2015

Am 13. Juni 2014 zahlt ihr Arbeitgeber einen Teilbetrag der Gehaltsansprüche (Schuldanerkenntnis)

Neubeginn der Verjährung:	14.06.2014	Verjährung 3 Jahre ▶	13.06.2017

Abb. Neubeginn der Verjährung

Ist die **Verjährung gehemmt**, so wird der betreffende Zeitraum nicht in die Verjährungsfrist eingerechnet. Die Verjährungsfrist wird »angehalten« und läuft nach dem Wegfall des Umstandes weiter. Die **Zeiträume vor bzw. nach der Hemmung** sind aber entsprechend § 209 des BGB zu berücksichtigen.

Hemmung der Verjährung BEISPIEL

Ein Reisender leitet dem Reiseveranstalter am 14.04.2015 eine Mängelrüge für eine Pauschalreise, die vertragsmäßig am 13.04.2015 endete, inklusive eines unterzeichneten Abhilfeverlangens der Reiseleitung mit entsprechenden Forderungen zu.
Am 19.04.2015 wird ihm vom Reiseveranstalter eine Prüfung der Ansprüche zugesagt.
Am 17.05.2015 weist der Veranstalter die Ansprüche zurück, da unverzüglich Abhilfe geschaffen wurde. Daraus folgt:
Hemmungsbeginn: 19.04.2015, Ende der Hemmung: 17.05.2015
Zeitraum der Hemmung: 29 Tage (= 12 Tage aus April + 17 Tage aus Mai)
Auswirkung auf die Verjährung:
Reguläres Ende der Verjährung am 13.04.2015, 24.00 Uhr + 29 Tage Hemmung = Ende der Verjährung am 12.05.2017, 24.00 Uhr.
So wird der Zeitraum, während dessen die Verjährung gehemmt ist, nicht in die Verjährungsfrist eingerechnet, einschließlich der Tage, an denen der Hemmungsgrund entsteht (hier: 19.04.2015) und wegfällt (hier: 17.05.2015).

Schweben zwischen dem Kunden und dem Reiseveranstalter **Verhandlungen über den Anspruch** (vgl. § 203 BGB), z. B. bezüglich der Rückzahlungshöhe oder die den Anspruch begründende Umstände, so ist die Verjährung gehemmt, bis der Kunde oder der Reisende die Fortsetzung der Verhandlungen verweigert. Die Verjährungsfrist läuft nach der ersten Zurückweisung des Reiseveranstalters weiter.

Reagiert der Veranstalter nicht auf die (Mängel) Rüge des Reisenden, sollte eine entsprechende Frist gesetzt werden. Wird diese nicht wahrgenommen, hilft nur noch das **gerichtliche Mahnverfahren** (▸ LF 2, Kapitel 4.5) oder die Einreichung einer Klageschrift bei Gericht, um die Verjährung des Anspruchs zu verhindern (vgl. § 204 Abs. 1 Nr. 1 BGB).

Für die **Hemmung der Verjährung durch Rechtsverfolgung** ergeben sich verschiedene Möglichkeiten:

- Es kann sich um eine Erhebung der Klage auf Leistung oder
- auf Feststellung des Anspruchs,
- auf Erteilung der Vollstreckungsklausel oder
- auf Erlass des Vollstreckungsurteils handeln,
- es kann die Anmeldung des Anspruchs im Insolvenzverfahren oder im Schifffahrt rechtlichen Verteilungsverfahren erfolgen und
- es kann den Beginn des schiedsrichterlichen Verfahrens bedeuten.

MERKE

Hemmung der Verjährung
Das fristgerechte Geltendmachen der Ansprüche des Reisenden hemmt die Verjährung. Die Verjährungsfrist läuft jedoch weiter, wenn der Reiseveranstalter die Ansprüche eindeutig ablehnt oder zurückweist.

Besteht kein **Hemmungstatbestand**, kann nur der Weg der Außergerichtlichen Mahnung bestritten werden, um die Verjährung zu unterbrechen.

Klageerhebung

Konnten Sie sich mit dem Reiseveranstalter nicht innerhalb der Verjährungsfrist (ein oder zwei Jahre) über Ihre Ansprüche einigen, müssen Sie die Verjährung durch Zustellung eines Mahnbescheides oder durch Klageerhebung (§ 204 BGB) unterbrechen. In einigen Bundesländern (z. B. Bayern, Baden-Württemberg, Brandenburg, Nordrhein-Westfalen) muss erst eine Schlichtungsstelle angerufen werden, wenn die Forderung einen Betrag von 750 EUR (NRW: 600 EUR) nicht übersteigt und Kläger und Beklagter (d. h. Sie und der Reiseveranstalter) den Wohn- bzw. Unternehmenssitz im selben Landgerichtsbezirk haben.

Während der Dauer des Schlichtungsverfahrens wird die Sechs-Monats-Frist unterbrochen (§ 209 Abs. 2 Nr. 1a BGB). Das Schlichtungsverfahren muss einem Gerichtsverfahren aber dann nicht vorausgegangen sein, wenn der Anspruch im Mahnverfahren geltend gemacht wurde.

www.jur-abc.de

B.4.4 Veränderte Verjährungsfristen

Die **zweijährige Verjährungsfrist** kann durch die Allgemeinen Geschäftsbedingungen des Veranstalters (AGB ▸ Exkurs Kapitel A.6.3) auf ein Jahr verkürzt werden.

Dies muss jedoch mit § 651m Satz 1 des BGB zu vereinbaren sein. Nach diesem ist eine **Verkürzung der Verjährungsfrist auf ein Jahr nur möglich**, wenn:
- eine solche Verkürzung durch die AGB des Reiseveranstalters in den Reisevertrag mit einbezogen waren und
- die Mängel der Reise noch nicht gerügt wurden.

URTEIL

Verkürzung

Reiseveranstalter dürfen allerdings Fristen, innerhalb derer Reisemängel beanstandet werden, nur unter sehr engen Voraussetzungen verkürzen – und müssen das dann deutlich mitteilen. Urlauber müssen im Reisebüro nicht die Geschäftsbedingungen des Veranstalters im Katalog studieren. Eine verkürzte Verjährungsfrist für Ansprüche nach Mängeln auf der Reise ist unwirksam, wenn der Kunde nur auf diese Weise davon erfahren konnte.

(BGH, Urteil vom 26.02.2009, Az.: Xa ZR 141/07)

Eine **Verkürzung der Verjährungsfrist für Ansprüche wegen Reisemängeln von zwei auf ein Jahr in den AGB ist unwirksam**, sofern die betreffende Klausel ohne Ausnahme alle vertraglichen Schadensersatzansprüche des Reisenden erfasst.

BEISPIEL

AGB-Formulierung

»Alle vertraglichen Ansprüche des Reisenden verjähren in einem Jahr. Die Verjährung beginnt mit dem vertraglichen Ende der Reise. ...«

Schadensersatzansprüche aufgrund anderer Anspruchsgrundlagen bleiben von den Ausschluss- und Verjährungsfristen unberührt.

Für vertragliche Ansprüche, die auf **Ersatz von Körper- und Gesundheitsschäden** gerichtet oder auf **grobes Verschulden** gestützt sind, kann die Haftung in den AGB nicht wirksam begrenzt werden (vgl. § 309 Nr. 7 Buchst. a und b BGB). Hier gelten uneingeschränkt die Klauselverbote ohne Wertungsmöglichkeit.

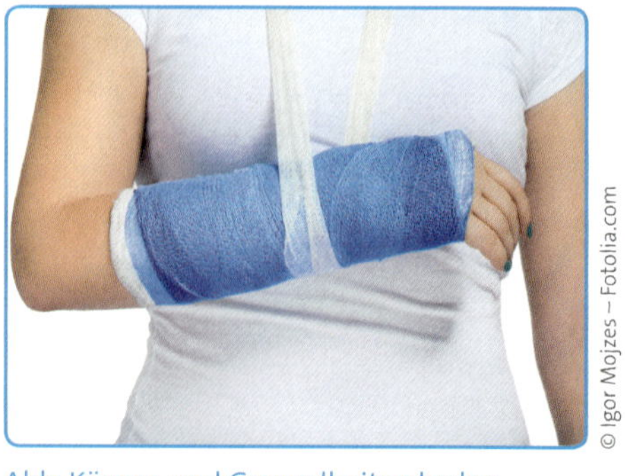

Abb. Körper- und Gesundheitsschaden

Klauselverbote ohne Wertungsmöglichkeit (§ 309 Nr. 7 BGB)

BGB

7. Haftungsausschluss bei Verletzung von Leben, Körper, Gesundheit und bei grobem Verschulden

a) Verletzung von Leben, Körper, Gesundheit

ein Ausschluss oder eine Begrenzung der Haftung für Schäden aus der Verletzung des Lebens, des Körpers oder der Gesundheit, die auf einer fahrlässigen Pflichtverletzung des Verwenders oder einer vorsätzlichen oder fahrlässigen Pflichtverletzung eines gesetzlichen Vertreters oder Erfüllungsgehilfen des Verwenders beruhen;

b) Grobes Verschulden

ein Ausschluss oder eine Begrenzung der Haftung für sonstige Schäden, die auf einer grob fahrlässigen Pflichtverletzung des Verwenders oder auf einer vorsätzlichen oder grob fahrlässigen Pflichtverletzung eines gesetzlichen Vertreters oder Erfüllungsgehilfen des Verwenders beruhen; [...]

Somit muss der Reiseveranstalter die in § 309 Nr. 7 Buchstabe a) und b) BGB bezeichneten vertragliche Ansprüche **ausdrücklich von der Abkürzung der Verjährungsfrist ausnehmen**. Ein Verstoß hat zur Folge, dass die Abkürzung der Verjährungsfrist insgesamt unwirksam ist. **Ansprüche aus unerlaubter Handlung (vgl. § 199 BGB)** verjähren grundsätzlich in drei Jahren.

Verkürzte Verjährungsfrist bei unerlaubter Handlung

URTEIL

Wurde einem Reisenden während der Reise eine unerlaubte Handlung zugefügt, so gilt die kürzere Verjährungsfrist des Reiserechts nicht. Eine kürzere Ausschlussfrist kann auch nicht im Rahmen einer AGB-Klausel wirksam vereinbart werden, da dies eine unangemessene Benachteiligung des Reisenden wäre, wenn die Ausschlussfrist ganz allgemein auch auf Ansprüche aus unerlaubter Handlung ausgedehnt wird.

(BGH, Urteil vom 3.6.2004, Az.: X ZR 28/03, OLG Frankfurt a. M.)

B.5 Schlichtungsstellen, Rechtswahl und Gerichtsstand

Schlichtungsstellen helfen Streitigkeiten durch eine **außergerichtliche Einigung** nach Prüfung der tatsächlichen und rechtlichen Fragen einvernehmlich zu lösen. Das einvernehmliche Ergebnis dieses Verfahrens ist ein **privatrechtlicher Vergleich**.

Als **Schlichtungsstellen für Reisen** fungiert z. B. die Schlichtungsstelle für den öffentlichen Personenverkehr. Für über das Internet gebuchte Reisen kann die **Schiedsstelle für Online-Reisen** angerufen werden.

Schiedsstelle für Online-Reisen

Das Ziel der Reiseschiedsstelle ist es, durch Vermittlung eines neutralen Dritten bei bestehenden Streitfällen eine für Verbraucher und Reiseanbieter befriedigende, einvernehmliche und rechtsverbindliche Lösung herbei zu führen. Die Schlichtung berücksichtigt die Interessen beider Parteien durch einen unabhängigen, sachverständigen Schlichter nach neutraler Bewertung der Sach- und Rechtslage.

Der Schlichter wirkt darauf hin, dass die Parteien eine gemeinsame Lösung finden und unter Anleitung des Schlichters einen Vergleich schließen. Eine außergerichtliche Schlichtung durch die Reiseschiedsstelle nützt also allen Beteiligten.

Der typische Ablauf

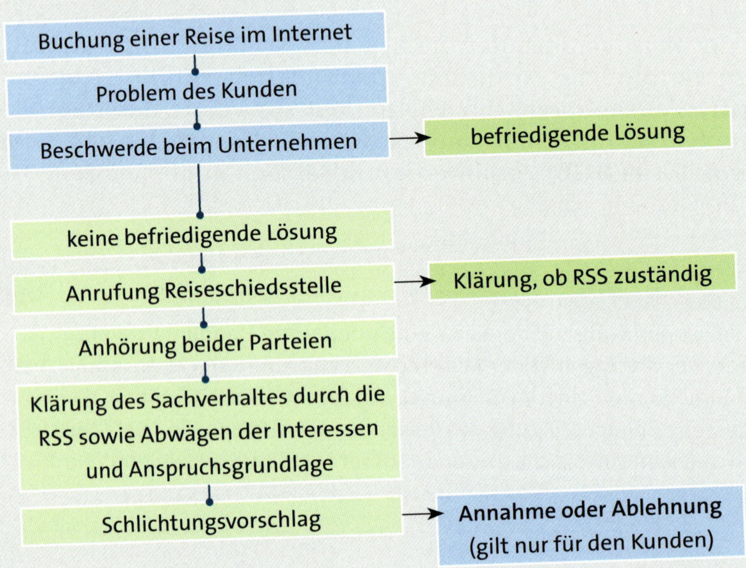

www.reiseschiedsstelle.de

Rechtswahl und Gerichtsstand

Bucht ein Kunde bei einem deutschen Reiseveranstalter eine Pauschalreise, so findet auf alle sich daraus ergebenden Rechtsverhältnisse ausschließlich das **deutsche Recht** Anwendung. Schließt der Reisende jedoch vor Ort Dienstleistungsverträge mit einheimischen Leistungsträgern ab (z. B. für einen Golfkurs), so gilt das entsprechende **ausländische Recht.**

MERKE

Gerichtsstand
Mit Gerichtsstand wird der Ort bezeichnet, an dem eine Person zivilprozessrechtlich verklagt werden kann.

Ergeben sich aufgrund internationaler Abkommen bzw. Bestimmungen eines Mitgliedsstaats der EU, dem der Reisende angehört, andere Regelungen zu Gunsten des Kunden sind diese anzuwenden.

BGB

Allgemeiner Gerichtsstand (§ 12 ZPO)
Das Gericht, bei dem eine Person ihren allgemeinen Gerichtsstand hat, ist für alle gegen sie zu erhebenden Klagen zuständig, sofern nicht für eine Klage ein ausschließlicher Gerichtsstand begründet ist.

Allgemeiner Gerichtsstand des Wohnsitzes (§ 13 ZPO)
Der allgemeine Gerichtsstand einer Person wird durch den Wohnsitz bestimmt.

Allgemeiner Gerichtsstand juristischer Personen (§ 17 ZPO)
(1) Der allgemeine Gerichtsstand der Gemeinden, der Korporationen sowie derjenigen Gesellschaften, Genossenschaften oder anderen Vereine und derjenigen Stiftungen, Anstalten und Vermögensmassen, die als solche verklagt werden können, wird durch ihren Sitz bestimmt. Als Sitz gilt, wenn sich nichts anderes ergibt, der Ort, wo die Verwaltung geführt wird.
(2) Gewerkschaften haben den allgemeinen Gerichtsstand bei dem Gericht, in dessen Bezirk das Bergwerk liegt, Behörden, wenn sie als solche verklagt werden können, bei dem Gericht ihres Amtssitzes.
(3) Neben dem durch die Vorschriften dieses Paragraphen bestimmten Gerichtsstand ist ein durch Statut oder in anderer Weise besonders geregelter Gerichtsstand zulässig.

Aus den gesetzlichen **Regelungen der Zivilprozessordnung (ZPO)** ergeben sich:

Zivilrechtliche Klagen gegen den Reiseveranstalter sind – je nach Streitwerthöhe – an dessen Sitz zu erheben.

- Zivilrechtliche **Klagen des Kunden gegen den Reisevermittler** sind an dessen Geschäftssitz zu erheben.
- Für **Klagen des Reisevermittlers gegen den Kunden** ist der Wohnsitz des Kunden maßgebend.

Reisebüros erfüllen heute häufig **nicht mehr nur die Funktion eines Handelsvertreters**, die z. B. in ihren AGB dem Reiserecht Rechnung tragen müssen. Sie stellen individuell zugeschnittene Reisen für ihre Kunden zusammen und werden in vielen Fällen **selbst zum Reiseveranstalter**.

Die hier dargestellten **Rechtsinhalte sind somit unabdingbares Grundlagenwissen** für Expedienten im Hinblick ihre auf Informationspflichten, das Reisevermittlungsrecht und das Reklamationsmanagement.

Ausblick

EU-Pauschalreiserichtlinie
Das EU-Parlament hat am 27.10.2015 die neue EU- Richtlinie über Pauschalreisen und verbundene Reisearrangement verabschiedet. Ziele der Richtlinie sind die Schaffung von Wettbewerbsgleichheit zwischen Anbietern von Pauschalreisen im stationären Handel und im Internet sowie ein Ausgleich zwischen Verbraucherschutz und den Interessen der Reiseveranstalter im digitalen Zeitalter. Die Richtlinie ist bis Ende 2017 von den Mitgliedstaaten in nationales Recht zu übertragen. Dabei lässt die Richtlinie nur wenige Ausnahmen von dem Prinzip der Vollharmonisierung zu. Die geänderte Vorschriften der §§ 651 ff. BGB werden voraussichtlich erst ab Juli 2018 anzuwenden sein.

AUFGABEN

39. Wann liegt Ihres Erachtens die Verwirklichung des allgemeinen Lebensrisikos bzw. eine hinzunehmende Unannehmlichkeit in den folgenden Beispielen für den Reisenden vor? Bitte begründen Sie:
    - mehrstündige Heimsuchung des Hotels durch einen Bienenschwarm,
    - Raubüberfall während einer Trekkingtour in einem afrikanischen Land,
    - Störung des Schlafes durch folkloristische Musik bis Mitternacht in einer Hotelanlage auf Kuba,
    - eine Schlange und eine Ratte auf der Liegewiese eines zweieinhalb Sterne-Hotels in einem tropischen Land,
    - Belästigung durch alkoholisierte Gäste des Hotels im Rahmen eines All inclusive-Urlaubs.
40. Was verstehen Sie unter der Soll-Beschaffenheit einer Reise?
41. Die häufigsten Reisereklamationen haben folgenden Beschwerdehintergrund: Unterkunft, Lärm, Verpflegung, Ungeziefer, Beförderung, örtliche Gegebenheiten und Gepäckverlust. Bilden Sie jeweils ein Beispiel zu den reklamierten Gegebenheiten, in denen diese unerheblich sind.

42. Nennen Sie zwei Beispiele für das allgemeine Lebensrisiko.

43. Die folgenden Auszüge einer Mängelrüge an einen Reiseveranstalter sind authentisch. Beurteilen Sie die Reklamation im Hinblick auf ihre Erfolgsaussichten.
»Der erste Tag meines Sommerurlaubes in … In meinem Zimmer wucherte der Schimmel in den Ecken, das Badezimmer war weiß Gott nicht einladend. Nach der zweiten Beschwerde an der Rezeption konnten wir ein schöneres Zimmer – Müllblick statt Meerblick. Und so ging es weiter: Jeden Tag dasselbe Essen, sogar das Mittags- und Abendbuffet ist identisch, nur die Schilder mit der Essensbezeichnung wechselten. Absoluter Gläsermangel. Personal unterhalten sie sich lieber, als zu arbeiten, Getränke kamen immer erst nach dem Essen, Geschirr / Besteck war immer dreckig, bzw. nicht vorhanden. Teilweise mussten wir mit dem Essen zwei Stunden warten, weil im Restaurant nicht genügend Platz für alle Gäste war. Zimmer-Service hat Trinkgeld eingesteckt und selbst nach mehrmaliger Beschwerde nicht sauber gearbeitet. Im Küchenbereich liefen Ratten rum. Zu wenig Liegen am Pool, die versprochene Disco war verschlossen, Poolbar war nicht einmal besetzt. Links und rechts vom Hotel eine Baustelle, der komplette Eingangsbereich des Hotels ist eine Baustelle, dadurch ist die Lobbybar nicht nutzbar. Wenn man sich beim Hotelpersonal beschwert hat, verstand plötzlich keiner mehr Deutsch bzw. Englisch. …«

44. Für die Reisereklamation ist keine Form vorgeschrieben. Formulieren Sie drei Empfehlungen im Hinblick auf Beweissicherung, Praktikabilität und Zustellung.

45. Was verstehen Sie unter einem Abhilfeverlangen?

46. Unterscheiden Sie zwischen Abhilfe und Selbstabhilfe.

47. Welcher Gefahr setzt sich ein Reisender aus, der sich von der Reiseleitung hinsichtlich der Fertigung des Mängelprotokolls auf einen Zeitpunkt gegen Ende des Urlaubs vertrösten lässt?

48. Nennen Sie fünf inhaltliche Elemente, damit ein Mängelprotokoll aussagekräftig ist.

49. Wann liegt ein Schadensersatzanspruch nach § 651f Absatz 1 BGB vor?

50. Wie wird ein Minderungsanspruch für Reisemängel berechnet?

51. Unterscheiden Sie zwischen einem Abhilfeverlangen des Kunden und einer Mängelrüge.

52. Was ist ein Reisefehler?

53. Von welchen Faktoren ist eine Reisepreisminderung abhängig?

54. Nennen Sie die Voraussetzungen der Minderung (vgl. § 651d BGB).

55. Nennen Sie vier Beispiele für Minderungskriterien.

56. Bestimmen Sie den höchsten fiktiven Rückerstattungsanspruch laut »Frankfurter Tabelle« (▸ Exkurs Kapitel B.2.2) aufgrund der aufgeführten Reisemängel in den folgenden Beispielen:

    a) Eine Familie (zwei Erwachsene und zwei Kinder) buchen eine siebentägige Pauschalreise nach Mallorca bei einem deutschen Reiseveranstalter zum Preis von 2.000,00 Euro. Das Hotel ist ein 4-Sterne Hotel und bietet All inclusive an. In der Reisebestätigung ist aufgeführt: Familienzimmer, WC, Klimaanlage, TV, Balkon, Kinderbetreuung, Minigolfanlage. Folgende Reisemängel liegen vom 5. bis 8. Tag der 14-tägigen Reise vor: Klimaanlage defekt, eintöniger Speisezettel, fehlende Kinderbetreuung, fehlende Minigolfanlage.
    b) Ein Reisender bucht eine 14-tägige Pauschalreise im EZ nach Bulgarien in einem 5-Sterne-Hotel mit HP in Form eines Frühstücksbuffet und Abendessen als 3-Gänge- Menü. Reisepreis 1.500,00 Euro. In der Reisebestätigung ist aufgeführt: EZ, WC, TV, Terrasse, Meerblick, Frühstücksbuffet und Abendessen als 3-Gänge-Menü, Sauna, Tennisplatz. Folgende Reisemängel liegen bei Ankunft im Hotel vor: Fehlender Meerblick, Ungeziefer, fehlendes WC, Selbstbedienung statt Kellner, fehlender Tennisplatz, fehlende Sauna.
    c) Zwei Personen buchen für 14 Tage ein Hotel mit der Verpflegungsleistung Halbpension. Das Zimmer sollte ausgestattet sein mit einem Doppelbett, Bad, Dusche, WC, Sat.TV und Balkon. Im Hotel angekommen entdecken die beiden schnell, dass der Fahrstuhl defekt ist. Da das Haus nur 50 Zimmer hat, ist es der einzige im Haus. Dieser ist selbst bei der Abreise noch defekt. Das Zimmer wird trotz mehrmaligen Ermahnens nicht gründlich gereinigt. Ebenso ist auch der gebuchte Balkon nicht vorhanden. Bei der Verpflegung muss das Paar feststellen, dass es nicht genügend warme Speisen gibt, der Speisezettel ist eintönig und durch die Schichtzeiten konnte das Essen erst ab 20:30 Uhr eingenommen werden.
    d) Eine Familie (2 Erwachsene und 1 Kind) buchen für 14 Tage ein Hotelzimmer mit Frühstück. Der Reisepreis beträgt 1.000,00 Euro. Zu bemängeln hat die Familie, dass die Klimaanlage ständig ausfiel, das Ungeziefer nahezu unzählbar war und das Zimmer schlecht gereinigt wurde. Im Frühstücksrestaurant waren immer schmutzige Tische und schmutziges Geschirr, vom Besteck nicht zu reden.

57. Was verstehen Sie unter höherer Gewalt?

58. Welche Konsequenzen hat ein verschuldetes Versäumen des Reisenden, wenn er die geltende Reklamationsfrist nicht wahrnimmt?

59. Ordnen Sie folgende Begriffe in der richtigen zeitlichen Reihenfolge: Mängelprotokoll, Rückbeförderungspflicht, Anzeige des Mangels, Kündigung wegen eines Mangels, Abhilfeverlangen mit Fristsetzung.

60. Bitte ergänzen Sie:
   a) Minderung kann geltend gemacht werden: …
   b) Schadensersatz setzt voraus: …
   c) Zwei, nicht zur Gefahrensphäre des Veranstalters gehörende Beispiele: …
   d) Drei materielle Schäden des Reisenden, die dem Kunden durch einen Reisemangel entstehen können: …
   e) Eine Entschädigung wegen nutzlos aufgewendeter Urlaubszeit setzt voraus: …

61. Storno und Kündigung des Reisevertrages:
Ergänzen Sie die Tabelle so, dass ersichtlich wird, aus welchen rechtlich hinlänglichen Gründen (ggf. unter Beachtung von Formvorschriften) der Reisende bzw. der Reiseveranstalter unter Wahrung der rechtlichen Voraussetzungen vom Reisevertrag zurücktreten bzw. kündigen kann. Verweisen Sie auf entsprechende Stornierungskosten. Beziehen Sie in Ihre Lösungsstrategie auch die Abbildung »Rücktritts- und Kündigungsrechte aus dem Reisevertrag« (► Kapitel A.7.4) mit ein.

Wer?	Rechtlich hinlänglicher Grund/ Formvorschrift	Zeitpunkt / rechtlich hinlängliche Voraussetzungen	Stornokosten
Kunde			
Kunde bzw. Reiseveranstalter			
Kunde			

62. Was ist ein immaterieller Schadensersatzanspruch?

63. Anders als die übrigen Ansprüche setzt der »Anspruch auf Schadensersatz« das Verschulden des Veranstalters oder seiner Erfüllungsgehilfen voraus.
   a) Was versteht man unter einem Erfüllungsgehilfen?
   b) Wann trifft den Veranstalter ein Verschulden?

64. Wann verjähren Ansprüche des Reisenden, die innerhalb der Ausschlussfrist geltend gemacht worden sind?

65. Welche Ausschlussfrist gilt für den Mängelanspruch im Reiserecht?

66. Unter welchen Voraussetzungen kann die zweijährige Verjährungsfrist gemäß § 651m BGB auf eine mindestens einjährige Frist verkürzt werden?

67. Erklären Sie folgenden Sachverhalt: Schadensersatzansprüche aufgrund anderer Anspruchsgrundlagen bleiben von den Ausschluss- und Verjährungsfristen unberührt.

68. Nennen Sie jeweils den Zeitpunkt, zu dem die Verjährungsfrist gehemmt wird bzw. die Hemmung endet.

69. Bestimmen Sie jeweils a) die Reklamationsfrist und b) die Verjährung:
- Rückreise am 24.08.2015 aufgrund von Familienproblemen, vertragliches Reiseende 29.08.2015,
- Rückreise am vertraglichen Reiseende 29.08.2015 (einem Samstag),
- Rückreise am vertraglichen Reiseende 28.02.2015.

70. § 651f Absatz 1 BGB ist ein Beispiel für die Beweislastumkehr (► LF 2, Kapitel 3.3.1 Beweislastumkehr beim Verbrauchsgüterkauf). Erläutern Sie die Konsequenzen für den Reiseveranstalter.

71. Für welche Buchungsform gibt es in Deutschland eine Schlichtungsstelle?

72. Ein Reiseveranstalter aus Mainz hat seinem Kunden aus Wiesbaden eine Reise über 2.000,00 Euro in die Karibik verkauft.
a) Wo ist der Gerichtsstand für den Kunden, um Preisminderungen aufgrund von erheblichen Mängeln in seinem Hotel während des gebuchten Urlaubs durchzusetzen?
b) Der Kunde tritt 10 Tage vor Abreise vom Reisevertrag zurück und zahlt die in den AGB aufgeführten Stornogebühren nicht. Wo muss der Reiseveranstalter klagen?

73. Ein Ehepaar aus Mannheim hat die Rundreise »Kapatokien mit allen Sinnen erleben« bei einem türkischen Reiseveranstalter gebucht, der seinen Sitz in Frankfurt und eine Niederlassung in Istanbul hat. Welcher Ort wäre für Schadensersatzklagen von den Reisenden zu wählen?

© de la Motte

74. Welche Gerichtsstände sind für einen Reisevermittler aus Hamburg im Rahmen seines Geschäftsbesorgungsvertrags und als Erfüllungsgehilfe des Reiseveranstalters, der seinen Sitz in Hannover hat, für ihn und einen Kunden aus Bremen, möglich?

C Richtlinie (EU) 2015/2302 über Pauschalreisen und verbundene Reiseleistungen vom 25. November 2015

C.1 Gegenstand, Anwendungsbereich, Begriffsbestimmungen und Grad der Harmonisierung

Die Richtlinie **umfasst Verträge** über **Pauschalreisen** und **verbundene Reiseleistungen zwischen Reisenden und Unternehmern**. Buchungen im **Reisebüro** und **Online-Buchungen** werden **gleichgestellt**. Der Verbraucherschutz für Reisende im digitalen Zeitalter wird vollharmonisiert. Bis zum 31.12.2017 haben die Mitgliedstaaten die Pauschalreise-RL in ihr nationales Recht umzusetzen. Ab 1.7.2018 sind die nationalen Umsetzungsvorschriften anzuwenden. (vgl. Artikel 1 Pauschalreise-RL)

C.1.1 Anwendungsbereich

Diese Richtlinie gilt nach Art. 2 (1) für **Pauschalreisen**, die Reisenden von Unternehmern zum Verkauf angeboten oder verkauft werden, und für **verbundene Reiseleistungen**, die **Reisenden von Unternehmern vermittelt** wurden.

Diese Richtlinie **gilt nicht** nach Art. 2 (2) Buchst. a für **Pauschalreisen und verbundene Reiseleistungen**, die **weniger als 24 Stunden dauern**, es sei denn, es ist eine Übernachtung inbegriffen.

C.1.2 Begriffsbestimmungen

Unternehmer

Unternehmer ist jede natürliche oder juristische Person, unabhängig davon, ob Letztere öffentlicher oder privater Natur ist, die bei von dieser Richtlinie erfassten **Verträgen** selbst oder durch eine andere Person, die in ihrem Namen oder Auftrag handelt, zu Zwecken tätig wird, die ihrer gewerblichen, geschäftlichen, handwerklichen oder beruflichen Tätigkeit zugerechnet werden können, **unabhängig davon, ob sie in ihrer Eigenschaft als Reiseveranstalter, Reisevermittler,** Unternehmer, **der verbundene Reiseleistungen vermittelt oder als ein Erbringer von Reiseleistungen handelt;** (Art. 3 Nr. 7 Pauschalreise-RL)

Private Gelegenheitsveranstalter wie z. B. Sportvereine und Schulen sind keine Unternehmer, soweit sie im Rahmen ihres nicht gewerblichen Zwecks Reisen durchführen.

Dauerhafter Datenträger

Ein »dauerhafter Datenträger« ist jedes Medium, das es dem Reisenden oder dem Unternehmer gestattet, an ihn **persönlich gerichtete Informationen** derart zu **speichern**, dass er sie in der Folge **für eine für die Zwecke der Informationen angemessene Dauer** einsehen kann, und das die unveränderte Wiedergabe der gespeicherten Informationen ermöglicht.

Reiseveranstalter

Reiseveranstalter ist ein Unternehmer, der entweder direkt oder über einen anderen Unternehmer oder gemeinsam mit einem anderen Unternehmer **Pauschalreisen zusammenstellt und verkauft oder zum Verkauf anbietet, oder** den Unternehmer, der die **Daten** des Reisenden im Einklang mit Nummer 2 Buchstabe b Ziffer v **an einen anderen Unternehmer übermittelt.** (Art. 3 Nr. 8 Pauschalreise-RL)

Reisevermittler

Reisevermittler **ist ein anderer Unternehmer als den Reiseveranstalter, der** von einem Reiseveranstalter **zusammengestellte Pauschalreisen verkauft** oder zum Verkauf anbietet. (Art. 3 Nr. 9 Pauschalreise-RL)

Reiseleistung

Der Ausdruck Reiseleistungen bezeichnet nach Art. 3 Nr. 1 Pauschalreise-RL

(a) **die Personenbeförderung,**

(b) **die Unterbringung außer als Wohnsitz,**

(c) **die Vermietung von Kfz** oder

(d) **jede andere touristische Leistung, die nicht wesensmäßig Bestandteil einer Reiseleistung im Sinne von (a), (b) oder (c) ist.** Somit ist eine Beförderungsleistung kein zwingender Bestandteil einer Pauschalreise ist.

BEISPIEL

Andere touristische Leistungen
Eintrittskarten für Konzerte, Sportveranstaltungen, Themenparks, Führungen, Skipässe und die Vermietung von Sportausrüstungen z. B. Skiausrüstungen oder Wellnessbehandlungen

C.1.3 Pauschalreise

Die Tatbestände, die eine Pauschalreise begründen, werden in der Pauschalreise-RL im Interesse der Rechtssicherheit abschließend aufgezählt

Eine Pauschalreise ist nach Art. 3 Nr. 2 **Buchst. a** Pauschalreise-RL eine **Kombination aus mindestens zwei verschiedenen Arten von Reiseleistungen für den Zweck derselben Reise,** wenn diese **Leistungen** von einem Unternehmer

auf Wunsch oder entsprechend **einer Auswahl des Reisenden vor Abschluss eines einzigen Vertrags** über sämtliche Leistungen **zusammengestellt werden.**

Hierunter fallen alle Arten von »dynamisierten Reisen«, also tagesaktuelle »maßgefertigte« Pakete, die in Echtzeit gebündelt werden.

BEISPIEL

Pauschalreise

Kombination eines Mietwagens und eines Golfkurses

Busfahrt mit Übernachtung am Veranstaltungsort und Eintrittskarte für einen Musicalbesuch

Eine **Pauschalreise liegt** nach Art. 3 Nr. 2 **Buchst. b** Pauschalreise-RL **auch vor**, wenn unabhängig davon, ob separate Verträge mit den jeweiligen Erbringern der Reiseleistungen geschlossen werden, folgende Gegebenheiten vorliegen:

(i) die **Buchung erfolgt in einer einzigen Vertriebsstelle** und die **Leistungen** wurden **vor** der **Zustimmung** des Reisenden zur Zahlung ausgewählt

(ii) die Leistungen werden zu einem **Pauschal- oder Gesamtpreis angeboten**, verkauft oder in Rechnung gestellt werden, oder

(iii) die **Leistungen** werden unter der **Bezeichnung »Pauschalreise«** oder einer ähnlichen Bezeichnung **beworben oder verkauft**

AUFGABEN

1. Begründen Sie, ob in den folgenden Fällen eine Pauschalreise vorliegt:
   a) Flug, Hotel HP, Surfkurs werden zum Gesamtpreis in Rechnung gestellt
   b) Skiausflug incl. Verpflegungspaket, Busanreise, Skipass, keine Übernachtung Abfahrt am 22.12. um 23.00 h , Rückkehr am 23.12. um 22.00 h
   c) Flug, Hotel , Ausflüge werden in demselben Reisebüro zunächst ausgesucht und danach zusammen gebucht
   d) Ein Reisemittler wirbt: Unser »Rundum-Sorglos-Paket« für die ganze Familie: Flug, Hotel VP und Eintrittskarten für den Besuch des Wasserparks aus einer Hand
   e) Ein Reisemittler stellt auf Wusch des Reisenden folgende Leistungen für eine USA-Rundreise zusammen: Mietwagen, Hotelübernachtungen, Flug Transfer zum Flughafen (2 x) Der Reisende bucht die Leistungen.

C.1.3.1 »Click-Through«-Buchungen

Damit werden **Buchungen** bezeichnet, die **nacheinander** erfolgen, indem Reisende im Internet **über Links von der Buchungsseite eines Reiseleistungsanbieters auf die Website eines anderen Leistungserbringers** weitergeleitet werden (verbundene Online-Buchungen).

Die Click-Through-Buchungen führen nach Art. 3 Nr. 2 Buchst. b Ziff. v Pauschalreise-RL zu einer **Pauschalreise, wenn von dem Unternehmer,** mit dem der **erste Vertrag geschlossen** wurde, **an einen** oder mehrere andere **Unternehmer Name des Reisenden, seine Zahlungsdaten und seine E-Mail-Adresse übermittelt werden und ein Vertrag mit Letztgenanntem/n spätestens 24 Stunden nach Bestätigung der Buchung der ersten Reiseleistung abgeschlossen wird.** Nach Art. 7 (3) Pauschalreise-RL unterrichtet der Unternehmer, dem die Daten übermittelt werden, den Reiseveranstalter über den Abschluss des Vertrags, der zum Zustandekommen der Pauschalreise führt.

Erfolgt kein Datentransfer zwischen den Unternehmern, führt eine Click-Through-Buchung nicht zu einer Pauschalreise, unter Umständen aber zu verbundenen Reiseleistungen.

AUFGABEN

2. Überprüfen Sie, ob in den folgenden Fällen eine Pauschalreise zustande kommt.
   a) Einem Reisenden wird bei der Flugbuchung auf der Website einer Fluggesellschaft auch gleich noch ein Hotel empfohlen, das er auf der verlinken Website bucht, Die persönlichen Daten, wie Name, E-Mail-Adresse und Bankverbindung, hat der Fluganbieter bereits weitergegeben, so dass die Buchung ohne eine weitere Eingabe möglich war.
   b) Ein Reisender wird bei der Hotelbuchung auf der Website eines Hotels auch gleich noch ein Golfkurs empfohlen, den er sich auf einer anderen Website aussucht. Der Golfkursanbieter erhält vom Hotelportal Name und E-Mail-Adresse des Reisenden.
   c) Ein Reisender bucht am 25.07. um 14.00 h einen Flug auf der Website einer Fluggesellschaft. Auf einem mit der Webseite der Fluggesellschaft verlinkten Reiseportal bucht er am selben Tag um 20.00 h ein passendes Hotel, seine persönlichen Daten muss er dazu noch einmal eingeben.
   c1) Der Reisende bucht auf der verlinkten Webseite am 26.07 um 15.00 h ein passendes Hotel
   c2) Der Reisende bucht auf der verlinkten Webseite am 26.07 um 18.00 h ein passendes Hotel, seine persönlichen Daten wurden von dem Unternehmer, mit dem der erste Vertrag geschlossen hat und dessen Buchungsbestätigung für den Flug er am 26.07. um 11.00 erhalten hat, weitergegeben.

C.1.4 linked travel arrangement

Die Richtlinie führt neben der Pauschalreise eine neue Kategorie ein, um Verbraucher bei selbst zusammengestellten Reisen besser zu schützen:

das »linked travel arrangement« (= »verbundene Reiseleistungen«).

Verbundene Reiseleistungen

Hierunter sind nach Art. 3 Nr. 5 Pauschalreise-RL **mindestens zwei verschiedene Arten von Reiseleistungen** zu verstehen, wie zum Beispiel Flug und Unterkunft, die für den **Zweck derselben Reise erworben** werden – bei der es sich nicht um eine Pauschalreise handelt- und **zum Abschluss von separaten Verträgen mit den jeweiligen Erbringern der Reiseleistungen** führen.

Erste Variante

Es liegt eine **verbundene Reiseleistungen** vor, wenn die **Verträge** (Buchungen) bei einem **einzigen Besuch in** der stationären Vertriebsstelle oder anlässlich eines einzigen Kontakts mit der Vertriebsstelle des jeweiligen Reisevermittlers (z. B. Reisebüro) oder bei einem einzigen Kontakt mit der Online-Vertriebsstelle (z. B. Buchungsportal) **geschlossen und jede einzelne Reiseleistungen getrennt ausgewählt und durch die Reisenden getrennt bezahlt** werden (Art. 3 Nr. 5 Buchst. a Pauschalreise-RL) oder

Zweite Variante verbundene Reiseleistungen

Es liegt eine **verbundene Reiseleistungen** vor, wenn in gezielter Weise mindestens eine weitere Reiseleistung eines anderen Unternehmers innerhalb von 24 Stunden nach Bestätigung der Buchung der ersten Reiseleistung erworben wird.

Anmerkung »In gezielter Weise«

Anhaltspunkte für das **Vorliegen »in gezielter Weise**« sind das **Verlinken von Websites durch Cookies oder Metadaten,** die einen **konkreten Vertragsschluss** mit dem Reisenden **zum Ziel haben.** Elektronische Links, mittels derer der Reisende lediglich allgemein über weitere Reiseleistungen informiert wird, genügen nicht. Gleiches gilt, wenn Cookies oder Metadaten zur Platzierung von Werbung auf Webseiten genutzt werden.

BEISPIEL

Ein Reisender bucht zunächst bei einem Flugunternehmen eine Reiseleistung und die Airline vermittelt dem Reisenden dann gezielt eine Autovermietung. Der Reisende bucht innerhalb von 24 Stunden nach Bestätigung der Flugbuchung (erste Reiseleistung) den Mietwagen (weitere Reiseleistung).

Wird **nur eine Reiseleistung** im Sinne der Art. 3 Nr. 1 Buchstaben a, b oder c (Personenbeförderung, Unterbringung außer als Wohnsitz, Vermietung von Kfz) **und** eine oder mehr als eine touristische Leistung im Sinne der Nummer 1 Buchstabe d (jede **andere touristische Leistung) erworben,** wenn die letztgenannten Leistungen **keinen erheblichen Anteil am Wert der Kombination** ausmachen, so handelt es sich dabei **nicht um verbundene Reiseleistungen.**

3. Welche der Aussagen verweisen auf verbundene Reiseleistungen?

AUFGABEN

a) Der Reisende wählt zunächst die einzelnen Leistungen nacheinander aus und bezahlt diese getrennt.
b) Der Reisende wählt zunächst alle Reiseleistungen aus und erst dann erteilt er seine Zustimmung zur Zahlung
c) Die Buchung erfolgt mit getrennter Auswahl und getrennter Zahlung jeder Reiseleistung anlässlich eines einzigen Besuchs oder eines einzigen Kontakts in der stationären Vertriebsstelle oder Online-Vertriebsstelle des Reisevermittlers.

C.1.5 Erheblicher Anteil am Gesamtwert

Eine Kombination von Reiseleistungen ist keine Pauschalreise, wenn die jeweiligen Reiseleistungen keinen erheblichen Anteil am Gesamtwert der Kombination ausmachen und nicht als wesentliches Merkmal der Kombination beworben werden und sich darstellen oder erst nach Beginn der Erbringung einer Reiseleistung ausgewählt und erworben werden (Art. 3 Nr. 2 U Abs. 2 Pauschalreise-RL).

Machen andere touristische Leistungen **25 %** oder mehr des Werts der Kombination aus, so sollten diese als Leistungen angesehen werden, die **einen erheblichen Teil** des Werts der Pauschalreise oder der verbundenen Reiseleistungen darstellen. Es handelt **sich nicht um eine Pauschalreise,** wenn andere touristische Leistungen (z. B. Golfkurs) beispielsweise zu einer als eigenständige Leistung gebuchten Hotelunterkunft **nach Ankunft des Reisenden im Hotel hinzugefügt werden.**

4. Ein Reisender sucht sich für seine Rundreise »Florida« bei einem Besuch seines Reisebüros folgende Leistungen aus:

AUFGABEN

Wohnmobil 1.800.00 €
Hinflug FRA/ SFO und Rückflug LAX/ FRA 750,00 €
Eine Hotelübernachtung in San Francisco 80,00 €
Whalewatching-Tour von »The American Riviera« aus 50,00 €
Er zahlt daraufhin zusammen den Gesamtpreis von 2.680,00 €

a) Begründen Sie, ob es sich um eine Pauschalreise oder um verbundene Reiseleistungen handelt.
b) Überprüfen Sie, ob die andere touristische Leistung einen erheblichen Anteil am Gesamtwert der Reise hat.
c) Wie hoch muss der Preis für eine andere touristische Leistung in diesem Fall mindestens sein, damit dies einen erheblichen Anteil am Gesamtwert hat?

C.1.6 Insolvenzschutz und Informationspflichten bei verbundenen Reiseleistungen

Verbundene Reiseleistungen bewirken nur einen »**Basisschutz**«.

Vermittler verbundene Reiseleistungen (stationäre Reisebüros und Online-Vermittlerportale)

- haben die **Pflicht zum Insolvenzschutz von Zahlungen, die sie vom Reisenden erhalten, und seiner Rückbeförderung** (Art. 19 Pauschalreise-RL)
- informieren den Reisenden darüber, dass er keine Rechte in Anspruch nehmen kann, die ausschließlich für Pauschalreisen nach dieser Richtlinie gelten, und dass jeder Leistungserbringer lediglich für die vertragsgemäße Erbringung seiner Leistung haftet (Art. 19 (2) Buchst. a Pauschalreise-RL)

Für **Reisebüros**, stationär wie online, bedeutet dies bei einer **reinen Vermittlungstätigkeit,** dass nur bei ihnen **eingehende Zahlungen abgesichert** werden müssen. Wird die **Bezahlung** so organisiert, dass **direkt** an die **Leistungserbringer** gezahlt wird, ist **keine Insolvenzabsicherung** nötig.

Leistungserbringer, die eine eigene Reiseleistung anbieten und zusätzlich eine weitere Reiseleistung eines anderen Anbieters vermitteln, sind demgegenüber zur Insolvenzsicherung verpflichtet.

Insolvenzschutz

BEISPIEL

Eine Airline verkauft an einen Reisenden einen Flug und vermittelt dann eine weitere Reiseleistung. Dies hat zur Folge, dass er für den Fall seiner Insolvenz auch den Rücktransport des Reisenden abzusichern hat.

C.1.7 Haftung Pauschalreise

Der **Veranstalter haftet** für die **Erfüllung aller Reiseleistungen**, unabhängig davon, ob diese Leistungen vom Reiseveranstalter selbst oder von anderen Anbietern zu erbringen sind.

Sofern eine Pauschalreise zustande kommt, unterliegt das **Reisebüro der Veranstalterhaftung**. Für die Veranstalterhaftung ist es **nicht von Bedeutung**, ob der Vermittler (Reisebüro, Reiseportal) **gegenüber dem Kunden** als **eigenverantwortlicher Leistungserbringer auftritt**.

Der Veranstalter hat sich auch umfassend gegen Insolvenz abzusichern.

Das heißt, er muss für den Fall seiner Insolvenz sicherstellen, dass dem Reisenden der gezahlte Reisepreis rückerstattet wird, sofern Leistungen infolge der Insolvenz nicht erbracht werden können. Für den Fall einer Insolvenz nach Reisebeginn ist dabei auch der Rücktransport des Reisenden abzusichern, wenn die Beförderung Teil der gebuchten Pauschalreise ist. Auch kann dem Reisenden die Fortsetzung der Reise angeboten werden.

C.2 Informationspflichten und Inhalt des Pauschalreisevertrags

C.2.1 Vorvertragliche Informationen

Dem Reisenden sind, **bevor** er durch einen **Pauschalreisevertrag** oder ein entsprechendes Vertragsangebot **gebunden ist**, von dem Reiseveranstalter und, wenn die Pauschalreise über einen Reisevermittler verkauft wird, auch von dem Reisevermittler die jeweiligen **Standardinformationen durch das zutreffende Formblatt bereit zustellen** und der Reisende, sofern diese Informationen für die betreffende Pauschalreise relevant sind, über Folgendes zu informieren:

- **Bestimmungsort(e), Reiseroute und Aufenthaltsdauer** mit den jeweiligen Daten und, sofern eine Unterbringung inbegriffen ist, die Zahl der inbegriffenen Übernachtungen;
- **Transportmittel, ihre Merkmale und Klasse;** Ort, Tag und Zeit der **Abreise und Rückreise,** Dauer und Orte von Zwischenstationen sowie Anschlussverbindungen; wenn eine genaue Zeitangabe noch nicht möglich ungefähre Zeit der Abreise und Rückreise;
- **Lage,** Hauptmerkmale und gegebenenfalls touristische **Einstufung der Unterbringung** nach den Regeln des jeweiligen **Bestimmungslandes;**
- **Mahlzeiten;**
- ob eine der **Reiseleistungen für** den Reisenden als Teil einer **Gruppe erbracht** wird und wenn dies der Fall ist, sofern möglich, die ungefähre **Gruppengröße**;
- sofern die **Nutzung anderer touristischer Leistungen** durch den Reisenden **von** einer wirksamen **mündlichen Kommunikation abhängt,** die Sprache, in der diese Leistungen erbracht werden;
- die **Angabe,** ob die Reise im Allgemeinen für Personen mit **eingeschränkter Mobilität geeignet** ist;
- die **Firma** und geografische **Anschrift des Reiseveranstalters** und gegebenenfalls des Reiservermittlers mit Angabe der **Telefonnummer** und gegebenenfalls **E-Mail-Adresse;**
- den **Gesamtpreis der Pauschalreise einschließlich Steuern und gegebenenfalls aller zusätzlichen Gebühren, Entgelte und sonstigen Kosten** oder, wenn sich diese Kosten nicht vor Abschluss des Vertrags bestimmen lassen, die Angabe der Art von Mehrkosten, für die der Reisende unter Umständen noch aufkommen muss;
- die **Zahlungsmodalitäten,** einschließlich des **Betrags oder Prozentsatzes** des Preises, der als **Anzahlung** zu leisten ist, und des **Zeitplans** für die Zahlung des **Restbetrags** oder der finanziellen Sicherheiten, die vom Reisenden zu zahlen oder zu leisten sind;
- die für die Durchführung der Pauschalreise erforderliche **Mindestteilnehmerzahl** mit Angabe der Rücktrittsfrist nach Artikel 12 Absatz 3 Buchstabe a vor Reisebeginn, die eine Beendigung des Vertrags ermöglicht, falls diese Zahl nicht erreicht wird;

- **allgemeine Pass- und Visumerfordernisse des Bestimmungslands,** einschließlich der ungefähren Fristen für die Erlangung von Visa und gesundheitspolizeilichen Formalitäten;
- **Angaben** darüber, dass der Reisende den Vertrag jederzeit **vor Beginn der Pauschalreise** gemäß Artikel 12 Absatz 1 gegen Zahlung einer angemessenen **Rücktrittsgebühr,** oder gegebenenfalls der pauschalen Rücktrittsgebühren, **die der Reiseveranstalter verlangt, beenden kann;**
- **Angaben** über eine **fakultative oder obligatorische Reiserücktrittsversicherung** des Reisenden oder über eine Versicherung zur Deckung der Kosten einer Unterstützung einschließlich einer Rückbeförderung bei Unfall, Krankheit oder Tod.

Wird der Pauschalreisevertrag **telefonisch abgeschlossen,** so **erhält** der **Reisende von dem Reiseveranstalter** und, sofern einschlägig, von dem **Reisevermittler,** die **vorgeschriebenen Informationen.**

Die vorvertraglichen Informationen können nicht durch den Verweis auf das einen Prospekt, eine Website oder AGB ersetzt werden.

Sonderfall Click-Through-Buchungen

Für den Sonderfall der Click-through-Buchungen gelten nach Art. 4 (2), 7 (3) Pauschalreise-RL folgende Reglungen:

Reiseveranstalter

Reiseveranstalter ist der **erste Unternehmer,** also denjenigen, der die **Daten des Reisenden an einen anderen Unternehmer** übermittelt.

Informationspflicht

Der als Reiseveranstalter anzusehende **erste Unternehmer** hat den **Reisenden** zum einen gemäß dem Musterformular über die **allgemeinen Rechte von Pauschalreisenden zu informieren;** zum anderen über die von ihm selbst angebotene Reiseleistung. Die Information über die weitere Reiseleistung soll dann durch den zweiten Unternehmer erfolgen.

Informationsfluss

Im Rahmen der Click-Through-Buchungen setzt der **zweite Unternehmer** den **ersten Unternehmer von dem Vertragsschluss in Kenntnis** und stellt ihm alle Informationen zur Verfügung, die er zur Erfüllung seiner Verpflichtungen als Reiseveranstalter benötigt. Der Reiseveranstalter stellt dem Reisenden sodann auf einem dauerhaften Datenträger die Details sämtlicher Reiseleistungen zur Verfügung.

Der Pauschalreisevertrag wird für solche Fälle definiert als »alle Verträge über Leistungen, die Teil der Pauschalreise sind«.

C.2.2 Bindungswirkung der vorvertraglichen Informationen und Abschluss des Pauschalreisevertrags

Die bereitgestellten **vorvertraglichen Informationen** sind integraler **Bestandteil des Pauschalreisevertrags** und dürfen nicht einseitig geändert werden, es sei denn, die Vertragsparteien vereinbaren ausdrücklich etwas anderes. Der Reiseveranstalter und, sofern einschlägig, der Reisevermittler teilen dem Reisenden vor Abschluss des Pauschalreisevertrags alle Änderungen der vorvertraglichen Informationen klar, verständlich und deutlich mit. (vgl. Artikel 6 (1) Pauschalreise-RL)

AUFGABEN

5. 1) Wann müssen Reisenden relevante Informationen für eine Pauschalreise erhalten?

2) Was umfasst der Gesamtpreis einer Pauschalreise?

3) Über welche Einzelheiten ist im Hinblick auf das Transportmittel zu informieren?

4) Durch welches Medium muss der Reisende über die vorvertraglichen Informationen in Kenntnis gesetzt werden?

5) Wer ist bei Click-Through-Buchungen Reiseveranstalter?

6) Welche Pflichten obliegen bei Click-Through-Buchungen einem zweiten Unternehmer?

7) Warum muss der Reisende zusätzliche, nicht mitgeteilte Kosten, die den Gesamtpreis überschreiten, nicht tragen?

C.2.3 Inhalt des Pauschalreisevertrags und vor Beginn der Pauschalreise bereitzustellende Unterlagen

Pauschalreiseverträge sind in einfacher und **verständlicher Sprache** abzufassen und, soweit sie schriftlich geschlossen werden, **lesbar**. Bei Abschluss des Pauschalreisevertrags bzw. unverzüglich danach stellt der Reiseveranstalter oder Reisevermittler dem **Reisenden eine Kopie** oder eine Bestätigung des Vertrags auf einem dauerhaften Datenträger zur Verfügung. Der **Reisende hat Anspruch auf eine Papierfassung**, wenn der Pauschalreisevertrag in gleichzeitiger Anwesenheit der Vertragsparteien geschlossen wurde. (Art. 7 (1) Pauschalreise-RL)

Der **Pauschalreisevertrag** oder die **Bestätigung des Vertrags** gibt den **gesamten Inhalt der Vereinbarung** wieder,

a) **besondere Vorgaben** des Reisenden, die der Reiseveranstalter akzeptiert hat;

b) den Hinweis, dass der Reiseveranstalter

   i) gemäß Artikel 13 für die **ordnungsgemäße Erbringung aller im Vertrag enthaltenen Reiseleistungen verantwortlich** ist und

   ii) gemäß Artikel 16 zum **Beistand verpflichtet ist, wenn sich der Reisende in Schwierigkeiten befindet;**

c) den **Namen der Einrichtung**, die den **Insolvenzschutz** bietet, und **ihre Kontaktdaten** einschließlich der geografischen Anschrift, und, sofern einschlägig, den Namen der durch den betreffenden Mitgliedstaat zu diesem Zweck benannten, zuständigen Behörde und ihre Kontaktdaten;

d) **Name, Anschrift, Telefonnummer, E-Mail-Adresse und gegebenenfalls Faxnummer des Vertreters des Reiseveranstalters vor Ort,** einer Kontaktstelle oder eines anderen Dienstes, an die bzw. den sich der Reisende wenden kann, um mit dem Reiseveranstalter rasch in Verbindung zu treten und effizient mit ihm zu kommunizieren, um von ihm Unterstützung zu verlangen, wenn der Reisende in Schwierigkeiten ist, oder um sich wegen während der Durchführung der Pauschalreise bemerkter Vertragswidrigkeit einer Leistung zu beschweren;

e) die **Information,** dass der **Reisende jegliche Vertragswidrigkeit,** die er **während der Durchführung der Pauschalreise bemerkt,** im Einklang mit Artikel 13 Absatz 2 dem **Veranstalter (z.B. Reiseleitung) bzw. dessen Vertreter vor Ort mitteilen muss;** (vgl. Art. 7 (2) Pauschalreise-RL)

Rechtzeitig vor Beginn der Pauschalreise erhält der Reisende vom Reiseveranstalter die notwendigen **Buchungsbelege, Gutscheine, Beförderungsausweise und Eintrittskarten, Informationen zu den geplanten Abreisezeiten** und gegebenenfalls den Fristen für das Check-in sowie zu den planmäßigen Zwischenstationen, Anschlussverbindungen und Ankunftszeiten. (Art. 7 (5) Pauschalreise-RL)

AUFGABEN

6. a) Welche Kontaktdaten muss der Reiseveranstalter dem Reisenden mitteilen?

   b) Wie muss der Reisende auf jegliche Vertragswidrigkeit während Pauschalreise reagieren?

C.2.4 Beweislast

Die Beweislast für die Erfüllung der in diesem Kapitel genannten **Informationspflichten** obliegt dem **Unternehmer.** (Art. 8 Pauschalreise-RL)

C.3 Änderung des Pauschalvertrags vor Beginn der Pauschalreise

C.3.1Übertragung des Pauschalreisevertrags auf einen anderen Reisenden

Ein **Reisender** kann den **Pauschalreisevertrag auf eine Person,** die alle Vertragsbedingungen erfüllt, **übertragen,** nachdem er den Reiseveranstalter auf einem dauerhaften Datenträger innerhalb einer angemessenen Frist vor Beginn der Pauschalreise davon in Kenntnis gesetzt hat. Eine Mitteilung **spätestens sieben Tage vor Beginn der Pauschalreise** gilt in jedem Fall als angemessen. Der Reiseveranstalter stellt dem Reisenden, der den Vertrag überträgt, einen Beleg über die sich aus der Übertragung des Pauschalreisevertrags ergebenden zusätzlichen Gebühren, Entgelte und sonstigen Kosten aus. Art. 9 (1) u (3) Pauschalreise-RL

C.3.2 Änderung des Preises

Der Veranstalter darf das Recht zur **Preiserhöhung** in seinen AGB nur vorbehalten, wenn dem Reisenden unter den gleichen Bedingungen ein Recht auf eine **Preissenkung** eingeräumt wird. Sowohl die Preiserhöhung als auch die Preissenkung kommen **nur in Betracht,** wenn sich die **Kosten für Reiseleistungen verändern,** zum Beispiel wegen höherer Treibstoffkosten zu entrichtenden Steuern und Abgaben, Wechselkurse, Landegebühren, Ein- oder Ausschiffungsgebühren in Häfen.

Liegen diese Voraussetzungen vor, hat der Reisende Preiserhöhungen hinzunehmen. Bei einer **Preiserhöhungen um mehr als 8 %** kann der Reisende innerhalb einer vom Reiseveranstalter festgelegten angemessenen Frist der vorgeschlagenen Änderung zustimmen oder den **Vertrag ohne Zahlung einer Rücktrittsgebühr beenden.** Beendet der Reisende den Pauschalreisevertrag, so kann der Reisende eine andere Pauschalreise – sofern möglich in gleichwertiger oder höherwertiger Qualität – als Ersatz akzeptieren, sofern ihm der Veranstalter dies anbietet.

Eine **Preiserhöhung** ist unabhängig von ihrer Höhe nur dann möglich, wenn der Reiseveranstalter den Reisenden hiervon klar und verständlich **spätestens 20 Tage vor Beginn der Pauschalreise** auf einem dauerhaften Datenträger unter Angabe von Gründen für die Preiserhöhung und mit einer Berechnung dafür in Kenntnis gesetzt hat. (vgl. Art. 10 Pauschalreise-RL).

AUFGABEN

7. 1) Wann muss spätestens ein Pauschalreisevertrag auf einen anderen Reisenden übertragen werden, wenn die Reise am 28.07. beginnt?
   2) Eine Pauschalreise soll am 22.07. starten. Bis zum welchem Termin kann der Veranstalter noch eine Preiserhöhung verlangen?
   3) Angenommen die Preiserhöhung ist höher als 8%. Hat der Reisende Anspruch auf eine Ersatzreise?
   4) Welche Folge hat ein Schweigen des Reisenden generell im Hinblick auf eine Preiserhöhung?

C.3.3 Änderung anderer Bedingungen des Pauschalreisevertrags

Der Reiseveranstalter kann **vor Beginn** der Pauschalreise **andere Bedingungen des Pauschalreisevertrags** als den Preis (Änderung gemäß Artikel 10) nur dann einseitig ändern, wenn

a) er sich dieses Recht **im Vertrag vorbehalten** hat;

b) die **Änderung unerheblich** ist und

c) er den **Reisenden** über die **Änderung klar, verständlich und deutlich** auf einem dauerhaften Datenträger **in Kenntnis setzt.** (vgl. Artikel 11 Pauschalreise-RL)

Bei einer **erheblichen Änderung** von wesentlichen Eigenschaften der Reiseleistungen kann der **Reisende** entweder der Änderung oder einer vorgeschlagenen Ersatzreise und deren Preis innerhalb einer angemessenen Frist zustimmen oder **kostenfrei vom Vertrag zurücktreten** (vgl. Art. 11 Pauschalreise-RL).

Haben die **Änderungen** des Pauschalreisevertrags eine **Minderung der Qualität** oder Senkung der Kosten der Pauschalreise zur Folge, so hat der Reisende Anspruch auf eine angemessene **Preissenkung**.

Akzeptiert der Reisende keine als Ersatz angebotene Pauschalreise, so erstattet ihm der Reiseveranstalter unverzüglich und in jedem Fall spätestens **14 Tage** nach Beendigung des Vertrags alle von dem Reisenden oder in seinem Namen geleisteten Zahlungen. Artikel 11 (5) Pauschalreise-RL)

AUFGABEN

8. Ein Reisender akzeptiert aufgrund erheblicher Änderungen die als Ersatz angebotene Pauschalreise nicht und kündigt den Reisevertrag am 12.07. Wann muss der Reiseveranstalter spätestens die geleisteten Zahlungen zurück erstatten?

C.3.4 Beendigung des Pauschalreisevertrags und Recht zum Widerruf vor Beginn der Pauschalreise

Der **Reisende** kann **vor Beginn der Pauschalreise jederzeit** vom Pauschalreisevertrag **zurücktreten**. Tritt der Reisende zurück, kann der Reiseveranstalter die Zahlung einer angemessenen und vertretbaren **Rücktrittsgebühr** verlangen. Im Pauschalreisevertrag können angemessene pauschale Rücktrittsgebühren festgelegt werden, die sich nach dem Zeitpunkt des Rücktritts vom Vertrag und der Dauer bis zum Beginn der Pauschalreise und den erwarteten **ersparten Aufwendungen und Einnahmen aus anderweitigen Verwendungen der Reiseleistungen bemessen.** In Ermangelung pauschaler Rücktrittsgebühren entspricht die Rücktrittsgebühr dem Preis der Pauschalreise abzüglich der ersparten Aufwendungen und Einnahmen aus anderweitigen Verwendungen der Reiseleistungen. Auf Ersuchen des Reisenden begründet der Reiseveranstalter die Höhe der Rücktrittsgebühren. (Artikel 12 (1) Pauschalreise-RL)

Der Reisende hat das Recht, **vor Beginn** der Pauschalreise **ohne Zahlung einer Rücktrittsgebühr** vom Pauschalreisevertrag **zurückzutreten, wenn am Bestimmungsort oder in dessen unmittelbarer Nähe unvermeidbare, außergewöhnliche Umstände auftreten, die die Durchführung der Pauschalreise oder die Beförderung von Personen an den Bestimmungsort erheblich beeinträchtigen.** Im Fall des Rücktritts vom Pauschalreisevertrag gemäß diesem Absatz hat der Reisende **Anspruch auf volle Erstattung** aller für die Pauschalreise getätigten Zahlungen, jedoch auf **keine zusätzliche Entschädigung.** (Artikel 12 (2) Pauschalreise-RL)

außergewöhnliche unvermeidbare Umstände

BEISPIEL

Kriegshandlungen, andere schwerwiegende Beeinträchtigungen der Sicherheit wie Terrorismus, erhebliche Risiken für die menschliche Gesundheit wie einen Ausbruch einer schweren Krankheit am Reiseziel oder Naturkatastrophen wie Hochwasser oder Erdbeben oder Witterungsverhältnisse

Der Reiseveranstalter kann den **Pauschalreisevertrag beenden** und dem Reisenden alle für die Pauschalreise **getätigten Zahlungen voll erstatten,** ohne jedoch eine zusätzliche Entschädigung leisten zu müssen, wenn

a) sich für die **Pauschalreise** weniger Personen als die im Vertrag angegebene Mindestteilnehmerzahl angemeldet haben und der Reiseveranstalter den Reisenden innerhalb der im Vertrag gesetzten Frist vom Rücktritt vom Vertrag in Kenntnis setzt, jedoch spätestens:
   i) 20 Tage vor Beginn der Pauschalreise bei Reisen von mehr als sechs Tagen,
   ii) sieben Tage vor Beginn der Pauschalreise bei Reisen zwischen zwei und sechs Tagen,
   iii) 48 Stunden vor Beginn der Pauschalreise, bei Reisen, die weniger als zwei Tage dauern, oder
b) der **RV aufgrund unvermeidbarer, außergewöhnlicher Umstände an der Erfüllung des Vertrags gehindert ist** und er den Reisenden unverzüglich vor Beginn der Pauschalreise von der Beendigung des Vertrags in Kenntnis setzt. (Artikel 12 (3) Pauschalreise-RL)

AUFGABEN

9. a) Unter welchen Umständen kann ein Reisender immer kostenfrei vom Pauschalreisevertrag zurücktreten?

   b) Für eine Pauschalreise haben sich weniger Personen als die im Vertrag angegebene Mindestteilnehmerzahl angemeldet. Bis wann muss der Reiseveranstalter den Reisenden von seinem Vertragsrücktritt der 8-tägigen Reise, die am 23.06. beginnen sollte, in Kenntnis setzen?

Anmerkung »Unvermeidbare, außergewöhnliche Umstände«

Die Richtlinie verwendet nicht den Begriff höhere Gewalt, sondern »unvermeidbare, außergewöhnliche Umstände« und definiert in Art. 3 Nr. 12 diesen engeren Begriff als eine **Situation außerhalb der Kontrolle der Partei, die eine solche Situation geltend macht, deren Folgen sich auch dann nicht hätten vermeiden lassen, wenn alle zumutbaren Vorkehrungen getroffen worden wären.**

Anmerkung:

Art. 12 (5) Pauschalreise-RL enthält eine Öffnungsklausel für ein Widerrufsrecht von 14 Tagen für außerhalb von Geschäftsräumen geschlossene Verträge. Daher kann für „Kaffeefahrten", bei denen auch Pauschalreisen angeboten werden, das deutsche Widerrufsrecht beibehalten werden, wenn der Reisevertrag nicht infolge einer vorhergehenden Bestellung durch den Verbraucher geschlossen wird (§ 312 II Nr. 4 b BGB).

C.4 Erbringung der vertraglichen Pauschalreiseleistungen

C.4.1 Haftung für die Erbringung der vertraglichen Pauschalreiseleistungen

Der Reiseveranstalter haftet für die Erbringung der in dem Pauschalreisevertrag enthaltenen Reiseleistungen, unabhängig davon, ob diese Leistungen vom Reiseveranstalter oder anderen Erbringern von Reiseleistungen zu erbringen sind. (Artikel 13 (1) Pauschalreise-RL)

Für die **Veranstalterhaftung** ist es **nicht von Bedeutung, ob der Vermittler** (Reisebüro, Reiseportal) gegenüber dem Kunden **als eigenverantwortlicher Leistungserbringer auftritt.** Ob ein Unternehmer bei einer bestimmten Pauschalreise als Reiseveranstalter handelt, **hängt von der Beteiligung des Unternehmers an der Gestaltung einer Pauschalreise ab** und nicht davon, wie dieser Unternehmer seine Tätigkeit beschreibt.

Der **Reisende teilt dem Veranstalter jede während der Erbringung der in dem Pauschalreisevertrag enthaltenen Reiseleistungen bemerkte Vertragswid-**

rigkeit unter Berücksichtigung der jeweiligen Umstände **unverzüglich mit.** (Artikel 13 (2) Pauschalreise-RL)

Ist die Beförderung von Personen Bestandteil der Pauschalreise, so sorgt der Reiseveranstalter in den Fällen gemäß den Unterabsätzen Artikel 13 (1) und Artikel 13 (2) außerdem für die unverzügliche Rückbeförderung des Reisenden mit einem gleichwertigen Beförderungsdienst ohne Mehrkosten für den Reisenden.

Ist die in dem Pauschalreisevertrag vereinbarte **Rückbeförderung** des Reisenden aufgrund unvermeidbarer, außergewöhnlicher Umstände **nicht möglich,** so **übernimmt der Reiseveranstalter die Kosten** für die notwendige Unterbringung, nach Möglichkeit in einer gleichwertigen Kategorie, für einen Zeitraum von **höchstens drei Nächten pro Reisendem.** (Artikel 13 (7) Pauschalreise-RL)

Bei **Vertragswidrigkeit** einer Reiseleistung **hilft der Reiseveranstalter dem Mangel ab,** es sei denn, dies ist

a) unmöglich oder

b) unter Berücksichtigung des Ausmaßes des Mangels und des Werts der betroffenen Reiseleistung mit unverhältnismäßigen Kosten verbunden. (Artikel 13 (3) Pauschalreise-RL)

Schafft der Reiseveranstalter unbeschadet der Ausnahmen nach Absatz 3 innerhalb einer vom Reisenden festgesetzten angemessenen Frist **keine Abhilfe für die Vertragswidrigkeit,** so kann dies der Reisende selbst tun und die **Rückzahlung der erforderlichen Ausgaben verlangen.** Eine Fristsetzung durch den Reisenden ist nicht erforderlich, wenn der Reiseveranstalter sich weigert, Abhilfe für die Vertragswidrigkeit zu schaffen, oder wenn unverzügliche Abhilfe notwendig ist. (Artikel 13 (4) Pauschalreise-RL)

Hat die **Vertragswidrigkeit erhebliche Auswirkungen** auf die Erbringung der vertraglichen Pauschalreiseleistungen und hat der **Reiseveranstalter** es **versäumt, innerhalb einer vom Reisenden gesetzten angemessenen Frist Abhilfe zu schaffen,** so kann der **Reisende ohne Zahlung einer Rücktrittsgebühr vom Pauschalreisevertrag zurücktreten** und gegebenenfalls gemäß Artikel 14 eine Preisminderung und/oder Schadenersatz verlangen. (Artikel 13 (6) Pauschalreise-RL)

AUFGABEN

10. a) Der Mitarbeiter eines Reisbüros sagt zu dem Reisenden bei Vertragsabschluss einer Pauschalreise: »Wir werden dafür sorgen, dass ihre Reise zu einem einzigartigem und unvergleichbaren Urlaubserlebnis für Sie wird.« Haftet das Reisebüro aufgrund dieser Aussage (»Wir«) für die ordnungsgemäße Durchführung der Reise? Begründen Sie ihre Antwort.

b) Für wie viele Nächte muss der Reiseveranstalter, wenn die Rückbeförderung aufgrund unvermeidbarer, außergewöhnlicher Umstände nicht möglich ist, die Übernachtungskosten übernehmen?

c) Wer muss die Kosten für das Taxi übernehmen, wenn der Reisende aufgrund der Verspätung des vom Reiseveranstalter vorgesehenen Busses ein Taxi nehmen muss, um seinen Flug rechtzeitig zu erreichen?

C.4.2 Preisminderung und Schadenersatz

Der **Reisende** hat **Anspruch** auf eine **angemessene Preisminderung** für jeden **Zeitraum** hat, in dem eine **Vertragswidrigkeit** vorlag, es sei denn, der Reiseveranstalter belegt, dass die Vertragswidrigkeit dem Reisenden zuzurechnen ist. (Artikel 14 (1) Pauschalreise-RL)

Der **Reisende** hat gegen den Reiseveranstalter Anspruch auf **angemessenen Ersatz des Schadens,** den er **infolge der Vertragswidrigkeit erlitten hat.** Der Schadenersatz ist unverzüglich zu leisten. (Artikel 14 (2) Pauschalreise-RL)

Der **Reisende hat keinen Anspruch auf Schadenersatz,** wenn der Reiseveranstalter nachweist, dass die Vertragswidrigkeit

a) dem **Reisenden zuzurechnen** ist,

b) einem **Dritten zuzurechnen** ist, der an der Erbringung der in dem Pauschalreisevertrag inbegriffenen Reiseleistungen nicht beteiligt ist, und die Vertragswidrigkeit weder vorhersehbar noch vermeidbar war oder

c) durch **unvermeidbare, außergewöhnliche Umstände** bedingt war. (Artikel 14 (3) Pauschalreise-RL)

AUFGABEN

11. Bilden Sie jeweils ein Beispiel für den Fall, dass der Reisende keinen Anspruch auf Schadenersatz hat?

C.4.3 Möglichkeit zur Kontaktaufnahme über den Reisevermittler

Der **Reisende kann Nachrichten,** Ersuchen oder Beschwerden bezüglich der Erbringung der vertraglichen Pauschalreiseleistungen **direkt an den Reisevermittler richten, bei dem er die Pauschalreise erworben** hat. Der **Reisevermittler leitet** diese Nachrichten, Ersuchen oder Beschwerden **unverzüglich an den Reiseveranstalter** weiter. Für die Zwecke der **Einhaltung von Fristen** und Verjährungsfristen gilt der Eingang von in Unterabsatz 1 genannten Nachrichten, Ersuchen und Beschwerden **beim Reisevermittler** als Eingang beim Reiseveranstalter. (Artikel 15 Pauschalreise-RL)

C.4.4 Beistandspflicht

Der **Reiseveranstalter leistet** einem **Reisenden in Schwierigkeiten** unverzüglich in angemessener Weise **Beistand,** insbesondere durch

a) die Bereitstellung geeigneter Informationen über Gesundheitsdienste, Behörden vor Ort und konsularischen Beistand, und

b) Unterstützung des Reisenden bei der Herstellung von Fernkommunikationsverbindungen und bei der Suche nach Ersatzreisearrangements.

Der Reiseveranstalter kann für seinen Beistand eine angemessene Vergütung verlangen, wenn der Reisende die Schwierigkeiten vorsätzlich oder fahrlässig selbst herbeigeführt hat. Diese Vergütung überschreitet auf keinen Fall die Kosten, die dem Veranstalter tatsächlich entstanden sind. (Artikel 16 Pauschalreise-RL)

AUFGABEN

12. Bilden Sie drei Beispiele dafür, dass Reiseveranstalters Beistandspflicht leisten muss.

C.4.5 Wirksamkeit und Umfang des Insolvenzschutzes

Der **Reiseveranstalter leistet Sicherheit** für die Erstattung aller **von Reisenden** oder in deren Namen **geleisteten Zahlungen,** sofern **Leistungen infolge der Insolvenz des Reiseveranstalters nicht erbracht werden.** Soweit die Beförderung von Personen im Pauschalreisevertrag inbegriffen ist, leisten die Reiseveranstalter auch Sicherheit für die Rückbeförderung der Reisenden. Eine Fortsetzung der Pauschalreise kann angeboten werden. (Artikel 17 Pauschalreise-RL)

C.4.6 Haftung für Buchungsfehler

Der **Unternehmer haftet für Fehler aufgrund technischer Mängel** im Buchungssystem, die diesem Unternehmer zuzurechnen sind, und in dem Fall, dass er sich bereit erklärt hat, die Buchung einer Pauschalreise oder von Reiseleistungen, die Teil verbundener Reiseleistungen sind, zu veranlassen, auch für **Fehler,** die er **während des Buchungsvorgangs** macht, haftet.

Ein Unternehmer haftet nicht für Buchungsfehler, die dem Reisenden zuzurechnen sind oder die durch unvermeidbare, außergewöhnliche Umstände verursacht werden. (Art. 21 Pauschalreise RL)

AUFGABEN

13. Für welche zwei Arten von Buchungsfehler haftet der Unternehmer?
14. Die Pauschalreiserichtlinie stellt auf den »Durchschnittsurlauber« ab. Es wird also nicht mehr berücksichtigt, ob eine Leistungsänderung einem bestimmten Reisenden zugemutet werden kann. Worin sehen Sie die Problematik dieser Regelung?

Standardinformationsblatt für Pauschalreiseverträge für Fälle, in denen ein Hyperlink verwendet werden kann Bei der Ihnen angebotenen Kombination von Reiseleistungen handelt es sich um eine Pauschalreise im Sinne der Richtlinie (EU) 2015/...+.

Daher können Sie alle EU-Rechte in Anspruch nehmen, die für Pauschalreisen gelten. Das/die Unternehmen XY trägt/tragen die volle Verantwortung für die ordnungsgemäße Durchführung der gesamten Pauschalreise.

Zudem verfügt/verfügen das/die Unternehmen XY über die gesetzlich vorgeschriebene Absicherung für die Rückzahlung Ihrer Zahlungen und, falls der Transport in der Pauschalreise inbegriffen ist, zur Sicherstellung Ihrer Rückbeförderungen im Fall seiner/ihrer Insolvenz.

Weiterführende Informationen zu Ihren wichtigsten Rechten nach der Richtlinie (EU) 2015/....+

[Mittels eines Hyperlink anzugeben]

Durch Anklicken des Hyperlinks erhält der Reisende die folgenden Informationen:

Wichtigste Rechte nach der Richtlinie (EU) 2015/...+

- Die Reisenden erhalten alle wesentlichen Informationen über die Pauschalreise vor Abschluss des Pauschalreisevertrags.
- Es haftet immer mindestens ein Unternehmer für die ordnungsgemäße Erbringung aller im Vertrag inbegriffenen Reiseleistungen.
- Die Reisenden erhalten eine Notruftelefonnummer oder Angaben zu einer Kontaktstelle, über die sie sich mit dem Reiseveranstalter oder dem Reisebüro in Verbindung setzen können.

- Die Reisenden können die Pauschalreise – innerhalb einer angemessenen Frist und unter Umständen unter zusätzlichen Kosten – auf eine andere Person übertragen.
- Der Preis der Pauschalreise darf nur erhöht werden, wenn bestimmte Kosten (zum Beispiel Treibstoffpreise) sich erhöhen und wenn dies im Vertrag ausdrücklich vorgesehen ist, und in jedem Fall bis spätestens 20 Tage vor Beginn der Pauschalreise. Wenn die Preiserhöhung 8 % des Pauschalreisepreises übersteigt, kann der Reisende vom Vertrag zurücktreten. Wenn sich ein Reiseveranstalter das Recht auf eine Preiserhöhung vorbehält, hat der Reisende das Recht auf eine Preissenkung, wenn die entsprechenden Kosten sich verringern.
- Die Reisenden können ohne Zahlung einer Rücktrittsgebühr vom Vertrag zurücktreten und erhalten eine volle Erstattung aller Zahlungen, wenn …

Sachwortverzeichnis